Bridges Not Walls

A Book About Interpersonal Communication

(Tenth Edition)

未名社科·学术面对面

沟通之桥

人际传播经典读本
（第十版）

〔美〕约翰·斯图尔特（John Stewart） 主编

王怡红　陈方明　译

北京大学出版社
PEKING UNIVERSITY PRESS

著作权合同登记号　图字:01-2014-4296

图书在版编目(CIP)数据

沟通之桥:人际传播经典读本:第10版/(美)斯图尔特(Stewart,J.)主编;王怡红,陈方明译. —北京:北京大学出版社,2017.6

（未名社科·学术面对面）

ISBN 978-7-301-25235-2

Ⅰ.①沟…　Ⅱ.①斯…②王…③陈…　Ⅲ.①传播学—文集　Ⅳ.①G206-53

中国版本图书馆 CIP 数据核字(2014)第 285719 号

John Stewart
Bridges Not Walls: A Book about Interpersonal Communication
ISBN: 978-0-07-338499-3
Copyright © 2009, 2006, 2002, 1999, 1995, 1990, 1986, 1982, 1977, 1973 by McGraw-Hill Education.
All Rights reserved. No part of this publication may be reproduced or transmitted in any form or by any means, electronic or mechanical, including without limitation photocopying, recording, taping, or any database, information or retrieval system, without the prior written permission of the publisher.
This authorized Chinese adaptation is jointly published by McGraw-Hill Education (Asia) and Peking University Press. This edition is authorized for sale in the People's Republic of China only, excluding Hong Kong, Macao SAR and Taiwan.
Copyright © 2017 by McGraw-Hill Education (Asia) and Peking University Press.

版权所有。未经出版人事先书面许可，对本出版物的任何部分不得以任何方式或途径复制或传播，包括但不限于复印、录制、录音，或通过任何数据库、信息可检索的系统。

本授权中文简体字改编版由麦格劳-希尔(亚洲)教育出版公司和北京大学出版社合作出版。此版本经授权仅限在中华人民共和国境内(不包括香港特别行政区、澳门特别行政区和台湾地区)销售。

版权©2017 由麦格劳-希尔(亚洲)教育出版公司与北京大学出版社所有。

本书封面贴有 McGraw-Hill Education 公司防伪标签，无标签者不得销售。

书　　　名	沟通之桥：人际传播经典读本（第十版） GOUTONG ZHI QIAO: RENJI CHUANBO JINGDIAN DUBEN (DI SHI BAN)
著作责任者	〔美〕约翰·斯图尔特（John Stewart）　主编　王怡红　陈方明　译
责任编辑	潘　飞　谢佳丽　周丽锦
标准书号	ISBN 978-7-301-25235-2
出版发行	北京大学出版社
地　　　址	北京市海淀区成府路 205 号　100871
网　　　址	http://www.pup.cn
电子信箱	ss@pup.pku.edu.cn
新浪微博	@北京大学出版社　　@未名社科-北大图书
电　　　话	邮购部 62752015　发行部 62750672　编辑部 62765016
印　刷　者	北京鑫海金澳胶印有限公司
经　销　者	新华书店 787 毫米×1092 毫米　16 开本　28 印张　581 千字 2017 年 6 月第 1 版　2017 年 6 月第 1 次印刷
定　　　价	85.00 元

未经许可，不得以任何方式复制或抄袭本书之部分或全部内容。

版权所有，侵权必究

举报电话：010-62752024　电子信箱：fd@pup.pku.edu.cn

图书如有印装质量问题，请与出版部联系，电话：010-62756370

书 与 人

　　设想你自己独居一处,地球上只有你;有人给你提供了书或人,让你二选其一。我常常听到言者赞美他们的孤独,但那仅仅是因为还有人身居地球上的某个地方,尽管那里极其遥远。我从母腹脱胎而出时,对书一无所知,而且我将在无书的情况下告别人世,但我会握住另一只手。我有时确实紧闭房门,沉迷于某本书中,但这仅是因为我能重启那扇门扉,看见一个人凝视着我。

——马丁·布伯(Martin Buber)

目 录

译序　1

第一部分　人际传播基础

第一章　**主编与本书介绍**　3
　　第一节　为何用这种方式进入人际传播？　5
　　第二节　关于本书　10

第二章　**传播与人际传播**　12
　　第一节　传播与人际传播　12
　　第二节　个人关系与健康　34
　　第三节　传播的影响（而非结果）研究　43
　　第四节　激情谈话　44
　　第五节　人际元素　51

第三章　**传播建构身份认同**　67
　　第一节　建构身份认同　67
　　第二节　维护传播中的自我　78
　　第三节　塑造在线身份认同　91

第四章　**言语与非言语交际**　102
　　第一节　谈话的言语与非言语维度　102
　　第二节　非言语传播：基本视角　124
　　第三节　非言语行为的功能　138

第二部分 共创意义

第五章 吸气:感知与倾听 147
  第一节 吸气:感知 147
  第二节 肤浅透顶:刻板印象和以偏概全 160
  第三节 悉心倾听 167
  第四节 移情式倾听与对话式倾听 173

第六章 呼气:表达与坦露 189
  第一节 向他人开放和接受他人的开放 189
  第二节 说明我的思路:如何劝服,避免摩擦 197
  第三节 我要…… 207
  第四节 说些什么:取决于何时说、怎么说和自我坦露什么 215

第三部分 关 系

第七章 与家人和朋友的沟通 225
  第一节 家庭究竟是什么？ 225
  第二节 在家庭谈话中区分讯息与元讯息 233
  第三节 我们的朋友,我们自己 242
  第四节 母女之间的电子邮件和即时讯息沟通 252

第八章 与亲密伴侣的沟通 259
  第一节 性别化谈话 259
  第二节 关系发展中的性别与族群异同 265
  第三节 个人关系中的性别观 277
  第四节 网络空间的浪漫:了解在线魅力 284

第四部分 沟通之桥

第九章 应对沟通之墙 295
  第一节 欺骗、背叛与攻击 295
  第二节 伤害性讯息 305
  第三节 防卫性沟通 315

第四节　权力：冲突的结构　321
　　　第五节　欺凌：青少年言语攻击性沟通的关联性　334

第十章　冲突：化墙为桥　345
　　　第一节　冲突与互动　345
　　　第二节　沟通螺旋、悖论与复杂的难题　356
　　　第三节　处理破裂的关系　370
　　　第四节　我听你说，可我有不同看法　377
　　　第五节　如何巧妙地处理问题　381

第十一章　弥合文化差异　390
　　　第一节　与形形色色的他人建立关系　390
　　　第二节　黑人妇女与白人妇女交谈时，为何对话如此困难　400
　　　第三节　"哪条腿是我的好腿？"：与残疾人的文化沟通　408

第十二章　促进对话　420
　　　第一节　什么使对话别具一格？　420
　　　第二节　对话的基本张力　427

译序

《沟通之桥：人际传播经典读本》一书由美国杜比克大学（University of Dubuque）人际传播教授约翰·斯图尔特（John Stewart）先生主编。自1973年问世以来，该书不断跨越历史，经历三十余年时光的淘洗，始终未被淹没，成为留存至今的一件"耐用品"。由于不断获得再版机会，作者也持续对其进行筛选、修改与完善，在知识的积累、传承和延续上，特别是在其提供的文献使用率方面，该书堪称教材中的经典之作。关于本书的内容和品质的丰富性，此处无法更多提及，只选三五点，略加介绍。

纵观全书，该书有两个关于人际传播属性的重要假设，构成了全书总纲之所在，也确定了研究者写作与思考的基点：其一是对人的突出特性的判断；其二是对人的关系动态发展的预设。前者指向人的交往特性，人的成长和社会化源于人的交往活动。无论传播发生在个人、群体、社会、文化之间，还是扩大到国家或国际交往层面，人之为人的发展或关系的变化都会受到这种"具有普遍性、重要性和复杂性的人际交往活动的塑造和影响"，从而使人成为真正意义上的人；也只有在这种人际传播活动中，才会出现无尽的是非善恶、喜怒哀乐、占有争夺和纲常倒转等交往现象。后者提出的推断是，人类世界的基本运动是朝向建立关系的方向，而非朝向分裂关系的方向。这对无法逃避关系与交往的个人而言，无疑是一个好消息。在认识论前提下，作者不断地把人际传播当作认识他人与自我的方式或方法。作者通过对各种理论成果的叙述，列举各种人际传播研究的事例，吸引读者关注人际传播质量与个人生活质量之间的因果关联或关系交往的假设，不断与读者一起，完成对何为人际传播、人际传播对社会和个人有什么用处、人际传播为何会造成诸多关系现象及产生重要影响的思考。

首先，斯图尔特教授不同意对"人际传播"做表面理解。"按照一般定义，这种传播可以用来表达思想，做好事情，进行娱乐，作为劝服他人的一种方式，但事情远比这要复杂得多。"他反对将"人际传播"只做类似的技巧性的或功能性的狭窄界定，或将其看作只在面对面的情境下才会发生，只在讨论重大问题时才会启用，只在长期而密切的关系中才会出现，而且还受到参加人数多少的限定。他认为："人际传播是发生在人们交谈和倾听时,最大限度地显现个人存在的一类或一种交往行为。"这个定义抛开了传播是否面对面、参加人数多少等形式问题,而是强调要最大限度地显露出人在传播以及传播和交往中的个性特征。这种把与自己谈话的对方当作人的交流方式,才符合本书作者对人际传播本质的理解。这种人际传播揭示"我是谁"的身份认同问题,同时高度重视传播对个人独特性的建构和对交往关系的影响等。我们看一下如下理解,自然更会明白该书作者所确立的研究主题和写作的出发点:"'人际'这个术语指的是一种接触或交往质量(quality of contact)。"所谓质量,是指人们在交流传播思想时,有被他人当作一个独特的个体之人的交流需求,也有要充分表现"我是谁"的属性特征的需要。在这一思想的帮助下,我们可以对人际传播这一核心概念做如下理解:"人际传播发生在个人之间,而不是发生在角色、面具或刻板印象之间。"因此,"人际"这个术语不是指别的事物,而是指向发生在个体交往者之间的沟通质量问题。

应该怎样认识和理解人际传播对人的意义?将人际传播的重要程度上升到多高才算恰到好处呢?作者为此花费了不少心思,为在人际传播的交往质量和人的生活质量之间建立密切关联,他不惜建立了一个"交往商数"的计算公式,以显示交往商数与人的交往质量和相关质量之间的比例,旨在思考人际传播和生活质量相关联的内容。马尔科姆·帕克斯(Malcolm Parks)的研究还表明,无论在家庭成员中,还是朋友之间,那些缺少传播能力或沟通不畅的人,无疑会受到致命伤害,其身心健康会受到严重影响:如诉诸暴力的夫妇可能养育出有暴力婚姻的子女,离婚有可能引发暴力,自杀常常源于缺失健康的人际关系。科学研究表明,一个人终止了重要关系,可能会导致人体免疫系统的紊乱。人际关系不良还可诱发吸烟、危险驾驶等自我伤害性行为。作者们通过分析许多传播事例,对欺骗、背叛、暴力、责难、误解,甚至刻板印象、社会性别、族群中心主义等伤害性讯息进行研究,进一步证明了人际传播与生活质量之间的密切联系——没有恰当的人际传播,就不可能有好的生活质量。然而,这些关系与传播问题正是目前人际传播研究中最为缺乏的部分,相信有兴趣的研究者会从本书各种理论的探讨中受到启发。

其次,作者还从人际传播是"合作"建构的理论视角和实际需要出发,从人的交往生活的内外情境入手,关注不同个体间相互关联的强度和频度,揭示人在家庭、婚姻、社交、族群、职场、国家等不同关系层面的各种讯息传播对关系建构的影响。读过本书的人可能会明白一个道理,在这个世界上,人不仅是关系的存在,关系还会受到传播行为的影响。除了人对讯息交流所产生意义的理解受到关系强弱和不同交往情境的影响外,当传播作用于关系,关系出现了结果或变化时,一件更值得注意的事情是,人际传播的发生及其关系的建立是由交往者双方或多方的"合作"共同建造的。所谓"合作"可以用"回应"来解释,沉默、不睬、示爱、打架、骂人都是一种回应。如果没有回应或缺少回应,那么传播只是单向的信息传递而已。事实上,传播很难是单方面的行为,传播中含有"合作"。"合作"这种行为让我们看到了传播的发生和本质之所在,即人际传播还是一个"人类用于创造意义的合作过程"。由于人际传播具有这样一种其他传播方式所不具备的交往特性,因此,处在人际关系交往中的个体,无法摆脱关系与合作所带来的影响。在作者看来,传播中个人的身份认同、自我确证的讯息传递、个人受到传播塑造和关系影响等问题,都离不开人际传播是与他人合作建构意义的过程这一事实。

该书作者强调,传播可以帮助人建构身份认同。"人是由许多元素混合而成的独特自我。"传播总是涉及人对身份认同或自我的建构协商。每次你或我与任何人沟通,我们共同做的一件事情就是,弄清我们与谁在一起,又把彼此当成了谁。身份认同总是在传播中发挥作用。在现实生活中,"没有哪个人是普通人",特别是在人际传播中,不存在统计学意义上的一般人。尽管许多人际传播发生在角色之间、面具之间、刻板印象之间,作者称此类传播为"非人际传播",但是"我是谁"却只存在于一系列的人际传播事件中。当人际传播发生时,"人们合作建构的一些最重要的意义是身份认同;所有传播都涉及针对身份认同或自我认同而进行的协商谈判"。斯图尔特教授还特别指出,这里的协商谈判和合作创造意义,并不是指要达成意见一致,而是指人在传播或交往中的"共同生产",即指合作共同建构意义、彼此回应、相互关联、发生关系的交流过程。由于有这种"共同生产"的传播的存在,由此推论出的一个观点也颇具争议性。斯图尔特教授认为,由人际传播具有"合作"的特性进一步再做推论,就会出现这样一种可能的情况,即任何一种传播结果都是由关系双方或多方共同建构的。这说明,既然承认人是关系的存在,人又能回应对方的传播行为,那么传播产生的任何结果都可能是"合作建构意义"的结果,无论这个意义是什么。在这里,作者提出了一个值得关注的问题:一个人不能完全控制传播事件的发生,一个人也无法单独催生传播的结果。于是,在关系交往中,追究谁是导致传播时出现问题的责任方,似乎就成了一个耐人寻味的难题。

除此之外,在这本书里,还有两对贯穿于全书的重要隐喻:一对是"墙"和"桥";另一对是"吸气"和"呼气"。以"墙"为隐喻,来暗指人与人之间不愿放弃隔阂、紧张与冲突的关系,"墙"早已构筑在人心当中,这是"墙"的真相。在人类的各种关系史上,这个符号象征着人类无尽的烦恼或可触摸到的苦难。在人类对"墙"挥之不去的悲伤记忆里,最著名的当属被推倒的柏林墙。这面墙持续存在了28年零91天。至今,朝鲜半岛的"三八线"、中东的巴以隔离墙、南非种族隔离的"墙"依然矗立着。即便真的拆除了看得见的墙,人与人之间的心墙永远也不会消失。那种出现在城市中的邻里关系冷漠症,乡村里的新一代弃老族,互联网上的旁观者,都说明人心里有一把锁。人们擦肩而过,不打招呼,没有话语,更无眼神,相互不点头,彼此不鞠躬,剩下的只是陌路、观望、猜忌、疏远和神情涣散。与"墙"相对的是"桥"。在困境中,人对"桥"有美丽的幻想。在有"墙"的环境中,不管多么艰难,沟通和对话可以搭"桥",而非垒墙。在这本书里,对话的理念便体现了"做桥"的意义,尝试操作对话,被人类败坏的关系就有可能向好的方面转化和发展。作者相信,哪怕通过眉目传情这么一个小动作,也有可能产生让关系双方捐弃前嫌、相互妥协、出现愉快合作的传播效果。在不用夸大就充满敌意的紧张关系面前，人确实需要找到一种能与之相抗衡的方式，否则我们谁也活不好。另一对为作者所乐道的隐喻是"吸气"和"呼气"。"吸气"代表传播过程中的感知与倾听，"呼气"代表传播过程中的表达与坦露。在人际传播发生的实际情境中，倾听是"吸气"，谈话是"呼气"。谈话能阻止冷漠，对话能消解仇恨。好的谈话或对话或许能给人际传播架起一座桥梁。由此可见，无论做出价值判断，还是给出事实描述，"墙"和"桥"、"吸入"和"呼出"之间的主要区别正是作者在该书的最后部分所强调的对话主题。

在该书的最后部分，对话是作者向我们展示的另一个重要观点。作者丹尼尔·扬克洛维奇（Daniel Yankelovich）是在美国公共生活中深具影响力的观察家。他在20世纪70年代创办了纽约时报/扬克洛维奇舆论调查公司。在历经三十余年的舆论研究后，他和他的同事们更加相信对话的作用。他们发现，所谓民主之说，实属虚假不实。如果说信息的广泛获取与成功的民主密不可分，那么民意调查显示，即使在美国这样一个有充分民主的国家里，公众对许多基本事实仍会茫然无知。相当多的人不知道最高法院院长的名字，也不知道他们自己选区参议员的名字。参与对话却有可能扩大民主的影响力。斯图尔特教授认为，对话虽然不是医治所有世界疾病的万能良药，但的确有帮助增加人类接触和增强相互理解的力量。近年来，美国有二百多个不同社区发起倡议，呼吁老死不相往来的群体通过对话加强合作，以应对社区共同关心的一些问题。今天，"对话"在西方社会学、管理学、哲学、心理学、科学和宗教等不同领域，已经发展成一个重要课题。作者着力想体现对话在传播遇到麻烦时，具有改善冲突和对立的力量。对话不是由传播派生出来的，对话就孕育在传播之中，是构成传播本质的东西，对话具有无可辩驳的合理性。然而，对话在实践中遭遇的艰难表明，人类所崇尚、所用来医治传播疾病的"对话"，也是一种有限的传播和交流。译者在外交工作和国际学术交流中运用此书的对话理论与各国外交官和学者交流时，发现在当下国际局势错综复杂的大变革时代，许多国家和地区及国际组织都在热衷于达成形形色色的"战略对话"，但一些所谓的"对话者"缺乏"共同创造意义"的意愿，更缺少对话得以发生的一个要义，即该书作者所秉持的"悉心倾听，移情对话"（换位思考）的重要对话原则。结果，对话参与者自说自话，缺少倾听，导致一些战略对话流于形式。"对话"成了"独白"，自然也就难以取得战略对话本应取得的效果。我们还注意到，多数政府部门发言人努力与媒体和公众沟通，发挥了政府与公众之间的桥梁作用，但有少数发言人可能囿于相关规定、习惯做法或其他原因，有时与媒体或公众互动时答非所问，这样做虽然比较保险，却有可能给人留下"此发言人不称职"的印象，甚至有可能损害其所在部门乃至政府的公信力。如果这些发言人能学习并践行人际传播特别是对话理论，其与媒体或公众沟通的正面效果就有可能得到进一步提升。我们相信《沟通之桥》中的对话理论观点会引起很多人的共鸣。对话能启发我们如何在国家之间、族群之间、不同文化之间、人与人之间，做到彼此尊敬，坦诚相待，而非傲慢冷漠，相互拆台，想方设法搞倒对方，让对方做丧家之犬。对话试图帮助人类找到可尝试的冲突解决方案，达到相互尊重，合作共赢。人际传播的意义和精神高度也是人在进入对话时才能看得到，才能体会到的。作者还特别指出，最好的对话方式，是要先学会倾听。人应当学习沉默，以便更好地倾听。在紧张和危险的关系中，倾听尤其重要，包括倾听那些被看作是"恐怖分子"的人，倾听自己的敌人的心声，以便化敌为友。可以说，无论对话结果如何，请让我们先学习倾听他人。只有倾听，才能接近真相和问题本身。学会了倾听的人，一定善于和他人顺畅交流。这使我们不由得联想到，这本著作之所以历时三十余年经久不衰，正是因为斯图尔特教授一直不断地在寻找一些能"用耳朵写作"的人。

学习与研究人际传播，必须关注现实，如果离开人际传播的现实和交流困境，从字面上来谈论传播交流、研究交往问题，无疑，这是一件于我们而言不可能、不重要，也不相干的事情。特别是在今天使用传媒如此方便、处理社交信息如此快速的时代，人们不再情愿把人际传播当作一个难题，更容易想当然地认为，人际传播不过是一种自然而然、人人都会、不言自明的传播行为或表现为使用新媒介的技能。事实上，无论来自家庭中的面对面谈话，还是网络社交形成的伙伴关系，从家庭到工作岗位，个人在关系生活中的困顿、苦恼和失败从未减少过。谈论人际传播的话题，人类从未觉得轻松和愉快过，也从未摆脱过心灵的紧张和压力，更没有远离过这个难题一步。在互联网时代的个人印象、跨文化交流、社会组织动员中，都有人际传播的存在和影响。但这并不意味着，人际传播发生得越多，传播的效果就会越好。事实上，传播者的个性化特征、受教育状况、文化背景、个人经历和交流历史与当下语境的变化等，都会影响到传播的效果，也都会加剧人际传播问题的复杂性。因此，我们认为，该书的最大价值在于，针对人际传播中的伤害性难题，作者提供了"沟通之桥"的核心理念，为人们运用传播还能做什么，提供了多元的理论认识和解决方案。

对于渴求人际传播基础知识、寻找人际传播理论训练的人，这本书会有很大的吸引力。除了有成熟而新鲜的理论成果之外，作者还通过每篇文章前的评介，突出该章重要的思想观点，给出复习题和思考题，帮助学习者和研究者更好地理解与思考，提醒读者把学到的知识用在哪里和如何再创造。斯图尔特教授除了担任该书的主编，还吸引了众多优秀学者参加写作。这本书收有来自不同学科的众多研究者的学术成果。他们主要是传播学者和教师，也有来自教育学、组织发展学、临床与社会心理学、文化和媒介研究、国际关系和哲学等其他领域的研究者。他们从不同学科和不同的知识视角与传播学建立了跨界互补关系。其中，有众多传播研究领域的知名学者。这些人带着不同的学术背景，聚焦于人际传播和对话关系的研究领域，志同道合，架桥铺路，让我们分享他们带有人文和社会科学色彩的视野和智慧的洞见。应该说，毫无疑问，从作者的权威性到基础知识的重要性，该书都是人际传播领域研究水准极高的一部代表作。

原书是一本大部头著作，共有厚厚的605页。我们选译了其中大部分篇章。翻译有许多看不见的门槛，难以轻松跃进。真要迈过一道高阶门槛，编辑和译者都要执持责任、毅力和专注之心。我们有幸遇到丽锦主任作为本书的责任编辑之一，自始至终为这本译作操劳。她经常奔走于出版与学术之间,精心组织结构,新闻传播学界对她的努力有很深的认同。我们还要感谢曾参与本译作编辑工作的潘飞君和谢佳丽女士,感谢北京大学出版社的精心编辑。唯其如此,我们才放心将这本译作投入茫茫书海,并希望尽早听到对读者有用的回音。同时,我们也真诚欢迎读者对译作给予批评指正。我们相信这本书将对人际传播领域的研究者和学习者,以及对人际传播有兴趣的广大读者有所裨益。

最后,我们要感谢美国人际传播学者约翰·斯图尔特教授和其他参与写作的学者,感谢他们写作了这样一本有价值的人际传播经典教程。我们也愿借此机会将此译作献给我们敬爱的父母。父母的言传身教让我们懂得要努力工作、与人为善、相亲相爱。我们的妹妹怡冰和女儿荷芃仍像往常一样,通读了全部译稿,修改了一些被我们所忽略的错误,在此一并致谢。

2016 年 12 月 22 日
于北京黄寺寓所

第一部分

人际传播基础

第一章
主编与本书介绍

把人际传播领域的内容主要当作一本教材来写,很难令人满意,因为这种形式几乎不可能让你照本宣科。如其他许多教科书的作者与编辑一样,我可以把你仅仅当作"读者"或"学生",把我本人仅仅视为"编辑"或"老师",然后开始把我想让你知道的一切都告诉你。如果我这样做,那么我们就更接近非人际传播(impersonal communication),而不是人际传播(interpersonal communication)。

为什么?如果我只简单地作为"老师"来撰写本书,并且仅仅把你当作"学生"或"读者"来看待,对你讲话,而且你也做着同样的事情,那么我们彼此,就只是基于社会角色在发生着关系。

然而,事情远比这复杂得多。你和我都是具有不同思想、信仰、渴望和需求,具有不可交换性和多维度的人。单说我自己吧,我的名字叫约翰·斯图尔特(John Stewart),在大学执教四十多年,现为学院的行政管理者,我几乎喜欢所做的一切工作。在过去的15年里,我一直处在一个令人兴奋、要求很高、有所回报的五十多岁的父亲的位置上。我念完高中后不久,女儿们就出生了。她们现在已经四十多岁了。我的外孙子和外孙女分别为22岁和20岁。而我们的儿子林肯才15岁。对年长于他的外甥女和外甥而言,林肯既是舅舅,也是在这个人类扩充的大家庭中拥有姑姑、姑父和表兄、表姐的年轻成员之一。

我的故乡在美国西北部。2001年,我移居到东北部的艾奥瓦州。我喜爱咸水的味道和静静的小船后面泛起的嘶嘶泡沫;喜爱自行车运动,喜爱从山顶向下滑雪时的亢奋激动;喜爱冬日映照在美国中西部白雪上的耀眼明光;喜爱家人团聚时的拥挤和嘈杂;喜爱有机会每天离家后接打电话,而非只做一件事情。我不喜欢虚伪的笑容和阿谀奉承,不喜欢装腔作势的学者,表述模糊却要严格执行的规定,不喜欢牡蛎状软体动物和摇摆不定的机械装置。我也对那些说话云遮雾罩、不着边际者缺乏耐心。我在华盛顿州的一个小镇长大,现住在密西西比河畔,正好位于艾奥瓦州、伊利诺伊州和威斯康星州的交汇处。在帮助我班上的学生学习新旧思想、辅导年轻员工、促进我们的小学院完成使命的过程中,我喜欢应对所遇到的挑战。我因拥有的职业、家庭和健康深感幸运。

　　我学习和讲授人际传播课程的时间越长,对今天的我是由我所经历过的种种关系塑造而成的感受就越多。我生命中最重要的一些人已经过世,如我的父母、我的岳父、我的第一个真正的"老板"马克·伯迪克(Marc Burdick)、学院的教师彼得·里斯图本(Peter Ristuben)和"教授"卡尔(Karl)、把马丁·布伯(Martin Buber)的著作介绍给我的朋友艾伦·克拉克(Allen Clark)、一些我几乎已经与之完全失去联系的其他人;还有我在读高中和大学时的老师、在豌豆罐头厂的工友、研究生院的同班同学。然而,许多其他关系仍在继续地教导我和塑造我。我与许多作者的关系也影响了我,他们在作品中与我建立了关系,特别是马丁·布伯、汉斯-乔治·伽达默尔(Hans-Georg Gadamer)、米哈伊尔·巴赫金(Mikhail Bakhtin)、约翰·肖特尔(John Shotter)、埃里克·沃格林(Eric Voegelin)、马丁·海德格尔(Martin Heidegger)、帕克·帕默尔(Parker Palmer)和卡尔·罗杰斯(Carl Rogers)对我影响最大。我与所有这些人的交往,都有助于形成我。与此同时,我感到存在着一个连续不断的"我"。虽然这个"我"始终在变化,它却坚守着使我成其为我的价值观、理解力、弱点和长处。

　　如果我只是把自己当作"作者"或"老师",我可能就会忽略两个事实:一是我做这本书的第十个版本时,仍像做本书首版时一样兴奋;二是通过本书能与那么多不同的人对话,这使我始终感到惊讶。每当读过本书的学生或使用过它的教师提到本书时,我都感到一种喜悦;我尤其乐于听到传播学专业的研究生和教师告诉我,这本书是他们走进传播学领域的入门之作。所幸我能够用这种方式分享他们关于人际传播的某些想法和感觉,这是我从他们那里获得的一份礼物。我对读者允许我继续以这种相对个性化的交谈方式,而非仅仅用四平八稳、枯燥乏味、漫无边际的方式,宣讲某种"教育材料"而感到欣喜。

　　我提到过的那种非人际方式(impersonal approach)也影响到你与我的交往方式,因为你并非一个简单的"读者"或"学生"。你生在哪里,长在哪里?本书对你有何影响?如果你正在读这本书,是因为你想读它,还是有人要求你读它?如果你把这本书当作大学课程的一部分来读,那么你指望这门课程会有什么结果?本书对你有挑战性吗?枯燥吗?有威胁吗?有用吗?你感到受束缚了吗?感到兴奋了吗?你对必修课一般有什么感觉?你准备上学吗?你参加过什么小组?你是体育小组的成员吗?你是小区棒球队的成员吗?你是乐队队员吗?你是篝火队的成员,还是一个童子军?你是教会小组成员吗?你是妇女社团成员,还是兄弟会成员?你是阿拉特恩(Alateen)成员①吗?最近你做出了什么重要选择?你想结束某种关系吗?想搬家吗?想换专业吗?想辞职吗?想要做出新的承诺吗?

　　我并非说你必须在详细了解某人的生活之后,才能与他或她进行沟通。我是说,

---

① 一个国际性的拥有众多成员的戒酒团体,推广12步方法,以帮助成年男女及少年嗜酒者戒酒。——译注

人际沟通发生在个人(persons)之间,而不是发生在角色、面具或刻板印象之间。人际沟通发生在你我之间的唯一条件是,我们每个人都有可能使我们成为一个人,同时也意识到能使他人成为一个人。

将我所说的话进行概念化的一个方法,就是想想你的交往商数(Contact Quotient),或简称"CQ"。你的交往商数是衡量你如何与他人交往的一个尺度。正是这个商数表达了你与他人的交往质量和可能获取的质量之间的比例。

$$\frac{已获取的交往丰富性或交往质量}{可能获取的交往丰富性或交往质量}$$

换句话说,一对结婚40年的夫妇拥有庞大的交往商数分母量(denominator,线下的数字)——假定是10000。当其中一方对另一方保持沉默时,他们的分子量(numerator,线上的数字)就会小得让人痛心,也许只有15。因此,在这种情况下,他们的交往商数是15/10000,相当低。但是,当他们在一起交谈了一个下午和晚上,彼此欣赏对方的行为并且做爱之后,分子量就会上升很多,也许为9500,他们的交往商数接近10000/10000。另一方面,你和我拥有的分母量相当小。这意味着,我们通过本书可以获得的绝对交往质量较低。不过,我们仍可努力创造一个统一的交往商数,也许为100/100,这是我撰写这篇导言和写作本书其他内容的目的之一。

尽管难以把你我之间的交往商数最大化,但我仍要把有关我是谁的一些情况告诉你。不过,我不知道我写的东西是不是能满足你关于知道我是谁的需要。另外,我一点儿也不了解是什么——你的选择、情感、希望、恐惧和见识,或你的盲区——使你成为现在这个人。这就是撰写人际传播领域的教材或著作有时会让人感到困难的原因。尽管我们可以在印刷文字中讨论人际传播,但许多人际传播是不太可能在这里发生的。

尽管现实生活中发生的关系多于一本教程通常涉及的关系,但我们的关系至少能比在日常生活中更贴近人际关系。我要通过与你继续分享我在导言、每一章节后面附有的复习题和思考题、我撰写或与人合写的论文中的一些想法,还有我的感受,来实现这个目标。我希望你能完全融入这本书,通过这本书,认清哪些思想和技能对你有些价值,哪些对你没有价值。我也希望你愿意结伴与他人一起来阅读这本书,这样,你与他们就可以相互激励并相互学习了。

第一节 为何用这种方式进入人际传播?

在把人际传播分解成几个可掌控的部分之前,我要讲讲指导我选择和组织本书材料的几个想法。我相信,当你了解了有关本书的一些合理性时,你就会更容易理解每个话题的含义,更好地接受你所需要的内容,而把其他文章搁在一边。

一、传播质量与生活质量

我的一个基本假设是:你的传播质量和生活质量之间有着直接关联。我可以再描述一些我个人的历史来进一步解释这一观点。

我高中毕业后,读了两年社区学院,然后转到一所四年制学院完成我的学位。我在这两所学院都选择了言语传播基础课。我注意到,我在每所学院都留下了一些遗憾。老师所强调的是如何把信息告诉他人,劝服他人做你想要他或她做的事情。他们教导班上的学生如何进行研究和概述思想,如何采取行动和有效地做出手势,如何使用多样化的言语表达,以保持听者的注意力。老师要求学生们撰写论文和发表讲话,以证明他们掌握了这些技巧。但是,这些课程忽略了某些重要的东西。教科书和老师都没有提到过你的传播质量与你的生活质量之间究竟有什么联系。

其他教科书和老师倒是提到了这种关联。在我的文学和人类学课堂上,我读到过这样的话:"人不是孤岛""人是一种社会动物"。心理学书籍谈到了那些由于缺少触摸、交谈和其他交往方式而深受伤害的儿童。一篇哲学课文用这样的话阐述了相同的观点:"交流意味着人的生存或死亡……个人和社会的基本含义都源于(个人)之间存在的关系。(人类)正是通过对话来创造人与社区的奇迹。"[1]

言语传播学课本和老师都这样许诺,他们可以帮助学生学会清楚地表达思想,让他人感到快乐,劝服他人赞同自己的观点。但他们似乎忘了传授文学、人类学、心理学和哲学中所讲述的传播会产生影响的道理。如果人类真的是社会动物,那么,传播就会出现在有人类的地方。换句话说,尽管从定义上讲,传播是人表达思想、做好事情、进行娱乐、说服和劝服他人的一种方式,但事情远比这要复杂得多。传播是界定我们是谁的一个过程。结果就是,如果我们进行的主要是疏远的、客观的非人际传播,那么,我们就有可能发展单向的(one-sided)关系;但是,如果我们进行的是亲密的分享、支持性的人际传播,那么我们就有可能激发出更多的人类潜能。我们的传播质量正是这样影响着我们的生活质量。

我开始教授人际传播的一个原因就是,我发现了这一思想的真相,这一点让我萌发了编写本书的动机。支持这个想法的一些人际传播研究也影响了我。

正如马尔科姆·帕克斯(Malcolm Parks)所言,医生们已经做了最引人注目的研究。马里兰大学药学院社会心理学诊所和实验室(Psychophysiological Clinic and Laboratories at the University of Maryland School of Medicine)副主任詹姆斯·J.林奇(James J. Lynch)在介绍他的一本著作时,写了这样一段话:

> 正如我们将看到的那样,一个又一个研究表明,对话不仅极大地影响我们的心脏,也能改变人体最远处的单个组织系统的生物化学状态。由于血液流经每个人体组织,因此整个人体都受到对话的影响。[2]

换句话说,林奇是在讲,你的传播质量影响着你的身体(physical)质量。他的重要发现之一就是：血压的变化比人们通常相信的要快得多、经常得多；人在讲话和听他人讲话时，就会出现最重要的血压变化。林奇和其他研究者使用电脑化的仪器设备，对血压进行经常性监测，记录一个人进入房间、运用非言语传播方式、大声朗读和交谈等行为对血压的影响。讲话似乎能直接影响血压的变化。在一项研究中，当保健护士们沉默不语时，平均舒张压为92，在她们"平静讲话"时，其平均舒张压增高到100。[3]聆听有恰好相反的效果。一个人停止讲话时，他的血压会返回到基线处；当他集中精力、聆听他人讲话时，他的血压实际上会降到基线以下。[4]这种现象只有在我们与人交谈时才会发生；人与宠物"谈话"时，就不会产生同样的结果。[5]

林奇在其早期著作中，讨论过某些更具全球性影响的现象。他在书中报告了数百个有关孤独者和健康状况不佳者的医学研究结果。例如，缺乏人际关系的人比拥有亲友网络的人过世要早。[6]事实上，对双胞胎的研究发现，患突发性心脏病的双胞胎的吸烟习惯、肥胖症发病率和胆固醇水平与拥有健康心脏的双胞胎并无太大差别，但他们之间存在其他重大差异，其中之一就是医生们所谓的"童年和成年时期人际关系缺乏症"[7]。

从此类证据中能得出什么结论呢？林奇是这样说的：

> 与人做伴并不会影响我们的心脏……我们的心脏中有一种热爱人际关系的生物学基础。我们如果不充分用好它，就会碰到危险……终极决策非常简单：我们要么学会一起生活，要么增加我们孤独早逝的机会。[8]

换个说法，如果我们从身体角度去看待生活质量，事情显然就比拥有足够的食品、暖和的衣裳与舒适的住处、良好的教育和现代化的方便条件要复杂得多。你的生存质量与你的传播质量直接发生关联。

如果你超越身体角度看待生活质量问题，你就会得出更加激进的相同观点。事实上，非医务人员多年来一直在讨论传播质量与生活质量之间的关系问题。比如，可以改述一下哲学家马丁·布伯的话：

> 人类世界发生的独特事件就是，人与人之间不断发生某种事情，而这种事情在动物界或植物界是绝不会发生的。……人通过这种发生而成其为人……这种特殊事件始于一个人转向另一个人，把他或她作为一个特定的他人来看待，而且以一种互动的方式主动与他人沟通，从而建立起每个人经历的个人世界和他们一起经历的共享世界。[9]

耶稣会心理学家约翰·鲍威尔（John Powell）用更简洁的术语表达了相同的思想："我是什么？这取决于我在成人过程中的任何一个特定时刻里，与那些爱我或不爱我、我爱或我不爱的人的关系。"[10]

"好吧，"你也许会说，"我不反对所有这些人的崇高思想；我能看到生活质量与传播质量是如何发生关联的。可还是让我们实际一点儿吧。把每个人都当作朋友对待，这是不太可能的;更重要的是,这样做并非总是明智之举。所以,你不能指望你的传播总是那样友善,总能提供帮助。非人际传播随时都会发生,而且恰恰是我们经常拥有的一种传播"。

我同意这种说法。这也是非常重要的一点。许多因素会使人际传播困难重重,甚至不可能进行人际传播。角色定位、身份关系、文化差异、物理环境,甚至有无时间,都可能成为人际交往的障碍。缺乏感知和技巧,同样也能影响你的交往商数。也许,一个人想与某个人发生私人间的交往,但他根本不知道如何去做。

在其他情况下,也有可能发生人际传播,但正如你指出的那样,进行这种传播也许并不明智。权力关系或敌意可能会使这种人际传播充满风险。日常传播中还含有许多欺骗行为。一项研究表明,人们在交谈时,有62%的内容可以被划归为欺骗性陈述。在另外两项测验中,超过三分之一的回应者承认,他们在有些重大问题上欺骗过密友。[1]我认识一个曾在一座监狱里教授人际传播的狱警。人际传播是监狱里的"生活技巧"(Living Skills)培训项目的组成部分。埃里克(Eric)是那里的一位狱警。他作为狱警,有权把囚犯送回到县监狱去。这种权力极大地影响了他作为人际传播教师能做到的事情。他班上的一些人对他努力与他们建立关系有公开的回应,但一些长期服刑的人,却非常老练难缠,他们只想在囚犯的等级中,保住自己的权力和尽快出狱,不管是合法出狱,还是采取其他途径出狱。埃里克试图与全班人员按照人际方式进行传播的努力未能完全实现。这里的底线就是:虽然我们的交往肯定不会全部人际化,但在多数情况下,多数交往仍可以做到人际化。如果情况如此,那么我们的生活质量就一定会有所提高。

二、人类源自人的交往

与本书中的基本假设密切相关的第二点是:人类世界中存在着一种基本运动。它面向关系,而非分裂。也许,这一点听起来有些含糊不清。不过,如果你跟着我看过几段文字,你就会豁然开朗。

第一,我认为,人的生活是一个过程;我们人类参与其中的这个一般过程使我们成为全面发展的人。

第二,人类是相互关联的人,而非孤立的人。从根本上说,我们需要与他人交往。如果你在一个完全非人际的环境中,把人的卵子和精子结合起来,最终不会生成一个人。这与克隆不同。我想到人工子宫、机器助生、机械喂奶和更换尿布等。为什么用这种方式创造的生物就不是一个人呢?因为一个人必须要与他人建立关系。当然,这一点不可能靠实验来证明,因为用这种方法对待任何人类有机体都是不道德的。但是,某些经验性证据支持这种说法;我想起对"未驯化"(feral)的孩子或"野"孩子,以及曾被狼或其他动物养育过一段时间后被人群发现的孩子的研究。有一本书中讲到了"阿韦龙省的野男孩"(Wild Boy of Aveyron)。他是一个"聪明的动物"。1800年1月9日,他从法国南部一个小村庄附近的森林中走了出来,在村庄的一个园子里挖

菜时被人抓住了。据认识他的人讲,这个"动物":

> 具有人的体形,直立行走。他的一切都使人想到他是一个动物。他裸着身子,只穿一件破衣衫;他在抓他的人面前毫无谦卑感,也没意识到自己是一个人。他不能说话,只能发出古怪而无意义的叫喊。他的个子非常矮小,看起来像是一个十一二岁的男孩。[12]

这个"动物"被带到了一个名叫皮内尔(Pinel)的著名内科医生和精神病学创始人那里。医生说他帮不上忙,因为"那男孩子没有人类的感觉。他没有感到他自己是一个与其他人有关的人"[13]。当这个孩子被送去参加由另一位名叫让-马克·加斯帕德·伊塔尔德(Jean-Marc Gaspard Itard)的医生发起的项目之后,"他的野性"才开始朝着人的方向转变。伊塔尔德首先把男孩寄养在一个人家里,由成熟而充满母爱的顾格林夫人(Mme. Guerin)来照料。男孩子在这个家庭里学会了"使用他自己的夜壶",自己穿衣服;有人叫他时,他就走出来;他甚至还认识了某些图片上的字母。

伊塔尔德经过多年努力,写出了关于这个男孩社会化过程的第一份报告。他在报告中强调了人的交往使其成为人的重要性。伊塔尔德详细描述了他与那个男孩,以及那个男孩与顾格林夫人的"友情"中的一些重要事件:"如果人们能记住那些无尽的絮语、温情的爱抚对孩子的重要影响,记住那些温柔慈爱的琐事,那么自然地出自一位母亲的内心,并且使孩子脸上第一次露出只有人类才有的微笑和欢乐,那么我想,也许只有这时我才会被人所理解。"[14]没有这种接触交往,那个年轻的人类有机体充其量就是一个动物或一个野人而已。经过这些接触交往,他才开始成为一个人。

讲述这件事情有助于形成这一观点:人类源自人的交往。我们的基因赋予我们发展成人的潜能。但是,如果没有交往,这种潜能就无法得到实现。人肯定会备受孤独无助、苦思默想的影响,但这很大程度上是因为这些个体化的活动就发生于关系情境中。正如许多作者指出的那样,我们与自然的交往,与其他人的交往,与任何超级物种、地位更高的权威者的交往,都在塑造着我们。本书的焦点放在第二种交往,即我们与人的交往方面。正因如此,你的传播沟通质量和生活质量才存在着直接的联系。也正因如此,我才鼓动你使用交往商数这个术语,来思考你的传播沟通问题。你与每一个人、在每一种情景下进行的交往的质量,肯定不会是相同的。不过,你能意识到在你与他人交往时可能会产生的交往质量,并且努力使之达到1/1这一交往商数。

不过,我并不是说,如果每个人只是握手、微笑、眼盯落日,一切冲突就会烟消云散,世界就会变成一个幸福的天堂。我不会如此天真。然而,本书所讨论的传播类型,绝非指一种时髦的大众心理学,也不是西方白人以及中产阶级的自恋行为,更非新世纪的美好感觉。

第二节 关于本书

到此为止,我已试图说明,在我看来,人际传播不同于含有(人际)交往成分的非人际传播。这意味着,为了让人际传播得以发生,每个参与者都必须愿意并且能够以最能体现个人存在的方式进行交谈和倾听。这种意愿和能力只有当人遇到以下情况时才会出现:(1)熟悉人际传播的基础;(2)愿意并有能力准确感知和倾听自己与他人,使他人了解他们本人及其思想;(3)知道在各种关系中,基本的传播过程是如何发生的;(4)拥有处理传播难题的某些资源。

在每篇文章前,我都有一些评介,以突出重要的思想观点。在每一篇文章之后,我还准备了两类问题。复习题促使你回顾重要观点。思考题旨在引发思考和问题,特别是让文章中的思想与你自己的生活经历和其他文章中的思想发生关联。

最后一点是:本书中的一些论文由于写在人们了解到英语中的历史性男性偏见会造成潜在的破坏性影响之前,因此当这些作者谈及"人性"(humanity)、"人"(humans)或"人类"(humankind)时,就写成了 man 或 mankind。他们用一个代词代表一个抽象的人时,常常写成他(he),而不是她(she)。有时,我尽量去掉这种冒犯性的用词或用括号取而代之。另一些时候,某种编辑方式会使文章变得异常模糊和难以阅读。这个问题在马丁·布伯的文章中会显得特别突出。我希望当你在阅读中遇到这种情况时,能为掌握重要思想而跳过这些大男子主义的语言。

话题有时比较严肃,概念偶尔有些复杂,但本书讲的是我们大家一直都在参与的、都熟悉的活动。待你读完此书时,你会成为一个比现在更有成效的沟通者。这种学习是令人兴奋的!

注释

1. Reuel Howe, *The Miracle of Dialogue* (New York: Seabury, 1963), cited in *The Human Dialogue*, ed. F. W. Matson and A. Montagu (New York: Free Press, 1968), pp. 148—49.
2. James J. Lynch, *The Language of the Heart: The Body's Response to Human Dialogue* (New York: Basic Books, 1985), p. 3.
3. Lynch, pp. 123—24.
4. Lynch, pp. 160ff.
5. Lynch, pp. 150—55.
6. James J. Lynch, *The Broken Heart: The Medical Consequences of Loneliness* (New York: Basic Books, 1977), pp. 42—51.
7. E. A. Liljefors and R. H. Rahe, "Psychosocial Characteristics of Subjects with Myocardial Infarction in Stockholm," in *Life Stress Illness*, ed. E. K. Gunderson and R. H. Rahe (Springfield, IL: Charles C Thomas, 1974), pp. 90—104.
8. Lynch, *The Broken Heart*, p. 14.

9. Paraphrased from Martin Buber, *Between Man and Man* (New York: Macmillan, 1965), p. 203.
10. John Powell, *Why Am I Afraid to Tell You Who I Am?* (Chicago: Argus Communications, 1969), p. 43.
11. H. Dan O'Hair and Michael J. Cody, "Deception," in *The Dark Side of Interpersonal Communication*, ed. W. R. Cupach and B. H. Spitzberg (Hillsdale, NJ: Lawrence Erlbaum, 1994), pp. 183—84.
12. Roger Shattuck, *The Forbidden Experiment: The Story of the Wild Boy of Aveyron* (New York: Farrar Straus Giroux, 1980), p. 5.
13. Shattuck, p. 37.
14. Shattuck, p. 119.

第二章

传播与人际传播

第一节 传播与人际传播

约翰·斯图尔特

我在大学上学的第一年中最喜欢的课程之一是哲学导论,它吸引我的部分原因是那位授课老师。他了解他的课程,而且他喜欢教授这门课程。几年后我发现,我也喜欢这门课,因为我喜欢我们的阅读材料,喜欢讨论时的那种思想方式。在大学的整个就读期间,我用其他哲学著作补充了我的传播学课程。

哲学领域的一个定义是"系统性假设批判"。这意味着哲学家首先对基本原理、基本假设感兴趣,他们喜欢提出假设。如果你已读过很多哲学著作,可能会得出这样的结论:哲学太乏味了,甚至"驴唇不对马嘴"。但哲学也可以令人兴奋和让人感觉重要,因为哲学家会说这样的话:"打住!你打算解释一些重要的事情,如人应当如何相处、经济学和商业的原理法则,或人们应当如何沟通时,你是想弄清一些基本事实。"例如,你讲起人的沟通时,就会这样想:人与人之间进行沟通时,究竟得到了什么?想法?意义?或仅仅是光波和声波?也许,这位哲学家会说:"由于意义是内在的,他们所有的沟通只是光与声;一个人只能与他或她对他人的感知进行沟通。这就意味着,我永远不能与你直接沟通。我全部能做到的,只是在时机恰当时,与我自己沟通!"

类似的基本问题之所以令我着迷,主要是因为,它们对人具有许多实际的影响。我们做任何事情时,都会把我们对事情的假定"泄露"出去。比如,你是否认识这样一个人,他或她完全相信有一个弱肉强食的世界存在?你观察他或她怎么走路,悉听那个人怎么接听电话,观察他或她典型的面部表情。人们每天面对多种多样的信念、意见和动作时,都在进行选择,即对什么正确、什么重要、什么可敬、什么将会带来最佳效果等的选择,而这些大都源自他们的一些假定。

因此,重要的是要思考这些假定,当这些假定变得无用时,就要改变它们。我深知,由于所有谈话者都有自己"定义的术语",因此,许多令人兴奋的潜在谈话,会完全被某人那种固执己见的立场磨损殆尽。然而,我也深知,当一场谈话始于谈话者对假定后面的含义、对正在讨论的那个定义拥有共同的理解时,许多模糊的东西还可以被澄清,许多不健康的选择还可以被改变。

在下面这篇文章里,我将描述我对本书的主题——人际传播所下的定义。我用六个部分概述"传播"一词,包括描述每一部分的实际意义。然后,我再用更通用的术语讨论人际传播。

正如你看到的那样,我在此提出的传播和人际传播的观点,扩展了我在第一章中有关传播质量与生活质量的观点。我要在全书中重点强调的事情之一就是,传播的部分功能是针对身份认同或自我确证进行协商。正因如此,本文才始于广泛解释人类世界或现实世界如何在传播中合作建构(建造、修改、拆除、重建)的问题。人际传播的定义正是源自这一点。简而言之,正如我指出的那样,当人们用最能显现个人存在的方式进行谈话和倾听时,便会发生人际传播。

本文有点长,我对此表示歉意。不过,我要用它来勾画以后出现在本书中的所有内容。

传播是一个令人饶有兴趣的研究课题。这是因为,一方面,你我至少从出生之日起就一直在传播。因此,在某种程度上我们可以称自己是一个"专家"。另一方面,人们遇到的许多困难都是由传播造成的,这就意味着,我们大家都有许多东西要学习。如果你的传播没有问题,本书和这些课程可能就不适合你。然而,假如你的经历与我的经历有些相似,你也许就会想要从中得到一些帮助。我学习和教授了四十多年的传播学之后,仍然会碰到许多误解。但我已发现,掌握一些关于什么是传播、传播如何进行的基本观点,可以消除许多认识上的误解。正因为如此,我才在这个引言中,就传播学的一般主题和本书焦点,即人际传播展开描述。

一、进行传播[1]

从最一般意义上讲,"传播"和"进行传播"(communicating)这两个术语是指连续不断的、复杂的、合作建构的言语与非言语的意义创造过程。当某人说"她是一个不错的沟通者"或"我们沟通得很好"时,其基本含义表明:与这些人打交道会比较顺利,不会让人产生太多的困惑或误解。总的来看,这些人合作创造的意义很好地发挥了作用。同理,当人们遇到让人困惑、难堪或残缺不全的意义时,就会称之为"沟通不畅"。

在上述定义中,"连续不断的"这个词语使我们想到,自我们出生,传播就开始存在了,而且这种传播将一直持续到我们辞世为止。"复杂的"是指在每一次传播事件中有许多元素或层面,包括其他几个要素中的面部表情、声调、词语的选择、历史和社会角色。"言语"和"非言语"这两个词语突显的是人类联手做事的两大重要符码。"合作建构的"则指我们共同劳作或联手创造了意义。甚至,当双方处于激烈争执中时,他们仍在共同建构愤怒、敌意、公平和尊重等传播的意义。所以,无论你讲的是书面语的传播、口语的传播、面对面的传播,还是以电脑为介质的传播、冲突的传播、合作的传播,这些过程中基本上都有人类共同创造意义的含义。

意义产生于人的世界。这个世界不同于其他生物所居住的空间,如昆虫、狗、猫,甚至我们现在所知的黑猩猩、鲸鱼和海豚。既然人类生活在意义的世界里,而非生活在仅由物体或事物组成的世界里,那么传播就是人类生活的重要组成部分。

要阐明"人生活在意义的世界里"这一思想,你就必须把你所在的那个世界视为你的"家"。如果有人让你描述一下你的家,你可能不会只讲它有多少平方英尺,有多高,离某些著名地标有多远,卧室里的墙壁是什么颜色(客观性的特点)。你可能还会谈到住在这样一个地方有什么意义,你怎么看待和感觉墙壁的色彩,你的家所在的位置如何。同样,交通在你的世界里具有重要意义,不是单单因为你骑自行车或坐公共汽车出行,乘旧跑车、新跑车或开敞篷汽车兜风,步行或骑摩托车外出,而是因为你用这种方式到处旅行,对你的家庭、朋友和文化所具有的意义。所有在你的世界里出现的这些组成部分的意义,都在人与人之间的书面交往或口头交往、言语和非言语的交往中,逐一得到建构。

我们每个人一出生,这种意义创造的过程就一直不断地伴随着我们;我们进入这个过程,就像把土豆块扑通一声扔进混沌未开的汤锅里一样。我们出生之前,那锅汤已在那儿准备好了。我们活着的时候,那锅汤时时刻刻都处在半开未开的状态。我们去世之后,这些传播过程还将继续下去。作为个体或群体,我们对世界的影响自然要远远大于一块土豆对一锅汤的影响。虽然我们每个人都是正在进行的沟通过程的参与者,但我们不能完全控制这个有如人类历史一样悠久而复杂的传播过程。在使我们成为社会动物的所有交往中,在任何时候和任何地方,人类都在合作创造意义;"传播"就是对这个正在发生的过程的一个命名。

人际传播是这种普通传播过程的一个分支,是一种或一类特定的传播。我将在后面描述它到底是什么。不过,我首先要解释所有传播的六个重要特点(我已引入了其中的第一个特点)和每种传播的重要内涵或它的实际应用:

- **意义**:人类生活在意义的世界中;传播是合作创造这些意义的过程。

内涵1:由于一个人不能完全控制一个传播事件,而且一个人或一个行动无法导致某种传播结果,因此也就不能因为出现某种传播结果而去指责一个人。

- **选择**:所有传播都涉及选择。其中,有些选择是我们主动做出的;而其他选择则是依据文化规范做出的,而且似乎是自动生成的选择。

内涵2:传播者做出的选择会显露出其道德标准和道德担当。

- **文化**:文化与传播是相互交织的。族群、性别、年龄、社会阶层、性取向和其他文化特点总是影响着传播,同时也受传播的影响。

内涵3:你的文化和我的文化会影响本书中所讲述的传播,会影响你如何对它做出回应。

- **身份认同**:人们合作创造的一些最重要的意义是进行身份认同;所有传播都涉

及围绕这种身份认同或自我认同而进行的协商。

内涵 4：关于身份认同的讯息总是在传播中发挥作用。
- 谈话：最具影响力的传播事件是谈话。

内涵 5：一般而言，最平常的传播事件正是最具重要意义的传播事件。
- 下一次：最重要的单个传播技巧是"下一次"。

内涵 6：当你面对传播的挑战或问题时，最有用的一个自我设问是："我能为下一次传播做什么？"

（一）意义：人类生活在意义的世界中；传播是合作创造这些意义的过程。

也许你认为我介绍的这个观点有点奇怪。大多数人不太考虑给传播下一个定义。如果有人追问，刚接触这个问题的人或许干脆就说，传播的基本含义是"把想法交换一下"或"发送与接收讯息"。事实上，在许多文化中，人们对传播的普遍看法是：

1. 当一个讯息发送者得到了他或她希望传播的想法时，传播就开始了。
2. 传播是通过让一些有想法的发送者将其想法译成话语，或译作其他某种讯息而发生的。
3. 传播要求讯息接收者感知该讯息，并把它重新译成一种想法。
4. 可用收发的讯息是否吻合（match）、恰当（fit）或保真（fidelity）等术语来评价传播。
5. 可通过弄清是谁引起了传播的成功或失败（谁应负责，谁获得了信誉，谁的过错，谁应受指责）来分析传播。

根据这种定义，传播的一般过程可用简图表示如下：

想法 1→发送的讯息→接收的讯息→想法 2

当想法 2 与想法 1 相同时，传播就是成功的；当两个想法不相吻合时，就会出现因某人"出错"而引起的误解。

这似乎是对传播恰当而合理的甚至是准确的理解。**然而，所有这些对传播的普遍看法都是误导。如果你照此行动，你就有可能遇到麻烦。**

让我们逐一简要分析这些观点。

传播主要涉及"表达你的想法"。这种观点强调传播的话题或内容，即人们讨论的东西。把想法传输或信息共享看作是最重要的功能，这是有道理的。要检验这种想法，不妨看看从一次实际谈话中节选出来的一段话：

> 约翰：你怎么看校园里的自行车？
> 朱迪：我觉得很糟糕。
> 约翰：肯定有上百万辆了。
> 朱迪：嗯，哦。
> 约翰：（接朱迪的话）杜兹特似乎对你……今年人更多了吧？

朱迪：是，是这样的。
约翰：(接话)走吧——天呐，好像有一百万人。
朱迪：是(停了一下)。是的，人太多了。我骑……自行车经常走不动，我只好下车……嗯嗯嗯……不骑了。
约翰：(接朱迪的话)噢，真的……
约翰：我不知道。我躲开一辆车，还得躲另一辆，没完没了。
朱迪：是的(停顿一下)，哦，太可怕了。
约翰：人是太多了。
朱迪：嗯，嗯。[2]

这段谈话的内容是校园里的自行车，不过是正在进行的谈话的一部分。约翰和朱迪是刚刚见面的大学同学，他们谈起自行车这个话题，有一部分想法是要借此来弄清自己是谁和对方是谁。实际上，这段谈话中最重要的一部分，或许不是约翰和朱迪对自行车的看法，而是他们的相同意见所创造的共同看法。约翰在界定话题和接朱迪的话头时，建构出来的是某种微妙的权力关系，并且朱迪愿意建立这种稍显一方在上/一方在下的关系(one-up/one-down relationship)。换句话说，假如你能记住约翰和朱迪是刚刚相识的，也许，你就会赞同这一说法：传播学研究者把这段谈话的最重要特点概括为身份认同讯息(identity messages)或关系讯息(relationship messages)。这些讯息是约翰如何界定自己、如何看待朱迪、他认为朱迪会怎样看待他的言语和非言语的"显示器"(indicators)；也是朱迪在用言语和非言语的方式界定她自己、她如何看待约翰、她认为约翰会如何看待她的"显示器"。这些有关人物身份认同或自我认同及相互关系的讯息，至少像思想内容一样重要，而且往往更为重要。由于人际传播涉及的不仅仅是表达你的想法，因此，那些之前提到的一般的传播定义就是一种误导。

传播是通过让想法的发送者将其想法译成词语或其他某种讯息而发生的过程。这种观点假定，一个说话者把一个想法变成话语时，言语行为便发生了。但是，当约翰的头脑中冒出一个有关自行车的非言语想法时，谈话并没有刚好"开始"。他在一种特定情景下，与朱迪不期相遇。在这种情况下，他俩都是传播实验中的自愿对象。他们的社会、政治和宗教文化帮助他们界定年龄相仿的男女陌生人是如何彼此发生关联的。也许，他俩都在寻找尽可能使自己对这场相遇感觉舒服的某种方式。另外，约翰说话之前，也许，在他的脑子中，根本就没有什么明确或单一的思想内容(一个想法)。被称为"想法"的现象是复杂多变的，包括词语、声调、重音、停顿和面部表情；它们被说出口时，还会产生变化。这就意味着，在一个人的大脑(想法)中，不存在将想法转译或编码成话语的单一可辨的东西。

传播要求讯息接收者感知该讯息并把它重新译成一种想法。持这种观点者认为，听者与言者所做的事情是相同的，只是二者的做法顺序相反。然而，人类传播并非如此简单。第一，要注意约翰和朱迪在交换任何一个观点时，都并不是简单的讯息"发送者"或"接收者";其实,他俩在任何时候都在同时发送和接收讯息。朱迪讲话时,一直在观察约翰的反应(她在接收讯息),调整自己的话,考虑如何说话。约翰也在做着同样的事情。约翰听朱迪讲话时,是在用自己的脸和身体对朱迪"说"事儿。人际传播者总是在同时收发讯息。这样一来,每个传播者在传播过程中的任何时刻,都会有改变事情的机会。这段节选的谈话结束时,约翰和朱迪都处于发生潜在变化的状态中,接下去的谈话有可能使他们的关系不断趋近,或是渐行渐远。比如,约翰可能捡起朱迪自我坦露的话头——朱迪是一个骑自行车的人——来继续谈话;朱迪也可能引出一个对自己更重要的话题来。值得注意的是,这里的谈话远远比对个人想法的来回转译或重译更复杂。

可用收发的讯息是否吻合、恰当或保真等术语来评价传播。这一观点说明,虽然你可以孤立地界定约翰和朱迪的思想内容(想法),以便弄清这些想法吻合或恰当到什么程度,但是由于人的想法变化极快,人脑中的传播像谈话中的沟通一样多,所以保真模式并不十分适合真实的谈话。为了应用这种观点,你不得不放慢并曲解谈话,使它与实际发生的谈话有所区别。在很大程度上,传播能否成功取决于人们继续顺利发生关系的能力,而不在于思想内容是否吻合。

可通过确定过错方和责备,来分析传播中出现的问题。人们指出某个问题是某人的"过错"时,会说该问题是由她或他造成的,这正像摄氏零度以下的温度会引起水结冰,或按下杠杆的一端,就会使另一端翘起一样。换言之,这一观点假定,人际传播受制于因果法则。可是,情况果真如此吗?如果朱迪发现了她与约翰一方在上/一方在下的权力关系,她就有可能认为那是约翰的过错,因为约翰通过扮演话题的界定者或接上话头者的角色,获取了权力。[3] 另一方面,约翰也许认为,他们之间的任何权力失衡,都源自朱迪最初的沉默,或她愿意接受他选择的话题。谁是对的呢?谁真的出了错?谁真正应当受到责备呢?

在处理这些问题时,会碰到一个难题,需要有人辨别这种交流始自哪里,这样才能决定什么是"因"什么是"果"。谈话者所言所行的每一件事情,都有可能被理解成对先前存在于他们生活中的某一事件的一种回应。在现实生活中,没有一个人是第一个打破宇宙寂静的亚当和夏娃。大量传播始于正在发生的所有传播之前。[4] 甚至人际关系中的第一个"你好",也可被理解为是你对一个微笑、所处情景,或你父母给你所上的礼貌修养课的一种回应。在约翰和朱迪的谈话中,他们所说的一些话,可以追溯到他们成长过程中的性别界定。这些影响还可以是约翰和朱迪的父母的自我界定,因此这些影响也可以部分源自他们的父母,等等。这种对起因的研究,可使你陷入复杂、混乱的迷境。为了便于讨论,让我们假定约翰和朱迪在谈话开始的地方最后取得了共识,他们在谈话的某些地方还出了一些差错。那又会怎样呢?受到责备的一方会产生罪恶感或通过道歉来解决问题吗?通常是不会的。即使有人同意认错或甘愿受到指责,一般也不会对事情本身有多大改善。原因是,人际传播过于复杂,不能轻易地把它按照简单的"原因—结果""确定过错方—责备"的序列进行分析判断。

简言之,可从这个简单的例子中获知两件事情:

1. 一些对人际传播最为普通的理解或人际传播的定义,虽貌似有理,实际上却在误导读者。

2. 既然你思考问题或界定问题的方式会决定你的体验,而且你的体验会决定你做出的回应,那么,拥有一个具备可操作性的人际传播定义,就显得非常重要,这样才能使你用有效的传播方式做出回应。

这种常见的人际传播定义误导人们的主要原因是它过于简单化。

传播是连续不断的、复杂的、合作建构的言语与非言语的意义创造过程。正如我以前提及的,传播是连续不断的,因为人总在创造意义,如弄清原因、理解含义或解释正在发生的事情。传播是复杂的,因为它涉及的不仅仅是话语和想法,也涉及语调、面部表情、目光接触、身体接触和其他几种非言语的元素;它还总是包括关于身份认同与关系的讯息、对文化与性别的暗示、隐形的议程、无言的期盼,以及通常只有在发生问题时才显现出来的其他特点。传播是合作的。由于我们与其他人一起创造意义,因此我们不可能单独进行传播。[5] 合作建构的意思就是联手建构;"合作"可被理解为共同遵守交通法或说当地语言。

内涵1:由于一个人不能完全控制一个传播事件,而且一个人或一个行动无法导致某种传播结果,因此也就不能因为出现某种传播结果而去指责一个人。许多人进入传播学的课堂或参加传播学讲习班,都指望学习怎样"进行正确的交流"。他们想知道如何解决他们碰到的交流问题,如摆脱父母的控制,消除与室友、同事或恋爱对象之间的误解,如何与一个爱挑剔、抱怨的老板相处,如何结束一场痛苦的关系,如何成为一个优秀的售货员。有些人还希望学到那些能让他们稳操胜券的技巧。当他们得知事情并非如此简单时,其中的一些人就深感失望,一些人甚至会懊恼、生气。当他们得知能稳操胜券的人际沟通技巧根本不存在时,会更加难受。正如哲学家威廉·巴雷特(William Barrett)三十多年前在其著作《技术幻觉》(*The Illusion of Technique*)中指出的那样:"技术思维不可能处理我们人的问题。"[6]

我的意思不是说,技术思维没有希望,或者我们从自然科学与社会科学实验中,得不到什么东西。但是,将"传播视为一种合作建构的过程",其直接含义便是,没有人能完全控制任何传播事件,也没有什么技巧或一套传播活动,能绝对支配传播的结果。

无论我写得多么清楚,说得多么有理,你都有可能仍然用多种方式来阐释我的话。无论我怎样悉心策划一个会议,都会有人拿出与我的议程极不相同的议程。甚至,一个能让人唯命是从的成功独裁者,也无法控制人们如何理解或感觉他或她的要求。如我所言,尽管我经年研究传播学,但我仍然会碰到重重困难,我不能完全预测或控制我与家庭成员、朋友、同事和熟人之间的关系。

我相信,如果你能很好地管理你对控制与完美的期待,那么,作为一个沟通者,你的技巧将会得到改善。你越是了解如何沟通,供你开发的沟通技巧就会越多,你的沟通就会越有效力,竞争力就会越强。虽然你有可能学会体面地批评他人或被人批评,有效地进行冲突管理，顺利地发展关系，但这种情况不会是始终存在的。

因果思维和确定过错方—责备思维都是过于简单化的传播现象。我虽然不想重复我在讨论约翰和朱迪的交流时说过的话，但我真的希望在这个语境中能再次强调这个难题。我们在传播过程中，显然会遇到难题。传播者的选择对制造、保持、弄糟或解决这些难题也会产生影响。但当你懂得传播是一个连续不断的、复杂的、合作建构的过程时，你就不会总是责备某个人或某些行动。你应当记住一件事，那就是，确定过错方和责备忽视了传播的连续性问题。为了指责某人有过错，你需要假定所发生的一切始于有过错者的行动。但是，实际上，所有传播者自他们出生之日起，至少从他们见面时起，就已发展和强化了彼此说话、倾听和阐释的方式。所以，当你说起那个不给你回电话确定会议而应受责备的人时，也许，他也想起了你当时的抱怨——"尽接那些烦人的电话"，还有你一贯坚持的要求：只在会议变更时，才可以(给你)打电话。

确定过错方和责备模式忽略了这样的事实：传播是合作建构的。比如，指令不清楚时，下达指令者和接收指令者双方都有问题。指令接收者对自己没有弄清的问题进行过相关咨询吗？指令下达者核查过指令接收者对问题的理解吗？例如，也许某个人假定，每个人都认为会议是晚上八点而非上午八点举行，或者认为家庭成员会像过去一样，能在节假日一起团聚，吃顿晚餐。这些事情看上去完全合情合理，可是其他人也许会做出完全不同的假定，导致人们对事情有完全不同的阐释。

这是否意味着传播出了问题，谁也不用负责呢？这种想法是否排除了责任（accountability）的可能性呢？不，一点也不。个人的回应仍然会有差异，其中有些回应比其他人的回应更道德、更得体或者更富人性。但是，我试图用一种更宽泛的方法，着眼于传播过程的双方或各"方"，以取代过于简单化的和扭曲的确定过错方与责备观。我的意思不是说，我要用"这是她的过错"来取代"这是他的过错"或"谁也没有错"，而是至少当你思考或谈论人际传播时，要鼓励你摒弃这种思维观。

可以用另一种方式阐述这一点：这种传播观重新界定了什么是责任。传统地看，承担责任就意味着是你导致了某事的发生，因此这是你的过错。但我这里提出的方法是，责任是指有"回应的能力"（ability to respond），而不是指过错、责备或信誉。它指的是"能够做出回应"（response-able）。当你有意愿和有能力用某种方式促进事情的发展时，你就要负责任，而不是对正在发生的事情漠然处之，或者对事件避而远之。"不负责任者"是不会做出回应的。他们不想对正在发生的一切采取行动，也不考虑他们的行为会如何影响他人。负责任的行动者（能够做出回应的人）会考虑创造更大的完整性（larger wholes）。

（二）选择：所有传播都涉及选择。其中，有些选择是我们主动做出的，另一些选择则是根据文化规范做出的，并且似乎是自动生成的。

人类的意义生成具有道德的属性，原因是它们涉及选择。无论个体，还是群体，人类都会创造出某种规范指南并依此对行动做出对与错、好与坏、合适与不合适之类的评判。这些伦理标准虽然影响人的行为,但并非总是决定行为。正如我将做出的解释,人际传播涉及反思性选择(reflective choice)和回应性选择(responsive choice)两种。

人们做出的某些选择看起来不太像选择。比如,当一个人在一次工作午餐上遇见另外一个人时,握手还是鞠躬,是这个人可能选择的两种具有文化影响力的行为方式。你在与你最要好的朋友谈话时,或许不会主动选择与兄弟姐妹谈话时所用的那种腔调,或许,你的家庭文化会认同这种互动习惯,但这在你的朋友圈中却行不通。

内涵2:传播者做出的选择会显露出其道德标准和道德担当。例如,我们可以琢磨一下,在杂货店顺手牵羊拿走商品这件事。许多人承认自己孩童时曾偷过糖果。当时,这可能是为了好玩才做出的选择,也可能是迫于同伴的压力,或者,仅仅是因为他们想吃一块糖而当时没有钱。他们可能具备道德标准,认为偷窃不对;也可能受制于另一种竞争性标准,因一阵突如其来的兴奋和冲动,为了表示与朋友合群而去偷窃;他们还有可能认为,能直接满足自己的需要很不错。他们不得不在这些相互竞争的标准间做出抉择。在此种情况下,偷窃是错误的这一道德观所占的分量变得较小。有些人不理解为什么有的人会决定去偷东西。对这些人而言,他们把偷窃是错误的这一道德标准,看得比较重,也许这是对家庭、老师或宗教社区对他们进行这种教育的一种回应。但是,不管你会不会从一家杂货店里偷东西,你将怎么评价一个被迫失业几个月、所在地的食品库的有限储备业已耗尽、断定其家人今天可以吃到东西的唯一办法就是拿一块面包或一罐花生酱而不给钱的人呢?在这种情况下,他的偷窃是对,还是错?是好的选择,还是坏的选择?是一种恰当的行为,还是不恰当的行为?

这个问题的实质就是,人类生活中总是存在相互竞争的力量。这意味着,人应从这些竞争的力量中做出有意义的选择。如果传播是一种合作建构意义的过程,那么就没有一个人能完全控制传播的结果。我们所有的选择都是在我们个人经历的情境中做出来的,而对这些选择进行评估与文化规范和期待有关。评估标准可能因人而异,因家庭而异,因文化的时间长短而异。

(三)文化:文化与传播是交织的。族群、性别、年龄、社会阶层、性取向和其他文化特点,总是影响传播,同时也受传播的影响。

许多人在思考文化时,将其想象成一个群体的习惯、烹饪和服饰。然而,事情远非如此简单。在非常普遍的意义上讲,文化给你提供了创造意义的方法。关于文化的一种观点是,文化指的是共有的准则、价值观及有关人对怎样生活和怎样沟通的看法。这些共有的准则、价值观和看法影响着人生的每一个组成部分。

比如,约会是一种可以观察到文化和传播互动的情境。在某种文化中,约会是一种获得结果的手段,即一种选择生活伴侣的方式,你与谁约会是你自己的事儿。而在其他文化中,把某人带回家见一些人,则不合适,因为这些"人"(父母、社区成员或部落首领)有可能已经为你的婚姻做了安排。

当你用这种方式思考文化时,你将意识到,文化所涉及的事物要远远超出民族身份认同。享有共同的生活方式和说话方式、属于"相同文化"的人,可成为不同族群的成员。甚至同一家庭的成员(一个双性恋哥哥和他的同性恋妹妹)也可能归属于不同的文化。

特别是今天随着体育运动、音乐、媒体、商业、教育和宗教的全球化,随着通过互联网进行的国际传播日益广泛,随着越来越多的人认识到教育与商业的重要性,认识到组织机构中的多样化是一种实力而非威胁,文化几乎渗入每一个人的头脑。这就是我所说的文化在传播中发挥重要作用的部分含义。

然而,我也有更根本的理由:文化在传播中变得具体化。属于某种文化的含义是指以某种方式进行传播——用其他文化的成员不使用的方式进行某种表达,喜欢举行某种类型的会议,欣赏某种讲话的方式,保持某种距离,用某种方式进行接触,等等。这就是说,你在传播中体现了你的文化,其他人的文化也在他们的传播中得到了体现。

内涵3:你的文化和我的文化会影响本书中所讲述的传播,并影响你如何对它做出回应。有一点很重要。对本书的每一位作者而言,对作为读者的你,我们的文化也体现在我们的传播中。我自认为,我是一个有文化的西方人,一个盎格鲁人,属于中产阶级,即将进入老年,异性恋者,有性别者,还是一位父亲,一位老师兼学者。这就表明,我在本书中的传播内容和传播风格,都将体现出这些文化的特点(也许,还有我意识不到的其他文化特点)。你会获得本书其他作者的某些文化信息,却得不到其他书的作者的文化信息。如果你与某位作者没有文化认同,自然你就会这样发问:"这个人的想法与我有什么关系?如果文化与传播不是这样交织的,我——也许是一个非裔美国人,或者一个20岁的拉美人,一个男同性恋者,或一个女同性恋者,一个工程专业或化学专业的学生——又能从这个人写的文章中学到什么东西呢?"

够了。我倒希望你能继续读下去。本书提供了传播学的某些知识和技巧,多种文化都为这些知识和技巧提供了支持的证据。在这些作者中,有相当一部分人具有较高的文化职位和广泛的影响力。如果你不是作者所属文化中的一员,那么这些材料对你至少在两个方面仍然有用:(1)你可用你自己的文化,检验你的经历,决定你可应用哪些技巧,不用哪些技巧;(2)当某个作者的思想不适合你的文化和某些文化时,你可用这些知识与技巧提高你和该作者所属文化中的人进行沟通的能力。

比如,我针对人际传播提出的前三个观点是:人类生活在传播所建构的意义世界中;选择体现出道德标准;文化会在所有的传播中发挥显著作用。我相信我有充分的证据表明,这些观点适用于所有文化中的所有人,而不仅仅适用于西方文化、盎格鲁文化、中产阶级文化、中老年人文化、异性恋文化、性别文化、父母文化和教师兼学者文化中的人。你同意我的观点吗?我鼓励你检验一下根据你的经历进行的归纳,然后,再与你的指导教师和同班同学讨论一下检验的结果。另一方面,仅作为一个事例,本书涉及非言语传播的文章可能含有一些关于空间接触或目光接触的内容,不适合你隶属的一种或几种文化。若果真如此,那么你可把对你自己文化的理解与作者对他或她本人的文化的理解结合起来,然后,再运用作者所在文化里关于空间接触与目光接触的知识,来提高在你的文化之外与作者所属文化中的人进行沟通的能力。

要注意观察你能不能在无人合作的情况下做好此事。假如你感到与本书的某些作者文化相异,那你也不必为了从书中获益,而放弃你的独特性。你可像一个国际商人一样采取行动。那些要为自己文化圈外的顾客服务、为自己文化圈外的制造商工作的人,通常要学习怎样适应他者文化,但要站在自己的强势位置(position of strength),即作为他者文化的代表,来学会适应。由于这些人要在其他文化中做生意,所以他们的调整要以他者文化为基础;这并不意味着,他们的价值观或道德观是吻合的。不管你将进入何种文化,也不管决定做出什么样的调整,你都可以在相对有力的位置上这样做。

(四)身份认同:人们合作创造的一些最重要的意义是身份认同;所有传播都涉及关于身份认同或自我认同的协商。

传播理论家和教师约翰·肖特尔(John Shotter)强调这种观点。他说,我们的"存在方式、我们的'自我'产生于我们彼此关联的方式。这些都是我们在社会中能做出社会化解释的术语——这些'传统的'或'基本的'(主导性的)谈话方式源自我们'传统'或'基本'的心理或社会(属性)"[7]。换句话说,我们是谁——我们的身份认同——都是在我们的沟通中建立起来的。人们每一次都同一个可以认同的"自我"相遇,用过去的互动来建构这种身份认同;我们开始谈话时,便同时开始调整我们自己,以适应我们正在讨论的话题,适应与他人谈论的话题;我们进行沟通时,被遇到的一切所改变着。

我在与一个有痛苦离婚经历的朋友的一次谈话中,看到了传播与身份认同二者之间的密切关系。"玛丽·凯不是过去的那个她了",戴尔说,"我有时几乎认不出她来。我真希望我们可以沟通,能像我们结婚时那样彼此欣赏。"

戴尔铭记的时光是在玛丽成为母亲之前,在她从医学院毕业之前,在她于离家2000英里之外的一个城市医院里当实习医生饱尝艰辛之前,在她加入一个知名的医疗诊所之前,在她成为一个能独立看病的内科医生之前。这些时光也是在戴尔当父亲之前,在他开始做进出口生意之前,在他积极参加州专业协会的活动之前,在他开始定期上教堂之前。戴尔忘了玛丽·凯已不太可能成为"过去的那个她"了。他也不可能是过去的那个他了。他俩共同经历的许多事情极大地改变了他们的关系。玛丽·凯曾是一名医学专业的学生——她必须在脑子里塞入科学信息,并且能让这些信息在被需要时随时涌现出来。做实习医生时,她被迫在缺乏睡眠的情况下,东奔西走,在权威医生面前站着,与医院的行政管理人员打交道。现在,护士都服从她的指挥;许多病人因她医术高明而尊重她;知名医生们也不敢小瞧她。戴尔也经历了许多不同的关系,也发生了变化。他的雇员把他当成老板;日本顾客把他看作"受尊敬的美国商人"。由于两人都经历了诸多交往,两人都变成了不同的人。这个交往过程还在继续进行着。玛丽·凯和戴尔也在继续被他们的交往改变着。

显然,这些身份认同方面的改变是有限的。多数人不会改变他们的性别、族群或家庭出身。但是,随着时间的推移,有些人会不可避免地改变自己的身份认同,有的人则会在短期内,就出现这样的变化。比如,一位女士可用多种方式与人交往:她比她的谈话伙伴更有女人味儿或更加男性化;或者,她比她的谈话伙伴更有权威或她的权威不如他人。当身份认同被人用言语和非言语进行"协商"之后,另外一个人的回应有助于该身份认同的形成。

例如,想想"关门,蠢货!"和"请关门"这两句话之间的差别。第一句话是用命令口吻说出的,体现了一位上司对一个下属讲话时的身份地位。那个被告知"关门,蠢货!"的人,也许会默默地服从命令。在此情境下,这二人正在强化上司与下属的身份地位。也许,那个受话者会这样回答:"你自己关!"这是一个协商的举动,他实际上是在说:"你不是我的上司,我们是平等的。"

内涵4:关于身份认同的讯息总是在传播中发挥作用。这个观点是指,人们交往时,所进行的关于身份认同的协商——或称合作性自我建构——一直在发生。关于身份认同的协商绝对不是正在发生的唯一事情,而是非常重要的过程之一。它常常被人忽略。它被忽略时,通常会引来麻烦。相比之下,能够意识到身份认同,并为之进行协商的人,就能够在许多不同的情景下,进行更为有效、更为成功的沟通。因此,无论你在什么时候进行沟通,无论用电话沟通,还是通过电子邮件沟通,进行面对面沟通,还是在会上沟通,甚至在电视机前沟通,你正在做的一些事情,其实就是针对身份认同的协商。

沟通内容同样非常重要。有时,只有在相关各方拥有更多、更恰当的信息时,才能解决问题。政策也许会过时,数据也许不完整,人或许会误读和误听关键指令。在这些情况下,也许参与沟通的人需要对与工作相关的信息进行完善、修改或调整。

但是我说过,有效的沟通者会理解并善于通过言语或非言语方式,向与他们交往的人"说"出"他们是谁"。关于身份认同的沟通有许多种方式。选择话题和词语非常重要。打扮和着装也会对这一过程产生影响。因此,人们才会通过用鼻环和其他身体穿刺品、文身、穿浆洗过的白色衣裤与保守的西装等,来显示自己的身份认同。同样,声调也是对身份认同进行的一种界定。一些人由于不知不觉地发出好像怀疑、敌视或让人感到不耐烦的声音而招致误解;其他声调则有助于倾听者真正感觉自己的话语受到了欣赏或得到了支持。面部表情更有助于界定一个人是专心致志、一丝不苟、反应积极,还是一切恰好相反。

特别是当你在处理麻烦问题,或者正好在努力解决麻烦问题,如消除分歧或冲突时,通常,最好的办法是一开始就了解正在发挥作用的身份认同问题。谁可能被认定为心不在焉、没有感觉或缺乏能力?什么样的沟通行为能使一个人显得比另一个人更为重要,更可信,更有德行?参与沟通的每个人都能用他人认可的方式,去影响沟通吗? 或者,人们正在处理的身份认同会一成不变吗? 等你读完本书,你一定会拥有众多的想法,拥有实用的技巧,去建设性地管理对自我的界定和他人对你的界定。

(五) 谈话:最具影响力的传播事件是谈话。

如果你必须确定一个全世界的人都能以特定的身份(因为他们是人)定期参与、自然参与和不断参与的事件,那么这会是怎样的一个事件呢? 我们都要呼吸,其他动物也是如此。我们吃喝,但不是经常吃喝。同样,其他动物也是如此。这表明我们是人类,占用了我们大量个人时间和职业时间的一项活动就是谈话,就是那种言语和非言语的实时交流,就是我们面对面交流或通过某种电子媒介(如电脑或手机)进行的即时交流。

在相当长的时间里,研究传播和语言的人都会忽略这一点。语言学者重视语法和句子结构、词典上的定义和其他写作特点。话语研究和教育工作者们则主要关注如何对公众讲演、如何在法庭及其他法律机构中进行陈述。但在20世纪的最后三年里,越来越多的学者和教师认为,书面沟通和正式沟通来自最基本的人类活动,来自非正式的谈话。比如,斯坦福大学(Stanford University)的两位知名心理学家为他们的国家科学基金会(National Science Foundation)撰写了一份报告。他们用这些话来认证其研究:

> 谈话是语言使用的基点(fundamental site)。对许多人来说,甚至对整个社会而言,它是唯一的基点;它是儿童获取语言的主要基点。从这个视角出发,使用语言的其他领域,如小说、报纸、讲课、路牌、仪式,都是派生物或是第二位的。[8]

另一位德高望重的学者说得更为简单:他说"谈话是社会学的基石"(sociological bedrock)[9],是人类作为社会存在物(social beings)做一切事情的绝对基础或基地。这一观点解释了传播学理论家约翰·肖特尔的一本书《谈话的真实性:通过语言建构生活》(*Conversational Realities: Constructing Life through Language*)这一书名的意义。[10]肖特尔在该书中,详细解释了人类现实是如何在沟通中被建构的——这也是我的观点之一。他还强调,这种沟通最具特点的形式是谈话。

内涵5:一般而言,最平常的传播事件正是最具重要意义的传播事件。我把这个想法作为人际传播的六大关键点之一突出强调的理由是,这一观点能表明有必要关注普通与平常的事情。人类如此连续不断地、经常地、几乎不假思索地参与谈话,这一事实表明了沟通过程的重要性。正如组织学理论家和培训师彼得·森格(Peter Senge)所言,有效的谈话是"你的组织中最伟大的学习工具。它比电脑或高级研究更为重要"[11]。无论是在一个生活群体、一个家庭商店、一个工作小组中,还是在一个跨国公司内,真正的组织结构和规则,即与组织结构图相对应的东西,都将在言语和非言语传播的微妙谈话中被确定。上司和下属的身份认同是通过面对面的接触协商才获得的。发生在浴室和大厅里简短的非正式接触,对重大决策的关键性影响和会议上的正式发言一样大。当一个组织需要改变,有人也感到有权做出这种改变时,或当存在着两大相冲突的原则时,唯一现实的选项,便是采用某些极权主义形式,或某些用来解决问题的谈话形式。同样,谈话是家庭做出决策和协商消除分歧的一种主要方式。孩子学习了如何进行谈话后,将会更有效地参与娱乐小组、教室活动、运动队和自己家庭生活中的传播活动。

这意味着,提高交往能力的一个重要方法,就是密切关注那些最普通的日常交往,如谈话。当你这样做时,你就会发现你已拥有了大量与本书讨论的众多概念和技巧有关的经验。这表明,你已具备了建构人际传播的坚实基础。即使你认为你还极不擅长谈话,但你已经进行了许多次谈话,进行了相当不错的谈话;你还要继续进行许多这样的谈话;你可以用你拥有的经历和体验,来建构交往关系。

(六) 下一次:最重要的一个传播技巧是"下一次"。

我承认"下一次"(nexting)是一个陌生的术语,但它是我迄今为止所能找到的描述这种技巧的最好术语。

我所谓的"下一次",本意是指下一次做点有益的事情,对刚刚发生的事情做出富有成效的回应,在传播过程中采取另外一个步骤。如果你已经掌握了迄今为止我对传播所做的全部描述,那么这就是你在建构这种理解时可使用的一个最重要的技巧。原因是:

既然你认识到传播是复杂的、连续不断的合作过程,那么你就会认识到,不管以前发生过什么事情,不管现在发生的事情有多么糟糕,你总会有尝试下一次的机会。不管同样的羞辱会重复多少次,下一次的回应都可能是创造性的回应而非报复性的回应。不管当事各方多久没有说话了,他们下一次相遇时,其中一人总有可能会说话。不管事情坏得多么彻底,多么棘手,其模式都是:当两个群体陷入僵局后,若其中一方采取下一个举动,就有可能是积极的举动。不管你感到刚才那个人说的话和做的事把你"扔出去"有多远,如果你能给自己一点时间,重整旗鼓,你都可以采取有助于你们的关系重返正轨的下一个举动。不管一个系统给你的权力有多小,你做出的下一个传播选择都可能使你获得最大的权力。即使你极难做到不反戈一击(strike back),但可以想象的是,你的下一次言论都会对你有利,而不是被你滥用,导致关系恶化。

当你了解了传播是连续不断的、合作创造的过程时,你就会意识到,你下一次所做的一切都具有潜在价值。为什么?既然无人能决定一个传播事件的所有结果,那么你就有可能决定某些传播事件的结果,即便你觉得几乎无能为力了。既然没有一个人应该受到百分之百的指责或应该百分之百地承担过错,既然所有各方都应承担责任,那么你的下一次努力就有可能影响正在发生的一切。既然所有传播都是合作创造的,那么请记住,甚至职业拳击手也会有积极的互动。你的下一个传播行为就有可能改变局面,或者说,至少能让谈话继续进行下去。

内涵6:当你面对传播的挑战或问题时,最有用的一个自我设问是:"我能为下一次传播做什么?"你可记住这样一句话,没有一个人类系统是完全确定的,或是用石头铸成的。不论你与某人之间发生了什么,有多好或有多坏,你都要记住,下一次所做的事情将有助于保持或破坏传播的质量。几乎可以肯定地说,在某些情况下,你也许不想努力改善局面,也不想保持良好的态势。也许,你已经付出过大量努力却不断受挫,因此,你可能已经失去了耐心,毫无办法,只好放任自流。在这种特别情况下,也许你决定不再采取积极的、建设性的、和解的举动。也许,你决定保持沉默、保持距离,或让敌意逐渐激化。然而,如果你懂得人际沟通世界的建构性,那么你就会明白这些选项的目的——回应和选择,并做出你的下一次行动的决策。这些决策像其他回应一样,既有好处,也会产生结果。

简而言之,那些理解了我迄今为止所概括的传播过程的人,一般是不会被传播困境弄得心烦意乱的。因为他们懂得,最重要的事情就是考虑自己下一次应该做什么。

二、人际传播

正如我在本章开篇所言,人际传播是普通传播学的一个分支。这意味着,合作、选择、文化、身份认同、谈话以及"下一次",都是人际传播的组成部分。我此处所说的"人际"传播,虽然并非时刻都在发生,却可能在家庭中、朋友间、辩论时、生意场上和教室内出现,也可能发生在电话里、网上、陪审团成员之中、聚会上、谈判桌上,甚至发生在公众讲演或报告中。人际传播的主要特征是,传播者彼此作为人来交往。这听起来好像相当简单,但我还是要重复,这比你想象的要复杂一些。

有一件事情需要注意:我们每天从家中进进出出,去工作、社交和上学时,喜欢用两种方式与他人发生关系。我们有时用非人际的方式对待他人,或被他人所对待,被当作角色填充者(role-fillers)(如银行出纳员、接待员、雇员、公共汽车司机等)。有时,我们用人际的方式与他人交往,与一个独特的个体(不是仅作为角色填充者或文化代表)进行交往。我不是指它们之间存在着明显区别;有时,我们就是这样交替进行非人际交往和人际交往。然而,这两个术语可以为建造人际传播质量或类别模型制作一个可变性标尺或一个连续统一体。

传播质量
非人际传播————————人际传播

在这个统一体的左侧,即非人际传播一侧,其传播特性是使传播者的个人身份在社会角色和社会交换中的作用微乎其微。我把非人际传播作为描述你在银行、便利店、快餐店和电视机前那种典型经历的标签。在这些情境中,人们通常用强调其社会角色,如出纳员/顾客、买者/卖者、侍者/食客等的方式进行交往。虽然人类直接参与了这种交往,但他们的所有功能都极像汽车或电脑的替换性零部件所具有的功能。只要银行出纳员、卖者或侍者知道他或她的工作(社会角色),只要顾客、银行出纳员或食客继续保持他或她的角色,那么作为个人,他们是谁也就无关紧要了。我之所以称这种质量的传播为非人际传播,是因为这是一种最普通的交往类型。这种传播中虽然有人的联系(human association),但密切的人的交往(human contact)并不多,甚至完全没有。

当然,非人际传播常被当作一种最好的传播。一个理由便是它的高效率。如果汉堡王快餐店的收银员与每位顾客进行私人聊天,没人愿意站在队伍里等候。非人际传播也常常是最合适的传播类型。我们一般不会想要或指望为进行一次深谈而接近银行出纳员、售票员或办理汽车驾驶证的职员。

然而,并非所有非人际传播都发生在几乎不相识的人中间。人们通常与熟人和有关系者进行有效的、以问题为中心的传播。我们也与挚友、家人及生人有一般性的问候礼节。我们常听到父母与子女之间的角色沟通模式(比如,"因为我是你妈妈,这就是为什么!")。非人际传播是普通、正常、有用而且是非常恰当的与人发生关联的交往方式。

但是某些最日常的传播也适合于放在这个可变性标尺的最右端。你在一次委员会会议期间或在小组活动中,也许会把另一个人当作独特的个体来认识、接触,他或她也许也会这样待你。你与约会的恋人、父母、兄弟姐妹、室友、同事或密友谈话时,也可以发生同样的沟通。

没有哪个人的传播生活能被装入一个固定的箱子,正因为如此,传播模型才一直处于变化中。在某个时刻,你也许会与某人进行非人际传播,而在下一个时刻,你们的传播或许就变成了人际传播。到此为止,我已经阐明了本书的主题,即我对人际传播的界定:人际传播是人们在谈话和倾听时,以最大化方式呈现人之存在的一种传播类型或一种传播种类。

请注意,这个定义不是基于多少人参与了传播或他们是否在相同的地点进行过传播。我认为人们在群体中也可能有人际传播,甚至也可以通过电话或电子邮件进行这种传播。当传播强调人的参与而非只注重他们的角色或刻板印象的特征时,人际传播就会发生。

(一) 人的特点

那么,我所说的"人"是指什么呢?许多哲学家、人类学家和传播学者已界定了什么是人,人与其他动物有怎样的区别。一位名叫马丁·布伯的传播哲学家提出了一个受到广泛认可的定义。他认为,许多人有五大品质或特点,尽管不一定所有文化全部具备这些特点。这些特点是:独特性、不可测性、回应性、反思性和表达性(uniqueness, unmeasurability, responsiveness, reflectiveness, and addressability)。[12]这五大特点界定了我所指的"人",而且我将用这五大特点以及它们的反义词来区分非人际传播和人际传播。

1. 独特性

独特性意指不可互换性。我们作为人,有可能被当作可替换的零部件来对待,但我们每个人在基因和阅历等方面,却是独一无二的。基因克隆实验引起争议的主要原因是,这些实验威胁到独特性。两个人拥有相同基因材料的可能性,极其微小。

尽管如此,应该说,克隆不会真正威胁到独特性,因为即使拥有相同的生物原料,每个人对世界的体验也是不同的。比如,你可回想一下你认识的双胞胎。这对双胞胎可能坐在一起,在同一个晚上、同一时间、同一个剧院里看同一部影片。他们两人也许在同一时间离开了剧院,对这部影片说了同样的话:"我喜欢这部片子。"从表面上看,某些人或许会认为,在这种情境下,这对双胞胎的经历应该是可以互换的。但是他们的其他谈话将表明,他俩的经历是不可互换的。这对双胞胎喜欢这部影片的原因是相同的吗?影片对他俩的影响是一致的吗?他俩记住的影片中的事情是一样的吗?如果你问问这对双胞胎这些问题,你会得到不同的答案;你会发现,你在开始问话前,可能已经知道了如下内容:每个人都是独一无二的。

人类进行非人际传播时,忽视了人的许多独特性,并且仅着眼于那些被给定的社会角色的相同性。我们所有人都自然而然地不断满足着多种角色的要求,充当学生、女儿、儿子、兄弟姐妹和雇员等。角色关系(role relationships)是传播过程不可或缺的组成部分。但是,可变性标尺强调,非人际传播可以转变为人际传播。

因此,人类的第一个特点是从体验出发,而且在多数情况下,基因具有独特性。虽然有些文化低估了这一点,但大多数西方文化是重视它的。这一特点在你的传播过程中越突出,你的传播就会离非人际—人际连续统一体的右端越近。

2. 不可测性

物体是可测的,它们在边界内活动。一个事件拥有一定的发生时间,它只持续一段可测的时间。甚至极端复杂的物体,如高精尖的超级计算机、70层楼高的建筑物和航天器,都完全可以用时空这个术语来描述。这是人们绘制蓝图时所做的工作。人们为了重造物体,在蓝图上记下所需测量的数字——长度、高度、宽度、质量、比重、电流、电压、速率、圆周、硬度、韧性、可塑性和导电性等。尽管难以直接测量某些事物,比如接吻时的体温、光速、爆炸的时间长度,但至少从理论上讲,任何物体或事件的组成部分都是可以测量的。

人类不同于物体。即使你的医生精确地识别了你的身高、体重、体温、血压、胆固醇水平、血红蛋白含量,还把关于你的其他所有数据都直接输入你的第七颅神经的电位(electric potential)中,但由于你身上的某些组成部分是难以测量的,因此该医生仍难以弄清你是一个什么样的人。许多自然科学家、社会科学家、哲学家及神学家业已指出了这一点。比如,一些认知科学家在人类组成模式中纳入了他们称之为"系统性组合"(schemas)或不包含任何时空(可测的)存在物的"认知模型"(cognitive patterns),但这些"认知模型"可从对人的行为的观察中推断而来。也有人把人体中不可测量的元素称为"人的精神""心灵"(psyche)或"灵魂"(soul)。但是,不管你把它叫作什么,它都在那儿。

情感或感觉是这种不可测部分中最能被清晰观察到的证据。尽管仪器可测量与情感有关的事物,如脑波、手掌出汗、心率、纸笔反应,但是测量记录与情感本身,仍然相差甚远。"脉搏110,呼吸72,莱克特级别(Likert rating)5.39,手掌导电电阻0.036欧姆"也许准确,但当你遇到一个让你难以忍受的人,当你问候你深爱的人时,这些数据不可能显示出你内心的真实情况。

还有一件事情不要忘记:我们时刻都在体验这些情感或感觉。心理学家和教育家都认为,试图把一个人的心智方面和客观方面分割开来,或者把主观问题与情感部分或情绪部分分割开来,是不现实的。这是因为,人类总在思考和感觉。正如一位作者所言:"有一点显而易见:没有某种感觉,就没有知识;没有大脑某种程度的参与,就没有感觉。"[13]

即使感觉时刻存在着,但某些传播认可它们,某些传播不认可它们。一位专注于其社会角色的收款员即使感到心烦意乱,也还是会用微笑问候顾客并祝他们"今日快乐"。饭店侍者受到的训诫是不要把感情带入工作中。处于少数派地位的两个人或许都有被孤立或被排斥的感觉,他们也许会谈起这种感觉,也许会保持沉默。另一方面,当人们进行人际传播时,他们的一些感觉会发挥作用。这不表明他们必须感情外露。这只意味着,当人们进行人际交往时,某些感觉得到了适当的认可和分享。

3. 回应性

人是能做出彻底、独特而积极的回应的动物。物体只能被动反应(react),不能做出积极的回应,不能选择下一次做什么。虽说自动驾驶仪、光电转换器、家用机器人和工业机器人、自动调温器和计算机这些东西有时看起来可以自行运作或开关,但它们却要依靠外在控制。计算机和机器人必须被设置程序;自动调温器要对温度做出被动的反应,而温度是对太阳光线的反应,太阳光线则受地球转动的影响……同样,一个球只在被踢的地方滚动。如果你的物理运算能力非常强,你就有可能根据重量、速度、空气动力学、鞋的形状和大气条件等因素,算出这个球会被踢出多远并滚向哪里。

可是,假如你踢的是一个人呢?那就完全不同了,而且你也不可能准确预测出会发生什么事情。你无法准确做出预测的原因是,人进入传播时,其结果如何,完全取决于回应,而非简单的反应。如果你用手敲一下我的膝盖,你也许会使我做出膝跳反应。但是,这种感觉是不能被完全预测的;伴随我的反应而产生的行为或行动,有可能只是咯咯一笑,或是一个拍拍你的脸的动作。

当然,积极回应的范围是有限的。虽然我们不可能经常改变性别,让自己年轻三岁,或者记住"维基百科"上的内容,但我们可以决定选择一个惯用语,还是选择一个下流词儿,我们还可以选择如何把我们的时间承诺作为第一要务。

事实上,你越有自由和权力做出积极的回应,而非简单被动的反应,你就越有可能成为一个人。有时,运用自由和力量,脱离与他人的关系比较容易。你觉得你想说:"我得让他知道,他把我当傻瓜了!"或者"我就是不能说!"但这些话让人听起来觉得你别无选择,你所做的一切都是由另一个人引起的。然而,正如我们在讨论确定过错方与责备时看到的那样,尽管环境造成压力,但人仍有自由和权力选择怎样来回应。

这可能意味着,你要抵抗一种植根于文化的偏见,打破某些根深蒂固的习惯模式;这也可能意味着,你需要进行大量的实践。不过,你仍有可能想到你应做出积极的回应。当你想这样做时,你就会改变习惯模式。学会这种技巧之所以非常重要,是因为当你只想做出反应时,其实你已经丧失了你与作为人的那个部分的接触。由于人能给予积极的回应,因此,所有的传播都涉及选择。你越是能记住这一点并据此来采取行动,你的传播就越能呈现人际的特点。

4. 反思性

第四大显著特点是:人是一个反思者。所谓反思是指,我们不仅能意识到我们周围的事情,还能感受到我们的意识。正如一位作者指出的那样,"不管你能多么客观地考察自己,构成你自身鲜活生命组成部分的精华(quintessential)总是躲避你。比如,你正在进行考察的那个部分"[14],就是那个被动反应部分。扳手、石头和划艇根本没有意识。尽管狗、猫、犰狳、长颈鹿似乎能感受它们的处境,但我们并没有掌握这方面的任何证据。据我们目前所知,只有人类才能作曲,才能保护他们生活的历史,精心掩埋死者,探索他们的超感官力量,询问生命的意义,思考过去与未来。只有人类才能意识到我们所做的这一切事情。

反思是一个不仅影响哲学家和那些有末日感者的过程,即使是健康的"正常人",也会有反思。我常怀疑,我日复一日在工作上花费时间是否明智,我作为父母所做出的决定是否正确。有时候,你也许会琢磨五年之后你会做些什么。做出重要决定之前,你会自问并询问他人,你做决定的重点是什么,这些决定会导致怎样的后果。在天空晴朗时,你也许会注意到你周围的美景,陷入沉思,你认为你住在这个地方很幸运。像所有人一样,你问问题并进行反思。

当人忽略了人会反思这一事实时,他们的沟通往往会有以下表现。例如,你可能会盯住一些表面话题——天气、最近的新闻和传闻。另一方面,当你意识到你本人和他人的反思时,你就可能对你正在进行的沟通做出更多回应。提问是一个人正在进行反思的清晰指示器。带有毋庸置疑的态度表达其意见的人,常常忘记反思,常常忘记询问他们可能并不确定、可能还从未想过的事情。然而,反思者常常懂得恰当地表达保留意见和看法,如"我认为这正是该做的事情,可我还不能十分肯定",或者"我知道我并不想对他说谎,但我不知道我该怎么对他讲,也不知道什么时候对他讲才好"。

5. 表达性

说话的人知道什么时候有人对他说话。也就是说,有人叫他或对他说话时,他也能用语言给予回应。表达性是指:能区别对(to)谁讲话和同(with)谁讲话。棒球棍、狗、猫都不是可讲话的对象,虽然你可以对它们讲话,却不能同它们讲话。你可以叫它们,骂它们,指责它们,表扬它们,却不能与它们进行对话(mutual conversation),即使它是一只"通人性"的宠物。

一位学生讲述了表达性的含义。她回忆了儿童时代与她想象的伙伴莎拉的经历。玛丽说,莎拉与她形影不离,总是穿着非常得体。(在玛丽的脑子里)莎拉对玛丽所做所知的一切都有同感。玛丽经常对莎拉述说自己的感受,抱怨自己的父母和姐姐,有时也制订详细的计划。玛丽偶尔也向自己的朋友或母亲谈到莎拉。但是,莎拉却从未出声响应。她从没同玛丽讲过话。玛丽可以对莎拉讲话和谈起莎拉,却没有同莎拉讲过话,因为莎拉没有表达性——她不是一个人。

传播学理论家约翰·肖特尔以"针对性话质"(addressivity)为题,谈到这种人际传播的特点。他给"针对性话质"下的定义是:"针对某人(说话)的质量。"[15]"针对性"谈话(addressed speech)是有针对性或"有目的性"的;人的一大特点就是,人可以辨识讲话,能对讲话做出某种回应。当你与数百名听众坐在一起,一个人可能把你单独叫出来,马上要跟你说话:"霍利·塔尔塔在吗?你的问题是工作安排。我现在就想对你说。"或者,你甚至会遇到一种更普通、更直接的讲话语境:你可能坐在一位朋友的对面。你从朋友的眼睛、他触摸你的手的动作、他的声音里,可以明白他对你表达的意思;他同你在一起;他在同你说话。

(二) 人际传播的定义

请记住:传播者总是既说话又倾听,既发送又接收,既给出暗示又接收暗示,本书第二部分称之为"呼气"与"吸气"。上述五大特点——独特性、不可测性、回应性、反思性和表达性,都是用来描述传播者如何进行呼气与吸气的过程的词语。这五大特点可以描述人们发送什么(呼气),接收什么(吸气)。我在前文说过,**人际传播这个术语是指人们在谈话和倾听时,以最大化方式呈现人之存在的一种传播类型或一种传播种类**。当传播者以其具有鲜明的独特性、不可测性、回应性、反思性和表达性的方式,主动进行谈话与倾听时,他们之间的传播才是人际传播。当他们的倾听和谈话明显与这五大特点相悖,变为可替换性、可测性、反应性、无反思性和无表达性时,他们的沟通就属于标尺末端处显示的非人际传播。

当只有两个人,你俩又早已相识、彼此信任时,人际传播最容易发生。当然,人际传播也可在早期关系中,甚至在初次见面时发生。正如我提过的那样,人际传播在电话中、讨论中、工作中、小组会议上,甚至在公众讲演或报告会等情境下,都有可能发生。重要的不是有多少人,这些人在哪儿,而在于人们有没有意愿、有没有能力选择用人际传播的态度和行为取代非人际传播的态度和行为。

重要的是,非人际和人际这两个术语是描述性的(descriptive),而非规定性的(prescriptive)。人际传播可能在某些情况下适用、有效或者"很好",但在其他情况下,则有可能"一塌糊涂"。非人际传播也是如此。这个简单的模式表明,你可以对你在非人际—人际标尺上的传播定位,进行某种控制。

复习题

1. 根据这篇文章,判断一下狗、猫、黑猩猩或海豚居住的世界与人类居住的世界的主要区别是什么?

2. 为什么说用发送者和接收者这两个术语来思考人类传播是一种误导？

3. 根据这篇文章，判断一下责任与回应能力的区别是什么？

4. 列举除族群以外，构成一个人的文化的三大要素。

5. 关于身份认同的协商是人类进行传播时的唯一进程。这种说法是对，还是错？请解释。

6. 对"下一次"进行界定。用你自己的经历，举一个例子。

7. 人的不可测性的最清晰范例是什么？

8. 反应与回应的区别在哪里？

9. 在独特性、不可测性、回应性、反思性或表达性中，一个人在传播中提出问题是哪一种特性的例子？

思考题

1. 在这篇文章开头，我概括了有关传播的五种常见却具有误导性的观点。你对传播的理解属于这五种之中的哪一种？哪一种认识是你最不愿放弃或改变的？

2. 你在传播时，经常关注确认过错方和责备这一问题吗？这些讨论有作用吗？你看到我在这里提出的建议是什么？

3. 改述我的观点：合作并不一定意味着赞同。

4. 你对内涵 1 如何进行回应？

5. 你如何描述你和本文作者之间最大的文化距离？你和这位作者在文化上最接近的地方又在哪里？

6. 描述到目前为止你对我（本文作者和本书主编）试图建构的身份认同的理解。

7. 在人际传播中，你认为人的五大特点——独特性、不可测性、回应性、反思性或表达性中，哪一个最为重要？

注释

1. "传播"还是"进行传播？"我从一开始便采用了"传播"（以"-ion"结尾）这一形式，是因为它更为人熟知。但是也许以"-ion"结尾的词语，比如教育（education）、表达（expression）、说服（persuasion）和感觉（sensation），会使人联想起成品而非正在发生的过程。例如，教育指的是我在学校获得的某种东西，表达指的是来自我的声音或身体的某种东西，而"正在教育"（educating）则让人想起事件、正在发生的事情和发生的过程，比如歌唱、大笑、争论和做爱等。记住"这篇阅读材料讲的是过程"这一点会很有助益。正因如此，本篇阅读材料的题目和主要标题才使用现在进行时（-ing）形式。

2. 例子节选自 Douglas W. Maynard, "Perspective-Display Sequences in Conversation," *Wester Journal of Speech Communication* 53 (1989), p. 107。

3. 打断讲话或接上话头可显露谈话者之间的多种权力关系。有时，接上话头能够起到支持谈话者的作用，有时则能诋毁谈话者。可参见 Deborah Tannen, *Talking from 9 to 5* (New York: Morrow, 1994), pp. 232—34。

4. 俄罗斯传播学家米哈伊尔·巴赫金这样说道:"任何具体的表达都是某个特定范畴的口语传播链中的一种连接……每个表达都与其他表达呼应,而这些呼应则和口语传播范畴的共性密切相关……讲话者不是亚当,因此,他们的话题本身必将成为其意见与其谈话伙伴的意见交锋的竞技场。" *Speech Genres and Other Essasys*, trans. Vern W. McGee, ed. Caryl Emerson and Michael Holquist (Austin: Univ. of Texas Press, 1986), pp. 91, 94.

5. 有人把自言自语称为"自我沟通"或一个人"内在的"沟通。我更赞成沟通发生在两个人或更多的人之间。主要理由是:共同或交谈是沟通一词的词根;你不能把分不开或无法分离的东西变成共同的东西。当一个人显然拥有各种各样的"部分"或"侧面"时,我认为最有用的办法,就是将其作为整体的人来理解,即由诸如我或人之类的术语所构成的单元。自言自语固然是重要的传播过程,但从根本上说,这并非在与一个他者,即与不是你的某个他人发生联系。此外,我想强调,人首先是"社会动物",是关系的存在(relational beings)。我们在与他者的交往过程中成为人,主要不是自我思维和自言自语的结果。

6. William Barrett, *The Illusion of Technique: A Search for Meaning in a Technological Civilization* (Garden City, NY: Anchor Doubleday), 1978, p. xx.

7. John Shotter, "Epilogue," *Conversational Realities: Constructing Life through Language* (London: Sage, 1993), p. 180.

8. Herbert H. Clark and Deanna Wilkes-Gibbs, "Referring as a Collaborative Process," *Cognition* 22, (1986), p. 1.

9. Emanuel A. Schegloff, "Discourse as an Interactional Achievement III: The Omnirelevance of Action," *Research on Language and Social Interaction* 28(1995), pp, 186—87.

10. Shotter, 1993.

11. Peter M. Senge, Art Kleiner, Charlote Robert, Richard B. Ross, and Bryan J. Smith, *The Fifth Discipline Fieldbook: Strategies and Tools for Building a Leaning Organization* (New York: Doubleday, 1994), p. 14.

12. 布伯是一个国际公民,他的主要著作已被译成二十多种语言。所以,他认为他的有关人的定义适合所有文化。许多人赞同这个观点,但也有人认为,与东方文化相比,布伯的人之观念,在某种意义上,更多凸显的是西方文化。在一些强调群体身份认同的文化(例如日本)中生活的人认为,布伯对个人的强调是一种误导。但是,大多数在西方文化中生活的人认为,布伯对人的描述与他们的经历非常相似。你对此有什么看法? See Martin Buber, *I and Thou*, trans. Walter Kaufmann (New York: Scribners, 1970).

13. 更多的讨论,请参见 George Isaac Brown, *Human Teaching for Human Learning: An Introduction to Confluent Education* (New York: Viking Press, 1971)。

14. Fredrick Buechner, *Wishful Thinking: A Theological ABC* (New York: Harper Collins, 1973), p.64.

15. John Shotter, *Cultural Politics of Everyday Life: Social Constructionism, Rhetoric and Knowing of the Third Kind* (Toronto: Univ. of Toronto Press, 1993), p.176.

第二节 个人关系与健康①

马尔科姆·帕克斯(Malcolm Parks)

马尔科姆·帕克斯是一位传播学者,他的研究和教学极大地增强了我们对人际网络如何影响人际关系的了解。这是从他2007年出版的著作中节选的一篇文章。他充分地拓展了我的观点:在你的传播质量和生活质量之间,存在着坚固而重要的联系。

帕克斯从身心健康的五个方面出发,对人际传播进行了广泛研究。这五个方面是:社交技能缺损、暴力和自杀、心血管疾病、免疫系统功能失调、风险性健康实践(risky health practices)。

针对每种情况,他都总结了社会科学研究的发现。这意味着,附在本文后的参考资料可以佐证一篇经过缜密研究的文章。然而,他描述的联系远比参考资料给人的印象更为深刻。

例如,父母的不良沟通方式可能使其子女失去成功的机会;性虐待可能导致饮食失调;诉诸暴力的夫妇可能养育有暴力婚姻的子女;离婚有可能引发年轻人恋爱关系中的暴力和虐待;自杀常常与缺乏长久的人际关系有关。中断一种重要关系,可导致人体免疫系统紊乱。人际关系不良可诱发吸烟、疏忽大意的驾驶和危险的性生活等风险性和破坏性行为,或者说,至少让人无法放弃此类不良行为。

本文中的一些观点并非危言耸听,而是强调你的传播质量与生活质量之间有紧密关联。本文集中探讨了你生活中的生理和心理问题。正如帕克斯所言:"个人关系比隐私管理复杂得多。它们关系到参与者的身心健康……"

人际传播不足或人际传播失序都可以置人于死地,有时会慢慢致人死亡,有时则迅速致人死亡。"良好的生理与心理状态与社会生活质量关系密切",这一思想可追溯到古代,但是过去四十多年的生命研究与社会科学研究成果才让人开始相信二者之间的密切联系。亚历山大(Alexander,1950)在其著作《身心医药学》(*Psychosomatic Medicine*)中,坚信这一观点:某些特定的心理冲突与某些特定的疾病有关。尽管这种观点在普通报刊上有些许影响,但现在研究者已经超越了这种相当机械的认识模式。事实上,身心病(psychosomatic disease)的概念可能产生误导,因为这个概念暗示某些疾病具有心理诱因,而某些疾病则没有心理诱因(Plaut and Friedman,1981)。把人际因素或心理诱因视为能影响普通人患病或受伤的因素,而非导致某种特定疾病的因素,这种看法更为准确。

20世纪80年代后期,像美国政府在1964年首次提供吸烟有害的警告证据一样,

---

① "Personal Relationships and Health" by Malcolm Parks from *Personal Relationships and Personal Networks*. Mahwah, NJ: Lawrence Erlbaum Associates, 2007. Reprinted by permission.

针对人际关系不足和失序而引发的危险的研究发现,具有很强的说服力(J. House, Landis and Umberson,1988)。虽然这种研究可能有些保守,但当我们完全从生物医学和身心医学中解放出来时,我们就会看到它们之间更多的联系。

我认为至少有五条相关路径把我们的人际关系质量与我们的生理和心理健康联系起来。中断的人际关系或人际关系不足与下列因素有关:(1)社交技能缺损;(2)暴力和自杀;(3)压力引发的心血管系统疾病;(4)免疫系统功能失调;(5)风险性健康实践。

一、社交技能缺损

作为社交性动物,我们生来就具有获得社交技能的坚实基础。然而,我们仍须通过额外的学习与实践,来掌握几乎所有需要管理的复杂互动,如发表观点、转换话题、调整情感的表现、制定说服策略、管理冲突等。家人之间的互动,儿时伙伴之间的互动,处于青春期者之间的互动,都是我们发展这些技巧的最重要领域。当这些早期关系被打乱了秩序,人就会丧失重要的学习机会,关系就会被扭曲,还有可能导致多种疾病的发生。这意味着,许多疾病可能被引发,特别是心理疾病。这也意味着,许多疾病,特别是心理疾病,有可能被理所当然地视为人际病(interpersonal illnesses, Segrin, 2001)。

我们会在所有关于心理疾病的文献中发现与社交技能较差者进行互动时所产生的破坏性影响。比如,遭父母遗弃的儿童有可能更难以控制情感表达,更难参与互动(Cohn, Campbell, Matias, & Hopkins, 1990)。同样,那些既高度控制自己的孩子,又不能向孩子表达感情的父母,有可能导致孩子在一生中都会出现社交技能缺损,并使他们在许多方面产生心理健康和人际关系方面的问题(Hudson & Rapee, 2000)。例如,在青春期与父母有不良互动经历者,更有可能在多年后与恋爱对象沟通时,出现粗暴和性虐待行为(K. J. Kim, Conger, Lorenz, and Elder, 2001)。

这并非表明,人一定是他们早期关系的受害者。早期关系虽然重要,但批评者们实际上找错了引发心理疾病的原因,过度看重儿童时期的关系的影响(Coyne, 1999)。不管人际关系何时出现,它们都是开发或损害人的社交技能的竞技场,是"滚动实验室"(rolling laboratories)。在这些实验室里,出现在某一生活阶段的关系中的社交技能水平,有助于决定另一生活阶段的关系中呈现的社交技能水平。可以说,社交技能水平是自身永久性存在的(self-perpetuating)。

在有些情况下,身心疾病并非缺少积极模式(positive models)所致,而是消极模式(negative models)所致。例如,性虐待被认为是饮食失调的先导,部分原因是它减弱了受害者的社交能力感(Mallinckrodt, McCreary, and Robertson, 1995)。正因为如此,儿童时代的生理受害和性虐待才与成年时期的身心疾病密切关联(Dinwiddie et al., 2000)。

二、暴力和自杀

个人关系中的暴力和自杀给社会造成了严重问题。个人关系缺乏或个人关系功能失调者尤其易受暴力的影响,不是他们对别人施暴,就是别人对他们动手。有些人干脆就带着他们以前关系中的暴力模式。例如,恋爱关系中的暴力既与家庭暴力的历史有关,也与施暴者拥有虐待其恋爱伴侣的朋友有关(Arriaga and Foshee,2004)。同样,生活在暴力婚姻中的配偶,往往是在有暴力和有虐待史的家庭中长大的(Bergman and Brismar,1993)。即使是无暴力家庭,也有可能无法提供管理冲突的正面模式。父母的忽视和离异也是年轻人恋爱关系中发生暴力和虐待的先导(Billingham and Notebaert,1993;Straus and Savage,2005)。人际关系不良者本人更有可能成为暴力的受害者。对他们生气的人可能更多,他们也更易受到伤害和孤立。比如,没有友谊关系的学生更有可能被同班同学欺负(Boulton Trueman,Chau,Whitehand and Amatya,1999)。更为普遍的是,来自美国和其他国家的数据表明,离婚者或分居者比已婚者更有可能被杀害(Lynch,1977;M. Wilson and Daly,1993)。

一个多世纪前,涂尔干(Durkheim,1897/1951)提出了这样的假说:人们之所以自杀,是因为他们不再融入给予他们生活意义的范围较大的社会制度/习俗。尽管我们现在从不同角度思考自杀问题,但显然与朋友和家庭失去联系,或者感觉失去联系,都会导致自杀。心理咨询师的报告提供了某些最令人震惊的证据:小学生的自杀行为常常是他们对父母或其他重要亲戚的离婚、患病、死亡做出的主动反应(D. E. Matters and R. M. Matter,1984)。玛格丽特·冯·安迪克斯(Margarethe von Andics,1947)在有关警察从维也纳救出自杀未遂者的研究报告中指出,企图自杀者要么不能形成长期关系,要么不能在失落的关系中恢复正常心态。更广泛的研究还证明,自杀与缺少人际关系或人际关系失序之间存在着关联性(Beautrais,Joyce,and Mulder,1996;Trout,1980)。人口学数据表明,在过去25年里,离婚者一直比已婚者的自杀率高,尽管这一期间,社会已经越来越能接受离婚现象了(Stack,1990)。

三、心血管疾病

人际关系不好,会损伤人心。这里指字面意义上的心脏。大量的各类证据验证了人际关系不良和不足对心血管所造成的影响。20世纪80年代初,美国国家血液与心肺研究所(National Blood, Heart and Lung Institute)把喜欢与人发生冲突、咄咄逼人、不热心助人,也得不到别人帮助的"甲类"性格者,正式列为带有导致冠状动脉心脏病的风险因素的人。不过,全球性格类型还只是一个粗略的测量标准,因为它们目前被排除在社会互动的范畴之外。事实上,有关"甲类"行为与心血管疾病关联的证据,还远远不相一致(Suls and Wan,1993)。

当我们考察社会保障过程时,就会出现更多有关心血管疾病的强势预测者。心血管活动似乎对人际传播属性的嬗变相当敏感(Lynch,1985)。例如,生长在开放和善于表达情感的传播模式之家的儿童,对压力做出反应时,其血压变化小于出身于封闭式人际传播家庭的儿童(L. B. Wright,1993)。成年男子对心绞痛(从心区到左肩和左臂的放射性剧痛)的报告次数,多少与其感觉能获得妻子帮助和得不到帮助的数据有关(Medalie and Goldbourt,1976)。

所有这一切都表明,在人际关系终止或人际关系缺乏者中间,心血管疾病引起的死亡更为普遍。实际情况也是如此。一些国家的研究常常表明,在有过严重家庭冲突者、离婚者、分居者、缺少朋友者、很少参与正式或非正式团体活动的人当中,心血管疾病患者很普遍,而且他们更有可能死于心血管疾病(Ebrahim, Wannamethee, McCallum, Walker, and Shaper,1995;Orth-Gomer et al.,2000;Rosengren et al.,2004)。这些都不是低风险因素。高度的社会心理紧张导致的风险像高血压和肥胖症的风险一样高……

四、免疫系统功能失调

免疫系统是我们人体的私人医生,能为我们诊治和预防一系列疾病(Desowitz,1987)。尽管我们远未了解免疫系统各个组成部分复杂的相互作用,但是,四十多年的研究令人信服地表明,重要的人际关系遭到干扰后,可严重影响人的免疫系统的活动。这种影响至少有两种形式:免疫抑制和自体免疫疾病。

在日常语言中,我们会说,一个患有免疫抑制疾病的人,抗病能力极低。也就是说,此人对外来细胞或进入其体内的毒素做出积极免疫反应的能力已被削弱了。这种情况之所以出现,在很大程度上是因为调节免疫反应的多种神经肽、神经递质和神经激素受到了干扰(Fleshner and Laudenslager,2004)。人在精神紧张时更容易得病。因为,其免疫系统不像平常那样能有效地预防疾病或康复。迈耶和哈格蒂(Meyer and Haggerty,1962)在一项早期研究中相当清楚地说明了这一点。他俩对十六个家庭的呼吸道感染情况进行了长达一年的跟踪研究。他们发现,家庭成员在互动关系紧张期间,患上呼吸系统疾病的人数是家庭成员互动关系较为轻松时的四倍。

过去三十年进行的研究不断显示,精神长期紧张可弱化人体免疫能力(Segerstrom and G. E. Miller,2004)。免疫抑制与一系列人际和心理条件有关,其中包括:情绪低落、孤独、家庭冲突、角色冲突、与家庭成员和同伴不和、离婚和丧偶(Kaplan,1991)。另外,这种免疫抑制可以造成致命的后果。例如,离婚者比结婚者更有可能死于肺炎(Lynch,1977)。

人际因素对免疫系统的第二大影响是诱发自体免疫疾病。在这些疾病中,人体会进行自我攻击。免疫系统不能分清自我与外来物,结果,免疫系统会产生误伤人体本身组织的抗体。自体免疫疾病的出现和严重程度,似乎因人际事件的不同而不同。比如,有过极端愤怒、情绪低落或精神紧张经历的人,其风湿性关节炎的发病速度会更快,也更容易丧失能力(Latman and Walls,1996;Solomon,1985)。当然,这些情感的干扰可能源自多种因素,但是研究文献表明,当事人与配偶或父母的关系受到干扰,是让人感觉到压力的最普遍因素。相反,那种积极的关系,特别是有助于病人感到本人能够控制自己疾病的互动关系的存在,则能使病人较好地对待疾病,由此引发严重变故的可能性也会较小(Evers, Kraaimaat, Geene, Jacobs, and Bijlsma, 2003)。

恰如缺少支持可使人的自体免疫系统恶化一样,疾病本身也会限制人的社会参与。因此,风湿性关节炎患者称,他们患病后,其社会活动的全部范围被严重地缩小了(P. P. Katz, 1995)。对一些人而言,最后的结果是与社会日益脱离、病情越来越重这一恶性循环。

五、风险性健康实践

人际关系不良可激发或至少不能消解风险性与完全破坏性的行为。人际关系不良者的常见行为,是不去寻求必需的卫生保健,不去遵守基本的医疗规则。例如,得不到朋友和家人支持的人在戒烟、服用高血压药物、控制糖尿病和减肥等方面,就不太容易成功(Gorin et al., 2005; Hanson, De Guire, Schinkel, and Kolterman, 1995; Umberson, 1987)。

如果人们缺乏对积极人际关系的承诺,那么他们也有可能更容易参与风险性活动,或以危险的方式参与活动。例如,刚刚分居者或离婚者发生交通事故的概率几乎是已婚者的三倍(Lagarde et al., 2004)。已离异的父母或被人际问题搞得心烦意乱的父母,可能对其孩子监护、管教得较少,从而导致孩子更容易发生安全事故、受伤或发生不安全的性行为。例如,生长在监护不善、家庭关系涣散的家庭中的少年,比得到父母更好监护的少年,更有可能喝酒和飙车①(Augustyn and Simons-Morton, 1995)。另一项研究发现,新近离婚家庭中的12岁至14岁少年发生性行为者的比例高于来自完整家庭或继父母家庭的少年(Flewelling and Bauman, 1990)。甚至在完整的家庭中,母女沟通不良也是少女怀孕最有力的一个预示器(Adolph, Ramos, Linton, and Grimes, 1995; Silva and Ross, 2002)。

在人际关系失序者当中,毒品和酗酒造成的死亡更为常见(Risser, Bonsch and Schneider, 1996)。失序的关系既是吸毒和酗酒的结果,也是吸毒和酗酒的原因。一些人会通过转向吸毒和酗酒,来应对其人际关系的不足。与生长在完整家庭的儿童相比,来自离婚家庭的儿童更有可能去吸毒和酗酒。而且更糟糕的是,他们更难形成自己稳定的人际关系,更难使自己的整个生活圈保持不变(Flewelling and Bauman, 1990; Jeynes, 2001; Needle, Su, and Doherty, 1990)。

当他们自己身为父母之后,这种循环仍然会继续下去。父母是酗酒或吸毒者的孩子发生事故和受伤的概率远远高于其他儿童。比如,一项有关1980年到1990年苏格兰住房失火事故的研究表明,父母酗酒是造成儿童死亡的一个主要原因(Squires and Busuttil, 1995)。另一项美国的研究报告显示,其母属于酗酒者的儿童与其母没有饮

---

① 美国法律规定:未满16周岁者不得驾驶机动车辆;未成年者,不许饮酒。——译注

酒问题的儿童相比,发生严重事故和受伤的比例超过 2∶1。当父母双方都是酗酒者,或者其母既是酗酒者又是单身者,儿童面临的风险则更大(Bijur, Kurzon, Overpeck and Scheidt, 1992)。

　　这些发现提醒我们,负面的社会和健康后果似乎总是一起出现,比如酗酒、暴力、自杀、心理失衡等。然而,从某种程度上说,这些问题都是人际传播技能缺乏和社会关系不良所致;所有这些问题都可通过改善传播技能和提供社会保障网络等干预措施得以解决。事实上,着眼于这些因素的一些计划业已证明它们能够成功地增强青少年的自信心,改善其在校表现,减少吸毒和潜在的自杀倾向(e.g., Eggert, Thompson, Herting, Nicholas and Dicker, 1994; E. A. Thompson, Eggert, Randell and Pike, 2001)。

　　个人关系远比隐私管理复杂得多。它们关系到参与者的身心健康,关系到发挥社会与经济的作用,也关系到整个社会的活力。随着过去一百多年关于个人关系研究的演变,这一认知在缓慢发展着。

复习题

1. 除缺少积极的人际传播模式能致病之外,还有哪些因素会致病?
2. 中断的个人关系或个人关系缺失与心血管疾病之间存在着什么关系?
3. 家庭成员关系紧张对家庭成员的呼吸道会产生怎样的影响?
4. 精神紧张会让哪些疾病恶化?

思考题

1. 如果你打算根据这篇文章的内容举办一个"家庭交流"讲座,你准备在讲座中讲什么话题呢?
2. 总结这篇文章中有关离婚的可能性影响的证据。
3. 这篇文章暗示了婚前咨询和教育的重要性,其意义是什么?
4. 你觉得你的传播质量与生活质量有什么联系?

参考文献

Adolph, C., Ramos, D. E., Linton, K. L., & Grimes, D. A. (1995). Pregnancy among Hispanic teenagers: Is good parental communication a deterrent? *Contraception*, 51(5), 303—306.

Alexander, F. (1950). *Psychosomatic medicine*. New York: Norton.

Arriaga, X. B., & Foshee, V. A. (2004). Adolescent dating violence: Do adolescents follow in their friends', or their parents', footsteps? *Journal of Interpersonal Violence*, 19, 162—184.

Augustyn, M., & Simons-Morton, B. G. (1995). Adolescent drinking and driving: Etiology and interpretation. *Journal of Drug Education*, 25, 41—59.

Beautrais, A. L., Joyce, P. R., & Mulder, R. T. (1996). Risk factors for serious suicide attempts among youths aged 13 through 24 years. *Journal of the American Academy of Child and Adolescent*

Psychiatry, *35*, 1174—1182.

Bergman, B., & Brismar, B. (1993). Assailants and victims: A comparative study of male wife-beaters and battered males. *Journal of Addictive Diseases*, *12* (4), 1—10.

Bijur, P. E., Kurzon, M., Overpeck, M. D., & Scheidt, P. C. (1992). Parental alcohol use, problem drinking, and children's injuries. *Journal of the American Medical Association*, *267*, 3166—3171.

Billingham, R. E., & Notebaert, N. L. (1993). Divorce and dating violence revisited: Multivariate analyses using Straus's conflict tactics subscores. *Psychological Reports*, *73*, 679—684.

Boulton, M. J., Trueman, M., Chau, C., Whitehand, C., & Amatya, K. (1999). Concurrent and longitudinal links between friendship and peer victimization: Implications for befriending interventions. *Journal of Adolescence*, *22*, 461—466.

Cohn, J. F., Campbell, S. B., Matias, R., & Hopkins, J. (1990). Face-to-face interactions of postpartum depressed and nondepressed mother-infant pairs at 2 months. *Developmental Psychology*, *26*, 15—23.

Coyne, J. C. (1999). Thinking interactionally about depression: A radical restatement. In T. Joiner & J. C. Coyne (Eds.), *The interactional nature of depression* (pp. 365—392). Washington, DC: American Psychological Association.

Desowitz, R. S. (1987). *The thorn in the starfish: How the human immune system works*. New York: Norton.

Dinwiddie, S. H., Heath, A. C., Dunne, M. P., Bucholz, K. K., Madden, P. A. F., Slutske, W. S., et al. (2000). Early sexual abuse and lifetime psychopathology: A co-twin-control study. *Psychological medicine*, *30*, 41—52.

Durkheim, E. (1951). *Suicide*. New York: Free Press. (Original work published 1897).

Ebrahim, S., Wannamethee, G., McCallum, A., Walker, M., & Shaper, A. G. (1995). Marital status, change in marital status, and mortality in middle-aged British men. *American Journal of Epidemiology*, *142*, 834—842.

Eggert, L. L., Thompson, E. A., Herting, J. R., Nicolas, L. J., & Dicker, B. G. (1994). Preventing adolescent drug abuse and high school dropout through an intensive school-based social network development program. *American Journal of Health Promotion*, *8*, 202—215.

Evers, A., Kraaimaat, F. W., Greene, R., Jacobs, J., & Bijlsma, J. (2003). Pain coping and social support as predictors of long-term functional disability and pain in early rheumatoid arthritis. *Behaviour Research & Therapy*, *41*, 1295—1310.

Fleshner, M., & Laudenslager, M. L. (2004). Psychoneuroimmunology: Then and now. *Behavioral & Cognitive Neuroscience Reviews*, *3* (2), 114—130.

Flewelling, R. L., & Bauman, K. E. (1990). Family structure as a predictor of initial substance use and sexual intercourse in early adolescence. *Journal of Marriage and the Family*, *52*, 171—181.

Gorin, A., Phelan, S., Tate, D., Sherwood, N., Jeffery, R., & Wing, R. (2005). Involving support partners in obesity treatment. *Journal of Consulting and Clinical Psychology*, *73*, 341—343.

Hanson, C. L., De Guire, M. J., Schinkel, A. M., & Kolterman, O. G. (1995). Empirical validation for a family-centered model of care. *Diabetes Care*, *18* (10), 1347—1356.

Harvey, J. H., & Weber, A. L. (2002). *Odyssey of the heart: Close relationships in the 21st century* (2nd ed.). Mahwah, NJ: Lawrence Erlbaum Associates.

Holtzman, S., Newth, S., & Delongis, A. (2004). The role of social support in coping with daily pain among patients with rheumatoid arthritis. *Journal of Health Psychology*, 9, 677—695.

House, J., Landis, K., & Umberson, D. (1988). Social relationships and health. *Science*, 241 (4865), 540—545.

Hudson, J. L., & Rapee, R. M. (2000). The origins of social phobia. *Behavior Modification*, 24 (1), 102—129.

Jeynes, W. H. (2001). The effects of recent parental divorce on their children's consumption of marijuana and cocaine. *Journal of Divorce and Remarriage*, 35 (3—4), 43—65.

Kaplan, H. B. (1991). Social psychology of the immune system: A conceptual framework and review of the literature. *Social Science and Medicine*, 33, 909—923.

Katz, P. P. (1995). The impact of rheumatoid arthritis on life activities. *Arthritis Care and Research*, 8, 272—278.

Kim, K. J., Conger, R., Lorenz, F. O., & Elder, G. H. (2001). Parent-adolescent reciprocity in negative affect and its relation to early adult social development. *Developmental Psychology*, 37, 775—790.

Lagarde, E., Chastang, J. F., Gueguen, A., Coeuret-Pellicer, M., Chiron, M., & Lafont, S. (2004). Emotional stress and traffic accidents: The impact of separation and divorce. *Epidemiology*, 15, 762—766.

Latman, N. S., & Walls, R. (1996). Personality and stress: An exploratory comparison of rheumatoid arthritis and osteoarthritis. *Archives of Physical and Medical Rehabilitation*, 77, 796—800.

Lynch, J. J. (1977). *The broken heart: The medical consequences of loneliness.* New York: Basic Books.

Lynch, J. J. (1985). *The language of the heart.* New York: Basic Books.

Mallinckrodt, B., McCreary, B. A., & Robertson, A. K. (1995). Co-occurrence of eating disorders and incest: The role of attachment, family environment, and social competencies. *Journal of Counseling Psychology*, 42, 178—186.

Matter, D. E., & Matter, R. M. (1984). Suicide among elementary school children: A serious concern for counselors. *Elementary School Guidance and Counseling*, 18, 260—267.

Medalie, J. H., & Goldbourt, U. (1976). Angina pectoris among 10,000 men. II. Psychosocial and other risk factors as evidenced by a multivariate analysis of a five-year incidence study. *American Journal of Medicine*, 60, 910—921.

Meyer, R. J., & Haggerty, R. J. (1962). Streptococcal infections in families. Factors altering individual susceptibility. *Pediatrics*, 29, 536—549.

Needle, R. H., Su, S. S., & Doherty, W. J. (1990). Divorce, remarriage, and adolescent substance use: A prospective longitudinal study. *Journal of Marriage and the Family*, 52, 157—169.

Orth-Gomer, K., Wamala, S. P., Horsten, M., Schenck-Gustafsson, K., Schneiderman, N., & Mittleman, M. A. (2000). Marital stress worsens prognosis in women with coronary heart disease: The Stockholm Female Coronary Risk Study. *Journal of the American Medical Association*. 284,

3008—3014.

Plaut, S. M., & Friedman, S. B. (1981). Psychosocial factors in infectious disease. In R. Ader (Ed.), *Psychoneuroimmunolgy* (pp. 3—30). New York: Academic Press.

Risser, D., Bonsch, A., & Schneider, B. (1996). Family background of drugrelated deaths: A descriptive study based on interviews with relatives of deceased drug users. *Journal of Forensic Science*, *41*, 960—962.

Rosengren, A., Hawken, S., Ôunpuu, S., Silwa, K., Zubain, M., Almahmeed, W. A., et al. (2004). Association of psychosocial risk factors with risk of acute myocardial infarction in 11,119 cases and 13,648 controls from 52 countries (the Interheart Study): Case-control study. *Lancet*, *364*, 953—962.

Segerstrom, S. C., & Miller, G. E. (2004). Psychological stress and the human immune system: A meta-analytic study of 30 years of inquiry. *Psychological Bulletin*, *130*, 601—630.

Segrin, C. (2001). *Interpersonal processes in psychological problems.* New York: Guilford Press.

Silva, M., & Ross, I. (2002). Association of perceived parental attitudes towards premarital sex with initiation of sexual intercourse in adolescence. *Psychological Reports*, *91*(3, Pt. 1), 781—784.

Solomon, G. F. (1985). The emerging field of psychoneuroimmunology: With a special note on AIDS. *Advances*, *2*, 6—19.

Squires, T., & Busuttil, A. (1995). Child fatalities in Scottish house fires 1980—1990: A case of child neglect? *Child Abuse and Neglect*, *19*, 865—873.

Stack, S. (1990). New micro-level data on the impact of divorce on suicide, 1959—1980: A test of two theories. *Journal of Marriage and the Family*, *52*, 119—127.

Straus, M. A., & Savage, S. A. (2005). Neglectful behavior by parents in the life history of university students in 17 countries and its relation to violence against dating partners. *Child Maltreatment: Journal of the American Professional Society on the Abuse of Children*, *10*(2), 124—135.

Suls, J., & Wan, C. K. (1993). The relationship between trait hostility and cardiovascular reactivity: A quantitative review and analysis. *Psychophysiology*, *30*, 615—626.

Thompson, E. A., Eggert, L. L., Randell, B. P., & Pike, K. C. (2001). Evaluation of indicated suicide risk prevention approaches for potential high school dropouts. *American Journal of Public Health*, *91*, 742—752.

Trout, D. L. (1980). The role of social isolation in suicide. *Suicide and Life-Threatening Behavior*, *10*, 10—23.

Umberson, D. (1987). Family status and health behaviors: Social control as a dimension of social integration. *Journal of Health & Social Behavior*, *28*, 306—319.

Von Andics, M. (1947). *Suicide and the meaning of life.* London: W. Hodge.

Wilson, M., & Daly, M. (1993). Spousal homicide risk and estrangement. *Violence and Victims*, *8*, 3—16.

Wright, L. B., Treiber, F. A., Davis, H., Strong, W. B., Levy, M., Van Huss, E., et al. (1993). Relationship between family environment and children's hemodynamic responses to stress: A longitudinal evaluation. *Behavioral Medicine*, *19*, 115—121.

第三节 传播的影响（而非结果）研究[①]

斯图尔特·J.西格曼（Stuart J. Sigman）

这篇短文是对"我为什么要学习传播"这个问题做出的回应。

一些人认为，既然大家从出生之日起就一直在进行传播，我们就没必要学习它了。其他人认为，如果你像每天正式学习某种东西一样学习，那么你就会把传播学变成某种机械物或人造物。还有人认为，人的沟通如此复杂多变，你对它进行归纳时有可能扭曲其本来面目。

传播学研究者和教师斯图尔特·西格曼在此认为，我们应当学习传播，因为它"至关重要"。它之所以这么重要，是因为它影响人们的各种生活。重要的是，这种影响不仅在于人们说什么，更在于人们用什么方式进行传播。过程比内容更为重要。

传播至关重要。当人们用某种特别的腔调说出某一个词语、用某种特殊的力量展现某种姿态、身穿某种款式的衣服、在某项活动中的某个时刻保持某种姿态时，传播都非常重要。人在与他人建构讯息时，他们所做的一切都影响着他们各自的生活，影响着他们所属的各种机构和组织，以及他们与其他人超越空间、时间和等级差别所建立起来的各种关系。

因此，本书的主要观点是：传播过程在人类生活中，对人类生活而言，具有重要意义。然而，这种重要性不能主要用文化、心理或社会学变量或使之理论化来解释。传播过程本身的起伏涨落，也是必须研究的事情。除了借鉴人类学理论、心理学理论、社会学理论之外，传播的重要意义也必须得到发展。

正如后面将要详述的那样，传播的影响（consequentiality of communication）是指，某人在传播期间、在传播内部及作为他与他人互动的组成部分所做的一切，都将对这些人产生后果。这些后果源自传播过程，而非来自语言结构，或者来自特定的人物和社会结构的干预（mediation）。传播产生后果有两种含义。一是指传播是催生和建构文化现实的主要过程；另一个是指在传播过程中，当传播发生时，其对人的行为的约束性和功能自视性会马上显露出来。根据这种观点，传播不是一种用来沟通外部现实的中立工具，也不是一种用来传输或影响社会心理因素、社会结构、文化习俗等的中立工具。传播过程涉及：(1) 在确立人的身份认同和个人体验的自我概念中发挥作用；(2) 规定个人之间允许建立关系的范围和不允许建立关系的范围，并以此建造社会结构；(3) 展现文化价值、信仰、目标等的形成和实践的过程。

[①] "The Consequentiality of Communication" by Stuart J. Sigman from *The Consequentiality of Communication*, pp. 1—2. Copyright © 1995. Reprinted by permission of Lawrence Erlbaum Associates, Inc via Copyright Clearance Center and Stuart Sigman.

因此,研究传播的影响就是去设想一个由不断生成意义的过程所组成的世界,而非在意义生成的前后设立条件,加以限制。研究传播的影响,目的在于描述与分析,认真对待由人的行为举止、协商和再协商中的讯息,而非由先后存在的认知规定、文化准则和社会角色等维系的世界。

复习题

1. 西格曼说传播"至关重要"时,他指的是什么?
2. 解释一下"传播过程的影响常常大于传播内容的影响"的意思。

思考题

设想你是一个传播学专业的学生,你已决定在大学本科期间学习传播学。在一次家庭聚会上,你的一个姑姑或叔叔问起你学习什么专业和为何学习这个专业。请你运用本章中的材料,回答你姑姑或叔叔的问题。

第四节 激情谈话①

苏珊·斯科特(Susan Scott)

苏珊·斯科特是行政管理教育学家,她帮助全球客户对他们所属组织的文化进行转型。这篇文章节选自她的畅销书。她解释了谈话怎样成为人们的经历中最重要的传播事件。正如她指出的那样:"我们的工作,我们的关系,还有,实际上,我们生活中的每一次成败都发生在某次谈话中,有时是逐渐发生的,有时又是突然发生的。"

尽管苏珊的受众主要是商人而非大学生,但她的观点适用于我们每个人。不管你处在什么样的人生起点上,在面临重大挑战时,你迈出的第一步应该是摒弃"责任推诿"(accountability shuttle);第二步是"找出与你有关的谈话,运用全部勇气、优雅风度和准备受指责的心理去进行谈话"。如果生活美好,你还会意识到,你的成就都是在一次次成功的谈话中取得的,"先是逐步地取得,接着是突然取得"。她的建议既适用于工作经历,也适用于家庭体验。

斯科特强化了本章其他作者也谈到的一个观点:关系存在于形成关系的谈话之中。不管你正在思考的是恋爱关系、婚姻关系、工作关系,还是家庭关系,"谈话就是关系"。关系中出现的问题始于具体谈话,其恶性循环可通过谈话来追踪,改变谈话可以改善关系问题。

斯科特解释说,"激情谈话"(fierce conversation)指的是方式激烈、口气强硬、用词有力、情绪激动、坚定率直的谈话。"激情"并不表明愤怒或敌意;它强调你在谈话时

---

① "Introduction: The Idea Fierce" from *Fierce Conversations* by Susan Scott, copyright © 2002 by Fierce Conversation Inc. Used by permission of Viking Penguin, a division of Penguin Group(USA) Inc.

要尽可能务实和真诚的重要性。斯科特敦促她的读者尽可能利用激情谈话了解人、熟悉人和改变人。

本文即将结束时，斯科特讲述了她与公司领导人处理影响企业效益的问题时谈话的重要性。她解释说，她对自己的职业的简要和浅显的概括是："我为公司领导人管理智库，并与他们一对一地工作。""但我真正的工作是向我的客户发出一个亲密的邀请，即谈话。"这极大地提高了多数客户的工作效率和对工作的满意度。

本文结束时，你将面临一个挑战，那就是当你开始工作时，要使你的谈话更加真诚，"充满激情"。但是，作为她对本书第二章的贡献，我希望她的话能强调一点：谈话作为界定你生活的现实、决定你的成功与幸福的传播事件，是多么至关重要。

在经历了与企业领导人的上万个小时的一对一的谈话、在给那些面对生活关系问题与生活方向问题的各行各业的男男女女们举行了众多专题讲座之后，我相信，我们的工作、我们的关系和我们的生活，逐渐成功或失败，然后可能会突然成功或突然失败，都有可能源于一次谈话。

不管你想保持你的幸福生活，还是渴望彻底改变你的生活，想想你需要进行的所有谈话都有可能使你感到灰心丧气，那么，让我们先不要去责备这个令人有点畏缩的"沟通"领域吧。我倒是希望你依次进行谈话，谈话就从站在你面前的下一个人开始，也许实际的谈话并没有你想的那么多。

一旦你开始了谈话，一旦你有了谈话的勇气，具有了控制谈话的技巧，更重要的是，一旦你欣喜地从激情谈话中尝到了甜头，那么谈话就不会停止。如果谈话可以改变世界，那么谈话自然就会改变你的世界。

一、当此处出现麻烦时

你要有耐心。你来到此处，无论"此处"是指哪儿，不过是要进行一场谈话而已。要让你在家庭或工作中需要改变的一切，通过一场谈话显露出来。

有时谈话就在此处发生。在高科技大拼杀、经济崩溃、公司裁员和2001年的恐怖袭击等事件改变了我们个人和集体心目中的现实之后，我们很容易断定，生命越来越无法预料，人别无选择，只能无所事事，四处游荡，得过且过。

也许，你接到了一个重要的叫醒电话；你失去了一个最大的客户，他给你带来的利润占你纯利润的40%；或者你失去了最看重的雇员；或者你丢掉了工作，并非由于公司裁员；你失去了小组对你的忠诚；你失去了你们18年的婚姻，或者丧失了你们家庭的凝聚力。

也许，你的公司正在进行人员调整，大家尔虞我诈，流言蜚语满天飞，各部门互不配合；报告、项目和战略计划被长期搁置，无人问津；公司的状况为什么如此糟糕？对此，有人说了一大堆理由和借口。

如果你想体验一下众多个人和组织所面临的挑战，那么伸出你的右臂，用手指向前方,接着再用手指着一个你想象中的人。这个人就是让你现在的职业生活或个人生活陷入麻烦的祸根,这就是"责任推诿"。就是他干的。就是她干的。就是他们对我干的。

事实上,这种责备得不到答案,也不能给你想象中的家庭安全增设一道保护屏。一旦你对通向失望或艰难的小路进行反思,或许,你能想起促使这些事情发生的某次谈话,对那些生动的细节记忆犹新,并相信会出现你今天看到的这个结局。很有可能,你因为一次次失败的谈话才走到如此地步。

你应该扪心自问:"我怎么到了这种地步?我怎么发现自己在工作岗位、社会角色、人际关系和生活方式中迷失了自我?我怎么会迷失方向呢?"

我多次听人说:"我们从未谈过真正的问题,从未涉及现实的字眼。"或者,"我们从未说明我们的需要。我们从未谈论过彼此的真实想法和感受。结果,我们需要谈的事情太多了,结局却像车轮子从车上掉下来一样。"

2002年2月,罗伯特·凯泽(Robert Kaiser)和戴维·奥塔维(David Ottaway)给《华盛顿邮报》(Washington Post)写了篇文章,谈的是美国与沙特关系的脆弱性。作者援引乔治·赫伯特·沃克·布什总统的国家安全顾问布伦特·斯考克罗夫特(Brent Scowcroft)的话说:"我们(美国和沙特阿拉伯)彼此很了解吗?……也许不。我认为,从某种意义上说,由于这种很礼貌的关系,我们大概在避免谈论我们之间存在的真正问题。我们并没有触及表层下面的许多问题。"

伸出你的手指,摸摸你的鼻子,这就是解决方案的开始。这是一种责任所在。如果你想在你的职业或生活中取得进步,到达一个更好的"此处",那么你就应当积极找出并参与与你有关的谈话,下定决心,获得谈话所需要的勇气、优雅风度和准备受指责的心理。

二、此处何时有乐趣

或许你成功地招募了一位能干的新雇员;或许你发现团队对你极其忠诚;或许你刚刚获得晋升;或许你已建立了圆满而成果卓著的关系。你清楚自己的生活方向,充满了激情。

你来到了生活中的这个好地方,走上了一条得意的职业之路,建立了良好的关系。这一切先是逐步实现的,随后是突然地、在一次次成功的谈话中实现的,也许还是在一场场感觉惬意的激情谈话中获得的。现在,你该确保与那些带给你成功和幸福的重要人物之间的谈话质量。

如果你想在家中或工作中做得更好,你就找对了地方。读完这篇文章后,如果你鼓起勇气,用我们一起开发的工具去尝试一回,你将来到工作单位的同事身边,回到家中的伴侣身边。最重要的是,你回归了自我,准备参与将深刻转变你的生活、正在进行中的突破性谈话。

虽然我忍不住透露写了两本书,一本是《工作场所的激情谈话》(*Fierce Conversa*

tions in the Workplace），另一本是《家中的激情谈话》（*Fierce Conversations at Home*），但我把这些内容分别写进这两本书中肯定是一个错误。也许，你已相信了这样的假定：我们做出不同的回应，取决于我们和谁在一起；我们对工作单位的人和对家庭成员的回应，实际上是有相当差异的。也许，你在工作单位特别注意谈话，但你在家中谈话时，却那么漫不经心。你认为家里的谈话既无新意也没有乐趣，或者你觉得没有精力在家中讨论问题，而愿意对家人进行遥控。或许，你把温暖、玩心和真情都留在家中，而在办公桌前则做着机械化的操作，因为你担心你的真正自我被暴露之后，你在公司的酒宴上就会被人当作可怜的天真稚童。也许，你对自己说：工作单位的谈话是不可避免的，而且与家庭中的谈话有本质不同。这就是人们经常要采取的谈话方式。这一观点并不符合事实。

我们每个人都必须摒弃这种想法：我们对不同的人做出不同的回应；我们在工作场所的谈话与在家中的谈话大不相同。

你挤压一个橘子时，会挤出什么东西？橘汁！为什么？因为橘子里面就是橘汁。橘子并不在意它被放在董事会的会议桌上，还是厨房的水槽边。橘子不会在家时就流出橘汁，到了工作单位就流出西红柿汁。

我们遭到挤压时，我们遇到不顺心的事情时，我们会被挤出什么？当然是我们内在的东西。我们可以把我们个人生活中正在出现的东西装入箱中，用胶带封住，然后留在仓库里，而我们却可以继续工作，这种假设纯属无稽之谈。我们被挤出的东西在任何地方都会有渗出。我们是谁那就是谁，在哪儿都一样。因此，如果你在工作单位的谈话结果令人失望，那么我敢打赌，你在家中的谈话也同样会出现问题。在工作单位所产生的振聋发聩、具有世界级成果的谈话所需要的原则和技巧，正是在家里进行这种谈话所需要的原则和技巧。

三、谈话就是关系

"我们生活的成败取决于一次次谈话。"这是诗人和作家戴维·怀特（David Whyte）的第二大远见卓识。几年前，戴维在国际技术公司（TEC International）的年会的一次主题发言中说，在典型的婚姻中，新婚男人常常为一件事而苦恼：他有与其终身伴侣交谈的需求。但是，他俩谈的内容与上周末谈的内容并无二致。他们常常觉得应为改善他们的关系做点什么。他想，我们为什么还要再谈这个问题呢？我还以为我们已解决了这个问题哩。难道我们就不能在长谈一次之后，隔上一年半载，再来谈这个问题吗？

显然，不能这么做，因为她又在此处出现了。怀特称，如果他加以留心，他就会想到："他与妻子一直进行的这种谈话并非围绕关系进行的。谈话本身就是关系。"

谈话就是关系。如果谈话停止了，建立关系的所有可能性就会减少，个人在关系中的所有可能性也会减少。

如果我们在工作场所或在家中对谈话的需要做让步，如果我们降低我们谈话的频度、谈话内容的标准,最重要的是,如果我们降低谈话时的真诚度,谈话质量就会出现增量的贬值(incremental degradation),即谈话质量出现缓慢或致命的下滑。据说一位公司总裁在谈话进程中制止言不由衷的讲话时这样大声说:"霍华德,我认为你的回应无益于改进工作。"

幸好,仅有极少数领导者会贸然违反谈话的一般规律。然而,许多工作团队和夫妻开列了一张无法讨论的问题清单,其目的是不惜一切代价,保持中庸、平和的状态和关系。在现实生活中,人际关系会因缺乏人们小心避免的谈话而变得逐渐恶化。如果关系质量下滑了好几年,这种关系就难以被提升到新的层次。这正是让我们深陷其中难以脱身的原因。

在我们的重要关系中,在工作单位,在我们的自我谈话中,我们都想说真话,都想成功地处理要么使我们深陷泥潭、要么导致我们与他人分道扬镳的话题。然而,这项任务极为艰巨。我们对如何避免出现大家都熟悉的那种很糟糕的谈话结局一无所知。我们已学会了对其熟视无睹。可我们为何还会与我们的同事在会议上闹得不痛快,与我们的生活伴侣再浪费一个周末呢?为何要试图解决这个难题?为何非要回答这个大问题?我们烦了,我们只想在这里度过平和的日子。

问题在于,不管你正在管理一个组织,还是管理一种生活,你都必须对你的世界做出积极回应。而且,这种回应常常要求有所变化。因此,我们要通过参加与我们自己和与他人的激情谈话,来促成这种变化。

我们每次与同事、顾客、其他重要的他者和我们的孩子谈话时,都会加强这些关系,要么让他们感到心平气和,要么让他们觉得难以忍受。既然如此,你希望用什么话语和什么态度去对这些最重要的人说话呢?在全书中,我们都将探讨有助于你参与到丰富关系中去的那些谈话原则与技巧,不管这个话题有多么敏感,也不管有多强的挑战性。

四、什么是"激情"谈话?

然而,什么是"激情"谈话呢?"激情"的含义是险恶、让人难受、粗野和威胁吗?这个词好像是指人在说话时提高嗓门、皱眉和地板上的血迹,总之,毫无乐趣可言。但是,在《罗格特宝典》(Roget's Thesaurus)中,"激情"一词还有下列同义词:坚定;激昂;强烈;有力;激动;关切;无拘无束;不受控制;没有驯化。用最简单的形式来讲,激情谈话是走出我们身后的自我进入谈话,并使谈话变得更为真实。

许多人害怕"真实"。实际上让我们怕得要死的正是虚假的谈话。虚假的谈话将使组织和个人付出难以想象的昂贵代价。每个组织在面临无法预料的未来时,都希望与其雇员、顾客和所属"领地"的成员进行真实的谈话。每个人都希望能在某种程度上通过谈话来建构他或她的意义世界。

如果你是一位领导,你的工作就是实现你所在组织的目标。你在今天的工作单位将如何做呢?在很大程度上,你要尽可能使你的每次谈话都真实起来。今天的雇员都把自己视为老板和投资者。他们拥有自己的时间、自己的精力和自己的技巧。他们愿意对他们信任的个人、思想和目标给予支持并进行投资。因此,要让他们有一些值得信任的事情。

我一再看到,当谈话真实发生时,甚至在谈话尚未结束之前,我们希望看到的变化就出现了。

做到真实并无风险,真正的风险是:

我将被了解。
我将被看见。
我将被改变。

好好想想这一点。你一直不能或不愿意与你的老板、同事、顾客、丈夫、妻子、孩子或你本人进行的谈话是什么?如果你能够进行这些谈话,一切不是都可能改变吗?

五、我自己的旅程

我在一家致力于提高执行总裁工作效率和生活水平的机构——国际技术公司的帮助下,与公司领导们一起工作了十三年。来自十八个国家的数千名执行总裁每月与像我这样的人进行一对一的谈话,话题聚焦于他们的生意和生活,从预算、战略、获取技术装备、人事和赢利(或亏本)一直到他们摇摆不定的婚姻、健康问题或不听话的孩子。

我每年都要与每一位执行总裁谈一次话。既然时间是执行总裁最宝贵的商品,从质量上讲,我们在一起的时间似乎应与我与其他人在一起的时间有所不同。每次谈话都需要达到某种致用的目的。我的成功,还有我同事的成功,都来自我们与领导者进行的那些能引起重大改变的谈话。

起初,我与领导者进行的一些谈话缺少激情。这些谈话虽然有些用处,但我们仍处在一种相对熟悉、安全的语境中。我承认,其中有些谈话是让人悲哀的,毫无价值,没有成就感,为此我畏缩、退却。那天我心情不好。我看着公司员工脸上的表情,感到他们可怜极了。但我要忘记那些谈话,它们并没有长远影响。我认为公司的同事也会这样说。

我能记住激情谈话,能记住我们的话题、情绪和我们的面部表情。我们好像一起通过提问和大声说话,创造了一个能量场。那些谈话的结果是引发了一些事情。

有人问我做了什么,我告诉他们,我为公司领导创建"智库",与他们一对一地工作。这就是电梯讲话(elevator speech)。我真正做的事情是邀请我的客户参与谈话。我的工作就是使我的每一次谈话尽可能真实。

随着我的激情谈话实践对我的压力越来越大,我想象我正在成为一个谈话制图员,为我和那些想加入这支队伍的人描绘一条深化真诚之道。与我一起工作的执行总裁们变得越来越坦率,而这种坦率又越来越增强了我们个人的自由感、活力感和效率感。最成功的领导者都坚持参加正在进行的、坦诚的自我谈话,高度重视他们的工作和生活,结果会形成高度的个人真诚、强烈的正直性格、诚实的感情,以及拥有更强的能力去实现他们的想象,并把他人吸引过来。

我在全球各地的同事让我开办讲习班,传授让我投入如此之多的激情谈话所需要的技巧。这就要求我自己清晰地讲解我正在开发的方法。1990 年,我举办了第一个讲习班。

1999 年 1 月,我举办了一个经过重新设计、相当具有"激情"的讲习班,参加者是来自七个国家的十六个特殊人物。在我的讲习班里,我们不搞角色扮演,无人把自己视为某个其他人,无人讨论想象中的虚幻问题。我们所做的一切都是实实在在的事情。所有参与者都在以自我的真实身份参与谈话,都把真实的、目前存在的重大问题作为我们的实践课要解决的焦点问题。在上完一次练习课后,一位来自英国泰恩河畔的纽卡斯尔(Newcastle on Tyne)的同事双眼噙满了泪水。

"我一生都渴望有这种谈话",他说,"但我不知道这种谈话是可以实现的。我认为我在接下来的人生道路中,不会接受除此之外的其他解决方案。"

参与者们给其他人发了电子邮件,谈了这个讲习班的影响,谈了他们如何运用他们在讲习班上学到的原则,谈了他们与讲习班的同学和家人快乐相处的事情。讲习班的名声四处流传,需求量不断增加。后来举办的每一个讲习班都有人排队报名,每个讲习班都在深入发展。公司的客户邀请我与他们的重要行政管理人员一起工作,促进他们在公司内部进行激情谈话。

2001 年 11 月,当我在悉尼歌剧院就座时,看到我的工作计划排得满满当当,但我与客户的工作值得我这样做。经过多次实践,我认识到,我们正在探索核心原则,当我们落实这些原则时,每一次谈话都会极大地改变我们的生活。激情谈话关注的是道德鼓励、明确的要求和采取行动。激情是一种态度、一种经商方式、一种领导方式,也是一种生活方式。

我多次听到这样的话:"你的工作极大地提高了我们领导团队应对和解决棘手问题的能力。这种实用工具让领导变成了谋求积极变革的激情代理人。"还有人说:"你让我们公司的竞争水平提升到了一个前所未有的高度。"我还听到有人这样对我说:"激情谈话就像第一次从飞机上跳伞。跳伞之前,你全身冒汗嘴巴干。一旦你离开飞机,就会有一种难以描述的快感。"我还听到有人说:"这个周末,我和我妻子进行了十年里最好的一次谈话。这次谈话让我们感觉好像在重新谈恋爱"……

六、开始行动

这是我希望你做的事情。开始倾听你自己说话,好像你从未听过自己说话一样。开始倾听你自己回避的那个话题;改换主题;把话咽回去;撒些小谎(也有大谎);用语大大咧咧;甚至你自己听起来都觉得没滋没味。今天,至少你体内有个人对你这么说过一次话:"这是表达激情的机会。"你停了一会儿,长长吸了一口气,接着走出你身后的自我,进入真实的谈话。说一点你认为是真实的话。比如,我的朋友埃德·布朗(Ed Brown)有时说了半句话后,就停下来,接着他又说:"刚才我讲的话不见得很对。让我看看我能不能尽可能说说我想说的话。"我聚精会神地听着他接下去说的话。

当你走出你身后的自我进入谈话,使它成为真实的谈话时,该出现的事情就一定会出现。谈话可能进展顺利,也可能遇上一点麻烦,但你至少可以去尝试一下。今天你至少可以说一件真实的事情,一件对你来说是真实的事情。如果某件事情得以启动,你就会从此时此刻开始成长了。

复习题

1. 什么是"责任推诿"?它为何没有效率?
2. "谈话就是关系"的含义是什么?
3. 解释一下斯科特"激情谈话"的概念。
4. 根据斯科特的看法,什么才能使谈话变得"真实"?

思考题

1. 斯科特认为,在工作谈话和家庭谈话中获得的成功和出现的问题都是一样的。你同意她的说法吗?如果同意,这对你的交往有什么意义?
2. 斯科特所说的"被了解、被看见和被改变的风险"是什么意思?你对她的这种说法有什么回应?
3. 怎样做才能使"尽量让每次谈话都真实"这件事具有实际意义和产生效果?

第五节 人际元素[①]

马丁·布伯

本书研究人际传播的方法主要来自马丁·布伯对人生的研究。他是下一篇文章的作者。尽管阅读他的文章具有挑战性,我这里还是选择了一篇,因为布伯几乎是本书所有观点的主要源泉。

布伯是一位生长在奥地利和德国的犹太哲学家和教师,1965年在以色列逝世。在许多方面,他是一个与我不同,也可能是与你极不相同的人。他是19世纪的欧洲人,一位因德国纳粹大屠杀而逃往以色列的犹太人,一位闻名世界的作家和演说家。他的母语是德语。我听说一些说德语的人也难以看懂他用德文写的文章。然而,布伯

---

① "Elements of the Interhuman," by Martin Buber from *The Knowledge of Man* edited by Maurice Friedman and translated by Maurice Friedman and Ronald Gregor Smith. Copyright © 1965. Reprinted by permission of The Balkin Agency.

的人生理论自20世纪20年代初被提出以来,引起了数百万人的共鸣。他的主要著作《我与你》(*I and Thou*)已被译成二十多种语言,在世界上的销量超过了除《圣经》(*The Bible*)和《古兰经》(*The Koran*)以外的任何其他书籍。

人类生来就具备用两种不同方式与我们周围的世界发生联系的能力。这一思想给如此之多的人留下深刻印象。布伯称之为"我—它"(I-It)和"我—你"(I-Thou),我则称之为"非人际的"(impersonally)和"人际的"(interpersonally)。每一种说法都重要。然而,正如布伯晚年所写,他出生于一个"我—它"关系占主导地位的世界里,所以他决定把自己富有创造性和沟通性的能量用于描述和鼓励"我—你"关系。这就是我们每个人都可与布伯相联系的地方。如果你的经历与我相似,那么"我—它"关系也会成为你的主导。同时,更多的"我—你"关系会丰富你的生活。正因为如此,仔细阅读布伯才是值得的。

正如我提起过的那样,由于布伯是在19世纪末20世纪初的欧洲被他的祖父母带大的(布伯的父母离异),他在两次世界大战中生活过,在政治运动中非常活跃,加上他是一个大家熟知的以色列公民,所以他的生活在许多方面都与你我有所不同。然而,对我而言,布伯的特殊才能在于,他能感知具有普遍意义的属于他的生存体验,能以与我直接谈话的方式用他的欧洲传统和他的"外国"母语展现有关人之相遇的常识。换句话说,即使他在许多方面不同于我,他却说:"这是我的体验;如果你能反思一下,也许你就会发现,这也是你的体验。"有时,我对布伯使用的语言有些迷惑不解。比如,像本书其他作者一样,布伯在指称"人"(human)时,用的却是"男人"(man)这个词。但是,当我仔细倾听他的话语并按照他的话去做时,我发现他是对的。这是我的体验,只有在此时此刻,我的理解才较之以前更为深刻。

我无从知道布伯的这篇节选文章能否对你产生同样的影响。但是,如果你敞开自己,去听他说话,这种可能性就存在。[1]这是有关阅读布伯文章的第一件事情。虽然他是一位哲学家,但有些学者批评他,因为他没有首先做出哲学假设,然后再用"证据"去考查和印证这些假设。相反,布伯坚持认为,他的读者需要在**谈话**或对话中与他相遇。对读者而言,主要的事情就是看他或她的生活体验能否与布伯的生活体验产生共鸣。这种共鸣成为布伯思想正确性的主要"证据"。

几乎在他的所有文章中,布伯都是通过观察我们生存在一个双重现实(twofold reality)中开始的。"一重"是由我们与这个世界中的客体,即人和其他事物之间的互动构成的。在这种生存模式中,我们只需发展和保持我们用精确理论和可信的因果公式"客观"解释我们自己和世界的那种能力。然而,当我们在与他人的真实关系中变成完整之人时,当我们与他人相遇并把他人作为一个整体、作为一个独特存在(unique being)、作为他那个人时,另"一重"现实就会出现。

布伯所讲的真实关系是我一向所谓的人际沟通的"最高形式"。布伯把它称为"我—你"关系。[2]根据布伯的说法:个人总是生存在"我—它"世界里;个人可以进入"我—你"世界中。两个世界都有必要存在。你不能指望在任何情形下与每个人进行人际沟通。但你只有通过与他人分享真实的人际沟通,你才能变成一个完整的人。正如布伯所言,没有它,人就不能生活。但是如果仅仅依赖它而生活,他或她就不能成为一个人。

本文选自布伯1957年访问美国时的一次讲话。这篇文章特别有用,因为这是他对前七十九年人生中所写文章的一次总结(他谢世时享年87岁)。

在本文中,我对这次讲话进行了概括,目的是让它简明易懂,体现文章的清晰结构。你从我的概括中可以看出,布伯的主题是人际关系,即他所谓的"男人彼此间的个人应对"(man's personal dealings with one another)或者"人际"(interhuman)。像他的其他著作一样,布伯这篇文章讨论的并非是我们大家都能成为其中一分子的某种神秘的精神世界。相反,他触及的是今天的师生之间、政客与选民之间、恋爱伴侣之间和你我之间的沟通。首先,他解释了妨碍人们获得"真实对话"的某些态度和行为。接着,他描述了这种对话,或"我—你"关系的特点。我在概括的时候,还改述了他提出的每一个观点。

我想提醒大家注意他的语言。我曾在导论中指出,本书中的少数文章写于我们了解到英语中的男性偏见具有潜在破坏作用之前。本文就是此类文章之一。我改述布伯时,摒弃了这种偏见,而且我在引用布伯的话时,竭力软化这种偏见。但这仍然是他文章的组成部分,至少现在的译文是这样。既然布伯那么相信人(human beings)这种造化物,既然他的夫人葆拉(Paula)对他的思想产生过那么强烈的影响,我相信,如果他能活到有机会改掉他用语中的男性偏见,他肯定会欣然改正。我希望你能忽略这些瑕疵,仔细品读他的文章,听听他关于人的真知灼见。

一、马丁·布伯:"人际元素"概要

1. 人际关系不同于"社会关系"

(1) 社会关系可以非常密切,但它不一定涉及存在的(existential)关系,也不一定涉及人与人之间的关系。

(2) 这是因为集体或社会压制着个人。

(3) 只有在人际关系中,才会发生人与人的相遇。换句话说,"至关重要的唯一的事情就是,对两个人中的每一个人而言,其他人都是作为一个特别的'他'而出现的;由于每个人都能认识到他人的存在,因此就与'他'发生关联,其方式就是:不把'他'视为一个客体,而是把他人视为现场事件中的一个伙伴,即便这件事只是一场拳击比赛"。

(4) 简言之,"一个人在人际关系领域中面对他人,我们(布伯)称之为展开对话"。

2. 对话途中的三大问题

(1) 第一个问题是本相(being)与表相(seeming)的二元性(duality)。如果参与者只是"表相",那么对话不会发生。他们需要努力实践(对话)的"本相"。

A. 在一对关系中,"表相"涉及你的形象或你的正面(front)——你希望如何显现(appear)自己。

B. "本相"是指你与他人交往时,你自然的、毫无保留的真实表现。

C. 二者一般混为一体。我们至多能做到,区分在两者的基本态度中,谁(本相还是表相)占据主导地位。

D. 表相占据主导地位时,不可能发生真正的人际沟通:"无论'真实'一词在其他领域的含义为何,在人际关系领域,它的意思是指人彼此按照本来面目进行交谈。"

E. 然而,向表相发展的趋势是可以理解的。

 a. 从根本上说,我们需要对人进行肯定,也就是说,得不到他人的肯定,我们就无法生存下去。

 b. 表相经常帮助我们获得我们所需要的肯定。

 c. 结果,"屈服于表相是(人的)基本怯懦;抵制表相则是他(或她)的基本勇气"。

F. 这种观点表明,(世界上)并不存在"坏本相"(bad being)之类的事情,而是存在着习惯于满足"表相"和害怕"真实存在"(to be)的人。"我从不认为有任何年轻人是不可救药的。"

(2) 第二个问题涉及我们感知他人的方式。

A. 许多宿命论思想家,如让-保罗·萨特(Jean-Paul Satre)认为,我们最终只能认识我们自己。"人只能做与他本人直接相关的事情和做他自己的事情。"

B. 但是,对话的重要前提是,当你与他人直接接触时,"每个人应把他的伙伴视为他本人"。

 a. 这表明你逐渐认识到他是一个独特的存在。"认识一个人,指的就是特别要把他感知为一个由精神决定的完整的人;指的是看到他能用可指认的独特符号说出每一句话、采取每一个行动、坚持每一种态度时背后的动力中心(dynamic centre)。"

 b. 但是,如果我把他人视为一个客体,就不可能产生这种认识。

C. 用这种方式感知他人,与我们能运用科学分析或科学归纳的方法了解的世界上的万事万物都是相互对立的。

 a. 这不是说,科学是错误的,而只是表明,科学十分有限。

 b. 危险的是把科学分析方法延伸到所有生活领域,因为科学极难意识到人的基本独特性。

D. 这种感知被称为"人的呈现"(personal making present)。这是一种让我们把他人"想象为真实的人"的能力。

 a. 想象为真实的人,"不是看着他人,而是要采取一种大胆的转身动作,要求对一个人的存在进行最广泛的搅动(stirring),要深入他人的生活"。

 b. 当我想象他人在真的思考和感受时,我才会与他或她直接接触。

（3）妨碍对话发展的第三个问题是强迫他人接受而非敞开自我。

A. 影响一个人的一种方式是把你自己强加给他或她。

B. 影响一个人的另一种方式就是"在他人的心目中发现并继续发展"你自认为正确的"意向"（disposition）。

  a. 敞开自我不是简单的"教导"，而是人的相遇。

  b. 它要求你信任他人。

  c. 它意味着做一个能与他人发展良好关系的人。

C. 宣传家是典型的"强加者"（imposer）；教师可相应地成为典型的"展开者"（unfolder）。

D. 这里隐含的道德与伊曼努尔·康德（Immanuel Kant）的道德相似，也就是说，绝不可把人作为达到某种目的的工具，而只能把人本身作为目的。

  a. 唯一的区别是，布伯强调：人无法孤立存在，只能存在于人际关系之中。

  b. 为了生成人际关系，必须：尽可能少一些表相；真正去感知他人（人的呈现）；尽可能少地强加于人。

3. 对真实对话的特点的总结：

（1）每个人必须面对他人并向他人敞开，即出现一种"本相的转向"。

（2）每个人必须通过真实的想象展现他人。

（3）每个人必须肯定他人的本相。然而，肯定并不意味着赞同。

（4）每个人必须是真实的他自己或她自己。

  a. 每个人必须说他或她"不得不说的话"。

  b. 每个人都不能被他或她作为言者所特有的思想或效力所左右。

（5）凡有真实对话的地方，"都会出现在任何别处都看不见的、令人难忘的共同无果状态"。

（6）言说并非总是关键，沉默也非常重要。

（7）最后，所有参与者都必须对对话进行承诺，否则，对话就会失败。

再说一遍，布伯的语言有时可能难以理解。但是，如果你仔细倾听，我认为他说的某些话至少会引起你的共鸣。

二、社会与"人际"

通常，人们把人与人之间发生的事情归于社会范畴，结果模糊了两类基本不同的人类生存的重要分界线。大约五十年前，当我开始寻找自己在社会知识中的定位、使用当时还不为人知的人际概念时，我本人也犯了同样的错误。从那时起，我越来越清楚地意识到，我们必须在此使用一个描述我们的存在的独立概念，或者用一种数学词语来说，一种独立的维度。由于我们非常熟悉"人际"这个词语，以至于我们几乎看不到它的独特性。然而，运用真知灼见分析其独特性，不仅对我们的思考极为重要，对我们的生存也极为重要。

我们也许会谈到某种社会现象,在这种社会现象中,一群人一起生活,被捆绑在一起,这使大家在生存的列车上共同分享经验和做出反应。虽然大家被捆绑在一起,但这只意味着每个人的存在包含在群体的存在之中,并不能代表个人之间和一个群体之间存在个人关系。他们确实感到,他们以某种方式被归属在一起,也可以说,他们的这种归属,从根本上说,不同于他们与某些在群体之外的人可能具有的联系。在人们中间——特别是小型群体之间——的确也会经常发生有利于个人关系产生的接触。但是另一方面,这种接触也经常使人的关系变得更加困难。然而,一个群体的成员并不一定会参与成员之间的某种存在关系。不错,在历史上,的确有的群体中出现过成员之间的高度敏感和亲密关系,比如日本武士或多利安勇士(Doric warriors)①中的同性恋关系。这些关系是为了强化群体的凝聚力。但是一般而言,我们必须指明,群体中的领导集团,特别是在人类历史晚期,都一直要压制支持纯粹的集体领导的个人关系。当集体领导单独掌权或占据主导地位时,人们感到自己被集体所裹挟,集体帮他们消除了孤独、对世界的恐惧和迷茫。对当代人而言,这是基本上要出现的情况,即人与人之间的生活似乎日益退回到集体进步之前。集体存在的目的,是掌控个人生活。在群体中被捆绑在一起的人,主要应当关注群体的作为,而个人的伙伴只有在次要情况下,而且是在他被群体接受的情况下才被考虑。

我在一个陌生的大城镇参加一次社会运动时,越来越看清了这两个范畴之间的差别。我怀着对一桩悲剧的同情心参加了这个运动。当时,我感到这场运动的命运掌握在一个朋友手中,他是这个运动的领导人之一。在这一过程中,我与他和另一个男人有过交谈,那个男人是一个善良的"鲁莽之人",他将生死置之度外并握有生杀大权。当时,我确实觉得那两个人真的就在那里与我作对;他们俩都离我很近,甚至在最远的地方,我也能感到这种接近;这两个人与我截然不同,我的心在遭受这种差异的折磨;然而,正是这种极大的不同使我面对着真正的存在。接着,我们之间形成的关系开始逐渐消散了。过了一会儿,我被人从这种对抗中拎了出来,被放进运动过程中,又从毫无目标的台阶上掉了下来。显然,那两个刚刚与我交谈过的人也有同样的体验。又过了一会儿,我们经过一家咖啡店。前一天,我与一位新结识的音乐家在店里喝过咖啡。我路过这家咖啡店时,店门打开了,那位音乐家站在门旁,看见了我。显然,他只看见了我,便向我招手。我立刻觉得被甩出了这场运动,离开了我正在游行的朋友们。我站在那儿,挨着那位音乐家。我忘了我正用同样的步子跟着队伍走,我感到我正站在把我叫出来的那个人身边。我一言不语,只是带着理解的微笑,回答他的问话。当我重新意识到现实时,我的伙伴和我自己领头的队伍已经过了那家咖啡店。

人际的范畴远远超出了同情的范畴。此类简单的事件只是人际的一个组成部分而已。比如,当两个生人在一辆拥挤的街车里交换目光后,立即把目光移到一边,并不

---

① 多利安人是古希腊人的一支,主要居住在伯罗奔尼撒半岛、克里特半岛等地。当时那里出现过许多勇士,故有此称。——译注

希望对对方有所了解。尽管两个人的每次偶然相遇也属于这种范畴,但这种相遇影响对方的态度——也就是说,两人之间发生任何事情(不管事情隐秘到多么难以感知)时,不管两人对此事有没有感觉,此事都会影响对方的态度。"至关重要的唯一的事情就是,对两个人中的每一个人而言,其他人都是作为一个特别的'他'而出现的;由于每个人都能认识到他人的存在,因此就与'他'发生关联,其方式就是:不把'他'视为一个客体,而是把他人视为现场事件中的一个伙伴,即便这件事只是一场拳击比赛"。众所周知,一些存在主义者断言,人与人之间的基本因素就是:一个人是另一个人的客体。然而,最终的实际情况却是,人际的特殊现实,即交往的事实已大部分被消除了。实际上,它不可能被完全消除。试举一个两人彼此观察对方的简单事例。这一基本事实就是,一个人不能把另一个人当作自己的客体,而且此人完全没有能力这样做,也无法解释他失败的原因。我们与所有现存事物都拥有这样共同的特性,即我们可以被当作观察对象。但作为一个人,我具有这样的特权:通过我之本相的隐形活动,建构一个不可逾越的障碍,以阻止我被他人客体化(objectification)。只有在伙伴关系中,我的本相才能被感知为一个存在的整体。

也许社会学家反对把社会与人际分割开来,其理由是,实际上社会是建构于人际关系之上的。因此,这些关系理论被视为社会学的根基。但是在这里,"关系"概念的模糊性非常明显。例如,我们谈到两个男人在工作中建立了同志关系(comradely relation),这不仅指他俩之间发生了同志之间该发生的事情,也指一种持久性意向(lasting disposition)。这种意向在关系发生时业已出现,甚至还包括诸如对不在场的同志的回忆之类的纯心理事件。不过在人际关系领域,我所指的只是在两个男人之间实际发生的事情,不管这些事情能不能完全形成相互关系或要发展成相互关系,但对于这两个伙伴而言,从原则上讲,他们的参与都是必需的。在人际领域,一个人必须面对另一个人,我们称之为展开对话(unfolding the dialogical)。

根据这一情况,从根本上说,试图把人际现象理解为心理学现象是错误的。两个人交谈时,这种谈话自然是心理学的一个重要组成部分,因为每个人都在倾听,同时也在准备讲话。然而,这只是谈话本身的隐形伴随物。谈话中发生的语音事件充满了意义,虽然其意义既不能在任何一个人身上被发现,也不能在两个人身上被发现,而只能通过他们的谈话本身体现出来,从他们一起生活于其中的这个"之间"中被发现。

三、本相与表相

人际领域的根本问题是本相与表相的二元性。大家习以为常的是,人经常在对他人形成印象时遇到麻烦。这一点在道德哲学中讨论得比较多,而在人类学中却讨论得较少。不过,这个二元性却是人类学研究的最重要课题之一。

我们可以区分两种人的存在(human existence)。第一种始于真实的存在(what one really is);第二种始于人们希望显现的存在(what one wishes to seem)。我们发现,这两种存在一般是交融的。也许很少有人不给他人留下一点儿印象,也没有一个人不受他人印象的影响。我们必须注意区分两个人所持的重要态度中,本相和表相谁占据主导地位。

正如人际的本质所揭示的那样,在人际领域,也就是说,在一个人与另一个人打交道时,这种区分最有作用。

让我们举一个最简明易懂的例子。这里有一种情景:两个人都在看着对方。第一个人属于第一种类型,第二个人属于第二种类型。那个生活始于其本相(真实存在)的人看另一个人,就像看已经与他打过交道的人。他的看是"自发的""毫无保留的"。当然,他渴望自己被他人理解,而且他受这种渴望的影响。但是,他并不受自己任何其他有可能或应在他的观察对象身上被唤起的想法的影响。第二个人却与他不同。由于第二个人很关注自己的形象、面容,特别是观察或目光对他人产生的影响,所以他"制造"这种观察。他借助人的大小不同的能力,在对视中显露出其本相的确定元素(definite element)。他创造了一种对视,一种常常足以自发表达效果的对视——这种表达不仅是此时此刻应当发生的一个身体转向事件,也是对诸如此类的个人生活的一种反映。

然而,必须仔细区分这一点与另一个表相领域中不容置疑的本体合理性(ontological legitimacy)的差异。我所说的"真实表相"(genuine seeming)的范畴是指,比如一个人在模仿一个英雄人物。他模仿英雄人物时,真的就表现出了英雄主义;或者,当一个人扮演命运的角色时,他就想象自己创造了真正的命运。在这种情景下,不存在任何虚假。那种模仿是真正的模仿;他扮演的角色也是真正的角色;面具也是真正的面具,不是骗人的面具。但是,伪装源自谎言处,必充满着谎言;人际关系从它存在之时起便受到了威胁。这不是因为某人撒了谎,伪造了一些说法。我的意思是说,这种谎言与特定事实无关,而与存在本身有关,它严重危害了人际存在。有时,一个人为了满足某种陈腐的自负,虚构了在我与你之间发生真正关系的重要机遇。

现在让我们假设两个男人坐在一起谈话,他们的生活都被他们的表相主导着。我们把他们称为彼得和保罗。让我们列出他们的谈话所涉及的结构成分:首先,彼得愿意让保罗看到自己,保罗也愿意让彼得看到自己。然后,有一个在保罗心目中实际形成的彼得。也就是说,保罗所看到的彼得的形象至少与彼得愿意让保罗看到的形象不相一致;反之亦然。更进一步,也有一个彼得自己眼中的自己,还有一个保罗自己眼中的自己。最后,还有肉身的(bodily)彼得和肉身的保罗。现在出现了两个活生生的存在和六个幻影式的面孔。在他俩的交谈中,这些存在和面孔在许多方面混合在了一起。哪儿有什么真正的人际生活的空间呢?

不管"真实"一词在其他领域的含义是什么,在人际领域,它的含义都是:人彼此按照本来面目(as what they are)进行交谈。这不取决于一个人是否对另一个人无话不谈,只取决于一个人是否能做到不让表相潜入他自己和他人之间。它不取决于一个人是否让自己比他人先行一步,而是取决于他是否把自己呈现给他用自己的本相进行交流的人。这就是人际的真实性问题。找不到真实性的地方,便找不到真正的人际元素本身。

因此,当我们开始把人的危机作为人与人之间的危机来认识的时候,我们必须把正直观念(concept of uprightness)与紧贴于正直(uprightness)的细弱的道德声调(thin moralistic tones)加以区分,让它从肉身正直观(the concept of bodily uprightness)中吸纳声调。如果对远古时代人类生活的一种假设基于直立行走(walking upright),那么,人类生活的尽善尽美(the fulfillment of human life)只有通过人之灵魂的"直立行走"和不受任何表相诱惑的伟大正直(great uprightness)——因为它已征服了所有表相性(semblance)——才能实现。

然而,也许有人会问,如果一个人的本性使他的生活屈服于他在他人身上产生的形象呢?在这种情况下,他还能够成为一个在他的本相中生活的人吗?他还能够逃脱他的本性吗?

在一个人创造的再生印象(recurrent impression)中生活而不是在一个人本相的稳定性(the steadiness of one's being)中生活,这种广泛存在的倾向并不是"本性"(nature)。事实上,本性源自人际生活(interhuman life)的另一面,源自人的相互依存。一个人的本相被他人肯定并非一件易事(light thing),而且在这一点上,表相会欺骗性地提供帮助。屈服于表相是一个人的基本怯懦,拒绝表相则是一个人的基本勇气。但是,这并非一种原本如此(as it is)并且必须如此保持的持续事态(inexorable state of affairs)。一个人可以拼命走向自我——走向相信本相。一个人奋斗时,时而成功多,时而成功少,但是绝不会白费工夫,甚至在他认为自己遭受失败时也是这样。一个人总是为源自本相的生活付出昂贵的代价,但这种代价绝不会太高。不过,如果没有坏本相(bad being),莠草就不会到处生长吗?我从不认为有任何年轻人是不可救药的。后来,我的确越来越难以穿透栖身在一个人的本相上的日益粗硬的层面了(tough layer)。因此,难以克服、表面固定的"本性"的虚假视角(false perspective)便出现了。这是一种假象;前景(foreground)具有欺骗性;人作为人可以获得救赎(redeemed)。

我们再一次看见彼得和保罗在我们面前被表相性的魔影所裹挟。魔影可以被驱除(exorcized)。让我们设想,这两个人发现越来越被迫(repellent)被魔影所呈现(to be represented)。他们每一个人的意愿都被刺激和强化,并且在他们作为真实的而非其他的本相时被肯定。我们看到他们赶走魔影时真实生活发挥的作用,直到表相性消失,个人生活的深度相互呼应。

四、人的呈现

至此,今天所谓的人与人之间的大部分谈话,如果被描述为讲话(speechifying),可能会更恰当、更准确一些。一般而言,人与人之间并不发生真的谈话。一个人转身对另一个人讲话时,其实是在对一个虚构的诉求讲话。听者除了听他讲话之外,其生命并不存在。契诃夫(Chekhov)在《樱桃园》(*The Cherry Orchard*)中诗意地描述了这种事态。在这篇小说中,一个家庭的成员连接他们本相的唯一办法,就是彼此谈论过去。但是,正是萨特提出了存在原理(principle of existence),而契诃夫在这种存在中,仍像一个自我封闭的无能者。萨特认为,谈话伙伴之间的隔阂之墙干脆是不可逾越的。在他看来,人只能做与他本人直接相关的事情和做他自己的事情,这是每个人不能逃避的命运。他人的内心存在(inner existence)只是他自己的关切,不是我的关切;我与他人没有直接关系,也不可能有直接关系。这也许就是现代人对悲惨的宿命论的最清楚表达。现代人把堕落视为不可改变的智人①本性(nature of Homo sapiens),并把陷入死胡同的不幸境遇看成是人的主要命运,而这种命运则把每一个突破之想(the thought of a breakthrough)视为反动浪漫主义。真正知道我们这一代人迷失了真正的自由之道、迷失了我与你之间的自由给予之道者,其本人必须完全了解此类事情并直接实践——即使他是地球上做此事的唯一人物——而且必须坚持到底,直到嘲笑者充满恐惧,并且能从其声音中听到他们自己被压抑的渴望之声。

　　进行真实对话的首要假设就是,每一个人都必须把他的对话伙伴视作他自己。我逐渐认识他,认识到他的不同,他与我本人的根本不同,他显而易见的独特性。而且我接受我所看到的一切,以便我能完全渴望把他作为一个人而与他交谈。也许有时我必须坚决反对他对有关我们的话题所持的观点,但我接受这个人,这个坚信自己观点的人,接受他源自其信仰的明确的本相(definite being)——即使我必须一点一点地努力揭示这种信仰的错误。我承认这个与我斗争的人;我作为他的伙伴而与他进行斗争,我把他作为人物和创造物而肯定他;我肯定反对我的他,肯定与我对着干的他。不错,现在我们之间是否发生了真正的对话和相互讲话取决于对方。但是,如果我承认与我对抗者的合法地位,把他视为一个我准备接受的对话伙伴,那么,我就可能信任他,而且认为他也准备把我作为他的伙伴而与我打交道。

　　然而,"认识到"(be aware of)一个人究竟是什么意思呢?从非常一般的意义上说,认识到一个物体或一个本相的意思就是,把它作为一个整体进行体验,同时,不对它进行任何缩减或抽象,保持其完整具体性。但是,一个人,尽管他作为万千生存本相(living being)中的一员而生存,甚至作为众多物体之一而生存,他也属于不同于所有物体和所有本相的某种类型。只有基于仅属于人类的精神天赋(gift of the spirit)——这种精神在人类的个人生活中发挥着决定性作用,也就是说,它决定着人的命运——一个人才能真正被把握。因此,认识一个人,指的就是特别要把他感知为一个由精神决定的完整的人;指的是看到他能用可指认的独特符号说出每一句话、采取每一个行动、坚持每一种态度时背后的动力中心。然而,只要他人是我沉思或者甚至是观察的孤立对象,我们就不可能对一个人进行这样的认识,因为这种整体性及其中心不允许我们对它们进行沉思或观察。只有当我与他人发生元素性关系(elemental relation)时,即他开始呈现给我时,这种认识才有可能发生。所以,在这种特定意义上,我把认识称为"人的呈现"。

---

① 智人,人类学名词,现代人的学名。——译注

在我们所处的时代里,把一个人的同胞作为一个整体、一个统一体和一个独特体进行感知——即使该同胞的整体性、统一性和独特性在通常情况下只能得到部分发展——几乎会与通常被理解为特别现代的所有事情背道而驰。在我们的时代里,人们对人和人之间的关系进行的分析性、贬低性和追本溯源性的看法(deriving look)是预置的。因为这个看法把整个本相(whole being)作为整合之物加以对待,并因此能够被分开,所以它是分析性的,或者说其分析性是相当虚假的。它不仅可形成相关物体化(relative objectification)的所谓无意识,它本身也是在事实上永远不可能作为物体被把握的心灵之河(psychic stream)。这个看法是贬低性的,因为它试图影响具有多重性的个人。这个人被可能的微观丰富性所哺育,形成某种可用图表测量并且经常出现的结构。这个看法是追本溯源性的,因为它认为,它能在基因组成上把握一个业已形成的人,甚至能够把握一个即将形成的人。它还认为,在这个人的形成过程中,此人的动力中心原则(the dynamic central principle)可被某个一般理念所代表。今天,人们正在努力彻底消灭人与人之间的神秘,非常贴近神秘、曾是静谧热情之源的个人生活,正在得以平整。

我刚才所说的一切,不是对人类科学分析法进行的攻击。运用分析法的人类学必须总是视情况观照此类沉思边界,而这种边界恰如一条围绕人类学而延伸地平线。这一职责使这种方法被引入生活时令人生疑,因为它使人很难看清人生的边界。如果我们要做好今天的工作,并且用清晰的思路准备做好明天的工作,那么就必须在我们自己身上和下一代人身上发展一种天赋。这种天赋作为一位其美貌或能力尚未被赏识,但总有一天将会成为公主的灰姑娘在人的内心中生活。虽有人把它称为直觉(intuition),但它不是一个完全模糊不清的概念。我倾向于使用"想象真实"(imagining the real)一词,因为在天赋的基本本相(essential being)之中,天赋不是对他人的观看(looking at),而是大胆地"侵入"他人的生活——要求对一个人的本相进行最强烈的刺激。这就是所有真正想象的本质。这不仅是因为在这里,我的行动领域不是全能的,而且因为有那个面对我的特定的真实之人,正是因为这个我,我才能够试图也用这种方式展开我自己,用他的整体性、统一性、独特性以及他用全新眼光认识所有这些事情的动力中心而不是用其他方式来展开自己。

让我们再说一遍,所有这些只能通过一种活生生的伙伴关系才能得以发生。这就是说,当我与他人一起处于一种普通情景之中时,我把自己真正作为他的一部分进行必要的暴露。不错,我的基本态度能够让人不知不晓,而且对话能在种子之中死亡。但是,如果相互性被激活,那么,人际交往就能使人际之花在真实对话中绽放。

五、强加与展开

我认为影响人与人之间的生活的发展的两件事情是:表相入侵和缺乏感知。现在,我们面临第三件事情:比他人更平常,而且(它)在这样的关键时刻比在其他任何时候都更有力、更危险。

影响人的生活观和生活态度的基本方法有两个。一是人试图把自我、自己的意见和自己的态度强加于人，使后者感到这是他自己的真知灼见所形成的精神行动结果。这种真知灼见只有受到影响才能获得。影响他人的第二种基本方法就是，一个人希望在他人的灵魂中发现并发展他在自己身上认为是正确的东西。因为它是正确的，所以它也必须作为一种可能性在他人的微观世界中生活。其他需要只有在他的这种潜力中才能得到开发；此外，这种开发基本上不是通过教育，而是通过相遇，通过处于事实本相(actual being)之中的某些人之间和处于演变进程之中的某些人之间的存在性沟通(existential communication)得以实现。第一种方式在宣传领域得到了最有力的发展；第二种方式在教育领域得到了发展。

在我脑海中，那个自封为宣传家的人，很少把他有意影响的人作为一个人来考虑；迄今为止，许多个性特质只有在他能够加以利用从而赢得他人并为此目的而必须认识它们时才显得重要。这位对一切事情都冷漠无情的宣传家与他为之工作者之间隔开了很大的距离。对另一方而言，不同的人具有重要意义，因为每一个人都能因其处于特定功能中的特质而被利用。不错，个人只有在具有特定用途时才被考虑，但在这些局限之中，个人却在实践中被认识。另一方面，在宣传方面，个人品质被视为一种负担，因为宣传只考虑关于"更多"的问题——更多成员，更多拥护者，越来越大的支持度。正如以极端形式发挥作用的政治方法一样，它只意味着通过去掉人的个性化而赢得对他人的权力。此类宣传利用力量进入一种不同的关系；它根据需要或前景对关系进行补充或取而代之。但是，正是在最后的分析中，只有日趋严重的暴力才变得如此不易察觉。它把人的心灵置于允许产生自律幻想的压力之下。最高级的政治方法意味着有效消除人的因素。

我脑海中的教育家生活在一个个体世界之中。有时，这个世界中的一些人总是承诺对他进行照顾。他把处于某个位置的这些个体视为一个独特的个人。由此，某种特殊的存在任务通过他并且只有通过他才能得以完成。他把任何个人的生活都视为一种自我实现的过程，并且他从自己的经历中得知，形成自我实现的力量每时每刻都在与反力量进行微观斗争。他逐渐把自己视为自我实现的力量的帮助者。他了解这些力量；它们业已塑造他并仍在塑造着他。现在，他把这个被它们塑造的人放在进行新斗争和从事新工作的位置上。他不希望强行展开自己，因为他坚信建构自我实现的力量的影响。也就是说，他坚信，每一个人的正确之处都在以单一方式和独特的个人方式被建造。虽然不能把其他方式强加给一个人，但另一种方式，即教育者的方式，却可能并且必须展开正确的东西。比如在此案例中，它就力争取得成功，并且得以发展。

那个把自己强加于人的宣传者并非真的相信自己的事业，因为他不相信，不采用他的特殊方法，这个事业本身的力量能产生影响。这些方法的标志就是高音喇叭和电视广告。那个展开了所有物品的教育者相信本身在所有人类身上已经分散、现在仍然分散的主要力量，以便它有可能以那人的特别形式在每一个人身上生长壮大。他坚信，只有在人与人相遇时、给予帮助时和他被要求提供那种帮助时，才需要这种壮大。

我已用两个极为对立的例子,展示了两种基本态度的特点及它们的相互关系。但是,人在打交道时,会发现每个人的态度大同小异。

把自己强加于人和帮助某人展开这两条原则不能与傲慢和谦逊混为一谈。一个人可以在不希望把自己强加于人的情况下表现得傲慢;谦逊并不足以使一个人去帮助他人。傲慢和谦逊是心灵的特性,是带有某种道德特点的心理事实,而强加于人和帮助他人展开则是人与人之间的事件,是指向某种本体论,即人际本体论(the ontology of the interhuman)的人类学事实。

康德在道德范畴内表达了一个基本原则,即绝对不可把一个人的同胞想象为手段并仅仅当作手段来对待,而是总要视其为一个独立的目的。这个原则被表述为"应当"(ought),被关于人类尊严的思想加以保持(sustained)。我的观点与康德的观点基本相同,而且另有来源和目的。它涉及人际预先假定。从人类学角度讲,人的存在不是孤立的,而是在人与人之间的关系之中完成的。人性只有在重要的接受(vital reciprocity)中才能被恰当把握。正如我所展示的那样,人与人之间需要妥善存在(proper existence);表相性(semblance)不能损害人与人之间的关系。也正如我指出的那样,每一个人都有必要在他的个人本相中发挥作用并在他人身上呈现自己。任何一个人都不应当把自己强加于人是第三个人际基本预先假定。这些预先假定不包括一个人应在其展开中必须影响他人。然而,正是某个合适的元素创造了人际的更高阶段。

每一个人身上都有以其独特方式获得人类真正存在的可能性。这种人类存在能在亚里士多德的圆满实现形象,或称天生的自我实现(innate self-realization)中得到把握。然而,人必须注意到,这是一种创造性工作的圆满形象。在这里,如果只是说起个人化,那就是一种错误。个人化只是人类存在的所有实现中必不可少的个人标志。此类自我虽然并不是终极基本需要,但是被不断创造的人类存在的意义却在完善着自我。人类在形成自我方面彼此提供的帮助使人与人之间的生活达到极致。一个人的本相所显露的动力性荣耀首先体现在两个人的关系之中;他俩之中的任何一个人对他人的意义也对这个人具有最高意义,而且这种荣耀把这个人的生活的自我实现视为一种真实创造,同时又不希望把实现自我过程中的任何东西强加于人。

六、真实对话

现在,我们必须概括并阐明真实对话的特点。

在真实对话中,转向(对话)伙伴真实地发生。也就是说,真实对话是向本相的转向。每个言者"意指"的对话伙伴是他作为人的存在所转向的伙伴。在这种关联中,"意指"某人就是同时对此时此刻言者的呈现度可能施加的影响。正在被体验的感觉和感觉之后发现的真实想象,联手把他人的呈现视为一个整体和一个独特的存在,把他视为一个人。但是,言者并非只用这种方式对他面前的人如此感知;他把他感知成对话伙伴,而且这意味着他肯定这个他人的存在,到此只进行这种肯定。他把对话真正转向他人就包含着这种肯定和接受。当然,此类肯定并非一定意味着赞同;但是,不论我赞成他人与否,我在真实对话中把他接受为我的伙伴时,就业已把他作为一个人进行了肯定。

另外,如果要产生真实对话,每个参与者都必须把自己带入对话。这意味着,他必须愿意在任何情况下如实说出他对话题的真实想法。这也意味着,他在每一个场合都要做出贡献,毫不减弱他的精神,不改变立场。即使真正诚实正直的人也心存这样的幻想:他们无须一定说出"他们不得不说"的任何事情。但是,在高度信任(这是真实对话的氛围)的情况下,我每一次不得已的言说,已有了需要说出的特点,因此我绝对不能保留,不能只让我自己知道。这使我认识到,一个明显无误的信号表明,它属于那个词语的共同生命。凡有对话词语真正存在之处,(人们)就无所保留,为它赋权。任何事情都取决于"我不得不说"的合法性。当然,我也必须有意进入词语内部,随后进入一个我在此时此刻不得不说但尚未成为讲话内容的词语。说话既是本性,也是工作,是渐渐生长的某种事物,是人造的某种事物;它在确凿无疑的气氛下以对话的形式出现;它必须重新实现两人的统一。

与此相关的就是克服我所指的表相性。在真实对话的氛围中,坚信自己要按照言者不得不说的惯例必须发挥影响的想法是具有破坏性影响的。如果我试图让别人只关注我自己的我(my I),而非说出我非说不可的话,那么,我不得不说的话就必然流产,我就会以一个失败者的身份进入对话,而且这场对话就是失败。因为对话是一种由本相真实(authenticity of being)构成的本体范畴(ontological sphere),所以,表相性的每一次入侵都一定会损害对话。

当我们在本相之中展开对话时,即在彼此真诚相待、毫无保留地表达自己的想法、毫无表相之欲的对话伙伴之间进行对话时,对话就会结出在其他地方看不到的令人难忘的硕果。在此时,在每一个此时,词语在被元素的联手动力紧紧抓住和放开的人之间以真实的方式出现。人与人之间彼此敞开,否则就会继续封闭下去。

实际上,这种现象在两个人之间的对话中最为突出。但我有时也在几个人参与的对话中体验过这种现象。

大约在1914年复活节期间,几个欧洲国家的代表进行了为期三天的讨论,目的是为进一步谈判做准备。我们想一起探讨如何避免一场灾难,因为我们都认为这场灾难已明显可见。我们事先并未为我们的讨论制定出任何一致的范式,但所有关于真实对话的预想都得到了圆满实现。从第一个小时开始,我们大家就都感到了这个问题的迫切性,尽管我们当中有些人才刚刚相识,但每一个人都前所未有地毫无保留,显然无人受制于表相性。从目的上讲,此次会议必须被视为失败(即使我至今平心而论仍不敢肯定它是不是失败);这个情景的讽刺之处在于,我们安排的最后一场讨论的时间是8月中旬,在讨论中,代表们很快就出现了分裂。尽管如此,后来没有一位讨论者怀疑自己参与的人际沟通是一次胜利。

我们必须注意另外一点。当然,所有参加真实对话者并不一定都要讲话,那些沉默不语者偶尔也特别重要。但是,在谈话过程中需要他必须说话时,他绝对不会退却。

自然,没有人事先知道自己该说什么,真实对话不可能预先做这样的安排。事实上,真实对话本身自始就有自己的基本顺序,进程有自己的灵魂,人们只有在听到灵魂的呼唤时才发现自己不得不发声。

当然,所有参与者也都必须毫无例外地具备这样的本性:他们能够满足真实对话的预想之需,并且准备这样做。当少数参与者自己感到和被他人感到不准备主动参与对话时,对话的真实性很快就会成为问题。这样一种事态能够引发许多非常严重的问题。

我有一个朋友。我认为他是我们这个时代最受关注的人之一。他是谈话大师,喜欢与人交谈;他作为一个言者的真实性明显可见。但有一次却发生了这样的事情:我与他还有另外一位朋友坐在一起,在场的还有我们三人的妻子。从性质上讲,我们开始了一场三位女士没有参与的交谈,尽管她们在场,且事实上还具有重要影响。交谈很快就变成了两个人(我是第三者)之间的斗嘴。另外一位"斗嘴者"也是我的一位本性高尚的朋友,他也是一个愿意进行真实交谈的人;但是,他在这次交谈中没有表现出客观公正,而是大玩心机,成了引发争议的"陌生人"。那位被我称为"谈话大师"的朋友也没有用他惯常的沉稳和实力来讲话,而是话锋毕露,极力争斗,成了胜者。但是,对话却遭到了毁坏。

复习题

1. 布伯对社会与人际进行了什么区分?
2. 布伯所说的什么人际交往甚至像"一场拳击赛"?
3. 布伯说:"从根本上说,试图把人际现象理解为心理学现象是错误的。"这个说法是什么意思?
4. 布伯是否说过一个人能够时刻不断地践行"本相"? 请解释。
5. 指出一个正在强行讲话的人可能强加给他或她的谈话伙伴的三件事。换句话说,当一个人强行讲话时,他强行讲的是什么?当一个人展开谈话时,他展开的是什么?

思考题

1. 布伯说,社会交往并不涉及存在性关系,而人际交往却涉及存在性关系。你如何理解布伯的这句话?
2. 布伯认为"本相"意味着完全诚实吗?"表相"是欺骗吗?
3. 什么环境使你难以做到展示"本相"? 你如何最好地帮助他人呈现"本相"而不是"表相"?
4. 布伯对我们感知他人的方式有何见解?
5. 布伯似乎说过,科学不能用于研究人的生活。他这样说过吗? 你同意他的看法吗? 为何同意? 为何不同意?

6. 你的老师中,哪一位老师最喜欢强加于人?哪一位老师最经常当对话的"展开者"?

7. 你是如何理解"人的呈现"的?如果让别人也这样做,你需要做什么?

8. 你经历过布伯在本文中提到的沉默"对话"吗?如果经历过,发生了什么事情?

注释

1. 你可能对布伯所写的其他作品或有关布伯的其他事情感兴趣。对初学者,我推荐 Aubrey Hodes, *Martin Buber: An Intimate Portrait* (New York: Viking Press, 1971),或者 Hilary Evans Bender, *Monarch Notes: The Philosophy of Martin Buber* (New York: Monarch, 1974)。莫里斯·弗里德曼 (Maurice Friedman) 写过具有权威性的布伯传。我尤其要推荐 *Martin Buber's Life and Work: The Later Years, 1945—1965* (New York: Dutton, 1983)。马丁·布伯最重要和最有影响力的著作是 *I and Thou*, trans. Walter Kaufmann (New York: Scribner, 1970)。

2. 布伯的译者们总是指出,这个"你"(thou)不是正式称呼的宗教术语。它是德语中的"你"(Du)的翻译,是代词"你"的常用形式。正如布伯的译者之一沃尔特·考夫曼(Walter Kaufmann)解释的那样:"德国恋人们彼此称呼'你',德国朋友之间也这样做。'你'体现着自然和朴实,绝无半点儿拘泥、虚荣和摆谱儿的意味。"

第三章
传播建构身份认同

第一节 建构身份认同[①]

约翰·斯图尔特、卡伦·E.泽迪克尔(Karen E. Zediker)和
萨斯基娅·威特博恩(Saskia Witteborn)

现在,我们已界定了传播和人际传播的定义,下一步需要思考那些参与传播的人。在过去三百年的大多数时间里,西方人已经懂得,人是个体的、分离的、单个的自我。但在20世纪的后半叶里,一些欧美研究者重新研讨了这个希腊祖先和大多数东方文化学家很久以前就清楚明了的思想:人类不仅是单独的个体,还是关系的存在。人是由许多元素混合而成的独特自我。

我在前文说过,传播总是涉及对身份认同或自我的协商。每次你或我与任何人沟通,我们共同做的一件事就是,弄清我们与谁在一起和把彼此当成谁。身份认同总是在传播中发挥作用。

有一种方式可以讨论协商身份认同或管理身份认同的传播,这就是使用"共建自我"(co-constructing selves)这个词语。这是卡伦·泽迪克尔、萨斯基娅·威特博恩和我在本文中正在使用的。这篇论文选自我们三人合写的一本人际传播基础教材。我们开头用了一些关于身份认同的共建过程如何运作的事例来说明这种共建从未停止过。我们指出,对身份认同的建构是一个连续不断的过程,任何人都不可能一直做得完美无缺,也不可能总是搞得一塌糊涂。正如我们强调的,不存在一种参与这个过程的最好方式或最坏方式,只会出现你进行这种建构传播的结果,即出现人们或许希望,或许不希望出现的结果。我们也指出,这个过程在每一种文化中都会发生。了解这个过程非常重要。当你想用你的传播影响"非人际—人际传播"连续统一体时,你就需

[①] "Constructing Identities" by John Stewart, Karen E. Zediker, and Saskia Witteborn from *Together: Communicating Interpersonally: A Social Construction Approach*, 6th Edition. Copyright © 2005. Reprinted by permission of Oxford University Press.

"Identity"一词除译为"身份认同"外,有时还译为"属性""特性"等。——译注

要注意你是如何合作建构自我的。

我们用一些特点或标签来界定身份认同或自我。它们建立了我们对自己和他人的社会期待。接着,我们比较了人们对身份认同的新旧看法。我们指出:个体化的西方观非常狭隘;越来越多的研究者和教师认识到,身份认同是关联的、多维的,是在我们与他人的交往中得以建构的,由许多不同的元素组成。

这种多维性(multidimentionality)是身份认同或自我的四大特点中的第一个特点。第二个特点是:自我是主动回应者(responders)。没有任何人的行为举止始于零点高地(ground zero)①。所以,我们做的一切事情均可被理解为是对某一事件的回复或回答。第三个特点是:身份认同是在过去和现在的关系中发展出来的。我们生长其间的家庭极大地影响着我们是谁;我们的身份认同也被我们的朋友、恋人和工作关系所塑造。第四个特点是:身份认同既可是本人的主动宣示,也可为他人所指认。这就是说,我们既可用言语或非言语"肯定"一种身份认同,他人也可把我们的身份认同特点划归为某种类型。正因如此,我们对沟通给予回应才显得如此重要,因为在每一次谈话中,你不仅在表达你的思想,也在界定你是谁。

一、什么是身份认同或自我?

注意下面的谈话中所发生的事情:

谈话一:

  阿丽娅:你好。我来自我介绍一下。我是阿丽娅。我是你的新室友。我刚升入大学。进到你们高年级真是糟透了,不过……

  谢里尔:好啊。我是谢里尔。很高兴见到你,终于见到你了。我刚刚才知道有一个叫阿丽娅的姑娘要成为我的新室友了。你的名字怎么发音?见到你很好。你想睡在哪儿?

  阿丽娅:哪儿都行。

  谢里尔:我这么问是因为我刚从德国回来。交换生,你知道?我住在学生公寓里。我的室友让我靠窗睡,我挺高兴的。我有点狭小空间恐惧症。哈哈。别担心。不过,我有时情绪不是很稳定。让我猜猜你家在哪儿。坦率地说,你不太像这附近的人。

  阿丽娅:是吗?你猜猜看!

  谢里尔:希腊。哦,不,意大利。

  阿丽娅:不对。

  谢里尔:西班牙或南美?

---

① 原为军事用语,指核武器的爆心投影点。"9·11"恐怖袭击事件发生后,其原址常被人称为"零点高地"。现美国人通常用该词比喻废墟。——译注

阿丽娅：又错了。我在芝加哥出生，父母是伊拉克人。你家在哪儿？

谢里尔：我出生在底特律，在俄勒冈长大。

阿丽娅：所以你也是美国人啦？

谢里尔：绝对的，这对我倒不是那么重要。不开玩笑，如果你是希腊人，你应该要宣誓①的。我最好的德国朋友长得有点像你，她是希腊人。哦，我问这个，可能有点傻。不过……你不是得戴头巾吗？

阿丽娅：你猜猜看？我是基督徒。准确地讲，我信迦勒底教②。不是所有阿拉伯人都是穆斯林，也不是所有穆斯林都是阿拉伯人。伊斯兰教虽说是阿拉伯世界最大的宗教，但阿拉伯国家中也有很多基督徒。

谢里尔：哦。那我们多聊聊这个，很有意思。我与一个伊拉克女人住在一起。

阿丽娅：最好说美籍伊拉克人。我是这儿出生的。芝加哥，记住啦？

谢里尔：你说得对。对不起，我跑题了，谈起了文化。我终于和来自不同文化的人住在一起了，真的很高兴啊。从德国回美国后，我还在经受不同文化的冲击。所以，我见到你才觉得特别高兴。

阿丽娅：太好了。不过，如果你方便，能不能先带我在这儿转转？我要在开课前注册一下。

谢里尔：好的，没问题。对不起，我说得太多了。我们先去图书馆吧。

  谢里尔和阿丽娅正在一起建构身份认同。起初，谢里尔给了阿丽娅一个阿丽娅没有界定的国家身份认同。谢里尔之所以这样做，主要是因为阿丽娅的长相。在短时间内，谢里尔把阿丽娅的身份认同限制在她的国籍和宗教方面。尽管她很有可能喜欢成为那个叫阿丽娅的人或新来的高年级大学生，可阿丽娅是个"伊拉克女人"。另一方面，谢里尔却把自我建构成一个好奇心强、心直口快的年轻女士，大学生和接触过不同文化的人。

  这段谈话表明，身份认同或自我是交谈的结果，是我们所做的事情，而不是我们本身。谢里尔和阿丽娅从谈论她们的学生身份——高年级学生和交换生——到她们的国家身份认同和族群身份认同，最后又回到她们的学生自我。阿丽娅不想让人知道自己只是个阿拉伯人，她想让谢里尔承认她的多重身份认同：一个女人、一个学生、一个迦勒底基督徒和美籍伊拉克人。谢里尔也强调，她的国家身份认同对她并不重要。此时此刻，她想让别人把她视为一个见多识广和开放的人，一个可能成为朋友的人，而不仅仅是一个美国人。你会看到，身份认同是流动的，而非静态的。没有一个人希望别人给自己贴上一个族群、国家或性别的标签，特别是在开始建立关系的时候。

---

① 美国法律规定，外国移民加入美国籍时，必须宣誓效忠美国。——译注

② 迦勒底教是古代巴比伦王国境内的迦勒底人（Chaldean）创建的一种宗教。现在的伊拉克仍有人信此教。——译注

这里还有一个在言语和非言语谈话中建构身份认同的例子：

谈话二：

  简：喂，你怎么样？

  希瑟：（沉默，满脸怒容）

  简：怎么啦？

  希瑟：没什么。算了吧。

  简：你干吗这样啊？

  希瑟：算啦！别提了。

  简：那好，算了就算了！哼！我不管啦！

虽然简和希瑟在这里没谈到任何具体对象、问题或事件，但她们却绝对正在一起建构身份认同。在这场谈话中，希瑟和简对自己的界定大致是这样：

  现在，我的自我身份认同是独立于你。（沉默。"没什么。算了吧。"）你正在闯入我的空间；你也许认为我是反社会分子。但是，我生气是有充分理由的。

另一方面，简和希瑟对自己的界定也可以是这样：

  现在，我把自己看作一个友好的、关心他人的人。（"喂，你怎么样？"）我乐意多管点闲事，可你显然对这种礼貌行为不感兴趣。所以我就难说以后我会对你保持多长时间的友好和关心态度了。（"那好，算了就算了！哼！我不管啦！"）

我们想强调一下，在这些谈话中，没人能把身份认同建构得完美无缺或一塌糊涂，也不能说这种建构有什么对与错。从某种意义上讲，参与这个过程并不存在什么正确方法或错误方法，只存在你进行身份认同建构的结果，即一些你可能希望出现或不希望出现的结果。

我们还想强调，在参与上述谈话的人里面，没有哪个人能够避免建构自我。这是一个人们交往时必须出现的过程。在我们合作建构的最重要的意义中，某些意义就是我们自己的身份认同；所有沟通都涉及建构身份认同和自我。不管人们的交往是短暂还是持久，是书面交往还是口头联系，是通过媒介还是面对面，是非人际交往还是人际交往，参与者都要直接或间接地建构自我观并对他人给予的界定做出回应。广播电台谈话节目主持人和电视台主持人不断地建构身份认同。在界定他或她的身份认同时，一个把信写在彩色信笺上的人，不同于一个把信写在文字处理器上的人；一个接电话时用"喂"的人，不同于一个接电话时用"早上好，需要帮助吗"的人。

跨文化传播研究表明，不同的文化中都存在对身份认同的建构。例如，巴利（Bailey，2000）主持的节目表明，年轻的美籍多米尼加人通过西班牙语和英语之间的来回转换来协商自己的文化身份认同。他们说西班牙语时，是想表明他们与自己的同胞拥有同样的文化背景，从而保持他们之间的团结。海格德（Hegde，1998）的一项研究表明，来自印度的移民会巧妙地运用他们的印度身份和新美国人身份。萨斯基娅也研究过阿拉伯人的身份认同问题,发现阿拉伯后裔愿使用多种国家身份和宗教身份,并且在大多数情况下,多多少少更倾向于界定自己的阿拉伯身份认同,但这完全取决于他们所处的环境。比如,一些阿拉伯人在填写官方表格时,大多数自称美籍阿拉伯人;当他们谈到家庭问题时,又觉得自己是阿拉伯人而不是美籍阿拉伯人,因为在阿拉伯世界里,家庭是最重要的。正如斯科顿(Scotton,1983)总结的那样,在许多不同的文化语境中,说话者用"想象的方式选用语言——他们在规范性框架内面临着一系列选项,而且……做出一种选择而不是另一种选择就是在进行身份认同的协商"。

为什么了解身份认同建构过程非常重要呢?理由有三:(1)不管你何时与人沟通,你都在建构着身份认同,而且每个人都在这样做;(2)身份认同建构的过程影响你是谁,而且与他人有关;(3)你对身份认同做出的回应也影响到你的沟通在"非人际—人际连续统一体"中的位置……某些回应只是保证了你的沟通将是非人际沟通。另外一些回应则可能带来更多人际沟通。因此,如果你想在"非人际—人际连续统一体"的任何一个方向上改变你与恋爱伙伴、雇主、室友、姐妹或父母的沟通质量,你都要尽可能多地了解身份认同的建构过程。

1. 身份认同的定义

由于身份认同或自我是由标志着我们如何举手投足和对他人做出回应、相互关联的特点组成的,因此,身份认同是一组让我们自己或他人建立社会期望值的标签。这些社会期望包括我们希望或不得不在特定情景下扮演的角色,包括我们所说的与期待他人所说的语言或方言。当你走进美国的一间教室时,你期待你的指导老师会用某种方式讲话和举手投足。比如,大多数北美人这样想,一个在法律意义上拥有了"指导老师"身份的人,一般应当站在全班同学前面,用博学的声音大声讲话,能够控制课堂的气氛;除了上外语课外,他或她应当用某种形式的英语来表达观点。为了使指导老师的角色发挥作用,这个人也需要能让自己的角色发挥作用的学生。请注意我们所说的"发挥作用",这是强调"身份认同是我们做的什么而非我们是什么"的另一种方式(Collier and Thomas,1988;Hecht,Jackson,and Ribeau,2003)。你并非生来就注定一辈子做学生,但是你被社会赋予了学生这个身份认同,而这个身份认同会在不同的时间和不同的地方凸显出来。

2. 新旧身份认同观

身份认同或自我是在言语和非言语谈话中被共同建构的。你听到这种说法时,也许会感到奇怪。你也许认为你的自我相当稳定,容易识别,明明白白。如果是这样,持这种看法的人并非只有你一个。在西方文化中,许多人所受的教育是:他们应当认为,他们的自我是盛装他们独特精华的个人集装箱。正如一本书指出的那样:

> 世界上存在着一种个人主义的思维模式,它与当代西方文化有所不同;尽管可以对它进行部分批判或彻底批判,却不能避开它……这种无法避开的文化钳制(cultural vise)业已让人(或者说至少在占据主导地位的社会集团中)产生一种自

我感,认为自己是独特且独立的代理人,拥有自我,拥有相对清楚的保护边界,以确保正直,使自己在世界上更有效地发挥作用(Sampson,1933,31)。

在西方世界里,占主导地位的社会集团的大多数成员认为:个人边界与人体边界是一回事,人体里居住着自我或包含着自我。一般的比喻反映了这种观念,比如人们形容一个人"满腔愤怒""充满了笑声"或"使劲将怒气排出体外"(Lakoff 1987,383)。心理学理论强化了这种身份认同观或自我观。例如,深受著名精神分析学家西格蒙德·弗洛伊德(Sigmund Freud)影响的心理学家认为,社会是由单个自我构成的,每一单个自我都在努力消除自己内心的紧张。有位弗洛伊德主义者坚称:某学生反抗大学管理部门是因为该生与父亲有尚未解决的矛盾。在他看来:

> 抗议者通过反抗大学管理部门来消除他们与父权形成的内心冲突。他们与学校之间不存在法律问题;它只象征抗议者与他们真正的烦恼之源,即与他们的父亲未决的有关恋母情结的冲突(Oedipal conflicts)(Sampson,1993,44)。

对这位心理学家而言,自我是个体的,也是内在的。

然而,在20世纪的最后几十年里,随着太空旅行、卫星电视和互联网的发展,音乐和商业的全球化,冷战的结束,这一切都让西方人明白,这种把人视为有边界的个体的观点,用一位人类学家的话说,实在相当"少见"(Geertz,1979,229)。几个世纪以来,生活在非西方文化中的人都不这样看。比如,如果请一个北美人解释某人诈骗他人的钱财,这个北美人会说"他就是那种人"。相比之下,一个印度人更有可能从社会的角度这样解释:"那个人失业了,他拿不出这笔钱来"(Miller,1984,968)。这是因为许多印度文化的成员不把身份认同或自我当作个体来看,而是当作一种社会身份认同或社区身份认同来看。对他们而言,身份认同属于文化成员和集体成员。我们再举一个例子。对美国和萨摩亚(Samoan)①的保姆进行的一项研究发现,美国的保姆倾向于通过培养儿童的个体意识来帮助他们社会化,而萨摩亚的保姆则喜欢"帮助儿童学会如何更好地适应他们的群体生活"(Ochs 1988,199)。这项研究表明,在萨摩亚人的普遍文化中,他们也认可他人在值得赞扬和尊重的事件中所发挥的重要作用。一位研究者在报告中称,一位萨摩亚乘客用"你的车开得真好"这样的话表扬司机时,司机一般会这样回答:"承蒙您的支持和照顾。""在这个萨摩亚人看来,如果事情做得好,支持者和表现者一样有功劳"(Ochs,1988,200)。许多日本人也会用同样的方式理解那个人。一位作者写道,在日本,"自我完全独立于环境的观念是相当洋化的"(Kojima,1984,972)。日本人喜欢通过个人赖以生活的社会环境,如他们的家庭、工作团体等,来思考个体。美国、加拿大、澳大利亚、英国和其他一些西方文化的接受者强烈相信个体的自我,但许多欧洲国家(如西班牙、奥地利和芬兰)、大多数亚洲和拉美文化的接受者则理解以社会定位、以关系定位或以团体定位的身份认同或自我的重要意义

---

① 萨摩亚群岛在南太平洋。——译注

（Hofstede，1980）。

如果你采用更为东方化的历史视角，那么，你就更容易理解身份认同的运作及怎样管理好你自己的身份认同建构。这并非要求你改变你的文化或宗教信仰，也不意味着你假装自己是另一个人。事实上，这种理解也被全世界所有的传播学者、心理学家、人类学家和其他人类行为学科的学生所接受。特别是在20世纪最后十年里，这些学科的许多学者和教师认识到，自我或身份认同源自一个人出生以来，甚至出生前即已存在的关系。他们开始认真思考两个富有影响的人类发展学者列夫·维戈茨基（Lev Vygotsky）和乔治·赫伯特·米德（George Herbert Mead）几十年前说过的话：婴儿是最初的社会存在物，只是到了后来，他们才开始把自己视为个体之人。正如心理学家爱德华·桑普森（Edward Sampson）解释的那样：

> 维戈茨基和米德都清楚地强调了人类进行思维、认知和形成思想的必不可少的社会基础。事实上，并不是个体观念在决定社会秩序，真实的情形恰好相反：社会过程，即对话和谈话，先于他物而存在，而且是随后发生的所有心理过程的基础（Sampson，1993，103）。

简言之，自我和身份认同这两个英语词及其意义只存在了约三百年。历史研究和其他文化研究表明，西方人在这三百年中的最后275年里下的定义是非常狭隘的。今天，传播学者和心理学家认识到我们的自我在很大程度上是在与他人沟通的过程中发展出来的，"自我是个体的集装箱"这种想法正在得到修正。西方人日益认识到，身份认同或自我是多维的，它们在我们对他人的回应和与机构的交往中发生变化。我们的每一个身份认同都具有身体的、艺术的、伦理的、性别的、职业的、科学的、政治的、经济的和宗教的维度；所有这些身份认同的内容和重要性都会随着我们所处环境的变化而变化。

二、身份认同或自我的四大特点

为了便于理解，我们为身份认同和自我归纳了四个重要特点。

1. 身份认同是多维度变化的

我们是复杂多变的。这是自我的一大特点。一方面，我们每个人都以某种稳定性或模式为特征。一个人的基因组成是稳定的，你的族群身份认同可能现在还未变化，今后有可能也不会发生变化。熟悉你一生的某个人也许知道你现在仍有你四五岁时的特性，你看你本人的老照片时，也许会看到照片中那个人的特性与你现在的某些方面仍然"相似"。

另一方面，至少在许多地方你的现在与过去不可同日而语。例如，你可想想你9岁、10岁和你14岁或15岁时的情景。青春期是我们的自我发生重大变化的时期。如果你觉得没什么变化，那么你也可以想想你结婚前后或你有了孩子前后身份认同的变化。

一些研究者把身份认同或自我大致划分为个人身份认同、关系身份认同和社区身份认同（Hecht, Jackson, and Ribeau, 2003）。个人身份认同是你认为使你成为一个独特的人的所有特点，如对人友善、助人为乐、循规蹈矩、工作勤奋、美丽动人等。关系身份认同基于你与他人的关系，如母女关系、师生关系或主雇关系。社区身份认同通常与较大的群体有关，如民族、种族、宗教、性别或国家。

2. 自我是回应者

我已在第二章中介绍过自我的这个特点。我们当时说过，回应是人的五大特点之一。我们的重点是把回应与简单的反应加以比较。现在，我们要通过回应既指选择（不仅仅是被动反应），也指已经发生过的联系这一认识，来建造该思想的意义。

我们说"自我是回应者"是指，我们形成并要适应与我们有行为关系的行动和事件的环境。一方面，这只是"自我具有关系身份认同和社会身份认同"的另一种说法。你还记得阿丽娅怎样回答谢里尔问她来自哪里的问题和她俩怎样建构学生身份认同、族群/国家认同的吗？她们彼此响应。在某种场合，当谢里尔问阿丽娅为何没戴头巾时，也许，可以把谢里尔的反应看成是被动的反应。然而，在大多数情况下，这两位女士却是在彼此响应，其中包括彼此问答。响应意指所有人类行动都是联合行动。没有任何人的行为举止始于零点高地①。所以，我们所做的一切事情，从一开始就是对某种事情的回复或回答。

正如我们早先说过的那样，人类在发展意识时，也许在我们出生前，就已经开始做出回应。每一个婴儿都出生在一个有言语和非言语谈话、家庭关系、性别模式、正在进行的活动、社会和政治事件的世界里。无论何人都无法拥有"成为初言者，即那个打破宇宙永恒寂静者"的感觉。既然我们哪一个人都不是亚当或夏娃，那么我们的所有行动就都会或多或少地与我们周围的活动和语言系统有效地联系起来，并且适应这些活动和语言系统（Bakhtin, 1986, 69）。

3. 身份认同在过去和现在的关系中发展

自我随着时间变化的原因是：当我们发展"我们是谁"时，会受到我们周围的人际关系的影响。在每一个人的属性中，一些最重要的组成部分是在你出生的家庭和你5岁到7岁期间建立起来的，并且是在同与你一起生活的人的关系中建立起来的。在你的年龄够大的时候，你的父母亲也许会不断地把你介绍给新人；今天，也许你仍能很容易地结识人。你年轻时也许到处走动，但在今天，只有当你有你自己的"地方"、在你家附近度假时，才感到安全。你与你父亲的关系也许相当不错，也许非常糟糕。你家庭的角色模式代表着许多关系、宗教或族群身份认同。比如，你懂得做一个好朋友、好邻居、好兄弟、好姐妹、好母亲或好父亲的意义，你也懂得在这些方面做得不怎么好的意义：

---

① 作者在此处使用"零点高地"一词，主要是强调传播是一个过程，没有确定的开始和结束。——译注

我父亲酗酒,但他根本不承认这个事实。我住在家里的时候,他经常与我妈打架。在他们的战争游戏中,我家六个孩子常常被他们当作人质。当时我就想,我该不该为我父亲的酗酒负责。父母打架时,我总要躲进我的房间。我在那里才觉得安全。我现在22岁,已经结婚两年。我有这个苦恼:发生再小的事情时,我也总要说对不起。牛奶不凉,我说对不起;湿毛巾落在运动包内,我也要说对不起。我只想为一切事情承担责任,即使是我无法控制的事情(Black,1982,9)。

现在,研究功能失调的家庭的学者强调,酗酒者、吸毒者、对处方药和其他化学品上瘾者会对沟通模式的形成产生至关重要的影响,这些模式强化了家庭成员对酒精、毒品、处方药和其他化学品的依赖(Fuller et etc,2003)。其他研究者则着眼于瘾君子对孩子或其他家庭成员如何产生影响。研究者在一篇有关成年孩子(adult children)酗酒的评论中断言,无论这些人是什么性别,具有什么社会经济群体的属性或族群属性,他们都具有十三大共同特点。例如,许多成年孩子酗酒者"难以自始至终做完一个项目""本来容易讲真话时却说谎""评价自己时没有同情感""对自己非常在意""总想得到别人的赞同和肯定""非常忠诚,甚至事实证明这种忠诚根本不值得时也是如此"(Beatty,1989)。这些文献表明,我们的家庭出身对我们在身份认同建构过程中所形成的回应模式有多么重要的影响,过去的关系极大地影响并形塑着我们当前的自我模式。

现存关系也非常重要。当你认为一位新朋友真的喜欢你时,这种认知可为你的自我界定做许多事情。你所尊敬的老师给你打了高分能影响你对自己的看法。在工作中,你的上司对你的表现给予积极评价或你得到晋升时,不但你的情绪会变得好起来,你的银行存款数字会增加,你的自我感知也会增强。显而易见,反之亦然。问题在于,基因组成并不决定你的身份认同;我们把创造这些认同的传播过程称为身份认同的建构。

4. 身份认同可被自我认可和他人认可

最后,身份认同或自我可被他人认可(ascribed)和自我认可(avowed)。他人认可指的是他人给你划定一个你可能同意也可能不同意的身份认同;自我认可则指你本人给自己一个身份认同并按此行事。人们也试图协商这个自我认可和被人认可的过程。你还记得阿丽娅与谢里尔的谈话吗?谢里尔给了阿丽娅一个有点刻板的国家身份认同或宗教身份认同,而阿丽娅在那个特定情景下却不愿接受这样的主要身份认同。在谈话过程中,她俩都公开谈到了学生身份认同和文化身份认同(在底特律和在俄勒冈长大暗示两个不同的地区特性),这样,她们就在某种程度上对在初遇时想要接受的身份认同达成了共识。然而,人们刻板、固执时,就会坚持己见,并使它们单维度化(one dimensional)。比如,有人知道英语是萨斯基娅的第二语言时,就在谈话时放慢了语速;或者,有人知道萨斯基娅是德国人时,就立即谈起啤酒。这样做虽可让大家高兴片刻,但随后萨斯基娅却希望大家把她视为萨斯基娅或一位女士、一个老师,而非仅仅是德国人。一个人的身份认同被另一个人进行刻板归类时,可能会面临困扰。对许多美籍非洲人、拉美人和亚裔人来说情况也是如此。人们常常通过面相、语言判断别人,而不是从别人是谁或他们想成为谁的角度来判断。当我们讨论对回应的选择时,我们还将遇到身份认同被人认可和自我认可的问题。

复习题

1. 从接电话时大声说"喂"的人以及大声说"早上好,需要帮助吗"的人提供的身份认同中找出三个特点。

2. 反应和回应有什么差别?

3. 描述你的个人身份认同的一大特点;描述你的关系身份认同的一个特点;描述你的社区身份认同的一个特点。

思考题

1. 陈旧的自我观是:个人第一,然后是个人的互动形成社会集团。新型的自我观正好与它顺序相反。如何解释这两种自我观?

2. 既然没有哪个人是亚当或夏娃,我们都对我们周围发生的一切做出回应,那么:(1)"他挑起的!"这句话是什么意思?(2)怎样用最精确的方式界定"创造性"这个概念?

3. 一个人能对他或她在过去的关系中形成的身份认同做些什么吗?比如,如果你是一个酗酒者的孩子,你能对你在那种经历中形成的自我做些什么呢?

4. 过去的关系对你的自我发展产生的最大影响是什么?哪一种现存关系对你现在的自我发展影响最大?

参考文献

Bach, G. R., and Wyden, P. 1968. *The Intimate Enemy: How to Fight Fair in Love and Marriage*. New York: Avon Books.

Bailey, B. 2000. "Language and Negotiation of Ethnic/Racial Identity among Dominican Americans." *Language in Society*, 29: 555—582.

Bakhtin, M. M. 1986. *Speech Genres and Other Late Essays*. (Translated by V. W. McGee). Austin: University of Texas Press. (Originally published 1953.)

Beatty, M. 1989. *Beyond Codependency*. New York: Harper/Hazelden.

Black, C. 1982. '*It Will Never Happen to Me!*' *Children of Alcoholics as Youngsters—Adolescents—Adults*. Denver: M. A. C.

Cissna, K. N. L., and Sieburg, E. 1981. "Patterns of Interactional Confirmation and Disconfirmation." In C. Wilder-Mott and J. H. Weakland (eds.), *Rigor and Imagination: Essays from the Legacy of Gregory Bateson*. New York: Praeger. Pages 230—239.

Collier, M. J., and Thomas, M. 1988. "Cultural Identity: An Interpretive Perspective." In Y. Y. Kim and W. B. Gudykunst (eds.), *Theories of Intercultural Communication*. Newbury Park, CA: Sage. Pages 99—120.

Fuller, B. E., Chermack, S. T., Cruise, K. A., Kirsch, E., Fitzgerald, H. E., and Zucker, R. A. 2003. "Predictors of Aggression across Three Generations among Sons of Alcoholics: Relationships Involving Grandparental and Parental Alcoholism, Child Aggression, Marital Aggression and Parenting Practices." *Journal of Studies on Alcohol*, 64: 472—484.

Geertz, C. 1979. "From the Native's Point of View: On the Nature of Anthropological Understanding." In P. Rabinow and W. M. Sullivan (eds.), *Interpretive Social Science*. Berkeley: University of California Press. Pages 225—246.

Hall, B. J. 2002. *Among Cultures: The Challenge of Communication*. New York: Harcourt College Publishers.

Hecht, M. L., Jackson II, R. L., and Ribeau, S. A. 2003. *African American Communication: Exploring Identity and Culture*. 2nd ed. Mahwah, NJ: Erlbaum.

Hegde, R. S. 1998. "A View from Elsewhere: Locating Difference and the Politics of Representation from a Transnational Feminist Perspective." *Communication Theory*, 8: 271—297.

Hofstede, G. 1980. *Culture's Consequences: International Differences in Work-Related Values*. Beverly Hills, CA: Sage.

Kojima, H. 1984. "A Significant Stride toward the Comparative Study of Control." *American Psychologist*, 39: 972—973.

Laing, R. D. 1961. *The Self and Others*. New York: Pantheon.

———. 1969. *The Self and Others*. Baltimore: Penguin Books.

Lakoff, G. 1987. *Women, Fire, and Dangerous Things*. Chicago: University of Chicago Press.

Miller, J. G. 1984. *The Development of Women's Sense of Self*. Work in Progress, No. 12. Wellesley, MA: Stone Center Working Paper Series.

Ochs, E. 1988. *Culture and Language Development: Language Acquisition and Language Socialization in a Samoan Village*. Cambridge: Cambridge University Press.

Rogers, C. R. 1965. "Dialogue between Martin Buber and Carl R. Rogers." In M. Friedman and R. G. Smith (eds.), *The Knowledge of Man*. London: Allen and Unwin.

Sampson, E. E. 1993. *Celebrating the Other: A Dialogic Account of Human Nature*. Boulder, CO: Westview.

Scotton, C. M. 1983. "The Negotiation of Identities in Conversation: A Theory of Markedness and Code Choice." *International Journal of Sociological Linguistics*, 44: 119—125.

第二节 维护传播中的自我①

哈罗德·巴雷特(Harold Barrett)

哈罗德·巴雷特是位于赫沃德的加利福尼亚州立大学(California State University, Hayward)的传播学获奖教授。本文选自他的一本著作。他在这篇文章中指出,人际传播是用以保护自我的一种正常的、自然的、普遍的人类倾向。他在文章开头指出:"我们在传播中有一种持久而迫切的需要,这就是解释自我。"巴雷特提出了一些克服有害的防卫性影响的具体方法。

巴雷特认为,我们无论何时进行传播,都是想影响我们的听众(他把他们称为"受众"),并使他们对我们产生好感。从这一观点出发,他着手探讨人际传播问题。然而,我们永远也无法确定他人对我们持何种态度,也不能确定我们会对他们的态度做出何种回应。所以,我们只好采取一种多少有点死板的防卫态度。巴雷特在他的分析中,引用了由心理学家海因茨·科胡特(Heinz Kohut)提出的新弗洛伊德观对人类自我进行的解释。科胡特认为,除非一个人拥有无可挑剔的父母,在无可挑剔的关系网络中长大,否则,他或她肯定会有某种"耻辱"感,即某些"空虚、无成就和缺失感"。因此,从这个视角出发,耻辱不见得就是一件坏事,它不过是每个人都要体验的事情。这种体验让我们"发明了维护自我的模式",其中有些体验会产生积极效果,而另外一些则可能造成消极影响。

在此种情况下产生的一种紧张感是:"个人主义的回报与社区归属的回报的冲突越来越多。"这就是说,人可能被夹在保持个人完整性的"岩石"和与他人相处的"硬地"之间难以自拔。文化,特别是道德,有助于我们决定如何应对紧张。巴雷特写道,不管我们拥有什么样的文化和道德,我们都会面临类似的问题。巴雷特说,简而言之,不管你是谁,"最大的律令就是维持自我"。人际交往既能对自我构成最大威胁,又能提供最好的保护。这就意味着,自我在每一次人际相遇中——如巴雷特所言,"在每一次谈话里、在公众讲演中、在采访和讨论中"——都在发挥作用。但是,至少每一位传播者都拥有八大特定的自我保护资源。我们将在本文最后一部分解释人类受到威胁时,那些用来保护自我的八大资源。巴雷特用修辞上的"惯用语句"(topoi)一词来描述它们。

巴雷特首先谈到控制如何有助于维护你的自我意识。接着,他又探讨了成就。只要你避免走极端,成就也能帮助你;成就就是完美主义。第三大资源,或称惯用语句,是对立,意思是"自己站起来"。第四大资源是归因(attribution),或称辨认责任。愤

---

① "Maintaining the Self in Communication" by Harold Barrett from *Maintaining the Self in Communication*. Alpha & Omega Book Publishers, 1998.

怒、拒绝、退缩和搪塞是最后的四大资源。本文的最后一个部分鼓励你针对在多种情况下获得的资源展开思考。

我把这篇材料放入本章,目的是提供一个机会,以便读者思考"保护自我的自然倾向"如何影响人际传播。如果巴雷特和他援引的学者是正确的,那么,自我防卫就是一种时刻存在的正常人类倾向。这有助于我们思考和探讨这种动力在我们自己的传播中如何发挥作用。

一、关心自我

人际安全是当前媒体上的一个热门话题。最近我对哈佛大学政治学者罗伯特·D. 普特曼(Robert D. Putman)的采访就是一个例子。普特曼认为,美国人已大多不愿信任他人。上一代美国人被问到是否信任他人时,三分之二会回答"是";现在,回答"不信任他人"者却占了三分之二。普特曼说,美国人不相信他人,原因是他们互不了解。今天,他们相互联系少了,因此幸福感也少了。[1]

缺乏联系与信任导致的结果之一是,人类在相互交往中开始日益重视自我保护。如果存在着不安全感,解决办法是可想而知的,即努力关心自我并使自我合法化。不安全感和保护自我一直是人类互动的组成部分。当下的问题是不安全感在增强。

自我维护的行为源自一个人与他人交往时产生的某种不确定感,源于对自我面临的危险的感知,即这种危险感是否小到可以被忽略,还是会演变得很大?危险是模糊的,还是明显的?因此,我们就有了所谓的防卫机制。理论家卡尔·E. 沙伊贝(Karl E. Scheibe)认为,在心理分析理论中,防卫机制之所以被如此命名,是因为"人们认为自我总是处于一种受包围的状态"[2]。我想补充一点:沟通者总是对这种包围做出回应。

很容易找到产生不安全感和随之采取保护行为的证据。精神分析理论家马歇尔·埃德尔森(Marshall Edelson)认为,防卫是"一种普遍存在的人类行为"(他认为,实际上,任何语言的使用都是防卫)。[3]就在昨天,我听到有人在我楼下那个小邮局里说:"现在每个人干吗都那么防着别人呢?"

二、传播功能

格雷戈里·罗克林(Gregory Rochlin)揭示了自我(和自尊)的真相:"自我防卫可带来最大的荣誉并使最小的暴力合法化。"[4]防卫和因此而发生的维护自我的行为作为传播的普通功能,既有好处也有坏处。另外,在人类互动的舞台上,没有其他行为模式比防卫更令人兴奋了。防卫在传播者的生活经历中非常明显。这些传播者中,有我们对其行为表示尊敬的人,如华盛顿(Washington)、林肯(Lincoln)、丘吉尔(Churchill)、罗斯福(Roosevelt)、圣女贞德(Joan of Arc)、苏珊·B. 安东尼(Susan B. Anthony)、马丁·路德(Martin Luther)和小马丁·路德·金(Martin Luther King, Jr.);也有我们对其行为进行谴责的人,如查理三世(Richard Ⅲ)、阿道夫·希特勒(Adolf Hitler)和约瑟夫·麦卡锡(Joseph McCarthy)。在传播中,所有这些名人都是自我防卫者。西格蒙德·弗洛伊德说,自我防卫指导着人类的日常活动。不管怎样,他说的都是真话。

在传播中存在着高冒险和高风险。这是一种我们大家似乎都能感受的事实。当运动员们谈到某某人在运动队中担任防守(D)时,我们可以说,在被称作传播的风险性互动游戏中,我们每时每刻都在扮演着"D"的角色。由于了解我们的行事方式,咨询者告诫道:"别解释,别抱怨!"("别防卫!")这样的建议虽然很有吸引力,却让我们不要关心自己,就好比让我们放弃让自己做一个人。

1. 每一位传播者的经历

每一个传播者的经历都是围绕着维护自我保护来建构的。为什么是这样?因为自我价值(self-worth)总在传播中遇到麻烦。自我价值未受尊敬、被人忘记或被人忽略时,人就会受到伤害。正因为如此,我们才在传播中,特别需要坚持并急于解释我们自己。不管我们的愿望强烈还是软弱,我们都永远抱有动机;不管我们进行简单解释、寻找微妙的借口,还是采取敌视性的反驳或匆忙撤退,我们都将发出保卫性讯息(protective messages)。这就是我们对个人地位和安全的惶恐感。现在,这种惶恐感比以往任何时候都更为明显。迪安·C. 巴恩伦德(Dean C. Barnlund)发现,如果说在一代人之前,人际传播的脆弱性还不算危险的话,那么,现在已变得越来越严重了。他指出,我们应为自己的利益经常进行传播:"传播源自我们要减少不确定性、有效采取行动、捍卫并强化自我的需要。"[5]因此,在学习传播行为时,我们必须把这种自我的基本需要作为动机之源。

现在,在深入讨论这个观点之前,我要提出传播学中基于这一观点的几个基本概念。

2. 修辞法

在探讨一般人际互动时,我用传播学的修辞法作指导:我们选择与他人沟通的方式时,总是带着目的,我们总是谋求与他人进行有效的沟通。这就是传播学修辞法的含义。不管成败如何,我们的目的都是采用有助于我们进行有效交往的自我保持法(self-sustaining methods)。心理学家盖伊·E. 斯旺森(Guy E. Swanson)进行防卫研究时称,日常生活中的防卫策略基于社会互动和相互依赖,这些策略"具有合理性,适用于处置危险情况和需要保护的社会关系"。换言之,使用传播修辞法的目的,就是适应他人并保持与他人的联系。就此而言,这些选择"有可能取决于社会关系的性质"[6]。在保持一种关系时有用的方法也可能在保持另一种关系时发挥效力。

由于讯息交换过程中的策略选择具有某些特点,所以传播的互动性功能拥有修辞色彩。**具有修辞色彩就是为成功提供选择**。以后，我将经常在修辞的意义上，使用传播这个词语。比如，我说的传播，是指人们说话、做事和为寻求达到他们各自的目的而做出选择时的象征性互动。这种修辞功能是传播的核心，因为传播的参与者把讯息放在一起，以确保彼此能做出回应……

根据修辞学理论，与我们有关和与我们进行交往的人是我们的"受众"。此外，作为对受众非常在意的传播者，由于我们的意图是"得到某种东西"，因此，我们努力获取回应时的想法并不简单。最根本的是，我们是为了获得他人认为我们是谁，或者我们希望我们不是谁的肯定。这就是不管在什么场合下，我们在传播中都会最在意——总是在意——讯息的含义是否有明确的自我地位（self-status）的原因。**我们永远不能确信自己，尤其不能确信他人对我们的态度或对我们的能力的看法。**

我们的互动策略源自一种强烈的修辞需要，目的是去影响受众，获得他们对我们的好感。在大多数情况下，我们的大多数自我保持措施对大多数受众运用得相当好。斯旺森发现，防卫"使我们能够用凝聚的方式采取行动"，以保证我们"能够尽可能获得成功。从该意义上说，防卫是足够成功的，有时甚至是过于足智多谋了"[7]。取得辉煌成就的经历就可以追溯到这种足智多谋处：比如，温斯顿·丘吉尔的雄辩口才。[8]然而，也有一些经历展示了不够成功的自我保持的策略，这些经历包括个人失败、关系紧张和传播中的灾难。

请记住我们内在的讯息，即我们发送给自己的那些讯息。从内心的意义上讲，借口、拒绝、推理和其他发送给自己并与自己有关的确切讯息，都可帮助我们产生良好的自我感觉和接受我们自己。自我感觉好是与他人愉快交往的根本。

三、耻辱

我们要想从心理学角度找到社会威胁自我的本质并向某人寻求咨询，那么这个人非自我心理学派的创始人海因茨·科胡特莫属。科胡特对人类行为的研究导致了对经典弗洛伊德心理分析思想的重大挑战。科胡特摒弃了把动力冲突（conflict of drives）作为人类行为根本的这一经典论断，从而强调人类的自我防卫意识。为了论证自己的理论，他把弗洛伊德时代的家庭环境与随后几代人的家庭环境进行了比较，发现不同的家庭环境对儿童发展的影响有极大差别。他把弗洛伊德所在的维多利亚时代的亲密家庭互动和经常性的家庭刺激与近几十年的情况进行了比较分析。他发现，现在的家庭关系比过去松散，家庭成员之间的感情距离更远，其中一个原因就是缺少刺激。

在弗洛伊德的理论中，神经质（neurosis）是人们经常抱怨的一种心理疾病，这种病与家庭成员特别是父母经常出现罪恶感和经受过度刺激有关。罪恶感源自违规感（felt transgression），例如（儿童）感到（自己）违反了父母的规定或社会的规定。但是近年来,人们的耻辱感则源自被忽视感或被剥夺感,特别是被父母忽视或剥夺。自恋(narcissism)就是一种普遍存在的情况。

耻辱源自防卫感。没有理想的父母或社会的约束时,自我便不足以做出回应,因此会产生带有自恋色彩的空虚感、无成就感和无力感。因此,科胡特断言,这是"危险的自我时代"[9]。我们时代的主要动因是耻辱。由于我们努力保护自己,使我们避免耻辱,因此我们的传播受到了影响……

为了防止产生因个人无力(感到自己能力不足)而生出的耻辱感,人类发明了维护自我的模式:有些模式是分配性的(facilitative),有些模式则是不适应性的。当然,耻辱感总是与我们同在,我们对它做出回应并非是一种新的行为。不过,现在它的影响范围越来越大,并引发了范围广泛的修正活动,以保护并使自我得以合法化。当然,罪恶感仍然继续存在着。可是,考虑到自恋性伤害,如源自被忽视的伤害正在日益增多,耻辱感已成为人类的头号情绪。我们生活在一个有父母存在和权威日益减少的时代,生活在一种以受到的社会忽视日益增多为标志的共同文化中。所以,我们能得到的关于联系和价值的反馈就越来越少,或者说建设性的反馈越来越少了。我们越来越依赖自我,还有可能质疑自己的能力是否充沛,我们将体验到危险,因此要进行自我保护。我们在所有地方进行的所有日常沟通,如家庭沟通、工作场所的沟通和学校的沟通中,都会发现这种或好或坏、难以觉察或显而易见的结果。

四、论文化和社会化

请从传播学的角度考虑下列假设和意义:**个人主义的回报与社区归属的回报的冲突越来越多**。"我想成为我,但我需要你",这种说法表达了我们时代的个人—人际冲突。或者说:"与其他人不一样当然很好,但我需要从他们那儿得到回报。"冲突问题可用不同的术语来表述:

- 令人愉快的独往独来、独立自主与安全社交和相互依赖
- 扩大人际差异与承认和他人的血亲关系
- 保持距离与寻求亲密
- 遭受分离之苦与享受沟通的乐趣

传播者面临的困难选择是希望依靠自我肯定,还是需要他人肯定。这既是一个个人内心(个体的)满足的问题,也是一个人际(社会的)满足的问题。这虽然是一种陈旧的叙事,却带有后现代的曲折,并与这个时代的其他先决条件有着重大联系。[10] 对于在沟通中维护自我的研究,这种困境具有根本意义。

1. 东方和西方

首先,让我们承认传播模式中的文化多样性事实。例如,在美国,自我维护策略因文化的不同,如不同的家庭、不同的性别和不同的地区而不同。传播者和学习传播的

学生应该认识到这些策略之间存在差异,而且应当注意有一些特例会影响到传播的某个片段。

因此,当我们研究传播方法的变化时,我们必须考虑社会化的操作过程。尽管人类学者偶尔也提到一种对儿童影响较小的离体培养(isolated culture),但是,所有文化显然都给儿童强加一种社会化过程,这是适度表达儿童自然而正常的自恋的一个过程。经观察发现,东西方文化中某些自我感知方面的差异可以追溯到社会过程亲密感的变化。这个社会过程是强加的,而且主要是在儿童一两岁时被强加的。在某些文化中,自我的社会框架非常敏感,人们主动压抑自恋,比如,不鼓励自我表达和自我满足。人们最熟悉的例子是类似亚洲的集体文化。在其他文化中,例如北美的传统个体文化中,比较鼓励人发展自我和相关行为。

我们知道,在东亚文化中,羞耻是社会化和群体联盟的产物。但是在北美文化中,个人看重独立的价值,他们感到个人能力不足时,羞耻感便会油然而生。因此,他们感到他们的自我概念受到侵犯时,就会寻求关于自己无罪的某种证明或合法化。自豪、尊敬、信任、特定的某种威力和其他个人要求,都是其中的主要问题。东亚人在违反群体的规范,尤其是其行为伤害到群体利益时,就会产生羞耻感。

但是,要注意共性。社会化的力量在强度上有所不同时,处于任何一种文化和背景中的人,都有可能成为威胁和伤害的对象。例如,东亚人在影响群体声誉时会产生的痛苦感,源自他们知道自己违背了对其群体效忠的理念。由于自我价值和成员利益的连续性处于平衡状态,因此,避免羞耻——维护自我或挽救面子——就是必要的……

在人际传播中,当人感到不确定或受到威胁时,各大洲的人都会做出防卫性反应。**因此,最大的律令就是维护自我。**

2. 排在首位

维护自我保持的行为不仅仅是一种习惯,它还追求一个更重要的目标,而且通过已成为人的全部存在的整体结构来实现它。在每个人的生活秩序中,关心自我都被排在首位。

首先,我们每一个人都有自我观:对于我们是谁、我们希望别人如何看待我们和对待我们、我们认为我们应当是谁,都有着苛刻的和确定的自我观。在我们的态度、价值观和理想里,在我们做事的方式中,在我们坚持重要立场时,都会对这种坚持不懈的自我观做出反应。

其次,我们每一个人都需要别人看重我们并得到别人的关注,至少应当受到认真对待和尊敬。我们需要他人的支持,需要在我们是谁的问题上,得到他人的肯定。简言之,自尊是传播中的一个关键性的个人因素,这关系到你如何重视我的自我需要,我如何重视你的自我需要。出现**相互支持——或者相互拆台的情况——是由我们两人**

共同造成的,因为我们都把我们所需要的敏感的自我带给了对方。

……应努力坚持自我并证明自我源自个人的福祉所面临的威胁。因为我们把我们的自我与他人联系起来,因此这种现象在人际传播中最为明显。人可能非常害怕受到伤害、冒犯,表现不合格或在某些方面被人瞧不起……

3. 全能型的自我观

关于自我观和需要被人看好,下面的事件说明了什么呢? 请注意动机性环境的多样性及个人怎样应对普遍的人类挑战。

> 他感到自己受到了冒犯因而想报复,于是发誓:"我要把我知道的她的一切告诉每个人!"

> 他对别人的感谢和赞扬感到高兴,于是谦虚地说:"哦,对,我就是那个通过心肺复苏术帮助他的人。"

> 他不愿接受几乎无法忍受的失败感,于是大声嚷道:"我感觉好极了! 没有问题! 什么问题也没有!"

> 她感到自己的宗教信仰受到了攻击,大受刺激,整个晚上都没再说一句话。

> 她被一声突然而响亮的"离开房间"的命令震住了,畏缩着身子,顺从地喏喏着:"是,夫人。"

> 他妒火中烧,紧紧抓住她的双肩,质问道:"昨晚我给你打了17次电话,你到底在哪儿?"

在这些例子中,所有在沟通中发送讯息的人都有不同的感受:有的感受较轻,有的感受到压抑,有的感受到别人的些许赞扬,有的觉得别人对自己不太公平,有的觉得受到讽刺,有的则认为被人轻视。也有人因为感觉被人抛弃和拒绝、"失去了自我"、得不到别人赏识、被人误解及竞争力不强而痛苦,认为自己是个冒名顶替者、牺牲品、弱者、事业的叛徒、丑小鸭或局外人。

4. 你怎么样?

接下来谈谈你本人。为了证明你自己,你是不是一直都在防备别人或心情焦虑? 请你回答:"是。"因为我知道你是这样的。你像我们其他人一样,有个脆弱的自我。你感到被人忽视,感到别人并不像你想象的那样看重你,因此你心情不爽。你有自豪感,但偶尔也有自卑感,你需要别人的承认和赞赏。你时刻对你在生活中的位置,在家庭、工作单位及学校中的地位没有安全感,你比以前更努力地尝试,急于把事情做得更好一些,以让自己有良好的自我感觉,你也想证明你是一个人物。在此类尝试中,许多尝试的结果固然对你有利,但事情不会总那么顺利。有时你会怒发冲冠,充满敌意,批评自己,也批评他人;有时你也会退缩和回避。

试试这种办法:想想最近一件你急于保护自己的事情——你感到你"应采取行动",来证明你自己:解释你的性取向,做你家庭的后盾,维护你的专业、政党或替你喜爱的音乐小组辩护。你还可以回想一下你感到某人正要做下列事情时,你有过什么样的感受：

- 你受到操纵或指使。你感到自己被人利用时,做出了什么样的回应？
- 有人用一种上司的口吻对你发号施令。你如何处理这种人际传播中的问题？
- 有人给你强加了一种严厉而且不可接受的观点。你是怎么应对的？
- 有人对你不做任何承诺,并且不与你说话和躲着你。你是如何应对的？

在上述情况下,你做出了怎样的回应？你用过维护自我的策略吗？你很有可能用过。如果你用过,那么你采取的是哪种形式呢？

五、这种行为有多普遍？

在传播中维护自我的策略存在于所有关系和人际事件中：在友谊中,在浪漫关系中,在家庭秩序中,在专业环境中,在教会组织中,在政治实体中,在所有学校团体中,等等。

谁能计算出一个常人在普通的一天里,为日常的自我维护所消耗的大量沟通能量吗？这个问题问得好,因为它揭示了一个事实：**一个人的社会安全或社会地位的不确定程度,会在每一条发送的讯息中、在每一次谈话里、在公众讲演中、在采访和讨论中发挥作用。**

人类的不确定性是电视情景喜剧的主要表现内容之一。它在小说、舞台剧、电影和连环漫画的人物生活中非常突出。那个带有不安全感、最可爱的连环漫画人物之一是凯西。她维护自我的策略在生活中相当真实。如果没有自我怀疑和对个人地位感到不确定的情况,那么在漫画《杜纳斯伯里和迪尔伯特》(*Doonesbury and Dilbert*)中的沟通,就会在文学上显得不真实,人物存在的环境就会显得虚假,故事就没有吸引力。你能在一本写得很好的虚构作品中,找出完全有安全感的任何重要人物吗？我不能。优秀的虚构作品中的人物在维护自我的活动中才是真实的。

现在,当我们谈到证明自我、使自我合法化等问题时,我们必须承认(而且应为此感到欣慰)经常出现的那些好的结果。富有价值的成就、专业上的成功和优秀作品在开始阶段都与自我维护的需要有关,都与获得安全感和支持的需求有关,都与满足这些需要所做出的选择有关。所以有可能存在两种结果：我们的自我维护方法真能找到积极而有用的表达方式,但有时它们也产生与我们的最佳利益相悖的负面影响,例如,当它们被忽视或受到滥用时。自我维护会随着传播互动而进行,以自我维护这一目标为动力,其范围从刺激性和建设性的对话、回报性的人际传播,一直到个人攻击与反击。不管显而易见,还是不可或缺,自我关心的策略时刻都在传播之中存在。

六、在传播中维护自我的八大话题

有没有一种能把传播中的自我维护方法加以分类的有用方式呢？在传统上,我们有个心理学术语叫"防卫机制"。你能记住那些术语吗？它们包括合理化、压抑、衰退、宣泄、心力投入(introjection)、升华(sublimation)等。

但是，我们不能只开列一张心理"机制"清单，不能除了进行抽象概括之外，没有别的作为。我们必须找到能反映传播互动的行为动力的类型。任何关于维护自我的策略的实际研究，都将考虑到有效能量的问题，同时又强调互动性的平等交换和随时会出现的个人目的。因而，我们需要一些行动的术语，来描述所发生的一切，来给传播的合法性、合格性、推理、肯定、挑战、鼓吹、回避、寻找借口、奉承、安慰、支持等赋予含义。为了达到这个目的，我已找出了八大策略性话题。我用一些共同的目的对它们进行表述：控制、成就、对立、归因、愤怒、拒绝、退缩和搪塞。[11]在这八大话题中，每一个话题都包含一揽子内容，都是相关选项的集中。Topoi 这个词碰巧在希腊语中是"话题"(topic)的意思。亚里士多德使用过它。我之所以喜欢这个词，是因为它传达了"有目的的行动"之意，也含有互动中的策略选择和互动中的选项与机遇之意……你阅读下述八个类别时，请注意那些在你最近与他人的沟通中似乎已出现过的类别。你每天都在听见和看到它们。

1. 控制

出于安全与确定的需要，沟通者会对事件进行规制，寻找使事情的发生有利于自己的策略。控制的需要也许出于被迫，也许随意发生，具体的行为样式有很多。控制的目的是要提高一般沟通的效率，比如，准备处理可能出现的、不受欢迎的突发事件或令人震惊的事情。但是，控制的目标也许会超越寻求一般沟通的控制和效率的范围。例如，可把一个人按目录顺序选择合适的电话用语（进行必要的某种控制）这样一个简单动作，与一对父母决心规制其成年子女的社会活动这样的极端行为进行对照。同样，在工作中，也许一位雇员在没有过分使用手段的情况下（尽管在沟通中总是存在着某种对事件的管理措施），相当轻松就能完成常规性的沟通工作，而另一个人则在工作互动中，要增加对他人的全部控制。也许，有人认为后者的模式比前者"更具防卫性"。可是，另一个例子说明，一个个性极强、铁腕式的经理似乎无法对他人施展权力，也不懂得通过合作解决问题。

2. 成就

像自我保持一样，成就需要常常隐藏在动作之后。相关的策略经常在敏感而轻松的阶段，如在做足工作和感觉良好的阶段发挥作用。但是应把这个阶段与发挥作用的极为紧张的阶段加以比较，即当沟通者决心把工作做得绝对正确、极其出色或无可比拟，并急于超过别人时。这种极端类型的行为通常被称为"完美主义"。

这种极端性的例子有：一位副总裁的季度报告总是毫无必要地比另一位副总裁的季度报告长一倍。这是此人取得成就的强大动力。要想获得声誉，就要求他付出大量的时间与精力。

3. 对立

自我保护是指借助对立话题(topos of opposition)来使用讯息。在这种情况下,沟通者假定在与他人沟通时持相反立场,如"坚持自己的立场"。在某些情况下,也许表现为不同意或不赞同;而在另外一些情况下,则表现为摒弃或蔑视。无论把对立视为普通的不同意、辩驳、倔强、抵制、挑战、不配合、嘲笑、固执、否定,还是蔑视,也无论被人视为对某人位置的一种精神支持或被看作强烈的谴责或抵抗,对立都在人的日常生活中普遍存在。

4. 归因

归因(attribution)在维护自我的沟通中非常普遍。沟通者会经常面对"怎么会发生这种事"之类的问题以及原因、责任、确认过错方和责备等事情。在要"弄个水落石出"时,一个人可能会让某人承担责任,或者让自己承担责任。不管这个沟通者的情绪是建设性的还是怀有恶意的,其动机常常源自一种自我保护,源自归因的需要或责任需要等。沟通者试图用这种方式保持个人平衡和令人满意的沟通。

例子包括:认识到自己出了计算错误后承担责任的雇员;在台阶上摔倒后责怪自己小妹的哥哥;习惯于在第三次击球时责骂裁判的棒球击球手;想要知道宣布给谁免除责任的目的明确者;怀有想解决"谁做的"这一关系难题的动机的人,不管涉及小分歧,还是严重的人际冲突……

5. 愤怒

如果一个人乐于通过愤怒维护自我,那么此人将会表达强烈的不满,也许还会采取暴力性的言语攻击。像所有话题一样,愤怒可能有益,也可能有害。有人或许以为愤怒这种行为是一种有用的激情、正义的愤慨、坏脾气、闷闷不乐、好战、恼怒、憎恨或激怒。

有这样一个例子:两个司机在抢占停车场的空车位时,发生激烈争吵。他们争吵的根源是什么?公正是一个问题,就像自我价值一样。所以,维护自我需要这些沟通者的参与;他们感到需要为自己挺身而出,来保护自己的"权利"。正因为如此,一些商业公司在柜台前设立了"排号"系统,以便顾客公平地购物。非常在意保护自我的顾客,就可能会比那些有安全感的顾客更不喜欢当回头客。

6. 拒绝

一个人选择拒绝作为关心自我的一种办法时,就会极力避免发生令人不快或具有威胁性的事情,不论是使用一种习惯性策略,还是一种即兴选择的策略。此类沟通涉及创建一种避免面对"真相"或"事实"的方法。在拒绝认知构成心理威胁的某种事情时,沟通者会试图采取回避现实的办法,摆脱该事情。

例如,一个人可能会拒绝承认某人已死的事实,以便减少因失去某人而承受的冲击。另一个例子是,一位中年妇女喜欢穿青少年式的衣服,以此来显示她的自我认知和避免显得衰老。还有一个例子是：一个父亲不愿承认其儿子运动能力平平，而是批评教练不提名其子参加明星队。

7. 退缩

如果一个人通过退缩来维护自我，那么此人将避开某件事情或某个人，从某个有危险的场合撤退，保持沉默和心理距离，采取被动立场，压抑自己的想法或情感，力图避免暴露自己的感情，或采取任何其他方式避免危险及因社会参与或评价所造成的心情不爽。

8. 搪塞

搪塞（prevarication）是一种涉及虚假，制造借口，证明自己的想法、行动及习惯正当合法，发表欺骗性声明，采取逃避等做法的自我保护方式。像所有其他话题一样，搪塞的策略目标是坚守自我：自我观、自尊或价值感。搪塞的其他模式有模棱两可、说话委婉、使用被动语气和胡扯闲聊。

搪塞的一个例子是人们在社会上使用的"善意的谎言"。另一个例子是当一个项目协调员被问到项目进展情况时，他含糊其辞地报告说："头儿——对，大家都在非常努力地做这件事情。周三、周四我会向您汇报更多的进展情况。"在此种情况下，沟通者寻求得到关照的是什么样的自我需要呢？

七、选择有用的话题

在沟通过程中，一个人不是只限于选择八大话题中的一个话题。[12] 我们中间的一些人发现，在许多时候，我们选择了全部话题。有趣的是，也有人认为，对话题的选择可能取决于人的性格类型。比如，性格外向者可能喜欢用愤怒来表达自己，而性格内向者则有可能喜欢选择拒绝。[13] 但是，我们的社会良知决定，我们选择话题时会受到我们对情形和条件的感知的影响。在沟通过程中，受众的特点具有特别重要的意义。这就是说，我们的讯息传递有可能引起他人的回应。为什么？因为我们人类是会使用修辞的创造物：追求实用，目的性强，善于适应环境。这是沟通者切不可忘记的一点！

试试这个办法：从后文的 25 个有关自我维护的沟通时机中，选择一个与你的经历有关的时机。回忆在那个时机里发生的一切，然后做下面的事情：

1. 讲讲在某个没有把握的时刻，你怎样感知一个紧急事件（某种需要做出回应的情形）？

2. 在八个话题的哪一个话题中，你选择了策略性回应？是我已讨论过的那八个话题之一吗？如果不是，那你怎样命名这个话题呢？

3. 简述你当时想发送什么样的讯息？你给谁发送了讯息？这个沟通过程中包含着什么类型的内向型或内心的讯息？区分讯息中的口头言语要素与非口头言语要素。你得到了什么样的结果和反馈（回应）？

八、自我维护的沟通时机

当你……

- 对损坏他人财产的赔偿要求做出回应时
- 犯了一个社交性错误而感到苦恼时
- 试图处理上司对你所做的一项工作产生的不满时
- 在一个熟人散布谣言后寻求满足感时
- 为没有接到聚会邀请而感觉受到伤害时
- 感到大家对你的行为提出批评时
- 认为某个评论有损你的自我形象时
- 因某个朋友感到震惊时
- 感到在小组活动中受轻视时
- 不想面对事实或你的真实情感时
- 听到某条似乎批评你的种族、宗教、性别、家庭或学校的评论时
- 听到一位教练、父母或其他人的大声命令而震惊时
- 深深感到自己不合格("我只是个冒牌货"),比如在大学或某个工作岗位上时
- 感到公司政策或某种关系发生突变时
- 感到不属于某个特定团体时
- 感到忌妒时
- 与某人或某个团体交往时对个人地位感到不自信时
- 感到无法驾驭特定情景中的社交行为时
- 在班上害怕讲话时
- 期望得到的荣誉或奖赏落空时
- 感到你在家庭中或其他团体中的名望被削弱时
- 被一位男友或女友错怪时
- 感到你应受到某个你依赖的、给予你肯定的人的善待时
- 感到你作为作家、运动员、厨师、母亲等缺乏竞争力时
- 感到你不够漂亮时

复习题

1. 根据巴雷特的说法,什么是防卫机制?
2. 巴雷特说,他"在传播中受修辞法的指导"。这是什么意思?
3. 像巴雷特讨论的那样,对耻辱一词进行界定。
4. 解释巴雷特描述的"个体与社会的文化紧张"。

5. 个体主义文化与集体主义文化的区别是什么？
6. 什么是自恋？
7. 控制与成就的区别是什么？

思考题

1. 我可以这样设想，人们赞同巴雷特关于防卫性的重要性的观点，但也欣赏日益增加的自我意识是由于阅读了本文。我也可以设想，一些人不同意巴雷特的分析，认为他的分析过于含混和弗洛伊德化，过于否定性和悲观，而且最终不会产生太大的效果。如果我们假定这两者之间存在着一把标尺，那么你会在标尺的什么位置上，标出你对本文做出的回应？

2. 巴雷特认为，我们每次进行沟通时，都在部分地保护我们的自我。你赞同他的观点吗？请解释。

3. 你认同巴雷特探讨的哪一种文化类型——是个体主义文化，还是集体主义文化？这种文化会怎样影响你的沟通？

4. 比较一下巴雷特对归因的探讨和我在第二章中有关确定过错方与责备的讨论。

5. 你从本文结尾处列出的"自我维护的沟通时机"清单中学到了什么？

注释

1. "Social Insecurity," *America West Airlines Magazine*, April 1996: 74, 76—77, 79—80.
2. "Historical Perspectives on the Presented Self," *The Self and Social Life*, ed. Barry R. Schlenker (New York: McGraw-Hill, 1985), pp. 33—64.
3. "Two Questions about Psychoanalysis and Poetry," *The Literary Freud: Mechanisms of Defense and the Poetic Will*, ed. Joseph H. Smith (New Haven: Yale UP, 1980), pp. 113—18. 为了揭示埃德尔森提到的防卫性的无处不在或普遍盛行，我情不自禁地援引了近期上映的影片《幻境》（*Shadowlands*）[有关 C. S. 刘易斯（Lewis）和乔伊·戴维曼（Joy Davidman）的故事]中的一句台词："人读书后就会知道他们并不孤单。"这句引语的意思是，孤单意味着得不到保护。这是让人难以接受的一种状态，而读书可以防止这种状态。
4. *Man's Aggression: The Defense of the Self* (Boston: Gambit, 1973), p. 216.
5. "Toward a Meaning-Centered Philosophy of Communication," *Journal of Communication* 12 (1962): 197—211.
6. *Ego Defenses and the Legitimation of Behavior* (Cambridge: Cambridge UP, 1988), p. 2.
7. *Ego Defenses*, p. 24.
8. See Heinz Kohut, *The Analysis of the Self* (London: Hogarth Press, 1971), pp. 108—9 and Kohut, *Self Psychology and the Humanities: Reflections on a New Psychoanalytic Approach*, ed. Charles B. Strozier (New York: Norton, 1985), pp. 12—13, 110, 198—99.

9. *The Restoration of the Self* (New York: International Universities Press, 1977), p. 290. 要想了解人们对科胡特有关耻辱对自恋症的重要影响的观点,请看 Andrew P. Morrison, "Shame and the Psychology of the Self," *Kohut's Legacy: Contributions to Self Psychology*, ed. Paul E. Stepansky and Arnold Goldberg (Hillsdale: The Analytic Press, 1984)。
10. 对此,我推荐戴维·扎雷夫斯基(David Zarefsky)对有关美国的多样性和社区利益的现存冲突问题所做的带有缜密思考(并且带有修辞)的解释:*The Roots of American Community* (Boston: Allyn and Bacon, 1996)。
11. 我发现了两本特别有助于提出八大话题的资源类书籍:Merle A. Fossum and Marilyn J. Mason, *Facing Shame: Families in Recovery* (New York: Norton, 1986) 和 Gershen Kaufman, *Shame: The Power of Caring*, 2nd ed. rev. (Cambridge, MA: Schenkman, 1985)。
12. 关于选择维护战略这一话题,尤其是选择防卫战略,请参阅 George Vaillant, *The Wisdom of the Ego* (Cambridge: Harvard UP, 1993)。
13. See Gershen Kaufman, *Shame*, p. 71.

第三节 塑造在线身份认同[①]

安德鲁·F. 伍德(Andrew F. Wood)、马修·J. 史密斯(Matthew J. Smith)

除了电子邮件、聊天室、邮件列表,电脑媒介传播(computer-mediated communication, CMC)还包括即时讯息。由于变化速度太快,与此相关的出版物刚一面世,其中大多数就已过时。但是在这篇论文中,安德鲁·伍德和马修·史密斯探讨了电脑媒介传播可能永不变化的一个方面:传播参与者建构和改变其在线身份认同的方式。

在界定了什么是"身份认同"之后,作者探讨了电脑媒介传播者如何发挥多重作用。正如他们所言,这是对著名社会学家欧文·戈夫曼(Erving Goffman)所谓的"面子工夫"(face-work)的扩展。就像在其他生活领域一样,我们有时刻意管理我们的身份认同,使之"处于最佳境地";有时也极力设计一种我们在现实生活中无法成功描述的身份认同。设计身份认同不仅饶有趣味,还能产生移情体验,即对他人的经验进行扫视。

如同面对面的传播,在线身份认同既受到言说内容的影响,也受到如何传播的影响。写作风格、签名、绰号、照片、其他图表和化名都影响到对电脑媒介传播中的身份认同的管理。

在本文的最后部分,作者们对匿名、假名和身份认同进行了区别。他们提出制定一项"命名世界里的真实性原则",以便使一些博客传播者受益。他们也探讨了使用假名的利弊。

---

① From *Online Communication: Linking Technology, Identity & Culture*, 2nd Edition by Andrew F. Wood and Matthew J. Smith. Mahwah, NJ: Lawrence Erlbaum Associates, 2008. Reprinted by permission.

本文的主要长处是:它强调了身份认同管理在电脑媒介传播中的重要作用,有助于增强你关于与谈话伙伴通过发送电子邮件、玩游戏和发送即时讯息而建构身份认同的意识。

> 看看网上个人网页的扩张,仿佛地球上的每一个人都有可能很快拥有 15 兆的盛名。
>
> ——M. G. 赛里亚姆(Siriam)

在三年时间里,参加电脑服务公司(CompuServe)①讨论小组的女士们与她们所认识的一位名叫朱莉·格雷厄姆(Julie Graham)的女士的关系越来越密切了。在这段时间内,朱莉贴在网上暴露其隐秘生活细节的讯息越来越多,其中包括:她是一个哑巴;一次车祸使她成为截瘫患者;她得过忧郁症,想过自杀。她的痛苦感动了她的网友。经过几个月的在线互动,一位心怀善意的女士出面寻找朱莉,主动提出要当面安慰她并给她提供支持。结果让这位女士深感惊讶的是,"朱莉·格雷厄姆"是个虚构的名字,隐藏在创造她的那个人身后的事实与这位女士和其他妇女读到的讯息大相径庭。首先,朱莉并不是一个哑巴和截瘫患者。其次,她也没有待在家里,而是一个全职心理学家。再次,她并不是一位女士,而是一个男人。他创造了"朱莉"这个在线人物,目的是要通过拟人化手法,深入探讨女性的心灵世界。这位女士向讨论小组中的其他参与者报告了自己的发现之后,愤怒的网友们纷纷谴责心理学家的这种实验,称他虚拟她们其中一员的做法已经侵犯了她们的隐私(Stone,1991)。

这些女士为什么会对"朱莉"的欺骗感到生气呢?她们怎会觉得被一个从未谋面的人耍了呢?尽管处在这个语境之外的人会做出直觉判断,即有这些感受是"正常的",但这个心理学家表现的自我和他的谈话伙伴所感知的那个自我看起来的确相当真实。电脑媒介传播所处的情境与以前其他的人际传播情境不同,它能给传播者提供操纵其个人特性的能力。

谢里·特克尔(Sherry Turkel)教授帮助我们理解了电脑技术针对我们重新评估如何思考自我提出的挑战。特克尔认为,电脑是一个召唤性物体(evocative object),即一个可与我们一起思考的物体。正如我们很快将读到的那样,电脑可以向我们展示生活的多面性。尽管心理健康领域的流行观念认为一个不可分割的、统一的自我是完美的,但是特克尔认为,人拥有从一个方面或自我转向另一个方面的能力,并且能理解这个转移的过程。这是一种更健康的"我们是谁"的观念。由于电脑具有同时承担多种任务、进行多项工作的能力,因此,电脑可作为我们自我生活的一个隐喻。在这个隐喻中,我们应扮演更多的角色,而且常常同时扮演这些角色。电脑中的传播应用软件,即

---

① 美国最大的在线信息服务机构之一。——译注

那些我们用来进行电脑媒介传播的软件,使我们得以进行实践、探索,并且最终对我们是谁(不是一个自我,而是多个自我)这一本质问题做出反应。

因此,本文作者探讨了通过媒介技术进行身份认同的传播的几个关键问题。一种身份认同是一个复杂的人类与社会的建构,其中包括我们对自我的认识、我们希望别人如何认识我们自己,以及他们实际上又是如何认识我们的。电脑媒介传播的研究者们特别探讨了第二个问题:我们希望别人如何认识我们自己。我们建立起希望被别人认识的形象的过程被称为自我表现(self-presentation)。

一、在互联网上表演身份认同

……也许,你认识一些不喜欢在电话应答机上留言的熟人。他们说:"我不喜欢那些机器。"这样的人也许对自己说的话或自己留在磁带上的声音特别在意。这种自我意识只不过是人与身份认同长期博弈的另一种表现。再说一遍,身份认同的一个重要方面就是我们如何向他人展示自己。从某种程度上说,虽然我们能通过对生活做出某种选择来控制他人对我们的认识,但我们的身份认同的特有品质却是事先确定的。在面对面的互动中,人们根据我们的性别、种族、着装和其他非言语特点,来推断我们的身份认同的品质。由于这些线索在网上是看不见的,所以互联网技术给我们提供了比以前更能控制我们身份认同的方面,以供公众考虑。想想你在早上挑选穿什么样的衣服。由于你要去上班或要去班上做报告,你特意穿了职业套装吗?还是从地板上随手抓一件衣服穿上?假如你知道你得上班或者要做报告,你穿宽松的长运动裤和圆领汗衫去露面是不是合适?当然不合适,这就像穿一件颜色鲜艳的运动夹克衫去参加一场激烈的足球比赛一样不合适。我们大多数人都意识到,着装是我们扮演的角色的重要组成部分,也是我们此刻或彼时展示的自我的重要组成部分。

1. 试镜:扮演多重角色

传播学者们很久以前就注意到了著名社会学家欧文·戈夫曼的著作。戈夫曼写了大量有关人们在日常生活中如何努力展示自我的文章。戈夫曼一定会赞同莎士比亚的观点。莎士比亚写道:

> 全世界都是一个舞台,
> 所有男女只不过是演员。
> 他们都有自己的出口和入口;
> 一个人一生扮演许多角色。
> [《皆大欢喜》(*As You Like It*) 第二场第七幕]

戈夫曼(1959)认为,人的日常生活是一种表演,我们的行为举止和态度可以用戏剧中的隐喻来解释。据此,戈夫曼写到了人们在公共场合露面时,如何扮演特定角色的问题。戈夫曼把人们努力"保持人物的原有特点"称为"面子工夫"。他称,人们一直重视满足特定面子的需要,以防损害其角色形象。多年来,戈夫曼的著作一直是促进人们理解人们传播什么和怎样传播的工具。近来,一些研究者围绕戈夫曼对戏剧隐喻的兴趣产生了共鸣,援引了同样的语言,试图解释人们如何建构在线身份认同。

艾米·布鲁克曼(Amy Bruckman,1992)用另一个戏剧术语来命名以课本为内容的论坛,如多用户空间的"身份认同讲习班"。一个戏剧培训讲习班为演员们提供了实验多重角色的机会。一个受训演员可能在某一时刻扮演的角色是高声讲话的足球教练,又在另外一个时刻改扮笑剧(mime)①演员。这一切练习都是为了提高他或她的表演能力。像训练人的行为举止一样,身份认同讲习班向人们提供了展现多种自我的机会。一个人可以在一个多用户空间中非常出色地保持一个粗犷水手的个性,而在另一个聊天室里将自己刻画成一位敏感的艺术家。

特克尔(1995)肯定了"电脑能让用户探索多种角色"的观点。特克尔说,"在……电脑媒介世界里,自我是多元的、流动的,与机器发生联系、互动。自我被语言创造并改造"。特克尔在他的著作中通过比较人在以窗口为主的环境中所能完成的多重任务,进一步探讨了自我是多元、流动的而不是单一和静态的这一观点。现在的软件让用户仅靠击打键盘,就能从一个窗口换到另一个窗口,从使用词语的检索程序转到撰写一篇研究文章,给老板发送电子邮件、参加多用户空间的活动。因此,人极易把角色从学生转换成雇员和幻想性人物。然而,特克尔显然认为,人们能控制多重角色,而不是遭受必须在它们之中进行谈判沟通之苦。

那么,人为什么要参与扮演这些角色的活动呢?特克尔(1995)认为,一个原因是:人们可以体验一种他们在现实生活中不能成功刻画的身份认同。参与此类角色扮演活动的好处是:人们可以获得新视角,去观察他们的世界及他们在这个世界中的位置。特克尔借用人类学术语 *dépaysement*(风景)来描述通过陌生的眼睛来观察熟悉的事情的经验。特克尔采访了已有的身份认同与其在线人物的身份认同截然不同者,其中,多为改变了自己的性别者。他发现,一种向他们敞开的不同于他们自己的生活经历,使他们体验到了其他性别、种族、阶层或特性的人有过的拼搏和快乐。

澳大利亚悉尼麦夸里大学(Macquarie University)的安德鲁·文森特(Andrew Vincent)进行的模拟实验,是一个有助于更好地理解角色作用的良好范例(Vincent and Shepherd,1998)。毫不奇怪,文森特的学生参加模拟实验时,对中东的政治问题缺乏综合了解,因为中东很遥远,他的学生没有这方面的经历,而且涉及中东的问题很复杂。学生们模拟了类似联合国项目的某种活动后,文森特在课堂上给学生们和合作机构的工作人员分配了当时出现在冲突中的不同角色(例如巴勒斯坦领导人、以色列总理)。经过几周以互联网为基础的交流之后,角色扮演者们试图达成某种协议。模拟

---

① 笑剧是古希腊和古罗马的一种戏剧表演形式,通常伴有粗俗的对白和荒唐可笑的动作。——译注

实验结束时,学生们开始对中东局势有了更多的了解。文森特的一个学生解释了这个原因:

> 如果站在别人的角度考虑问题,你也许能扮演某个特定人物,但你不必赞同他的观点。不过,你得试图研究他的心态。这件事很有趣。当时,我们让一个姑娘扮演本杰明·内塔尼亚胡(Benjamin Netanyahu,时任以色列总理)。她得知此事后,对巴勒斯坦人的立场立刻来了一个大转弯。人们必须能够关注他人的观点并且认识到他们像你一样富有价值(Vincent and Shepherd,1998)。

实际上,这种远见卓识是教育的结果。

扮演角色的另一个原因也许在于,人们为了体现在线身份认同而日益重视对控制的体验。在现实生活中,一个人可能接受一系列角色,因为人的性别、年龄、口音和其他非言语决定性因素,影响着人对自己在一个给定角色中如何发挥作用的感知。例如,一个欧美中年男子也许决定要有一次女性的体验。经过适当的化装和演练后,他在他从未遇见过的人面前,也许扮演得比较成功,看起来像一位女士。但是,如果他想要让人知道非裔美国人是什么样子,他就不太可能装得那么像了。然而,在在线论坛中,他就能更容易接受并且扮演他选择的性别、种族或任何其他角色。

不论他选择什么身份认同,他在在线环境中对其身份认同的控制,都能强于他在面对面互动时对身份认同的控制。在面对面互动中,我们不仅要通过口头言语进行沟通,也要通过面部表情进行沟通。例如,在现实生活中,由于你的年龄,也就是说,因为他认为你太年轻或太年老,对某个话题了解得不多,就可能对你的意见打些折扣。但是在在线论坛中,人们对他人的了解,只是基于一个人希望他人所知道的那些公开信息(Cutler,1996)。如果一个人的年龄与他人希望了解的信息无关,那么,此人便无须把年龄信息透露给他人,以免他人在认知上对此人的年龄进行某种歪曲。

其实,约翰·巴赫,凯特琳·麦克纳和格兰纳·菲茨西蒙斯(John Bargh, Katelyn McKenna, and Grainne Fitzsimons,2002)进行的研究表明,在线上,人们比在线下更能表现"真正的自我",也更能让别人感知他们"真正的自我"。他们在实验时,要求参与者在注册聊天室前,坦露一些他们内心的隐秘自我。聊天之后,他们要求这些参与者的聊天伙伴谈谈对这些参与者的评价。与一组类似的面对面谈话者相比,在线谈话者的感知更准确一些。这就是说,不见面的谈话伙伴更能把参与者的描述符码与参与者主动提供的描述符码对接在一起。巴赫等人的理论是:媒介质量本身有助于缓解人们坦露可能被视为社会禁忌的内容时的紧张心理。我们很快就会看到,人们听到而非看到的能力可以达到相当自由的程度。让我们首先看看语言在诸如聊天室这样只有文本内容的媒介中所发挥的作用。

2. 学习自己的台词:通过语言进行表演

一个人在只有文本内容的媒介中表现自我时,不是通过自己现身,而是通过自己的言语行为而被别人所认识。显然,一个人可能会主动描述自己的身份认同或披露自己的个性特点,以便让他人对自己形成某种印象。然而,根据马克·吉斯(Mark Giese,1998)的观点,参与者互动时,还存在着人们逐渐识别一个人的另外方式。"在某种意义上,我是通过一系列个人标签被人认识的。这些标签包括我的写作风格、签名、我与其他群体成员的相处方式以及我参与的合作性讲述(cooperative narrative)。"简言之,他人在线上对某个人的身份认同的感知,取决于这个人对自己的描述,以及他如何与他人相处。在网络空间中,语言的运用对产生结果极为重要,因为人们是通过使用语言来建构自己的身份认同的。

因此,语言是一个人建构自己的在线身份认同和感知他人的在线身份认同的主要工具。虚拟游戏玩家最初为此类人物创造了"头像"(avatar)这个术语,并得到了电脑媒介传播者的赞同。"头像"是一个人的自我在虚拟环境中的重现,换言之,头像是一个人的个性的另一面或角色。如果你使用过美国在线(American Online)上的即时讯息者的图符,也创建过一个签名文档附设于你的外发电子邮件讯息上,可以说,在某种程度上,你已经熟悉了在线头像的应用过程。

选用一个相当特别的术语来表达身份认同与网络空间之间的关系,也许是由媒介本身的特殊性质决定的。正如在所有媒介环境中一样,一个人的身体不会在网络空间的非空间里出现,而完全是由个人选择所建构的自我再现。甚至在一封看起来缺少非言语线索的手写信中,读者们(像文字专家一样)也是根据某件事情(如字母中的回笔、字母的圆点)而不是信的内容,来推断写信人的情况。

当然,通过语言这种可控暗示(如提供照片或音节的网页)而表现的自我,是不会受人怀疑的。人们倾向于怀疑通过其他渠道呈现且不能核实的那些事情。我们都知道,谎言是由语言建构的。即使让某人"把它写在纸上"也不能消除欺骗。苏格拉底(Socrates)的哲学思想奠定了西方思想的根基,但他从未在纸上留下一个字(据我们所知,他的远见卓识都是由他的学生柏拉图记载下来的)。苏格拉底对写作持怀疑态度,因为他担心人们误引他的话。回到头像建构这一问题,常常有人产生这样的担忧:语言不能准确描述现实。我们怎么才能知道我们读到的东西正是我们已得到的东西呢?

3. 性别交换:在虚拟拖拽中表演

本文的开篇小插曲展示了一个不受欢迎的性别交换的著名案例。当某个性别的个人,把自己作为另外一个性别的成员加以表现时,便出现了性别交换。也许你知道,性别是一种社会建构,它为我们提供了怎样期待某个带有特定生物性别的人去如何举手投足的指南。例如,我们期待一个男人具有男子气,因此他要强壮有力,同时期待一个女人拥有女性特点,因此她要柔情万种。在我们的整个生活中,这些期待不断被强化,因此,如果我们遇到某人违反了这些陈规老套,就有可能为这些不合常态的行动而深感不安。几年前,《周六晚间生活》(*Saturday Night Live*)报道了一个名叫帕特(Pat)的人,人们对帕特其人的名字和行为是男是女困惑不解,这表明我们十分关注性别问题(Bruckman,1996)。

研究显示,人们进行性别交换时(最常见的是男性扮演女性),他们要接受他们所在的文化所期待的严格的性别角色(Bornstein,1994)。男性头像极为关注女性头像,并急于施以援手(Bruckman,1996)。这种针对性别做出的陈规老套式的反应,也许可以解释这种现象:当某人的性别交换被暴露时,他人的反应可能是不相信、困惑或者愤怒。

有关性别交换的报道、这种报道引发的焦虑和其他形式的误说,也许都被严重地夸大了。根据黛安·施亚诺(Diane Schiano,1999)的研究报告,在线论坛的大多数参与者以理想化的自我(而不是具有明显特性的个人)采取行动;大多数多用户空间的参与者只保持一种身份认同。事实上,她发现,参与者体验到了"由保持一个主要的身份认同能够体现的真实性和公开性所形成的社会压力意识"。这一发现印证了一项在个人网站进行的调查。在被调查者中,认为他人在线上错误地表现他们的自我不合适者约占67%(Buten,1996)。有趣的是,认为自己在自己的网页上准确地体现了自我者占91%。此类研究清楚地表明,尽管有关身份认同的实验是有可能进行的,但人们并不鼓励进行这种实验,也不赞成这种自我表现模式。

二、匿名、假名和身份认同

人们进入聊天室、给讨论小组撰文或参加多用户空间活动时,可以控制自我表现的相关因素。他们在选择名称、签署文件或进行个人描述时,有意采取希望别人如何感知他们的方式。一个人可以用来提供给别人的自我,可从身份认同发生的连续统一体中和一系列可识别的符号中加以选择(Marx,1999)。

在这个连续统一体的一端,可能几乎都是空洞的化名。在这个识别符系列中,可能存在着被发明的自我表现性假名的不同阶段。那么,在识别符系列的另一端,就有可能是真实生活中的自我(或者是一个人通过有限的媒介技术刺激可能获得的、与自我相近的东西)。接下来,我们将探讨沿着这个识别符系列操纵身份认同的问题。

1. 匿名

尽管大多数美国人认为,与人"坦诚相见"是一种普世价值观,但事实却是,在许多例子中,我们把隐私看得比坦诚更有价值。(现实生活中)存在着某些我们通过匿名发表讯息来保护自身安全的合法的情况。在媒体环境下,匿名(anonymity)是一种传播状态。在这种传播状态中,传播者的特性是不明显的。人们匿名在报纸和杂志广告中征求约会,在警察悬赏的电话热线中举报犯罪活动,参加会引起媒体和司法机构注意的给公司的错误行动吹口哨的活动,在受到虐待时寻求庇护所(Wayner,1999)。

在此类情况下，一个没有义务冒个人安全风险而透露自己真实的身份认同的人，却有可能向他人发送使用其他方式无法传播的重要讯息。

在电脑媒介传播中，匿名沟通一直是个让人特别棘手的问题。尽管匿名可以发挥让人们免遭报复的作用，但也可以使人逃避责任，也就是说，不对他们所说的话承担责任。还有些人用在线沟通技术提供的匿名方式进行犯罪。根据吉亚·李（Gia Lee，1996）的研究，在线匿名数据库有三个关键问题。一是处理身份认同的信息问题。了解发布讯息者的名声是一把双刃剑。一方面，了解言者。这表明此人必须具有谈论那个话题的信誉。比如，了解某个信源在某个特定话题上的专业程度，可影响受众接受该信源的立场的程度。另一方面，根据讯息接受者的个人偏见和陈规老套去了解人物的特点，比如讯息发送者的性别、种族和社会地位，有可能导致听到不公正的讯息。二是匿名者对群体压力的处理问题。一方面，有人认为，那些坚持其语言必须与其思想保持一致者，只说他们真正相信的话。他们知道，他人将通过他们的言行来评价他们，因此可以减少他人对他们的盲目攻击。另一方面，也有人认为，匿名这一做法允许他人表达不受欢迎的意见或对传统智慧提出质疑。当那些发表此类观点者未因承受群体压力而保持沉默时，这些观点可起到变革的作用。三是现存法律对讲演的限制问题。如果不知道是谁发表了这些言论，执法机构就不可能将那些犯有诽谤罪、淫秽罪和盗版罪者绳之以法。

尽管不能很快对这些辩论下结论，但学者和法律专家们已建议，人们可采用某种妥协方式，来实施"命名世界里的真实性原则"（Marx，1999）。在此种情况下，无论是发布匿名讯息者，还是为这些讯息提供服务的互联网服务商都会暗示，他们的陈述是匿名的。此类"可视性匿名"（visible anonymity，Lee，1996）仍会保护信源的利益，同时向讯息接受者暗示：不论出于什么理由，信源都已做出了与该讯息无关这一选择。

2. 假名

如果匿名位于身份认同连续统一体的一端，而一个人在现实生活中的身份认同位于连续统一体的另一端，那么假名则覆盖该统一体两端之间的一大片区域。"假名"源自拉丁语的"假"（false）和"名"（name）这两个词，它让受众能够知道某些言论和行为来自同一个人。像匿名一样，假名为它的拥有者提供了某种程度的保护。但与匿名不同的是，假名可让一个人宣扬自己的形象。作家们和演员们早就看到了这一长处。19世纪时，塞缪尔·L. 克莱门斯（Samuel L. Clemens）认为，河上的轮船驾驶员的喊声"马克·吐温"反映了他想当一个讲述密西西比河上的生活的作家的愿望。一个世纪后，未来的演员伯纳德·施瓦茨（Bernard Schwartz）则认识到，托尼·柯蒂斯（Tony Curtis）是一个可在好莱坞获得认可的更为辉煌的名字。

名人们时兴采用一些假名，普通人也会在不同的传播语境中给自己改名。事实上，在使用大家认为是互联网前身的民用波段电台（CB Radio）之类的媒介进行传播的人中,使用假名的现象是相当普遍的。正如我们早先说过的,民用波段的热衷者们向空中播送讯息时,采用计句柄(handles)来识别他们的自我。由于这些讯息是在公共场合发布的,所以许多人选择参加公共讨论时,不给出他们的真名(一些人是出于安全考虑),而是用计句柄取而代之。他们也选择用计句柄来引导听众对其独特的身份认同进行感知。20世纪70年代,随着民用波段电台越来越受欢迎,参与者们采用了"占星师"(Stargazer)和"子夜快乐"(Midnight Delight)之类的身份认同,每个身份都使人想起可能类似的隐藏在该人背后的那种形象。一位研究者发现,使用这种假身份认同的女性,根据自己设计的形象类型,特别乐于使用能够诱惑男人的夏娃的形象或忠贞、纯洁的玛丽形象(Kalcik,1985)。民用波段的使用者们选用反映某些个人品质的假名的先例,被几十年后的互联网传播者们完全承袭了下来。

哈娅·贝恰尔-以色列(Haya Bechar-Israeli,1995)调查了互联网在线聊天系统(Internet Relay Chatting,IRC)的参与者使用的假名的功能和重要性。贝恰尔-以色列毫不奇怪地推断道:假名,或者说"昵称",被(使用者们)用在文本的字里行间表现自我。最经常被选用的假名与一个人的特性中的某些品质有关。几乎一半此类聊天者通过选用昵称来泄露他们的个性特点(害羞者)、职业(医学博士)、状态(失眠者)或长相(英俊)。尽管极少数人在这种情况下选用真名,但绝大多数人倾向于分享他们希望他人通过自己选用的假名感知到的其身份认同的特质。

在这种环境下,假名的所有权是受到极力保护的。正如贝恰尔-以色列观察到的那样,当一个参与者发现他或她的昵称被另一个人使用时,昵称的最初拥有者就会产生敌意,认为其他人偷窃了自己的身份认同。因此,参与者即使在这种情况下,也还可能继续玩弄身份认同的游戏,会始终不断地表现自我,甚至是更富有价值的自我。

在个人网站上,也可以发现永久不变的身份认同。与只有内容的渠道(如多用户空间和聊天室)不同的是,网站允许传送文字内容、照片、动画片和声音,以发布在线身份认同。然而,这些附加的信源都在作者的控制之下,个人可以决定呈现什么样的身份认同。丹尼尔·钱德勒(Daniel Chandler,1997)指出,在许多个人网站上会发现"正在创建"这一符号,这暗示着创建身份认同的一个过程。人们正在建造一个供他人判断和认可的自我形象。

自然,选用假名可为那些躲在假名后面的人,特别是那些在公开渠道中其真名被人知晓后仍可能保持沉默者提供积极的帮助。研究业已表明,尤其对学生而言,用假名操作可以成为一种解放自我的体验。安德烈亚·切斯特和吉列恩·格温(Andrea Chester and Gillian Gwynne,1998)开办了一个他们和学生进行广泛在线互动的学习班。后来,三分之二的学生称,他们参加了更多的在线活动,"没有在课堂上正式交试卷时的那种行为压力"。这门课程的前提之一,就是要使用假名,允许参与者选择何时和如何披露他们的性别、种族和其他社会信息。

互联网允许我们决定我们希望在在线表现中披露多少身份认同。在线上披露的这些形象的范围可从模糊的轮廓到清晰的抓拍照片。然而,不论身份认同的表现度如何,控制和授权都有利于这些传播技术的使用者。

三、概要

建构我们自己的身份认同和决定他人的身份认同都会碰到从形而上学到世俗的许多问题。尽管技术已把它们引入新的语境,但我们面临的许多身份认同问题有如人类研究知识的历史一样久远:我们是谁?怎样才能让他人了解我?我们接受这些自称是谁和是什么的人吗?自然,我们尚未回答这些长期存在的问题,但是我们已评估了这些新出现的概念。正如特克尔所说,我们通过这些技术来思考身份认同的本质。通过考察远距监控、表演、假名,我们已经指出了人们在这个电子时代正在寻求答案的方向。

复习题

1. 列出你已意识到的各种电脑媒介传播形式和多用户空间。
2. 解释什么是头像,它如何发挥作用?
3. 匿名在线和假名在线的关系是什么?

思考题

1. 欧文·戈夫曼所称的"面子工夫"是一个虚假的人造过程吗?"面子工夫"能够成为真实的和真诚的东西吗?
2. 参加在线"身份认同讲习班"有什么弊端和益处?
3. 作者引用的研究结果表明,91%的被调查者称,他们准确地在网上表现了自我。你认为对"我的空间"(MySpace)和"脸书"(Facebook)中的条目来说,这个数字准确吗?
4. 你同意还是不同意下面的观点,并解释你的立场:用假名写博客者与在博客上签署真名者比较,前者比后者更不计后果和更不负责任。

参考文献

Bargh, J. A., McKenna, K. Y. A., & Fitzsimons, G. M. (2002). Can you see the real me? Activation and expression of the "true self" on the internet. *Journal of Social Issues*, *58*, 33—48.

Bechar-Israeli, H. (1995). From <Bonehead> to <cLoNehEAd>: Nicknames, play, and identity on Internet relay chat. *Journal of Computer-Mediated Communication*, *1*. Retrieved January 22, 1998, from http:www.ascusc.org/ jcmc/vol1/issue2/bechar.html

Bornstein, K. (1994). *Gender outlaw: On men, women, and the rest of us.* New York: Vintage Books.

Bruckman, A. (1992). *Identity workshop: Emergent social and psychological phenomena in text-based virtual reality.* Retrieved January 22, 1998, from ftp://ftp. lambda. moo. mud. org/pub/MOO/papers

Bruckman, A. S. (1996). Gender-swapping on the Internet. In P. Ludlow (Ed.), *High noon on the electronic frontier: Conceptual issues in cyberspace* (pp. 317—325). Cambridge, MA. MIT Press.

Buten, J. (1996). *The personal home page institute.* Retrieved, January 22, 1998, from http://www. asc. upenn. edu/usr/sbuten/survey/htm#top

Chandler, D. (1997). *Writing oneself in cyberspace.* Retrieved January 22, 1998, from http://www. aber. ac. uk/~dgc/hompgid. html

Chester, A., & Gwynne, G. (1998). Online teaching: Encouraging collaboration through anonymity. *Journal of Computer-Mediated Communication, 4.* Retrieved January 10, 2000, from http://www. ascusc. org/jcmc/vol4/issue2/chester. html

Cutler, R. H. (1996). Technologies, relations, and selves. In L. Strate, R. Jacobson, & S. B. Gibson (Eds.), *Communication and cyberspace: Social interaction in an electronic environment* (pp. 317—333). Cresskill, NJ: Hampton Press.

Giese, M. (1998). Self without body: Textual self-presentation in an electronic community. *First Monday, 3.* Retrieved January 10, 2000, from http://www.firstmonday.dk/issues/issue3_4/giese/index.html

Goffman, E. (1959). *The presentation of self in everyday life.* Garden City, NY: Anchor.

Lee, G. B. (1996). Addressing anonymous messages in cyberspace. *Journal of Computer Mediated Communication, 2.* Retrieved January 10, 2000, from http://www. ascusc. org/jcmc/vol2/issue1/anon. html

Marx, G. T. (1999). What's in a name? Some reflections on the sociology of anonymity. *Information Society, 15,* 99—112.

Rheingold, H. (n. d.). *Mindo to mind with Sherry Turkle. Brainstorms.* Retrieved July 2, 2003, from http://www. well. com/user/hlr/texts/mindtomind/ turkle/html

Schiano, D. J. (1999). Lessons from LambdaMOO: A social, text-based virtual environment. *Presence: Teleoperators & Virtual Environments, 8* (2), 127—140.

Stone, A. R. (1991). Will the real body please stand up? Boundary stories about virtual cultures. In M. Benedikt (Ed.), *Cyberspace: First steps* (pp. 81—118). Cambridge, MA: MIT Press.

Turkle, S. (1995). *Life on the screen: Identity in the age of the Internet.* New York: Simon & Schuster.

Vincent, A., & Shepherd, J. (1998). Experiences in teaching Middle East politics via internet-based role-play simulations. *Journal of Interactive Media in Education.* Retrieved July 1, 2003, from http://www-jime. open. ac. uk/98/11/vincent-98-11-01. html

Wayner, P. (1999). Technology for anonymity: Names by other nyms. *The Information Society, 15,* 91—97.

第四章
言语与非言语交际

第一节 谈话的言语与非言语维度①

约翰·斯图尔特、卡罗尔·洛根(Carole Logan)

由于下篇阅读材料有自己的引言,比其他文章都要长,所以我的这篇文章可以写得短些。这几页材料选自我与在圣迭戈大学(The University of San Diego)教授传播学的同事卡罗尔·洛根合写的1998年版人际传播教科书。你从标题可以看出,本文与流行趋势有所不同,不采用独立的章节探讨言语和非言语传播。我们将在文章开头解释这一点。

这篇选文视野开阔,可以为你提供关于言语和大多数非言语暗示(nonverbal cues)的相当全面的介绍。我们坚持用"言语/非言语"两分法,把建构传播的主模块放在从以言语(书面语)为主到言语与非言语(音速、停顿、音量、音调和沉默)的混合,再到以非言语(手势、目光、面部表情、触摸和空间)为主的一个连续统一体或标尺上。我们的目标是鼓励你尽可能全面地观察你在这些方面的沟通,注意多种暗示相互影响的方式。

我们概述了探讨语言的三种主要方法——符号系统、活动和我们称之为"汤"的东西。随后,我们讨论了言语和非言语的混合性暗示和以非言语暗示为主的某些特点。

人际传播教科书一般专辟一章写言语编码,另用一章写非言语传播。这种做法始于20世纪60年代后期。当时,传播学者和教师们发现了非言语是传播的组成部分,目光接触、身体动作、面部表情、音调、触摸、沉默等十分重要。大约在三十年里,大多数教科书认为,每个主题都是重要而独特的。

---

① "Verbal and Nonverbal Dimensions of Talk" by John Stewart and Carole Logan. Reprinted by permission of the senior author.

然而,现代研究却越来越集中于人们实际体验的谈话。事实上,你显然不能把言语和非言语真正分离开来。用两名研究者的话说:"不可能把言语和非言语传播作为孤立结构来看待,倒是应该把这些系统视为传播的一个整体建构。"[1] 正如教师和理论家温迪·利兹-赫维茨(Wendy Leeds-Hurwitz)所言:"当我们讨论含有言语和非言语模式的传播时,我们感到,这两个模式是独特的,应当分别进行研究。但情况并非完全如此。现在有了许多把二者结合起来研究的文献。"[2]

有趣的是,在20世纪初,语言学创始人之一费迪南德·德·索绪尔(Ferdinand de Saussure)提出了几乎相同的观点。索绪尔说,语言就像一张纸,一面由声音组成,另一面则由概念或思想组成。你不能只拾起纸的这一面而丢掉另一面,你也不能剪掉纸的这一面而留下另一面。因此,最好把它们放在一起加以考虑。[3] 我们也用同样的方式来思考传播的言语和非言语部分,它们就像一张纸的两个面。

这正是人类拥有的经验。例如,可以想想这段谈话:

斯科特(微笑、点头):嗨,约翰·保罗。最近怎么样?

约翰·保罗(显得兴奋的样子):斯科特!(握手)见到你太好了!我听说你搬家了。你哪儿去啦?

斯科特(心照不宣地笑着):真的哪儿都没去。我一直在上班和上学。不过希瑟和我倒经常一起出去溜达溜达。

约翰·保罗(开玩笑地):哦,我听说了。不过,你俩有那事儿吗?

斯科特(幽默而谨慎地):你说的"有那事儿"是啥意思?我们不过彼此喜欢而已。我们待在一起的时候多些。

约翰·保罗(还是玩笑地):哦,比如周末啦,每个晚上啦,还有大多数其他时间啦。

斯科特(转过话头):哦,你那位怎样?我听说你俩……走到一起啦。

约翰·保罗(有点不好意思):你从哪儿听说的?嗯,的确如此。(脸色明快多了。)其实,就是待熟了。这是我头一次感到我俩有点像一对儿了。我俩也许还会弄套公寓,搬到一起。但他得找个工作,多付点钱。我可养不起我们俩。

斯科特(亲密地):听起来好像你们碰上了我与希瑟一样的问题。她的家人可是一个难题。

约翰·保罗(认真地):我妈和我爸还好。但是比尔的父母却一点儿也不知道我俩的事儿,我一直想让他去改变。其实,我早就想和你说这事儿了。我也想了解一下,你和希瑟是怎么计划要住在一起的。不过,我现在得去上班。把你的手机号码告诉我,我给你打电话,行吗?

约翰·保罗和斯科特通过同时使用言语和非言语方式,合作进行了这场谈话。在谈话中,沟通的这两个部分一直是不可分离的。当斯科特想"开玩笑"时,他既用言语,也用非言语的方式与约翰·保罗沟通。当他们谈话的声调变得"认真"起来时,约翰·保罗也通过姿态、面部表情和他的用词来进行沟通。

这一章强调，人们在谈话时总是同时使用言语和非言语进行传播。用研究者的术语说，言语的含义和非言语的含义既不能分离也不能独立。[4]即使写在纸上的词语也是如此。你可能认为所谓"纯言语"性的书面语只会在打印纸上或有一定重量的、带色彩的纸上出现，而且周围多少都有些空白。所有这些非言语因素都会影响到人们对任何书面语的理解。同理，即便纯属非言语的行为做派，比如手势或目光接触，也会在某种口语或书面语中出现。区分言语和非言语的一种方式就是用类似下面的连续统一体或标尺来考量：

以言语为主	混合型	以非言语为主
书写词语	语速、停顿、音量、音调、沉默	手势、目光接触、面部表情、触摸、空间

我们已给出了把书面语列为主要言语的理由。虽然它们出现在被非言语空间所包围的非言语层面上，但读者主要是根据这些词语的内容来解释或创造意义的。你在一定程度上可以分开说话者使用的词语，这些词语也可以被视为言语，但口头用词总是与语速、停顿、音量、沉默一起发生的，因此被列为混合型。手势、面部表情等则主要被列为非言语型，虽然它们出现时没有词语，但它们通常在口语环境中被阐释。

有必要强调一下斯科特和约翰·保罗谈话中的一些言语部分。斯科特说"最近怎么样"而不是问"你过得好吗"，甚至不用正式的"再见到你非常高兴"之类的问候语。他使用了一种普通语句"我们待在一起的时候多些"，而非比较具体地描述他和希瑟的行为。对约翰·保罗而言，"一对儿"这个词儿具有重要意义。他俩都能理解这个词的含义。在这种语境下，保罗才说到自己的父母是个"难题"。

我们也可以探讨他俩谈话的某些非言语方面。例如，斯科特最初说话的声调很低，但是约翰·保罗看到他后非常兴奋。他们握手时彼此还触摸了一下。他们笑着"说"出了几件不同的事情——"见到你很高兴。""我喜欢你。""我在开你的玩笑。""我也开了你的玩笑。""我们都碰到了类似的事儿。"因为他俩是朋友，所以站得非常近。

然而，为专门集中探讨言语和非言语部分，我们不得不歪曲一下斯科特和约翰·保罗谈话中实际发生的事情。我们已经说过，谈话中的言语和非言语部分像一张纸的两个面，是不可分离的。因此，在下面的文章中：

> 我们描述了以言语为主要暗示（"语言"）的三大方法，以弄清将言语和非言语传播结合起来的理由。
>
> 我们探讨了几种混合性暗示如何影响意义的生成、面部表情与手势如何与词语一起发挥作用等问题。
>
> 我们描述了最具影响力的以非言语为主的五大暗示：面部表情、目光接触与注视、空间、触摸、身体姿态和手势。

一、研究言语暗示(语言)的三大途径

1. 语言是一个符号系统

历史地看,这是一种非常陈旧的观点。从这一视角出发,语言是一种由不同种类的词语和管理词语的规则组成的系统。你的中学老师帮助你学习名词、动词、形容词、副词的差异,了解句子的语法规则时,强调过语言的这种系统性特点。当你把德语、汉语的普通话、西班牙语作为一种"语言"思考时,你思考的不过是一种语言系统。词典记录了语言系统的一个部分,例如,记录了词的历史以及只读存储器(ROM)、上行传输链路(uplink)和精简(downsize)之类的新词。

语言系统研究者强调,语言是一个符号系统,他们在大约2500年前提出了这个观点。当时,希腊哲学家亚里士多德在他的一部语言学著作中是这样开头的:"口语是心灵体验的符号,而书面词语则是口语的符号。"[5]与他同时代的一位语言学家解释说:"这个标准意味着,任何语言都必须发挥把'不必在此地'和'不必在此刻'符号化的功用。"[6]简而言之,由于一种符号能代表某事,因此这种方式强调,语言的单位——词语——通常代表或表示非语言现实(non-linguistic reality)的主体或部分。用最简洁的话说,"猫"这个词代表的,是坐在角落里、浑身长毛、喵喵直叫、摇动尾巴的动物。

符号的特点(也是这一方法的亮点)之一,就是它们的任意性(arbitrary)。这意味着,词语和它所象征的事物之间并非必然发生关联。尽管"5"(five)这个词在形态上比"3"(three)这个词短,但"5"代表的数值比"3"大。因此,词(在这些情况下,指它的规模)与义之间,并不一定非得发生关系。也可想想来自不同语言地区的人用来表述房屋的词语。例如,西班牙人用casa,法国人用maison,德国人用Haus。除非词与其义之间的关系是任意的,否则这种关系就不可能产生。

1923年,首次出版的一部经典著作详细解释了这一观点。它的作者C. K. 奥格顿(Ogden)和I. A. 理查兹(Richards)用图表显示了他们著名的"意义三角"论(triangle of meaning,见图4.1)。[7]奥格顿和理查兹的三角论旨在显示词语如何与思想和事物发生关联。词语—思想关系是一种直接关系,因此,它们之间的连线是实线。正如亚里士多德所言,词语代表思想。思想与事物之间的关系也多少是直接的关系。但是,词语和事物的关系却是任意的;词语与它的指示物之间,并不一定需要发生关联。三角底端的虚线强调的正是这种观点。

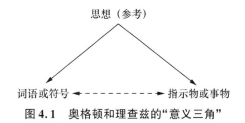

图4.1 奥格顿和理查兹的"意义三角"

把语言视为任意符号系统的主要好处就是,它提醒我们,人们强调与词语有关的思想或意义,也许直接关系到该词语象征的事物,也许与该事物并没有直接的关系。其实,用这种强调来对词义进行抽象和假说,存在着危险性。最清楚、最好理解的词语是那些最易与具体可见的现实事物发生关联的词,如"这辆汽车""我收藏的光盘"和"他的蓝发"。但是,根据奥格顿和理查兹的观点,人们使用"安全""风格""爱"和"诚实"这类抽象词语时,应当持仔细谨慎的态度,因为它们使人产生的想法,不一定与它们象征的具体现实有关联。一个人可能写到或谈到安全这一话题,这可能会使人联想到安全别针、银行的金库或安全带;由于在上述三角形的底部存在着虚线关系,这个人的谈话或写作对象,不一定能够区分安全的不同词义。我们也可从这种观点中得知,既然词语与词义之间呈现的是任意关系,那么,我们就决不应假定,另外一个人理解的意思与我们表达(或理解)的意思完全相同,即使他使用的是同一词语。例如,当你妈妈或爸爸告诉你"早点回家",你的老师说你应当"早点着手写你的论文",你告诉你的室友你想"早点"起床时,这些个"早"字都是什么意思呢?有关身份认同的词义假定常常引发沟通问题。

然而,这种语言观也被过度简化了。"意义三角"让人感到,语言基本上是由在世界上标定事物的具体名词构成的。人们用不着多想就会认识到,语言比人们想象的要复杂得多。你正在讨论的话题和你想表达的思想,常常需要"爱""自豪"和"无家可归"之类的抽象词。由于任何"事物"或"指示物"都不是任意相关联的,因此提出避免使用此类词语的建议,是很不切实际的。"和""如果""然而""大些"之类的词又是什么意思呢?要弄清这些词语象征何物,真有可能把人弄得颠三倒四,稀里糊涂。甚至更重要的是,我们平常遇到的语言不是单词,而是陈述、意见、讯息或一次谈话的几个组成部分。因此,试图通过依赖单词来解释生动的语言,是有局限性的。正是由于这些原因,"语言是符号系统"之说只是部分真实的,实际情况比这要复杂得多。

2. 语言是一种活动

语言研究的第二种方法也是较近出现的一种方法,就是把语言视为活动。这种方法最有影响的版本始于20世纪50年代。当时,几位研究者显示了多少个谈话才能引发实际行动。他们把这些谈话称为"言说行动"(speech acts)。比如,在婚礼中所说的"我将""我做"之类的词语,并不仅仅象征着或指正在结婚这件事,而是婚姻本身的重要组成部分。如果这些词不在恰当的时候被恰当的人说出来,那么婚姻就等于没有发生。同样,"我愿意""好吧,成交"之类的词语,也可以表现买卖或签订工作合同等活动。"最近怎么样"不是一种问候,而是打招呼这一行为本身。一群研究者声称,谈话分析者已表达了如何扩展和应用语言的行动表现功能(action-performing function of language)的真知灼见。

例如,谈话分析者已经指出了人们典型的言说行动,如许诺、要求、威胁、主动提供、命令、尊敬和问候的许多重要特点。[8]上述每一个词语都标明了某种行动,而不是它们所象征或所说的事情。这些研究者还指出,某个特定的词语不会表现这种行动,除非它具有某些特点。比如，要求这个词指言者从听者那儿请求一种发生在将来的对己有利的行为，不这样做的人便没有完成要求这一行为。许诺虽然也是一种未来发生的行动，但它指的是言者而非听者将采取的行动。

如果你了解每个言说行动的建构模块，那么你就可以看到，为何一些间接要求和承诺会发挥作用，而另一些则不起作用。比如，"今晚你准备开车去赛场吗"可以发挥问话者要求搭车去赛场的作用，即使这句话实际上并未界定有利于问话者的未来行动。但是，只有当语境允许言者和听者两人都能填补词语本身留下的(意义)空间时，这句话才能作为一种要求而发生作用。例如，当雷吉和凯文讨论两人都想去赛场这件事时，雷吉听到凯文说"是，我要开车去"，于是，雷吉理解成凯文做出了让他搭车的承诺。但是凯文的意思只是对雷吉的直接提问的一种回应。因此，当雷吉给凯文打电话，想确认他让自己搭车的"承诺"时，凯文就感到很惊讶，甚至还有点气恼。

谈话分析者也研究了人们合作共建某些言说行动的几种方式。比如，问候、道别、邀请、道歉、主动提议和祝贺，都是要求采取两种或更多举动而非只是单个举动的言说行动。如果某个讲话者问候另一个人，他也期待另一个人来问候他。如果另一个人没这样做，那么这种"问候"的言说行动只发生了一半。道别也是如此，即一个人向另一个人"道别"，另一个人也用道别来做出回应。一个人想离开而另一个人没意识到时，这种道别要求就会引发沟通问题。同样，一个人发出邀请后，他指望另一个人接受邀请、对邀请提出问题或者拒绝接受邀请；一个人表示道歉后，他期待着别人接受或拒绝接受道歉；等等。正如一位谈话分析者指出的那样：

> 我们将看到，参与者采取第一个行动时，接着会倾向于采取或不采取相关的第二个行动。参与者期待出现第二个行动，而如果第二个行动没有发生，参与者也会按第二个行动已经发生的样子行事。[9]

关于语言的使用，人们提出过许多看法，认为语言的使用是人们按某些谈话规则进行的活动。同时，研究者们研究的人们实际进行的沟通活动越多，就越是认识到，尽管可以了解许多交谈者采取的不同言说行动，但自然的讲话几乎总是包括不可预测的谈话或令人惊讶的谈话。人们的即兴讲话像按规则进行的讲话一样多。换句话说，谈话结构虽然存在，但普通谈话者并不像超市柜台收银员那样重复讲话，而更像五个优秀的音乐家凑在一起进行的多重而松散的合奏。

总而言之，谈话分析者显示了把语言作为活动研究的价值。他们向我们表明，我们每次说起某事时，也在做某事，这种谈话就是一种行动。他们把人们通过讲话而采取的许多行动进行分门别类，而且表明，这些行动中的一些是合作进行的。不过，他们只能考虑到讲话中一些重要的非言语元素；他们不得不承认，即兴讲话和按规则讲话一样多。人们每天问候、道别、做出承诺、进行威胁、表示尊敬、许愿、下令、提出要求和进行其他谈话行动。但是，我们也进行即兴谈话和修改原先期待的谈话模式。最后，谈话分析者很少谈及沟通所发挥的重要的身份认同作用。我们认为，关注身份认同，才是最有助于语言研究的方式。

3. 语言是一锅汤

这样说可能有点奇怪,但请与我们一起再读几段话。这个方法包括身份认同。

特别是在过去的三十年里,许多学者认识到,有关语言系统和语言行动的看法存在着局限性。持这两种看法者都把语言视为人类操纵的工具。语言不是任意地代表某种指示物,就是用来表现某种动作。正如我们已解释的那样,这些看法中也存在着某种真理,让我们学到了语言的某些重要特性。但是,语言并不仅仅是工具。如果它只是一种工具,那么,我们不需要它时,就可以把它撂在一边,拣起其他工具,就像我们可以把一把螺丝刀撂在一边,拣起一把锤子一样。但是,我们不能这样做。作为人类,我们离不开语言,就像鱼离不开水一样。这就是用"汤"这个比喻来强调语言的重要性的意义所在。恰如一位作家所言:

> 在我们对自我的了解和对世界的了解中,我们总是被属于我们自己的语言所包围。我们长大成人,我们逐渐与人相识;我们学会说话后,最终还进行自我分析。说话并不意味着学会了用一种预存的工具界定一个我们有点熟悉的世界,而是意味着逐渐熟悉我们自己,逐渐熟悉这个世界本身,了解这个世界如何面对我们。[10]

这就是我们说语言是一锅汤的意思。我们自出生到死亡都在语言中生活,就像鱼在水中生活一样。

事实上,人在出生之前就开始体验语言。胎儿在母亲怀孕20周之后,其耳朵就开始对声音做出反应。[11]其母的声音就是胎儿学会识别的一种声音。[12]一些怀孕期间的母亲对未出生的孩子说话,给孩子播放音乐。婴儿出生时,就进入了一个典型的嘈杂和问候的环境中。随后,言语和非言语沟通体验充满了婴儿的生活:触摸、目光接触、微笑和大量谈话。婴儿在发育的过程中,父母和保姆与婴儿说话,或者通过提供一种谈话语境让婴儿参与谈话,鼓励他们积极谈话或不鼓励他们采取消极的态度,或通过解释、示范和扩展谈话,来与他们沟通。[13]这个过程一直持续到一个人临死前听到含泪的最后一声道别为止。在生与死之间,人的生活就像语言的热汤中的营养物质。这锅汤包括我们沟通过程中的所有言语和非言语部分。事实上,把语言作为汤的理论家和研究者们已开始把"语言"作为"沟通"来使用了,即言语、非言语、口头语和非口头语等人类用来形成意义的所有方式。也许,你正在想,这种语言观最符合第二章中概括过的传播方法。

语言与感知 如果这种"语言是汤"的观点多少有些抽象,那么请你考虑一下语言包罗万象这一事实重要而实际的意义:由于我们的生活离不开语言,所以语言和感知是完全彼此关联的。我们在感知时进行选择、组织,从所见、所听、所摸、所尝、所闻的事物或事件中获得意义。语言和感知彼此关联的含义是,我们感知的一切,组成我们所处世界的一切事物,都受到语言的影响。20世纪初期,有关语言与感知的这种观点被称为"萨丕尔—沃尔夫假说"(Sapir-Whorf hypothesis),因为爱德华·萨丕尔(Edward Sapir)和本杰明·李·沃尔夫(Benjamin Lee Whorf)两人最早提到了这个观点。沃尔夫这样进行了总结:

> 每一种语言的背景语言系统(换句话说,就是语法)不仅仅是一种表达思想的再生产工具,它本身就是思想的形成者,是个人的精神活动和印象分析的程序与指南……我们沿着我们的母语划定的线条来细细解剖它的本质。[14]

因此,如果你在船上和水上待过很久,了解了有关水的几个不同词语,你就会比一个出生和成长在俄克拉荷马市切耶内(Cheyenne)或卡尔加里(Calgary)的人,对水有更多不同的感知。那个人也许能分辨出波浪和静水,你却能看见并感到他或她根本注意不到的猫爪波(cats'paws)、波纹、碎浪和波涛。[15]如果你学会了乳胶、天然的、润滑的和杀精的等词的基本含义,那么你就能分清20世纪70年代或80年代初的高中毕业生区分不了的各种避孕套。

美籍华裔女士林曼迪(Mandy Lam)指出,她觉得自己"类似于生活在河海交叉处的水域里的鱼。我不得不再游远一点儿,才能体验到两端的生活"。她的祖父母只能说中文,她以中国人的方式与她的祖父母、父母和其他长者用中文交流;但是她所有的医学预科课程都是用英语教学的,她在学校几乎完全生活在英语世界里。

当我俩试图把传播作为一种连续不断的、复杂的、合作进行的意义生成过程来撰写本文时,我们尤其注意到了我们的母语限制我们的感知的两种特别方式。第一种方式是,英语影响到人们如何理解正在发生的过程。与某些语言不同,英语保持着名词和及物动词、原因与结果、开始与结尾之间的明显区别,这影响到英语母语说话者如何感知沟通。许多其他语言系统不具有这种影响。例如,一个研究者发现,纳瓦霍(Navajo)①人谈话时,使用的是典型的过程式用语,即没有原因、正在进行中、不完整的动态性事件。例如,纳瓦霍人使用车(wagon)这个词,大致可译为"类似箍一样的木滚"。[16]我们翻译"他开始背石头"这句纳瓦霍语时,其意思不是那个行动者在动作,而是指那个人与一个特定的圆形物体有关,与宇宙中所有圆形物体已经存在的不断运动有关。相比之下,英语则要求其使用者讲话时,考虑过去时、现在时、将来时、因果、开始与结局。讲英语者愿意讨论的一些事情正好不能用这些名称表达时,就会引发问题。我们继续举例,假设我们愿意更清楚地谈及突然发生、正在进行的传播的本质……但是,尤其是当传播者并不总是遵守因果律时,英语的"名词+动词+宾语"结构使英语难以做到这一点时,纳瓦霍语就可能比英语更能发挥传播的作用。

我们注意到的第二种方式是,英语影响我们对传播问题的讨论,影响说英语者对性别差异的感知方式。在20世纪60年代和70年代的女权运动的激励下取得的一项研究成果表明,现在,人们认识到,说标准美国英语的男性的偏见影响了说英语者的文

---

① 美国最大的印第安部落。——译注

化对女人与男人的感知方式。事实上,直到最近仍没有女消防员,这并非只是由于男消防员(fireman)这个词的存在所致。事情并没有那么简单。有关研究已表明,具有性别偏见的词语至少通过三种方式影响人的感知。它们形成人对职业的态度,认为某种职业只"适合"于某种性别,而不"适合"于另外一种性别;这些词语使一些女性认为,自己不能干某些工作和扮演某些角色;这些词语也使一些人相信,男性应比女性具有更高的社会地位。[17]正因如此,改变工作名称有助于几种职业以更平等的方式向男女参与者开放。这些变化并非只是巧合,而是因为从事相关职业的女性数量有了极大的增加。

20世纪90年代中期以来,学术著作和通俗书籍已经通过强调北美男女社会化的语言世界的差异,从性别、语言、感知上强调了这一点。

社会语言学家德博拉·坦南(Deborah Tannen)的书《只是你不懂得:沟通中的男女》(*You Just Don't Understand: Women and Men in Communication*)[18]畅销数月;约翰·格雷(John Gray)的《男人来自火星,女人来自金星》(*Men Are from Mars, Women Are from Venus*)[19]和《恋爱中的火星与金星》(*Mars and Venus in Love*)[20]卖出了数百万册。这些著作描述了女性的沟通不同于男性的沟通,解释了这些差异对男女的影响及其所引发的许多问题。一些人抱怨说,这些书通过概括"女性沟通"和"男性沟通"反而强化了他们试图要减少的那些陈词滥调。然而,尽管存在着这一过分简单化的危险,但也有一定的研究证据表明,多数北美人、说英语的女性和多数男人进行的是不同的沟通。换句话说,通过对这些男女的实际讲话进行细致的控制性观察发现,(沟通中)存在着重要的与性别相关的模式。

在这些研究中,受观察的女性一般把沟通当作与他人建立和保持关系的主要途径,而男人通常是通过谈话来实施控制,保持独立性和提高地位。更具体地说,在这些女性进行的沟通中,多数沟通具有在男性沟通中一般不易被发现的七大特点:强调平等、支持、对关系的重视、归属感、具体性、暂时性和合作创造意义。在同一研究中,男性的沟通被描述成用沟通来展示知识或技能,实现目标,确立主导性,避免暂时性,倾向于抽象而非具体,尽量减少关系的回应性[21]……

总之,从这种"汤"之观点或"水中鱼"的思想(fish-in-water idea)出发,语言不只是我们使用的一个系统或我们从事的一种活动。语言大于我们每一个人;它在我们面前发生,我们是它的对象,正如我们控制或使用它。从第三种角度进行研究时发现,语言既有言语的一面,也有非言语的一面。语言研究者和教师们日益认识到,人们在实际生活中使用的语言,其系统或行动的成分较少,而更像一个双向事件或合作的过程。"语言"是这些研究者和教师进行沟通时所用的术语。但正如我们在第二章中说过的那样,沟通使我们成为我们自己。

二、混合性暗示:声音、沉默、面部表情与话语、手势与话语

本篇阅读材料的第一部分主要讲传播的言语部分。这些内容经常被称为"语

言"。到现在为止,你知道了语言包括言语和非言语部分。不过,语言仍可从"混合"部分被区分出来:声音,其中包括音速、音调、音量、音质;沉默;人说话时的面部表情;人说话时的手势。接下来,让我们看看这些混合性暗示是如何运作的。

1. 声音

有时,人们忽视口语包括许多不同的非言语性因素的事实。这些暗示的技术术语是副语言学(paralinguistics),副语言包括讲话的音速、音调、音量和音质。如果你回想一下对某个说话过快或过慢者的感受,你就会看到语速如何影响着沟通。听者和交谈者也对单调的讲话或旋律优美的讲话进行推测、猜想:某人讲话慢声细语,还是高声大气,讲话者的音质能否引起共鸣,是尖声急促、带有鼻音,还是气喘吁吁。有时,人们控制他们的音速、音调、音量和音质等四大要素,以帮助听者理解:他们在说什么;他们正在强调的不同的词语或短语;他们是在表达感情,还是在暗示他们现在是严肃的、讽刺的或开玩笑的?在另一些时候,说话者并不控制上述四种要素中的任何一种;当人们听到讲话者语速太快、声音太柔、单调或声音太高时,他们其实不过是在"正常讲话"。

这些事例表明,人们理解他人声音中的暗示的方法之一,是对讲话者的性格进行刻板的判断。虽然这不是一个好办法,但我们仍然要这样做。例如,一个言语间有喘息之声的男人有可能被人们刻板地判断成一个同性恋者,或至少被认为是一个年轻人和艺术家;而一个具有同样音质的女性,通常被认为"更有女人味、更漂亮、身材更纤小、更容易兴奋、更容易上当受骗、更浅薄"[22]。无论男人,还是女人,带浓重鼻音的嗓音听起来都会让人不舒服;低沉、厚重的嗓音比尖声尖气的嗓音让人感到更有教养,更有魅力,更美好动听。人们也通过声音中的暗示来推断讲话者的年龄、性别和族群。马克·纳普(Mark Knapp)这样说:

> 你应当迅速挑战这种老生常谈,如声音暗示只与怎么说有关,即它们常常是人们说的内容。人们说的话可能是一种态度("我喜欢你"或"我是你的老板"),可能是一种情感……也可能是你的性格、背景或身体特征的某些方面的表现。根据环境和沟通者的不同,声音暗示带有大量的信息……[23]

2. 沉默

> 我们用沉默来表达大多数不同类型的、冲突的状态、情感、思想和欲望。沉默富有含义。有因恐惧和害怕产生的沉默,有因困惑和恍惚引起的沉默,有因痛苦和欢快产生的沉默……"哑巴式的沉默"是一种自相矛盾的表述。为了不描述同样的事情,这两个术语互相排斥;沉默不是哑巴,哑巴并非沉默。沉默是一种传播形式……而哑巴则使我们被孤立和排斥在所有传播之外。[24]

我们把沉默划归成一种混合性暗示的理由是,沉默在谈话语境中经常具有特别重大的意义。正如一位作者所言:"没有停顿的讲话是不可理解的。沉默不是一种间隔……而是联结声音的桥梁。"[25]换言之,由于沉默与说话的方式有关,因此人们通常可以看到沉默。沉默的例子包括未能回答问题、拒绝回答问题和重要的停顿。甚至森林的沉默以及草原的沉默、山川和湖泊的沉默以及河湾的沉默都具有意义，因为其沉默的方式与都市的拥挤、嘈杂构成了鲜明对比。

沉默是被人理解得最少的非言语行为之一，部分原因是人们用许多不同的方式使用和阐释它。沉默可以被阐释为冷漠、有耐心、乏味、恐惧、悲伤、热爱、亲密、愤怒或恐吓。我们同用沉默作武器的已婚夫妇交谈过。有一位丈夫知道自己的妻子讨厌他不把问题说出来，于是，他就两三天也不跟她说话。他妻子说她发现这很"伤感情"。小组会议上长时间出现沉默时，人们就开始紧张起来，想要改变话题，说些不着边际的话，比如说"没人感兴趣""人们不喜欢这个小组""没人真的在意我们正在做的事情"。

然而，沉默也能发挥积极的作用。例如，老师们开始认识到，他们对学生提问后，沉默有时很有效。一个小组的沉默可能意味着，大家正在进行深入思考。两个密友也可能一句话不说，这是因为他俩能够彼此分享此时此刻的体验。或者在一次面试中，沉默可给被面试者提供一个细细解释的良机，让其重新回到刚刚讨论过的话题上来，或者使其重新整理一下思路。我们的一个朋友说，他母亲在逝世前两天，他和母亲长时间保持沉默，这是他俩在一起度过的最令人满足的时光。有时，爱、温暖和同情也会通过沉默的面部表情、身体动作和触摸得到最完美的表达。

3. 面部表情和话语

当人们在谈话中用面部表情帮助调整该"轮到谁来讲话"时，面孔就与话语产生了关联。此时，面部表情可以被视为混合的语言暗示。你下次讲话时，请注意你如何知道何时该轮到你讲话了。其他人的面容和眼睛几乎总是在"告诉"你。人们也用面容和眼睛告诉接近他们的人：他们欢迎他加入谈话，还是不想让他加入谈话。

眼神是面部表情的重要组成部分。在大多数谈话中，人们用特定的眼神来实现几个共同目标。首先，当我们的思想难以用话语表达时，我们就会把目光移向别处。我们从另一个人的眼中得到的信息量，足以使我们进行这样的转移。因此，当我们难以说出我们想说的话时，我们的眼睛便会朝别处看，以减少进入眼中的信息量。

我们也用目光接触来监督反馈，查看他人对谈话的反应。如果我们注意到，某个人正在看着我们，我们是指他或她正在注意（我们）；如果我们注意到某个人正在眼望天空，或者正在看我们身后的某件东西或某个人，我们就会得出相反的结论。这种现象经常使"鸡尾酒会"变得令人感觉肤浅且不舒服。谈话者都不想被人冷落在一边，所以两人在进行交谈时，都在想着下一个谈话对象是谁。结果，两人的目光一边与对方发生接触，一边却在搜索着下一个交谈者。

目光接触也是暗示该轮到谁讲话的一种主要方式。当一个人试图"抓住"饭店中的一位侍者的目光时，其关键点是要打开这个通道，主动讲话。谈话中会出现同样的事情；我通过与你进行目光接触，"告知"该你讲话了。一位沟通研究者用这样的方法总结了典型的谈话模式："讲话者讲完一句话或一个思想单元时，便一直看着听者，而听者则设想自己正在进入讲话者的角色;直到讲话者的角色转换完毕,他或她才把目光移开,否则听者都将保持目光不变。当讲话者未能通过注视他人而实现讲话角色的转换时,听者将有可能延迟反应或未能做出反应……"[26] 当然,这种描述对某种文化来说是准确的,对其他文化来说则不准确。像其他非言语暗示一样,伴随着话语而出现的面部表情因族群、性别、社会阶层和性偏好的差异而不同。目光接触和面部表情对于调整谈话非常关键,因此,任何一个讲话者的消失都将对听者的反应产生影响。

4. 手势与话语

研究者戴维·麦克尼尔(David McNeill)通过考察手势与话语的联系,强调了可以把手势列为混合性暗示的理由。"因此,你认为手势是非言语吗?"他解释说,手势不仅是非言语性的,手势和讲话都是同一语言结构的组成部分。他说,某些"手势是言语性的"。他接着指出,这是我们被迫通过"语言"来改变我们所表达的意义的另一个原因。他写道:"我们试图从语言的角度考虑我们能写些什么,也从非言语的角度进行思考,思考一切事情……"[27] 他说,然而,现在我们比过去更加明白,语言是由言语部分和非言语部分组成的。这与"身体语言的观点不同。持这些观点者认为,身体运动和姿态信号的独立系统遵守它的规则并传送它自己的意义"[28]。麦克尼尔说,这种说法误导人们对身体语言的看法,因为姿态和手势与语言的其他部分——话语——的联系是相当密切的。

传播研究者珍妮特·巴维拉斯(Janet Bavelas)及其同事通过对交互式手势(interactive gestures)的研究扩展了麦克尼尔的观点。虽然这些动作与谈话内容无关,但与正在进行沟通的人和他们之间的关系有关。交互性手势帮助"把谈话作为一种社会系统加以保持"[29]。例如,巴维拉斯描述了一个讲话者如何讨论有可能实现其事业目标的夏日工作。

> 听者早些时候曾建议,为加拿大海关工作是一个好想法;谈话者列举了其他几种可能性之后,又补充说道"海关绝对属于职业导向性的地方"。谈话者说到"海关"时,抬起了手,指向他人(几乎像把某种东西扔向他),手掌向上,手指微曲;他的拇指直接指向另一个人。我们把这种手势解释为"是你的建议"。也就是说,讲话者让另外一个人相信这一看法。[30]

其他互动性手势被解读为"你知道我的意思吗""你能给我解释一下吗"和"不,不用,我自己会解决"。所有这些手势都与谈话的话题无关,而与另外的讲话者有关。因此,它们给谈话增加了重要的社会内容,而这些内容与言语表现出来的东西是分开的。因此,这些所谓的非言语手势实际上正在发挥着话语给谈话增添实质性意义的作用。

巴维拉斯和她的同事在文章中解释了增添实质性意义的重要性:

> 一个有趣的、本质的问题是,当谈话双方必须保持谈话时,每次只有一个人能讲话。当一个人有机会讲话时,就存在着使谈话变成独白的可能性。解决这个问

题的一个办法就是,讲话者要定时让听者参与谈话。从某种意义上说,讲话者可通过"你知道""正如你所言""正如你所知""我相信你赞成"之类的言语陈述来这样做。然而,经常使用插话和附加语,常常会打断内容的流动,所以寻求使用非言语方式或保持介入非常有助于发挥这种功能。

我们指出,由于交互性手势有许多具体的形式和含义,所以能形成一个包括听者在内的一般功能等级,从而使一个人每次一有讲话机会时,其讲话就有可能削弱(讲话者)开始独白的倾向。[31]

总之,音速、音调、音量和音质对人们合作建构意义发挥影响,这正是它们被视为混合性暗示的原因。沉默是混合的建构模块中的另外一个影响因子。此外,许多面部表情、许多眼神,甚至许多手势,都与口语关系密切,因此,也应该被视为混合性暗示。

三、主要的非言语暗示:面部表情、目光接触与注视、空间、触摸、动作和手势

虽然我们不会列举一大串让人喘不过气来的主要的非言语暗示(例如,我们提到的面部表情与着装、微笑、时间和色彩),但我们还是认为,下面五种暗示将使你感到,在我们的沟通中存在着许多富有影响力的非言语的主要成分。

1. 面部表情

你的面部可能是你的身体最具表现力的部分,也是非言语沟通中最重要的焦点之一。在多数时间里,人们不知道自己在多大程度上会依赖面部发送信息和获取信息。但是经过一点思考、阅读过一些论文之后,你就会改变自己的认知。例如,想想用面部表达感情的重要性。一项内容丰富的研究项目显示,在跨文化交往中,一些基本情感是用同样的面部表情加以表达的。[32]迄今为止,对每一种文化的研究都表明,人们用来表示欢乐或幸福、悲伤、惊讶、恐惧、愤怒和厌恶时,就会使用普通的面部表情。虽然存在表现这些感情的特定文化规则,但在大多数文化中,其表达方式是非常接近的。

例如,研究者们通过展现北美人的面部照片,发现北美人与日本人和新几内亚人的面相很相似;接着,他们又展现了日本人和新几内亚人的照片,发现他们的面相也很相似。在大多数情况下,一个文化成员能够准确地识别其他文化的人用面部表达的感情。[33]例如,他们认识到,眼睛圆睁、眉毛上挑、嘴巴张开的面孔常常表达的是惊讶。人在表示厌恶这种情感时,就会眉毛下拖、鼻子紧皱、嘴唇上翘、嘴角下撇。

在跨文化交往中,虽然人们用面部表达情感的方式是大同小异的,但是面部表现也有重要的差异,比如日本人和北美人的面部表情就是如此。在历史上,日本人一直被教导要用微笑和大笑掩盖负面的面部表情,一般不要把情感写在脸上。[34]对于为何存在这些差异,尽管有许多竞争性的观点,但不论这些差异的来源是什么,表情差异已导致日本和北美商人之间出现了误解。在所有文化群体中,许多日本人似乎都是一些最缺少面部表情的人,源自其他文化的人正在学会适应这种差异。

2. 目光接触与注视

虽然眼睛是面部表情的明显组成部分之一，但因为注视和目光接触非常重要，所以我们要分别探讨。目光接触似乎是婴儿成长过程中的最初行为之一。婴儿出生数天后，似乎就能辨认并注意其照看者的眼睛。研究者们观察到，婴儿出生几周后，只要看到其照看者的眼睛，有时就会用微笑做出反应。[35] 目光接触也极大地影响着（婴儿的）成长。缺少相互注视的婴儿，似乎在感知和交际成熟度方面，没有经过定期目光接触的婴儿表现得那样好。[36]

如果你怀疑目光接触的重要性，那么你可回想一下你对某位没有"足够"看你眼睛的人得出的结论。"足够"这个词虽然因人而异，因文化而异，但大多数美国白人断定，目光接触太少者显出对人不真诚、不热情，缺乏自信，是在试图回避交流，或是在进行欺骗。其他可能性不大，而且所有这些推论都是负面的。一般而言，在美国白人文化中，目光接触过少就传送不了积极的讯息。

目光注视的一个重要功能是增强关系的亲密性。特别是当目光注视伴随着身体前倾、身体直接朝向被注视者和更多手势时，有助于增强亲密感。[37] 一些研究关系亲密度者不研究性接触，而是研究有助于增强人之欲望的亲密感类型。有人在研究目光注视时发现，目光注视更有可能让一位旁观者帮助一位病人或摔倒在地的人。[38] 但是与男性的目光接触相比，这种现象似乎在女性进行目光接触时更显突出。正如朱迪·伯贡（Judee Burgoon）及其同事总结的那样："在某些情况下，长久注视可以被视为一种求助形式的相关暗示，而在其他情况下，则被人视为一种过度或侵犯行为。"[39]

眼神的另一重要功能是表现情感。在研究过面部表情的人当中，有些人也研究过人如何用眼睛和眉毛阐释（人的）六大通用情感。人感到恐惧时，一般用眼睛而非用眉毛、前额或面孔的下部进行表达，但是，眼睛却较少帮助人准确地理解生气和厌恶等情感。[40]

一个人也通过视觉与他人交流情感。比如，如果你感到一个人的地位低于你，你就会保持较多的目光接触。另一方面，沟通者会有意少看地位高于自己的人。一般而言，我们也会对我们喜欢的人和我们信任的人看得多一些。正如艾伯特·梅拉比安（Albert Mehrabian）解释的那样，（出现这种情况的）明显原因是，目光接触是一种接近行为，而接近行为与喜好有关。[41] 所以，一个人喜欢某人时，便会采取注视的方式，而不喜欢一个人时，就会视而不见。

我们的注视和眼神也会影响我们对信任感的判断。针对劝服效果和雇主的几项研究表明，正常的注视或持续不断的注视非常重要。正如我们上面提到的，回避注视不但会造成负面的理解，还可能极大地影响别人对你的信任。[42] 正因如此，教育或指导公共讲演或面试的人都强调，一般讲演者和被面试者应在讲演或面试中，努力把目光接触时间保持在50%至70%之间。如上所述，虽然文化特质影响这些规则，但这是许多北美人应对沟通情境的可信的重要指南。

人们要对眼神和目光接触给予足够的重视，这是底线。人们显然认为，眼睛真的就是"心灵的窗口"。特别是在西方文化中,人们相信,他们只要"看着人的眼睛",就能看穿哪怕是最有伎俩的骗子。[43](我们将在下面解释,探讨欺骗比这种方式要复杂。)善用目光接触的讲演者一般也会让人信任并能获得一种总体效果。但是,由于不同文化对"恰当的"目光接触的构成因素有不同的评估,所以,不可把注视和眼神过分简单化。这一点非常重要。应当牢记的是,由于人们非常相信这种非言语暗示,所以注意并学会管理你自己的眼神就非常必要。

3. 空间关系学或空间

你也许已注意到,你常常感到自己拥有一定的空间。有时,你与谈话对象坐得很近或站得很近;有时,你又会感到保持几英尺的距离会使你更舒服一些。这些感觉与空间关系学有关,即研究空间和距离如何影响沟通效果的学问。

正如第二章提到的那样,空间是每个人类世界的基本尺度之一,描述这个尺度的主要张力就是近和远。我们所有人都有人的基本需要,既有个人隐私(距离)方面的需要,也有独立(靠近)的需要。所以,我们管理这种张力的一个方式就是界定和捍卫一个领地。领地是被一个人或一个群体所占有、控制而且经常受到捍卫的可识别的一块地域。[44]例如,对许多北美人而言,不论你在不在房间里,你的个人卧室、共有房间里的某块特定区域都是你的领地;你拥有按照自己的喜好保持房间整洁或将其弄乱的权利,这些都是为了强调这里是你的领地。在图书馆、咖啡店或其他公共场所,人们用大衣、手提箱、报纸、食物托盘、盘子和器具来宣布这是"他们的"空间,尽管这只是些临时空间。

一些研究者发现了男女使用领地的不同方式。例如,在多数文化中,女性比男性能拥有的领地要小。正如朱迪·皮尔逊(Judy Pearson)所言:"很少有女性在家中拥有一个不欢迎他人进入的特定房间,而许多男人却有自己的办公室、书房或限制他人进入的工作区。同样,更多男人比女人拥有专用椅子。"[45]

我们每一个人都居住在属于自己的个人空间里,即一块较小、隐形、便携、可调的"泡沫"里。我们以此来保护自己,使自己免受身体威胁和情感威胁。这个"泡沫"的体积有大有小。我们坐得多远、站得多远,都取决于我们的家庭成员和文化成员的情况,取决于我们与那个人的关系,取决于形势或情境,取决于我们当时对那个人的感觉。人类学学者爱德华·霍尔(Edward Hall)这样说:

> 某些人从未将他们的个性发展到公共阶段,因此,他们不能充满公共空间,他们当不好讲演者和主持人。正如许多精神病医生所了解的那样,有些人在亲密性和个人区域方面存在问题,所以他们不能容忍和他人亲密。[46]

在这些局限中,霍尔通过对美国东北部中产阶级成年人的观察,提出了四种距离说。尽管每一个区域的大小因文化而异,但在许多文化中都存在类似这四种空间类型的东西。

(1) 亲密距离(相隔18英寸)

这个区域的皮肤接触距离约为1.5英尺。那些感到彼此情感密切的人借着保持这个距离,使自己感觉舒服,便于保护自己,便于亲吻或做爱。人们被迫与陌生人接近时,例如在电梯间里,就会用其他非言语性暗示重建隔离区。因此,我们喜欢避免目光接触,抱住双臂,也许还会在我们的身前抱一个手提箱或一个手提包。允许某人进入这个区域,这是一种信任的信号,它表示我们愿意放松我们的防卫。在这个距离内,不仅是触摸,而且体味、体温、呼吸的感觉和味道都可成为我们的体验的组成部分。通常,我们把声音压得很低,以强调亲密关系所建立的"紧密圈"(closed circle)。

(2) 个人距离(1.5—4英尺)

这是多数交谈者在公共场合愿意保持的距离。典型的特征是,在这个距离内,可以讨论个人感兴趣的话题。触摸仍是可能发生的,但仅限于强调和肯定时轻拍一下对方的身体。可以看清他人的皮肤、眼睛、牙齿,但不能体验对方的体温或感到对方的呼吸。

这个距离正好让你不能舒服地触及他人。霍尔称,这是我们可用来把别人挡在"一臂之长"处的距离。约翰有时担任沟通顾问,在这种情境下,他经常鼓励受训者尝试在这个距离内工作。3—4英尺似乎远到不至于威胁他人,而又近到足以鼓励他人做出可使面试获得成功的恰当回应。

(3) 社交距离(4—12英尺)

较多的非亲密性交往一般在这个距离内进行。正在一起工作的人或正在参加社会聚会者,倾向于保持这个较近的社会距离。销售员和顾客尤其愿意在4—7英尺的距离内进行沟通。如果一位销售员走到离顾客不到3英尺的地方,多数顾客就会感到不舒服,但销售员离顾客5—6英尺时,就会出现非言语性的"说法":"我是来这儿帮你的,不是想逼你。"

在比这个距离远些的距离内,目光接触特别重要。一个人站在10—11英尺以外的地方时,不易确定正在说话的人是谁,直到你确定之后,你才能弄清那个人在与谁谈话。这也是我们经常与身份很高或很低者保持的距离。坐在这么远的地方与一位上司讲话,远比两个坐得较近者讲话要正式许多。结果,使用这种社会距离进行指责比较有效,而在这个距离内进行赞扬则效果较小。

(4) 公共距离(12—25英尺)

这个距离较近的一端是教员和经理们常用来向工作小组讲话的距离。这个距离最远的一端是进行公众讲演的场合。在这个距离内进行沟通,声音要大,或者需用电子扩音设备。在这个距离的最远处,面部表情、动作和手势需要夸张,否则就没有意义。

像对人际沟通的许多其他观察一样,我们需对上述四种"距离说"持质疑态度。例如,几项研究显示,女性比男性坐得近、站得近;一对男女常常比一对男人坐得近、站得近。[47]在十几岁到成年期间,人际距离一般随着上学前到上学后的年龄变化而增长,但这种倾向在某种事实面前有所弱化,即同龄人之间保持的距离比他们与年轻或年长于自己者保持的距离要近。[48]所以,人们对距离和亲近的解释不仅取决于他们的文化特性,也取决于他们的性别、年龄,取决于与他们谈话者的性别和年龄。

空间通常也可用其他非言语暗示情境来解释。例如,一位美籍华裔学生在研究报告中写道:

(我祖父)用沉默、仅有的面部表情和他与其他人之间的许多空间来掌控他的存在。我从来就没想过能像奥尔·圣尼克(Ol' St. Nick)那样跳到他的膝盖上坐坐,甚至离多远与他说话也不觉得舒服。我鼓足勇气和他讲话时,差不多都是和他打招呼或是喊他来吃饭的。我和他讲话时,用的都是尊称。[49]

4. 触摸

触摸是人类为表明我们是谁而进行沟通的最直接方式。"大量研究文献表明,触摸对于儿童的生理、情感和心理健康及开发儿童的智力、社交和沟通能力都非常重要。"[50]触摸对成年人也同样重要,尽管西方文化中的许多禁忌使触摸难以发挥作用。正因如此,一些学者才认为这些文化患有"触摸饥饿症"。

触摸会在我们的每项日常活动中发挥作用。它不但对他人有用,对物也有用。也许,你没有意识到你对衣服的感觉;没有意识到你对坐在其上、站在其上或躺在其上的椅子、沙发或地板的感觉;没有意识到你手拿书籍的感觉;没有意识到你手握铅笔和钢笔的感觉,还有你脚上穿着鞋子的感觉。然而,没有触摸感,你就无法写作、步行、握拳、微笑或梳头。此外,我们手持书本、铅笔、茶杯、玻璃环、钱包或手提箱之类的物品的方式,也能影响他人对我们做出的回应。

人与人之间的触摸应该更复杂。斯坦·琼斯(Stan Jones)和伊莱恩·亚布罗(Elaine Yarbrough)这两位言语沟通研究者发现,人们用触摸来暗示积极的情感表达,比如游戏、控制、打招呼或告别,完成一项任务,或者有感情地打招呼或告别。[51]他们在研究中发现,最经常发生的是控制性触摸,触摸主要被解释为,要求别人顺从或引起别人注意。用手触摸人体非敏感部位,如手、臂、肩膀或背的上部,经常还伴随着这样一些话:"走""快""别动""严肃点"和"快做"。类似的触摸着重表达这些意思:"听听这个""看看那个"和"我要你注意"。这些触摸几乎总是伴随着话语,男女进行这些触摸的频率几乎相同。

积极的爱意触摸(positive affect touches)是琼斯和亚布罗在研究中发现的第二种最常见的触摸方式。正如你预料的那样,此类触摸多发生在关系亲密者之间,包括拥抱、亲吻,触摸点常常是"身体的敏感部位",如头部、脖子、躯干、腰、屁股、大腿或脚部。但是,在某些生意场合,人们也可通过触摸交流亲密情感。长期在一起工作的小组成员之间,有时也会出现积极的触摸和表达赞同之意的短暂性触摸。另一方面,工作场所发生的性骚扰常常含有不当的或受到操控的积极爱意触摸。

琼斯和亚布罗的这类研究非常重要,有助于我们理解在传播过程中没有理解,有时甚至感到害怕的一些问题。正如马克·纳普所言:

> 一些人在成长过程中,学会了"不要触摸"很多类型的有生命和无生命的东西;他们被告知,不要触摸自己的身体,后来又被告知不要触摸恋爱对象的身体;父母小心在意,不让孩子看到彼此亲热的"触摸";一些父母在使用双人床时,在孩子面前表现出不接触的习惯;父母警告(孩子)触摸"不好"或"很坏",而且要视情形给予惩罚,而父子之间经常的触摸被视为缺少男子气。[52]

我们知道,触摸是极具力量的一种非言语沟通形式,轻轻的触摸就能"说出"许多话来。我们可通过逐步了解触摸如何影响传播在"社会—文化—人际"标尺上的效果来控制这种力量。

5. 动作和手势

研究动作和手势的技术性术语是身势学(kinesics)。"动作"(motion)一词源自希腊语。某些人体动作实际上指的都是相同的事情,不管它们由男人做、由女人做、由年轻人做,还是由老年人来做,由美国、拉美、欧洲、澳大利亚人来做,还是由日本人来做。例如,点头表示同意,晃拳表示愤怒,拍手表示通过,举起一只手表示引起注意,打哈欠表示乏味,搓手暗示感到寒冷,拇指向下表示不同意。至少在西半球的几种文化中,人们对这些动作和手势的阐释大都相似。

动作和手势也可反映生活伴侣或配偶之间的关系类型。传播学研究者玛丽·安娜·菲茨帕特里克(Mary Anne Fitzpatrick)已根据可识别的动作和手势模型,把夫妻大致分为三大类型。传统型夫妇接受正统关系角色的观点,比如,哪些是丈夫的职责,哪些是妻子的义务。[53]他们认为稳定大于自发性行为,肯定传统的社区习俗,认为妇女结婚时,应随夫姓,认为背叛永远不可原谅。独立型夫妇正好位于这种思想标尺的对立端。他们认为,一个人的关系不应限制他或她在任何方面的个人自由。"独立型夫妇保持着高水平的相伴程度,保持着对婚姻的共享程度,但(他或她)在控制接近性方面却保持着各自的身体空间。"离散型夫妇(separates)既重视传统的婚姻和家庭问题,也支持独立型夫妇的价值观。"他们可能公开赞同一套(价值观),但同时在私下里相信另一套(价值观)。离散型夫妇在婚姻中的相伴和共享程度都很低。"[54]区分这三类夫妇的方法之一就是观察他们在一起时的动作和手势。

传统型夫妇拥有大量的默契性动作和行动,他们中间的一方会配合另一方的行动。比如,如果女方走向大门,男方一般就会起身去为她开门。而离散型夫妇的默契性行动较少。他们的手势和动作常常冲突,而不是保持一致。比如,当一方走向大门时,另一方就可能去给对方拿大衣。最后,独立型夫妇的手势和动作的冲突多于他们之间的平行行动。如果一方走向大门,另一方反倒有可能坐下来或甚至想去关门。

人们也用身体姿势进行主控型和服从型的沟通。一个男性可能用拇指勾住皮带；女性和男性都有可能两手叉腰。一个坐着的人身靠椅背，双手抱在脑后，这是典型的主导型姿势。三个正在谈话的人看到第四个人走近时，他们典型的反应是，要么把身体转向外面，鼓励来者参加讨论，要么把身体转向里面，不欢迎他或她参与谈话。

身体前倾一般被阐释为更具参与性，通常表现出积极的意义，而"坐着的男女沟通者认为，一个身体后倾和远离他们的人，比身子前倾的人态度要消极"[55]。相对而坐、朝他人方向运动、肯定性点头、表达性手势和把胳膊向外伸，都被人视为"热情"的行为，而离人而去、剔牙、摇头和用手摆弄头发等，则被视为"冷淡"。[56]所有这些描述都表明，动作和手势可形成非言语行为的重要类型。

复习题

1. 确认你对言语和非言语暗示之间的关系的理解，列出你从本书中发现的非言语的六大特点。
2. 解释一下"任意性符号"（arbitrary symbols）这个词语的含义。
3. 根据斯图尔特和洛根的观点，把语言解释成一种行为缺失了什么内容？
4. 用你自己的话来解释萨丕尔—沃尔夫假说。
5. 举一个性别（男性/女性）语言影响你对某人或某事物的感知的例子。
6. 什么是副语言学？
7. 本文作者认为，特别是在谈话中，沉默比不说话更有意义。请解释这一观点。
8. 在本文中，作者为何分别在两处讨论面部表情问题？
9. 什么是交互式手势？
10. 什么使眼神在谈话中显得如此重要？
11. 斯图尔特和洛根认为，轻轻的触摸就能"说出"很多意思。另外，还有哪种混合的非言语暗示拥有类似的强大力量，能够四两拨千斤？

思考题

1. 卡罗尔和我阐释了对言语和非言语暗示分别进行研究的缺点。那么分别讨论的长处又是什么？
2. 如果把语言视为一种"系统"，何时最合适，何时不太合适？
3. 一位著名作家用"我的语言的局限性就是我的世界的局限性"这句话表达了一种类似"语言是汤"的思想：请用"汤"的比喻来解释一下你对这种观点的看法。
4. 举一个你亲身经历的非言语暗示方面的性别差异的例子。
5. 从本文中，总结你自己进行言语和非言语沟通的三点想法。如果你认真对待这个问题，你可能会做出哪三点改变？

注释

1. D. J. Higginbotham and D. E. Yoder, "Communication within Natural Conversational Interaction: Implications for Severe Communicatively Impaired Persons." *Topics in Language Disorders* 2 (1982): 4.

2. Wendy Leeds-Hurwitz, *Communication in Everyday Life* (Norwood, NJ: Ablex, 1989), p. 102.

3. Ferdinand de Saussure, *Course in General Linguistics*, ed. Charles Bally and Albert Sechehaye, trans. Roy Harris (LaSalle, IL: Open Court, 1986), pp. 66—70. 提出这一观点之后,德·索绪尔把注意力放在语言的系统上,以便使语言学成为一门"科学"。

4. Robert E. Sanders, "The Interconnection of Utterances and Nonverbal Displays." *Research on Language and Social Interaction* 20 (1987): 141.

5. Aristotle, De Interpretatione, trans. E. M. Edgehill in The Basic Works of Aristotle, ed. Richard McKeon (New York: Random House, 1941), p. 20.

6. Charles E. Osgood, "What Is a Language?" in I. Rauch and G. F. Carr (eds.), *The Signifying Animal* (Bloomington, IN: Indiana University Press, 1980), p. 12.

7. C. K. Ogden and I. A. Richards, *The Meaning of Meaning*, 8th ed. (New York: Harcourt Brace, 1986), p. 11. 如果你有兴趣了解更多有关语言及其问题的观点,请参见 John Stewart, *Language as Articulate Contact: Toward a Post-Semiotic Philosophy of Communication* (Albany, NY: State University of New York Press, 1995); and John Stewart (ed.), *Beyond the Symbol Model: Reflections on the Representational Nature of Language* (Albany, NY: State University of New York Press, 1996)。

8. Robert E. Nofsinger, *Everyday Conversation* (Newbury Park, CA: Sage, 1991), pp. 19—26.

9. Nofsinger, p. 51.

10. Hans-Georg Gadamer, "Man and Language," in David E. Linge (ed.), *Philosophical Hermeneutics* (Berkeley, CA: University of California Press, 1976), pp. 62—63.

11. D. B. Chamberlain, "Consciousness at Birth: The Range of Empirical Evidence," in T. R. Verney (ed.), *Pre- and Perinatal Psychology: An Introduction* (New York: Human Sciences, 1987), pp. 70—86.

12. A. Tomatis, "Ontogenesis of the Faculty of Listening," in Verney (ed.), pp. 23—35.

13. Beth Haslett, "Acquiring Conversational Competence." *Western Journal of Speech Communication* 48 (1984): 120.

14. John B. Carroll (ed.), *Language; Thought and Reality: Selected Writings of Benjamin Lee Whorf* (New York: Wiley, 1956), pp. 212—213.

15. 五十多年来,语言学、人类学和传播学教科书都以爱斯基摩语中的"雪"为例来展示语言和感知的相关性。根据这个解释,在爱斯基摩文化中,雪的重要性在他们所使用的许多术语中都有反映,如"落雪""飘雪""泥泞的雪地"和"地上的雪"等。关于这一说法的早期版本重复了这个神话。但是,我们现在得知,这并不符合事实。这个神话始于1911年,当时,一位在阿拉斯加工作的人类学家把爱斯基摩语中的"地上的雪""落雪""飘雪"等根词与英语中表示各种形式的水(液体、湖泊、河流、小溪、雨水、露珠、波浪、泡沫等)的根词进行了比较。1940年,这位人类学家在一篇文章中提出了这个观点,并引起了广泛关注。随后,数以百计的出版物断言,在爱斯基摩语中,有9个、23个、50个甚至100个有关雪的词语。事实并非如此。《西格陵兰爱斯基摩语词典》(*A Dictionary of the West Greenlandic Eskimo Language*)这个最佳来源只列出了两个词:一个是 *quanik*,意即"空中的雪";另一个是 *aput*,意即"地上的雪"。所以,如果你听说或读到了这个有关爱斯基摩语中描述雪的词语的例子,你就应马上进行纠正。至少你不要重复它。参见 Geoffrey Pullum, "The Great Eskimo Vocabulary Hoax." *Lingua Franca* 14 (June 1990):28—29。

16. Harry Hoijer, "Cultural Implications of Some Navajo Linguistic Categories." *Language* 27 (1951):117.

17. J. Birere and C. Lanktree, "Sex-Role Related Effects of Sex Bias in Language." *Sex Roles* 9 (1980):625—632; D. K. Ivy, "Who's the Boss? He, He/She, or They?" Unpublished paper, 1986; cited in D. K. Ivy and Phil Backlund, *Exploring Gender Speak: Personal Effectiveness in Gender Communication* (New York: McGraw-Hill, 1994), p. 75.

18. Deborah Tannen, *You Just Don't Understand: Women and Men in Communication* (New York: Morrow, 1990).

19. John Gray, *Men Are from Mars, Women Are from Venus* (New York: HarperCollins, 1992).

20. John Gray, *Mars and Venus in Love* (New York: HarperCollins, 1996).

21. Julia T. Wood 在 *Gendered Lives: Communication, Gender, and Culture* (Belmont, CA: Wadsworth, 1994), pp. 141—145 上评论了这一研究。

22. D. W. Addington, "The Relationship of Selected Vocal Characteristics to Personality Perception." *Speech Monographs* 35 (1968):492—503.

23. Mark L. Knapp, *Essentials of Nonverbal Communication* (New York: Holt, 1980), p. 361.

24. M. F. Sciacca, *Come Si Vinci a Waterloo* (Milan: Marzorati, 1963), p. 129; 引自 Gemma Corradi Fiumara, *The Other Side of Language: A Philosophy of Listening* (London: Routledge, 1990), p. 101。

25. Sciacca, p. 26, quoted in Corradi Fiumara, p. 102.

26. Knapp, p. 298.

27. D. McNeill, "So You Think Gestures Are Nonverbal." *Psychological Review* 92 (1985):350—371.

28. McNeill, p. 350.

29. Janet Beavin Bavelas, Nicole Chovil, Douglas A. Lawrie, and Allan Wade, "Interactive Gestures." 这是在1991年于芝加哥举行的国际传播学会年会上提交的论文。

30. Bavelas, Chovil, Lawrie, and Wade, p. 7.

31. Bavelas, Chovil, Lawrie, and Wade, pp. 10—11.

32. See, for example, Paul Ekman, "Universal and Cultural Differences in Facial Expressions of Emotions," in *Nebraska Symposium on Motivation*, Vol. 19, ed. J. K. Cole (Lincoln, NE: University of Nebraska Press, 1971), pp. 207—283; C. E. Izard, *Human Emotions* (New York: Plenum, 1977).

33. Paul Ekman, W. V. Friesen, and S. Ancoli, "Facial Signs of Emotional Experience." *Journal of Personality and Social Psychology* 39 (1980):1125—1134; Paul Ekman and W. V. Friesen, *Unmasking the Face* (Englewood Cliffs, NJ: Prentice-Hall, 1975).

34. R. A. Miller, *Japan's Modern Myth: The Language and Beyond* (Tokyo: Weatherhill, 1982).

35. Michael Argyle and M. Cook, *Gaze and Mutual Gaze* (Cambridge, England: Cambridge University Press, 1976).
36. Janis Andersen, Peter Andersen, and J. Landgraf, "The Development of Nonverbal Communication Competence in Childhood."这是在 1985 年 5 月于檀香山举办的国际传播学会年会上提交的论文。
37. Judee K. Burgoon, David B. Buller, and W. Gill Woodall, *Nonverbal Communication: The Unspoken Dialogue* (New York: Harper & Row, 1989), p. 438.
38. R. L. Shotland and M. P. Johnson, "Bystander Behavior and Kinesics: The Interaction between the Helper and Victim." *Environmental Psychology and Nonverbal Behavior* 2 (1978): 181—190.
39. Burgoon, Buller, and Goodall, p. 438.
40. Ekman and Friesen, *Unmasking the Face*, pp. 40—46.
41. Albert Mehrabian, *Silent Messages: Implicit Communication of Emotion and Attitudes*, 2nd ed. (New York: Random House, 1981), pp. 23—25.
42. See, for example, J. K. Burgoon, V. Manusov, P. Mineo, and J. L. Hale, "Effects of Eye Gaze on Hiring Credibility, Attraction, and Relational Message Interpretation." *Journal of Nonverbal Behavior* 9 (1985): 133—146.
43. 我们在第八章将详细解释欺骗的过程。与这项欺骗研究密切相关的是有关模糊沟通的研究。可参阅 Janet Beavin Bavelas, Alex Black, Nicole Chovil, and Jennifer Mullet, "Truths, Lies, and Equivocation," in *Equivocal Communication* (Newbury Park, CA: Sage, 1990), pp. 170—207。
44. Burgoon, Buller, and Woodall, p. 81.
45. Judy C. Pearson, *Communication in the Family* (New York: Harper & Row, 1989), p. 78.
46. Edward T. Hall, *The Hidden Dimension* (Garden City, NY: Doubleday, 1966), p. 115.
47. For example, N. M. Sussman and H. M. Rosenfeld, "Influence of Culture, Language, and Sex on Conversational Distance." *Journal of Personality and Social Psychology* 42 (1982): 66—74.
48. Burgoon, Buller, and Woodall, p. 110.
49. Mandy Lam, *Interpersonal Communication Journal*, October 19, 1996. Used with permission.
50. Burgoon, Buller, and Woodall, p. 75.
51. 除了注明的之外,有关触摸的材料源自 from Stanley E. Jones and A. Elaine Yarbrough, "A Naturalistic Study of the Meanings of Touch." *Communication Monographs* 52 (1985): 19—56。
52. Knapp, pp. 108—109.
53. Mary Anne Fitzpatrick, *Between Husbands and Wives* (Newbury Park, CA: Sage, 1988), p. 76.
54. Fitzpatrick, pp. 218—219.
55. Knapp, p. 224.
56. G. L. Clore, N. H. Wiggins, and S. Itkin, "Judging Attraction from Nonverbal Behavior: The Gain Phenomenon." *Journal of Consulting and Clinical Psychology* 43 (1975): 491—497.

第二节 非言语传播:基本视角[①]

马克·纳普、朱迪思·A.霍尔(Judith A. Hall)

纳普和霍尔在接下来的文章中,首先讨论了他们以前的观点:言语传播和非言语传播的分界线并不明显。实际上,人们发现它们总是在一起。把它们分隔开来的主要好处,或唯一的好处就是让我们更容易研究它们。

这篇文章选自他们的《人际互动中的非言语传播》(Nonverbal Communication in Human Interaction)一书。纳普和霍尔把非言语暗示分为三类:传播环境;传播者的身体特点;传播者的身体运动和位置。接着,他们讨论了非言语传播在一般沟通过程中出现的几种方式。当他们转向日常生活时,所列举的例子涉及犯罪刑法体系中的非言语部分、电视化的政治中的非言语暗示、教室中的非言语传播和非言语求爱行为。

他们有关物理环境的讨论会使你认识到:家具、光线、色彩、音乐或环境噪音都会影响人际传播。他们也勾画了空间关系学的影响,并研究了空间距离的影响。

他们对传播者身体特点的简要论述,旨在提醒读者注意形体、肤色或呼吸的气味可能对传播产生的潜在影响。服装、头发饰品、珠宝等物品及钱包或便携式电子装置、手机、个人掌上电脑等附属品,也有可能影响人们的传播。

他们把有关身体运动和位置的文章分成六个题目:手势、姿态、触摸、面部表情、眼神、声音行为。纳普和霍尔不想彻底讨论这些题目。他们称,只想提醒读者注意每一种暗示的可能影响。例如,他们发现,身子前倾的姿态与高参与度有关联,比较喜欢对方和本人社会地位较低有关。触摸他人是一种非常模糊的传播形式,它的意义源自当时的环境、传播者关系的性质和进行触摸的方式,而不在于触摸本身。反之亦然。眼神可以极大地影响对信誉和吸引力的判断。音速、声音的高低、说话精确与否、吞咽声和呻吟等声音行为,都可被人理解为具有重要意义。

本篇资料的第二个主要部分重新确立了这一观点:由于言语和非言语符号实际上总是不可分割的,因此难以区分二者的主要功能。然而,一些研究者已经强调了非言语暗示在以下方面的重要性:(1)情感表达;(2)传达个人喜欢/不喜欢、主导/服从等意义;(3)向他人展示自己的性格;(4)伴随讲话而采取非言语行为,目的是对接话、反馈、注意力等进行管理。另外一个研究者强调了非言语暗示在直接传播、身份传播和回应性传播中的重要性。

本篇资料的最后部分通过强调这些暗示在四种情况下发挥的作用,揭示了非言语传播在日常生活中的普遍意义。在犯罪刑法体系中,一些研究者试图把面孔或面部特

[①] "Nonverbal Communication: Basic Perspectives" by Mark L. Knapp and Judith A. Hall from *Nonverbal Communication in Human Interaction*, 5th Edition, pp. 5—11, 22—31. Copyright ⓒ 2002. Reprinted with permission of Wadsworth, a division of Thomson Learning: www.thomsonrights.com Fax 800 730—2215.

点与身体动作和"犯罪类型"联系起来。这些努力虽然遭到摒弃,但当代非言语研究者还是提供了一般性建议。例如,建议人们在拥挤的大街上如何行走才能避免受到伤害。人们对法庭的研究也向律师和他们的咨询者提供了材料,帮助他们选择陪审团成员。

每一个看过电视中的政治竞选活动的人都能意识到人的面容、着装、地点和所在政治环境的重要性。政治竞选活动的操纵者、组织者们都把他们的候选人放在能强调他们的言语讯息的地方,比如在工厂大门口讨论劳动管理立法问题,在国家公园内讨论环境政治问题,在国会或白宫前强调国家信誉问题。人们对电视辩论进行的研究表明,面部表情、目光注视,甚至着装,都能影响到辩论的成败。

正如你从第一手材料中得知的那样,教室内的传播也含有重要的非言语成分。学生们知道坐在哪里可强化自我定义的"参与"或"不参与"。他们发展了微妙而有力的眼神的律动,来避免被老师点名或表明自己感兴趣或正在参与。教授们宣称,他们为学生们留了时间,然后又自相矛盾地习惯性地看一眼自己的手表。椅子摆放成U形或圆形,可使学生互动,也使学生较难躲在"教室后面"。在在线学习方面,纳普和霍尔发现,"普通教室内温暖和亲密的非言语传播行为所产生的影响证明,非言语行为对远程教育的成功至关重要"。

他们的最后题目是求爱行为。我们大家都体验过非言语暗示在求爱情景里的重要性。作者们称,他们尚未系统地研究或量化引发魅力的信号的有效性。他们研究了酒吧中男女的调情行为,也许这有助于你检验自己的体验。纳普和霍尔也总结了某些求爱行为的步骤。这些探讨既包括对一般行为的研究,如靠近、身体前倾、非亲密性触摸、增加目光的注视等,也包括具体的非言语求爱行为,如从眼到身体、从眼到眼、从手到手,等等。

有关人际传播的非言语研究可以讲一系列课程,甚至更多。本文及其之后的文章旨在对这些传播过程及它们发挥作用的方式提供一个总览。我希望这篇阅读材料能使你对自己许多不同的非言语传播方式和你对许多非言语暗示的阐释有所启发。

对大多数人来说,非言语传播这个术语指的是通过工具(*means*)而非运用词语进行有效的传播(假定词语带有口语的成分)。像大多数定义一样,这个定义在一般情况下有用,但它不足以解释(传播)现象的复杂性。只要我们了解并感知了它的局限性,这个宽泛的定义就应当对我们很有用处。

我们需要明白,把言语和非言语行为分成两个独立而明显的类型,实际上是不可能的。例如,你可想想组成美国符号语言(American Sign Language,一种哑语)的各种手势。这些手势大多属于语言学(言语)行为,然而,手势却常常被视为"非言语"行为。麦克尼尔(1992)通过发现不同类型的手势随着不同类型的失语(aphasia)而消失,也就是说,带有语言功能的手势与特定的言语消失有些类似,显示了某些手势的语言品质。同理,并非所有口语都是清楚或极具言语特征的,比如,拍卖者和某些失语者所发出的"呲"或"唔"等拟声词和无命题演讲。

界定非言语传播的另一种办法，是观察人们研究的事物。有关非言语传播的理论与研究着眼于三个主要方面：传播得以发生的环境结构和条件；传播者本身的身体特点；传播者表现出的各种行为。下面让我们详述这三大特点。

一、传播环境

1. 物理环境

尽管大多数针对非言语行为的研究的重点是人际传播者的面容和行为，但是，人们越来越重视研究人际传播过程中的非人因素（nonhuman factors）所造成的影响。为了帮助自己实现人际传播的目标，人们要改变环境；同理，环境可以影响我们的情绪、对词语的选择和行动。因此，此类环境涉及影响人际关系的一些因素，但又不直接成为人际关系的组成部分。环境因素包括家具、建筑风格、内部装饰、灯光条件、色彩、温度、附加噪音或音乐等诸如此类的东西。互动就在这些因素中产生。互动环境中的不同安排、材料、形状或物件的表面，都可以对人际关系结果产生极大的影响。此类环境因素也包括所谓的行为轨迹（traces of action）。例如，你发现马上就要与你互动的人留下的烟蒂、橘子皮或手纸时，你就会形成一个将影响你们的会面的印象。对时间和时机的感知是传播环境的另一个重要组成部分。何时发生某事、事情发生的频率、行动的速度或节奏，显然都是传播世界的组成部分，尽管它们不是物理环境本身的组成部分。

2. 空间环境

空间关系学研究的是对社会和个人空间的使用与感知。在这个学科领域里，有一个被称为小组生物学（small group ecology）的工作团体，涉及的是人们在正式和非正式的小组活动中，如何使用空间关系和对空间关系做出回应。这类研究涉及与领导相关的事务，如如何进行座位和空间的安排，如何设计沟通的流程，如何完成手头的任务。甚至从一个更宽阔的视角看，一些人已开始重视研究人群和人口密集的情景中的空间关系。有时，人们把个人空间取向放在谈话距离的情景中进行研究，个人空间随着性别、地位、角色、文化取向等的不同而发生变化。人们也经常在空间关系学研究中用"领地"（territoriality）这个术语来解读人类如何像野兽和鸟类一样，具有划定个人领土（或不能触碰的空间）的倾向。

二、传播者的身体特点

这种分类包含在（人类）互动期间相对不变的一些事物中。这些是具有影响力的非言语暗示（人们看不见的动作）。它们包括身体或体形、综合魅力（general attractiveness）、身高、体重、头发、肤色或声调等。与人有联系的味道（体味或呼吸的气味），一般被视为一个人的身体特点的组成部分。另外，与传播互动者有关的物体也可能影响他们的身体特点。它们被称为物件（artifacts），包括衣服、口红、眼镜、假发和其他装饰用品、假睫毛、珠宝和公文包之类的附属用品。

三、身体动作和姿势

典型的身体动作和姿势包括手势、身体(四肢、手、脚和腿)动作、面部表情(微笑)、眼神(眨眼、眼睛注视的方向和时间长度、瞳孔放大)和姿态。皱眉、耸肩、歪头都被视为身体动作和姿势。具体地说,身体动作主要包括手势、姿势、触摸、面部表情、眼神和声音行为。

1. 手势

手势虽有多种不同的类型(类型中也有多种形式),但人们最经常研究的是以下方面:

(1) 言语的独立。这些手势与讲话没有关系,但它有一个直接的口语翻译或词典的定义,通常包含一两个词儿或短语。在对这些符号进行言语"翻译"时,一种文化的成员或亚文化的成员能形成高度一致的看法。用来代表 OK 或"和平"(也称为"V"代表"胜利"的手势)的手势,就是大量美国文化中不受讲话内容约束的一个独立的手势。

(2) 言语的关联。这些手势与讲话发生直接关联或伴随讲话进行,经常用来显示正在用言语说出的意思。这些动作可加强或强调一个词儿或一个短语,勾画一个思路,指明眼前的对象,描述一种空间关系,也可用来评论对互动过程的管理和组织。

2. 姿势

人们一般把姿势与其他非言语符号放在一起进行研究,目的是确定互动者的重视程度或参与程度、一个人与互动伙伴的身份比较以及对互动伙伴的喜好程度。例如,对彼此不太熟悉的互动者的研究表明,一个人身体前倾的姿态与高参与度、比较喜欢和地位低有关。姿态也是情绪强度的重要显示器,比如,弯腰与伤心或严厉有关,紧张的姿态与愤怒有关。沟通者彼此对姿态的反应程度也反映着关系的亲密度或建立亲密关系的企图。

3. 触摸行为

触摸可以自我聚焦,也可以对他人聚焦。通常不是为了传播目的而进行的自我聚焦的操控可以反映一个人的特殊状态或习惯。许多此类操控被通称为紧张的行为举止。在这些动作中,有些是从我们的早期生活时期遗留下来的。那时,我们开始学会管理我们的情绪,开发社会接触能力,或完成一些别人指派的任务。有时,当我们对这类经验进行调整时,我们就进行这种操控;当我们在后来的生活中面临类似情景时,我们也进行这种操控,但常常只将其作为原初动作(original movement)的一部分而实施。一些人把自我聚焦的操控称为调适。这些调适可能涉及对一个人的身体的不同操控,比如舔嘴唇、掏耳朵、抱双手、捏手指和挠痒痒。器物调适是指用物件进行操控。一位已戒烟的男性会把手伸到自己的上衣口袋,去掏根本不存在的香烟,这就属于此类操控。当然,并非所有反映其习惯性动作或焦虑心态的行为都可以追溯到人们的早期调适,但是,它们却可以代表一部分身体动作的总体模式。

两个人互相触摸时,会出现非言语传播的最有效形式之一。触摸实际上像电流一样发生作用,但也能激怒他人、使人感觉屈尊或抚慰他人。

触摸是一种极其模糊的行为样式,其意义常常在情境、关系的性质和实施关系的方式中,而非从触摸本身的结构中产生。一些研究者认为触摸行为是儿童早期成长过程中的重要因素;一些研究者则关注成年人的触摸行为。亚类型(触摸)包括抚摸、击打、打招呼和道别、紧握与引导别人的动作。

4. 面部表情

大多数关于面部的研究关注的是表现不同情感状态的结构。被大量研究的六种主要情感状态是:愤怒、悲伤、惊讶、幸福、恐惧和厌恶。面部表情也可发挥调节手势、提供反馈、管理互动流程的作用。事实上,一些研究者认为,脸的主要功能是进行沟通,而非表达情感。

5. 眼神

我们在互动中看哪里、何时看、看多久是目光研究的主要焦点。注视指的是我们朝别人的脸部方向所进行的眼睛运动。互动者彼此看着对方的眼睛时,便发生了对视。我们的瞳孔的扩张与收缩也引起了非言语沟通研究者的兴趣,因为瞳孔的扩张与收缩有时是(互动者的)兴趣、重视程度或参与程度的指示器。

6. 声音行为

声音行为处理的是如何说某事,而不是说出某事。它涉及围绕普通的讲话行为产生的非言语声音暗示的范围。两类声音的一般区别是:

(1) 人们在谈话时,声音的变化是由声带引起的,并借助声调、声音的长短、声音的高低和沉默发挥作用。

(2) 声音主要与生理机制有关,比如咽喉、口腔和鼻腔,而不是声带。

大多数有关声音行为的研究及声音行为对人类互动的影响的研究聚焦于声调的高低和可变能力、声音的长短(省略还是拖长)、讲话中的停顿和对话转换时的回应时间、声音大小和可变能力、声音的清晰程度、音速、节奏、讲话中发出的"啊"或"唔"之类的夹带音等问题。研究者们研究声音符号的兴趣范围非常广泛,从与特定声音有关的刻板成见,到探讨声音行为,再到对理解和劝服的影响。因此,甚至大笑、打嗝、打哈欠、咽口水、呻吟之类的特定声音,都有可能引起研究者的兴趣,因为这些可能影响互动的结果。

四、整个传播过程中的非言语传播

对这些不同的暗示进行的细致考察表明,言语和非言语符号具有不可分割性。非言语研究的先驱者雷·伯德维斯特尔(Ray Birdwhistell)在研究报告中称,只研究非言语传播就像研究非心脏生理学(noncardiac physiology)一样。他的观点颇有道理。只考虑言语行为和只考虑非言语行为，都难以剖析人类的互动和对人类的互动做出的判断。在以前界定的非言语因素中，言语维度(verbal dimension)与非言语因素盘根错节，联系紧密，精巧地体现于非言语因素中。因此，在研究中，言语维度这个术语总是不足以描述行为问题。某些从事非言语研究的知名学者不愿把手势与词语分开，所以在研究中笼统地使用意义较宽泛的术语，如传播或面对面互动(McNeill, 2000)。由于言语和非言语系统作为一个大的传播过程的组成部分同时运行，因此一直不能清楚地区分二者。例如，一个常见的错误概念就是做出这样的假定：非言语行为仅是用于沟通情感讯息，而言语行为则是为了传播思想。词语可以带有许多情感。我们可以明明白白地谈论情感，也可以在言语的细微差别中沟通情感。同理，非言语暗示也常常用于沟通情感，而不是为了展现情感。例如，人们在谈话中用眼神告诉对方：现在该轮到你讲话了；人们讲话时，通常用手势帮助自己传达思想(McNeill, 2000)。

阿盖尔(Argyle, 1988)指出，在人际传播中，非言语行为的主要功能有以下几点：

1. 表达情感。
2. 传达个人态度(喜欢/不喜欢、主导/服从等)。
3. 向他人展现自己的性格。
4. 伴随讲话的进行，旨在对接话、反馈、引起注意等行为进行管理。

阿盖尔也称，非言语行为在许多仪式(如问候)中非常重要。他注意到，并不是只有非言语行为才具备这些功能，这就是说，我们也可以表达情感和态度，向他人展示我们自己，用言语暗示管理互动。然而，这并非说，在任何情况下，我们都可以为达到某些目的而高度依赖言语行为，为了实现另外一些目的又依赖非言语传播。

我们也必须看到，我们用言语行为和非言语行为表达意义的方式没有差异。非言语行为，像言语行为一样，一次可以传递两条以上的讯息，例如，你用非言语行为方式明确地告诉别人，你想继续与他说话。同时，你也可以表达你想主导对方的需要。你也许还可以表达你的情感状态。你指责一个孩子时，抓住他的肩膀，这可能会加强你对他的了解和回应，但这也有可能强化你的负面回应，认为那孩子不听话。微笑是情感表达的一个组成部分，也是一种态度讯息，一种自我表现，或是一位听者对管理互动的回应。像言语行为一样，非言语行为表现的意义可能是刻板的、惯用的或者含糊其辞的。另外，在不同情境中表现的非言语行为也可能像词语一样，呈现出不同的意义来。例如，在某种情况下，眼睛朝下看地板可能反映出某人的悲伤；在另外一种情况下，眼睛朝下看，则可能反映出某人的服从或缺少参与感。最后，为了努力识别与非言语行为有关的基本意义类型(Mehrabian, 1970, 1981)，我们在进行了广泛测试后，提出了三层透视法(threefold perspective)这一观点：

1. 直接(immediacy)

有时，我们通过评价而对事物做出反应，如正面的或负面的、好的或坏的、喜欢的或不喜欢的。

2. 地位(status)

有时,我们针对(他人)向我们暗示的不同地位采取行动或进行感知——是强还是弱,是上级还是下级。

3. 回应(responsiveness)

此类行为指的是我们的感知活动——是慢还是快,是主动还是被动。

在过去三十年的许多言语和非言语研究中,对多种现象进行实地调查者,经常报告类似于梅拉比安(Albert Mehrabian)在研究中提出的取向。因此,有理由断定,上述三种方法既是对我们的环境做出的基本回应,也反映在我们给言语和非言语行为赋予意义的方式之中。然而,这种工作在很大程度上依赖传播的主体,该主体把对非言语行动的反应译成由言语描述符(descriptor)所识别的行动。因此,一般而言,非言语符号像词语一样,能够而且有多种用途和意义;像词语一样,非言语符号可在交流喜爱、权力和回应中发挥作用。

五、日常生活中的非言语传播

显然,非言语符号是所有传播活动的重要组成部分。有时,非言语符号还是最重要的讯息。实际上,在我们社会的每一个行业中,了解和有效使用非言语行为都是至关重要的。

试想非言语符号在心理治疗中的作用。心理治疗医生用非言语行为与病人建立友善关系(Tickle-Degnen and Rosenthal,1994)。他们能解读与病人的问题有关的非言语符号,显然有助于诊治。声调的细微变化,一位医生在错误的时间把目光从病人身上移开,都可能传递一种与预期完全不同的讯息(Buller and Street,1992)。在言语传播常受到限制的环境,比如护士与医生在手术中的情景,非言语传播是否有效往往意味着生或死。在舞蹈、戏剧表演、音乐、电影、摄影等艺术中,非言语暗示的重要意义非常明显。许多仪式和典礼(如婚礼上的服饰、圣诞装饰、宗教仪式、葬礼等)会让出席者做出重要而必要的回应。当然,了解非言语符号有助于我们进行跨文化、跨阶级或跨年龄组的沟通,有助于我们文化中的不同族群的沟通(Lee, Matumoto, Kobayashi, Krupp, Maniatis, and Roberts, 1992)。非言语讯息不仅可以决定你在求职面试中的表现,也是你的工作表现——如是否参加公关活动、售后服务、市场调研,进行监督或担任领导等——的不可分割的组成部分(DePaulo, 1992;Hecker and Stewart,1988)。外交官常常倾向于采用含蓄而非直露的做法,因而他们使用并高度依赖非言语符号。

非言语传播发挥重要作用的例子不胜枚举,尤其是当我们把日常生活中形成印象,与他人建立关系、保持关系和结束关系等活动包括在内时。因此,本章将把讨论限制在与我们的生活相关的四个领域:罪与罚、电视政治、教室行为和求爱行为。

1. 罪与罚

几个世纪以来,人们一直把识别犯罪者作为研究的主题。由于一个人不可能对你说他或她是一名罪犯或潜在的罪犯分子,所以非言语暗示就变得特别重要。有时,一些人认为,可以通过面部特征或头部的凸起的分布来识别罪犯。近年来,科学家利用非言语行为知识来研究犯罪行为和在法庭上判断有罪还是无罪。

在一项研究中,研究者分析了在纽约一个高危袭击区里步行者的面容和动作(Grayson and Stein,1981)。当时,研究人员让知情的囚犯观看潜在受害者的影片,并指出袭击的可能性。研究人员除了发现老人是主要袭击目标外,还发现潜在受害者的动作也有特点。他们一般要么走远路,要么走近路(不选择走不远不近的路);走路时,他们身体的各个部分似乎不同步;也就是说,他们的动作似乎不太优雅、顺畅。其他研究者试图识别强奸犯选择的受害者的非言语特点。一些强奸犯寻找的是那些显得被动消极、缺乏信心和易受伤害的妇女;另一些强奸犯则喜欢与此相反的女性,他们希望"压压女人的傲气"。他们的研究结论似乎给出如下建议:在公共场合,人的非言语行为举止应当显得既有信心,而又不咄咄逼人(Myers,Templer and Brown,1984)。

另外一项分析潜在攻击性行为的研究焦点是虐待孩子的母亲(Givens,1978)。研究者称,这些母亲甚至在与孩子玩乐时也通过自己的非言语行为传递她们对孩子的不喜欢(拒绝孩子的要求、不苟言笑,等等)。虐待性母亲和非虐待性母亲的行为举止也不一样,虐待父母的孩子和不虐待父母的孩子也有不同的行为举止(Hecht, Foster, Dunn, Williams, Anderson, and Pulbratek,1986)。

鉴于法庭的判决具有重要意义以及研究者希望保持沟通的完整性,研究者几乎分析了法庭上每一过程的每一个方面。法官谨小慎微,在说话和坐姿上都尽可能不给人留下有失公正、全面的印象。研究表明,法官的态度和非言语暗示,确实会影响审判结果(Blanck and Rosenthal,1992)。在有些案子中,律师和证人在预审时的言行被拍成录像,目的是弄清他们是否在发送他们不想发送的非言语讯息。有关非言语行为的研究对选择陪审团的过程来说也非常重要。尽管重视潜在陪审团成员发出的非言语符号,有可能显露以前没有过的敏感度,但我们也不用特别担心,律师或社会科学家有的是办法"配备"陪审员(Saks,1976)。

2. 电视政治

政治家们早就认识到了非言语行为的重要作用。昨日那些疲惫不堪、体态臃肿、失去外表魅力的政客大腕们已被年轻帅气、生机勃勃、会借助非言语魅力夺取公众选票的候选人取而代之了。目前,美国人平均每周收看电视节目30至40个小时。电视自然有助于建构我们对某些非言语行为的感知;越来越多的政治候选人认识到,这些感知有可能对最终的大选结果产生极大影响。电视似乎特别适合传递表达正面关系讯息的非言语符号(例如,传播真诚讯息的面部表情、象征亲近讯息的体位、被视为充满关怀之情的语调)。电视要求人们具备贾米耶森(Jamieson,1988)所称的"新辩才(a new eloquence),即更柔软、更温和的沟通风格"。我们的总统候选人做得怎么样呢?

研究者在对1976年卡特—福特总统辩论的分析中称,杰拉德·福特(Gerald Ford)的"失败"归因于他的目光较少注视摄像机、面部表情严肃,而且缺少有利于他进入镜头的角度(Tiemens,1978)。后来,吉米·卡特(Jimmy Carter)在1980年的辩论中又败于罗纳德·里根(Ronald Reagan),主要原因是卡特显得紧张,没能"把他的非言语行为与言语讯息协调起来"(Ritter & Henry,1990)。人们经常把富有成效的领导人视为能够满怀信心地控制局势、镇静表现、坦然应对周围一切的人。许多人就用这种方式,看待里根的非言语行为。1984年,里根的表达能力和外表魅力非常明显,而他的对手沃尔特·蒙代尔(Walter Mondale)则被人们视为表达能力低下和缺乏外表魅力者(Patterson, Churchill, Burger, and Powell,1992)。对于选民来说,(候选人)表现出恐惧,也许是最大的失误。1988年,丹·奎尔(Dan Quayle)在副总统辩论时眼睛向下看,犹豫不决,动作鲁莽,表情僵硬。当时,劳埃德·本特森(Lloyd Bentsen)对他说:"你不是杰克·肯尼迪"(Jack Kennedy)。有的人甚至把沃尔特·蒙代尔紧张的微笑与恐惧的苦相联系起来(Masters, 1989;Sullivan et al., 1991)。

幸运的是,媒介专家并不控制所有变量,但公众却越来越多地了解了电视能如何塑造政治形象。1968年,罗杰·艾尔斯(Roger Ailes)出任理查德·尼克松(Richard Nixon)的形象设计师。15年后,他提出了下述观点:"电视观众在哪里(somewhere)、怎样(somehow)感觉等方面非常聪明,他们对他们看到的候选人进行评价。好像到处都是宣称自己能够看清那个过程的人。"

3. 教室行为

无论在教室内还是教室外,教学过程都是发现非言语行为举止的丰富而重要的一座金矿(Andersen and Andersen, 1982;Babad, 1992;Philippot, Feldman, and McGee, 1992;Woolfolk and Brooks,1983)。

师生对思想与感情的接受和理解,以及鼓励、批评、沉默、质询等都涉及非言语因素。想想作为教室非言语暗示的代表的下述例子:

  1. 坚信他或她知道正确答案的使劲摆手的学生。
  2. 认为自己不知道答案、试图避开老师目光的学生。
  3. 学生的着装、头发长度、装饰品对师生互动的影响。
  4. 小学里经常用来敦促学生遵守纪律的瞪眼的面部表情、威胁性手势和批评性声调。
  5. 要求学生提问和给予批评,但其非言语行为却明显表现为不想接受学生批评的老师。
  6. 考试期间的座位安排方式和监考行为显示老师对学生的信任度。
  7. 声称有足够时间参加学生聚会,却坐立不安和匆匆看表、实际表现并非如此的教授。
  8. 试图通过视觉反馈法了解学生理解程度的老师。
  9. 不同的教室设计(墙的色彩、座位之间的空隙、窗户)影响学生参与和学习的方式。
  10. 表明师生关系的亲密程度或距离感的非言语暗示。

罗森塔尔和雅各布森(Rosenthal and Jacobson,1968)发现,教室里非言语的微妙影响有时能产生戏剧性效果。秋季开学前,他们对小学生进行了智商测试。随机抽样(不是根据分数)结果表明,有些学生在"智力旺盛测试"(intellectual blooming test)中获得高分,这表明他们的智力将在来年有异乎寻常的发展。老师们得知了这个信息。第二年年底,这些学生的智商成绩在智商测试中急剧提高。实验者们把这个结果归因于老师们的期待,也归因于这些学生被对待的方式。

  如果总结我们的推论,我们可以说,通过老师说什么、如何说和何时说,通过她的面部表情、姿势,也许还通过她的触摸,她可能已经与实验组的孩子们进行了沟通:她希望看到孩子们的知识表现有所改善。这样的沟通加上教育技巧的改变,也许有助于孩子通过改变他的自我观、他对自己行为的期待、他的动机、他的认知风格和技能而进行学习(p.180)。

教室中非言语行为的影响可以是一条双行道。学生们认为通过非言语行为而与学生们建立生理和心理上的亲近感的老师,可为自己带来积极的学习结果。另外,老师们认为通过非言语行为建立这种亲近关系的学生,似乎更有可能让老师产生积极印象(Baringer and McCroskey,2000)。普通教室里的非言语行为传播温暖和亲近感,即使对远程教育的成功也具有重要意义(Guerrero and Miller,1998;Mottet,2000)。

4. 求爱行为

在甲壳虫乐队(The Beatles)的歌曲《某种样子》(*Something*)中可发现对非言语求爱行为的一种看法:

> 她走开时的那种样子
> 让我痴迷,却不像其他恋人……
> 她追求我的那种样子……
> 她微笑的那种样子
> 她知道我不再需要其他恋人的样子……
> 她让我看到她的模样……
> 你问我的爱会不会出现……
> 你环绕在我四周,现在
> 可能会出现……

正如这首歌唱的那样,我们知道在我们的非言语求爱行为中,"某种样子"具有高度影响力。由于我们小时候就有大量此类行为模式,在直觉层面上,我们知道,某些男女不用说一句话就能发出"我准备好了""我知道""我想要你"之类的讯息。这些讯息可通过猛拍一个人的臀部、触摸的手势、深长的目光接触、仔细打量别人的身体、面露兴奋与欲望之色和相互靠近来进行表达。当实在令人难以捉摸时,这些动作就会使男女双方都否认自己有过求爱行为。

有关男女之间在酒吧(单身酒吧、旅馆中的鸡尾酒吧、饭店内的酒吧等)的挑逗行为的研究提供了非言语符号在求爱过程中发挥作用的观察数据(McCormick and Jones,1989;Moore,1985;Perper and Weis,1987)。大多数非言语符号似乎是由女性率先呈现的。大多数经常出现的非言语行为包括三类目光注视(扫视全屋、朝某个特定的人扫视一眼、盯着某个特定的人至少三秒钟)、冲某个特定的人微笑、用大笑和格格地笑对另一个人的话做出回应、点点头、有时在点头时用手抚摸一下自己的头发、整理一下自己的衣服、玩弄钥匙或玻璃杯等物体、独自手舞足蹈(身体随着音乐明快地舞动)、一再"碰巧"触到他人等。虽然研究者们没有专门观察男女挑逗者的着装类型，也没有观察他们的语调，但服装和语调都可能对挑逗行为产生重要影响。为了弄清这些行为是否更有可能在期待引起他人的兴趣并吸引他人的语境中出现，研究者们还观察了男男女女在小吃柜台、会议期间和图书馆内的行为举止。他们在上述语境中没有发现任何与在酒吧发现的挑逗行为接近的行为。

求爱过程会不会按部就班地一步一步进行呢？佩尔培(Perper,1985)这样描述了求爱的"核心顺序"(core sequence)：两人接近到普通人保持的距离；承认并转向他人是在邀请别人开始交谈；在交谈时，通过打情骂俏消磨时光，非亲密性触摸的数量有所增加，目光注视的力度逐渐增强；最后，男女二人表现出的同步动作将越来越多。显而易见，任何人在任何时候都不能在顺序中出现短路。

莫里斯(Morris,1971)也认为，在西方文化中，异性恋者在通往性亲密的路上，会像其他动物的求偶模式一样，经历一系列步骤。请注意主导性的非言语主题：

1. 从眼睛到身体
2. 从眼睛到眼睛
3. 从声音到声音
4. 从手到手
5. 从手臂到肩膀
6. 从手臂到腰部
7. 从嘴到嘴
8. 从手到头
9. 从手到身体
10. 从嘴到乳房
11. 从手到生殖器
12. 从生殖器到生殖器或从嘴到生殖器

莫里斯认为，这些步骤一般会按相同顺序进行，尽管他承认有时会发生变化。他从社会化的正式身体接触类型中发现了步骤跳跃的现象，看到了超出普通亲密程度的情况，比如晚安之吻(good-night kiss)。应当注意的是，莫里斯发现的任何一种行为，都可能以亲密或不亲密的方式进行。例如，嘴对嘴亲吻可算是比较亲密的，也可以是情深意长的。

到目前为止,我们集中探讨了未婚男女的非言语求爱行为。异性求爱模式研究中使用过的特定注视、触摸类型和其他行为,也是同性求爱过程的重要组成部分(Delph, 1978)。

六、总结

非言语这个术语通常用来描述所有超越口语或书面语言的人际沟通事件。同时,我们应当认识到,这些非言语事件和行为可以通过言语符号来阐释。我们也发现,任何把事物分为相互离散的两种类型(如言语/非言语、左脑/右脑、有声/无声等)的分类模式都解释不了看起来对任何类型都不适合的因素。

有关非言语传播的理论文章和研究可分为下面的三个领域:

1. 传播环境(表面的和空间的)
2. 传播者的生理特点
3. 身体运动和姿势(手势、姿势、触摸、面部表情、眼神和声音行为)

非言语传播不应被当作孤立现象来研究,而应被当作全部传播过程中不可分割的组成部分加以研究。我们讨论非言语行为如何在重复、冲突、替代、补充、加强/评价和调整言语传播中发挥作用时,揭示了言语和非言语行为之间的相互关系。鉴于非言语传播在整个传播系统中的作用,它在任何特定情形下发送的浩如烟海的信息暗示及在我们的日常生活基本领域的应用,都具有重要意义。

复习题

1. 试用一种不用"非"(non)而是承认实际上不可能把言语和非言语暗示截然分开的方式,来界定"非言语传播"。
2. 什么是"行为轨迹"?"行为轨迹"如何影响了你的传播?
3. 给空间关系学、领地、物件、调适和注视下定义。
4. 举一个用非言语暗示来进行直接沟通的例子。也举一个用非言语暗示沟通身份和进行回应的例子。
5. 描述一个葬礼上的三种重要的非言语表现和一次教堂礼拜上的三大不同的非言语表现。
6. 求职面试中的非言语传播为什么很重要?
7. 你认为一位法官在法庭上的非言语行为对一场审判的结果会产生怎样的影响?
8. 描述一下非言语传播在你正在学习的人际沟通课程里发挥作用的三大鲜明方式。

思考题

1. 当日常人际行为被非言语研究者们分为"空间环境""手势""眼神""触摸行为"和其他类型时,你会怎样理解?

2. 一些研究和日常经验表明,当一个人的言语暗示和非言语暗示自相矛盾时,人们倾向于相信正在发生的非言语传播。你赞同还是反对这一观点?请解释。

3. 在你看来,在约会的情景下,什么更为重要?是目光注视、声音表现,还是触摸?请解释。

4. 根据你的约会经验,在成功的约会行为中,两大最重要的非言语行为是什么?

5. 某些人抱怨说,法庭、政治领域和教室中对非言语暗示的强调重点是些鸡毛蒜皮的小事,而非重要的大事。他认为,重要的意义是在词语即被使用的语言中体现出来的。你对此观点持何立场?

参考文献

Andersen, P. A., & Andersen, J. (1982). Nonverbal immediacy in instruction. In L. L. Barker (Ed.), *Communication in the classroom*. Englewood Cliffs, NJ: Prentice-Hall.

Argyle, M. (1988). *Bodily communication* (2nd ed.). London: Methuen.

Babad, E. (1992). Teacher expectancies and nonverbal behavior. In R. S. Feldman (Ed.), *Applications of nonverbal behavioral theories and research*. Hillsdale, NJ: Erlbaum.

Baringer, D. K., and McCroskey, J. C. (2000). Immediacy in the classroom: Student immediacy. *Communication Education*, 49, 178—186.

Blanck, P. D., & Rosenthal, R. (1992). Nonverbal behavior in the courtroom. In R. S. Feldman (Ed.), *Applications of nonverbal behavioral theories and research*. Hillsdale, NJ: Erlbaum.

Buller, D. B., & Street, R. L., Jr. (1992). Physician-patient relationships. In R. S. Feldman (Ed.), *Applications of nonverbal behavioral theories and research*. Hillsdale, NJ: Erlbaum.

Delph, E. W. (1978). *The silent community: Public homosexual encounters*. Beverly Hills, CA: Sage.

DePaulo, P. J. (1992). Applications of nonverbal behavior research in marketing and management. In R. S. Feldman (Ed.), *Applications of nonverbal behavioral theories and research*. Hillsdale, NJ: Erlbaum.

Givens, D. B. (1978). Contrasting nonverbal styles in mother-child interaction: Examples from a study of child abuse. *Semiotica*, 24, 33—47.

Grayson, B., & Stein, M. I. (1981). Attracting assault: Victims' nonverbal cues. *Journal of Communication*, 31, 68—75.

Guerrero, L. K., & Miller, T. A. (1998). Associations between nonverbal behaviors and initial impressions of instructor competence and course content in videotaped distance education courses. *Communication Education*, 47, 30—42.

Hecht, M., Foster, S. H., Dunn, D. J., Williams, J. K., Anderson, D. R., & Pulbratek, D. (1986). Nonverbal behavior of young abused and neglected children. *Communication Education*, 35,

134—142.

Hecker, S., & Stewart, D. W. (Eds.). (1988). *Nonverbal communication in advertising*. Lexington, MA: Lexington.

Jamieson, K. H. (1988). *Eloquence in an electronic age*. New York: Oxford University Press.

Lee, M. E., Matsumoto, D., Kobayashi, M., Krupp, D., Maniatis, E. F., & Roberts, W. (1992). Cultural influences on nonverbal behavior in applied settings. In R. S. Feldman (Ed.), *Applications of nonverbal behavioral theories and research*. Hillsdale, NJ: Erlbaum.

Masters, R. D. (1989). *The nature of politics*. New Haven, CT: Yale University Press.

McCormick, N. B., & Jones, A. J. (1989). Gender differences in nonverbal flirtation. *Journal of Sex Education & Therapy*, 15, 271—282.

McNeill, D. (1992). *Hand and mind: What gestures reveal about thought*. Chicago: University of Chicago Press.

McNeill, D. (Ed.). (2000) *Language and gesture*. New York: Cambridge University Press.

Mehrabian, A. (1970). A semantic space for nonverbal behavior. *Journal of Consulting and Clinical Psychology*, 35, 248—257.

Mehrabian, A. (1981). *Silent messages* (2nd ed.). Belmont, CA: Wadsworth.

Moore, M. M. (1985). Nonverbal courtship patterns in women: Content and consequences. *Ethology and Sociobiology*, 6, 237—247.

Morris, D. (1971). *Intimate behavior*. New York: Random House.

Mottet, T. P. (2000). Interactive television instructors' perceptions of students' nonverbal responsiveness and their influence on distance teaching. *Communication Education*, 49, 146—164.

Patterson, M. L., Churchill, M. E., Burger, G. K., & Powell, J. L. (1992). Verbal and nonverbal modality effects on impressions of political candidates: Analysis from the 1984 presidential debates. *Communication Monographs*, 59, 231—242.

Perper, T. (1985). *Sex signals: The biology of love*. Philadelphia: ISI Press.

Perper, T., & Weis, D. L. (1987). Proceptive and rejective strategies of U. S. and Canadian college women. *Journal of Sex Research*, 23, 455—480.

Philippot, P., Feldman, R. S., & McGee, G. (1992). Nonverbal behavioral skills in an educational context: Typical and atypical populations. In R. S. Feldman (Ed.), *Applications of nonverbal behavioral theories and research*. Hillsdale, NJ: Erlbaum.

Ritter, K., & Henry, D. (1990). The 1980 Reagan-Carter presidential debate. In R. V. Friedenberg (Ed.), *Rhetorical studies of national political debates: 1960—1988*. New York: Praeger.

Rosenthal, R., & Jacobson, L. (1968). *Pygmalion in the classroom*. New York: Holt, Rinehart & Winston.

Saks, M. J. (1976). Social scientists can't rig juries. *Psychology Today*, 9, 48—50, 55—57.

Sullivan, D. G., Masters, R. D., Lanzetta, J. T., McHugo, G. J., Plate, E., & Englis, B. G. (1991). Facial displays and political leadership. In G. Schubert & R. Masters (Eds.), *Primate politics*. Carbondale: University of Southern Illinois Press.

Tickle-Degnen, L., Hall, J., & Rosenthal, R. (1994). Nonverbal behavior. In V. S. Ramachandran

(Ed.), *Encyclopedia of human behavior* (Vol. 3). New York: Academic Press.

Tiemens, R. K. (1978). Television's portrayal of the 1976 presidential debates: An analysis of visual content. *Communication Monographs*, 45, 362—370.

Woolfolk, A. E., & Brooks, D. M. (1983). Nonverbal communication in teaching. In E. Gordon (Ed.), *Review of Research in Education*, 10. Washington, DC: American Educational Research Association.

第三节 非言语行为的功能[1]

丹尼尔·J.卡纳里(Daniel J. Canary)、迈克尔·J.科迪(Michael J. Cody)、
瓦勒里耶·L.马奴索夫(Valerie L. Manusov)

本文之前的文章作者描述了什么"是"非言语传播和人们所"做"的一些非言语传播。在本章的最后一篇文章中,三位传播学教师兼学者指出了非言语暗示的主要功能。

卡纳里、科迪和马奴索夫首先指出,在大多数情况下,单个的非言语暗示本身发挥不了什么作用。正因为如此,紧抱双臂之类的暗示,被解读为"封闭"或"拒绝"。这是危险的。例如,面部暗示与眼神、姿态和声调一起发挥作用,才能形成传播。

这些非言语行为的主要功能之一,就是表达情感。这种观点真实地体现在某人的宣称中:"你说你爱我,但我不信。"或者某人大嚷:"我没疯!!"在每一个案例中,解读传播者正在从非言语暗示中解读情感,而非解读言语暗示。"我爱你"这句话表达的复杂情感,比一个人和另一个人在一起的时间、眼神接触的质量、触摸的数量与类型等所有非言语暗示更为有效。同样,用大声的、粗俗的腔调说"我没有疯"表明,说话者的情感与那句话表达的情感极为不同。

非言语暗示的第二个功能,是管理一个人的个性或者他或她给他人留下的印象。作者们谈到,长着一张"娃娃脸"的成年人拥有的可信度和非言语魅力可导致许多其他正面的判断。他们称,尽管人们在使用非言语暗示时可能会出些差错,但人们还是依靠它们去评估他人的特性。他们还说,我们每个人都佩戴着特定的"身份认同徽章"(identity badges)。

非言语暗示的第三个功能,是对谈话进行管理,指示该轮到谁来讲话了。要顺利地轮换讲话者,主要得通过眼神、音量、声调、语速和手势等非言语暗示才有可能实现。

关系讯息可通过非言语方式传送。这是此处讨论的(非言语暗示的)第四个功能。例如,人们暗示,他们感到自己与他人的关系多么密切,力量在哪里能得到平衡,

---

[1] "Functions of Nonverbal Behavior" by Daniel J. Canary, Michael J. Cody, and Valerie L. Manusov from *Sex and Gender Differences in Personal Relationships*, pp. 1—23. Copyright ⓒ 1998. Reprinted by permission of The Guilford Press.

关系属于正式还是非正式。他们仍通过眼睛、声音、面部表情、姿态、手势和物件来做这些事情。想改变关系的定义者,也常常改变沟通中的非言语行为,例如,靠得近些或者离得远点,触摸多一些或者少一点,或者改变微笑的次数和盯着他人的眼睛看的时间量。

本文作者结合以前的阅读材料,让你总体上了解什么是非言语暗示和它们如何帮助人们进行沟通。

非言语暗示,无论有意为之还是无意为之,是普适通用还是仅属于某种文化所独有,总是在我们与他人的互动中发挥重要作用。也许我们可以说,非言语暗示发挥着一系列传播作用或承担着一系列任务,是它们让我们努力实现了一系列人际传播目标。针对非言语行为的此种功能可形成两种假设。第一,它假定,一系列行为被共同使用从而完成某种功能;尽管单一行为(如注视)也可以发挥作用,但包括语言在内的暗示合作发生作用的情况更为普遍。第二,它的功能假定,任何一种暗示都可以与其他暗示一起,用于几种传播功能中的任何一种功能。比如,空间关系学可以是向他人传递的表露喜爱之情的讯息的一部分,也可显示一个人拥有的实力大于另一个人拥有的实力。

一、情感表达

对许多人而言,非言语暗示最明显的功能是交流我们的感觉和揭示他人的感觉,特别是"面部表情"表现了某些特定行为及其意义之间经常发生的内在联系。尽管我们在以前的讨论中提到过,假定行为与意义之间存在着自动的自然联系是错误的,但非言语暗示仍是情感表达的重要组成部分。例如,当我们试图了解别人的感受时,我们就会看着他们的脸和姿态,倾听他们的音调。当我们要把我们的感受传递给他人时,我们倾向于采用非言语的表达方式。但是,非言语暗示与情感表达之间的关系又是复杂的,部分原因是情感本身就非常复杂。

一些研究者认为,情感表达反映了所有人都能使用和理解的一般沟通领域。为了提供证据,他们指出,研究已表明,来自一系列不同文化的人,可认出在某些特定照片中反映出来的情感(Ekman and Friesen,1969)。人类和其他灵长类动物使用的表情的相似性(如表现出的进攻性或悲伤)也反映出,某些表情可能具有生物和进化的起源。然而,我们实际使用的多数情感表达会通过我们的文化表现规则得到修正。例如,我们学会了如何用我们的文化能接受的方式表现悲伤、幸福和愤怒。比如,在美国,我们可能在脸上和沉默中表现悲伤。我们也知道何时结束我们的"悲伤期"。然而,在几种非洲文化中,表现悲伤的方法则是长时间地号啕大哭。发生在特定文化内的不同行为其实表达着相同的情感。

其他研究者将情感表达限制在形成一套简单的通用讯息(universal set of messages)上。莫特利(Motley,1993)的研究表明,日常谈话中使用的多数情感表达无法在谈话之外得到阐释。我们很少使用夸张型的表现,这使埃克曼和弗里森(Ekman and Friesen, 1969)断言,每一个人都可以解读情感讯息。我们的面部在我们与他人讲话时所做的运动,发挥着"插入语"的作用(例如,相当于说"唉""怪了""真的"或"啊,请"之类的词儿),只有在我们听到了正在讨论的话题时,我们的面部运动才具有意义。因此,尽管非言语行为是情感表达的重要组成部分,但任何特定暗示(如某种面部表情)都可能需要对其他行为(如语言或言语暗示)进行精确阐释。

二、印象形成/身份认同管理

我们不仅看他人的表现,也对他或她的表现进行评价,这反映出我们依靠非言语暗示来评价他人的为人。本节的内容不仅揭示了非言语暗示作为个人感知(印象形成)的组成部分如何发挥作用,也揭示了人们使用的让他人以某种方式(身份认同管理)看待自己的方式。

有关这一观点的许多事例业已强调了非言语暗示对判断他人的重要意义。1988年,贝里和泽布罗维茨·麦克阿瑟(Berry and Zebrowitz McArthur)不仅揭示了非言语暗示与印象之间的联系,也揭示了此类印象可能具有的重要影响力。这些研究者运用模拟的法庭审判来研究身体魅力的影响;他们特别观察了面部成熟度对感知和审判结果的重要意义。贝里和麦克阿瑟发现,人们认为长着"娃娃脸"的成年人比具有更成熟的面部特点的成年人显得诚实。由于这一点,长着娃娃脸的成年人在模拟审判中被认为故意犯罪的可能性较小,而且他们随后被判的刑期也较短一些。

贝里和麦克阿瑟的研究有助于揭示人们使用非言语手段判断他人时所发生的一系列联系。我们看到一个或更多的行为或暗示(例如一瞥或有身体魅力)并假定那个人具有某些特点(如害羞)。然后,也许我们会用某种特定方式对待此人,因为我们认为他或她具有这样的特点。这种对待实际上有助于产生这样一些品质,创造一种自我应验的预言(self-fulfilling prophecy)。更有可能的是,我们倾向于注意那些我们相信与他人有关的行为,忽视那些与他人无关的行为。在这个过程中,我们逐渐相信,我们对他人进行了"正确"判断。然而,重要的是,研究业已表明,通过非言语手段显露出可靠的性格特点的例子是微乎其微的(Burgoon, Buller and Woodall, 1989)。

尽管用非言语暗示去评估他人存在着潜在的误差,但人们仍然会依赖非言语暗示。比如,除了通过非言语手段弄清他人的为人,我们也通过非言语手段,来反映我们自己的身份认同(或者说是理想的性格特点)的某些方面。其他人可能通过观察我们的外部特征来获知我们的性别或族群,因此,把我们自己的某些方面显露给他人的能力与他人判断我们的能力之间存在着联系。伯贡(Burgoon, 1994)在讨论塔吉菲尔(Tajfel)的研究时,说得很具体:

> 一个人的文化、社会、人口统计学和个人特点的明显迹象可成为"身份认同徽章",使个人得以用不同的个人和社会类型来保护自己的特性,同时,也使观察

者使用同样的暗示作为一种即时的分类手段。因此,不仅个人有可能依赖他们的非言语行为肯定或自我核查自己的性格特点,他人也有可能把此类信息作为内在的自我的外在反应(p.245)。

三、谈话管理

允许使用非言语暗示建构谈话的方式被称为谈话管理(conversation management)。

许多例子揭示了非言语暗示在谈话中的作用(例如,我们用手势表达观点,用频繁的目光注视来表示我们正在倾听他人的讲话)。但是,最引人注目的例子之一,则是这些非言语行为如何帮助人们"轮流"讲话(例如,知道何时该我们讲话了、何时轮到我们的谈话伙伴讲话了)。伯贡(1994)认为,"(非言语)暗示是保持谈话(轮流)灵活运转的润滑油"(p.268)。

在大多数情况下,"良好"的谈话包括平稳地实现轮流讲话,这主要通过眼神、声调、语速和手势等非言语行为才有可能做到。卡佩拉(Cappella)的研究(他在1994年写的有关文章中讨论过此问题)指的是人们保持说话的能力(例如,当人想继续讲话时,可通过言语方式和非言语方式达到说话的目的);他的研究表明,占用时间长篇大论的讲话者与他人对讲话者拥有的权力和控制力的评价之间存在着紧密联系。能够把持讲话权者,最愿意比其他讲话者拥有更多的权力。非言语暗示不仅对讲话的平稳连贯具有重要意义,也对了解讲话的结果(被感知的权力或实际的权力)具有重要意义。

四、关系的讯息

伯贡和黑尔(Burgoon and Hale,1984,1987)是首批深入探讨非言语暗示和改变我们与他人的关系的方式的研究者之一。他们认为,关系讯息(relational messages)包括两个人之间的亲密程度,互动者拥有的权力是否平衡,两人拥有正式关系还是非正式关系。总之,"关系沟通处理的是人们协商谈判、表达和阐释彼此的关系的过程的讯息"(Burgoon et al.,1989,p.289),此类讯息通常是用非言语方式发送的。

人们相互表达亲密与平等关系的方式之一是行为的同步性(behavioral synchrony)。同步性虽有许多种形式(如照镜子、模仿或其他行为的契合),但它一般指的是人们的行为的协调性(例如,两个人都朝相同的方向运动或者他们的行为"适合"其他人的行为)。当两个人或更多人的非言语暗示"同步"时,人们发送的关系性讯息通常是团结、赞同、支持和吸引。

只有看上去是自然同步的行为才有可能呈现正面关系。马奴索夫(1992)在一项研究中使一些参与者相信,与他们互动的人(其实就是研究者)是在有意地模仿他们的行为;她对另一些参与者(控制小组)说,镜像行为具有偶然性。相比没有被告知自已被故意模仿的情况,被告知自己的行为被有意模仿的参与者认为对方缺乏竞争力、没有吸引力(并且对方的行为毫不连贯且过于夸张),尽管实际上研究者的每一次行为毫无二致。之所以会出现这种负面评价,大部分原因是参与者相信,他们正在受其伙伴的操纵。这是让人们感到"不自然"的一种常见的同步结果。

正如有人说过的那样,非言语暗示可以表现现有关系的状态,也有助于互动者向一种不同的关系类型转变。例如,米伦哈德(Muehlenhard)及其同事对旨在求爱的具体行为进行了一系列研究(Muehlenhard, Koralewski, Andrews, and Burdick, 1986; Muehlenhard and McFall, 1981; Muehlenhard, Miller and Burdick, 1983),他们让参与者观看了男女互动的录像,并对女子接受男子约会的可能性进行了评级。观察者认为,如果女子与男子保持频繁的目光接触,身子比较靠近男子,触及男子的身体,进行活泼的谈话,该女子就有可能接受男子的约会,因为这些暗示常常与发展关系的欲望有关;这些暗示中的某些子暗示可能有助于传递这样的讯息:一个人已经准备改变关系。

在从一个关系层面向另一个关系层面转变的进程中,常常会出现问题;然而,这有可能是因为我们要求实现目标时犯了"行为错误"(behavioral mistakes)。阿比(Abbey,1982)进行了一项具体研究。在该项研究中,男女学生互动了五分钟。此时,研究者在另一个房间里进行观察。互动者和观察者谈话之后,将互动者的行为分为友善型、勾引型、挑逗型和复合型几类。女性观察者认为,参与互动的女生呈现出友善,而男性观察者则认为,她们更具勾引性和挑逗性。阿比断定,男性常常比女性对性倾向的感知度要高,这有可能导致对同样的行动进行不同的阐释(如"错误"的阐释)。然而,肖特兰德和克雷格(Shotland and Craig,1988)认为,勾引型行为(如长时间的目光接触、较温柔的说话方式、更多微笑)和友善型行为(如经常而短暂的目光交流、各方说话的时间均较长、被其他活动分散注意力)之间存在明显的区别。

关系讯息观也意味着,非言语暗示让我们与他人在一般感觉中发生关系。最近出版的一本书揭示了这一思想。科尔(Craig,1988)采访了一些能够说话但无法进行面部表情交流的人(其中一些人患有默比乌斯综合征,他们的面部器官不能活动;还有一些人是盲人,因此他们看不见对方的脸)。他的访谈表明,除非人们找到了与他人联系的其他手段(比如借助音调和音量等声音特点),否则他们就难以进行社交活动。根据科尔的说法,"没有面部表情提供的反馈和强调,联系和参与就会变得很少"(p.10)。这种讨论表明,与他人的社会交往具有深远意义,非言语暗示在接触过程中极具重要性。

复习题

1. 文化是如何对通过非言语行为表达情感的方式产生影响的?
2. "印象形成"与"身份认同管理"的区别是什么?
3. 什么是"身份认同徽章"?
4. 哪种非言语行为经常用于对轮流说话的管理?

思考题

1. 情感(幸福、悲伤等)的非言语表达在多数情景下都通用吗?任何特殊的暗示都需要对语言和声音暗示进行精确阐释吗?

2. 为了与你的谈话者"同步"沟通,你可能采取何种非言语行为?如果你选择这样做,需要避免什么样的危险吗?

3. 举出两个帮助你把一种关系从低水平向高水平提升时所采用的非言语暗示的例子。

参考文献

Abbey, A. (1982). Sex differences in attributions for friendly behavior: Do males misperceive females' friendliness? *Journal of Personality and Social Psychology*, *42*, pp. 830—888.

Berry, D. S., & Zebrowitz-McArthur, L. (1988). What's in a face? Facial maturity and the attribution of legal responsibility. *Personality and Social Psychology Bulletin*, *14*, pp. 24—33.

Burgoon, J. K. (1994). Nonverbal signals. In M. L. Knapp and G. R. Miller (Eds.), *Handbook of interpersonal communication* (pp. 229—285). Beverly Hills, CA: Sage.

Burgoon, J. K., & Hale, J. L. (1984). The fundamental topic of relational communication. *Communication Monographs*, *51*, pp. 193—214.

Burgoon, J. K., & Hale, J. L. (1987). Validation and measurement of fundamental themes of relational communication. *Communication Monographs*, *54*, pp. 19—41.

Burgoon, J. K., Buller, D. B., & Woodall, W. G. *Nonverbal communication: The unspoken dialogue*. New York: HarperCollins, 1989.

Cappella, J. N. The management of conversational interaction in adults and infants. In D. M. L. Knapp and G. R. Miller (Eds.), *Handbook of Interpersonal Communication* (2nd ed.). Thousand Oaks, CA: Sage, 1994.

Cole, J. *About face*. Cambridge, MA: Bradford/MIT Press, 1998.

Ekman, P., & Friesen, W. V. (1969). The repertoire of nonverbal behavior: Categories, origins, usage, and coding. *Semiotica*, *1*, pp. 49—98.

Manusov, V. (1992). Mimicry or synchrony: The effects of intentionality attributions for nonverbal mirroring behavior. *Communication Quarterly*, *40*, pp. 69—83.

Motley, M. T. (1993). Facial affect and verbal content in conversation. *Human communication research*, *20*, pp. 3—40.

Muehlenhard, C. L., & McFall, R. M. (1981). Dating initiation from a woman's perspective. *Behavior Therapy*, *12*, pp. 682—691.

Muehlenhard, C. L., Miller, C. L., & Burdick, C. A. (1983). Are high-frequency daters better cue readers? Men's interpretation of women's cues as a function of dating frequency and SHI scores. *Behavior Therapy*, *14*, pp. 626—636.

Muehlenhard, C. L., Koralewski, M. A., Andrews, S. L., & Burdick, C. A. (1986). Verbal and nonverbal cues that convey interest in dating: Two studies. *Behavior Therapy*, *17*, pp. 404—419.

Shotland, R. L., & Craig, J. M. (1988). Can men and women differentiate between friendly and sexually interested behavior? *Social Psychology Quarterly*, *51*, pp. 66—73.

第二部分

共创意义

"吸气"与"呼气"

正如我在前言中提到的,我借助于"呼"与"吸"这两个比喻来组织第二部分的内容。在最基本的层面,我使用了吸气(inhaling)和呼气(exhaling)这两个术语,以开始打破或者说使一个持续不断的、变化的、呈多维性的、经常让人糊涂的所谓"沟通"过程条理化。以一种符合常识的、接近经验的方式,来组织这一整个过程,就是将其分为人们接受(吸入)和发出(呼出)的两部分内容。

如果你想只吸气而不呼气,或者只呼气而不吸气,那你就能弄明白我选用这一比喻的第二个理由或最重要的理由了。这些标签使我把沟通分为两个主要部分,同时又强调这两大部分是同时发生的。我在第二章中说过,沟通者总是在同时收发讯息。我们讲话时,一直在注意人们如何回应;我们倾听时,一直在发送混合性讯息,主要是非言语暗示的讯息。当然,任何比喻都是有缺陷的。这个比喻的一个难点就是,吸气和呼气是连续发生的,而感知和讲话则是同时进行的。从这个意义上说,沟通比我的比喻所表达的意思更具活力。

我使用这个比喻的第三个理由,就是它的有机性。对世界上大多数有机体来说,呼吸是生命的组成部分。呼吸当然对人类和其他动物来说至关重要。此外,你也可以想想鱼类把吸水和吐水及植物把吸水和制氧作为呼吸形式的情形。第四个理由是,这个比喻把呼吸放到以输入为起点的过程中。如果有人问"呼吸过程的两个部分是什么",常见的回答是"吸气和呼气",而不是"呼气和吸气"。所以,这个比喻可使我首先着眼于感知和倾听。这就推翻了最初人们总是通过着眼于别人说什么而努力改进沟通的传统倾向。我认为,倾听是经常被忽视的,然而,它却是"听—说"组合(listening-speaking pair)中至关重要的一半;我的这个比喻(使人)更容易纠正那些失衡的东西。

当你阅读本章材料时请记住,作者有时会人为地强调总是作为整体发生的一个过程中的一部分,就像正常呼吸中的吸气和呼气一样。我们把整个过程分为所吸入和呼出的两个部分。虽然这是有道理的,但这并不就是我们实际中的沟通。人们携手创造意义,而且他们是通过携手"吸气"和"呼气"来创造意义的。

第五章

吸气：感知与倾听

第一节 吸气：感知[①]

约翰·斯图尔特、卡伦·E.泽迪克尔和萨斯基娅·威特博恩

下面几页材料描述了人们用来感知事物的基本过程和我们用来感知他人的某些特殊过程。这些材料也提醒你，要注意可能对你的沟通产生破坏性影响的五个感知方面的实际问题。这些材料来自我与两位同事撰写的一本人际传播教材。

我们的第一个观点是，人们通过参与三个基本感知过程，即选择、组织和推断（inferring），在我们与他人的交往中创造意义。我们不仅"吸取感觉数据"（soak up sense data），而且积极主动地诠释我们遇到的一切。我们采取三大举措。首先，我们不仅根据可能性也根据过去的判断、期待和一系列文化暗示，来有选择地参与相关活动或找出重点。其次，我们把所选择的暗示有机地组织到一个能够产生意义的整体中去。最后，我们要超越暗示，去推断它们的意义。

沿着这条路线，可能发生不同的感知，也可能出现感知问题。一些证据表明，男人和女人的选择、组织和推断之间存在差异。说不同母语者也会有不同的选择、组织和推断。

帮助我们把感知组织起来的心智模式（mental patterns）被称为**认知图式**（cognitive schemata）。对传播产生特别影响的两种图式，是人的原型（person prototypes）和人的脚本（person scripts）。前者是对人的"类型"，如教授、父母、医生或牧师的一般化再现。刻板印象是固定的人的原型。脚本是组织好的行动顺序，如我们在饭店里的行为举止或我们如何邀请别人外出。

这篇阅读材料也解释了影响我们的推断、印象形成、归因和刻板印象的三个过程。在某种程度上，我们用形成感知他人的方式的那些性格理论（personality theories）来形

[①] "Inhaling: Perception" from *Together: Communicating Interpersonally: A Social Construction Approach*, 6th Edition by John Stewart et al. Copyright © 2005. Reprinted by permission of Oxford University Press.

成印象。归因是对促成他人行为举止的内外因素的解释。刻板印象是一种自然的过程,是不可避免的,也是需要多加监测注意的。

最后一部分内容简要探讨了能够影响我们的传播的非人际—人际标尺的五个感知进程:快速思考(fast thinking)、避免超载(overload avoidance)、娱乐因素(entertainment factor)、闪念判断(snap judgments)和归因错误(attribution errors)。你读完这篇文章时,应当已经很好地了解了你的感知过程如何可能影响你的人际传播。

一、概述

请记住,你正在用吸气和呼气这两个比喻来解释传播的接收和表达行为。你要记住的重要一点是,你吸收的讯息要远远多于你正在被动接收的讯息。吸气把感知和倾听这两个主动的阐释性过程结合起来了。

人们通过对自身的感知,体验在这个世界里所形成的意识;体验受文化和不同社会团体成员的影响,实际上,也受到一个人所拥有的每一种关系的影响。你的感知深刻影响并形成了吸气的过程。你选择感觉暗示(sensory cues),把它们放在脑海中进行组织,对它们进行推断。人们进行选择、组织和推断的原因之一,就是每个人都生活在一个我们不得不进行感知的复杂世界里。人们用来感知世界和生活在其中的人的三大推断类型就是:刻板印象、归因和印象的形成。

二、感知:一个阐释的过程

感知可被定义为人们把意义赋予感觉暗示的社会过程和认知过程。人们常常假定,事物的"真实"存在于他们所见、所听、所触、所尝和所闻之中。例如,你知道"眼见为实"这句老话,它试图让你想到,你的眼睛为你呈现了一幅在你自己看见的"现实"中的完美图像。然而,感知是通过镜头而非窗户获得图像的。

感知是通过人们的经历和他或她对自己在世界上所处的位置的理解而形成的。如果感知只是一个准确检索感觉暗示的问题,那么你就会看到每个人都以十分相似的方式在进行感知。然而,感知并不会这样形成。正如我们所说,这是一个积极的过程。我们提出这个观点时,很大程度上也是指,感知是自创的(self-initiated)和自愿发生的,是每一个人做出回应性选择的一种功能。没有人强迫你用一种方式来阐释暗示。你对你的感知过程进行一定程度的控制,特别是当你开始意识到这些暗示时。

感知的发生经过三个基本的子过程(sub-processes):选择、组织和推断。但是,这三个子过程开始之前,一个人不得不通过感觉,即触、尝、闻、听和看来接收信息。这类信息是以感觉数据或暗示的形式被接收到的。暗示是最小的感知性信息"比特"(bit)。当你最外层的感觉神经收到一个暗示时,你就开始选择、组织和推断信息。你不可能免去这些过程去对任何事物进行感知。因此,感知从一开始就是一个阐释的过程。下面的简要练习将会让你看到,阐释是在特定环境中感知事物的主要方式。

选择、组织和推断

感知的三个子过程不按任何明显的渐进顺序发生。它们作为三个不可分割的事件同时发生。选择一般指如何关注你的感觉暗示;组织描述的则是你建构和把模式或结构强加给你收到的感觉暗示流的方式;推断是一种标签,标示了你"超越"暗示,阐释你的感觉所选择和组织的暗示的方法。

1. 选择

当你处在某种意识层时,首先要决定关注哪个暗示。有时,你似乎不必选择关注某种暗示,例如一个警笛、黑暗中突然出现的一道亮光、一声大叫或一阵剧痛。但是在大多数时候,人们都会对他们感知的暗示进行相当多的选择。

当你匆忙地奔向机场、寻找你的航班售票柜台、没有仔细注意你周围的人时,选择就在进行着。你的注意力集中在标明抵离航班班次的显示牌上。当你在大型综合商场寻找新鞋时,你有选择地关注与你的目标有关的商场标示和橱窗,而根本不会去看出售床上用品和洗浴用品的商场及咖啡厅。但当你突然感到饥饿难忍时,你就会把注意力转向闻着瞧着都像食物的东西。你可以在一个吵闹不堪的晚会上听不见另一个离你不到两英尺的人说的话,却魔术般地能听到两个距你较远的闲聊者提到你的名字。如果你此时正在聚精会神地阅读这本书,那么你就有可能感觉不到椅子抵着你的身体所造成的压力,也不会意识到隔壁房间传出来的噪音,直到你读到这句话并把你的注意力转到这些暗示上为止。

人们沟通时也进行选择性感知。一些研究表明,人们倾向于接触最容易接触的人或物,如最亲近的人、声音最大的人、最容易看到的人。例如,两名研究者在一系列研究中,让研究对象观察两人之间的谈话,并且让研究对象坐在不同的位置上(见图5.1)。一些观察员能直接看见其中一名谈话者,但只能看见另一名谈话者的背部和侧面。观察员给这些谈话者评级时认为,面对他们的那个谈话者对谈话的话题和谈话的定调回应更多。在相同的时段内能够同时看见两个谈话者的观察员给谈话者的评级相同,即两名谈话者对谈话的调门和话题的回应相同。研究者的结论是:如果你的关注点影响到你的感知,那么,你的选择性感知就会影响到你对相关者的判断(Maltz and Borker, 1982)。

然而,这个选择过程并非如此简单。你所关注的东西不仅是你对某种暗示的特性如最响的声音、最明亮的事物或者最直观的指示的一种回应,你也会根据你过去对相关者的判断来选择来自他们的暗示。所以,如果你对你的伙伴生气,你就很有可能对所有细小的恼人习惯进行感知,这就像你看不见或视而不见你喜爱的人身上的缺点一样。这里的底线就是,你不能感知所有你可能接触到的感觉暗示。感知是选择性的,我们选择关注的东西,影响着我们如何对人和物做出回应。

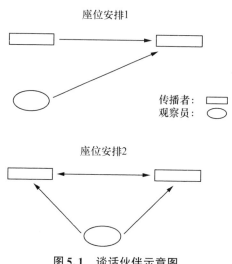

图 5.1 谈话伙伴示意图

2. 组织

人们主动参与感知的另一种方式,是对他们选择的暗示进行组织。确切地说,你无法不把结构和稳定性用到你的感觉世界中来。例如,你在任何时候看到模糊不清的颜色或不明不白的事物时,你都会继续关注它,直到你认清它为止。你正在做的事情就是根据一系列可能的模式或形式,对你拥有的信息进行安排和重新安排,直到该信息最终对你产生了意义,使你获得一种"哦,原来是这样"的体验。

你在倾听音乐时,也可获得这种感知模式或感知结构的体验。你如何识别你喜爱的歌曲呢?研究表明,人们听到的东西远远多于从音符到音符,人们喜欢关注经过组织的声音模式,即旋律(Fiske and Shelley,1984)。如果你玩过"猜歌名"(Name That Tune)这个游戏,那么,你就会获得这样的体验:你突然认识到,在音符中间存在的不是单个的音符,而是声音的模式。

一旦你把一种特定的结构运用到你的体验中,你就使这种感知性看法趋于稳定了。例如,倘若你几天来一直哼着一支特殊的曲调,你就很难再想起其他歌曲如何发声,特别是如果其他歌曲的模式与你的调子相似时。对感知进行组织有助于在发生的事情中创造意义。你可把模式或结构运用于极小的感觉性事件(sensory events)中。你也可发展出对你所熟悉的人加以个性化的模式。我们将在本文的后一部分,谈谈通过刻板印象、归因过程和印象形成而形成的比较复杂的模式。但是在此时此刻,我们只想强调,人们组织暗示的方式对感知的整个过程有多么重要,这一步骤势必会影响你的沟通。

3. 推断

推断就是得出结论、进行判断或超越证据的局限。所以,在感知过程中,推断的含义就是超越感觉暗示,进入你自己的阐释。你所做出的推断或判断取决于你所选择的暗示,取决于你根据自己的假定、期待和目标把它们组织起来的方式。

也许，这听起来让人觉得，做推断是一个冒险乃至愚蠢的过程，因为它意味着你超越了"硬事实"（hard facts）。在某些方面，做推断是危险的，但是不做推断也是不可能的。正像选择和组织一样，进行推断是被硬性地纳入人的感觉生成之中的。意义是为选择、组织和推断所产生的结果而制作的标签。

我们对他人和事件的阐释取决于我们的世界观、往日的经验、生活目标与期望，所有这一切都因文化的不同而不同。文化因回答下列基本问题的方式不同而得以彰显自己的特性：

- 什么是个人价值，什么是群体价值？
- 人们如何改善生活，靠遗产还是靠成就？
- 人的本质是善还是恶？
- 人与人如何发生关系？
- 意义存在于何处？在语言中，意义是清楚明了地得以表现，还是隐藏在语境之中？（Hall, 2002；Kluckhorn and Strodtbeck, 1961）

许多因素可以构成一种文化的世界观；对上述每个问题的回答都体现在连续统一体里。换言之，世界观是复杂的，而非简单的。例如，你想独立做出上大学的决定时，看重的是个人主义的价值观。但是，当你需要赡养年迈的父母时，看重的是集体主义和群体的价值观。

世界观影响人们对这些问题做出的回应，也影响人们如何对暗示进行阐释。例如，萨斯基娅抵达美国西海岸时，人们在大街上冲她微笑，和她打招呼，在公共汽车里跟她讲话，这使她感到困惑。在她的成长过程中，她受到的教育是，对陌生人要尊敬和友好，但同时也要保护自己的隐私，不要把自己交给自己不认识的人。起初，她感到有点不舒服，因为她不知道如何阐释她从生人那里得到的某些暗示。超市里那个冲她微笑、向她问好的男人是在挑逗她吗？他仅仅只是出于友好吗？萨斯基娅的父母从德国来看她时，她父亲对"她认识那么多人"留下了深刻印象。他对街上的人向她问候、超市里的收款员与她闲聊的阐释是，"他们肯定认识她，否则他们就不会与她说话"。当他发现他们并不认识萨斯基娅时，他感到极为惊讶。这个例子说明，萨斯基娅的家人的世界观影响了他们对传播性互动的阐释。

然而，感知的差异并非只是出现在不同的族群或国家群体之间，同时也出现在特定的性别之间。根据马尔兹和博克尔（Malz and Borker, 1982）的研究，北美的男女对谈话中同样的行动的阐释极为不同。例如，男人的感知是，人们在倾听时，点头是表示赞同言者的一种方式，而女人则认为点头表示她们正在听言者讲话。对女人来说，这是表示"我与你在一起，请继续说吧"的另一种方式。这种差异可能也是一些女人抱怨一些男人的根源："他从来都不听我的"（因为他倾听时不点头）或者"他总是那么理性，有时我只需要些情感上的支持"。同时，频繁点头强化着这样一种刻板印象：一些男人认为女人不可靠，因为"不管我说什么，你总是同意我说的话"。

社会化和生物学在女人和男人怎样进行沟通中发挥着作用,特别是当他们沟通情感时(Konner,2002)。研究者们说,在负责情感推理(emotional reasoning)的前突出区(frontallobe region),男人与女人的大脑有所不同。他们也发现,女人大脑中联结大脑两个部分的纤维团,即硬结体(corpus callosum)大于男人大脑中的硬结体。果真如此,女人大脑中较大的纤维团,就有可能更好地让女人把大脑中的语言与感情中心融合起来。这意味着,女人比男人更善于用言语表达感觉,但这并不意味着她们会自动这样做。社会化在人们如何沟通中发挥另外一种主要作用……

既然我们解释了基本的感知子过程,我们就要多谈谈有助于我们组织正在进入的信息的心智指南或认知图式问题。随后,我们还要谈谈你阐释周围的人或物的过程。

三、认知图式

为了认识我们周围的人和物,我们需要一些帮助处理暗示的智力指南。这些指南被称为认知图式。图式有助于我们把有关人、动物、行为举止和事物等的即将到来的暗示组织起来。

大约在八十年前,图式理论(schema theory)的创始人提出了这样的观点:所有记忆都是建设性的。大脑不是把所有刺激都储存在记忆之中,而是通过图式提供一种整体印象。巴特利特(Bartlett,1932)在实验中使用了儿童版的"电话"游戏。在这个游戏中,讯息沿着人际链条传递,每传递一次,故事就变化一次。他在某些实验中,让英国大学生阅读源自另外一种文化的故事,然后把这个故事放到一边,再重新编造一个故事,最后传给其他学生。结果巴特利特发现,故事在传递过程中出现了系统性改变。这使他认识到,人类在获得新信息的过程中,必须为现存概念或图式吸收新的材料。人们为了适应现存概念而改变新的信息,把它纳入以前存在的心智模式之中。在这个过程中,细节被丢失,所留下的知识与个人的阐释性框架(interpretive frame)相适应(Mayer,1992,230)。

这种对人们如何组织新信息的解释是富有意义的。萨斯基娅参加了一个学习班,在那个班上教授们让学生玩一种电话游戏。学生们必须记住一个故事,这个故事的内容包括源自亚洲文化的龙、和尚和其他人物。可到了故事结束时,和尚变成了纨绔子弟,公主变成了拉拉队长,方丈变成了药剂师。并非这些学生粗心大意或愚蠢无知,而是他们把信息进行了调整,以适应他们以前听过的故事。学生们的故事版本是:在故事结尾处,"他们从此过着幸福的生活"。这种结局虽然在原始故事中不会出现,但在用英语写成的童话或被译成英语的童话中却相当普遍。

总而言之,人们针对人、关系、行动甚至情感都有自己的图式。让我们多谈谈这两种类型的图式:人的原型和脚本。

1. 人的原型

人的原型是特定类型人物的普通代表,通常基于经验和人与人之间的反复互动。当你想到学生、教授、律师、赌徒或汽车销售员时,你可暂停一下,想想你大脑中出现的心智图像(mental image)。人的原型中包含着特点,包含着你认为代表某类人物的特点的言语行为和非言语行为。你认为一位教授的特点和行为是什么?一位律师的特点和行为是什么?一个拉拉队长的特点和行为是什么?一个无家可归者的特点和行为又是什么?总之,原型让我们自己在世界中找到方向;原型可以帮助我们与有可能让我们感觉舒服的人相遇,也可以帮助我们避开危险的形势。然而,原型也能让我们误入歧途,使我们对人采取老套刻板的态度。为什么?因为它们忽略了人的具体特点。如果你只根据自己的个人图式进行传播,那么你将停留在第二章描述的传播标尺的非人际传播一边。

2. 脚本

另一种认知图式是处理某种行动的顺序结构的脚本。我们的大脑中都有一套脚本指令系统。它们通常来自于经验,而且能帮助我们了解接下来发生的事情。脚本的例子包括搭乘公共汽车、问候别人、参加婚礼或赴饭店就餐。想想"饭店脚本"问题(Abelson,1981)。人们进饭店时,知道实现其目标的不同步骤:解决饥饿问题,品尝美味佳肴时进行愉快的谈话,或者二者兼而有之。这种对不同步骤的了解有助于我们采取几乎自动的行为模式,用不着每一次都做出决策。所以,想象一下你上饭店时的情景。你会做些什么呢?我们猜想,你会按下面的顺序做这些事情:进饭店,坐下来,点菜,吃饭,付款,在账单上加10%—20%的小费,离开饭店。

此外,人的原型有助于在饭店环境下指导你的行动。在饭店入口处,通常会有一个人问:"几位?"你知道这个人肯定是店主或经理。一个人走到你们的桌前问:"准备好点菜了吗?"那个人穿着某种样式的服装,如一件带有饭店名字的T恤衫,这样你就会知道,他或她是你的侍者(人的原型)。你也知道侍者会为你做些什么,他应当有什么样的行为举止。例如,你知道,侍者不应冲你叫嚷,不应坐在你的桌边,也不应把苏打水溅在你身上。侍者也知道,顾客(你)不应进入厨房或坐在地板上吃饭。

你也应记住,脚本在不同文化中会有所不同。人们旅行时有时会感到不安全的原因之一是他们不熟悉某些脚本。萨斯基娅在德国时,她的饭店脚本呈下列顺序:进入饭店,坐下,点食物,喝饮料,吃饭,吃完后稍坐片刻,让侍者拿来账单,买单,留下合理的小费,离开饭店。你瞧,在美国和德国的饭店脚本中,存在着许多类似之处。当然,也有一些不同的地方,如让侍者拿来账单、不把钱留在桌上以及付小费的习惯。在德国,侍者通常在你用餐后,让你独自待一会儿。如果你用餐后盘子立即被撤走,这在德国被认为是很粗鲁的行为。在许多欧洲国家,顾客用餐后,侍者立即清理桌子和把账单放在桌上都会被理解为驱赶顾客。因此,你常常不得不叫男侍者或女侍者拿来账单。你通常直接买单,不能把钱留在桌上。

在美国和德国饭店付小费的习惯也不同。在德国,你通常把账单上不足一美元的钱补到一美元,或者账单超过10欧元时,你在账单上加10%左右的小费。在美国,侍者的标准期望是,小费约是账单的15%。了解某种情景下的不同文化脚本,会使你成为一个更有竞争力的沟通者,也有助于你免遇窘境或感到困惑不解。

人的原型和脚本对人们如何组织感觉暗示产生影响。此外,有三个过程影响着人们如何进行解释。这三个过程就是:印象形成、归因和刻板印象。

四、认知过程

1. 印象形成

印象形成是一个将一系列有时矛盾的观察融合或综合,构成一个人的连贯的总体"图像"的复杂过程。你所形成的印象基本上是对类似特点或是你整合起来的特点的综合。当你把一系列与某人的行为举止有关的阐释联系起来时,你就开始发展出有关此人的行为举止的所谓内隐性格理论。这是你根据一个人的行为举止所暗示的质量和特点,为此人"一定有的"性格所拍下的"图像"(理论)。

三位心理学家在一本被广泛引用的有关个人感知的书中,提供了一个印象本身如何形成内隐性格理论的范例:

> 假定你在晚会上一直在观察一位女士。许多人围在她身边。你发现她刚刚出版了一部小说。你观察了她很久,试图对她做出某种推断,其中,有些推断来源于归因;她聪明,志向远大,特别勤奋。你之所以做出这样的推断,是因为能写小说者寥寥无几,是因为你发现这是她的第二部小说和已出版的第四本书……你注意到,她刚刚四十出头,还算漂亮;她的头发看上去黄得不太自然。另外,她穿着一身昂贵的长衣。你很快做出判断,衣着华贵的这个金发碧眼的"人造"女子属于轻佻之辈。你还注意到,此女聪慧,不时发出格格的笑声。最后,你发现,她喝酒的速度极快,而且已经吸过几支香烟了。
>
> 你做出了什么判断?我们的小说家聪明伶俐,野心勃勃,勤奋努力,轻佻,聪颖,"格格大笑",神经质。现在,你的工作开始了。你可以自问:一个勤奋努力的人会是这般轻佻的样子吗?也许,她正在努力给某人一种真正美好的印象,这样,她的发式就不会让人感觉轻浮了。这影响到别人对她形成良好的印象了吗?可是,为什么她会有神经质呢?她是一个红人,是晚会的明星。也许她没有安全感(她所有"格格"的笑声都表明了这一点);神经质的人和试图创造良好印象的人都有点神经紧张。于是,你这样想。可她为什么神经紧张呢?(Schneider, Hastorf and Ellsworth,1979)

诸如此类的事情还有很多。为了使这些观察和推测具有连续性,人们会把他们感知的数据组织起来,形成某种连贯而稳定的印象。尽管这种印象不断被修改,但仍是对另一个人的综合的性格特点的塑造。在确定人物的性格特点的过程中,许多原始细节和不连贯的细节被丢失了。因此,你凭借你过去的经验而做出判断。例如,那位女士令人羡慕,但有些神经质;她是一个害怕被人发现的虚伪者,是一个聪明的读书人,但也是一个不谙世故的人。

现在,大量关于沟通的研究表明,人们对他人的有效感知存在着差异。例如,研究者们发现,刻板印象取决于一个人的精神状态。如果某人高度焦虑,试图压抑刻板印象性的思维,刻板印象实际上反而有可能增加(Hall and Crisp,2003)。也许,你自己有过这种体验。假设你正在国外旅行,在你出国之前,有人对你说"要看好自己的东西,因为那里总有小偷",你就会神经紧张,把周围的人都视为潜在的窃贼。

一些人比另外一些人更善于归纳总结和分门别类,从而有可能创造更多的非人际传播事件而非人际传播事件。他们的谈话以地位为中心,这种谈话关注社会角色和规范,而非人的独特个性。

有些沟通者似乎能更好地使用感知辨识力,能注意一种行为与另外一种行为之间的细微差异。他们似乎在建构关于他人的感知时更具灵活性,使用的感知量更大,类别更多。这些比较高级的社会感知者(social perceivers)更有可能进入非人际—人际标尺右端的沟通。这些沟通者对跨越不同类型的社会形势特点的感知非常敏感,这使他们的沟通极具以人为中心的特点。换句话说,以地位为中心的沟通比较靠近连续统一体的左端,而以人为中心的沟通比较靠近连续统一体的右端。

2. 归因

人的感知的第二个过程被称为归因。人们归因时,便针对提供意义生成的他人的一切行为提出理论或进行解释(Heider,1958;Kelley,1973)。这常常意味着给他人的行为赋予一种原因或意图(Kelley,1972)。例如,一个学生上课迟到,老师可能就会想:"这个学生太懒了。"在同样的情境下,另一位老师可能会想:"今天的交通肯定太拥堵。"这些归因中的任何一种都会为老师解释或弄懂学生的行为提供某种方法。这些归因也使老师感到,他或她可以料到,那个学生今后会有什么样的行为。你能对人们的行为做出解释,能预测他们未来的行为时,你就能够更加肯定在某种特定情景下正在发生的事情。

请注意这两位老师给这个学生的行为归因的方式,其中一位把这些行为归因于这个学生的性格("懒惰"),另一位则归于外因("交通")。这些都是人们通常做出的回应的选项:你把一种行为的原因归于性格特点、情绪或气质(内因),或者归于情境(外因)或两者皆有(Heider,1985;Rotter,1966)。当你在归因过程中强调内因时,你有可能会对所发生的事情进行阐释。此时,你可能会认为就是那个人的错误或认为那个人应当对此负责。某些人犯错时,人们倾向于归咎于内因。举一个例子,请你想象你正在做一个讲演。你努力准备了几周,而且感到非常紧张。你的一位朋友答应在你做讲演时来为你提供心理和情感支持。当你开始讲演时,却意识到你的朋友不在场。他迟到了十分钟。这使你想到:"他认为我不值得他花时间。我的好朋友真让我失望。"你把他的行为归咎于内因,而不是想到他有没有遇到交通堵塞。

相比之下,当人自己犯了错误时,却倾向于归咎于外因。你上课迟到时,会自然地归咎于外因,比如说"公共汽车没有来"或说"今天早上我的室友头痛极了,我不得不送他上医院"。人们之所以把个人的错误归于外因,是想挽救面子和使他们本人免遭伤害。

如果你记得我们关于确定过错方和责备的论述，也许你就会意识到，为什么归因会造成这种危险。尽管对他人的归因可能有助于你的理解，但也常常会干扰你的判断，使你不能用其他理由来解释人为何会有那样的行为。例如，几对夫妇玩"刨根问底"（Trivial Pursuit）常识问答游戏时，必须使对方明显正面的非言语行为和负面的非言语行为具有意义。一位研究者（Manusov，1990）研究了这些夫妇玩游戏的情况。在游戏过程中，每一对夫妇中的一位成员，都在游戏中做出了正面的非言语行为和负面的非言语行为。研究表明，拥有幸福关系的夫妇，倾向于把正面的行为归于对方的内因。因此，在这个研究中，一个人对他或她的伴侣的总体态度，极大地影响着其对伴侣的非言语行为的归因判断。

3. 刻板印象

《牛津英语词典》（Oxford English Dictionary，2003）给刻板印象下的定义是："预先对一个人、一种情境等的典型化的特点形成过于简单化的看法；基于此类成见而形成的态度；也指持一种固定类型的想法的人。"换句话说，刻板印象是一个人施予他人的一种类型，常常根据他们的群体成员资格而决定。这些类型包括性别、族群、国家、宗教和职业群体。总的来看，刻板印象是人们感知世界并界定他们周围的人的一种方式。

关于刻板印象，有两个重要维度：（1）可以是正面的，也可以是负面的；（2）强度可以多种多样。正面的刻板印象引起赞同性的联想，比如"亚洲人擅长数学""中国人懂礼貌""非洲女人漂亮"或"非裔美国人爱运动"。负面的刻板印象是对一个群体进行的否定性类别划分，比如，"东海岸的人粗鲁""阿拉伯人是恐怖分子"或者"踢足球的学生很懒惰"。除了能够引导思路以外，刻板印象在强度即刻板印象得以保持的力度方面也有所不同。家庭成员和同侪群体都会影响多数人刻板印象的强度（Tan et al. 2001）。如果你在成长过程中一直听到有人说外国人抢走了土生土长的美国公民的工作，你就有可能相信"外国人坏"这句话，甚至还有可能怀疑外国人。

毫无疑问，虽然你已经多次被告知刻板印象是危险的，刻板印象不好，但在许多方面，这是事实。由于刻板印象的存在，种族主义和大男子主义会在一定程度上继续存在下去。基于刻板印象的感知沟通位于人际传播连续统一体的非人际传播一侧。

另一方面，某些刻板印象是不可避免的，但在某些情况下，此类刻板印象却对人有所裨益。你晚间在城里走，如果一个人与你同行，而且他的速度与你相同，你就会把他视为一种威胁。这种刻板印象可能就是合理而有益的。人进行类别划分的自然倾向影响着所有感知。因此，完全阻止刻板印象是不可能的。你只是得小心谨慎一些，不要让你的刻板印象变得过于僵化。你可以通过这种认识看到：人们有时把他人装入盒中，以便能绕过刻板印象去看他或她的个性特点。

此外，研究者发现，刻板印象对传播的影响并不一定像互动本身对传播的影响那么大。例如，研究者考察了来自其他文化的中性、正面和负面的刻板印象对人际传播方式的影响，以及对人们对其谈话伙伴的判断的影响。迄今为止，他们发现，对刻板印象的期望确实影响着人对来自其他文化的谈话伙伴的评价。但是,他们也看到,实际谈话期间发生的事情要比刻板印象更为重要。人们主要根据他人的面部表情的愉快度、说话的流畅性、放松的程度和类似的声音暗示而非刻板印象来对他人进行判断(Manusov, Winchatz and Manning, 1997)。这一论据表明,即使在跨文化谈话中,在你认为刻板印象肯定会产生最大影响的地方,这些归纳也不能完全控制人们的回应方式。

五、实际感知问题

为把理论与实践结合起来,我们想通过描述你在感知过程中可能遇到的五个具体难点来结束此文。每个难点都源自感知过程的复杂性,源自文化依赖性。每个难点也可能影响到你在非人际—人际标尺上的传播。

1. 快速思考

我们选择感知时,会遇到这样一个问题:我们倾听别人说话时,拥有大量富余的时间。在一场正常谈话中,英语母语说话者每分钟能说 115 个至 130 个单词。但如果可用这种方式来计量的话,正常的思维速度每分钟可超过 500 个单词。这就意味着,人们听别人说话时,拥有大量的额外时间通过其他暗示或他们自己的思考转移感知的目标。也许,你可以把这种感知问题视为一种挑战,即你利用这段自由时间做些什么。由于把精力集中在别人的思想上比集中在自己的思想上更有难度,因此我们就常常选择容易的方式,利用我们的自由时间来思考我们自己关切的问题。我们将在后文中描述倾听技巧,以便清楚地说明,我们还可用这些自由时间另外做些事情。

2. 避免超载

人们有时会走神儿的第二个原因是要对他们所处的环境保持某种控制。家人、上司、老师、朋友、熟人、陌生人和媒体不断地用无法计数的讯息"轰炸"我们。如果我们试图关注所有讯息,我们马上就会变疯。我们不能完全停止感知过程,因为我们不得不做出决定:什么事情当办,什么事情不能办。所以,我们有时走神儿,以保持我们的身心健康。技巧就在于,不要让信息超载的真正潜力,迫使你养成心不在焉的习惯。

3. 娱乐因素

人们有时不能专注的第三个原因,是人们习惯于从娱乐中获取信息。那些花费大量时间在看电视中长大的人,尤其想在那些引人入胜、生动活泼、刺激味浓的一揽子经济新闻摘要节目中获取思想和信息。如果你怀疑这种因素的影响,那就请你注意一下广播电视台播报新闻的一揽子节目,以及广告商在广播电台、电视台和杂志上展示产品的方式。要认识到这一点,你需要走一段长路,然后才能减少它对你的感知的影响。

除了上述三种选择问题之外,至少还有两个问题会影响人们用于促进人际传播的感知。

4. 闪念判断

闪念判断是"通常非直接而且不涉及复杂认知过程"的推论(Schneider, Hastorf and Ellsworth,1979,20)。这是人们对他人进行判断时最有限的刻板印象类型。闪念判断通常基于对他人的身体特征及其行为的有限观察。针对那个鸡尾酒会上的小说家的闪念判断可能是:"身着华贵服饰、金发碧眼的'人造'女人都属于举止轻佻之辈。"人们对一个人进行感知时,会评估此人是年老还是年轻,是男的还是女的,体格健壮还是身有残疾,家境富有还是贫寒,是不是来自某种特定的文化,身材瘦小还是体重超标。此时,便出现了闪念判断。闪念判断有时也有些用处,但是,在大多数情况下,闪念判断有可能使你曲解他人所说的话。

5. 归因错误

早些时候,我们解释了人们如何通过给他人的行动寻找一个原因或意图而进行归因,以便帮助自己理解他人的行为的意义。这些行为与他人的性格(内因)或情境中的某些事情(外因)有关。这种做法常常使人做出过于简单的判断,从而影响人们把传播视为一个合作过程的能力。人们不能平衡内外因素时,便出现了歪曲这种形式,犯了我们所谓的基本归因错误(fundamental attribution error)和终极归因错误(ultimate attribution error)。

基本归因错误是指人们把他人的行为归于内因而非外因的一种错误倾向。正如我们提及的那样,终极归因错误论者假定,人们的负面行为源自内因,而他们的正面行为归于外因。这意味着,存在着这样一种倾向:人们低估环境因素对他人的行为的影响,而高估性格因素的作用(Kelley,1972)。

例如,一位说自己喜欢开车超速或约会迟到的女士,很有可能把她的行为归因于环境的影响,她说开车超速只是为了"跟上车流"或因为"交通管制和绕路可能会导致迟到"。但是,当别人不接受她的这种解释而且她把别人的超速和迟到解释为"不负责任"或"粗心大意"时,便出现了这种基本的归因错误。

终极归因错误的一个例子与人们对肥胖症的感知有关。研究者认定,许多人把他人的肥胖归于内因和可控性原因。因此,身体明显超重者常常被人视为缺乏自控力,并由此成为被指责和嘲笑的对象(Rush,1998)。胖人通常也被视为缺乏魅力、自我悲伤、情绪低落、不受欢迎者(Hiller,1981;Triplett,2003)。许多人认为肥胖症是个人错误,这些人落入了终极归因错误的陷阱:他们把感知到的负面行为归咎于属于内因的性格特点。他们断定体重的减少源自良好的饮食习惯和他人的帮助,而不考虑体重的减少也与此人的坚强意志有关。在此情况下,他们也犯了终极归因错误。应当记住,通过将心比心,对内外因素都进行回应,有助于我们免犯基本归因错误。

六、小结

我们有关感知的主要观点是,人们选择、组织并对他人进行推断的方式影响人们的传播方式。从本质上说,人的感知形成你每次与他人接触时共享"现实"的基础。

如果你意识到了自己感知他人的方式，就可以学会少做概括。也就是说，你与他人沟通时，要尽可能多地感知他人不同于常人之处及其他的明显特点。在使你的沟通更有效的吸气部分，一个主要步骤是不断增强感知的敏感性。

到此为止，我们一直在探讨感知的组成部分。这些组成部分被认为主要是在你的大脑中出现的认知过程或心智过程。如果我们只是停留在这个简单的图像上，我们就会严重地歪曲感知运作的方式。为什么？因为我们以前说过，倾听是作为橡胶轮胎的感知与传播之路相遇的地方。在我们本章讨论的所有感知过程中，倾听是传播的一种具体体现。你与人沟通时，倾听使你阐释（选择、组织、推断）谈话伙伴的言行。你与谈话伙伴共同创建意义时，这些感知也在发生变化。

复习题

1. 解释一下感知是"一种社交和认知过程"的含义。
2. 一个人的文化会对他或她的感知产生怎样的影响？
3. 这篇阅读材料探讨了人们组织信息的两种方式和我们进行推断的三种方式。请指出这些方式。
4. 什么是内隐性格理论？
5. 什么是基本归因错误？什么是终极归因错误？如何避免这些错误？

思考题

1. 请解释以人为中心的谈话和以地位为中心的谈话之间的关系、非人际传播与人际传播之间的关系？
2. "感知"是认知中的吸气过程的标签，"倾听"是社交中的吸气过程的标签。请对此加以解释。

参考文献

Abelson, R. P. 1981. "Psychological Status of the Script Concept." *American Psychologist*, 36: 715—729.

Bartlett, F. C. 1932! *Remembering: A Study in Experimental and Social Psychology*. London: Cambridge University Press.

Fiske, S. T., and Shelley, E. T. 1984. *Social Cognition*. New York: Random House.

Hall, B. J. 2002. *Among Cultures: The Challenge of Communication*. New York: Wadsworth.

Hall, N., and Crisp, R. 2003. "Anxiety-Induced Response Perseverance and Stereotype Change." *Current Research in Social Psychology*, 8: 242—253.

Heider, F. 1958. *The Psychology of Interpersonal Relations*. New York: Wiley.

Kelley, H. H. 1972. "Casual Schemata and the Attribution Process." In E. E. Jones, D. E. Kanouse, H. H. Kelley, R. E. Nisbett, S. Valins, and B. Weiner (eds.), *Attribution: Perceiving the Causes of Behavior*. Morristown, NJ: General Learning Press.

Kelley, H. H. 1973. "The Process of Causal Attribution." *American Psychologist*, 28: 107—128.

Kluckhorn, F. R., and Strodtbeck, F. L. 1961. *Variations in Value Orientations*. Evanston, IL: Row Peterson.

Konner, M. 2002. *The Tangled Wing: Biological Constraints on the Human Spirit*. 2nd ed. New York: Holt, Rinehart and Winston.

Maltz, D. N., and Borker, R. A. 1982. "A Cultural Approach to Male-Female Miscommunication." In J. J. Gumperz (ed.), *Language and Social Identity*. Cambridge: Cambridge University Press. Pages 196—216.

Manusov, V. 1990. "An Application of Attribution Principles to Nonverbal Behavior in Romantic Dyads." *Communication Monographs*, 57: 104—118.

Manusov, V., and Hegde, R. 1993. "Communicative Outcomes of Stereotype-Based Expectancies: An Observational Study of Cross-Cultural Dyads." *Communication Quarterly*, 41: 338—354.

Manusov, M., Winchatz, M., and Manning, L. M. 1997. "Acting Out Our Minds: Incorporating Behavior into Models of Stereotype-Based Expectancies for Cross-Cultural Interactions." *Communication Monographs*, 64: 119—139.

Mayer, R. E. 1992. *Thinking, Problem-Solving, Cognition*. 2nd ed. San Francisco: Freeman.

Rotter, J. B. 1966. "Generalized Expectancies for Internal vs. External Control of Reinforcement." *Psychological Monographs*, 80: 609.

Rush, L. L. 1998. "Affective Reactions to Multiple Social Stigmas." *Journal of Social Psychology*, 138: 421—430.

Schneider, D. J., Hastorf, A. H., and Ellsworth, P. C. 1979. *Person Perception*. 2nd ed. Reading, MA: Addison-Wesley. Pages 20—26.

第二节 肤浅透顶:刻板印象和以偏概全[①]

朱莉娅·T.伍德(Julia T. Wood)

朱莉娅·T.伍德任教于教堂山北卡罗来纳大学(The University of North Carolina at Chapel Hill)传播学系。她研究性别与沟通,出版过好几本人际传播教材。本章选自她的一本近著。伍德在书中强调,多样化如何对误解进行归因、多样化的意识与接受如何能帮助人们改善理解等问题。

正如这篇文章的副标题所言,这是有关刻板印象的讨论。刻板印象是我们感知他人时最熟悉,也最不恰当的方式之一。本章的关键概念是"以偏概全"(totalizing)。伍德解释说,这个词"强调一个人的一个方面大于其他方面"。以偏概全的含义是,把一个人的单一方面当成此人的整体。所以,把斯派克·李(Spike Lee)称作"黑人影片制作者"在某种程度上就凸显了他的种族特征,并使之成为受到关注的显性特征。当人

[①] "It's Only Skin Deep" from *But I Thought You Meant... Misunderstandings in Human Communication* by Julia T. Wood. Copyright © 1998 by Mayfield Publishing Company. Reprinted by permission of The McGraw-Hill Companies.

们谈起"你约会的那个小矮个儿""我的一位日本朋友"和"他的聋哑妹妹"时,也会发生同样的事情。

伍德提出了鲜明而重要的观点,即以偏概全对被以偏概全者会产生负面影响,但她也描述了某些以偏概全对以偏概全者的影响。从根本上说,我们做以偏概全的判断时,要迫使自己通过百叶窗来观察,这就削弱了我们的感知力。正如伍德所言:"我们乐于通过我们用来描述他人的标签来感知他人。"

人们形成刻板印象或进行以偏概全的判断的一个原因是,与单维度的人(one-dimensional person)打交道比与具有许多不同特质的人打交道要容易些。另一个原因是,一些自动的人脑检索过程会产生分类和概括。

我们不可能经常注意我们感觉到的任何事情的每一个细节,因此,我们的大脑会自动把我们感知到的事物进行分类,以免我们变疯。

但当我们感知他人时,这个正常的过程可能导致我们根据所谓的"内隐性格理论"来采取行动(我们在之前的阅读材料中讨论了相同的观点)。这些都是对似乎"明显"聚在一起的特质人群(groups of qualities),如超重者、快乐者、懒惰者、不守纪律者的概括。当我们感知这些特点,例如,一个人身体超重时,便出现了问题。我们用有关性格的内隐理论去"填充"此人的其他特点,尽管这些特点可能是也可能不是其性格的组成部分。

伍德讨论了道恩·布雷思韦特(Dawn Braithwaite)有关怎样对残疾人进行以偏概全的判断的研究。甚至那个词"残疾人"(disabled)往往也是会刺伤人的,这个词很容易让他人把截肢者、聋子和部分智障者降低到竞争力不强或在某些重要方面存在问题的负面位置上。

这篇短文即将结束时,伍德列举了十个说明性事例。这些例子经常来自好心好意的人,但他们常常被别人视为以偏概全者或带有刻板印象者。这份清单与本篇选文中讨论的其他观点,应当有助于你们感受在传播中依赖的刻板印象及由此形成的倾向。

> 我想让大家知道,我是一个才华横溢的年轻电影制片人。这应当被放在第一位。但今天的现实是,不管你多么成功,你首先是个黑人(p.92)。

这些话出自斯派克·李之口。这位天才的电影制片人在接受《时代》(Time)杂志记者黛安·麦克道尔(Diane McDowell)的采访时,对这一现实颇为感叹:许多人在看他和对他做出回应时,对他是黑人这一事实的关注多于对他的其他品质和成就的关注。有时,人们的这种意识超过了对他所有其他方面的感知注意。

著名历史学家约翰·霍普·富兰克林(John Hope Franklin)接受《纽约时报》(New York Times)记者马克·麦古尔(Mark McGurl)的采访时,也表达了同样的观点。富兰克林说,许多人认为,由于他是一位非裔美国历史学家,因此他肯定得研究非裔美国人。经常有人把他当作写过12本黑人历史书的作者。富兰克林指出,实际上,他不只是写非裔美国人的历史,他还专攻美国南方史,包括白人和黑人的历史。富兰克林曾被选为美国历史协会(American Historical Association)、美国历史家学会(The Organization of American Historians)和南方历史协会(The Southern Historical Association)主席。这些组织没有哪一个是专门研究非裔美国人的机构。但是,仍然有许多人把他的肤色看得高于一切。他们认为他的族群决定着他的工作。

对少数种族而言,斯派克·李和约翰·霍普·富兰克林所碰到的人们对他们的身份和成就的误解并非是独有现象。妇女们报告说,有人经常要求她们到委员会里工作。有许多次,那些让她们来工作的人都会说"我们委员会里需要一名女士"或者说"我们认为你能从女性的视角看那个问题。"像李和富兰克林一样,职业妇女可能会感到,她们的所有成就和能力都有可能让这些介绍人给抹杀掉了。这种要求性语言所传达的意思是:人们所注意的是生物性别,她可来填补委员会里那个"女性的位置"。

在这篇阅读材料中,我们着眼于强调人的某一方面,通常是种族、性别、性取向、残疾状况或经济地位。我们讨论此类常见例子,探讨沟通如何引起误解和经常冒犯他人的问题。

一、对误解的理解

学者们用"以偏概全"这个术语来强调认为一个人的某个方面重要于所有其他方面的沟通。当某人进行以偏概全的沟通时,他或她的行为就表明,一个人的某个方面就是此人的全部,或者说,某个方面就是此人最重要的方面。例如,把斯派克描述成黑人电影制作人,强调他的种族是值得注意的事。把约翰·霍普·富兰克林称为黑人历史学家,强调他的种族,模糊他的专业技巧和成就。让一个专业人士提供女性的视角,是强调性别是在委员会服务的条件。把某人看作是同性恋者,强调的是性取向,而模糊了此人的其他所有品质。把人描写成蓝领或白领,使他们的阶层显而易见,但同时使他们的其他品质趋于隐形。

"以偏概全"既影响进行以偏概全者也影响被以偏概全者。我们感到某人在对我们进行以偏概全的判断时,可能会感到被他人所冒犯并感觉讨厌这种行为。我们的身份认同被减少到只剩一个部分,在某种特定情况下,当这个部分也许根本不是我们最重要的部分时,我们也许会觉得受到了伤害。这些感觉构成了我们进行开放的、健康的沟通并建立令人愉快的关系的障碍。

不算明显但并非不太重要的是以偏概全对参与者的影响。语言通过唤起我们对某事的注意而形成我们的感知。当我们使用的语言让注意力专注于一个人的种族、阶层、性别或其他单一方面时,也就限制了我们对此人的感知。换言之,我们喜欢用描绘他人的标签来感知他人。

著名语言与文学批评家肯尼思·伯克(Kenneth Burke)指出,语言可同时做出反应,进行选择和转移(deflect)。伯克在其《作为符号行动的语言》(*Language as Symbolic Action*)一书中写道:"任何给定的术语都是对现实的一种反应;从本质上说,一个术语必须是对现实的一种反应;从这种意义上讲,术语也一定会转移现实(p.45)。"伯克的意思是,我们使用的词语反映我们的感知,选择我们正在描述的事物的某些方面,同时对我们正在描述的事物的其他方面进行转移或忽视。我们选择妇女、黑人和同性恋者等词来描述人时,这些人的其他方面就被转移(被忽视或作为一种反思后的附加物而出现)了。结果,我们有可能在其他人身上看不到被我们的标签所转移的东西。因此,我们就不太可能与他们的整体进行互动。

我们许多人虽然不会有意把他人减少到只剩某一个方面,但确实会发生这种情况。人们选择以偏概全的一个动机,就是想减少不确定性。当我们对他人及其情况不确定时,就会感到不舒服。为了减缓这种紧张感,我们经常试图减少我们对他人和环境的不确定性。这样做的一个办法就是,把他人归属到一个我们拥有绝对想法(尽管这种想法可能不准确)的群体中去。把斯派克·李作为黑人考虑比试图把他感知为一个特殊的、个体的(除了其他身份之外的)男人、年轻人、电影制作者、受教育者和非裔美国人要更容易些。

心理学家戈登·奥尔波特(Gordon Allport)在他的经典著作《偏见的本质》(*The Nature of Prejudice*)中指出,刻板印象和偏见产生于正常的认知活动,而非源自反常或异常的认知活动。奥尔波特对导致刻板印象和偏见的普通心理活动进行了具体分类和概括。这样,我们看到利用刻板印象的一个原因就是,我们通过把人群划归成模糊了个人特点的宽泛阶层,来减少我们的不确定性。

我们拥有刻板印象的第二个原因,是我们依赖于心理学家所谓的内隐性格理论。我们许多人对性格中的联动性拥有某种未经说出、未认识到的假设。许多人认为,富有魅力者比缺少魅力者更外向、更聪明、拥有更多的社交技巧。另一种常见的性格理论(本研究不支持这种理论)则是,肥胖者也是懒人、不守纪律者和享乐者。在这两个例子中,我们把我们业已注意到的某种品质与相关的一系列品质归因于其他品质。

如果我们遇到一个肥胖者(按照我们的判断),我们可能会假定,这个人符合我们的内隐性格理论:这是个爱享乐、懒惰和不守纪律的人。我们的内隐性格理论也可能使我们认为,一个英俊的人肯定是一个聪明的、外向的和具有社交技巧的人。我们依靠内隐性格理论时,我们获取到的他人的品质常常是我们可以看见的,比如种族、性别或体重,然后我们把已经识别的、与我们感知的品质相符的其他品质归于此人。

以偏概全的一种形式牵涉到通过个人在一个特定群体中的成员资格而对个人进行界定。多年以前,社会学家路易斯·沃思(Louis Wirth)对种族偏见进行了典型研究。他得出的一个比较重要的结论是,当我们主要根据个人在一个特定种族群体或民族群体中的成员资格感知这些人时,就会倾向于用我们对种族的刻板印象来想象他们,与他们互动,而不会顾及他们的特殊品质和才能等。换句话说,他们的个体性业已丢失,淹没在我们对他们所属的群体的成见之中。

以偏概全的第二种形式是把个人降低为一种品质或他们的身份认同的一个方面。这种以偏概全在某种用来描述残疾人的语言中体现得非常明显。亚利桑那西部州立大学(Arizona State University West)的传播学者道恩·布雷思韦特专门研究了我们如何感知残疾人并对他们进行描述。布雷思韦特从对残疾人的访谈中得知,"残疾人"一词可能是个冒犯性词语。原因是,这个词语意味着,他们的人格是有残疾的。作为人,因为他们有残疾,所以他们在某种程度上缺少能力,或者说是被贬低的。接受布雷思韦特采访的一个人肯定地说:"我和大家都一样,没啥区别。"另一个被采访者说:"如果有人把我看成截肢者,这比让我下地狱还使我疯狂!我是截过肢,但我还是我。我是一个完整的人。"

残疾人在口头上一直努力抵制别人给他们贴上残疾人的标签。他们指出,把他们称为残疾人强调的是他们的残疾,而不是其他方面。一位耳聋的学生对我解释说:"我们是有残疾的人,但我们首先是人。"我们把有残疾的人称为残疾人,突出的是他们不能做什么,而不是他们能够做什么。

我们用刻板印象进行思维时,期望别人符合我们给他们划归的群体的特点。然而,有时我们遇到的某个人其实并不符合我们对他或她所属群体的刻板印象。你说过或听别人说过"女医生""男护士"或"女律师"吗?请注意他们是如何让别人知道医生、护士或律师的性别的。你听别人说过或使用过"男医生""女护士"或"男律师"这样的术语吗?恐怕没有。因为男医生、男律师和女护士被认为是正常的。许多人认为女人当律师或从医、男人当护士是反常的。"女医生""男护士"和"女律师"突出的是把个人的性别列为值得注意的因素。这些术语也反映了对职业群体的刻板印象观。

我们把一个人视为他或她所属群体的特例时,便不知不觉地暴露出我们自己的刻板印象。事实上,我们可能会强化这些刻板印象,因为标明一个不符合刻板印象的个人,并不会改变我们对此人所属群体的感知。我们所要做的,就是把这个"特殊的个人"从群体中抹掉。请思考下列陈述:

白人经理对黑人经理说:	"你的工作业绩很突出。"
	(转述:黑人妇女通常不成功。)
男性专业人士对女性专业人士说:	"你不像女人那样考虑问题。"
	(转述:大多数妇女都不像专业人士那样考虑问题。)
健全人对坐轮椅者说:	"我很惊奇你能到处走动。"
	(转述:我以为用轮椅的人不常出门。)
上层人士对工人阶层说:	"好厉害,你读了大学课程。"
	(转述:大多数工人阶层的人对上大学不感兴趣。)
白人对非裔美国人说:	"我不相信你不喜欢跳舞。"
	(转述:我以为所有黑人都会跳舞,有节奏感。)

异性恋者对女同性恋者说："我想,你有一些男性朋友这太好了。"
(转述:大多数女同性恋者讨厌男人。)

主人对佣人说： "你讲话这么清楚。"
(转述:我以为大多数佣人说不好话/或者没受过教育。)

白人对黑人说： "我从没把你当黑人看。"
(转述:你不像我想象的黑人。你在我对黑人的负面刻板印象中是个特例。)

基督教徒对犹太教徒说："你如此大方让我感到惊讶。"
(转述:大多数犹太人把钱看得很紧。)

非裔美国人对白人说："你不像你们大多数人那样乏味。"
(转述:大多数白人很乏味,或者说极端保守。)

上述陈述中,有一个陈述是针对说话者所属群体中的一员吗?一个异性恋者会对一个异性恋女士说"你有男性朋友真是太好了"吗?一个白人男子会对另一个白人男子说"我从没把你当白人看"吗?一个佣人会对他或她的雇主说"你讲话很清楚"吗?一个白人会对另一个白人说"我不相信你不喜欢跳舞"吗?在任何情况下,这些都是不可能的。通过改变这些陈述的说话者,我们会清楚地看到,陈述反映了群体的刻板印象。

在进行沟通的过程中,你把一个人作为他或她的群体特例进行感知会遇到两难抉择。

第一,你认为此人属于一个你已感知的群体,你是基于此进行表达的。这种感知可能会使他人疏远你,或者使他或她开始防备。此人可能会感到,有必要为自己辩护,或者有必要重新界定你已把他或她从中剔除的那个群体。比如,一位非裔美国人可能说:"许多黑人不喜欢跳舞。"一个劳工阶层的人可能会告诉一个上层阶级的人:"教育在我家一直是最重要的事情。"

第二,第二种反应是被感知者会竭力否认自己与所属群体的关系。一位职业妇女可能会拼命避免表现出自己的女性特点,以免同事对她产生与女性有关的负面感知。一个白人也许会极力"讲黑人的事",演奏黑人艺术家创作的音乐,以证明他或她不像大多数白人那样。不管这种刻板印象如何不准确,对群体的刻板印象一直都存在着。

不论个人会不会为自己的群体进行辩护或重新界定自己的群体,会不会把自己与那个群体分割,结果都是一样的:开放式沟通和诚实的关系都有可能受到这种感知的损害。

复习题

1. 用你自己的话界定"以偏概全",并用你自己经历的事情说明以偏概全如何影响沟通。
2. 具体说说"以偏概全"如何对以偏概全者产生影响?
3. 对内隐性格理论进行界定并举例。
4. 我妻子克里斯是一位律师。用伍德的文章来解释,她为什么不喜欢别人称她为"女律师"?
5. 伍德问:"一个白人男子会对另一个白人男子说'我从没把你当白人看'吗?"请解释伍德的观点。

思考题

1. 第一天上课时,老师用非常高兴的口吻说:"班上有这么多不同肤色的人真是太好了。"请解释如何把这句话理解为一种以偏概全的陈述。
2. 伍德引用戈登·奥尔波特的话来提出这一观点:刻板印象是一种正常、自然的活动。但是,如果刻板印象是那么正常和自然,那么鼓励人不要形成刻板印象又有什么意义呢?
3. 如果你愿意,你可私下里(如果你愿意,你可与一位同班同学)探讨你自己的内隐性格理论。例如,如果你没有仔细思考过这个理论,那么你假定下列人群中的一个人会有什么特质:(1)一个非裔美国少年;(2)一位女运动员;(3)一个20岁左右的同性恋男子;(4)一位中年女护士。
4. 如果事情的真相非常清楚——一个人没有正常的视力、听力、智力或运动能力,那么把此人称为"残疾人"有什么问题吗?
5. 这篇文章中的主要观点与第二章中探讨过的非人际—人际传播的统一体有什么关联?

参考文献

Allport, G. (1979). *The nature of prejudice*. Reading, MA: Addison-Wesley.
Braithwaite, D. (1994). Viewing persons with disabilities as a culture. In L. Samovar & R. Porter (Eds.), *Intercultural communication: A reader* (7th ed., pp. 148—154). Belmont, CA: Wadsworth.
Burke, K. (1966). *Language as symbolic action*. Berkeley, CA: University of California Press.
McDowell, D. (1989, July 17). He's got to have his way. *Time*, pp. 92—94.
McGurl, M. (1990, June 3). That's history, not black history. *The New York Times Book Review*, 13.
Wirth, L. (1945). The problem of minority groups. In R. Linton (Ed.), *The science of man* (pp. 347—372). New York: Columbia University Press.

第三节 悉心倾听①

丽贝卡·Z.莎菲尔（Rebecca Z. Shafir）

本篇论文的作者丽贝卡·莎菲尔称，她从（佛教）禅宗中学到了许多有关沟通和倾听的事情。你也许知道，禅宗是东方哲学，20世纪60年代被首次引入美国。自那以来，禅宗有时在人的刻板印象中成为弱智的"新时代思维"（New Age thinking）。但是，认真研究过这种哲学的人都知道，它给西方人提供了从实质上改进沟通的洞见和指南。

禅宗和其他佛教文献的一大贡献就是"悉心留神观"（concept of mindfulness）。这是一个对你集中注意力有重大好处的方法。我把此文收在本书中，目的是要阐明"悉心留神"的意义和"悉心留神"会如何改善你的倾听。

起初，莎菲尔把"悉心留神"的特征描述为准确接收话语、获取信息和保持注意力、关注你自己的回应性讲话和鼓励说话者。她强调拥有确保积极结果的强烈专注的重要性——这意味着，悉心留神不是一种永恒状态，因为没有人能够一直保持这种强劲的正面的专注。

"悉心留神"的对立面是多重任务处理（multitasking）。多重任务处理是现代许多人高度重视的一种技巧。正如莎菲尔所写的："我们所处的环境不断遭到刺激性轰炸，对我们在放松的同时集中全部精力完成一项任务的先天能力构成了挑战。"这种挑战经常助长粗心大意——它是防止人们进行有效倾听的一种取向。

莎菲尔研究了她的佛教导师——一行禅师（Thich Nhat Hanh）的著作。他的著作强调了悉心留神的简洁性和不同寻常性。一行禅师说，人们清洗盘子有两种方式。"第一种方式，洗盘子是为了让盘子变干净。第二种方式，为洗盘子而洗盘子。"第一种方式是不经意的。用这种方式洗盘子，你的着眼点就不在眼前而在未来，即何时才能洗完盘子。第二种方式是悉心留神的，因为你的关注点是当下正在发生的事情，在这儿和现在发生的事情。佛学强调注重当下的重要性和价值，即做事要悉心留神。

这个简单的例子清楚地表明，许多西方文化价值观不鼓励人悉心留神。人们赞扬北美人的"做事"能力、解决问题的能力、建构令人难忘的结构和系统化的能力。不可否认，这些能力是卓有成效的。但是，这种文化强调及时完成任务，有可能使我们放弃重要的现时体验：与孩子一起品味发现的快乐，尽情领略、体验绚丽如画的美景，仔细倾听朋友们的谈话。禅宗提醒我们要重视悉心体验的补充性价值（complementary value）。禅宗的口号之一是："不要光做事儿，要坐下来！"

我相信，在倾听中记住这一有关悉心留神的建议是重要而有用的。我们中间许多

---

① "Mindful Listening" by Rebecca Z. Shafir from *The Zen of Listening：Mindful Communication in the Age of Distraction*, pp. 27,33—35,105—115, and 248. Copyright ⓒ 2000. Reprinted by permission of Quest Books.

人总是忙碌不停,没有时间这样做。但是,我们至少应当把它作为我们进行沟通时的重要选项之一。

如果老师用大写的印刷体给你的表现写出这样的评语"你需要改进听的技巧",你一定会觉得很烦恼。这是我们许多人似曾相识的感觉,也是我们极易从早先的许多回忆中想起来的事情:我们的父母、童子军老师、教练和老师,都会说:"别讲话,注意听讲!"好像只要我们不讲话,就会开始注意听讲一样。有人还会用更含蓄些的方式说:"也许,你该检查一下听力了。"有人告诉我们要倾听时,他确切的意思到底是什么?我们怎样才能知道我们是在认真地听(注意倾听),还是仅仅像在听?我们如何才能让别人知道,比如让老板相信,我们的倾听技巧是可以改善的呢?如果我们遇见一个好的听者,我们会意识到吗?我们离别人认为的好的听者还有多远的距离?

如果你对许多人进行调查,询问他们什么是好的倾听者,你就有可能听到几个版本的说法。这里有一些例子。销售咨询员迈克尔·莱波(Michael Leppo)称,好的听就是能够专注地倾听。精神治疗医生米歇尔·卢卡斯(Michelle Lucas)说,好的听是一个表示尊敬和确认个人价值的过程。国际倾听协会(The International Listening Association)给倾听下的定义是"接收、建构意义和回应说话者或非口头言语讯息的过程"。还有人说,好的听就是听懂并记住别人说的话的能力。倾听研究创始人之一拉尔夫·G. 尼科尔斯(Ralph G. Nichols)说:"倾听是一种内在的事情,是倾听者的一种内在行动。"这表明,良好的听是站在言者的位置、从他的角度看问题的能力。

我给好的听者下的定义是:好的听者是一个能用心掌握众多倾听技巧的人。这包括下述能力:

- 准确地接收口语,毫无偏见地阐释全部讯息(话、手势和面部表情);
- 保留未来可用的信息;
- 有意对口头词语保持注意力,倾听是随着时间而发展的过程;
- 注意你的讲话,要对讯息的准确性和别人可能对你的讲话的阐释保持敏感;
- 鼓励言者讲心里话,让其详细说出他或她的思想,这将使言者感到有价值和受到了尊重。

悉心倾听已是你的一个组成部分。然而,这要求你具有倾听的意愿。倾听的意愿涉及对新信息的好奇心和愿意更尊重你的谈话伙伴。如果你的意愿是要进一步强化个人关系和职业关系,那么同情度(degree of compassion)是对一个好的倾听者的基本要求。

悉心倾听是身心共同作用的沟通。此外,它并不要求两只耳朵均功能正常的那种听。悉心倾听要求你用你的全身心去看、听和感觉。要用心关注讯息,不管该讯息是口语的还是符号的,都要求听者尽可能密切感知讲话者的意向和体验。

悉心倾听可适用于倾听类型的广泛连续统一体:

- 信息加工

- 信息搜索
- 批评性或评估性倾听
- 治疗性倾听
- 移情式倾听或同情式倾听
- 闲聊式倾听

……

悉心留神：时刻倾听

要做好任何一件有意义的事情，聚精会神都是关键。当我们知道我们天生具备聚精会神的能力时，我们会非常高兴。因为它不需要任何特别的训练，只需经常运用就行。想一想那些需要聚精会神的活动，如进行一项重要试验，在暴风雪中驾车或下棋。你聚精会神做这些事情是受到一种明确的目的的驱动，即要确保获得一种积极的结果，比如想在学校里出类拔萃、要安全回到家里，或者选择下一招最好的棋。然而，你越是专注于考虑这一过程，你得到的正面结果就越多。仔细阅读每一道试题，寻找需要慎重对待的用词并进行解答，可以增加你获取高分的机会。如果你一门心思只想得个优秀，那么结果不见得能让你如愿以偿。

另一方面，曾经有过一些需要同样的聚精会神的行为，现在变得无须用心了，比如，清扫地板、到杂货店买东西。这些机械的活动使你的大脑获得了舒展和放松的机会。你可想想其他事情，甚至同时做其他工作：你可以一边看书一边吃东西，一边上网一边听音乐。这些合成性活动可以让人感到非常快乐。然而，当你需要聚精会神做一件事比如倾听时，你有可能滥用这些合成性活动。

不久前，我在机场等了一个小时的飞机，碰到了我二十多年没有见面的中学同班同学。我们决定到对面街上一家漂亮的酒吧喝点什么，叙叙旧。酒吧外立有一块邀请我们的牌子，上面写着：请进来放松一下。我们进去后，发现了五台电视机，每台电视机调在不同的频道上！此外，附近的厨房内还传出噪音，一台收音机在酒吧后面播放音乐。一些老主顾坐在桌前聊天，眼睛从一台电视机扫向另一台电视机。这真是令人眼花缭乱呀！我们要听清对方的谈话必须集中全部注意力，如果要深谈，那就更费劲儿了。这使我想到，许多人把一种令人极度发狂的环境称为"放松"。

当你认为你可以同时做饭、计划商务会议、帮你儿子做家庭作业时，你就使自己陷入一种虚假的能干之中了。你也许能在 30 分钟内或更短的时间里做完这些事情，但质量如何呢？你仔细观察一下，发现饭菜只是可吃而已；你忽略了会议上提出的七大问题中的两个问题；你儿子只能拼读出家庭作业中的 10 个单词中的 6 个。由于你的目标是完成这些任务，所以你只能一个一个赶着做，其结果无法让人满意。你还会感到精疲力竭，力不从心。

这种心不在焉成了你的一种习惯，而且开始蔓延到需要你全神贯注地去做的工作上。你多久才回顾一下在一周、一个月或一年中，你把时间用于何处了。我们许多人记不住这些事情。由于我们身处忙碌的过去或计划未来的迷雾之中,我们的注意力被分散到各个地方,我们的行动质量只能算是过得去。工作中任何不合格的业绩,都会导致人自尊心受损和缺少成就感。

《以词为生:日常灵感》(Words to Live By: Inspiration for Every Day)的作者埃克纳瑟·伊斯瓦然(Eknath Easwaran)谈到了心不在焉的危险:"在匆匆而做、迫于外力而做的工作中找不到快乐,因为此类工作总是让人觉得迫不得已。人们也常常对所有这些工作做出草率判断。越来越多的人为节省时间,倾向于用方案来思考问题和寻找捷径,然而表现平平。"

如果心不在焉加上受到其他阻碍,我们就无法聚精会神。矫正心不在焉的办法就是抛弃这些三心二意,把心思集中于过程,与他人建立一种温和的关系,思考别人的观点,不管你赞成还是不赞成,你都接受它。你把心思集中在这一过程上,可确保你获得渴望取得的结果——重复销售,与难以打交道的人进行合作,有更愉快的回忆。然而,如果你发现你的障碍仍然战胜了你聚精会神的能力,那么你就要花更多的时间把它们想透。

我在寻找一种实用的方法以改进聚精会神的能力时,想起了一行禅师的文章。我读了他的书《悉心留神的奇迹》(The Miracle of Mindfulness)之后,发现我的倾听能力得到了提高。禅宗的精髓就是身处现在。一行禅师把克服心不在焉形容为保持你在现世中的生活。在现世中生活,注意过程,让自我获得一种有质量的结果。

体验心不在焉的良好方法,就是选择一个典型而忙碌的工作,如洗盘子。根据一行禅师的说法,"有两种洗盘子的方法。第一种是为了把盘子洗干净。第二种是为了洗盘子而洗盘子"。他说,如果我们急于把盘子洗完,心里想的只是等着我们的茶杯,那么,我们不是在为了洗盘子而洗盘子;在洗盘子期间,我们没有活着。事实上,我们在清洗槽前,并不能完全认识到生活的奇妙。"如果我们不去洗盘子",他接着说,"我们也没有喝茶的时间。我们喝茶时,如果只想着做其他事情,那就几乎意识不到我们手中的茶杯。"

你在听他人讲话但同时在计划你自己的议程时,实际上是在对你自己讲话,因为你不是真的在听别人讲话。你为了奔向未来,已经逃避了当前。你也可能身在当前,但你的心思在过去的事件和对未来的期待之间来回游走。

对悉心倾听的另一个挑战是,一个人平均每分钟可以说 125 个单词,但我们每分钟可思考 500 个单词。在这个时间差里,你可以想想你的做事清单,也可悉心倾听,利用这段时间总结一下说话者到目前为止说了什么,或者看看说话者正要建立的关系。你也可注意一下他声音的重点或他的手势和面部表情所坦露的关切度。你与讲话者换位思考时,你就可以利用你的资源成为一个竞争性强的聪明的倾听者。

如果你试图站在说话者的角度思考问题,但难以把自己的思想、判断和其他噪音撂在一边,你就可能需要练习如何活在当下。糟糕的听者对当下鲜有耐心。昨天和明天的想法更具诱惑力。阻碍你的是你对那些对立的讯息或思想观点,以及那些冗长的信息或想法缺少容忍度。

当时间看起来停滞不前时,花在倾听、咨询、教育或工作上的时间可以像你生活中的某些时刻一样值得牢记。然而,当你悉心倾听时,你的感知就得到了强化,而且你能体验到多级意识(multilevel awareness)。你能体察到说话者的动机,他的身体语言如何与他的话语讯息、情绪以及精力相吻合或相矛盾。当你完全跟随言者的思路,你就身处当下;时间似乎就停滞了。悉心倾听不是一种恍惚状态或催眠状态。你意识到了你所处的环境,却不是心不在焉。

1世纪的佛学家马鸣(Ashvagosha)对悉心倾听进行了幽默的解释:

> 如果我们正在倾听一位朋友讲话,即使一只鹦鹉飞下来落在他的头上,我们也不应激动,指着那只鹦鹉大叫:"原谅我打断一下,你的头上有只鹦鹉。"我们应当聚精会神倾听朋友的讲话,并对你的冲动说:"请安静,别让我分神。事后我会告诉他那只鸟儿的事情。"

他还把悉心留神形容为"一门心思"(one-pointedness)。这就是说,要一次性地把注意力完全集中在一项任务上。如果你在日常工作中运用这种方法,你就不仅可以完成同样数量的任务,而且质量还会更好。我的许多学生告诉我,他们能够更好地按优先顺序安排活动,杜绝了浪费时间。你用心做事有时会感到气馁,但你应记住:悉心留神的一分钟等于粗心大意的许多分钟。

《心流》(Flow)的作者米哈利·斯兹克斯尊特米哈利伊(Mihaly Czikszentmihalyi)也描述过身心关联的问题。他把心流体验(flow experience)界定为心思集中的快乐状态或工作时的全神贯注。他采访过的人如画家、舞蹈家、运动员都说,他们在从事艺术或爱好的活动时精神高度集中,就像在"流动中"或"正在被水流推着前行"。如果你能经常体验到这种流动,你的生活质量就能得到改善。心流的对立面是粗心大意。当你不用心听别人讲话时,你就对讯息产生了抵触,你的心思就会被分散。

在我的倾听课上,我开始用较温和的方式让学生获得对悉心留神的体验。我们开始体验橙汁,我同时进行旁白说明。橙汁被倒进学生们的杯中时,我们看着深色橙汁的流动,一起闻着橙香,开始流出口水。我们呷着橙汁,品尝着它的酸味。我们思考着制作这杯橙汁的工作,想象着橙树的美丽。我们还想着把橙汁送到我们桌上的人。这种体验一直持续到我们呷完最后一滴橙汁。我总是饶有兴趣地看到,他们倾听我的讲话并想起橙汁时,没有一个人四处打量,每一个人的目光和心思都集中在橙汁上。

这个练习的要点是举出一个我们人类行动的简单例子。这是我们习以为常的典型例子,但我们把它变得鲜活了。我们经常在生活中浑然不醒,很少把意义归因于我们的日常活动,或者不把意义归因于我们的日常活动。请你想象一下,如果你用同样的热情品呷你的咖啡、举行一个会议,或者清扫你的冰箱,那么你在一天结束时,会感到多大的满足?我相信,我的学生绝不会再用老式方法喝橙汁。如果他们想要恢复精力,悉心留神,那么只要给自己倒上一杯橙汁就行了。

悉心留神让我们有了瞬间的体验。不管这种行为是什么,悉心倾听把我们与倾听者连接起来。另一方面,粗心大意的意思就是,那个受自我(ego)主导的自己,那个专注于地位、过去的经验和有其他障碍的自己使我们不能做一个倾听者。悉心倾听的人没有那种干扰悉心留神的、容易让人分神的自我意识。当我们不那么专注于自我时,我们就会感到更快乐和更积极。

学生们问我:"我需要时刻悉心留神吗?悉心留神是不是很累人?悉心留神是不是很浪费时间?"从理想角度讲,要把悉心留神培养成一种习惯,我们应当尽可能在许多行为中仔细、认真并进行思考。你可以开始观察你粗心大意的行为发生的频率,你开车闯红灯、离开房间不带钥匙、记错了电话号码,这些浪费精力的事情才是累人耗时的。悉心留神能够节省时间,因为你可以边思边行。悉心留神地放慢节奏和做事可以极大地减少犯错的机会。

最近,一位准备休假的同事让我在待写的财务报告中写上三大要点。由于过于自信(我毕竟在写一部有关倾听的书),我没用心在 20 秒的时间里重复她说过的话或把它们写下来。结果两天之后,我开始写财务报告时,只能记住这条信息的 90%。为了弄到我忘记的那 10%,我不得不花一个小时去搜索另一个来源。

当你心不在焉时,不要与自己过不去,可以考虑设"叫醒电话",使自己变得悉心留神。你应当为构成你每日时光的那个悉心留神的瞬间而赞扬自己。

起初,好像你花了更多时间来完成你的任务。你习惯于做任何事情都匆匆忙忙,因此,你甚至想把一分钟当作几天来用。然而,随着你注意力的增强,你就会变得更有效率。悉心留神能让你在一开始时就把事情做好;无须重新检查或重做;悉心留神能够节省时间。

复习题

1. 用你自己的话界定"悉心留神"。
2. 你在悉心倾听别人讲话时,列出你正在做的四件具体事情。例如,形容一下你的姿态、眼神和面部表情等。
3. 一个人平均每分钟能说 125 个词,但我们每分钟可思考 500 个词。莎菲尔针对这个"时间差"提出了怎样的建议?
4. 莎菲尔认为你应当时刻悉心留神吗?请解释。

思考题

1. 电子游戏鼓励人们悉心留神,还是心不在焉?请解释。
2. 莎菲尔认为,你相信自己能同时成功地承担多项任务时,其实是"你在诱使自己产生虚假的能干的感觉"。她相信同时承担多种任务会存在实际风险,请对此进行解释。她为何称此为"虚假的能干的感觉"?

第四节　移情式倾听与对话式倾听[①]

约翰·斯图尔特、卡伦·E.泽迪克尔和萨斯基娅·威特博恩

这篇阅读材料对两种有用性倾听(helpful listening)进行了适当的延伸处理。移情式倾听帮助你完全、彻底地理解他人。对话式倾听又把此过程向前推进了一步。对话式倾听不是关注他人正在思考和感觉的东西,而是有助于谈话中的两人或所有谈话者一起来建构意义。所以,当对话式倾听充分发挥作用时,大家就会彼此理解,所有参与谈话者就会联手形成超越个体单独存在的新的理解。

卡伦、萨斯基娅和我把移情式倾听的技巧分成三个方面:聚焦的技巧、鼓励的技巧和反思性技巧。聚焦的技巧一节还阐述了丽贝卡·莎菲尔在之前写过的悉心留神的问题。我们概述了四种具体方法,以聚焦于我们正在倾听的人。

鼓励性技巧是为了"拉动"(pull)别人多讲话。这些技巧旨在帮助你的谈话伙伴(们)更多地思考自己的所思所想。一些鼓励性技巧是非言语的,另一些则是言语的。我们提出五种方法来鼓励人们倾听,同时建议努力避免两种问题。

反思性技巧能使你的谈话伙伴(们)了解你听到了什么,了解了什么。这能使他们在必要时澄清自己的意见,纠正出现的误解。我们对主要的反思性技巧也进行了概述。

正如我们注意到的,并不存在什么对话式倾听的"六大简易步骤"或"五大成功技巧",这需要不同层面的理解与实践。

对话式倾听中的要点是你与你的谈话伙伴(们)合作共创意义的意愿与能力。你只有跳出了"确信她会理解你"和"她理解你的观点"这样的想法之后,才能进行对话式倾听。对话式倾听始于这样的理解:"观点"需要对话者共享,而不只是你一人的想法。

"塑造共有意义"是对对话式倾听的一个主要比喻。我们所指的情景是:两个人分别坐在制陶器的轮子两边,用四只湿手在轮子上塑制陶器。我们以此作比喻,形成了"塑造共有意义"这句话,但我们也并非只是给你留下抽象的印象。我们描述了能帮助你进行对话式倾听的四个具体方法:聚焦于"我们";进行附加改述;让对方改述;运用比喻。我们也附加了能够显示这些沟通举措的对话范例。我们的目标,就是鼓励你在沟通过程中创造对话的瞬间。

[①] "Empathic Listening" from *Together, Communicating Interpersonally: A Social Construction Approach*, 6th Edition by John Stewart et al. Copyright © 2005. Reprinted by permission of Oxford University Press.

一、移情式倾听

一个人进行移情式倾听时,他或她就全面接受或感受了对话伙伴的特点,但这还只是用他或她自己的非人际的特性进行回应。发展移情式倾听技巧的先驱者、著名咨询顾问卡尔·罗杰斯(Carl Rogers)把移情式倾听描述成"进入对话伙伴的私人感知世界,而且完全放松"。他继续说:

> 要每时每刻对在这个他人中流动的、不断变化和感受到的意义保持一种敏感……用这种方式与他人相处意味着,你暂时把你自己的观点和价值观放在一边,以便毫无偏见地进入他人的世界。从某种意义上来说,这意味着你把你自己放在了一边(Rogers,1980,142—143)。

这种倾听是重要的。比如,当你意识到你的朋友需要宣泄时,你愿意对你朋友的观点不加任何评论地倾听。事实上,如果你在这些情况下用"好,如果我是你……"这样的话做出回应,那么你的朋友可能会坚持说:"我不需要你的建议。我只想让你听我说。"如果有人请你仲裁一场争议,做移情式倾听也非常重要。直到你完全理解了各方的观点之后,你才能很好地发挥仲裁者的作用,移情式倾听能够帮助你形成这种理解。

对父母、教师和经理们而言,移情式倾听也是一种重要的技巧。例如,家庭沟通研究表明,初学走路的孩子、儿童和青少年常常感到,他们的父母只站在他们自己的立场上来倾听,而不是花时间努力完全理解年轻人的思想和感受。

经理和教师常常需要进行移情式倾听,以便了解如何帮助他们的下属或学生。咨询师和医生也用这种方法对他们的病人或顾客定期做出回应。

为了进行移情式倾听,可以研究一下这三种技巧——聚焦的技巧(focusing skills)、鼓励性技巧(encouraging skills)和反思性技巧(reflecting skills)(Bolton,1990)。人们从许多技巧中选出了最佳技巧,即这三种技巧。你可以把具体的技巧想象成一个沙拉吧台,把让你感觉舒服、适合你所在环境的那个盘子放置其上。

1. 聚焦的技巧

像分析性倾听一样,第一步是把你的注意力标定在你正在倾听的人身上。这始于你的内心决策:你打算如何投入你的时间和精力。这让人想起消费与投资的区别。你认识到,移情式倾听常常能够为任何良好的投资支付红利。接着,你应记住,倾听需要努力,需要你把你正在做的其他事情放在一边,把注意力集中在他人身上。此时此刻,集中注意力需要四大技巧。

第一个是调整你的姿态。你应转身,面对或差不多面对你正在倾听的人。如果你坐着,你应把身体向你的谈话伙伴倾斜。这虽是一件做起来很简单的事情,但有许多学生忽略了它的必要性。一本咨询教科书这样写道:"通常,表示帮助者会用一种放松的姿态把身子向前倾,更靠近被帮助者……"(Brammer,1979,70)。研究表明,当倾听者专注于这种姿态时,与其交谈者就会感到这是一种比较"热情"和可以接受的方式。结果,他们发现这使他们更容易主动提供更多的信息(Reece and Whiteman, 1962)。

聚焦的技巧的第二部分是进行自然得当的目光接触。在西方文化中,你看着他人的眼睛时,你不仅敏锐地意识到他或她的存在,而且直接面对此人。在这些文化中,非言语倾听行为研究者常常把目光接触、身体前倾或移向他人视为关心和接触的两大最重要的指示器(Clore, Wiggins and Itkin, 1975)。因此,如果你不易与他人进行目光接触,你应把你的身体位置挪到合适的地方。如果你与儿童交谈,你应跪下或坐下,与儿童在同一水平线上,以便他们能够发现你在看着他们。

我们已经说过,目光接触的"合适"时间和类型部分取决于参与对话者的文化属性。如果你与一个有着这样文化背景的人交谈——除密友之间或上司对下属之外,禁止其他人之间进行目光接触,你遵守有关的行动指南就非常重要了。如果你来自这些文化中的某种文化,而你的谈话伙伴却不是,那么可在让自己感到舒服的前提下,尽量适应对方的文化。但是,如果你是在一般西方人沟通的情景中,那么你在沟通过程中进行目光接触的时间就应保持在50%—70%之间。

在看重直接的目光接触的文化中,人在倾听时不进行目光接触会造成真正的问题。我的一个学生说:"根据我自己和交谈者的经验,当一个正在倾听的伙伴突然中断了目光接触,把目光转向其他事情(如与一个走过的朋友说话和向他招手)时,会对想表达自我的人产生几乎难以接受的影响"(Adams, 1996)。

聚焦的第三个方法和第四个方法就是做出回应并发出回应性的声音。我们知道,那个坐着盯着他人、一动不动、始终面无表情的人认为自己是在聚精会神地倾听。然而,这种习惯会产生两个问题。最明显的一个问题是,即使你可能以为你是在认真地倾听,但你的表情却不像。除非我在你的身上和脸上看到某种回应,否则我不会相信我的话正在影响到你。第二个问题更微妙:实际上,除非你的身体开始记录你的参与活动,否则你并没有完全投入倾听活动。所以,尽管你可能认为你身体不动、沉默不语就是在专注地倾听了,但别人会认为在你开始做出回应性的动作和发出回应性的声音时才算是悉心倾听。由于每个人的身心都紧密相连,你身体的肌肉运动,实际上会帮助你保持倾听。

我们所说的做出回应,指的是微笑、点头或摇头、动眉、耸肩和皱眉等。这些动作是由他人的言行引起的,是对他人言行的回应,也是与他人的言行相互联系的。当然,一个有效的倾听者并非要时刻点头或者微笑;她点头或微笑是对他人说的话做出的回应;她皱眉或摇头也是对他人说的话做出的回应。

回应性声音包括"嗯""哦""对……""啊""当然""真的"和"喔"等。此类声音告诉他人,你正在倾听他或她的讲话。如果你怀疑回应性声音的重要性,那么,下次你试试接听电话时完全沉默不语的情景。过了很短的时间,对方就会问"你还在吗"之类的话。我们需要发出声音,以让我们的听者相信,我们正在倾听。

上述四种技巧也许过于明显或过于简单,但从一系列沟通研究中可以相当清楚地看出,人们运用这些技巧的能力存在很大差异。

2. 鼓励性技巧

第二套移情式倾听的技巧旨在"拉动"他人多谈。显而易见,多谈并非总是好事一桩。但是,当你想尽可能完全地了解另一个人的情况时,你需要进行足够多的言语和非言语交谈。因此,我们想就如何鼓励他人多讲话提供几条具体建议。

第一条建议是最直接的。作为倾听者,你可在适当的时间用"多说点""继续讲""你能不能解释一下"或"能不能举个例子"之类的话做出回应。在这种情况下,即某个人做出的评价让人感到模糊不清或支离破碎时,这种回应能够提供人们需要的帮助。听者经常倾向于解释别人说过的话,根据信息采取行动,即使他或她不敢断定自己是否能做得很好。当然,如果对方问你"现在几点了",而你的回应是"你能不能说得具体点",那么就是非常可笑的。但是,你每次听到一个新思想、一个新话题或一个重要观点时,我们建议你开始努力进行移情式倾听,此时不要猜对方说的话的意思,而是要让他或她告诉你。"多讲点""请继续往下讲"或某些类似的鼓励会很有用。

第二种鼓励的技巧被称为镜像法(mirroring)。镜像法意指重复他人说过的一个关键词或一个术语,此时,你的脸上和声音里要带上问号。"重复"?没错,例如,你只挑一个术语,使用疑问式的音调,用扬起眉毛的方式进行反馈,这样他人就会详细解释他刚刚说过的话。"详细解释"?对,你知道,他将举一个例子,或用其他词语重新陈述他说过的话,或试图澄清他正在阐述的观点,就像我们在这儿一直做的这样。

进行鼓励性回应的第三种技巧是澄清式提问(clarifying question)。人们经常采取以下回应形式:"你的意思是……?"或"你说……时,你的意思是……?"你也可以提问,让他或她界定一个词或术语,也可请他或她解释其所说的话的含义。例如,在招聘面试中,面试者可能会说:"本公司只对有足够自信的人感兴趣……"应聘者可以问:"您说的自信是指什么?"声调是澄清问题的一个重要组成部分。要记住,你提问的动机是更清楚地了解,而不是通过要求别人"讲清楚"来把别人逼进墙角。

开放式提问是进行鼓励的第四种方法。封闭式提问要求被提问者只进行是与否、一个词或简单句式的回答。开放式提问则指认一个话题的范围,鼓励他人谈这个话题。所以,"你昨晚见到的那个人是谁"是一个封闭式提问,而"你的爱情生活怎么样"则是一个较开放的问题。开放式提问常常始于"你怎么看……"或"你对……感觉怎样",而用封闭式方法问类似问题时,则可能始于"你认为……""你喜欢这一章吗?""你认为这一章的哪些部分最好"则显得更开放。这两类提问固然都有用,但你要鼓励别人多讲时,应当采用开放式提问。

进行鼓励的第五种方法是使用专注性沉默(attentive silence)。我们先前说过,移情式倾听的要点是持发展和理解言者的视角。所以,应集中注意力,让他人有足够的空间讲话。

对于鼓励他人多讲话,我们有最后两大建议。我们强调的是不做什么。显而易见,鼓励他人多说,会涉及提问的问题,但不是任何问题都可以提。我们已经解释过使用开放式提问一般会比使用封闭式提问更有效的原因,但也有两类需要规避的问题。一是我们所谓的虚假问题(pseudoquestions)。虚假意指假装的、非真实的,或者是经过伪装的;虚假问题是一种貌似问题的判断,也是貌似问题的问题。"你想去哪里"不是一个真实的问题,而是一个虚假的问题。换句话说,如果你认为这个问题在实际谈话中会有些作用,那么你就会听到这个问题几乎总是一个人对另一个人的抱怨,总是一个人对另一个人的判断。"你想去哪里"通常指的是"回来"或"我不想让你离开"之类的意思。"开这么快安全吗?"则是另一个虚假问题;在这里,隐含的叙述类似"你开车我感到害怕"或"我希望你开得慢一些"。有时,我们可能会用虚假问题来避免对他人进行更直接的负面评价(Goodman and Esterly,1990,760)。但是,这些意图常常让人感觉困惑不解,还会使人感到更加难堪。我们在这儿提出的观点是,如果你用这样的提问设法鼓励他人,那有可能会产生令人失望的结果。你应努力提些真实问题,真心要求别人提供信息或进行解释,而非提出类似的虚假问题。

应避免的第二类问题是用"为什么"提问,因为这样提问会强化别人的防备心理。人们听到别人用"为什么"时,常常相信提问者在要求他们给出合理的理由,否则就是在找借口。"你为什么决定带他来开会?""你为什么现在才讲出来?""你当时为什么不给我打电话?""你为什么决定那么做?"……你听出这些问题中含有要求了吗?问题就在于,用"为什么"提问时常会把被提问者置于危险境地。这些问题似乎要求一种道德证明和价值观证明。结果,它们发挥不了鼓励的作用。在必要时,你可尝试问同样的问题,但要用不同的词汇开始提问。比如,可试试"当时你怎么就决定做……?"或者"你做……的理由是什么?"我们相信,你将发现这样提问的效果会更好一些。

3. 反思性技巧

第三种技巧将有助于你对他人在沟通过程中的观点进行直接回应,这是移情式倾听的中心目标。在这一技巧中又有三种技巧。一是改述。改述是指你用自己的话对他人的意思进行重述,随后进行确证。这意味着改述由四个主要部分构成:(1)改述是一种重述,而不是一个问题。改述不用提问开头,而是首先告诉他人你听到了什么。改述的开头也许是"所以你认为……"或"换句话说,你说的是……"(2)改述是对别人的意思的重述,而不是重复别人的话。其中既包括想法,也包括感受。最圆满的改述包含想法和情感两项内容。有时,情感方面的内容非常重要;有时,情感方面的内容不那么重要。但是你在改述中,至少应表明他人话中的情感因素。"所以,你担心……"或"你好像真的很难受,因为你相信……"是两个重述情感——"担心"和"难受"的例子。(3)改述必须用自己的话进行。把别人的意思翻译成你自己的话,表明你已想过别人说的话,别人的话已经过你的大脑细胞的过滤。(4)你进行重述之后,便完成了改述的工作,创造了机会,以便让他人验证你的理解。你可以非常容易地做到这一点,只要停下来不说话,扬起你的眉毛,或者问"对吗"或"是这样吗?"改述是一种强有力的沟通举措,如果你在对话中定期采取上述四大步骤,你的移情式倾听技巧就会得到极大改善。

第二大反思性技巧是增加范例。你可让他人对来自你自己的经验(你相信这个经验可以说明他或她的观点)的例子做出回应,从而丰富你的倾听过程。记住,这是为了更好地进行移情式倾听,而非让对话偏离其他人的关切和转向你的关切。所以,你的例子需要清楚地表明,它能体现他或她的主要观点。这里有一段体现我们这层意思的对话。

    劳拉:我已和这个助教说了我的问题,不过在某些方面,这件事确实是有回报的。

(澄清问题)哈比布:今天是发薪日,你说的是你的支票吗?

    劳拉:不是。我的一个学生刚才在她的课堂考试试卷上写了一句话:"我喜欢你愿意站在我们的角度倾听和愿意给出反馈的方式。我认为老师这样做,是真正有信心的表现。"

(增加范例)哈比布:那可真不错。我也从一个学生那儿听到过同样的话。结果发现他是在讽刺。他不满意我判卷的方式,甚至还去系主任那儿抱怨过这件事儿。你认为她会给你来这套吗?

(澄清问题)劳拉:我没想过这件事儿。不,我认为不会。这是一个复读生。我想她对自己被当作成年人对待会感到很高兴的。

记住,理解与赞同有着极大的区别;改述或增加例子都不需要你赞同他人的观点。这些听的回应旨在优化移情式倾听的过程,非常有助于你了解他人的观点。

第三个反思性技巧有些策略性。这一技巧包括悄悄搜寻言语和非言语之间的矛盾。第一步是当你认为矛盾发生时,你要进行辨识。当一个人所说的话与他或她平常的话不相符时,你须敏感地辨识出来。如前所述,一个人怒目而视,大声叫喊"我不是疯子"时,就是口头言语暗示和非口头言语暗示相互矛盾的例子。约翰有个学生曾经宣布,她不会再浪费时间生她老板的气了,随后便花了半小时抱怨她老板最近的行为。在其他情况下,一个人说"没问题""我不在意""继续做"或"这对我没有区别"等话时,其面部表情和声调可表明,话语是覆盖失望、关切或伤害等情感的轻薄面纱。

作为听者,你通过悄悄地搜寻你注意到的言语与非言语之间的矛盾,来辨识表象以外的含义。我们要强调悄悄地这个词。当你发现矛盾时,你应记住,这是你对正在发生的事情的阐释;你自己愿意这样阐释就可以这样阐释。但也要记住,如果别人也看到矛盾,就一定有矛盾存在的理由。他或她可能没有准备或不愿承认不同层面的暗示之间存在的差异。所以,你不能滥用这种技巧,而是要把你认为存在的矛盾描述出来,为他人谈及这些矛盾敞开大门。

例如,与约翰一起工作的一组专业人员曾经历过一位新经理提出的冲突化解建议。该经理认为,该小组人员需要加强凝聚力,于是,她建议每周五下午提前一小时下班,以便大家能花点时间待在一起,边喝葡萄酒,边吃奶酪边聊天。大多数人都欢迎这个主意,但有两个人表示反对。他们认为这是一种"强迫性社交活动",所以不喜欢这样做;他俩还讨厌只提供含酒精的饮料,他们认为"上班喝酒"不合适。约翰让这个小组讨论这个问题,并把它作为倾听训练的一部分。该经理转身走到其中一个反对这个计划的员工——吉恩跟前,问他对周五下午聚会的看法。吉恩轻轻转过身来说:"哦……这是一个相当……不错的主意……"这位经理笑了笑,轻声说:"吉恩,你的话告诉了我一件事情,而你的身体说的却是另外一回事。"随后,她沉默下来。过了几秒钟,吉恩放松了身体姿势,微笑了一下,承认他实际上不太喜欢那个计划。这就促成大家开始了一次对话,话题是对吉恩的关切做出的回应。

能够进行这种倾听回应的主要原因是非口头言语暗示可以"泄露"非人际传播讯息或隐形讯息。因此,一个人的声调、姿势、眼神甚至面部表情常常会坦露被他或她所选择的词语弄得模糊不清的意义。敏感的倾听者会对此类矛盾做出回应,而且也像我们建议的那样,会悄悄地搜寻它们。

二、对话式倾听

没有人给对话式倾听开过任何简易处方,没有"六大简易步骤",也没有"五大成功技巧"。虽说这是任何想这样做的人都肯定能做到的事情,但它要求我们采取综合方法进行沟通。这种沟通与大多数人倾听和交谈时采取的一般立场有所不同,你也需要保持一种不时让你感觉困难的张力,把握好你自己的立场,把握好正在与你沟通的人(们)的立场之间的平衡。要做到这些,最好的办法就是了解一点对话的思想。

普通人认为,对话指的仅仅是两个或更多的人之间的谈话,以及小说或戏剧人物之间的谈话。但在近代历史的两个时期里,这个术语有了某种特别的含义。首先,在1925年和20世纪60年代初期,哲学家和教师马丁·布伯及其他几位作家使用这个词来讨论一种特别的沟通类型。布伯在《我与你》和其他著作与文章中,试图提出一种他在一些工厂、家庭、学校、政治组织、教堂甚至公共汽车和飞机上注意到的沟通方式,一种伴随着真正的人际接触的沟通方式。布伯承认,人们不能时刻都用对话的方式进行沟通,这样做也不可能。但是,他认为,我们可以做得更多,如果我们这样做了,我们就会生活得更好。

对布伯而言,对话的基本含义是带有我们所谓开放的敏感性(open sensitivity)这一特征的沟通。我们已经说过,对话肯定不需要意见一致,却要求联合起来(alignment)。这种对话能够而且有时发生在委员会会议上、家庭讨论中、朋友之间的电话交谈中、医生与患者之间的谈话中、恋人之间的争吵中,偶尔也会发生在劳资谈判者和政敌之间。

布伯的对话观在与20世纪60年代和70年代的嬉皮士运动发生关联时,在美国失去了信誉。尽管今天大家援引的主要作家是另一位最初用"MB"署名的20世纪初的作家,即俄罗斯理论家米哈伊尔·巴赫金(Holquist,1981),但自20世纪90年代初以来,对话这个词语及围绕对话所形成的思想却开始重新盛行起来。

如果你准备涉足商务领域,你很有可能在讨论所谓"学习型组织"中的对话的重要性时,碰到过"巴赫金"这个名字(Senge,1990)。麻省理工学院的斯隆学院(Sloane School)、哈佛大学和其他知名商学院的学者认为,在这个全球化和信息快速变化的时代,一个公司能够赶上时代步伐的唯一办法,就是不断地从成功与错误中学习。然而,要成为学习型组织的唯一办法,就是要用对话取代传统的等级制沟通。从20世纪90年代后期开始,福特汽车公司和波音等大公司开始投入数千个小时和大量资金进行培训,以帮助雇员在其组织中学习打开对话的空间。

对话也正在被提升为改进美国人和英国人公共演讲质量的最佳方法(Roth, Chasin, Chason, Becker and Herzig,1992)[1995年和1996年,英国电信公司(British Telecommunications)参加了全国提高人际传播质量的工程项目;几位美国人际传播学者为此做出了努力]。一些心理学家认为,整个心理学科的焦点需要从个人心理转向对话式关系中的人(Sampson,1993)。传播学研究者和老师也越来越多地使用对话这一概念(Baxter and Montgomery,1996)。简言之,越来越多的有影响力的人认识到,对话是一种真正有用的现象。我们三人相信,对话式倾听是促进对话的最直接方法。我们所说的"促进",意指保证对话的发生,鼓励对话的发生。

1. 作为意义贯通方式的对话

开启这个空间的唯一路径就是集中探讨对话这个词语本身。这个词语由两个希腊词组成,即贯通(dia)和意义(logos)。在"贯通—意义"(dia-logos)中,希腊语logos的意思是意义(meaning)或理解(understanding)(在希腊语中,logos还有其他含义。有时,可译为"逻辑";有时,它在英语中被译成"语言"。但是,它最基本的含义是"意义"。)。在"贯通—意义"中,dia的意思不是"两个",而是"贯通"(through)(Bohm,1990)。所以,对话不是仅限于两个人之间的沟通,它是一个意义贯通所有参与者后而形成的事件。还有另外一种说法,即在对话中,意义或理解是合作共建的(collaboratively co-constructed)。对每一个参与者而言,这个思想的重要含义在于,我们进行对话式倾听和对话式交谈时,不是在控制交流的结果。亚伯拉罕·卡普兰(Abraham Kaplan)清楚地阐述了这一观点:

> 人们进行(对话)时……正在交流的内容并不是事先存在的,也不独立于那个特定的语境。除了在事件的重建中,讯息事先被固定之外,其他讯息并不存在。如果我真的正在与你讲话,我便无话可说;你我彼此发生真正的关联时我才说话。我并不知道我将要是谁,因为我向你开放,正如你向我开放一样(引自Anderson, Cissna and Arnett,1994)。

传播学教师布鲁斯·海德指出,对话式倾听的主要障碍,是用自我或身份认同取代与"我所说与我是谁密切关联"这一想法合作的开放性。布鲁斯说,"正确地做某事与承诺做某事之间"存在很大的不同。"正确地做某事有可能使别人犯错;承诺做某事则营造了建设性地接触他人观点的空间。"换句话说,如果你承诺做某事,你甚至可能有机会和与你的观点极为不同者交谈;但是,如果你认为某事正确,就没有多少空间让不同意你的立场的人在此活动,他除了认错之外别无他法。关键的不同与身份认同有关。认为某事正确的人首先会自称他或她自己是某个特定位置上的倡导者。承诺做某事者则首先把他或她自己视为一个正在对谈话结果给予合作而非控制的倾听者。如果你准备进行对话式倾听,与认为某事正确相比,你就一定会对"建构—意义—贯通"(building-meaning-through)更有兴趣。

传播理论家和教师巴内特·皮尔斯(Barnett Pearce)把族群优越性(ethnocentric)沟通与世界性(cosmopolitan)沟通作对比时,虽然基本上表达了同样的思想,却带着一种文化偏见。族群优越这个术语意指用某人自己的视角评价他者的文化。用这种态度进行沟通时,一开始就假定我的文化方式是"正常的""自然的""优越的",而且在一些重要意义上,还是"正确的"。巴内特认为,"在当代美国社会里,族群优越的准则当然是种族主义、男性至上主义之类的东西。它也建构了国内政治话语"(Pearce,1989,120)。族群优越性沟通的另一个特点是,它特别强调一致性的感觉。当其他思想完全适合整体思想时,便出现了这种感觉。因此,一个用族群优越的态度进行沟通的人假定,他或她的思维方式和做事方式才是正常的、自然的。

另一方面,持世界立场的人信奉"世界"上的所有"政治",是包容性的而非排他性的。由于一个持这种立场的人可能对一种思想或立场有所承诺,但他或她不会假定它是绝对"正确"的,所以,持世界立场的传播者特别强调协调性而非强调一致性。他们不会假定,把思想或人放在一起的唯一办法是符合"逻辑"的办法。持世界立场者对各种创造性思想的综合、程序和过去的经验持开放态度。他们的主要目标是走向联合,甚至在很少或不存在一致意见的情况下,他们也是如此。据说心理学家戈登·奥尔波特说过,这种沟通者"半信半疑但全心全意"。对话式倾听始于世界立场,而非始于族群优越的态度。对话式倾听的第一步是认识到,每一个沟通事件都像一个人在骑双人自行车,你可能坐在前座上,也可能不坐在前座上。

2. 塑造共有意义

说完双人自行车的比喻后,我们发现用制陶轮的形象来思考和讨论对话式倾听的具体细节非常有用(Stewart and Thomas,1990)。塑造共有意义的比喻是由传播学教师米尔特·托马斯(Milt Thomas)创造的,他使用这个比喻来表示一个使对话式倾听更具意义的具体图像。

你可想象你自己坐在制陶轮的一侧,你的谈话伙伴坐在你的对面。你俩说话时,各自都在制陶轮上添加陶土,并用拇指和其他湿手指与手掌去塑造这个陶器。像陶土一样,言语和非言语谈话是可触摸和可伸缩的,它们在人与人之间流动,让人去听,去记录,去塑造。如果我不清楚或不敢肯定我正在想的事情或我想说的话,我可以把某些事先放在那儿,你可修改它的形状,让我多加些陶土,你也可添加一些你自己的陶土。你所做的陶器的具体形状恐怕只能是对我所做的陶器的形状的一种回应,也许,你正走向我从未想象过的方向。你添加的陶土也许符合我以前的想法,尽管不在这儿或不以这种形式出现,但对我来说是全新的。有时,这些"共塑"活动呈娱乐性质,你只在制陶轮上有个大致的想法,制作的结果看起来像是一个形状模糊的东西。有时,基本形状定得很好,谈话伙伴们就把时间花在了细节和修饰上。人的努力总能产生某种结果,而且常常令人感觉愉悦。有时,我感到我们的谈话能帮助我更好地了解自己。有时,我们制作出了我们两人从未单独想过的东西。这是因为我们塑造的形象不是我的形象,也不是你的形象,而是咱俩的形象,是咱们两人积极塑造的结果。

所以,为了有效地完成塑造过程,你需要记住,正如我们以前多次说过的,人与人之间的意义不仅是那些存在于某人头脑中的意义,还有那些在对话中建构出来的意义。你了解了这一点之后,就会愿意坐在制陶轮前,把陶土放在制陶轮上,也鼓励另外那个人在制陶轮上添加陶土。于是,你要乐于把你的手弄脏,以便参加共同塑造意义的过程。

正如你可能猜到的那样,为了把这种基本立场化为行动,你需要践行一些聚焦性和鼓励性的特别类型。

聚焦于"我们的"。我们在前面提到过,对话式倾听涉及一个重大转变——从聚焦于我或他人到聚焦于我们[言者(们)与听者(们)]的。可以把对话式倾听与移情式倾听进行比较:移情式倾听要求你努力体验另一个人的外向性沟通"背后"的东西。你专心致志于"我们的"时,就不会看到那些言语暗示和非言语暗示背后的东西。你也不想去推论或猜测他人内在的体验状态,而是把心思集中在你与他人共同创造的意义上。正如我们说过的那样,移情式倾听很有用,但对话式倾听需要人们再迈出一步,从而聚焦于"我们的"。

你是想了解他人的内心,还是想把心思集中在你们之间的意义建构上,这会产生很大的区别。当你把心思集中在他人话语"背后的"思想和感情上时,你会花费时间和精力寻找你正在看到、听到的一切和他人"可能的意思"之间的联系。"瞧瞧那交叉抱在一起的胳膊。她肯定在生气和防备着。"或者,"他说他绝不还钱。这就表明不可能改变他的主意"。你这样想的时候,你的注意力就集中于言语和非言语的谈话,并在此人脑中的事物之间来回运动。人们从这一立场出发,就容易理解,内在的事物比表面的谈话更为可靠、更为重要、更为真实,因而也就更值得人去关注。

但是,当你把心思聚焦在"我们的"上面时,你的精力就集中于外在事物,而不是人们预想的内在事物。我们并不是说,你应当不顾他人的情感。事实上,当你把心思聚焦在此处你们之间的事情上时,你也许会变得更加敏感。你应该把心思集中在你们两人(或更多人)正在一起进行的言语的谈话和非言语的谈话上。从某种意义上说,你关注的是对话的表面价值;你一直在关注这个表面价值,而非聚焦于这种表层价值背后你所推断的东西。这并不意味着你不假思索就接受据说是"全部真实和绝对真实"的一切事情。但是,你必须认识到,意义不仅仅是一个人头脑中的东西。把心思集中在"我们的"上面可使你做出回应和进行查证,这使你明白,"获得意义"是一个相互的过程。

鼓励下一次。对话式倾听也需要一种特殊的鼓励形式。基本上,你并不是要鼓励他人(他们)"多说",而是要鼓励他或她对你刚才放在制陶轮上的某种东西做出回应,对他或她刚才说过的一些事情做出回应。所以,你鼓励的是下一个举动;它积极、恰当地保持着合作共建的过程的发展。

进行鼓励的一个具体办法,就是进行附加改述(paraphrase-plus)。我们已经说过,改述包括:(1)重述;(2)解释他人的意思;(3)使用你自己的言语和非言语谈话方式;(4)在结束谈话时为别人提供检验你的理解的机会。附加改述除了所有这些因素之外,还要再加上一些细小但重要的因素。

这个"附加"就是你对"下一个是什么"或"现在是什么"这类问题做出的回应。你首先应当记住,你正在发展的意义是在你们两人之间创造的,个人意见只是这个意义的一个组成部分。如果你停在改述上,你只是把心思集中在他人身上,而没有聚焦于你们之间正在发生的一切。所以,你用确证和感知—确证性改述的方式对他人做出回应,这些都是良好的判断力告诉你应该去做的;在谈话快结束时,你要请对方针对你对谈话双方的话的理解做出回应,这样就完成了附加改述的过程。附加改述的精髓就是,每个人的视角都是团体成就中的一块积木。例如,注意对丽塔的话可能会有的三种回应:

丽塔:我喜欢一种"排他性"关系。我要你给我承诺。可我有时还是想和别人出去。

1. 穆尼奥:所以,尽管你大致同意我们的约定,不与其他人约会,但你仍对这一点有些不确定,对不对?(改述)。

2. 蒂姆:啊,所以你想让我像个傻瓜一样到处晃荡,而你却出去当交际花!你这是双重标准!(攻击)

3. 斯科特:好像你认为我俩在现在的关系中各有正负。我也喜欢这种关系,但我不喜欢看到你举棋不定。我想让你多给我讲一讲,你为什么怀疑这种关系。(附加改述)

穆尼奥用一种改述对丽塔的话做出了回应。这告诉我们,穆尼奥听了丽塔的话,但听进去的并不太多。蒂姆对丽塔的话进行了讽刺,他的理解反映了他自己的不确定性、愤怒和恐惧。他的话与其说是一种改述,不如说是一种谴责。斯科特进行了附加改述。他解释了他对丽塔的话所进行的阐释,他随后的简述是对她的观点做出的回应,最后把焦点拉回到他俩之间的中间地带。这里是他俩开始对话的地方,也是他俩能够联手解决问题的地方。他这样做的时候,就是把他的一些陶土添加到制陶轮上。他虽然进行改述,但当他阐释她的话和对她的话做出回应时,也提出"下一步怎么办"的问题。随后,他用鼓励结束附加改述,而不是简单地验证其改述的精确性。当这一切发生时,改述和附加改述都能促进个人之间的相互了解。

思考附加改述的另一种方法是，你的目标范围有所扩大，已经超出了为寻求"忠诚"或"回应"而进行倾听这一目标。如果你的改述是为了获得忠诚或回应，那么一旦你成功地重造了"她说的意思"，你就会感到心满意足，并且"完成"了你的任务。如果你的改述能够准确地对他人的意图做出回应，你的改述就取得了成功。我们建议，你应超越回应，达到创造，超越重造，达到生产，共同建构意义或建构你们之间的相互了解。

由于改述对人帮助极大，因此它需要另外一种塑造技巧。当你不能确定他人融入的程度或不知道你俩的理解是否一致时，你可向他或她询问，询问他们对你的观点的理解。做到这一点并不容易。要求别人进行解释常常听起来就像是在指责："好吧，傻瓜，你为什么不试试把我刚才说过的话重复一遍。"这显然不会对共塑过程起到多少作用。说此话者的意思并不是要求别人做出回应，也不让别人提出要求，这样，如果他或她做得不对，你就可以说："我可抓住你的把柄了！"你可用这种方式说："我只想确信我们正在朝同一方向走，你能告诉我，你认为我们现在取得一致意见了吗？"也许你也可以这样说："我不知道我是否说清楚了，你听到我说了什么吗？"这里的关键就是，如果这是针对下一个问题所做的改述，那么这种改述就可以促进人们之间的合作行为，不管这种改述来自你本人，还是来自他人。有时你可要求别人进行改述来达到这一目的。

你在塑造过程中能使用的另一种技巧就是运用比喻。你可通过扩展他人业已用来表达她或他的意思的比喻，来发展你自己的比喻，鼓励他人扩展你的比喻，在对话中建构意义。你可能知道，比喻是一种形象的说法，为了创造一种观点，把两种不同的物体或思想联系起来。"沟通由吸气和呼气组成""对话就像骑双人自行车""这个地方是一个动物园""我就像在马戏团工作"和"她紧张得像热锅上的蚂蚁"都含有比喻的性质。这些例子表明，比喻不只是出现在诗歌或其他文学作品中，也是大多数日常对话的重要部分。事实上，越来越清楚的是，所有语言其实都具有比喻性（Lakoff and Johnson,1980；Ricoeur,1978）。例如，我们给这种技巧命名时，用的是"运用比喻"，"运用"（run）本身就是一个比喻性的词语。

这种技巧既含有微妙婉转的隐喻，也含有显而易见的明喻，还包括把这些比喻"织入"你的回应。我们发现，当人们听到他们的比喻被引用时，就会反应迅速，明确感到他们的话已被别人听到了。一般来说，他们典型的做法是：按照比喻勾画的方向继续进行思考。比如，约翰在他主办的一个讲习班上听过一位工程师讲述自己的工作。该工程师的工作包括去规章委员会和市政委员会回答质询听证，力陈实施建筑项目的理由。工程师菲尔说，他的一部分工作就是一场"游戏"。约翰试着用比喻的方法问："游戏的名字是什么？""获胜"，菲尔答道。约翰认识到自己的提问含糊不清，所以他继续追问："好。但是那是什么游戏呢——垒球、足球、橄榄球、棋类游戏，还是其他游戏？""足球游戏"，菲尔答道。"你扮演的是什么角色？""后卫。""谁当防守？""我们办公室所有给我提供所需信息的人。""谁是教练？""我们没有教练。这是个主要问题。"这是一种告知式回应。事实上，从这个问题开始，讲习班就一直在集中思考该工程公司面临的一个主要管理问题。

这里还有一个在对话中运用比喻的例子：

> 谭雅：你看起来比我上午见到你时郁闷多了。出什么事儿啦？
>
> 安：我刚上完今天第二堂两小时的课。我真不知我得做多少事儿。我觉得被压垮了。
>
> 谭雅：你说快被压垮了，是说你感觉喘不上气来，还是说你要完成别人交代的事，而没时间做自己想做的事？
>
> 安：更像是让我喘不过气来。好像每一个教授都以为我只上他（或她）的课似的。

这个例子再次表明，运用比喻的目的仍是在你们两人之间建造谈话，并在谈话中尽可能使你们对谈到的问题做出回应。此外，比喻本身也可重新架构谈话的话题，给话题提供一种新的视角。把自己比作"后卫"的项目经理，肯定在想法和行为举止方面，不同于把自己比作"将军""圣女贞德""导游"或"母鸡"的人。使你有"被压垮"感的工作压力，也肯定不同于使你"像热锅上的蚂蚁"的那种压力。应当听听比喻，充分利用比喻的力量来形成和扩展你的思想。

请记住我们的观点：所有这些具体的倾听技巧都像沙拉餐台上的碟子。你不会什么都吃，所以你在不同的时间会选择不同的碟子。让我们瞧瞧下一个例子。这个例子展示了我们已讨论过的某些关于倾听的态度和技巧。萨利和朱力奥开始谈话时，对班级持有不同立场。首先是朱力奥听对方说话，接着他和萨利都开始进行对话式倾听。结果，他们改变了对班上同学和老师的看法，创建了一种他俩任何一个人在谈话开始时都没有创建的意义。我们在左边边页上标明了他们正在使用的一些具体的移情式倾听技巧和对话式倾听技巧。

（开放性问题）　萨利：那堂课把我逼到了死胡同。
　　　　　　　　朱力奥：我认为那堂课相当不错。出了什么事儿？
　　　　　　　　萨利：她太严格了！我们不得缺课五小时；必须交电子作业；她不收迟交的研究报告。如果我住了医院，我敢打赌，她甚至不会让我补考！

（说更多的话）　朱力奥：我怎么不知道她不收迟交的研究报告？你这话是从哪儿听来的？
　　　　　　　　萨利：阿拉莎告诉我的。周二那天，她想把周一该交的那篇分析报告送去，结果克林顿博士就是不收。

（澄清问题）　　朱力奥：是不是出了别的什么事儿？希拉里和我都迟交了我们的作业，但她收了。我也认为缺课不得超过五小时和用电子邮件交作业的要求都是这个学校的规定。

（说更多的话） 萨利：你们其他课有这些规定吗？
朱力奥：有。我的地质课教授只允许缺课两天，而且几乎不接受任何借口。

（说更多的话） 萨利：其他教授上课时也那么严格和正规吗？
朱力奥：有的是，有的不是。克林顿在办公室很平易近人。你在那儿与她谈过吗？

（改述） 萨利：没有，我不喜欢她对待阿拉莎的那种方式。
朱力奥：所以，阿拉莎做了她该做的作业，而克林顿拒收她的作业，尽管只迟交了一天？
萨利：哦，她不是用电子邮件交的作业。不过，我还是认为这太没道理了。我到现在还没开始做这个周五就该交的作业。我想她周一肯定不会收我的作业了。

（附加改述） 朱力奥：我知道那种滋味。不过，如果你的理由充足，我想她会收的。上学期她告诉我，她的大多数规定都是从其他教授那儿得知的。这些规定都是这儿的标准规定。这个学校真的在加强责任感，对待每个人都像对待成年人一样。正因为如此，我才认可他们要求我们不得缺课和用电子邮件交作业。但我认为克林顿愿意听学生的话，她好几次给我破过例。你在班上一直表现很好，如果她拒收你的作业，我就真感到奇怪了。
萨利：我不了解这个学校，这是我在这儿的头一个学期。
朱力奥：嗯，我不了解阿拉莎，也许她该按要求做。
萨利：对。哦，谢谢你听我说，还有你提供的信息。

请记住，我们在这里讲这些技巧，本意并非要把它们当作一步一步走向成功的保证。这里只是建议，这些是指南，是你在对话式倾听的过程中专心致志地进行鼓励和塑造的例子。如果你机械地运用它们，它们就不会发挥作用；你运用它们时，必须对关系和情景保持敏感。

你开始使用这些技巧，包括我们已经讨论过的所有技巧时，可能会觉得困难重重，甚至感觉虚假无用。这是很自然的。这是学习任何新技巧的组成部分之一，不管它是滑雪技巧、网球技巧、有氧运动技巧，还是倾听技巧。你要记住，实践得越多，你对困难的感觉就会越少。尝试一下，别因任何开始时的不舒服而退缩不前或者放弃。

复习题

1. 描述移情式倾听和对话式倾听之间的异同点。
2. 澄清性问题与开放性问题之间有什么区别吗？

3. 什么是"虚假问题"？虚假问题为什么有危险？
4. 改述的四个组成部分是什么？
5. 对话的意思是"贯通—意义"。请加以解释。
6. 请区分族群优越性沟通与世界性沟通。
7. "聚焦于'我们的'"与移情式倾听中的"聚焦"有什么不同？

思考题

1. 人们实践新型沟通技巧时会感到，他们的沟通显得虚假而不真实。人们应当怎样处理这种自然倾向呢？
2. 作者针对"为什么"之类的问题提出了建议。在现实世界中，存在着一些例外吗？
3. "增加范例"这一技巧有什么危险？
4. 你怎样才能"悄悄地寻找言语与非言语之间的矛盾"而又不玩弄"我可抓住你的把柄了"这类手段？
5. 举一个你亲身经历的、你或你的谈话伙伴"运用比喻"的例子。

参考文献

Adams, J. 1996. *Journal entry in SpCmu 103*, *Autumn 2001*. University of Washington. Used by permission.

Anderson, R., Cissna, K. N., and Arnett, R. C. (eds.) 1994. *The Reach of Dialogue: Confirmation, Voice, and Community*. Cresskill, NJ: Hampton Press.

Baxter, L. A., and Montgomery, B. M. 1996. *Relating: Dialogue and Dialectics*. New York: Guilford.

Bohm, D. 1990. *On Dialogue*. Ojai, CA: David Bohm Seminars.

Bolton, R. 1990. "Listening Is More Than Merely Hearing." In J. Stewart (ed.), *Bridges Not Walls*. 5th ed. New York: McGraw-Hill. Pages 175—191.

Brammer, L. M. 1979. *The Helping Relationship: Process and Skills*. 2nd ed. Englewood Cliffs, NJ: Prentice-Hall.

Buber, Martin. 1970. *I and Thou*. Trans. W. Kaufmann. New York: Scribner.

Cirksena, K., and Cuklanz, L. 1992. "Male Is to Female as ____ is to Female as ____ is to ____: A Guided Tour of Five Feminist Frameworks for Communication Studies." In L. F. Rakow (ed.), *Women Making Meaning*. New York: Routledge. Page 370.

Clore, G. L., Wiggins, N. H., and Itkin, S. 1975. "Judging Attraction from Nonverbal Behavior: The Gait Phenomenon." *Journal of Counseling and Clinical Psychology*, 43: 491—497.

Faber, A., and Mazlish, E. 1982. *How to Talk So Kids Will Listen and Listen So Kids Will Talk*. New York: Avon.

Goodman, G., and Esterly, G. 1990. "Questions—The Most Popular Piece of Language." In J. Stewart (ed.), *Bridges Not Walls*. 5th ed. New York: McGraw-Hill, Page 760.

Gray, J. 1992. *Men Are from Mars, Women Are from Venus*. New York: HarperCollins.

Harding, S. 1991. *Whose Science? Whose Knowledge: Thinking from Women's Lives*. Ithaca, NY: Cornell University Press.

Holquist, M. (ed.) 1981. *Mikhail M. Bakhtin. The Dialogic Imagination*. Trans. C. Emerson and M. Holquist. Austin: University of Texas Press.

Lakoff, G., and Johnson, M. 1980. *Metaphors We Live By*. Chicago: University of Chicago Press.

Nichols, M. 1995. *The Lost Art of Listening*. New York: Guilford.

Pearce, B. 1989. *Communication and the Human Condition*. Carbondale: Southern Illinois University Press.

Rakow, L. F. 1992. *Women Making Meaning*. New York: Routledge.

Reece, M., and Whiteman, R. 1962. "Expressive Movements, Warmth and Nonverbal Reinforcement." *Journal of Abnormal and Social Psychology*, 64: 234—236.

Ricoeur, P. 1978. *The Rule of Metaphor*. Trans. R. Czerny, K. McLaughlin, and J. Costello. London: Routledge & Kegan Paul.

Rogers, C. R. 1980. *A Way of Being*. Boston: Houghton Mifflin.

Roth, S., Chasin, L., Chason, R., Becker, C., and Herzig, M. 1992. "From Debate to Dialogue: A Facilitating Role for Family Therapists in the Public Forum." *Dulwich Centre Newsletter*, 2: 41—48.

Sampson, E. E. 1993. *Celebrating the Other: A Dialogic Account of Human Nature*. Boulder, CO: Westview.

Senge, P. 1990. *The Fifth Discipline: The Art and Practice of the Learning Organization*. New York: Doubleday.

Shotter, J. 1993. *Conversational Realities: Constructing Life through Language*. London: Sage.

Stewart, J., and Thomas, M. 1990. "Dialogic Listening: Sculpting Mutual Meanings." In J. Stewart (ed.), *Bridges Not Walls*. 6th ed. New York: McGraw-Hill. Pages 184—202.

Tannen, D. 1995. *Talking from 9 to 5*. New York: William Morrow.

Weaver, R. L., II 1987. *Understanding Interpersonal Communication*. 4th ed. New York: Scott-Foresman.

第六章
呼气:表达与坦露

第一节 向他人开放和接受他人的开放[①]

戴维·W. 约翰逊(David W. Johnson)

"共创意义"(《沟通之桥》第二部分的题目)的上半部分是"吸气";我称之为"呼气"的是这个过程的下半部分。正如比喻所暗示的那样,这是沟通的"输出"或"发送"部分。本章的几篇文章解释了人际开放、自我表达、对坦露的选择等。

第一篇文章选自2000年出版的《伸展出去:人际影响与自我实现》(Reaching Out: Interpersonal Effectiveness and Self-Actualization)一书。此书作者是明尼苏达大学(University of Minnesota)教师戴维·约翰逊。他在书中首先提出了这样的观点:我们可以把所有的关系都放在连续统一体上,进行从开放到封闭的划分。当然,一种"开放性"的工作或开放式学校不同于"开放性"家庭或开放式的恋人关系。但约翰逊宣称,在所有情况下,开放性意味着既向他人开放(向别人坦露自己),也接受他人的开放(用一种能为别人接受的方式听他们说话)。随着这两种开放性的增强,各种关系都会得到发展。

约翰逊在进行了大量社会科学研究之后,对自我坦露(self-disclosure)进行了界定,并指出了它的四大重要特点。约翰逊称,有效的坦露着眼于现在而非过去,其中包括情感与事实;有效的坦露既有广度,也有深度,特别是在关系的早期阶段;有效的坦露需要一种互惠。接着,约翰逊概述了自我坦露对关系的影响,描述了它的一些好处。他认为,"如果你不坦露自己,你就不可能接近他人,'你是谁'的价值就不能被他人所看重"。显而易见,自我坦露有许多种方式,也存在着可以分享的多种信息。但是,本文作者认为坦露与有效的人际沟通之间存在着强关联。

无论是在工作场所、在家中还是在学校,坦露的一大好处就是,可开启并深化你与

[①] "Being Open with and to Other People" from *Reaching Out: Interpersonal Effectiveness & Self-Actualization*, 6/e by David W. Johnson. Published by Allyn and Bacon, Boston, MA. Copyright © 1997 by Pearson Education. Reprinted by permission of the publisher.

他人的关系,同时可强化你的自我意识和你对自己的了解。正如约翰逊所言,自我坦露可提供"一种释放性体验",也可帮助你控制社会环境中的挑战。自我坦露的另一大好处就是,它可帮助你管理压力和应对逆境。

约翰逊还列出了保持恰当的自我坦露的八大方法。我认为这八大方法的每一种都有用处。他说,坦露是正在发生的关系的一部分,不是"异乎寻常的"或"突然冒出来的"。坦露需要关注在场的人,并对他人可能的不幸保持敏感的回应。坦露应当旨在改善关系,应当逐渐使关系得到深化。约翰逊还说:"有时,你会想掩饰你的回应。"他对何时和为何掩饰回应进行了解释。

约翰逊在本文的最后一部分谈到了自我坦露与自我表现(self-presentation)之间的关系。他探讨了我们大家如何用自我坦露来管理他人对"我们是谁"的印象。他比较、对照了"策略性自我表现"(意指努力塑造他人对我们的印象)和"自我确认"(self-verification)(这是一种让他人的感知与我们自己真正的感知相同的愿望)的动机。他说:"自我表现和印象管理是每个人的生活的组成部分。"约翰逊认为,在这个组成部分中,你对自我坦露了解得越多,你在这一沟通领域就可能表现得越有成效。

我们可以把连续统一体中的关系按照从开放到封闭进行分类。在一种关系中,"开放"指的是参与者乐于分享他们的思想、情感和对当前境遇的反应。从专业角度看,为获取共同目标而正在工作的合作者之间,其关系往往是很开放的,而竞争者之间的关系则相当封闭。从个人关系层面看,某些关系(如朋友关系)相当开放,而其他关系(如临时认识的人)则比较封闭。在一种关系中,参与者越是相互开放,他们之间的关系就越是积极,越具有建设性和有效性。

开放具有两面性。为了建立良好的关系,你既要向他人开放(向他们坦露自我),也要接受他人的开放(用一种能为别人接受的方式,倾听他人的坦露)。一般来说,人们越是了解你,他们就越有可能喜欢你。然而,自我坦露也带有一定程度的风险性。就像你被了解得越多,你们的关系就越有可能变得亲密一样,有时越了解你的人,越有可能不喜欢你。俗话说,"人熟不堪亲",某些人可能知道你的事情,因此你们的关系发生了转变。由于坦露是带有风险的,所以一些人喜欢掩饰自己,相信别人若对你有负面反应,莫如没有反应来得更好些。然而,"不入虎穴,焉得虎子"。这意味着,冒些风险对获取有价值的目标是重要的。为了建立有意义的关系,你必须向他人坦露自己,而且还要冒着这样的风险:他人不但可能不喜欢你,还有可能拒绝你。

钱币的另一面是对他人的自我坦露做出回应。接受他人的开放意指你要对他或她的感情和想法表示关注。这并不是说,你要去探查他或她隐秘的生活领域,而是说你愿意用一种接受的方式倾听他或她对当前境遇的反应,他或她对你所言所行的反应。即使一个人的行为举止冒犯了你,你也可能愿意接受此人,愿意表示你不赞成他或她的行为举止。

为了建构和发展关系,两个人都必须坦露自己,而且要对他人的自我坦露采取开放态度。开放性取决于三个因素:自我意识、自我接受和信任。

一、向他人开放

当你对他人进行自我坦露、分享你的想法、对当前的境遇做出反应、让别人知道你是一个什么人时,你就是在向他们开放了。为此,你必须做到:(1) 意识到你是谁;(2) 接受你自己;(3) 冒险相信别人会接受你。因此,可以把开放形容为依赖自我意识(S)、自我接受(A)和信任(T)(O = SAT)。开放通常被称为自我坦露。

1. 什么是自我坦露?

自我坦露就是把你对当前境遇的感知和回应暴露给他人,向他人提供有关你自己和你过去的信息,以使他人了解你的感知和你对现时情况的反应。有效的自我坦露具有以下几个特点:

(1) **自我坦露着眼于现在,而非过去**

自我坦露并不意味着坦露你过去生活的隐秘细节。虽然高度坦白你的过去有可能产生临时性的亲密感觉,但建立一种关系靠的是坦露你对你们两人共同经历的事件的回应,靠的是你对他人所言所行的回应。一个人逐渐认识和了解你,不是通过知道你的历史,而是通过知道你如何做出反应。你过去的历史只有在它解释你为何用某种方式来回应时才有用处。

(2) **对人和事件的回应包括感觉与事实**

进行自我坦露通常意味着你与他人一起分享你对正在发生的事件的感受。

(3) **自我坦露具有二维性——广度和深度**

随着你逐渐了解某人,你解释的话题会越来越多(广度),而且你的解释会越来越具有个人坦露的特性(深度)。

(4) **在一种关系的初期阶段,自我坦露需要相互进行**

你的自我坦露数量将影响到他人的自我坦露数量,反之亦然。礼貌的做法就是,你与新认识的人进行自我坦露的数量要相当才好。如果他们提供更多的自我坦露,那么你也要提供更多的自我坦露;如果他们减少自我坦露,你也相应地减少。一旦建立起某种良好的关系,严格意义上的相互作用就会大为减少。

2. 自我坦露对关系的影响

健康的关系建立在自我坦露之上。随着两个人彼此开放得越多,两个人之间的关系就越有可能发展。如果你不坦露自己,你就不可能接近他人,"你是谁"的价值就不能被他人所看重。两个让彼此知道他们对境遇如何做出反应者会齐心协力;两个对回应和感受保持沉默者将始终是陌生人。

自我坦露开启、建立和保持关系的方式有多种。第一,自我坦露使你和他人彼此相识。大多数关系始于表面交往,逐步发展到比较亲密的阶段。开始时,一个人只向另一个人坦露一点信息,收到的对方的信息也相对较少。最初的互动使两人感觉愉快、双方都感兴趣时,交往范围就变得更广泛,涉及的生活领域也会更多,同时双方的关系更密切,涉及的领域更重要和更敏感。从广度上说,从谈论天气和运动开始,随着关系的发展,你们谈话的话题可能会更广泛(比如你们的家庭、希望和梦想、工作中出现的问题等),一起参与的活动可能会更多(比如一起去看电影或一起玩乐、一起骑自行车或打网球等)。从深度上看,你可能愿意与一个偶然相遇的熟人讲讲你喜欢的食物和音乐,却只与密友谈起你个人的焦虑和抱负。人们互动的时间越长,他们愿聊的话题就越多,坦露的个人的信息也会越多。这并不意味着,了解他人是一个越来越开放的简单过程。你不是轻易地一天比一天多地进行坦露,而是存在着一些寻求和避免亲密关系的循环。有时,你与朋友坦诚相见,亲密无间;有时,你对朋友比较拘谨,保持距离。然而,随着自我坦露的增加,将会带来关系中的关心和承诺的发展。

第二,自我坦露使你和其他人能够辨识共同目标和重叠的需要、利益、活动与价值。为了知道你与另一个人的关系是不是理想,你必须了解另一个人想从这个关系中得到什么,另一个人的兴趣是什么,你们有可能一起进行哪些活动,另一个人看重什么。关系建构在共同的目标、兴趣、活动和价值之上。如果此类信息没有得到坦露,那么关系可能在没有机会开始之前就结束了。

第三,共同目标一旦确定,自我坦露就需要一起行动,以实现这些目标。一起行动要求人们经常进行自我坦露,以确保有效的沟通、决策和对冲突的化解。除非合作者在互动中相当开放,否则,一起行动就不可能有效地实现共同目标。

正如建立关系要通过自我坦露一样,关系也会因缺乏自我坦露而恶化。有时,由于担心遭到拒绝,害怕正在发生的冲突,害怕遭遇潜在的冲突,害怕看到羞怯感和罪恶感,人们会掩饰自己的反应。不管出于什么原因,如果你掩饰对他人的反应,就可能损害你们的关系,你用来掩饰所费的心力其实是给关系增加的一份额外压力。掩饰你的感知和感情会使你对自己的内在体验变得迟钝,会减弱你坦露自己的反应的能力,即使在相当安全和适合坦露时也是如此。结果可能导致该关系的结束。保持沉默不是要保持强势。强势是愿意冒点险坦露自己,目的是建立一种更好的关系。

3. 自我坦露的好处

我们出于多种原因而把自我信息向他人坦露。第一,你通过分享反应、情感、个人信息和信任来开始和深化一种关系。这个话题已经讨论过了。

第二,自我坦露可以改善关系的质量。我们向我们喜爱的人坦露,也喜爱那些向我们坦露的人。我们喜爱那些我们向他们坦露过的人。总之,正是通过这种自我坦露,关系才在个人之间得到发展,相互承诺才得以建立起来。

第三,自我坦露使你对现实的感知更为合理。倾听者提供有关社会现实的信息。发生在我们身上的事情和他人行为举止的意义常常是含糊不清的,可以对其做出多种不同的解释。通过观察一个倾听者如何对你的自我坦露做出反应,你可获得关于你的观点是否正确和合适的信息。其他人也许能够让你相信,你的反应"极为正常",也许,他们的反应会表明你正"把事情搞砸"。如果他人也具有同样的阐释,那么我们就会认为我们的感知是合理的。把你的感知和反应与他人的感知和反应加以比较,被称为交感的确认(consensual validation)。没有自我坦露,这种确认就不可能发生。

第四,自我坦露增强你的自我意识,澄清你对自我的了解。你在解释观看落日时的感受或你为何喜欢某一本书时,你会对你自己有些交代。你在与他人分享你的感受和体验时,可能获得更多的自我理解和自我意识。例如,向一位朋友谈及某个问题,有可能帮助你澄清对一件事的想法。与他人分享你的反应,可导致他人的反馈,从而使你对自己的经历的看法变得更加客观。

第五,对情感的表达和反应是一种释放性体验(freeing experience)。有时,它会帮助你释怀。你在艰难地工作了一天之后,通过告诉你的朋友,你对老板多么生气或你感到多么不爽,有可能会让你觉得你的情感得到了释放。你与一位信任的朋友分享长期感受到的不安全感时,不安全感也许会因此减轻。简单地说,你进行自我坦露的一个原因正是因为你能够表达你的情感。

第六,你有可能坦露有关你自己的信息,也有可能把这种坦露作为社交控制的一种手段。你可能故意不去讲自己,以便赶快结束某种反应,你也可能强调一些你认为将会给他人留下印象的话题、信仰或想法。

第七,自我坦露是对压力和逆境进行管理的重要组成部分。与另一个人进行亲密沟通(特别是面临压力时),似乎是人类的一种基本需求。通过与他人谈论你的恐惧,你便能摆脱恐惧。通过与他人分享你的焦虑,你就能获得有助于减少焦虑的见解。通过向他人描述一个问题,你就能看到该问题的解决办法。你在处于逆境时找到的朋友越多,并且公开谈论你的遭遇,你就越能应对这种压力和解决你的问题。

最后,人类具有被他人全面了解和接受的需要,自我坦露可以满足这种需要。大多数人希望别人非常了解他们、接受他们、欣赏他们、尊敬他们和喜爱他们。

4. 适度进行自我坦露

只有在适当的情况下,你才会进行自我坦露。你有可能自我坦露得太少,也有可能坦露得过多。拒绝别人对你的了解,会使别人远离你。坦露得太多太快,可能会把别人吓走。典型的关系是逐步建立、按照阶段发展起来的。尽管你有时应当冒险与他人分享你的反应,但你也应当确信,你的反应频率和深度应适合情境。当你不能确定你的自我坦露是否恰当时,你也许希望遵循下面这些指南:

(1)要确信,自我坦露不是随意进行的,也非孤立的行动,而是正在发生的关系的组成部分。

(2)我把自我坦露着眼于当前的人和事。

(3)我要对自我坦露对他人产生的影响保持敏感性。某些坦露可能让人感觉不快,也可能带来一定的压力。你想说的事情可能在他人看来并不合适。当自我坦露的水平超出期待时,大多数人会感觉不舒服。

(4) 我只有在遇到可能改善关系的合理机遇时才去进行自我坦露。

(5) 我只有在我的坦露得到互换时,才继续坦露。你在与他人分享反应时,应当期待得到其他回应性坦露。当自我坦露明显得不到互换时,你应当控制自我坦露。

(6) 当关系中的危机升级时,要增加自我坦露。

(7) 要逐渐深化我的坦露。自我坦露可能始于熟人通常坦露的信息(如谈论爱好、运动、学校和时事),然后逐步转向更多的个人信息。随着关系的发展,坦露的深度也在增加。在密切的关系中,坦露深厚的感情和关切是最为合适的行为。

(8) 当他人成为我的竞争对象或不可信任时,我保留我的反应和感情。当关系通过自我坦露建立时,你有时想掩饰你的反应。如果一个人一直不可信任,如果你从过去的经验中得知他人将误解你的自我坦露或对你的自我坦露做出过度反应时,你可能就会愿意保持沉默……

二、自我坦露和自我表现

> 我极力想在自己头脑中创造的、我可能喜爱的自我形象,与我极力想在他人头脑中创造的、使他们可能喜爱的我的形象有着很大的不同。
>
> —— W. H. 奥登(Auden)

自我坦露基于自我意识、自我接受和把你自己坦露给他人的冒险之举。自我坦露发生在当下的社会互动中。在这种社会互动中,你对如何把自己展现给他人进行选择。大多数人对如何把自己的形象展现给他人非常在意。时装业、化妆品公司、饮食中心,寻找用于生发、脱毛、使牙齿变白、去味和祛皱的药品,都是在利用我们对体貌的关注。行为方式、礼貌礼节也都是对我们的行为举止能在他人那里形成的印象的关切的回应。

威廉·莎士比亚(William Shakespeare)在《皆大欢喜》中写道:"整个世界都是舞台,所有男女都是演员。"欧文·戈夫曼把莎士比亚的思想引入社会科学,认为可以把生活视为一场戏。在这场戏中,我们每个人都在某种剧本描写的范围内演出。我们的剧本是对我们想呈现给别人的社会面孔或社会特性的一种再现。自我表现是我们试图引导他人形成对我们的看法和我们对自我的看法的一个过程。它是印象管理(impression management)的组成部分之一。印象管理是你用特定的方式举手投足,以创造一种理想的社会形象的普通过程。

你在把自己展现给他人时,必须认识到,你自己具有许多复杂的面孔。这就好像你的许多自我与某些特定的情境和某些特定的人群紧紧联系在一起。你展现给父母的自我,通常不同于你展现给同伴的自我。你展现给自己的自我,也不同于展现给你的老板、下属、顾客、邻居、同性朋友、异性朋友和陌生人的自我。你打网球时,你的自我中热爱锻炼和竞技运动的那一面可能最为显著。你出席音乐会时,你的自我中对古典音乐怀有深厚情感的那一面可能最为显著。在教堂里，你的自我中宗教的那一面可能最为显著。总之，在不同情景中与不同的人相处时，你的自我的不同方面都将有所表现。

你向他人展现自我时，必须根据受众表现不同的自我。社会行为规范实际上也要求你用不同的方式对不同的受众展现自我。人们期待你与年长者讲话的方式和你与同龄人讲话的方式有所不同。你对美国总统讲话的方式应当与你对邻居讲话的方式有所不同。你在正式场合采取的行动应当与你在非正式场合采取的行动有所不同。你应当根据你所处的环境、角色关系和你过去与人交往的经验，来监督你的行为举止，视情况来决定如何表现你自己。

你把自己展现给他人时，基本上具有两大动机：策略性自我表现(strategic self-presentation)和自我确认。策略性自我表现包括努力用某种特定的方法引导他人的印象，以获取影响、权力、同情或赞同。就业面试、个人广告、政治竞选诺言和辩护人对陪审团的诉求都是一些范例。你可能会根据情境和关系的不同，而希望别人对你产生不同的感知：你招人喜欢；你有竞争力；你有道德；你有危险；你处于绝望的状态。你通过你的着装、面相、姿势、目光接触、声调、行为举止和手势来说出你是谁和你像什么。许多人认为，人们会根据一个人的着装风格、行为举止和整洁程度，对其进行不同的感知。他们相信，服装可传播着装者的个性、态度、社会地位、行为举止和对群体的忠诚度等讯息。穿着华贵者通常比穿着简陋者具有更大的影响力。暗色(灰色、黑蓝色和褐色)服装似乎能传递出着装者的雄心壮志、适度冒险的品位、善于做出长远计划以及喜欢为成败划定明确的标准。服装、姿势、目光接触、声调、行为举止和手势对于形成第一印象也许特别重要。

与策略性自我表现相关的因素有逢迎讨好(ingratiation)和自我吹捧(self-promotion)两种。逢迎讨好指的是为谋求与人和睦相处、为得到别人的喜欢而采取的行动。人们希望得到别人的喜爱时，就会展示自己最好的一面，笑容可掬，有目光接触，频频点头，赞同他人所言，对别人表示尊敬和好感。自我吹捧描述的是为领先和让自己的能力受到尊敬而采取的行动。当人们希望通过自身的能力而获得他人的尊敬时，就会竭力通过讲述自己，毫不谦虚地炫耀自己的知识、地位和成就而给他人造成某种印象。

自我表现的第二个动机是自我确认，即希望他人对我们的感知与我们对自己的真实感知完全一致。有时，自我确认被称为开放性的自我表现(open self-presentation)，其中包括努力让他人对你的看法与你对自己的看法相吻合。人们一般相当愿意用别人的眼光来确认自我评价。例如，人们常常有选择地引用、回忆和接受能肯定他们的自我观(self-conception)的反馈。这一说法并不意味着他们希望在"他们是谁"的问题上要弄别人。人们经常努力更正他人对自己的错误印象。他们也许想给别人留下良好印象，但他们希望他人(尤其是他们的朋友)对自己能有一个准确的印象，一个完全符合他们的自我观的印象。

自我表现和印象管理是每个人的生活的组成部分。一些人比其他人在做这些事情时更自觉,更成功。人们恰当地表现自我和创造他们想得到的印象的能力存在差异。你的自我监督(self-monitoring)越多,你就会越关注策略性自我表现,能够随时做好准备,并泰然自若地根据你所处的情境调整自己的行为举止。

自我是人类性格中长久持续的一个方面,是一个长期稳定、缓慢变化的隐形"内核"(inner core)。人们努力"寻找自我"或"对自己真实"正是基于这一观点。然而,至少自我的组成部分是可伸缩的。它由人的生活经验塑造而成,因情境的不同而各不相同。从这个意义上说,自我是多面的,而且具有许多不同的面孔。我们每个人都有一个私我(private self),这包括我们深存内心的思考和感情、记忆和自我观点。我们也有一个外在的自我(outer self)。这个自我由我们扮演的角色和我们在公众面前的自我表现方式所描绘。我们根据自身特性的复杂性,规定适当的行为举止的社会规范,暴露我们真实的自我,确认我们对自我的看法并创造策略性的印象。通过这些方式,我们履行我们的社会职责,向他人展现我们自己。

复习题

1. 请解释向他人开放和接受他人的开放的区别。
2. 请解释 O = SAT。
3. 按照约翰逊的观点,自我坦露与喜爱的关系是什么?
4. 列举自我坦露可能带来的八大好处。
5. 界定策略性自我表现和自我确认。

思考题

1. 约翰逊认为,"为了建立和发展关系,两个人必须坦露并对他人的坦露持开放态度"。你同意这个观点吗?发展所有关系都需要进行坦露和向他人开放吗?有没有什么例外?
2. 为什么在关系的初始阶段自我坦露需要交换?为什么在关系的稳定阶段,自我坦露可以是单方面的或呈非互换性的?
3. 约翰逊说:"存在着寻求亲密关系和避免亲密关系的循环。"请解释他的意思。为什么了解并实践这个观点很重要?
4. 举一个例子说明自我坦露能作为一种社交控制手段来发挥作用。
5. 约翰逊对"开放"的喜爱与他认为自我坦露应当"恰当得体"之间存在着矛盾吗?"恰当得体"是否并不要求人们总是保持开放?
6. 约翰逊称:"你有一系列与特定情景和特定群体相联系的自我。"你认为他相信人们也有一个"核心的自我""稳定的自我"或"中央的自我"吗?

第二节　说明我的思路:如何劝服,避免摩擦①

凯利·帕特森(Kerry Patterson)、约瑟夫·格雷尼(Joseph Grenny)、
罗恩·麦克米伦(Ron McMillan)和艾尔·斯维兹勒(Al Switzler)

这篇文章由一个商业咨询小组撰写。这个小组与通用汽车公司(GM)、迪士尼公司(Disney)、耐克公司(Nike)、国际商业机器公司(IBM)、美国电话与电报公司(AT&T)及其他大型机构的经理和工人们一起工作长达25年。其中两位作者在肯塔基大学的杨伯翰商学院(Brigham Young, the University of Kentucky)和密执安大学(The University of Michigan)商学院执教。他们在刊有本篇文章的书中展示了他们所谓的"关键谈话"(crucial conversations)。正如本书第一章的作者苏珊·斯科特一样,这些作者相信,日常谈话对于机构的健康运作和员工的成功是非常"关键"的。他们也向人们展示,如何把交谈的技巧直接应用到你的家庭沟通和其他非商业语境的沟通中。

作者们在此文中就如何"有说服力地讲话而非粗暴生硬地讲话"提出了实用性建议。他们把沟通理解为共建"意义池"(pool of meaning)。他们在此文中的着眼点是,你能给谈话赋予"冒险的意义"而又不让人感到你"过于软弱"或失礼。

他们首先描述了如何在困难的谈话中,通过把信任、谦逊和沟通技巧结合起来而获得安全感。随后,他们研发了能通过首字母(STATE)记忆的谈论敏感话题的五个工具:

1. 分享你掌握的事实(**S**hare your facts)
2. 讲述你的故事(**T**ell your story)
3. 征询他人的思路(**A**sk for others' paths)
4. 进行试探性讲话(**T**alk tentatively)
5. 鼓励进行尝试(**E**ncourage testing)

步骤之一,即"分享你掌握的事实",提醒你使用自己的结论。例如,你可以用你的配偶正在骗你这件事来开始讲话。事实非常重要,因为它们是你讲话的所有内容中最无争议、最有说服力、最不可能对别人无礼的东西。

步骤之二,把你的事实放入整个情境,即你用事实建构的故事之中。这一步骤的重要性在于,它展示了你如何阐释重要的事实。

步骤之三涉及征询他人的思路。因为有效的共享是信任与谦逊的结合,因此你要花时间去发现他人的观点与你的观点有何不同。

"进行试探性讲话"是步骤之四。作者们解释了你想这样做的原因。他们把"试

---

① "State My Path" by Kerry Patterson, Joseph Grenny, Ron McMillan, and Al Switzler from *Crucial Conversations: Tools for Talking When Stakes Are High*, pp.119—140. NY: The McGraw-Hill Companies, 2002.

探性"和"过于软弱"进行了区分。他们也提出用"金发姑娘测试法"（Goldilocks test）来评估你的讲话是否太软、太硬或恰到好处。

最后一个步骤是"鼓励进行尝试"。当你试图开始一次既想表达你的意思，又想倾听他人的艰难谈话时，这个步骤可以帮你展开能增加相互了解的那种谈话。

尽管我们都知道，完成一场真正艰难的谈话不会有类似"一二三"的简单解决方案，但这些作者概述的步骤有可能对你很有帮助，让你"有说服力而非粗暴无礼地""呼出"你的思想和情感。

到此为止，我们已花了很多工夫为我们进行一场重要的谈话做了准备。我们学到了一些东西。我们需要把心思摆在正确的位置上，密切注意重要的谈话，特别是当人们开始感到不安时。上苍严禁我们讲述那些聪明反被聪明误的故事。

所以我们说，让我们做好充分准备。我们准备张口，开始分享我们的"意义池"。不错，我们真的就要讲话了。讲什么呢？

在大多数时候，我们开始讨论，随后慢慢地就不去在意后果。"嘿，孩子们怎么样？工作怎么样啊？"有什么比讲话更容易呢？我们知道几千个词汇，通常会把它们编入适合我们需要的谈话中。大多数时候都是这样。

然而，当危险增加、带有情绪时，我们开口讲的话肯定不好听。事实上，正如我们早先建议的那样，讨论越是重要，我们的行为举止就越有可能不完美。说得具体点，我们此时说的话或表达的观点就有可能非常糟糕。

为了帮助我们改善说话的技巧，我们将考察两种情景。第一，当我们不得不说容易引起别人防备的话时，我们要看看五大讲话技巧。第二，当我们确信冒着让他人闭嘴而不是使他们开口对我们的想法进行评论的风险时，我们将探讨如何用这些技巧来说出我们的意见。

一、分享风险性意义

当我们"倒入"（dump into）集体意识的观点包含着敏感、乏味无聊，或带有争议的意见时，再给"意义池"增添信息就会变得非常困难。

对不起，马尔塔，大家不喜欢和你一起工作。你得离开这个特别项目小组。

让你的伙伴从绿色封装线转到红色封装线是一回事，可对一个人说，他或她冒犯了他人，是一个不受欢迎的人，或表现出带有控制意味的领导风格，则是另一回事。话题从事情转到人总是困难的，某些人在这方面比另一些人做得好，这毫不奇怪。

当人们开始分享棘手的信息时，最糟糕的办法就是坦率地把他们的想法"倒入意义池"中，而且什么也不说。他们要么用这样的话开头，"你虽不会这样，但是，唉，坦率地说，有人就是……"要么干脆不说话。

会谈话的人既能说一些他们心里想说的话，又不用担心会伤害他人。他们虽然在谈话,但他们把讯息包上了一层糖衣。

最好的谈话者是能够完全说出他们的心里话的人,而且他的话使他人听起来感觉舒服,并能很好地做出回应。谈话双方能坦诚以待,互相尊敬。

二、确保安全

当诚实容易冒犯他人而我们又要诚实地讲话时,我们必须找到一种能确保不发生意外伤害的方法。这就好比要求某人打另一个人的鼻子,却不能伤害他一样。我们怎样才能既说出不便说出的话,同时又保持尊严呢?实际上,如果你懂得如何谨慎地综合使用三大要素——信任、谦逊和技巧,那么你就可以做到这一点。

信任。大多数人基本上不具备这种操控敏感谈话的能力——哦,至少找不对人。例如,你的同事布赖恩晚上回家告诉他妻子说,他的老板费尔南多对他的每一个生活细节都进行干涉。他在午餐时与同事也说起过同样的事情。当然,除了费尔南多之外,每个人都知道布赖恩对费尔南多的这种看法。擅长谈话者很明白把什么话讲给需要听的人。他们相信,他们的意见值得被放在"意义池"中。他们也相信,他们可以无话不谈却不会伤害别人或引起不当的冒犯。

谦逊。信任并不等于傲慢自大或固执己见。擅长技巧者不但知道他们该说什么,也知道他人说话的分量。他们非常谦逊,明白他们垄断不了真理。他们的意见只是一个起点,绝不是最后的结论。他们可能暂时持有一些观点,但也会认识到拥有新的信息之后,可能会改变自己的看法。这意味着,他们既愿意表达自己的意见,也鼓励他人这样做。

技巧。最后,愿意分享敏感信息的人也善于进行信息共享。正因为如此,他们开始时充满自信。他们能说出他人说不出口的话,人们还要感谢他们的诚实。

晚安汽车旅馆引发的危机!

为了了解如何处理敏感问题,让我们看一个非常棘手的难题。鲍勃刚进门时,看见妻子卡罗尔神情郁闷。从她那双红肿的眼睛里可以看出,她一直都在哭。他进门后,卡罗尔也没转过身来寻求安慰,而是用一种"你怎能这样"的表情在看着他。鲍勃一点儿也不知道怎么会这样,然而,卡罗尔认为他有了外遇。可他并没有外遇。

卡罗尔怎会得出这个危险而又错误的结论呢?这天早些时候,她在检查信用卡记账单时,发现了晚安汽车旅馆的一笔收费。这家便宜的旅馆离他们家不到一英里。"他为什么住在离家那么近的一家汽车旅馆里呢?"她心想,"为什么我不知道呢?"正是这个想法使她深受打击——"这个不忠实的东西!"

现在,卡罗尔处理此事的最糟糕办法是什么呢?说出这个问题的最糟糕方式是什么?大多数人都可能说,对这种事,最好是先冲过去,对他说些难听的话,然后进行威胁。这也是许多人采取的办法。卡罗尔也不例外。

"我真不敢相信你会这样对我",卡罗尔痛苦地说。

"我怎么啦?"鲍勃问。他显然不知道她说的是什么,但已猜到那不会是好事。

"你知道我说的是什么",她说着,仍然让鲍勃蒙在鼓里。

"我是不是该为忘记给她过生日道个歉?"鲍勃心想。"不对。现在还不到夏天呢。她的生日是在……算了,她生日那天热得要命。"

"对不起,我真不知道你在说什么。"他答道,后退了一步。

"你有外遇。我这里有证据!"卡罗尔说着,手里拿着一张皱巴巴的纸。

"哪张纸说我有外遇呀,纸上写了什么?"他完全被搞糊涂了,因为:(1)他没有外遇;(2)纸上没有不雅的照片。

"这是一家汽车旅馆开的账单,你这个蠢货。你把某个女人带到了一家汽车旅馆,你用信用卡付了账?!我真不能相信你会对我这么做!"

现在,如果卡罗尔认定鲍勃有外遇,也许,这样讲话是有道理的。这样讲话虽不见得是解决问题的最佳办法,但至少可以让鲍勃懂得,卡罗尔为什么会指责和威胁他。

然而,实际上她只有一张写有几个数字的纸片。这个有形的证据使她心中生疑。可她应当用怎样的一种谈话方式说起这桩令人不快的事情呢?

三、说明我的思路

如果卡罗尔的目标是用善意的谈话讨论这个难言的话题(例如,我认为你有了外遇),她唯一的希望就是要保持住这种谈话。这对进行任何关键性的谈话(例如,我觉得你明显是在操控我、我担心你在吸毒)的人来说都是如此。这意味着,尽管你百般怀疑,但你也不应违反尊重他人的原则。同理,你也不该用威胁和指责来毁掉安全感。

那么,你应当怎么做呢?从你的心开始,想想你真的想要些什么,怎样说话才能帮你得到你想要得到的东西。要把握你的故事,你要认识到,你可能正在变成一个受害者、一个坏人或一个无助的人。找到真实故事的最佳办法,不是根据你制造出来的最糟糕的故事来采取行动,那样只会导致自我毁灭的沉默和暴力游戏。先好好想想其他可能的解释,以此调整你的情绪,使谈话进行下去。此外,如果结果证明你最初的感知是对的,那么你以后也有足够的时间来质问。

一旦你努力创造了一个好的谈话环境,那么你就可以运用五大技巧,帮助你谈论甚至最敏感的话题。这五大技巧可用首字母 STATE 轻松牢记。这五个首字母代表的是:

1. 分享你掌握的事实。
2. 讲述你的故事。
3. 征询他人的思路。
4. 进行试探性讲话。
5. 鼓励进行尝试。

前三大技巧讲的是做什么,后两大技巧讲的是如何做。

(一) 关于"做什么"的技巧

分享你掌握的事实。如果你找到了行动之路的源头,那么你最终就会找到事实之所在。例如,卡罗尔发现了信用卡的账单。那就是事实。接着,她讲了这么一件事,即鲍勃有外遇了。接下来,她就觉得遭到背叛了,而且感到很恐惧。最后,她攻击鲍勃——"我就不该嫁给你!"全部互动过程发生得非常快,可以预料,结果还非常令人难堪。

如果卡罗尔走另外一条路,即用事实开头的路子呢?如果她能暂时放弃她对自己讲述的那件丑事(也许想出一个替代性故事),然后再用事实开始谈话呢?这难道不是一条更安全的路径吗?"也许吧",她心想,"这一切的后面存在着充分合理的理由。可我为什么没用那张令人怀疑的信用卡账单来开始对话呢?"

如果她从那儿开始,那她就对了。有一种让他人理解你的看法的最佳办法,就是你要按照行动路线从头走到尾,即按同样的路子再走一遍。不幸的是,当我们情绪激动时,我们想做的往往是相反的事情。因为我们沉迷在情绪和故事之中,所以我们就从说故事开始互动了。当然,这是我们在开始阶段采取的最能引起争议、影响力最小,也是最刺激人的一种办法。

更为糟糕的是,这种策略还会让自己产生要完成这件事的预设。我们急于用最没效率的方式说出一件丑事。接着,我们得到糟糕的结果(或将得到糟糕的结果)时,我们告诉自己:我们分享带有风险的观点时,一定会遇到麻烦。因此,下次我们有了要说出的棘手难题时,我们甚至更不愿说出它了。我们把故事藏在心里,让它发酵。当我们最后与他人分享令我们感觉害怕的事情时,就会采取一种报复的办法。这个圆圈会如此循环往复下去。

事实是最少引发争议的。事实能为谈话提供一个不伤害人的开头。从本质上说,事实不引起争议。正因为如此,我们才把它们称为事实。例如,可以想想这个说法:"昨天,你上班迟到了20分钟。"这里不存在争议。但是,下结论却是最能引起争议的事情。例如,"我无法信任你"。这就不是事实了。实际上,这种说法更像是一种侮辱,当然会引起争议。虽然到头来我们总是想让他人接受我们的判断,但我们肯定不想用争论来开头。

事实是最有说服力的。除了争论性最小之外,事实也比主观结论更有说服力。事实形成信任的基础。所以,如果你想说服他人,就别用你的故事来开头,而要从你的观察开始。例如,在下面的说法中,你看到哪种说法更有说服力?

我要你别再对我进行性骚扰!

你对我讲话时,不是看我的眼睛,而是上下打量。有时,你还把手放在我肩上。

我们这里谈到说服时,还要补充一下,我们的目标不是让别人相信我们是对的。我们不是在努力"赢得"谈话。我们只是想让别人好好倾听我们的话。我们在努力让他人看到，一个通情达理的体面人能够用自己的方式讲话。仅此而已。

当我们用令人吃惊或冒犯性的结论（"别拿眼睛盯着我！"或"我想我们该宣布破产了"）开始讲话时，我们实际上是在鼓动他人来攻击我们。由于我们不能给他们提供我们认为正是这样的事实，他们就会猜想我们另有企图。他们可能会认为，我们要么愚蠢透顶，要么无比可恶。

如果你的目标是让他人看到你是一个通情达理的体面人，那么就请使用事实来说话吧。如果你不敢肯定你的事实是什么（你的脑子中绝对装满了要说的故事），那么请你在下结论前花时间仔细想想。收集事实是进行关键对话必须做的家庭作业。

事实是最不伤人的东西。如果你要别人分享你的故事，请你别用故事开始谈话。你的故事（特别是如果这个故事已经得出了糟糕的结论）容易使别人感到奇怪或受到侮辱。一句鲁莽之言可能会毁掉人的安全感。

　　布赖恩：我想谈谈你的领导风格。你对我处处挑刺，开始让我发疯了。
　　费尔南多：什么？我只是问问你，你是否打算按时做完，可是你……

如果你用故事开始谈话（这样做，你就毁掉了安全感），你就有可能永远得不到事实。

用事实开路。为了叙述你的故事，你需要引导他人与你同行。让他们从头到尾经历一下你走过的路，而不是从结尾走到——哦，你所走过的路上。让他人用你的观点看你的经历，即从你的事实开始。这样，当你说到你的结论时，他们就会理解你为什么要这样想。首先是事实，然后是故事——否则当你认为你在解释你的事情时，你在讲的却是一个可能存在的故事，而不是具体事实。

　　布赖恩：我来这儿工作后，你要求我每天和你见面两次。这比与任何人见面的次数都多。你还让我先说出所有想法，然后才把想法写入计划。（事实）
　　费尔南多：你想说什么？
　　布赖恩：我虽然不知道你是不是有意在发送这个讯息，但我开始在想你是不是信任我。也许，你认为我干不了那工作，也许你认为我会给你惹麻烦。是不是这样？（可能的故事）
　　费尔南多：我真的只是想在你做这个项目之前，给你个机会让你早点弄清我的想法。上次与我一起干活的那个家伙常常等项目快做完时，才知道他漏掉了一个关键部分。我在尽力避免出现这种意外情况。

用事实开始谈话，可获得与他人分享故事的权利。事实能奠定所有敏感谈话的基础。

讲述你的故事。让别人听你说故事有很多技巧。当你从事实转向说故事时，即使你已用事实开了头，他人仍可对你产生防备之心。你毕竟是在让他人知道一些潜在的令人反感的结论和判断。

你为什么首先要他人听你说故事呢？因为事实很少值得人们单独去提起。正是带有结论的事实，才会要求人们进行面对面的谈话。此外，如果你只是简单地提到事实，其他人也许并不知道其含义的重要性。例如：

——我注意到你的手提箱里有公司的软件。
——对，那就是软件的好处，便携。
——那种特别的软件是有所有权的。
——应该有！我们今后就靠它了。
——我的理解是，不该把这种软件带回家。
——当然不该。有人就是这样偷软件的。

（好像该下结论了）"我在想你把软件放在你的手提箱里做什么。你好像要把软件带回家。是这样吗？"

这需要信任。坦率地说，人们很难共享负面的结论，很难共享让人感到不快的判断（例如，"我在怀疑你是否是一个贼"。）共享此类具有煽动性的潜在故事需要有信任感。然而，如果你仔细思考了你的故事后面的事实再来做完你的"家庭作业"，你就会认识到，你正在得出一个合情合理而且得体的结论，一个值得让人听到的结论。你通过讲述事实而打下基础。你通过仔细思考事实，然后再用事实来进行引导，就很有可能获得你所需要的他人的信任，把争论和极为重要的意义添加到你们共享的意义池中……

征询他人的思路。我们说过，与他人分享敏感想法的关键是要综合使用信任与谦逊。我们通过与他人清楚地分享我们的事实和故事，来表达我们对他人的信任。随后，我们通过要求他人与我们分享他们的想法来表达我们的谦逊。

因此，一旦你与他人分享了事实和故事之类的事情，那么你就应当邀请他人也做同样的事。如果你的目标是学习而非证明你自己正确，你是在做出最佳决策而非寻找出路，那么你就会愿意倾听他人的观点。我们对学习采取开放态度，就是在最好地展示我们的谦逊。

例如，你可以自问："那个学校的老师有什么想法？""你的老板真的想操控你吗？""你的配偶真的有外遇了吗？"

为了解他人对这个问题的看法，要鼓励他们说出事实、故事和感受。然后，仔细聆听他们说了些什么。同样重要的是，随着更多的信息进入"共享意义池"，你应愿意放弃或重新形成你的故事。

（二）关于"如何做"的技巧

进行试探性讲话。如果你回顾一下我们到现在为止分享过的对话，你就会发现，我们在用一种试探的方式仔细描述事实和故事。例如，"我在琢磨为什么……"

进行试探性讲话的意思就是，我们把事情作为故事来讲述，而非把事情变成一个事实。"也许你意识到了……"暗示,你不敢绝对相信。"我的意见是……"是说,你与他人正在分享一种意见,而不是其他什么东西。

你与他人分享一个故事时,应综合对别人的信任和谦逊。就某种意义而言,分享指的是恰当表达你对结论的信任,同时也表明,如果你觉得合适,你就会希望别人对你的结论进行挑战。为了这样做,可以把"事实是"改成"我的意见是"。你要用"我已与那样想的三个供应商谈过"来取代"每一个人都知道"这样的话。把"我清楚这件事"软化为"我开始在想,如果……"

为什么要软化信息呢?因为我们正在试图给意义池增添意义,而非把意义强灌到别人的嗓子中。如果我们过于强求,信息就不会进入意义池。另外,既有事实又有故事,我们就不敢绝对肯定它们真实与否。我们的观察可能会出错。

此外,当我们使用试探性语言时,这些语言不仅能够准确地描述我们不确定的观点,也能帮助他人减少防备心理,使他人安全地发表不同意见。谈话中令人感到讽刺的事情之一就是,当我们与有潜在抵触观点的人一起分享有争论的想法时,我们越是强求,我们的说服力就越小。简而言之,实际上,试探性讲话能够强化我们的影响。

试探,不是过于软弱的意思。一些人特别担心过于强求或过于推动别人做事,因此他们在其他方向上犯了错误。他们认为与他人共享敏感信息的唯一安全方式,就是不把事情说得有多重要。

"我知道这可能不是真的……"或者这样说,"你可以把我叫作疯子,但是……"

你如果以一个事不关己者的身份开始谈话,并且用一种充满怀疑的语调来讲话,就会危及你要沟通的信息。谦逊和开放是一回事,完全不确定是另一回事。使用能说明你正在表达的意见的语言,而非使用说明你是一个神经兮兮的失魂落魄者的语言。

一个"好"故事——"金发姑娘测试法"。为了感受一下你如何让他人接受你说的故事,弄清你是否既没过于强硬,也没过于软弱,请你想想下面的例子:

过于软弱:"这可能有点愚蠢,不过……"
过于强硬:"你怎能这么不讲情面呢?"
恰到好处:"我开始觉得,你把这个家都据为己有了。这对吗?"

过于软弱:"一提起这件事我就觉得羞耻,不过……"
过于强硬:"你是什么时候开始吸毒的?"
恰到好处:"我确信,你正在吸毒。你还有什么解释吗?"

过于软弱:"这可能是我的错,不过……"
过于强硬:"你根本不信任你自己的母亲!"
恰到好处:"我开始觉得你不信任我。是这样吗?如果是这样,我想知道,我做了什么事让你不信任我了?"

鼓励进行尝试。当你让他人说出其看法时,你怎么请他人讲话会产生不同的结果。你不但要请他人讲话,而且要对他人讲清,不管他人的想法有何不同,你都会倾听他们的想法。当他人与你分享观察到的事和故事时,即使他们的观点不同,他们也需要有安全感。否则,他们就不会开口讲话,你也不可能检验到你的观点的准确度和相关性。

当你与可能保持沉默者进行关键谈话时,这一点特别重要。他们担心,如果他们发表真实的意见,其他人就会拒绝开口。所以,他们就会在讲真话与听他人讲话之间做出选择。但是,最好的谈话是不做选择。你要热情鼓励他人挑战你的意见。

请别人表达相反的观点。如果你认为他人可能会犹豫,你就应当明说:你想听听他们的意见,不管他们有什么意见。如果他们反对你的观点,越强烈越好。如果他们被迫说出有争议的观点,甚至是非常敏感、棘手的观点,你也应当尊重他们,鼓励他们说出他们的想法。如果他们拥有不同的事实或故事,你需要听他们讲出这些事实或故事。要使他们获得表达意见的机会,并积极邀请他们这样做:"有人有不同的看法吗?""我漏掉了什么吗?""我真想听听这个故事的另一面。"

要实心实意。有时,人们发出的邀请不是正常地请别人发表意见,让人听起来像是一种威胁,"哦,我就是这么看的。没人反对这种看法,是不是?"请别人讲话时,应当用这样的词语和语调:"我真的想听听你的意见。""我知道有人一直不想说这件事,但我真的想听听大家的想法。"或者这样说:"我知道这个故事至少有两个版本了。现在,我们可以听听不同的看法吗? 这个决策会给我们带来什么问题吗?"

要鼓励故意唱反调者讲话。你有时会说,他人既不愿听你的事实或故事,也不愿说出他们的事实或故事。你已真诚地请他们讲话了,甚至鼓励他们说出不同的观点,但还是没有人说什么。你可以通过质疑自己来做一个示范:"我可能搞错了。如果事实恰恰相反呢? 如果销售量下降的原因是……"

四、回到汽车旅馆

为了弄清 STATE 技巧如何在敏感谈话中共同发挥作用,让我们再回到汽车旅馆的账单上。

鲍勃:喂,亲爱的,今天过得怎么样?

卡罗尔:不怎么好。

鲍勃:怎么回事儿?

卡罗尔:我检查我们的信用卡账单时,发现了街那边的晚安汽车旅馆的 48 美元收费。(分享你掌握的事实)

鲍勃:好家伙! 好像这里有问题。

卡罗尔:当然有问题。

鲍勃:哦,别着急。哪天我路过那家旅馆时顺便去查查。

卡罗尔：如果我们现在就去查，我觉得会好些。

鲍勃：真的？不到50块钱，可以等等。

卡罗尔：我担心的不是钱。

鲍勃：你担心什么？

卡罗尔：担心的是街那边的汽车旅馆。你知道，我妹妹就是这样发现菲尔有外遇的。她发现了一张可疑的旅馆账单。（分享故事——尝试性地分享）我用不着担心，是不是？你觉得这个账单是怎么回事呢？（征询他人的思路）

鲍勃：我不知道，不过你肯定用不着担心我。

卡罗尔：我知道，我没理由怀疑你的忠实。我真的不相信你会有外遇。（对比）如果我们现在就能弄个明白，就会帮我放下心来。你觉得这样麻烦吗？（鼓励进行尝试）

鲍勃：一点儿也不。我们给他们打个电话，弄清是怎么回事儿。

两人进行真诚的谈话时，出现的就是上面描述的情况。怀有疑心的配偶卡罗尔避免了草率的指责和讲一件丑事，他们两人分享了这些事实，接着尝试性地得出了一个可能的结论。原来，真相是在这个月初，这对夫妇去过一家中国餐馆。餐馆老板也是那家汽车旅馆的老板，他在餐馆和汽车旅馆用的是同一台信用卡打印机。原来如此。

通过尝试性地分享一个故事，而不是进行攻击、谩骂和威胁，这对担心出事的夫妇避免了一场大战；他们在关系容易受到损害时却使关系得到了加强。

五、总结——说明我的思路

当你有难于启齿的信息需要别人知道时，或者，当你认为你可能过于强求时，要记住用五大技巧说出你的看法：

- 分享你掌握的事实。从最不会引起争议、最有说服力的地方开始与他人分享事实。
- 叙述你的故事。解释你正在开始得出的结论。
- 征询他人的思路。鼓励他人讲述他们的事实和故事。
- 进行试探性讲话。把你的故事作为一个故事讲出来，不要把这个故事假扮成一个事实。
- 鼓励进行尝试。让他人在表达不同的意见甚至反面观点时觉得安全。

复习题

1. 在一次困难的谈话中，"确保安全"的三大因素是什么？你们怎样进行沟通？
2. 作者强调，他们所说的"要有说服力"并非指他们的目标是要说服别人相信他们正确。这是什么意思？
3. 对这些作者而言，试探性与"过于软弱"之间有什么区别？

4. 请解释"金发姑娘测试法"的意思。

思考题

1. 当事实被放到故事里和用来证实故事时才具有意义。请解释从事实转换到故事的过程中的某些危险性。

2. 用你的实际沟通经验,说明你如何应用 STATE 五大技巧。

第三节　我要……①

苏珊·坎贝尔(Susan Campell)

这篇阅读材料关注容易被理解但常常难以应用的沟通技巧:表达要求。作者的心理学背景使她认为,我们许多人在童年时代,就学会了不表达我们想要的东西,因为那样做常常会使我们感到失望。但是不管心理原因是什么,沟通疗法就是让你学会在不提要求、不威胁、不操控的同时,还能学到有帮助的、能恰当表达你的要求的办法。

首先,坎贝尔提醒读者,加强人际关系的正确目的之一,就是让伙伴们得到和给予双方想要的东西。这就是人们想要约会、堕入情网、成为他人的伴侣和结婚的主要原因之一。但是,要求如果太普通或过于宽泛,就几乎不可能得到满足。正如丽贝卡·莎菲尔所做的那样,坎贝尔鼓励读者着眼于当前。她写道:"此时此刻的要求是你有可能得到满足或无法得到满足的要求。你宣布你有一个一般的要求,比如我希望你更信任我,这就过于笼统了。这是一个此时此刻无法满足的要求。"

另一方面,你可能会提出具体要求,使他人知道你需要什么帮助,让他人知道如何为你做事。但这仍会使满足你的要求的可能性有所削弱,因为他人会对你的要求感到困惑不解,他或她还会觉得需要提防你,因为你好像在试图控制他或她。

坎贝尔写道,找准时机是关键问题。你应当在你的要求有可能得到满足时,才来表达它。如果你没有找准时机,一再推迟提出要求,要求背后的压力就会逐渐增加。随后,当你表达要求时,你的沟通伙伴就会再次感到有压力,可能把你的努力视为一种控制,感到你在强迫或操控他或她,因此也就不太可能做出积极的回应。

本文中的一个关键思想是,你在表达要求时,要怀有对别人的信任。这样,这些要求得不到满足时,才不至于损害关系。坎贝尔强调,表达真实的要求,承担着巨大的风险;在健康的关系中,总有一方不愿意或没有能力对"我要……"之类的讯息做出反应。坎贝尔概括了使用综合手段表达要求的方法:第一,"我想告诉你,你拒绝我的要求也可以";第二,如果对方回答"不行",你就应坦率地表达你的失望感。为什么所有这些沟通实践都这么重要呢?"如果你听到'不'字后不能妥善处理,你也就无法保持

---

① "I Want" from the book *Saying What's Real*. Copyright © 2005 Susan M. Campbell. Reprinted with permission of H. J. Kramer/New World Library, Novata, CA. www.newworldlibrary.com.

长期而成功的关系。"

这篇阅读材料的好几节都涉及人们在清楚表达要求的过程中常有的几种错误想法。错误想法之一是：如果你爱我，你就应当知道我要什么，用不着我来问你。另一个错误想法是：在表达要求时，你会觉得低人一等。第三个错误想法是，你讨厌有这种结果：你向别人提要求，从而被指责能力太弱，或存有依赖心理。

像许多自学书籍中的建议一样，作者在本文中的建议反映的是中产阶层或中产阶层以上白人文化中最普通的模式。但是，本篇阅读材料中的沟通原则，却适用于任何文化和跨文化的关系。留在当下和清楚明晰，是人们在许多长期关系中成功沟通的两大特点。我鼓励你尽可能多地采纳本文中的这些建议。

> 我要听听你对我的话的感受。
> 我要和你谈谈我心里想的事情。
> 我要你拥抱我。
> 我要你与我一起逛商店。
> 我要你只听我说话，等我讲完了之后你再说。

要求是一种特殊的感觉。你通常感到你的体内有这种东西。要求常常带有一种情绪的腔调(emotional tone)。如果你想在生活中拥有更多的亲密关系，最好能经常表达你的要求。伙伴关系能给予和获得注意、帮助、接触和情感培养。但是，由于我们大多数人不能像儿童那样得到足够多的有质量的注意和培养，所以我们经常难以留在当下，以满足我们的要求。我们根据早期的生活经验可能已得知，由于表达要求（或者仅仅感到我们有要求）会引起我们的失望，因此，我们把期望带进我们眼前的生活，感到有要求和被要求都会导致痛苦。拥有这种下意识的负面期望是我们保护自己的一种方式。

当你有一段过去未了结的私人情感时，你就难以向此时此刻真实的可能性敞开。我们许多人都能想起一些痛苦的经历，在这些经历中，我们提出过要求，但因得不到足够的回应，我们感到难过和痛苦。这种经历可以带来一种你要么把要求提得过分，要么沟通不足的模式。你要么走过头，提出要求，进行威胁或操控，要么采取暗示、非直接、调整自己或赶快放弃等办法，来尽可能地降低你的要求。你熟悉这两种模式吗？你在你周围的某个人身上能看到这两种倾向吗？

一、现在正是表达要求之时

当你提出要求时，"我要……"这个关键词加上非常具体的需要，使你进入此时此刻。这个短语的目的，就是帮助你表达你此时此刻的某种要求。它有助于打断你可能就你的一般需要或多种需要而"宣布"的任何意向。这是一个重要区别：此时此刻的要求是你有可能得到满足或无法得到满足的要求。你宣布你有一个一般的要求，比如我希望你更信任我,这就过于笼统了。这是一个此时此刻无法满足的要求。

如果你想表达你此时此刻的要求,那么你就要告诉你的伙伴:"我要你看着我的眼睛",而不要说"我任何时候对你说话,你都要看着我"。"任何时候"这个术语除了意义不太清楚之外,也使人感到整个陈述更像一种指令而非一个要求。指令是一种控制。你此刻并不想在得到回复或得不到回复上受影响。这是一种笼统的、一劳永逸的要求。你是在"通知别人":从现在起,他应当如何对待你。"我要你看着我的眼睛"这句话在此时此刻是具体的。它源自一种对要求的实际感觉。但"我任何时候对你说话,你都要看着我"这句话则是与之不相干的。它具有一种控制的味道,因为它不是源自一种此时此刻感受到的体验,而更多地源自大脑,不是源自内心。所以,腔调就极为不同。

我在建议你说出你此时此刻的要求时,不是指你永远都不该提出一般性的要求或下指令。但是,一般性要求不属于此时此刻的要求,它不能保证你与你的伙伴处于未知状态。由于你在提出要求时并不想要获得控制,因此真正的亲密关系要求你与某人处于未知状态。

提出笼统且一劳永逸的要求,是确保安全可靠的一种办法。你会设法保证你未来的需要会在不用提出要求的情况下得到满足。然而,你在十分确定时,却正处于控制的状态。提出一劳永逸式的要求,实际上是一种控制模式。请记住,控制模式是你特别想避免面对未知事物、模糊不清或不可控制的状态时的一种焦虑。相关性(relating)就是此时时刻——让未来是什么样就是什么样吧。未来总是不可知的和不可控的。学会舒服地应对生活事实的最佳实践就是,你可能对这种生活感到焦虑,但不要用控制模式掩饰你的焦虑。对未知的未来感到焦虑是正常的。当你放弃对事情进行控制的企图(包括你企图控制你的焦虑)并且体会到此时此刻的感受时,你的焦虑就会减少。

二、应当具体

提出你的具体要求可以让他人知道怎么帮助你和能为你做些什么。许多人提要求时所犯下的错误,就是太含混不清和笼统一般,导致他人不知如何满足他们的要求。他们说:"我想让你更放心。"这样说就太笼统了。我建议你这样说:"我想让你告诉我,你见到我很高兴。"不要说:"我想让你更爱我。"要对你的伴侣说:"我们一起在屋里时,我喜欢你过来拥抱我。我现在就想让你拥抱一下。"提出具体要求就像画一幅画一样,要准确地说出你要什么和你想怎么得到它。需要足够的细节帮助他人来感知你对他很在意并让人有参与感。你所描绘的画面要显示你和你的伙伴正在一起做些让人满足或快乐的事。你用具体的语言提出要求时,风险会大于你用笼统的语言提出某种要求。但你是在代表你们的关系进行冒险。你正把自己放在危险之中。另外一个人会感觉到这一点并且对此表示欣赏。

想想你提出具体要求的其他例子：

- 我要你看看电影院里在放什么电影；选一部你最想看也让我感到惊讶的影片。
- 我喜欢你用手捧着我的头，把我拉向你。你现在能这样做吗？
- 我要你和我一起躺在床上，搂着我。

提出具体的要求可使你们俩近距离地接触。这给你提供了一个让你努力实现自己的愿望的机会。你自己努力是让你更自由地提出要求的一种方式。

三、时机是关键

除了过于含糊或笼统以外，人们表达要求时所犯的另一个错误就是在要求不可能得到满足时提出要求。他在准备期末考试时，不要让他帮你准备晚饭。她正要接听一个重要电话时，不要让她听你讲你在一天中感到难受的事情。如果你有一个想了很久的要求，只是还没得到满足，那就请你注意选择时机吧。你正在提出的要求是你实际上正在感受的要求吗？在"我需要更多的性生活"这句话中，你是在下命令吗？正如我已说过的，笼统地提要求所产生的影响不如你在恰当的时间里提要求所产生的影响大。"我想在今天下午与你做爱"比笼统的、坚决的"我需要更多的性生活"所产生的影响要大得多。

及时提出要求能产生较大影响的主要原因是，你的要求是在此时此刻提出的。你实际上正在感受着你的要求、你的脆弱性，你此时此刻正在准备让你的要求得到满足。你和伙伴之间，存在着让你的伙伴能感受到的精神上的联系。现在，你有真正的需要；现在，你的伙伴能对你的要求做出反应（或不做出反应）。你正在冒更大的风险。这将使你的要求分量更重……

四、推迟要求——不是一个好主意！

一些人不愿让人觉得他们在推着他人做事情，总是提出要求或总是需要别人帮助，于是他们就尽量对自己的要求保持耐心。结果，等到在要求后面积聚了很多压力之后，他们才提出要求。他们试图让人觉得自己很好，或者让人感到自己在"保持低调"。这种战略常常产生令人失望的结果，由于你不常提要求，你更有可能想让他人满足你的要求（你毕竟一直在忍耐！）。你的要求后面有了许多内在压力后，就会有一种命令与控制的腔调，催你赶快提出要求。因此，本应是一种透明的脆弱却变成了一种期待或"应该"（你很久以来就有这个需要了……可你一直没提太多的要求，所以至少你的伙伴应当满足你这个小小的要求！）。他人有可能认识到你的急迫感，而且可能感到有压力或被操控。这件事的寓意就是，你最好在你感到有要求时，就提出你的要求，而不要把要求"积蓄起来"和只提真正重要的要求。

五、提出要求但不期待

简单、直接地表达你此时此刻的要求是一种深度的信任行为,这样做有助于你学会自我信任。它的工作程序是:你在此时此刻做出一种承诺,进入了未知状态,不知道他人会如何做出回应。你认识到,你可能会得到你想要的东西,也可能得不到。你在"开放—倾听—是或不是"的心灵框架内提出要求,你有提出要求的权利,他人也有拒绝你的权利。你正在肯定,不论事情怎样发展,你都会应对它。特别重要的是,你不会无意识地假定:你的要求必须得到满足。你也可能会呈现相反的结果,除非他人满足你的要求,否则你就不罢休。

你知道如何保持开放的心态而非通过控制别人来帮助你建立自我信任吗?当你的要求有可能得不到满足时,你要相信自己可以应对发生的任何事情。如果你没感到你的要求处于未知状态,你就有可能认为,你应当总是得到你要求的一切。检查一下你的要求是否含有这样的讯息:"你最好给我想要的东西,否则就没你的好!"如果你真的相信你必须得到你想得到的东西,你就应当自问一下:这个想法是从哪儿来的?你正在试图避免的痛苦是什么?例如,你过去曾因你的要求没得到满足而深感痛苦,你认为你可能永远都不会摆脱这种痛苦。这就是你仍在极力摆脱的痛苦。

六、为什么发号施令会导致失望

如果你事先就宣布你指望别人从现在起记住你的某项要求,你就应做好失望的准备。当希拉告诉卡洛斯"我要你帮我多做点家务事"时,她是在下一道她希望他牢记的指令。卡洛斯如果像大多数人一样,他就不会想到每天要帮助妻子做家务。如果他每次都听从了她当时的要求,而且如果他决定说"行",他就会做得更好。

我已列举过笼统性指令为什么不起作用的例子:提出要求的时机离别人给予实际帮助的时机相差太远,所以他对她的需要的体验不那么敏感,而且产生的影响也较小。比这些理由更重要的是,把你的要求告知别人,就会遇到控制的问题。这就像是在给某人下达行军命令一样,而不是沟通一种心灵相通的需求。大多数人对控制者都会采取抵制态度。

如果人们能够更经常地说出他们的要求,而不是提出笼统要求并私下里指望他人会感到这个要求很神圣,世界上的沮丧和愤怒就会减少。由于我们大多数人的愤怒源自我们的主张受到了压抑,因此,我们带着没有表达的、得不到回应的要求走过人生。沮丧者都是愤怒者。让我们通过创造更有利于让我们的要求被人听到、能得到回应的条件,来帮助降低我们的总体受挫水平。

七、我们为何不说我们想要什么

一些人不喜欢表达自己的要求。他们认为那样做会给人留下提要求或控制别人的印象。("如果我提要求,他会觉得我烦人吗?")但是,表达要求是一种公开透明的行为，当然也有可能会受到伤害。这其实取决于人的意图。你提要求时是在表露你的愿望吗？你提要求时采取的是暗示威胁的方式，即如果你的要求得不到满足，你就会让别人遇到麻烦吗？用坦露你自己的某种方式来提出要求是一种爱的行动。这是表示关联意图的例子。用暗示一种威胁的方式来提出要求是一种咄咄逼人和引诱恐惧的行为。这是表达控制意图的例子。

即使你坦露要求后能得到好处，他人也有可能感到自己受到了控制，尽管这不是你的意图。想想维拉的故事。维拉与豪伊约会了六个月。豪伊告诉她，他常常觉得自己像小孩一样被管教得太多，因此对他人试图施加的控制就特别警惕。通过试错，维拉找到了一种促使她自己和豪伊更接近现实的方式。她表达了自己的要求，与豪伊一起找到了满足自己要求的办法。

这里有一个我在生活中运用维拉的办法的例子。我给我的伴侣打电话，请他今晚按时回家，这样，我们就可以一起亲密地度过一段较长的时光。我的目的是公开提出我的要求，毫无控制之意。但我不禁想起了从前发生的事情：他说，我这样做，让他觉得我是在控制他，所以他选择下班后待在办公室里不回来，目的"只是为了获得一份自由"。所以，现在我想再提这个要求时，觉得有点害怕。为了尽可能显得透明和顺从，我对他说："我想让你晚上早点儿回家，但我对提这样的要求感到有点儿害怕。"接着，我问他听到我的这种要求时有什么感觉，是不是觉得我又在控制他？他有抵触感吗？随后，我静静地听他做出回应。

八、我用不着问

许多人不愿主动提出自己的要求，因为他们认为"如果他真爱我，他就知道我喜欢什么"。他们以为，那人应当足够关心他们，完全知道他们的要求，根本用不着自己去询问。他们认为："如果我提出这个要求，我的身价就降低了。"他们也许还认为："如果他真心让我高兴，他就会去做，用不着我来问。"持这种态度是避免冒险提出要求的另一种模式。当你真的这样做时，你用不着提出很多要求，因此你也不会经常听到别人说"不"。但是你使用这种自我保护策略遇到的问题是，你有可能错过恢复和建立信心的机会，而这种恢复和信心源自你提出要求但不知道他人将如何做出反应。显而易见，你永远也不会提前知道他人将如何对待你的要求，因此，提出要求总是要带点风险的。但是，如果那人关心你，这就是一种聪明的冒险。即使你听到的回答是"不行"，你也可以活下来；无论你采取哪种方式，只要你向未知的事情持开放的态度，都会增强你的自我信任感，并开始修正你认为自己过于脆弱的那些过时的观点。

九、我不想欠人情

然而，人们不想表达要求还有另外一个原因。他们认为，提出某种要求会降低他们的身价。他们可能会说："要求别人关照或寻求帮助会让我处于依赖别人的状态。我承认我做不了什么事情。但那种需要别人帮忙的感觉不好，也让人感到不舒服。"

他们也可能会说:"如果我提出要求并且我的要求得到了满足,这就意味着我欠了别人的人情。"

如果你认同这些基于情感的观点,那么,你就会自然而然地坚信这一点:需要别人帮助或依赖别人是不可以的或者说不安全。

在你的生活中,可能出现过类似情况:某些特殊的大人物是靠不住的,但你要避免产生这样的假设:此时此刻是你过去的生活的一种重复。这可能阻碍你真正吸取两大很重要的教训:(1)现在这个人不是那个伤害过你的人;(2)即使现在的情况会让你产生痛苦和失望,但你现在已经更成熟了,而且拥有更多的资源,所以你也许能应对痛苦和失望。现在(你作为成人),当一个你爱的人对你说"我没时间给你",你受的伤害就不会像儿时那个人说这种话时那样严重了。如果你在请求别人帮助或给予关注时遇到麻烦,这可能源自很久以前你的某种想法所导致的一种自我保护模式。现在,也许你该更新想法了。要让"我要……"这个关键词成为你的自疗计划的组成部分。

十、责怪提要求者

一些人具有控制发怒的能力。当别人向他们提出请求时,他们可能会问:"你怎么会对我提出这样的要求?"他们批评你提出要求,目的是要避免你的要求使他们感到焦虑、恐惧或内在压力。也许他们想拒绝你的要求,但又怕你做出反应,所以只好通过采取自以为是的行动来避免产生恐惧感。

桑德拉和唐的关系显示了这种模式。每当她问:"这个周末你打算怎么过",他就会回答:"打算?你为什么总要知道我的打算?!你为什么就不能放松一下,去随随大流?"唐本来可以这样轻松地回答:"我还没想好",或者"我还没考虑这件事。我想顺其自然吧。"但他下意识的想法是,"如果一个女人问计划,你就得给她计划!"在他的故事中,他没有自由这样说:"我没有打算。"甚至也不能这样说:"我现在不想谈这件事。"我们得琢磨他这个想法的根源。可能是他把他儿时的想法带进了此时此刻的情景中。

如果你在这个例子中认出了你自己和你认识的某个人,你就应观察一下此刻别人究竟提出了什么要求。你应自问:根据过去的经验,我为这个要求能提供什么"剩余意义"(surplus meaning)?也许,我把他的要求看成了一种命令或一种控制?然后,注意你大脑中给你带来压力的那个声音,即压力来自你的大脑,而不是来自他人。

十一、允许你自己有失望感

不错,一些人不想让别人失望。这种对失望的恐惧导致的后果是,人们可能对几乎任何要求都会有受控感。他们不允许自己说"不",同时也认为他人不喜欢说"不",因此产生这样的想象:她在进行控制;对她说"不"会很不安全。

如果你与某个会因你提出要求而责难你的人在一起,你怎么可能为减少这种误解而提出要求呢?你该怎么向他说明,你可以接受拒绝,即使你的要求是真诚的?根据我与这种沟通伙伴打交道的经验,我发现这种方法很有帮助:首先公开你的要求,然后补充一句:"我想让你知道,你说不行也是一种答复。"随后,如果我得到的答复是"不",我会让对方知道我感到失望或我的其他感觉,同时也表示我欣赏他的诚实(这一点很重要)。如果你感到失望,不要掩饰。这里有我听到的一个人表示失望的例子:"我听说你不想与我一起度过这个晚上,我真的很失望;但同时,我也非常欣赏你能把真实的想法说出来。"

我相信,让我的伴侣听听我的失望,是在帮助他学会忍受"让一个女人失望"时的正常不适。我想让他知道我的痛苦,帮助他习惯于每种健康关系都需要为某种不适感留下空间。如果他不让我有时因他产生不幸福感,那么他就不会憧憬美好的长期关系。

你可向他表明,你能应对别人的拒绝和自己的失望感,并且一点儿也不感到反常。这样,你就可帮助一个伙伴治疗他因过去的经历所产生的不适感。当你这样做时,请注意你自己感到失望时的态度。如果你不能应对别人的拒绝,那么,你也不会拥有成功且长期的关系。两个人不可能同时想着相同的事情。为了创造一种健康、成熟的关系,两个人需毫无拘束地拒绝某种要求,又不害怕受到惩罚。有时,他们需要彼此愿意感到不幸福或失望……

十二、如何提出求助要求

我已提到进行情感治疗的几个方法:情感治疗教你提出要求远比获得你要求的一切更为重要——因而它教你着眼于你能控制(提出要求)的事情,而不是关注你不能控制(不管你能不能获得它)的事情。它促使你说出此时此刻你实际上感受到的要求,从而提高你以此时为中心的交往能力;它促使你提出具体要求,这是增强个人存在感的另一种办法。它允许你提出你想提出的任何要求,而非放弃自己的要求去关照他人或保护他人。这样做可以帮助你摒弃这种想法:所提要求应当合理;你在提出要求时需要保护他人。允许你自己要求你真想得到的东西,是一种表明你的真诚和你处于非控制状态的极好办法。你提出要求会使你自己易受伤害,但你并没有进行控制。

复习题

1. 列举坎贝尔围绕有效表达一种要求时对几种讯息进行的对比。一种讯息是笼统地宣布"我要你更信任我"或"我想要更多的性生活"。还有其他吗?
2. 坎贝尔宣称:"一劳永逸的风格实际上是一种控制模式。"请解释她的观点。
3. 坎贝尔认为提出要求与表达愤怒和沮丧有什么关联?
4. 坎贝尔提出的"责怪提出要求者"是什么意思?

思考题

1. 本文强调在此时此刻进行沟通的重要性。坎贝尔在本文中多次提到此时此刻的重要性。解释她为什么强调这一点。
2. 坎贝尔建议不要推迟表达要求的时间;同时,她又提醒你必须找准表达这种要求的时机。你怎样把她的这两种建议结合起来?
3. 请解释坎贝尔有关提出你的要求和信任(他人)之间的关系。
4. 在坎贝尔的建议中,你感到最难听取的部分是什么?

第四节 说些什么:取决于何时说、怎么说和自我坦露什么[①]

劳伦斯·罗森菲尔德(Lawrence B. Rosenfeld)和
杰克·M. 里奇曼(Jack M. Richman)

这篇有关与他人交往的文章是一个案例研究,而不是一种分析或理论探讨。资深作者劳伦斯·罗森菲尔德是这个领域最著名的自我坦露研究者。不过,本文不是他的研究报告。这是一个有关一位大学新生如何管理自己向谁坦露和何时坦露的故事。

新生凯瑟琳错过了与父亲讨论她生活中的这段重要时光——她遇到了一位新室友,并琢磨着如何面对其他室友。她见到了一些有趣的男生。她也必须知道如何对她感兴趣的男人拉斯做出回应。他瞧不起学习能力差的人,而凯瑟琳自己正好患有注意力功能失调症。她从母亲和学习障碍中心的一位咨询员那儿获得了某些指导。

凯瑟琳得知,人在进行自我坦露时,每一种关系都是不同的,但某些指导是能够提供帮助的。中心的咨询员帮助她决定对室友说些什么和对拉斯说些什么。这个故事虽说并不能包罗万象,却展示了一个人可能会在实际生活中怎样应用之前讨论过的某些原则和理念去应对相关的问题。

夏天过得太快了。现在,念大学的所有计划不得不付诸实施了。

"凯蒂-利,快点,把你的行李拿下来,我们好装车!"凯瑟琳的母亲大声说,尽管房子很小,其实用不着这么大声说话。

凯瑟琳的父亲进入她的房间,帮助她把行李拿到车道上。他在门口停下,转身对凯瑟琳说:"我记得我上大学时的情景。头一天,我就做好了准备。我当时既兴奋又害怕,既高兴又担心。对,我当时还有点魂不守舍!我不知道你有什么感觉。"

[①] "What to Tell" by Lawrence B. Rosenfeld and Jack M. Richman from *Case Studies in Interpersonal Communication, Processes and Problems*, 1st edition by Dawn O. Braithwaite and Julia T. Wood. Copyright ⓒ 2000. Reprinted with permission of Wadsworth, a division of Thomson Learning:www.thomsonrights.com. Fax 800/730—2215.

凯瑟琳看着父亲,迷惑不解,她心里想:我以为妈妈会对我讲这件事儿的,怎么父亲要讲这个事儿呢?"哦,对",她对他说,"我的感觉相当不错。"

"那就好,把行李装上车吧。"凯瑟琳的父亲对她说,"如果你愿意,我想我们可以以后再谈。"

过了三小时和140英里的路程之后,他们抵达了西部州立大学。凯瑟琳看着通向山上学生宿舍那长长的台阶时,心里想的全是怎样把自己的东西弄进寝室,见到自己的室友,开始她的大学一年级生活。她拎着那只最小最轻的包,匆匆奔向了自己的寝室,想在父母让她难堪之前见到她的室友们!

"你好,我叫凯瑟琳。"

"幸会。我是金姆。我想今年我们就要住在一起了。"

"是啊。我看见你已把东西放进衣橱了。我想你会要房间的这一边。"凯瑟琳心想,也许,我想要房间的那一边。但是她说:"没问题。我住这边。我得提醒你:我父母等会儿就到。他们问你什么,你都别说,只点点头就行了。我的父母很棒,大多数时间是如此。"

"没问题!我母亲刚走。如果你刚才在这儿,她肯定会向你问东问西的。她要确信她的女儿不会和一个疯子住在一起!"

凯瑟琳的父母拎着大箱子和手提箱进了屋,程序开始了——进屋,见金姆,说笑话,以缓和每个人都能感觉到的紧张感。几小时后,一切都安顿就绪,床也铺好了。凯瑟琳和父母与金姆一起离开房间去吃晚饭。

后来,凯瑟琳和金姆倒在床上,想着下一步该做的事儿。答案似乎就在宿舍管理员"莎拉-拉"的门上。她告诉她们,定于晚八时召开寝室会议。住在男女混合的学生宿舍楼意味着可与其他男女学生相会。

"金姆?"凯瑟琳问道,"你没想到我们在这儿有宝贵的机会吗?我的意思是说,等一会儿,我们会遇到很多人。可现在他们不知道我们。我想是谁就是谁,想是什么就是什么!我真不知道我想做凯瑟琳还是凯蒂,甚至也不知道自己想不想做我父母给我取的小名凯蒂-利。"

"我可以是金姆或金伯利,甚至是古米,但我从不喜欢我的小名儿。我哥哥想让人讨厌时,才用小名。"

"我应该做一个饱经世故的凯瑟琳呢,还是做一个自来熟的凯蒂?"

"我想我们能够想是谁就是谁,想是什么就是什么。不过我同意你的话,我们可能都会感到缺乏安全感。我们回到这里时,你得让我知道我表现得怎么样,我也会让你知道。我们得以诚相待啊!"

这个会议在一楼大厅的电梯与可口可乐售货机之间召开。大家散坐在椅子和地板上,靠着墙。莎拉-拉让大家安静下来,随后花了很长时间讲解有关规则和规定,她让大家安静几个小时,按计划进行社交活动。大家一听到她提到社交活动便竖起了耳朵。接着,莎拉请大家喝饮料和吃饼干,鼓励宿舍的室友们相互走动走动。

"你是凯蒂?"有一个声音对她说。"凯蒂?我是拉斯,我在高中时比你高一年级。想起来啦?我们俩出去过一次。我在这儿已经一年了……"

"哦,对,拉斯……对……高中。你和棒球队的那些男生是朋友。"凯瑟琳心想:我当时真的喜欢你……当时很想好好了解你的……我不知道我们出去约会后你为啥不再给我打电话了。

尴尬地沉默了一会儿后,凯瑟琳问道:"你对西部州立大学感觉怎么样?我明天去注册。你有什么建议吗?"

他们谈着西部州立大学、上课、天气、专业、"你知道这个那个"之类的问题和其他安全而又常见的话题。他们敲定次日在注册后一起吃午饭。金姆走了过来,用胳膊肘轻轻推了推凯瑟琳,大声咳嗽了一下。

"拉斯,这是金姆。她是我的室友。金姆,这是拉斯,他在这里上大二,他在我的高中上过学。"

"你好,拉斯!抱歉打扰了,不过我只想告诉凯瑟琳,对不对,凯蒂,或者是凯蒂-利——你定下来了吗?对了,我想告诉你,我遇到了史密斯大厅的一些朋友。我见到一位高中时的同学。一会儿见!"不等凯瑟琳回答,金姆就走了。

"金姆怎么啦?她知道你的名字吗?"拉斯问道。

"哦,没什么。她是在开玩笑。"

那天晚上,凯瑟琳躺在床上,眼睛盯着天花板,回想着白天的事情。我没有进行过老爸希望的那种谈话。我不敢相信我在大学里,在学生宿舍,离开了家!……周日晚上十点钟,我在家里会做些什么呢,可能不会遇到这样的事儿!我感到乏味吗?这地方真的不怎么样。我想金姆的社交生活比我好,我真希望她让我跟她一起走!她为什么对拉斯提起"名字的事儿"?真让人难堪!

凯瑟琳听到门上有钥匙声时,马上停止了思考。金姆进了屋,她说:"你晚上过得怎样?拉斯真可爱!"

"哦,我们只谈了几分钟。明天注册后,我去见他。吃个中午饭。"

"你喜欢他吗?"

凯瑟琳犹豫起来。我得告诉金姆,拉斯和我出去约会过一次;我得把我对他的感觉统统告诉她。我想对金姆说说我的感受,我对拉斯的感受,头一次离家的感受,上大学的感受。不过,我还没有准备好。我是说,我应当相信她吗?如果我说了蠢话怎么办?如果她认为我不成熟怎么办?她说:"他还不错。你过得怎么样?"

"让我感到意外!我见到了迈克。我立刻就注意到他剃了个光头!我不知道我喜不喜欢他这样!我在高中时真的喜欢他,但我现在不知道我想不想与他恋爱了。我不想与这些男生搞在一起!我与他恋爱了两年;在很多方面虽然不错,但我觉得像是在监狱里。虽然这是一个不错的监狱,但它毕竟是个监狱啊。你知道我是什么意思。"

"我交过一些男友,但没有认认真真地交过两年。交往两年是什么滋味儿?"

凯瑟琳和金姆花了很长时间聊着高中生活和约会的种种体验。凯瑟琳心想：也许我可以告诉她我在会上的感觉，我对她在拉斯面前提到凯瑟琳—凯蒂—凯蒂-利时的感受。她毕竟把她的许多事情告诉了我。"我与拉斯说话时，你走了。我是一个人来这儿的，嗯，我有点害怕。我是说，我感到有点陌生。我在这儿真的有点孤独。"

"太糟糕了！我当时并不想离开你！我知道那是一种什么感觉。你知道吗？我有过同样的感觉。我是在单亲家庭长大的；我承担过许多责任；我过去常认为我是孤独无助的，什么都得靠我自己去做。对不起。"

凯瑟琳心想：我真幸运！金姆好像理解我，她是一个不错的聆听者！"没关系，我今天也许有点儿紧张。头一天嘛。我们的关系不会成为监狱，即使我们要在一个寝室住上四年！"

第二天的午餐来得正是时候：有好几门课凯瑟琳都没选上，她只好注册了植物学。这门课程虽然需要科学知识，但她并不特别感兴趣；她的课程表要求她每周五天须从早八点到晚五点待在校园里。她带着灰心丧气的心情见到了拉斯，把书砰的一声摆在桌子上。拉斯对她说："你脸色不好！"

"谢谢。如果你像我一样有那么满满当当的课程，不得不拼命学习，你的脸色也不会好！我没注册到罗林斯博士的英文课，所以我就像你告诉我的那样，不得不申请上斯宾塞博士的课。我听说她要求学生读很多书！"

"那好，欢迎你上大学！只有有学习障碍者才真的跟不上！"

凯瑟琳感到惊讶：他口中的"学习障碍"就像是一种可怕的疾病；他不知道我就"得过这种病"！假如他知道我有注意力功能失调症，那他会怎么想呢？大量阅读对我来说真是一个挑战。我得花很长时间坚持这样做。我下了苦功克服我的弱点，可它怎么还是一个问题呢？

其他谈话按照首次午餐的规则进行着：话别说得太深，个人问题别涉及太多，让你看上去很不错。午餐结束时，两个人计划周末再会。但在这天晚些时候，凯瑟琳却产生了过去的感觉：我怎样把我的注意力功能失调症告诉拉斯呢？我发现我得上这种病之前，从来就没有听说过这种病。我为啥首先要对他解释我自己呢？他会怎么想我呢？他好像认为，每一个缺乏学习能力的人都不是一个真正的学生。我喜欢他，但我能与他发展关系吗？

凯瑟琳需要找人参谋一下。她给母亲打了电话，把她在注册中遇到的问题和与拉斯的问题告诉了母亲。"我该怎么办？"她问母亲。

"喂，凯蒂-利，我们选择西部州立大学的一个理由是，这所大学有一个大型学习障碍中心（Learning Disabilities Center）。我们见奥尼尔博士时，他不是说过，我们任何时候都可以去找他吗？所以，你为什么不给他打电话呢？我敢说，告诉他自己有注意力功能失调症的人肯定不止你一个。"

"我知道不止我一个，但我感到很孤独。"

凯瑟琳按照母亲的建议，给学习障碍中心打了电话，约定第二天去见奥尼尔博士。

"有什么问题,凯瑟琳?很高兴见到你选择西部州立大学。我能为你做点什么?"

"哦,对新生来说,给我一片能让我治好注意力功能失调症的药就再好不过了!"

"你好像有点紧张。你怎么会有注意力功能失调问题?功课下周才开始嘛。"

凯瑟琳讲了她与拉斯的对话,说需要一些咨询。"我该怎样把我的注意力功能失调症告诉他呢?假如我想与他建立某种深层关系,我不得不对他讲这件事儿。我担心,假如我把这事儿告诉他,他就不想与我建立任何关系了。"

"你在与拉斯坦诚相见和冒险与他建立潜在的亲密关系之间有感觉上的错位。"

"是的,你说得真对!那我该怎么办?"

"首先,你需要确定与拉斯坦诚相见是不是你想做的事。至于何时对某人谈起自己和谈些什么,并不存在任何硬性和快捷的规则。别害怕,你在这儿是处于控制位置的。现在,这件事是关于拉斯对你形成负面印象呢,还是你自己对大学感到恐惧,你在想如何才能做好呢?"

"这不是注意力功能失调问题。我知道我在组织能力上有问题。我上课时精力不够集中,总想着不要心烦意乱,想着要做好作业。我已学会了做功课时如何保持精力集中和努力进行思考。这些我全都知道。老师已教会我在生活中怎么运用结构法,在我真的感到灰心丧气时使用暂停法(time-outs),对所有事情都保持幽默感。"

"那么,你还有什么问题?"

"问题是我该如何告诉拉斯、告诉我的室友金姆和在西部州立大学的其他人,而又不觉得自己被暴露,得不到保护,也许还会让人觉得我没价值。"

"行,我知道你的想法了。你需要一些指导。哦,每一种关系都是不同的;进行概括固然并不妥当,但我以前都这样做!有些事情你要想想。首先,你得想想拉斯、金姆或任何其他人对你来说有多么重要。你想向其倾诉的那个人是一个大风险还是小风险?我的意思是说,你对那个将要面对你说的私房话的人有多信任?对让你感觉不舒服的人保持沉默,这也许不是一个坏主意!你还得想想,你想说的有关你自己的事儿,是不是一个合适的话题。把你的注意力功能失调症问题告诉你的老师,可能是一件重要的事儿,但不必把它告诉你班上的每一个同学。知道我的意思了吗?"

"知道了。可是好像有必要告诉拉斯,因为他显然对有学习障碍的学生没有好感。假如我们建立了朋友关系,不管是什么样的朋友关系,这件事儿都得说清楚。我想这是值得冒险的!"

"看起来对头!你也得想想应当何时告诉拉斯。你需要一个让人感到舒服的空间,一个让人留有隐私的空间。你还需要想到可能会出现的结果,做好别人会胡言乱语的思想准备。我们为什么不来个角色扮演呢?我来扮演你,你来扮演拉斯,然后,你扮演你自己,我来扮演拉斯。这样,如果你决定与他开诚布公,你就会清楚明白了。"

凯瑟琳和奥尼尔博士演练了凯瑟琳可能对拉斯说的话。她离开他的办公室时,对她与拉斯成功互动和应对他做出任何反应的能力更有信心了。她走上通往寝室的台阶时心想:如果金姆问我去了哪儿,我就告诉她我见过奥尼尔博士,然后看看她的反应。我想值得冒这个险。我俩将要住在一起,她似乎很通情达理。

金姆似有所指地问道:"情况怎么样?"

"我刚从学习障碍中心回来。"

"找到一份助教工作啦?"

"不是——我可能是需要学习者之一!"

"我不懂你的意思。"

"我见了中心主任奥尼尔博士。我与他谈了我该如何把我的学习障碍问题告诉别人。"

"太好了,那你告诉我吧。"

"我有 ADD,就是注意力功能失调症。拉斯不喜欢有学习障碍的人。因此,奥尼尔博士和我商量了如何最有效地应对这个问题。我说明白了吗?我能听到我自己的声音是分散的,总在转换话题。我愿意让你知道我有注意力功能失调症!我精神紧张时就会出现这样的问题。"

"好,所以你有注意力功能失调症。这有什么问题吗?"

"问题就是,为了赶上其他同学,我得比大多数人更努力地做功课,把我的事情组织好。我有时想我不属于这儿,我担心其他同学会议论我。正因为如此,我有时感到非常孤独!"

"我不太了解注意力功能失调症。不过,我觉得你做事很有规划,也很有条理。我能为你做点什么吗?"

"不用,你听听我的话就是帮我了。我让人知道这件事儿而且得到了支持,我就感觉很好了。我在额外花时间复习功课时,如果你能忍受夜间的灯光就好了。只是开个玩笑!"

"那么,你与拉斯有什么问题?除了他对有学习障碍者说的那些话以外,他看起来倒不像是个怪人。"

"这就是问题。我不知道。"

"哦,如果你与他交谈,你可以讲清你的感觉和他的感觉。我敢肯定,如果你告诉他,他就会告诉你!那么,你就会放心了。你知道吗,他甚至会认为你很勇敢。我想你很勇敢!与人当面交谈需要勇气。总之,这会给他一个机会,让他懂得他的话会如何伤害到你,并向你道歉,否则,他就会让你知道,你不值得与他建立关系。"

"这样做行。可是,如果他说出更多的蠢话,我可能会十分难受和生气,甚至会想打他!"

"是啊,即使是一个怪人的拒绝,也会使人感觉受到伤害。但是,你在校园里遇到他时,要么就告诉他,要么就什么也别说,只点头问好。"

"这个周末我要见他。我会冒个险。"

这个周六晚上,凯瑟琳和拉斯两人面对面坐在当地一家比萨饼店的桌子边。凯瑟琳看着拉斯的眼睛说:"几天前我们吃午饭时,你说过一件事儿,我需要与你谈谈它。

复习题

1. 这里描述的凯瑟琳与她的室友金姆的关系是现实的吗?请解释。
2. 在这个故事中,金姆和凯瑟琳谁更开放一些?
3. 凯瑟琳认为,拉斯的话"有学习障碍者才真的跟不上"准确地反映了他对存在注意力功能失调问题者的部分看法。你同意吗?请解释。

思考题

1. 去参加宿舍会议之前,凯瑟琳对金姆说:当她们遇到其他同学时,"我想是谁就是谁,想是什么就是什么!"你同意吗?你是新生时,在把自我呈现给他人方面拥有比较完全的自由呢,还是会强烈地受制于你的长相、文化和习惯?
2. 写出本文结尾处凯瑟琳与拉斯之间的其余谈话。

参考文献

Cline, R. J. W. (1989). The politics of intimacy: Costs and benefits determining disclosure intimacy in male-female dyads. *Journal of Social and Personal Relationships*, 6, 5—20.

Derlega, V. J., Metts, S., Petronio, S., & Margulis, S. T. (1993). *Self-disclosure*. Newbury Park, CA: Sage.

Foubert, J. D., & Sholley, B. K. (1996). Effects of gender, gender role, and individualized trust on self-disclosure. *Journal of Social Behavior and Personality*, 11 (5), 277—288.

Laurenceau, J. P., Barrett, L. F., & Pietromonaco, P. R. (1998). Intimacy as an interpersonal process: The importance of self-disclosure, partner disclosure, and perceived partner responsiveness in interpersonal exchanges. *Journal of Personality and Social Psychology*, 74, 1238—1251.

Petronio, S., Martin, J., & Littlefield, R. (1984). Prerequisite conditions for self-disclosing: A gender issue. *Communication Monographs*, 51, 268—273.

Rosenfeld, L. B. (2001). Overview of the ways privacy, secrecy, and disclosure are balanced in today's society. In S. Petronio (Ed.), *Balancing the secrets of private disclosures*. Mahwah, NJ: Lawrence Erlbaum.

Rosenfeld, L. B. (1979). Self-disclosure avoidance: Why I am afraid to tell you who I am. *Communication Monographs*, 46, 63—74.

Rosenfeld, L. B., & Kendrick, W. L. (1987). Choosing to be open: Subjective reasons for self-disclosing. *Western Journal of Speech Communication*, 48, 326—343.

Toukmanian, S. G., & Brouwers, M. C. (1998). Cultural aspects of selfdisclosure and psychotherapy. In S. S. Kazarian & D. R. Evans (Eds.), *Cultural clinical psychology: Theory, research, and practice* (pp. 106—124). New York: Oxford University Press.

Wintrob, H. L. (1987). Self-disclosure as a marketable commodity. *Journal of Social Behavior and Personality*, 2, 77—88.

第二部分

关系

理解这本书的组织结构的方法之一,就是把第三部分当作我们从理论转入实践的开始。第一部分对传播与人际传播的概念进行了界定,揭示了自我如何得以建立并改变传播,探讨了我们进行交往的两种基本方法,即言语交往和非言语交往。随后,第二部分分析和形象描述了人们如何通过感知和倾听,来共建意义。现在,我们转向一些主要领域,即这种传播发生的语境:家庭、朋友和亲密伴侣。

但是,如果你已读过前几章,你就会明白,用这种方式理解这些篇章不是特别有效,因为它们并不全是理论。实践和理论从一开始就交织在一起,构成人际传播研究的重要组成部分。学者们发展出的理论是对实践的系统描述。在传播学这个部分,不存在完全与人的生活经验脱节的抽象理论概括。每一理论原则,比如文化是所有传播的组成部分,都自我建构于言语谈话和非言语谈话之中;所有感知都涉及阐释(interpretation)——都源自实践,而且能够极大地影响实践。

所以,第三部分仍然是理论和实践的联姻。这是本书所有篇章的特点。

第七章
与家人和朋友的沟通

第一节 家庭究竟是什么?[①]

朱莉娅·T.伍德

我选择这部分内容,是因为此文对"家庭"的含义,特别是"家庭"在美国的含义做出了较为现实的描述。这些现实不同于过去的文化理想,也不同于一些基督教徒和犹太教徒相信的《圣经》中描述的模式。因此,你可能相信,也可能不相信这样的说法:"家庭"的一些当代形式是恰当的或令人愉快的。在这个问题上,有着极为不同的意见。但极有可能的是,随着你生活阅历的逐渐丰富,你会遇到许多来自不同类型的家庭的人;伍德的观点能够帮助你更顺利地与这些人进行沟通。

伍德一开始就把美国家庭的实际状况与传统的核心家庭的孩子和已婚父母一起生活的神话进行了比较。正如她指出的那样,传统的描述并未包括生活在美国的大多数人和世界其他地方的许多人。

例如,与白人相比较,伍德描述了"直系家庭的观念"如何在许多非裔美国人中得到了扩展。她也描述了女同性恋家庭和男同性恋家庭如何经常遭到误解。她探讨了种族通婚家庭在沟通中所面临的一些挑战。她还概括了常常用固定眼光看待离婚者和混合家庭的成员的一些方式。

作为无子女夫妇的一员,伍德还简要谈及了针对无子女家庭出现的误解。她经常会碰到这样的问题:"你为什么没有家庭?"她的回答是:"我有家庭啊——我有丈夫、一个妹妹、三个侄子和一个侄女。"这部分阅读材料的最后一部分讨论了选择性家庭(families of choice)。这些家庭是由许多男同性恋者、女同性恋者、双性恋者和其他人"是由承诺连接在一起的人,不管他们拥有血亲关系还是法律关系"。

这篇阅读材料的第二部分直接探讨了一些人讨论家庭多样性时遇到的麻烦,例

[①] "What's a Family, Anyway?" from *But I Thought You Meant... Misunderstandings in Human Communication* by Julia T. Wood. Copyright © 1998 by Mayfield Publishing Company. Reprinted by permission of The McGraw-Hill Companies.

如,"我的教会说,同性恋是不道德的,(而且)我不赞成同性恋","一个种族的成员收养另一个种族的孩子是错误的"。她也描述了在任何文化中,随着时间的变化,家庭形式也会发生变化;她强调了今天家庭多样性的现实。伍德在结尾时建议,你可学习并观察与你自己的家庭不一样的家庭,并与其进行互动。她用自己的经历举了一个例子:她在与伴侣的关系中,比较缺少玩耍的经验,但她通过接触有小孩的家庭而学会了玩耍。

伍德的一些想法具有争议性。你可能会发现你自己或你的一些同班同学会抵制她的说法。我希望你所在的小组能够尽可能公开而有效地探讨这些反应。我相信,这里提供的有关家庭的观点能够为你今后进行某些富有成效的思考和参与关于家庭沟通的讨论提供一个起点。

一、关于家庭的含义的不同观点

我辅导的一个学生是非裔美国人,他正准备找一个与市场营销有关的工作。富兰克林是一个好学生。他聪明,善于思考,工作责任心强,学习认真。不久前,富兰克林来找我,露出沮丧之情。我请他坐下,让他告诉我什么事情使他这么苦恼。

"我奶奶去医院做心脏手术,所以我得回家陪陪她。"我点点头。"结果我错过了历史课考试。我回到学校时,找雷蒙德博士补考,他说他不接受我的补考。"

"为什么?"我问,"他是不是想确定一下当时你奶奶真的在医院里?"

富兰克林摇摇头。"不是,我带了奶奶的住院单复印件作证明。那不是问题。他说他只原谅学生因直系亲属得病缺考。"

唐·雷蒙德博士(Dr. Don Raymond)像许多中产阶级白人一样,认为家庭成员只包括父母(或继母或继父)和孩子。唐长大成人,身边只有自己的父母和两个妹妹。他的其他亲属不住在附近,而且他每年最多只见他们一两次。他现在48岁,与他的第二任妻子和他们的两个孩子(分别为12岁和15岁)住在一起。他很少见他的妹妹,只有圣诞节期间看望他的父母和岳父母时才能见到她们。在唐周围的人当中,姑姑、姨姨、叔叔、舅舅和祖父母都不是直系亲属。

解决富兰克林的问题并不难。我给唐·雷蒙德打了个电话,向他讲了白人的家庭结构和黑人的家庭结构的不同;我强调说,许多非裔美国人的家庭比大多数欧裔美国人的家庭要大得多。庞大、扩展型家庭在许多源自不同种族的第二代美国人当中也很普遍。唐了解了祖父母是富兰克林的直系家庭成员之后,非常乐意让他补考。

唐最初拒绝富兰克林补考时,没有任何故意或存心歧视之意。问题是,他假定而且甚至不知道自己是在假定,他的家庭定义就是每一个人的家庭定义。他根本不懂得,富兰克林把奶奶视为直系亲属,因为她毕竟把他一直抚养到了七岁,这在非裔美国人家庭中是常见的现象。对他来说,奶奶更像一个母亲(用白人的话来说),而不是一位祖母。

1. 女同性恋家庭和男同性恋家庭

女同性恋家庭和男同性恋家庭也经常被误解。不久前,我同让和阿伦娜二人一块吃午饭。她俩以约定协议的关系一起生活了15年。她们的两个孩子与我们在一起。这两个孩子分别是6岁的迈克尔和8岁的阿瑟。我的一个同事看见我们在饭店里,就走到我们的桌前,与我们聊了一会儿。

我对她们进行了一般介绍。"查克·莫里斯,我想让你见见让·汤普森和阿伦娜·罗斯。这是她俩的儿子,迈克尔和阿瑟。"

"见到你们很高兴",查克说,"你们住在这儿吗?"

"是,我们家就在来斯特拉路",阿伦娜说。"你呢?"查克问让。

"同一个地方。我们四个是一家人",让答道。

查克做了一个错误的推测,他以为这两位女士和她们的两个儿子属于各自独立的家庭。让澄清了她们的关系之后,查克才明白,让和阿伦娜是女同性恋者。然而,他对这两个男孩的情况仍感觉困惑不解。"你们得到他俩时,他俩有几岁?"他问。他怀疑这两个孩子是被收养的。

"这要看你是不是把怀孕期计算在内",让笑着说。她以前碰到过这种怀疑。"我怀了迈克尔,阿伦娜怀了阿瑟。"

"哦,那他们是你们的亲生孩子?"他问道。

阿伦娜和让点点头。

查克做了错误的推测。他以为女同性恋者和男同性恋者不能成为亲生父母。他们显然能够成为亲生父母,因为性取向并不影响一个男人生产成活精子的能力,也不影响一个女人生产可受精卵、在子宫里怀上孩子的能力。我们假定男同性恋者和女同性恋者不能拥有亲生孩子时,就混淆了性取向和生育能力这两个不同的问题。

2. 跨种族家庭

人们对许多跨种族家庭(interracial families)也存在着误解。马特和维基结婚六年后,突然意识到他们不能生孩子。他们决定收养孩子。他们收养的第一个孩子是詹姆斯。三年后,他们收养了第二个孩子,即谢里尔。他们很爱他们的儿子和女儿,认为他们是亲密无间的一家人。但是,每当他们作为一家人外出时,其他人就会盯着他们,有时还会随意地说三道四。

"你是保姆吗?"

"这些是谁的孩子?"

如果你猜想詹姆斯和谢里尔与马特和维基不是同一个种族,你就猜对了。这两个孩子是非裔美国人,而马特和维基则是欧裔美国人。近年来,我的两位白人朋友收养了其他种族的孩子——一位收养了一名中国女孩,另一位收养了一名美国土著的女孩。有人怀疑这两个女孩不是他们的孩子时,他们像马特和维基一样,心理受到了伤害。"你是保姆吗"之类的话否定了他们创造出来的家庭。

3. 离异家庭和组合家庭

你也许读到过这样的统计数字：一半初婚者的结局是离婚；此外，甚至一半以上的二婚者或多次结婚者都以离婚而告终。离婚可以结束一桩婚姻，却不能结束一个家庭。相反，离婚改变着家庭生活的特性和动力。

如果前配偶有孩子，他们仍是父母，但他们在怎样成为父母这个问题上，却发生了变化。在某些情况下，一位父亲或母亲对孩子拥有唯一的监护权，另一位父亲或母亲可能拥有探视权。在另外一些情况下，父母同意对孩子拥有共同监护权，即每一位父母都让孩子在自己现在的家里居住一段时间。孩子经历着可能互不相同的两个家庭和两套家规。一对父母可能对孩子的约会、晚上出门和做家务活儿有着严格的要求，而另一对父母则可能更放松一些。

如果一位父亲或母亲或父母二人再婚，把两个家庭组合在一起，就创造了一个所谓的组合家庭(blended families)。数年前，《布拉迪早午餐》(*The Brady Bunch*)是一部颇受欢迎的电视情景喜剧。该剧中一对男女结婚了，他们都带着几个孩子，形成了一个组合家庭。在布拉迪家中，似乎无须努力就能使大家保持心情舒畅。许多组合家庭与布拉迪的家不同，很难重新保持功能正常并让人心情舒畅。过去的婚姻和现在的婚姻产生的孩子们可能不得不彼此适应，常常发生相互嫉妒和冲突的事情。新的家规可能会引发困惑、憎恨甚至抵制。父母们可能不得不接受孩子的其他父母和祖父母。家庭以外的人可能不得不认识孩子的多重父母(multiple parents)和父母的前任配偶及现任配偶。

组合家庭中的一些孩子使用继母或继父这样的称呼，而另一些孩子则拒绝使用这种称呼。同样，组合家庭中的一些孩子接受他们的继兄弟姐妹和同父异母/同母异父的兄弟姐妹，而另一些孩子则不接受这些身份认同。我们与离异家庭成员或组合家庭成员沟通时，应当保持敏感，应该注意他们是如何感知和称呼他们的家庭成员的。

4. 无子女家庭

我和我丈夫已经结婚23年，我们没有孩子。我们是一个无子女家庭。有人问我——他们经常这样问——"你为什么没有家庭？"我很生气，觉得受到了伤害。有时我会反问："你说的家庭是指什么？"在其他场合，我会这样回应："我有家庭——我有丈夫、一个妹妹、三个侄子和一个侄女。"我把这六个人都看成是我的直系家人。我像其他没有小孩的人一样，讨厌别人只是因为我和罗比没有孩子就认为我们是没有家庭的人。

5. 什么才是家庭？

凯西·韦斯顿(Kathy Weston)在其《我们选择的家庭》(*Families We Choose*)一书中提出了另外一种家庭类型。韦斯顿认为，家庭就是由承诺连接在一起的人，不管他们拥有血亲关系还是法律关系。某些有血亲关系的人可能彼此没有承诺，而且可能拒绝进行互动。有时，兄弟姐妹相互怀有敌意，因此决定不来往，不写信，不打电话，也不接触。某些父母和子女形同陌路。在极端情况下，父母有时遗弃孩子。此时，血亲对承诺没有保证。

法律和宗教程序也不足以确保承诺的水平,而且促使我们大多数人考虑这样一个问题:一个良好家庭的难题何在? 如前所述,当前的统计数据显示,在美国,一半婚姻以离婚告终。认定婚姻的法律可以被允许离婚的法律所否定。1993年对生育高峰期出生的一代人进行的民调显示,只有58%的答卷者称他们一生中可能只与一个人结婚。人们在律师或牧师前所做的"白头偕老"的承诺能创造一桩法律婚姻,然而,却不能保证做出承诺的人事实上能够或愿意一起相伴终生。这些数据表明,家庭的本质并不像丹·奎尔(Dan Quayle)所说的那样固定或稳定。

因此,韦斯顿断言,把家庭界定为那些选择用一种持续不断的方式彼此承诺责任和义务的人是合情合理的。他们的承诺可能被现行法律或宗教所认可,也可能不被认可,但他们是家庭。如果按照家庭的定义,那么,我们意指那些彼此关怀、一起组织他们的生活、相互关爱、想继续相守又彼此关怀的人。这个扩展的家庭观的中心思想就是,人们能够承诺把他们的命运连在一起。

二、改善沟通

我在大学讲授家庭多样性时,我的一些学生感觉不舒服。"我们知道你在说什么",他们经常告诉我,"但是我的教会说,同性恋是不道德的。(而且)我不赞成同性恋。"另外的学生说,"一个种族的成员收养另一个种族的孩子是错误的。这些孩子将永远不知道他们的种族传统。我不赞成不同种族之间的收养"。

1. 区分个人选择与尊重他人选择

我试图向我的学生表明,他们不必为了尊重他人做出的选择,而非得赞同多样化的家庭形式。换言之,你本人在你需要什么样的家庭(或者职业,或者教育,或者家庭生活)和尊重他人的选择之间作的决定是有很大差别的。

我们已在家庭生活的许多方面承认并尊重不同的选择。例如,某些父母认为,体罚孩子不对;有些父母则认为,不打是溺爱。一些父母在强大的宗教传统中抚育孩子,还有一些父母不让孩子信任何宗教,也不带孩子步上任何宗教之路。在有些家庭中,孩子必须做家务,有时要外出打工赚钱;有些家庭的孩子则会自动得到零花钱。我们很少有人把这些选择视为错误的、离经叛道的或反抗家庭的。然而,我们有时却难以接受家庭中的其他形式。

2. 承认家庭变革观

最近,我与研究沟通和人际关系的斯蒂夫·达克(Steve Duck)合编了一本书。此书包含不同的家庭类型,比如同居者、远亲关系、男女同性恋协约者、非裔美国人和说西班牙语的家庭。这些章节叙述了今日美国不同家庭类型的情况。

家庭历史学家斯蒂芬妮·孔茨(Stephanie Coontz)指出,自从哥伦布在这个半球[①]

[①] 指北半球。——译注

登陆300年以来,美国家庭呈现出诸多形式。易洛魁人(Iroquois)以扩大型家庭和母系家庭的形式生活,而更多的游牧印第安人拥有小型家庭。非裔美国奴隶认为核心家庭是一种分裂,所以开发社区网络,普遍参与合作抚养活动(co-parenting),把孤儿带回家来,把他们当成自己的孩子抚养,而且通常没有办理收养手续。

在美国历史上,丹·奎尔的理想化家庭形式出现得较晚,而且作为一种主导性家庭形式持续时间很短。根据孔茨的研究,进入20世纪20年代初,大多数美国工人阶级的白人才在"男赚面包女持家"的家庭中生活。相比之下,今天,大多数(美国)妇女出外工作,其中一半的妻子所挣的工资与丈夫相等或多于丈夫。男赚面包女持家的家庭模式不能简单地用来描述当今美国的大多数家庭。

完整家庭(intact family)也是奎尔模式的组成部分。这种模式反映了(美国)这个国家的规律特性。几乎有一半的人第一次婚姻以离婚告终(而且第二次婚姻的离婚率更高)。与亲生父母一起生活的儿童仅占50%,四分之一的儿童过着单亲生活,而且通常是与母亲一起生活。

(美国)人口统计局(The Census Bureau)1996年对美国6万个家庭进行的调查显示出几个家庭发展趋势。最大的变化是单亲家庭数量的上升。1990—1995年期间,单亲家庭的数量增长不到3%。1995—1996年的一年时间里,单身母亲的家庭数量增加了12%,单身父亲家庭的增长数量也是如此。墨菲·布朗家(Murphy Brown's)等一些单亲家庭就是这些选择性家庭的代表。在其他情况下,单身父母并不是人之理想,也非人所期待的选择,却是唯一的选择或大多数人接受的选择。

3. 承认家庭形式的多样性

美国的人口趋势显然挑战着任何一种家庭观的精确性。在当下社会里,要进行有效参与要求我们懂得:人对何谓家庭持有各种各样的看法;建构家庭生活的方式也是多种多样的。正如一位男同性恋者对我所言:"我不在乎别人喜不喜欢我和我的伴侣,我只在乎他们承认我有权爱一个人,有权像他们一样有一个家。"懂得这一点能够帮助我们用两种方式进行互动。

首先,我们在承认家庭形式的正常多样性时,能够用更为尊敬的方式与拥有不同家庭结构的人进行沟通。世界上不再存在普适性的家庭定义。丹·奎尔说,单身母亲面临家庭价值观的挑战,但是单身母亲在抚育孩子方面,其成功度与已婚妇女没有什么区别。单身母亲完全像已婚母亲一样,其效率取决于许多因素,其中包括保障网络、收入、教育和就业。

大多数州不承认男同性恋者和女同性恋者的义务承诺,但证据表明,他们的关系可以像异性结合者一样健康、稳定和持久。即使男同性恋者或女同性恋者的家庭破裂,也不意味着他们不是家庭。如果一对异性夫妻离婚,我们并不认为他们从未结过婚。男同性恋者和女同性恋者像异性恋者一样,能够承诺终生之爱和忠贞不贰;某些男同性恋者和女同性恋者也像某些异性恋者一样,不会履行那样的承诺。

那么,男同性恋父母的孩子和女同性恋父母的孩子的情况又如何呢?儿童发展专家夏洛特·帕特森(Charlotte Patterson)在研究报告中称,目前,美国的女同性恋母亲有100万到500万,男同性恋父亲有100万到300万,600万到1400万儿童有一位男同性恋父母或女同性恋父母。许多州不许男同性恋伴侣或女同性恋伴侣成为合法父母,即使其中一位是孩子的亲生父母。这些州认为,男同性恋者和女同性恋者不能养育健康的孩子。但据《纽约时报》(New York Times)专栏作家简·格罗斯(Jane Gross)研究,这个观点并不成立。格罗斯对35个拥有男同性恋父母或女同性恋父母的儿童进行研究,得出了这样的结论:这些儿童与异性恋父母的孩子的适应性一样好;他们成为男同性恋者或女同性恋者的可能性是相同的。夏洛特·帕特森在另一项研究中发现,男同性恋父母的孩子和女同性恋父母的孩子与异性恋父母的孩子在智力、自我观和道德判断上没有任何差异。现存证据显示,异性恋者和男同性恋者、女同性恋者一样,既能养育健康快乐的孩子,也能养育自我观较弱、适应能力较差的孩子。

4. 在差异中学习

多样的家庭形式也为我们提供了思考如何组成家庭和过好家庭生活的机会。马撒·巴雷特(Martha Barrett)采访了同性夫妻并得出了这样的结论:与异性夫妻相比,他们更倾向于平等相待。巴雷特认为,男同性恋者和女同性恋者能够教会异性恋者在亲密关系中如何实践权利与责任的平等。同样,跨种族家庭还可让我们在考虑个人身份认同和家庭时,避免过分强调种族的问题。拥有孩子的家庭可从无子女家庭那里学到夫妇在生活中保持沟通和亲密关系的方法。

如果我们对人们如何组建家庭和在家庭中怎样生活的方式持开放态度,那么,我们就能了解他人和我们自己。只要我们仅与和我们相同的人互动,我们就难以看到我们自己的关系中的某些模式和我们做出的选择。我们用来形成我们的家庭观的特定方式是隐形的、尚未发现的并且以后有可能也发现不了的,因为它们看起来是"正常的",是"成为一个家庭的唯一方式"。然而,当我们考虑与不同于我们的家庭的人互动并形成对照时,在我们自己的关系中那些隐形不见、被认为理所当然的事情就会变得清晰可见了。这种认识促使我们对我们业已创造的家庭进行反思。这种知识又转而使我们对我们希望拥有的家庭类型做出更深思熟虑的选择。

我的一位异性恋朋友曾对我说,她通过她认识的一对女同性恋伴侣才了解到,她把自己的精力完全倾注到了她的伴侣身上。她的选择是继续保持婚姻,于是,她和丈夫进行沟通,找到了他俩今后要少以对方为中心和扩大朋友圈子的办法。

一个无子女家庭无须为了向有孩子的家庭学习、为了实现家人互动而生孩子。我在与我妹妹卡罗林(Carolyn)、她的丈夫利(Leigh)以及他们的孩子米歇尔(Michelle)和丹尼尔(Daniel)度过的时光中学到了许多有关我与罗比的关系的事情。我在与他们的交往中,获得的一个看法是,在我和罗比的关系中,我们以前玩得太少。

请注意我用的是过去式(以前)。看着卡罗林和利与米歇尔和丹尼尔一块儿玩乐然后彼此成为玩伴,这使罗比和我注意到,我们的关系中缺少这种嬉戏的层面。当罗比和我与米歇尔和丹尼尔,接着又与他们的父母一起玩乐时,我们就会知道该怎么放松，从而从死气沉沉中苏醒过来。有时我们虽然显得愚蠢可笑，却让我们的婚姻变得丰富多彩。我们自己对形成一个家庭的多种方式持开放态度，这使我们扩展了我们的个人身份认同和我们的关系，其中包括我们的家庭。

复习题

1. 什么是核心家庭？你与多少核心家庭保持交往？你与非核心家庭保持交往吗？
2. 你认为你的直系亲属包括哪些人？
3. 什么是组合家庭？
4. 根据伍德讨论的各种不同家庭类型，你认为她会如何给家庭下定义？你如何下定义？你认为什么才算一个家庭？
5. 关于男同性恋父母或女同性恋父母抚养的孩子的研究显示了什么？

思考题

1. 如果你感到你能接受男同性恋夫妻和女同性恋夫妻，你认为反对或挑战那种家庭构成的两三种强有力的论点是什么？如果你难以接受男同性恋夫妻和女同性恋夫妻，你认为支持那种家庭构成的两三种强有力的论点是什么？
2. 为什么继父母的角色很难扮演？
3. 伍德认为，既然我们已经能够开始尊重各种类型的父母，那么把这种尊重扩展到非传统家庭形式中也是可能的。对此你如何回应？

参考文献

Barrett, M. B. (1989). *Invisible Lives: The truth about millions of women-loving women*. New York: Morrow.

Card, C. (1995). *Lesbian choices*. New York: Columbia University Press.

Changes in families reach pateau, study says. (1996, November 27). *Raleigh News and Observer*, pp. 1A and 10A.

Coontz, S. (1992). *The way we never were: American families and the nostalgia trap*. New York: Basic Books.

Coontz, S. (1996, May—June). Where are the good old days? *Modern Maturity*, pp. 36—43.

Ferrabte, J. (1995). *Sociology: A Global perspective* (2nd ed.) Belmont, CA: Wadsworth.

Goodman, E. (1997, January 17). Adopting across racial lines. *Raleigh News and Observer*, p. 13A.

Gross, J. (1991, February 11). New challenge of youth growing up in a gay home. *New York Times*, pp. 2B, 6B.

Guttmann, J. (1993). *Divorce in psychosocial perspective: Theory and research*. Hillsdale, NJ: Lawrence Erlbaum.

Indulgent "boomers" bring an unraveling of society. (1993, Ovtober 17). *Raleigh News and Observer*, p. 6E.

Marciano, T. & Sussman, M. B. (Eds.) (1991) *Wider families*. New York: Haworth Press.

Patterson, C. (1992). Children of lesbian and gay parents. *Child Development*, 63, 83—96.

Salter, S. (1996, April 7). With this ring I thee wed, or whatever. *San Francisco Examiner*, p. B11.

Singer, B. L., & Deschamps, D. (Eds.) (1994). *Gay and lesbian states*: A pocket, guide of facts and figures. New York: The New Press.

Weston, K. (1991). *Families we choose*. New York: Columbia University Press.

Wood, J. T., & Ducks, S. (Eds.) (1995). *Understanding relationship processes*, 6: *Understudied relationships*: *Off the beaten track*. Thousand Oaks, CA: Sage.

第二节 在家庭谈话中区分讯息与元讯息①

德博拉·坦南(Deborah Tannen)

这篇选文的作者是乔治敦大学(Georgetown University)的著名语言学教授和数本畅销书的作者。她的著作融学术性与可读性、学术活力与率真性解释为一体。本文是一本书的第一章,该书探讨了家庭沟通的许多方面,其中包括家庭秘密、"争爱"(fighting for love)、家庭谈话中的性别模式,母亲与成年子女、兄弟姐妹之间及"姻亲和其他陌生者"之间的沟通。

坦南在本文中提出的重要观点是讯息与元讯息(metamessage)之间的区别。她解释说:"讯息是人们说出的词语和句子,任何人都可以从一本词典和语法书中找到那些意思。可元讯息是人们尚未说出的意思,至少不是用许多词语说出的,是人们从语境的任何一个方面(人们说话的方式、言者是谁、人们所说的事实)获得的点滴含义。"这正像两个人在某种情景下可以对某种讯息取得一致意见一样。但是,解读元讯息却比理解普通讯息要困难得多,它需要花许多时间才能获得阐释。

例如,坦南列举了一个有关简短谈话的例子。一个女儿问她的母亲:"我是不是对人太挑剔了?"这就是讯息。但母亲听出来的却是元讯息,即她的女儿是在批评、指责她。元讯息在家庭沟通中具有特别意义,因为它们常常源自家庭成员之间的关系史,而且几乎总是与谈话者界定自己和相互界定的方式有关,例如,"我是清白的""请记住,这里我负责""你可能不同意这一点""如果你爱我,你就会说是"。

在家庭沟通中,元讯息常常是负面的。言者常常用看起来很直率的评论和问题来进行批评,如"你在做法式面包吗?"这句话的意思可以是:"你为什么不烤午餐小面包?"另一个例子是,"请你在七点开始洗澡吧,不要等到七点半"极易被理解成对一个人总是迟到进行的抱怨。家庭沟通的一个自相矛盾的地方就是,我们依赖于我们的至

---

① "Separating Messages from Metamessages in Family Talk" by Deborah Tannen from *I Only Say This Because I Love You*, pp. 3—15 and 27—28. Copyright ⓒ 2001 by Deborah Tannen. Used by permission of Random House, Inc.

爱亲人看到我们最好的方面。可是,因为他们离我们最近,所以他们也能看见我们最坏的方面。他们的本意是表示关爱,但这种沟通常常表现为批评、指责或被理解成批评、指责。

矫正元讯息带来的问题需要使用元沟通(metacommunication),即讨论一下你的谈话方式。如果一位家庭成员感到他的每个建议或意见都被人听成了批评、指责,那他就会表示关切,这时其他家庭成员则处在解决这个问题的更有利的位置上。他可以学习用元讯息表达自己的意见:"我不是批评法式面包。"他也可以用更直接的方式:"要是你做些可口的午餐小面包,我一定很喜欢。"

坦南也清楚阐述了家庭沟通怎样不断受到家庭成员既想联系又想控制的愿望带来的挑战。谈话方式创造了这两样东西。"年轻的孩子所说的话可使年长的孩子或父母的生活变得美好或不幸。"如果你能牢记这种同时存在而又相互冲突的愿望,那么你就有可能澄清引发了问题的意见和提问。例如,人们听到"还不到开吃的时候"这句话时,可将其理解为一种控制意图和一种控制举动。重要的是,通常此类说法既可以被解释成一种控制意图,也可以被解释成一种控制举动。

坦南在"小火花,大爆炸"这一节中,论述了我们大家都经历过的感受——看起来微不足道的意见却导致了家庭的重大分歧。

虽然还有比坦南在这里解释的更多的家庭沟通研究,但这篇读物可以提醒我们去注意与家庭成员进行谈话与倾听时容易引起麻烦的那些因素,她还提出了一些有助于家庭沟通更顺利地进行的方法。

"你真的想再吃一块蛋糕吗?"唐娜问乔治。

"你说对了,我是想吃",他答道。他的声音暗示:"刚才我还不知道我想不想吃,但现在我肯定是想吃。"

唐娜很惊讶。她知道,乔治待一会儿就会说,但愿他没有吃第二块蛋糕。

"你怎么老是看我吃什么?"乔治问。

"我只是想好好看着你",唐娜答道,"我说这个是因为我爱你。"

快要三十岁的伊丽莎白正在自己家里高高兴兴地为她的人家庭做感恩节晚宴。前来看望她的母亲正在厨房里帮她做饭。伊丽莎白在准备做火鸡的填料,她母亲问:"喔,你在填料里放了洋葱?"

伊丽莎白突然感到自己好像回到了16岁,她转向母亲说:"我在做填料呢,妈。干吗我做什么事你都要指责?"

"我没指责",母亲答道,"我只是问问。你怎么啦?我都不能开口说话了?"

家庭的魅力在心里;爱的魅力是你拥有了解你的人,你用不着做自我解释。这是那个特别关心你的人、想保护你免遭那个恶意世界伤害的人对你做出的承诺。

然而,讽刺的是,往往正是家庭本身给人带来了痛苦。关爱我们的人盯着我们,盯着我们身上的所有缺点,好像在用放大镜看这些缺点似的。家庭成员拥有无数次机会目睹我们的缺点、过错,而且让人感到他们才有权指出这些缺点。他们的目的常常是想帮助我们加以改进。他们的感受正如唐娜所说的:"我说这个是因为我爱你。"

由于家庭成员在一起的时间较长,所以我们今天在谈话中说到的任何事情都会与过去的意义产生联系。如果你有迟到的习惯,那么你的父母、兄弟姐妹或配偶就可能会说:"我们得在八点钟出发",接着还会补充说:"这真的很重要。别迟到。请你在七点开始洗澡吧,不要等到七点半!"这些多余的命令让人觉得难受,而且带有干预性,但这些是根据经验而来。与此同时,我们在过去听过的负面判断,还会让我们产生第六感觉,让我们从一个爱我们的人所说的几乎每句话里,甚至仅仅是单纯地问一下火鸡填料的组成,就会嗅出一种受到责难的味道。正因为如此,伊丽莎白的母亲才最终感到自己甚至不能开口说话了,而伊丽莎白则觉得自己受到了批评。

当我们还是孩子时,家庭构成了整个世界。待我们长大成人后,我们的家庭成员——不仅包括我们的配偶,还包括我们成年的孩子、成年的兄弟姐妹——都处于这种超然的光环中。我们之所以对他们的评判反应过度,是因为我们觉得这些评价好像都是从最高法院发布下来的判决,是对我们作为人类的价值的无懈可击的评价。由于这些评价看起来并不公平,因此我们才怒发冲冠;也有可能是因为我们觉得这些评价中有我们特别不愿面对的真相;还有可能是,因为我们担心,如果非常了解我们的人对我们做出这种严厉评价,那我们一定是真有罪过了,因而我们就有可能不仅失去这个人的爱,还会失去所有人的爱。这种重载的含义会使人产生一种莫名其妙的愤恨:一个我们爱着的人正在评价我们——而且拥有此种力量进行伤害。

不管我们到了什么年岁,不管我们的父母是活着,还是已经过世,不管我们与他们亲近,还是疏远,我们有时都会用他们的眼光来评判自己,用他们的标准来衡量自己。父母的批评有着额外的分量,即使孩子已经长大成人。

一、因为我在乎,所以我批评

一些家庭成员感到,当他们觉得你正在做某件错事时,他们不仅有权利,而且有责任告诉你。一位泰国女士回忆说,她十几岁和二十岁出头时,她母亲经常找她谈话,试图管教她。"每次训话结束前",这位女士说,"我妈总是对我说,我埋怨你,因为我是你妈妈和我爱你。没有人会像我这样和你说话,因为他们不在乎你。"

有时,家庭成员似乎在用"因为我在乎你,所以我才批评你"这条原则行事。告诉某人不要这样做事时,声音最大、最清楚的是批评。可是,人们在提供建议和进行积极肯定时,通常却只着眼于类似"在乎"这样的问题。例如,一位母亲对女儿的男友表示在乎时,就会这样说:他没有一份正经的工作,他好像也不想找一件这样的事做。她认为这样的男人不是理想的结婚对象。女儿表示抗议,说母亲对与她约会的每一个人都看不惯。她母亲生气地回应道:"你是不是不想让我管你了?"

作为家庭成员,我们都在想:我们的父母、孩子、兄弟姐妹和配偶为什么会对我们如此挑剔? 但是作为家庭成员,我们也感到灰心丧气,因为我们本意是关心的话语却被当成了批评、责难。

提出忠告的双重含义——既有表示在乎的爱的信号,也有表示批评的伤害性信号——解释了上述两种基于情感的观点。很难说清哪种信号是正确的;两种意义同时存在。要想区别关心和批评的模糊含义是困难的,因为语言在两个层面上发挥作用:讯息和元讯息。分开这两个层面,同时又意识到这两个层面,才是改进家庭沟通的关键。

二、亲人的批评:当元讯息伤害感情时

由于离我们最近的人坐在前排,他们观察我们的过错,所以我们对任何批评的暗示都会做出非常迅速的反应,有时就会反应过度。其结果可能是一场十足的滑稽剧,就像菲利斯·里奇曼(Phyllis Richman)的小说《谁怕弗吉尼亚火腿?》(Who's Afraid of Virginia Ham?)中的喜剧效果一样。其中一个场景,讲话人和她的成年女儿莉莉(Lily)之间的会话,显示出挑剔如何成为家庭主题曲的节拍器。对话是这样进行的:

莉莉:我是不是对人太挑剔了?
母亲:对什么人?我吗?
莉莉:妈,你别太自我中心啦。
母亲:莉莉,别太挑剔了。
莉莉:我早就知道了,你就觉得我爱挑剔。妈,你干吗总找我碴儿呢?

接着,母亲反驳说,那是莉莉先问她的,她是不是太挑剔,所以她回答了,现在莉莉却批评起母亲来。莉莉回应道:"我搞不懂这事儿。有时和你说话真是太费劲了。"

原来,莉莉伤心是因为她的男友布赖恩说过她对他太挑剔的话。她曾经努力不让别人批评她,但现在这个决心使她遇到了麻烦。她生日那天,布赖恩给她送了一件性感套装,那衣服价格不菲也十分漂亮,但这件慷慨大方的礼物却惹她生了气,因为她认为这是对她平常穿戴的一种批评。

里奇曼在这段简短的谈话中,抓住了一些意义层面,正是这些意义层面让善意的评价和行为变成了家庭成员间冲突和伤害的来源。要想理解为什么莉莉认为谈话很难进行,为什么妈妈如此难以沟通,关键是要把讯息和元讯息区分开来。讯息是人们说出的词语和句子,任何人都可以从一本词典和语法书中找到那些意思。两个谈话者通常会对该讯息达成一致意见。可元讯息是人们尚未说出的意思,至少不是用许多词语说出的,是人们从语境的任何一个方面(人们说话的方式、言者是谁、人们所说的事实)获得的点滴含义。

由于元讯息本身并不在话语中出现,所以很难应对。但是,元讯息常常既是让人感觉愉快的来源,也是造成伤害的来源。讯息(我已说过)是字义(word meaning),而元讯息则是心意(heart meaning),即一些能让我们反应强烈、情绪激动的意义。

莉莉问母亲自己是不是对人太挑剔了,该讯息是一个有关莉莉自己性格的问题。

但她母亲的回答却被她感知成元讯息：莉莉感到母亲在批评她。这可能是基于经验：她的女儿过去曾经挑剔过她。如果莉莉自己只是回应这个讯息，那么她就会说："不，不是你。我说的是布赖恩。"但她也是在对元讯息做出反应——母亲把自己变成了谈话的焦点，而这些本与母亲毫不相干。莉莉的愤恨也有可能被引发出来，因为母亲仍在她的生活中发挥重要作用。

讯息与元讯息的混合也可解释莉莉在收到男友的礼物时，做出的反应。该讯息就是那件礼物。但使莉莉来气的则是她认为该礼物所暗示的意义：布赖恩认为她平常穿得不够性感，而且不够漂亮。这个含义就是元讯息，正是这个使莉莉挑剔那件礼物、挑剔布赖恩并且挑剔她自己。由于元讯息比讯息的分量重得多，所以莉莉才会做出如此强烈的反应。

很难知道布赖恩是否有意制造了这个元讯息。他可能希望莉莉的穿着有所不同；他也可能认为她穿得很好，但穿上这件特别的外衣后会更好看。正因为如此，元讯息才如此难以确定和谈论：它们是含蓄委婉的，而非直白明确的。

我们谈到讯息时，谈的是词义。但我们谈到元讯息时，谈的却是关系。家庭成员对他人的话做出反应时，通常是对元讯息做出反应。里奇曼描写的对话就很有意思，因为这段对话表明，我们与亲人说话时，往往都会被讯息和元讯息弄得一筹莫展。当这种情况出现在我们很在乎的关系中时，我们的反应常常会引发伤害而非幽默。

……改善家庭关系的关键是能够区分讯息与元讯息，清楚地知道你在对哪种讯息做出反应。你能采取的一种方法就是进行元沟通，即讨论沟通问题。

三、"法式面包有啥错？"试试元沟通

影片《美式离婚》(*Divorce American Style*) 开始时，德比·雷诺兹 (Debbie Reynolds) 和迪克·凡·戴克 (Dick Van Dyke) 一边为客人准备晚宴，一边吵架。她的不满是抱怨他总是要指责她。他反驳说他并没有指责。她说她没工夫讨论这事儿，她得把法式面包从烤箱里拿出来。迪克问："法式面包？"

这是一个简单问题，对不对？甚至不能称其为一个问题，不过是一个说法而已。但是德比·雷诺兹一听到这句话，立即就把双手放在屁股上，准备打架了："法式面包有啥错？"她问，声音里充满了挑战的意味。

"没什么"，他说，一副完全无辜的样子。"我只是很喜欢你平常做的那些午餐小面包。"这时前门有人宣布：客人到了。这就像拳击比赛的开赛铃声被另一种铃声终止了一样。

他刚才指责了，还是没指责？从讯息层面上讲，他没有。他只是随便问问，想弄清她在烤制哪种面包。但在元讯息层次上讲，他确实指责了。如果他对她选择的面包表示满意，他就不会这样说话，除非他是想表达赞扬。你可能仍然会问：那他怎么说才对？如果他喜欢她平常做的午餐小面包而不是法式面包，他应当怎么说呢？为什么要

这么费劲地交流？她最初的埋怨已对这一重要交流做出了解释：她感到他总在批评，总在告诉她应该做她没有做的事。

从更深层的意义上讲，这种重要交流是家庭的两难问题（paradox）：我们希望我们的至亲看到我们最好的一面，而且他们常常会这样做。但是由于他们离我们太近，所以他们也会看到我们最糟糕的一面。你希望你爱的人是你的亲密盟友，他们会肯定你正在做的事情完全正确，可有时你却发现，你所爱的人的批评经常暗示你正在做错事。能够引发大麻烦的任何小而直率的意见，都会产生积聚性的影响。如果你继续纠缠于该讯息，即还是讨论法式面包与午餐小面包，而非元讯息——暗示你的伴侣对你做的一切都不满意，那么你就永远都无法解决问题（《美式离婚》制作于 1967 年；该片今天仍有现实意义，它证明此类对话的困境是多么普遍、多么具有抗拒性）。

走出此类困境的一种办法就是进行元沟通，即谈谈说话的方式。他可能会说，他觉得他不能开口提意见或者说话了，因为她会把他说的一切都看成是批评。她可能会说，她觉得他对她所做的一切都不满意，而不是要对他进行挑战。一旦他俩都明白了这种动因，他们就会用自己的想法去应对这件事情。例如，他可能会决定在问话之前就声明："我可不是批评法式面包。"他也有可能确实想问，直接就提出要求，请她做些午餐小面包，因为他喜欢吃这种小面包。他们还有可能做出这样的约定，限制他一天之内可以对她做的事情提多少个问题。重要的事情就是，谈谈她正在对其做出反应的元讯息：对她提问太多，会使她觉得她的生活伴侣已经变成家中的一个监督者，时刻在督察她的错误举动。

四、给我联系，给我控制

对于这种观点，存在着另一方面，即沟通的另一面，虽说它把我们对彼此说的一切事情都搞得复杂了，但在家庭中却力量强大。那就是我们既想要联系又想要控制的欲望。

联系和控制都是家庭的核心。世界上任何关系都不如父母与孩子的关系来得那样亲密，也不如这种关系来得那样具备等级性。兄弟姐妹之间的关系也是如此。要想了解家庭成员彼此说话时的真实情况，你得了解联系与控制如何反映了家庭成员间的亲密度和等级性。

"他像家人一样"，我母亲谈到她喜欢的人时就会这样说。这句话的含义是，家庭意味着亲密和彼此的联系。我们都寻求联系：这种联系使我们感到安全；这种联系使我们感到我们得到了爱。但是，亲密意味着你想亲人之所想。由于你不论做什么事都会对他们产生影响，所以你得考虑他们的需要和偏好。这样一来，他们就有了控制你行动的力量，会限制你的独立性，使你有被包围之感。

父母和哥姐由于年龄和角色的关系，在家中对孩子或弟妹拥有较大的权力。同时，说话方式也创造权力。年轻的孩子所说的话可使年长的孩子或父母的生活变得美好或不幸。通常，一些家庭成员通过说话或提高音调来增加自己在家中的影响力。有的家庭成员靠不说话来增加自己的影响力,以便使其他家庭成员更关注如何说服他们。

"别告诉我该做什么,别想控制我"是家庭成员经常进行的抗议。我们自然会想到权力关系,并把别人侵犯了我们的自由视为控制性策略。我们很少会把这些侵犯看作是联系策略。不过,这种侵犯常常就是联系策略。我们努力争取控制时,也在争取爱情、赞同和参与。让人感到困难的是,同样的行动和话语有可能要么是控制策略,要么是联系策略,或者说,在大多数情况下,既是控制策略也是联系策略。

五、控制策略还是联系策略?

"还不到开吃的时候",路易斯走出厨房时对克劳迪娅说,"我马上就来。"

克劳迪娅饿极了,两眼直盯着她面前的比萨饼。西红柿汁和融化的奶酪味道非常甜美,她觉得自己已咬了一口。但是,路易斯正在慢慢挪动身子,也没有回头,比萨饼正在变凉。克劳迪娅感到自己就像他们的爱犬穆芬。"等等!"驯犬员对穆芬说。当时,那条饿狗可怜兮兮地在食物边上眼巴巴地等着。确信穆芬会听话之后,驯犬员说:"好啦!"此时,穆芬才开始吃那份食物。

路易斯是不是在有意拖延时间,以证明不管克劳迪娅有多饿,他都可以让她等着?或者说,他是不是很想坐下来与她一起吃饭?换句话说,他说"还不到开吃的时候"是一种控制策略,以让她适应他的节奏和时间,或者是一种联系策略,以保持他们一起享用食物的晚间仪式?回答是二者都有。一起吃饭是把个人作为家庭成员绑在一起的最具召唤性的仪式之一。同时,要求克劳迪娅坐下一起吃饭,又使路易斯具有让她等待的权力。因此,联系的需要伴随着控制的需要;互相控制本身就是一种联系。

控制和联系是相互交织的,常常成为冲突的力量,并把家庭成员在家里说的一切事都联系起来。这些双重力量可以解释关爱和指责的双重含义。用联系的镜头来观察时,提供咨询、建议,做些改变和观察都属于关爱的符号。然而,用控制的镜头进行观察时,它们就属于制约,是在利用我们的欲望进行干涉,目的是管理我们的生活和行动,让我们做不同于我们的选择的事情。正因为如此,关爱和指责才像结扣一样连在一起。

联系和控制的动力强调了我们对元讯息做出反应的能力。所以,改善家庭沟通的第二个步骤就是在区分讯息和元讯息之后,了解控制和联系的双重含义。这些层次一旦被分清了,被置于焦点位置,即谈谈说话的方式——元沟通,那么就可以解决家庭问题,而不是使问题变得更糟糕。

六、小火花,大爆炸

由于讯息与元讯息错综复杂,也由于联系与控制错综复杂,任何最微小的意见或指正都可能引发一次由长时间累积的指责所点燃的爆炸。例如,一天,维维安正在洗盘子。她试着把滤水槽调到"开"的位置上,这样,既可接住剩余菜渣,还可把水放掉,但不小心滑到了"关"的位置上。她无可奈何地耸了耸肩,决定随它去吧,因为要洗的盘子不多,流进水池的水也不会太多。但过一会儿,她的丈夫梅尔碰巧经过,两眼盯着水槽。"你得把滤水槽打开",他说,"水才能流走。"

这个说法听起来很简单。维维安本来可以这样说:"我试过了,可滤水槽一直往下滑。我觉得问题不大。"她也可以这样说:"你总是在背后盯着我,告诉我应该做些不同的事,这让我觉得别扭。"实际上,这正是她当时的感觉,是她对梅尔的建议做出的反应,是她过去不得不努力压抑的怒气的一次小的爆发。

"如果水池的水满了,整个水池就弄脏了",梅尔说。维维安决定撂下这个话题,于是不说话了。如果她说话,其结果可能就是一场争吵。

在这场对话中,维维安和梅尔都看到这样的讯息:洗盘子时,滤水槽应当开着还是关着?这表明,为这些词语所造成的两难局面而进行争论有多么可笑。战争正在进行;人们在死亡;事故或疾病可能随时都会给这个家庭带来麻烦。滤水槽的位置并不构成他们生活中的主要因素。但是他们的谈话并不真的是针对滤水槽,至少对维维安来说不是这样。

也许,梅尔认为,他不过是提了一个关于滤水槽的建议。从直接语境上看,他是如此。然而,讯息总把元讯息拖进来:在他们的关系的历史语境中,梅尔的话与滤水槽的关系并不很大,而是关系到维维安正确做事的能力和梅尔对她的行为进行评判的法官角色。

维维安非常清楚这一点,所以她当时有点生气,但梅尔却不知道这一点。我们的视野不同,取决于我们是在指责别人还是正在受别人指责。指责者会看到这样的讯息:"我只是提了个建议。你为啥这样敏感?"然而,受指责者就会对较难解释清楚的元讯息做出反应。如果维维安这样抱怨:"你总是告诉我该如何做事",梅尔肯定会意识到问题,而且他会这样说:"我甚至连句话也不能讲了。"

同时,联系和控制也在发生作用。梅尔觉得自己和维维安是一家人,所以给她提点儿意见理所当然。此外,如果滤水槽出现问题,他就得设法修好。他们的生活是紧密相连的,这就是联系之所在。但是,如果维维安觉得,梅尔若不告诉她该如何做事,那她连盘子也洗不了,她就会感到他在试图控制她,好像她必须在自家厨房里听一位老板的训斥一样。

维维安也许会用元讯息解释她的反应。梅尔在理解她的想法并尊重她的想法之后,也许会对自己的建议和纠正进行限制。维维安也许会想,她要忽视对元讯息的理解,努力多着眼于眼前的讯息,采纳梅尔的建议,不要考虑其他的想法。他俩一旦理解了元讯息和讯息,就可进行元沟通:讨论彼此的说法方式,并想想该怎样换一种说话方式,以避免伤害和争吵。

七、家庭的两难问题

我童年时期在布鲁克林沿着科尼岛大道步行到小学时，边走边祷告：战争爆发时，但愿我与家人在一起。20世纪50年代，当我还是个孩子时，我的老师们不时地对着全班同学大叫："隐蔽！"这让大家感到心惊胆战。听到这声叫喊，我们全都立即躲在课桌下面，按老师教的办法蜷缩起来：双肘双膝收拢，头朝下，双手紧抱在脖子后面。由于有受原子弹袭击的可能，这些演练显得栩栩如生。我迈着惊恐的步子去上学。我不是害怕战争，而是担心发生袭击时我不在家。

但家庭有另一面，即我在本章中一直探讨的那一面。我13岁的侄子乔舒亚·马克斯指出了这种自相矛盾之处："如果你与他人住在一起的时间太久，你就会注意到他们的事情"，他说，"正因为如此，你才不喜欢你的父母和兄弟。我认识的一个孩子这样说他的朋友：'如果我们是兄弟，是不是很酷？'我说：'要真是那样的话，你就会恨他。'"

我们把沟通看成是通过这个两难问题的雷区的一种办法。我们经常谈到帮助的问题。但是，沟通本身就是一个雷区，因为讯息和元讯息的运作非常复杂。对讯息和元讯息进行区分，思考人们强调联系与控制的需要，为元沟通的实施奠定了基础。根据这些观点，我们可以进一步探讨家庭谈话的错综复杂性。鉴于我们做出过很多爱的许诺，愿意相互了解和倾听，我们值得继续努力，把谈话进行下去。

复习题

1. 什么是元讯息？
2. 什么是元沟通？元沟通怎么帮助解决由元讯息引起的问题？
3. 解释坦南所说的"谈话方式创造权力"。

思考题

1. 坦南解释说，家庭成员的巨大价值之一，就是总有人"在你的背后"支持你。你很了解这些人。你不必总是对这些人进行解释。然而，自相矛盾的是，家庭成员常常引起痛苦。你的家人在家庭沟通中是如何解决这个自相矛盾的问题的？

2. 尽管坦南并未提出这个观点，但其他家庭传播学者却已提出，许多元讯息，如果不是大多数元讯息，都是非言语讯息。它们是通过声调、时机、面部表情或触摸来沟通的。你认为元讯息最初是非言语讯息、言语讯息，还是二者兼有？

3. 举出一个你在家庭沟通中的表现的例子。这个例子包括对联系的渴望和对控制的渴望。这种渴望可能被误解过，请举例说明。

第三节　我们的朋友,我们自己①

斯蒂夫·达克(Steve Duck)

艾奥瓦大学(University of Iowa)人际传播教授斯蒂夫·达克写了一系列有关如何理解和改善人际关系的著作。他在本文开头说,虽然效果有大有小,但"建构关系"是我们每一个人必须学习的一种技能。我们可以学习并更好地运用这种技能。他认为建立友谊并非运用某种技能的机械过程,技能不过是这个过程的组成部分而已,就像创作油画《蒙娜丽莎》(*Mona Lisa*)一样。但他认为,运用这种方式建构关系的主要优势是,可以给你信心,让你有能力改进交友和保持友谊的方法。

达克谈到了人们期待朋友拥有的一般性特点和希望遵守的交友规则。随后,他在本文中花了很大篇幅讨论他所谓的友谊的"必需品"(provision),即友谊为我们"提供"的东西和为我们做的事。他解释了我们需要友谊的六大理由:归属感和可靠的联盟感;情感融合与稳定;为关于我们自己的沟通创造机会;提供帮助和有形的支持;肯定我们的价值,创造帮助他人的机会;性格支持。

他的讨论帮助我理解了我所欣赏的友谊的重要特点。例如,我家的一个朋友有时把林肯从学校接回家。这是她给我们提供"帮助和有形支持"的明显例子。我和克丽斯在与这位朋友交往期间,与她一起讨论如何分享的问题和此前无法统一的所有价值观。我们与她的友谊给了我们双方沟通的机会。这种朋友关系也给我们提供了相互帮助的机会,我们觉得这样挺好,因为这些机会给我们提供了有用的东西。从这个简单的事例中可以明显看出,本文的思想观点能够帮助我们了解甚至促进我们的友谊。

"建构关系"实际上是一个非常复杂、漫长、充满风险和挑战的过程。关系并非只是发生,还须创造。要使关系发挥作用,使关系得到发展,使关系保持良好的运行秩序,防止关系发酸变质。为了实现这些目标,我们需要采取积极的态度,需要悉心思考,需要拥有技能。如果有建议说,一个人只是简单地开始建立友谊,开始求婚,开始发展情人关系或婚姻关系,开始结束这些关系,那么,这就是头脑简单的表现。这就如同有人相信这种说法:一个人只要转动钥匙,坐在车里,就可以让车子沿街自动向南行驶。

相反,要想(与陌生人)发展密切的人际关系,更需要进行仔细调整和不断观察,同时需要运用许多很高级的技能。这些技能包括:对他人的需求进行准确评估;采用恰当的沟通风格;用眼睛的运动和姿态的变化等身体动作来暗示喜好和兴趣;弄清满足彼此个性需要的方式;调整自己的行为举止,以适应与他人的关系"探戈";在邀请

---

① "Our Friends, Ourselves" by Steve Duck from *Understanding Relationships*. Copyright © 1991. Reprinted by permission of The Guilford Press.

的过程中选择和透露正确的信息或意见,鼓励采取恰当的方式和创造环境来建立关系;建立信任,适当提出要求;做出承诺……简而言之,一个人必须采取许多复杂的行为举止。这些技巧需要我们自己能够有效地展示我们的能力,在正确的时间正确地关注他人的特点,妥善把握友情的节奏。

就像学开车一样,学习"驾驭"一种关系涉及一系列不同的能力,而且必须协调好这些能力。正如学开车一样,在我们学会开车之后,我们每开一种新型车、在不熟悉的国家开车或在不熟悉的街道上开车时,都需要更加聚精会神。所以,当我们进入陌生关系时,不得不重新学习、调整或者重新看待我们所做的事情。我们每个人都有一些初次与邻居见面或初次与"朋友的朋友"见面时的紧张、窘迫和尴尬的体验:难堪的沉默、不恰当的话语和让人感觉不舒服的氛围。正是在这些情况下,交友技能不可或缺;也正是在这种情况下,直觉显然已不够用。

由于建构关系是一种技能,所以关系的建构,甚至在新情况下,也像其他技巧一样,是可以改进、改善和加以修辞润色的(即使通过指导和实践);它也像其他任何技能一样,是可以加以训练并变得更顺畅的。关系的建构可提升到专家级水平,我们可以不必着眼于关系的制动或油门的位置,而只管制定行驶路线,驾驶(关系的)车辆礼貌地、富有技巧地、仔细认真地,或者欢快地前进,让车内的其他人坐得更平稳!

由于人们通常不愿用这种新方式思考友谊和亲密关系,所以有时会下意识地抵制这种做法。"你怎么能把亲密关系看成一种简单的机械性技能?"他们问,"难道它不是比你想创造的那种关系更神秘,更具魔幻色彩,更道德,更少操纵的意味吗?"这种人似乎想把关系仅仅看成一种快乐、被动的状态;关系只是我们碰巧遇到的事情;我们用不着做什么特别的事情,更不用说把任何事情都做得得体妥当了。

我的回答非常清楚:我并非说友谊都是机械性的操作,比如制作一件漂亮的家具,弹奏一首动听的钢琴狂想曲,或者赢得体育冠军。但是,在这些活动中,任何一项都含有某种我们在掌握更高级的技巧之前必须要掌握的内容。直到你知道了如何画人物、使用画布、握住画笔、调和油料等,你才能创作出《蒙娜丽莎》。此外,研究还可以对此提供帮助。现在,学者们把"关系工作"视为贯穿关系生活始终的一个过程,为了保持关系的生存,人需要在正确的时间里,不断采取正确的行为,开展正确的活动。

用这种方法看待关系,具有许多优势。对不满足于自己仅拥有一种关系的人,对拥有多种关系的人,对感到孤独或难受的人,这种方法可提供直接而有用的建议。这种方法还可用于改善关系。通常也有一种相当简单化的假设,如关系只是取决于两人性格是否吻合。这种普遍存在的迷思(myth)说,世界上有一样可以预先界定的适合任何人、适合朋友、适合先生或小姐的东西。如果这是事实,那么我们就可以列出我们想象的完美伴侣的所有特点。这样一来,我们寻找一个伴侣或一个朋友时,就会像我们购物时开出清单一样。与此相反,我们在这儿采用的新方法着眼于人的表现和行为举止,着眼于人在友谊发展的每一阶段所犯下的简单错误。

经过训练之后,人们可以针对关系采用更令人满意的方式,难道这个想法会让人感到奇怪或不可接受吗？不。现在，心理治疗师、社会工作者、医生和牙医接受训练，学习如何采取种种办法与病人建立起和谐关系，以及如何让病人安心并培育建设性的"医生对病人的态度"。我们也知道，保险公司的职员或汽车销售人员会接受培训，学习如何与潜在顾客建立关系；航班机组人员和警察等会学习如何与公众相处；现在，人们鼓励经理们花时间与雇员建立良好的人际关系。我们强调采用这些技能，跳出有人给孤独者提出的那种陈腐而常识性的建议——"出去多接触人"。如果我们能着眼于这样的事实——关系出现了问题，部分（如果不是全部）是因为人们"把关系搞错了"而不是缺少建构关系的机会，那么就会出现另外一种结果。

这个证据表明，由于没有最大限度地发挥关系的潜力，我们所有人都有可能正在丧失建构关系的机会。美国人（Reisman，1981）的研究表明，人们一般宣称自己有15个"朋友"，尽管这个数字随着年龄的变化而变化（17岁的人称自己有19个朋友，28岁的人称自己只有12个朋友，45岁的人称自己有16个朋友，而60多岁的人则称自己有15个朋友）。然而，如果我们让人只说出他最满意的至亲至近的关系时，这个数字就会急剧下降到6个左右（精确地说，是5.6个）。

一、友谊的本质

我的一个朋友曾经这样界定"朋友"：一个人看到你喝醉了酒，你要站在桌子上唱歌，他悄悄地把你拉到一边，不让你这样做。这个人就是你的朋友。这个定义实际上体现了友谊的许多重要方面：关心、支持、忠诚、高度重视他人的利益。我们在本文的后面会看到，这些特点为什么重要。然而，研究者们更精细地考察友谊的意义时，会着眼于两件具体的事情：人们期待朋友拥有的一般性特点和人们希望遵守的交友规则。

我们可以找到朋友身上特别理想的某些特点和每个人认为朋友所必须具备的某些特点。K. E. 戴维斯和托德（K. E. Davis and Todd, 1985）发现，我们一般希望一位朋友诚实、开放、富于爱心，能把他或她的秘密与问题告诉我们；我们需要帮助时，他或她就能帮助我们；他或她信任我们，也值得我们信任；他或她能花时间与我们一起活动；他或她尊重我们而且显然看重我们的价值观；他或她准备在有分歧的情况下与我们一起工作。这些都是人们期待一位朋友为他们所做并且希望自己为朋友所做的事情。这些特点构成了一幅相当复杂的画面。然而，当观察人们实际上所坚守的友谊规则时，最严厉的规则却是相当简单的（Argyle and Henderson, 1985）：能进行谈话；不把秘密泄露给他人；不当众批评（朋友）；有所回报。这些研究者也指明，情感支持、信任和保密是区分高质量友谊和欠亲密关系的标准。

在理想情况下，朋友是一位开放、有爱心、值得信任、乐于助人、可靠的伙伴；他或她尊重我们的隐私，能与我们一起互动，遵守行为规范和尊重我们，不当众批评我们，既给我们帮助，又能对我们所做的一切给予回报。在现实世界中，友谊不太可能达到这种理想状态，而且我们都具有某种容忍的范围。两个人交友是一种自愿的结合。上述理想可以被视为两人之间的非书面约定的组成部分。违反约定，关系就会解散

(Wiseman,1986)。

赖特(Wright,1984)提出了有关友谊的另一重要观点。他也强调友谊是"自愿的相互依赖":重要的是人们自由选择关系中的互动性。他也强调"人作为人"的因素,或者强调我们由于他或她本人的缘故而欣赏他或她的程度,而非因为他或她为我们做了什么事情。有关这一思想的最新研究(Lea,1989)发现,"自我所指的回报"(self referent rewards)或其他人使我们对自己产生的感觉同等重要。关系使我们进行自我感觉的方式及其自愿性,对友谊的本质来说是极为重要的。为什么会如此?这里有很好的理由。

二、友谊的"必需品"

有几个开始回答这个重要问题的方法:"我们为什么需要朋友?"我们可以断定,每一个人都需要亲密关系。正如心理分析学家告诉我们的那样,这可能是儿童时代形成的依赖需要的结果。正如我们将会看到的,某些事情可能就是如此。但是,友谊不仅需要亲密关系。例如,我们可能想问,亲密关系应如何发展、如何表达?亲密关系发展时,它会起什么样的变化?我们可能注意到了令人感到有趣的发现(Wheeler et al., 1983;R. B. Hayers,1989):男人和女人都希望自己的亲密伙伴是女人!事实上,阿金和格鲁夫(Arkin and Grove,1990)指出,腼腆的男人也喜欢与女人说话,即使他们不是熟人。不仅如此,白天与女人说话多的人比与女人说话少的人更健康(Reis,1986)。显然,人们需要亲密关系和友谊的本质是相当有趣的,可能会受性别和其他社会情景的调节。

1. 归属感和可靠的联盟感

韦斯(Weiss,1974)在描述孤独和友谊的"必需品"时建议,关系为我们提供的主要结果是归属感和"可靠的联盟感"。他触及了人类经验中某些非常重要的方面。我们都愿意有所归属或被人所接受;甚至那些孤独者也希望那是自己的选择,而非他人选择的结果。没有哪个人希望被别人抛弃,成为一个弃民或一个被社会拒绝的人。的确,在人可能被放逐或正式流放的古希腊,不给人归属对人具有强大的影响力,被视为一种严惩。人们在英国工会名为"逐出社交圈"的行动中,发现了与当代类似的事情:工会会员违反工会的规则时,该会员的工友、同事、邻居和熟人被下令不得与该会员交谈。

相反,关系给我们一种归属感,一种属于某个团体的感觉,正如广告商一再强调的那样,拥有成员资格具备许多特权。特权之一就是形成"可靠联盟";这就是说,你需要的时候,就可求助于一个你信任的纽带。可引用一句成语"患难见真情",或者用我们的话说,友谊的存在创造了一个可靠的联盟:当你遇到麻烦时,真正的朋友会伸出援手。

2. 情感融合与稳定

重要的是,朋友圈提供的东西远远多于归属感和可靠的联盟(Weiss,1974)。朋友也提供意见、信仰和情感反应的定位点(anchor points)。朋友是基准线,他们告诉我们应当如何做出适当的反应;他们用明显或微妙的方式纠正或指导我们的态度。例如,我们试想不同文化背景中的人如何用不同的方式表达悲伤。在一些国家,人们可以倒在地上,满身是土,号啕大哭;而在其他文化中,坦露此类情感是完全不可接受的,人们强调的是在公众面前保持尊严。我们可以想想这样的情景:如果英国女王坐在地上表达自己的悲痛;如果美国总统和第一夫人参加军人葬礼时一脸哭相,泪湿衣襟。虽然人们表达悲痛的方式有许多,但他们一般都会用其文化所能接受的特别方式,表达自己的强烈情感。

像文化一样,朋友和至亲会提出一些共同关心、共同感兴趣的问题,也交换自己对一些意义的看法,对生活和情感沟通做出共同的反应。由于朋友之间彼此了解,彼此能开玩笑,能说私房话,因此朋友常常彼此欣赏。不错,传播学研究者们(Hopper et al.,1981;Bell et al.,1987)发现,朋友和恋人都用"个人习惯用语"或自己的方式谈情说爱,谈性和身体部位之类的事情,以便不让第三者弄清其含义是什么。夫妻若用带有秘密含义的短语,就可以在公共场所沟通自己的私事。人们可在情人节报纸的专栏上找到很好的例子。例如,如果我在当地的学生报纸上发现了这样一句话:"叮当,我永远都属于你。爱你的斯克纳",我应怎样理解这一讯息呢?也许这句话对发广告的人和阅读广告的人都有含义。请注意:说"我们回家烤点薄饼"的夫妻可能事实上正在计划宣泄一夜激情!

拥有不同文化背景的人使用不同的方言或语言。同样,在一个特定的国家或文化中,朋友也有不同于他人的行为举止或信仰,但是,正因为如此,这些行为举止或信仰才在日常生活中更具重要意义。孤独和与世隔绝让人痛苦,因为孤独和与世隔绝会剥夺人的心理基准线和定位点。

所以,孤独和与世隔绝是破坏性的,因为它们剥夺了人们把自己的意见和态度与他人或挚友的意见和态度进行愉快的对比的机会。与朋友分手者变得焦虑不安,迷失方向,心情郁闷,甚至情感严重不稳定;他们可能非常焦虑,因为他们感到自己的行为举止飘忽不定,还有可能存在异乎寻常的情绪波动。他们的脾气经常突变和失控,有时还会暴跳如雷;然而,无论出现何种情况,他们的判断都会变得极不稳定;他们在其他陌生人面前,可能会变得极端警惕,疑神疑鬼,神经兮兮。

友谊的另一个功能是使我们保持情绪稳定,帮助我们想想如何正确与人相处,这是我们需要朋友的一个理由。在人们感到精神紧张和面对危机时,朋友的作用特别明显。我记得我在当学生宿舍区顾问时发生的一件事情。当时,学生宿舍区的灯全都熄灭了,合乎情理的事本该是找一把手电等着恢复供电,但实际上,当时我们大家都摸黑到了公共休息室去聊天;把我们对紧急事情的反应与他人的反应放在一起比较的需要是如此强烈且普遍存在,甚至连获得牛津和剑桥大学博士学位、从事医学研究的学监也像大家一样来闲聊。任何人处于精神紧张状态和遇到危机时,常常都会有这样的行为举止:发现火灾或车祸后,人们会凑在一起飞短流长;医生到学校给学生注射预防肺结核的疫苗时,学生们就会神经紧张地议论纷纷。

3. 为关于我们自己的沟通创造机会

我们需要朋友还有第三个理由(Weiss,1974)。重中之重的需要就是沟通。几代人之前,贵格会监狱(the Quaker prison)的改革者们试图掐断囚犯之间的沟通,目的是防止他们彼此教唆犯罪方法。他们根据实际情况提出了许多建议,其中之一就是隔离囚犯。显然,被迫隔离者需要沟通。健康的友谊发挥的另一个作用,就是提供一个进行此类沟通的场所,包括沟通任何事情,不仅是重要事件,还包括大事小情、私事和亲密关系的细节。我和我的学生们(S. W. Duck et al.,1991)在艾奥瓦大学的一项研究发现,朋友之间进行的大多数谈话持续的时间很短(平均只有3分钟),所涉及的都是鸡毛蒜皮的小事。这些虽不是极其重要的事情,却可以恢复关系的活力,重新肯定关系并庆幸关系还存在。

这种对于沟通的强烈需要的温和形式,可以在火车、飞机和长途公共汽车内看到。许多孤独的人在这些地方会主动说话,通常是独白、与其他人进行沟通或者说说他们自己和他们的看法。在这方面,引人注目的一件事情就是,人们常通过讲故事来获得亲密性。完全陌生的人往往能够欣赏那些他们从未谋面的,也许以后再也见不到面的人所讲的生活历史、家庭细节和个人的看法。事实上,这正是谈话的一个关键部分,因为那个今后再也见不到的听者不可能把言者的"自我坦白"泄露给言者的朋友或同事,从而损害其名誉(众所周知,在有些情况下,听者和言者是会再见面的,如医生与病人、牧师与信徒、咨询师与顾客、律师与顾问等。在这种情况下,听者必须严守职业道德准则,不把他们听到的事情泄露出去。在火车上,"这种道德"只留给统计学上的概率,两个陌生人见到对方的朋友的可能性极小)……

4. 提供帮助和有形的支持

关系为我们提供支持,不论是有形支持、心理支持,还是感情支持(Hobfoll and Stokes,1988)。本部分内容关注有形支持和帮助,它们常常像其他支持一样重要。

例如,人们的一个朋友或配偶去世后,他们会说自己缺少支持。那些曾经帮助他们处理生活问题和调整生活中遇到的问题、事务和变化中的不确定性的人与他们中断了关系。这可以用两种支持中的一种形式来解释:有形支持(比如帮助我们完成日常事务)或心理支持(比如某人表示感谢我们,或某人让我们知道,他或她很看重我们的意见)。人类虽对这两种支持都很需要,但这两种支持之间却存在着极大的差异。

我们可以用非常简单的例子说明这种差异。你的朋友送给你一件生日礼物。你在接受这件礼物时,要表现出你配不上这件礼物,以及对朋友的善意的感激("啊,你何必给我送礼呢,你真的太好了。")。简而言之,你给朋友的回报就是把这件礼物作为友谊的象征接受下来,同时又对朋友进行赞扬。像以往一样,你用爱与尊重"交换了"这件礼物。设想一下,如果你用同样价值的礼物给朋友还礼,那将会出现什么情况呢?你的朋友肯定会被这种愚蠢的举动所侮辱:你改变了社会交换的性质;而且,你这样做是着眼于金钱而非着眼于把礼物视为友谊的象征,这也会改变关系的性质。事实上,奇尔(Cheal,1986)已经指出,单向的送礼是少有的,礼尚往来是一条准则。这表明送礼发挥着重要的关系作用。礼物交换发挥着强化和赞美关系的象征性作用。

有关这个观点,即交换或支持在本质上有助于界定关系的程度和类型,也有其他显而易见的例子。例如,许多老人讨厌这种事情:在日常生活中,他们越来越在体力上依靠他人的帮助。老人不那么容易够得着东西,不能自我照顾,同时,他们也越来越没有能力通过提供服务来回报朋友。这正是许多人不喜欢进入老年、对老年感觉不自在的一个原因:他们讨厌无助的依赖感和永远无法回报的人情债。对许多老人来说,修理一件家具、做一个苹果饼、织一件毛衣,都可以抵消对他人的依赖感;老人需要他人允许他们为别人做些事情,以向他们自己和每一个人表明,他们对他人还有价值,并且仍能为世界做出贡献。

5. 肯定我们的价值,创造帮助他人的机会

对孤独者的典型描述是:没有人关心他们;他们无用、无趣,价值低下,一无所有。针对情绪严重消极者的谈话研究无不表明,他们已经丧失了自尊或自信(Gotlib and Hooley,1988)。换句话说,他们越来越感到自己没有意义,无关紧要,他们常常觉得大家也这样看待他们。另外,学者们对自杀记录的分析表明,许多自杀者把自杀企图作为迫使某个特定的朋友重新评价自己的方式,或使朋友震惊,让朋友认识到,他或她是多么看重自己。为此,艾尔弗雷德·艾德勒(Alfred Adler,1929)富有远见地指出,每一个自杀都是一种谴责或报复。

我们感谢朋友的一个原因,就是他们对我们的自我评价和自尊提供了帮助。朋友可以通过间接和直接的方式做出这样的贡献:他们可对我们表示尊敬,把他人对我们的好感告诉我们。戴尔·卡内基(Dale Carnegie)在他销售了数百万册的著作《如何赢得朋友和影响他人》(*How to Win Friends and Influence People*)中,强调了这样做的积极效果。朋友也可用其他方式增强我们的自尊:参与我们所做的事情;聆听我们的建议,或让我们提出建议;声明他们看重和肯定我们的意见的价值。然而,他们也可用不太明显、比较间接的方式与我们沟通他们对我们的价值的估量。有一件事情需要注意:他们选择把时间花在我们身上而非花在他人身上表明,与其他选项相比,他们更重视与我们在一起度过的时光。

对这些观点也可做出较微妙的解释。正如我们期待朋友为我们做所有这些事情一样,我们也可从友谊中获得另外一种重要的好处。由于朋友信任我们、依赖我们,他们也给我们提供了帮助他们的机会。他们给我们提供了为他们负责任的机会,帮助他们的机会,为他们提供审慎的建议的机会。因此朋友为我们提供了这些为他人负责和支持他人的可能性。

毫无疑问,这些事情在处理朋友关系并使双方都感到满意的过程中是至关重要的;而且非常关键的是,我们必须学会有效地向他们表明这些事情。需要注意的是,不善于这样做的人(例如,有的人不善于表现出兴趣,给人的印象是只能在别人身上花一点时间,或自己万事不求人)将会发现,他人不愿与自己建立关系。

6. 性格支持

近期的研究表明,上述每一个特点——归属感、情绪稳定、沟通、提供帮助、保持自尊,都在以自己的方式支持和融合他人的性格(S. W. Duck and Lea, 1982)。受许多思想、疑问、信仰、态度、问题、希望、期待和意见的影响,我们每个人都具有不同的性格特点。我们的性格不仅包括我们的行为方式(比如我们的内向性格或外向性格),也包括我们的思想、疑问和信仰。这是一个充满象征符号的地方,是一个我们成为我们自己的空间,是一个将思想、经验、理解、期待和个人意义紧密联结的系统。如果所有这些意见和意义得不到支持,那么我们的性格就会毫无用处。如果我们不相信我们的思想或不相信我们为什么应当这样行事,我们就应当干脆停止做事,就像我们认为做其他事情不对而停下来一样。某些精神分裂症患者和抑郁症患者的精神世界崩溃时,采取的实际行动就是停止做事:干脆坐着,瞪着两眼。

我们每一个人都需要确信,我们的思想世界和符号空间是健康的。朋友可以帮助我们看清我们的错误、我们应当如何改变自己。朋友还可帮助我们看清我们思想中某个部分的正确性。我们可能会针对我们所持有的不同态度进行热烈讨论,我们的朋友有可能与我们志同道合。因此,我们的这些讨论就有可能得到朋友更多的支持,而不是遭到更多的破坏。然而,我们都知道,我们与挚友出现一次真正严重的分歧之后所引发的愤怒和痛苦,其不快程度要大于与敌人产生分歧之后。我们从这些讨论中应当得出这样的推断:我们在人群中找出有助于支持我们的思想世界的朋友;他们不给我们提供这种支持时,我们就会有受到指责、被愚弄或遭到伤害的感觉。

我在这里描述的人之中,哪类人最能给我们提供性格支持呢?在第一个例子中,是由与我们的思维方式相同者提供性格支持。我们与某人共享的"思维方式"越多,我们与此人的沟通也就越容易:我们可以假定,"同类者"比非同类者更容易与我们达成默契。我们不必被迫费神地重新解释我们自己、我们的意思和我们的幽默。

然而,尽管我们需要研究者花费较长时间弄清这幅画面上那些令人糊涂的细节,但问题比这还要复杂许多。有一件事情应当引起注意。为有效地进行沟通,我们需要与某人共享何种相似性,取决于关系处在什么阶段。在关系的初期阶段,双方大致相似,这就足够了。但在关系的后续阶段里,相似性一定会比较复杂、精确、精致和详细。交友的技能之一就是随着关系的发展,知道何时寻找那些相似的类型。非常亲密的朋友必须能够分享特定类型的框架,以理解他人的行动、脾气和秉性。此类相似性罕见而宝贵。正是出于这个原因,而非其他原因,失掉主动提供这种相似性的人是令人痛苦的,也是极为重大的事情。

丧失或缺失特殊的至爱亲朋关系,会剥夺朋友对我们性格的支持;拥有避免这种剥夺的技能,对我们的心理健康至关重要。失掉一个亲密伙伴或朋友不仅会使我们"死了似的",也使我们曾经得到朋友支持的性格飘浮在空中,还能导致人的心理崩溃。当然,这取决于我们的性格得到过那个伙伴多少支持,性格的什么部分得到过这种支持,性格的这些部分是否得到过其他人的支持,我们须用多少时间才能调整心情,等等。从根本上说,朋友的丧失或缺失、令人满意的亲密关系的丧失或缺失不仅能导致人的焦虑、悲伤和郁闷,还能引发更多严重的心理瓦解或心理恶化等状况,而且常常与以前发现的身心副作用一起出现。尽管这种现象没有像人们期待的那样(see Lynch, 1977)被许多医生所认识,但许多精神疾病和歇斯底里的状态,实际上都是由关系问题诱发的。长期以来,人们接受的医学神话认为,人的内在心态(inner mental state)是被给予的东西。当它处于失衡状态时,精神就会受到影响。现在相当清楚,打乱人们的心理平衡的最保险的办法就是扰乱他们的亲密关系(Gerstein and Tesser, 1987)。我们需要朋友使我们保持身心健康,因此,我们采用最完美的方式获得并保持朋友关系就显得至关重要。

复习题

1. 给"建构关系"下个定义。
2. 拥有"可靠的联盟感"是什么意思?
3. 达克说,有时,老人需要别人允许他为别人做些事。请解释达克这句话的意思。
4. 根据达克的说法,友谊和个人心理健康的关系是什么?你同意还是不同意他的这种说法。

思考题

1. 达克讲的学习驾驶的例子在什么方面适合你"建构关系"的经验?在什么方面不适合?
2. 在亲密关系中,私人语言和个人习语有什么作用?这些私人表达模式的存在如何说明了友谊与文化之间的相似性?
3. 达克是如何解释"火车(公共汽车、飞机)内的陌生人"这一现象的?在这些地方,你不认识的同座者对你说过他或她生活中的细节吗?为什么会有这样的事情?
4. 达克宣称,在某些重要方面,生日是许多人用礼物交换尊敬和爱情的时光。你对达克的这个观点有什么看法?
5. 阐释达克对友谊关系中相似性作用的解释并提出你的看法。

参考文献

Adler, A. (1929). *What Your Life Should Mean to You*. New York: Bantam.

Argyle, M., & Henderson, M. (1985). *The Anatomy of Relationships*. London: Methuen.

Arkin, R., & Grove, T. (1990). Shyness, sociability and patterns of everyday affiliation. *Journal of Social and Personal Relationships* (7), 273—81.

Baxter, L. A., & Dindia, K. (1990). Marital partners' perceptions of marital maintenance strategies. *Journal of Social and Personal Relationships* (7), 187—208.

Bell, R. A., Buerkel-Rothfuss, N., & Gore, K. (1987). "Did you bring the yarmulke for the cabbage patch kid?": The idiomatic communication of young lovers. *Human Communication Research* (14), 47—67.

Cheal, D. J. (1986). The social dimensions of gift behaviour. *Journal of Social and Personal Relationships* (3), 423—39.

Davis, K. E., & Todd, M. (1985). Assessing friendship: Prototypes, paradigm cases, and relationship description, in S. W. Duck & D. Perlman (eds.), *Understanding Personal Relationships*. London: Sage.

Duck, W., & Lea, M. (1982). Breakdown of relationships as a threat to personal identity, in G. Breakwell (ed.), *Threatened Identities*. Chichester: Wiley.

Duck, S. W., Rutt, D. J., Hurst, M., & Strejc, H. (1991). Some evident truths about communication in everyday relationships: All communication is not created equal. *Human Communication Research* (18), 114—29.

Gerstein, I. H., & Tesser, A. (1987). Antecedents and responses associated with loneliness. *Journal of Social and Personal Relationships* (4), 329—63.

Gotlib, I. H., & Hooley, J. M. (1988). Depression and marital distress: Current and future directions, in S. W. Duck (ed.) with D. F. Hay, S. E. Hobfoll, W. Ickes, & B. Montgomery, *Handbook of Personal Relationships*. Chichester: Wiley.

Hays, R. B. (1989). The day-to-day functioning of close versus casual friendship. *Journal of Social and Personal Relationships* (1), 75—98.

Hobfoll, S. E., & Stokes, J. P. (1988). The process and mechanics of social support, in S. W. Duck (ed.) with D. F. Hay, S. E. Hobfoll, W. Ickes, & B. Montgomery, *Handbook of Personal Relationships*. Chichester: Wiley.

Hopper, R., Knapp, M. L., & Scott, L. (1981). Couples' personal idioms: Exploring intimate talk. *Journal of Communication* (31), 23—33.

Lea, M. (1989). Factors underlying friendship: An analysis of responses on the acquaintance description form in relation to Wright's friendship model. *Journal of Social and Personal Relationships* (6), 275—92.

Lynch, J. J. (1977). *The Broken Heart: The Medical Consequences of Loneliness*. New York: Basic Books.

Reis, H. T. (1986). Gender effects in social participation: Intimacy, loneliness, and the conduct of social interaction, in R. Gilmour & S. W. Duck (eds.), *The Emerging Field of Personal Relationships*. Hillsdale, NJ: Lawrence Erlbaum.

Reisman, J. (1981). Adult friendships, in S. W. Duck & R. Gilmour (eds.), *Personal Relationships 2: Developing Personal Relationships*. London: Academic Press.

Weiss, R. S. (1974). The provisions of social relationships, in Z. Rubin (ed.), *Doing unto Others*. Englewood Cliffs, NJ: Prentice-Hall.

Wheeler, L., Reis, H. T., & Nezelek, J. (1983). Loneliness, social interaction and sex roles. *Journal of Personality and Social Psychology* (35), 742—54.

Wiseman, J. P. (1986). Friendship: Bonds and binds in a voluntary relationship. *Journal of Social and Personal Relationships*(3), 191—211.

Wright, P. H. (1984). Self referent motivation and the intrinsic quality of friendship. *Journal of Social and Personal Relationships*(1), 114—30.

第四节 母女之间的电子邮件和即时讯息沟通[①]

德博拉·坦南

这篇讲述母女在线沟通的文章,选自乔治敦大学著名语言学教授德博拉·坦南撰写的一本书。文中的描述和结论均基于她对不同年龄和族群的美国母女之间的对话的录音。

坦南在这项研究中,把普通的家庭沟通形容为在联系与控制两个动机或目的之间的舞蹈。这是她在本书前面有关"讯息与元讯息"的内容中提出过的一个观点。在这篇阅读材料中,坦南阐明了"电子沟通如何改变了联系与控制之间的平衡"。在面对面沟通中,母女双方能立即体验到联系与控制。虽然打一个电话可以建立一种联系,但"也是一种侵扰,而且控制会倒向一边"。另一方面,电子邮件使控制变得更缓和一些;一个人发送了电子邮件,但在她收到电邮之前,她的生活并不会受到侵扰。被发送的即时讯息是一个杂交体;接收者可以不理会它,但这不会破坏发送者的期望值。"女儿和母亲可以使用这些沟通技术创造和协商构成她们的关系的相互联系与控制。"

在许多案例中,女儿上大学就把母女分开了。在此之后,她们的关系通过电话、电子邮件和即时讯息变得热络起来。我的大女儿马西娅搬到离我外孙女杰米完成学位的学院(我在此工作)2000英里的地方,此时,我看到这种现象出现了。这是这对母女第一次在地理上分开。我惊奇地发现,她俩至少每天用电话交谈两次,而且经常用即时讯息的方式通话。电子媒介显然给这对母女提供了条件,让她俩继续享受并发展住在一起时形成的美好关系。

坦南的研究表明,电子邮件可以通过强化母女的相同性来创建密切关系。前几代人用书信达到同样的目的。这也表明,甚至所有儿童都能接触到电子媒介。在面对面的小组会面中,性格沉默的兄弟姐妹可能一言不发,但电子邮件和即时讯息可以让他们相互接触并拥有平等的机会。另外,联系/控制的动态活力可能受到这一事实的影响:女儿往往比母亲更熟悉电子邮件和即时讯息等沟通方式。这在母女交流中使女儿占有优势。这种沟通引发的力量平衡可以排解冲突。

[①] "Mother-Daughter E-Mail and IM Communication" by Deborah Tannen from *You're Wearing That? Understanding Mothers and Daughters in Conversation* by Deborah Tannen, pp.194—200,210—213, and 215—217. Copyright © 2006 by Deborah Tannen. Used by Permission of Random House, Inc.

在这篇阅读材料的最后部分,坦南提到了电子邮件和即时讯息沟通。由于相对缺少非言语暗示,因此会有产生误解的风险。也正因为如此,许多电子邮件才使用"由字符组成的图示"。反馈延误(feedback delay)是另外一种可能性。媒介速度也是如此。正如坦南所言:"一旦你按下'发送'键,你就无法再改变主意,这就像你决定不寄出一封信一样。"

即使你不是女儿或母亲,你也可以从这篇文章中学到一些东西,了解到你的电子沟通会如何影响你的关系。

即使两种看起来相似的沟通模式,也可能具有极为不同的能力并给关系带来含义。我将关注两种电子沟通形式,即电子邮件和即时讯息。这是我和女士们谈起母女沟通时最常谈到的沟通类型,尽管许多人也谈到过许多其他媒体,如黑莓手机(BlackBerries)、奔迈手机(Treos)或其他手机上的短信。

电子沟通改变了联系和控制的平衡。打一个电话能够建立一种联系,但也是一种侵扰,而且控制会倒向一边;打电话者启动了联络,对方可以接听电话,也可以不接听,但在任何一种情况下,她都在做出回应。电子邮件使控制变得更缓和一些。一个人率先发出一条讯息,但在另一个人决定查看该讯息之前,发送者并没有侵扰他人的生活。我们经常使用的"电邮"这个词体现了这种差异。一个人向另一个人发送电子邮件后,另一个人不看该邮件,这就是一种被动行为。如果另一个人看了该邮件,则是一种她所控制的选择行为。当讯息抵达对象时,即使她的电脑宣布"你有新邮件",也只是因为她设置了这一模式:她仍有能力选择。

当我们找到新的沟通手段时,也不会放弃我们所熟悉的沟通手段;我们从所有可以触及的媒体中,选择恰当的讯息内容和我们想要说的话。设想一下这种情景:一个女儿在上班途中用手机给母亲发送语音讯息,抵达工作单位时,给母亲发电子邮件,在晚上给母亲打个电话,或用即时讯息的方式与母亲进行实时的讯息交流。她也可以在纸上给母亲写信,但她可能不会这样做。一位年轻女子解释了她用电子邮件与母亲沟通的原因。她说:"我想我也可以让邮递员帮我送信,但用纸给她写信肯定很可笑!""邮递员传递的传统邮件"(snail mail)这个词是一种标准的表达方式,与电子邮件在意思上有所不同,正因为如此,这位年轻女子才觉得传统邮件非常可笑:它们的传递速度太慢。女儿和母亲可以使用这些沟通技术创造和协商构成她们的关系的相互联系与控制。

让我们看看女儿和母亲实际上怎样用电子邮件和即时讯息进行沟通。

一、我爱你——发送

尽管许多关系极好的母女只用电话沟通,还有一些母女不常使用电子邮件,但我也碰到过许多母女每天相互发送电子邮件,或每天多次发送电子邮件。她们的目的就是要保持接触,让对方知道自己的情况。对一些人来说,电子邮件成为另一种媒介。

她们在面对面沟通和电话沟通中交流的内容,在电子邮件中也能交流。但对其他人而言,电邮却是一种沟通类型,而且是一种亲密类型,一种之前并不存在的类型。

一位五十来岁的女士在我的(电子邮件)问卷中写道:

> 我与女儿的关系热络起来了,这是我过去以为不可能发生的事情。她上高中时,几乎不跟我说话。她离家上大学后,这种情况开始发生了变化。她至少一天给我打两次电话。现在,她经常给我写电邮,什么事儿都写。我不会打扰宝贝女儿的休息;她忙时,我也不给她写电邮。

我特别喜欢这位女士用"热络起来"这个动词来形容电子邮件给她与女儿的关系带来的影响。她女儿上大学后,她与女儿的关系开始发生变化。孙子、孙女(外孙、外孙女)们创造了家人之间联系与关爱(尽管也有批评)的可能,就像女儿与母亲(现为祖母)对孩子都有爱与关心一样。电子邮件变成沃土,在这块沃土上,共享的爱与关怀的种子开始生长、开花,因为它使控制得到平衡:母亲可以随心所欲地经常发送电邮,因为女儿收到电邮后可以进行控制;女儿也是如此,可以一天到晚给母亲发送讯息和婴儿的照片,因为她知道,母亲方便时,会接收这些讯息(毫无疑问,女儿与母亲发送电邮的频率增加了,因为两人都不出门工作)。

一位大学生讲述了她与母亲用电子邮件联系的方式。她是我在乔治敦大学的学生朱莉·多尔蒂(Julie Dougherty)。朱莉在回答我关于电子沟通在母女之间的作用这一问题时写道:"我上中学时,我妈每天给我发电邮,只是和我打个招呼。她知道我喜欢收到电邮。收到她的电邮可保证我的信箱里至少有一封真实的信。"朱莉所说的"真实的信"显然指的是传送个人信息的一种沟通。这种沟通提供了女儿在遥远的城里上大学时必须强化的母女关系所需要的联系。朱莉的描述表明,电邮可以是许多女士乐意听到的"你今天好吗"这种亲切问候的电子延伸:

> 我母亲和我非常亲近,我一天到晚和她说话。她也一样,这一直都是件非常重要的事情。如果我们一天不能说很多话(我上学和工作时也是如此),那么电子邮件也不错,因为在我没有忘记之前,我可以把一天的重要事情写下来。她也这样做。我俩对发生的事情都有大致的看法,都喜欢快点做些注解,讲些笑话,写些我们都认为对方需要知道的小事。

由于对方对自己生活中的细枝末节感兴趣,朱莉和她母亲深知,她们每天都不是在单独生活,即使她们身处不同的城市,过着不同的生活。

电邮也可通过强化母女对相似性的感觉来创造亲密感。这是许多女性在界定亲密性时说到的另一个因素。朱莉写道:"电子邮件使我认识到我妈和我的相似程度。我们用同样的方式写电子邮件,我们的幽默感明显可见。我俩都懂得对方所开的玩笑。我总能看懂她写的俏皮话。"她俩提到与对方分享幽默感,这是电子邮件沟通的神秘本质所拥有的一种特别动人的馈赠。因此,当玩笑通过电子邮件传送时,接收者创造的由亲密与和谐所构成的元讯息便增加了。这可能就是人们发送的电子邮件中笑话的百分比如此之高的原因所在。有好几位女士告诉我,她们虽然大多与母亲用电话沟通,但她们彼此用电子邮件发送笑话。

女儿离家上大学时,电子邮件成为特别适合加强母女联系的一种方式,这是因为电邮具有单向性。前几代人在写信时发现了这个优点。一位女士回忆说,她上大学之后与母亲的关系变得比以前亲密了。这听起来似乎让人感到奇怪:距离越远怎么会使关系越近?答案是:写信。两人通过写信交流,彼此了解了面对面沟通时所无法了解或根本不可能了解的东西。信件的单向性是关键。每一个人都可以在长信中说出自己头脑中的想法,而另一个人则不得不"聆听"。有多少个母亲在忙碌之中,能定时坐下来听女儿无休止地讲述自己的生活?写信则可用新的方式让双方表现自己和评价对方。现在,电邮具有同样的功能。

电邮的另一个长处是给家庭中的每个孩子提供平等沟通的机会,而在面对面的沟通中,比较爱说话的孩子比不爱说话的孩子进行对话的空间大。为女儿提供一种新的对话方式尤其宝贵,因为女儿以前在家中说话的风头常被兄弟抢走(一位女士说,儿子上大学后,她发现女儿爱讲话了)。

女儿大学毕业后,母女可用电邮延续她们之间的亲密关系。在我为撰写此书而采访的女士当中,碰到过最具戏剧性的一个例子,这就是聋哑女阿曼达(Amanda)的亲身经历。她母亲是一个有正常听力的人。在阿曼达出生后和成长的过程中,聋哑教育专家认为,可以教育也应该教育聋哑儿童通过识别他人的嘴唇而说话(现在已经清楚,除了少数聋哑儿童之外,这个方法对大多数聋哑儿童来说是不可能做到的)。这些专家建议父母不要让孩子学习符号语言,但其实这种媒介有可能使他们与自己的聋哑孩子沟通。由于这些专家提醒,这样做会影响孩子学习说话,因此阿曼达的母亲听取了这一建议。结果,阿曼达在整个儿童时期不能与母亲沟通。阿曼达上大学之后,开始与母亲进行书信交流。只有在这时,阿曼达才开始了解母亲,并感受到母亲的亲近。现在,像许多其他母女一样,她俩继续用电子邮件交流。电子邮件给她们提供了直接进行沟通的语言。

二、"马上回来":架在代沟上的桥梁

上大学的女儿们用电子邮件和即时讯息与母亲们沟通时,几乎总是比母亲感到更舒服和得心应手。实际上,常常都是女儿教母亲使用这些媒体。电子沟通是大多数年轻人的生活中不可分割的组成部分,他们从记事起就知道这种传播媒介;他们的父母如果在中年才开始使用这一媒介,那么他们学习新鲜事物就会更困难一些,因为他们把握关系的习惯业已定型。其实,用电子邮件和即时讯息交流,本身就是修补代际分歧的一种方法,但是媒介在相似性方面的差异使人想起了不同代的人在思想方法和生活经历上的不同。

正如母亲教小孩子用恰当的方式接听电话一样,年轻的成年孩子需要教父母学会

发送即时讯息。所以,当凯思林在发送即时讯息时键入"啊,妈……brb"时,她母亲不得不问:"brb 是什么意思?"9 分钟后,凯思林写道:"哦,我回来了……brb 就是'马上回来'(brb = be right back)的意思。"

由于速度和随意是即时讯息的特点,所以把即时讯息作为第二语言的年轻人便开发了标准化的只取首字母的缩写语。其他缩写语包括:用 LOL 代替"大笑"(laugh out loud),用 TTYL 代替"等会儿再与你聊"(talk to you later),用 ic 代替"我明白"(I see)和用 j/k 代表"开个玩笑"(just kidding)[小说家和写作课老师罗伯特·鲍希(Robert Bausch)把这种写作风格称为"车牌句"(license-plate sentences),他不喜欢这种风格]。凯思林必须教她母亲学会习惯这些缩写,这是在平衡她与母亲之间的力量。这是一个母亲不能给予女儿更强技能的领域;正相反,母亲在这个领域里的技能比女儿要弱。

造成代际分割的不仅仅是即时讯息和电子邮件。不同的技术代表以使用习惯为参考值的不同世界;一旦这些参考值被人理解,每一个世界中都会出现有关何为合适的相应假定。年轻的女士亚历山德拉曾因这些差异被人误解过。

许多人在他们的电邮里附加一个"签名档",也就是说,他们发送每一条讯息时,电脑都会自动地添加一条讯息或一句引语。亚历山德拉的母亲被她的签名档搞糊涂了。她的签名档是:"你在时,我顺着床睡;你不在时,我在床上斜着睡。"她给女儿发了一封电邮,让她改改签名,因为她觉得那个签名不得体。亚历山德拉换了个媒介来排解这一冲突。她用即时讯息来问母亲那个签名有什么问题?几番交流之后,她弄明白了,母亲认为那个出自女儿之手的签名,是在向世界宣布个人关系的细节。事实上,这句话是几句歌词,由菲什(Phish)小组演唱的一首歌中唯一的歌词。歌中不断重复这几句话。亚历山德拉只是想在签名档中用一用这些歌词,以暗示她和收信人的关系像朋友一样。对她的朋友而言,这些歌词的来源和亚历山德拉在签名中引用这些歌词的原因非常明显易懂,但她的母亲却感到茫然不解。亚历山德拉认为,一旦误解被消除,她就可以保留这个签名档了。可她母亲在得知事实后虽然松了一口气,仍然认为它们不合适,因为其他人也会像她一样犯同样的错误。亚历山德拉看到了母亲的谨慎小心,于是就更改了自己的签名档。

亚历山德拉和母亲的冲突源自电子沟通,同时也通过电子沟通得到了解决。有时,电邮可以成为解决分歧的有用工具,不论这些分歧在什么媒体中出现。一位名叫利亚的女士一再要求她的女儿埃琳带她的外婆,也就是利亚的母亲,从佛罗里达州到米尔维基(Milwaukee)参加家庭聚会。尽管利亚率直地说:"我不想让你有什么内疚感,我只是问你一下",埃琳还是表示了反对:"你一再问我,我显然会感到内疚。"电子邮件在化解这个冲突时发挥了作用。利亚给埃琳发了一个电邮,向女儿道歉,承认自己不该问了她三次(尽管她也提到她忘了问过女儿多少次了,她还提到这是因为她老了,这也是她不愿在三天之内在米尔维基和佛罗里达州之间来回飞的原因)。埃琳也给母亲回了电子邮件,对母亲的道歉表示感谢;她不想让母亲觉得她在为自己辩解,尽管她用反话表示了歉意:"现在我不能怪你了。"已学得很乖的利亚用电邮答道:"行,如果你想怪我那就怪好了。"这段插曲以埃琳慷慨的答复结束:"现在我不想责怪了。"

利亚和埃琳可以通过面对面方式或电话进行这段谈话,但她俩通过电子邮件化解了冲突。我想,利亚在不直接面对女儿或在电话中实时听到女儿的声音时,要更轻松一些。有一件事情应当引起我们的注意:许多人头一次受到指责时,有可能进行反驳和辩解。他们从最初的惊讶和伤害中反应过来之后,才更有可能认清对方的观点。许多人发现自己很难道歉,因为他们觉得认错就像是当众受辱;电子邮件减少了道歉的这种成分:当你独坐在电脑前时,你道歉时的窘迫感就会减少一些。另外,由于电子邮件是单向传播,所以写信者有时间组织自己的思路,并且可以用她感到完全能够表达自己思想的方式进行表达,因此有助于她合理地表达自己的观点。

在所有这些例子中,母女都使用新型电子媒介进行沟通。现在还有许多人在大多数情况下或无一例外地在使用较陈旧的技术,如电话沟通。一些母女倾向于用电话交谈,而不愿用在线方式取而代之或进行补充。有时某个人或其他人(通常是父母)喜欢用电话交谈,或者干脆认为,电话是主要的沟通手段,甚至是唯一合适的沟通手段。使用这些媒介的不同习惯可导致跨文化(代际)误解……

三、进入未来

每一种媒介都提供进行人际沟通、建立关系以及面对特殊风险的机会。新技术提供了保持联系、强化亲密程度和化解冲突的新方法,但它们也为人们提供了表达愤怒、伤害感情、冒风险的新方式。电子邮件和即时讯息之类的电子媒介可使人更经常地沟通,不会用突然来访和打刺耳的电话等方式侵扰别人的生活。

但是,电子沟通也让人承担一定的责任。第一,存在附加的误解风险。就像在所有书写媒体中一样,电邮不能通过声调和面部表情清楚地表明元讯息。为了弥补这种缺憾,电子邮件可以使用"由字符组成的图示"(emoticons):用":)"代表微笑,用":("代表皱眉(如果你在这些符号中不能立即看到一种面部表情,那么请你在大脑中把这个形象旋转90度,这样,冒号就变成了眼睛,圆括号就成了微笑时向上弯的嘴或皱眉时向下撇的嘴)。由字符组成的图示虽有助于表现内容的意义,但它们也只能表现出这些含义。

电邮也是任何单向传播的责任后继者。电子邮件像书写的备忘录、信件和语音邮件一样,使发送者无法及时收到反馈,他们也不知道他们的话语何时才能被人看到。如果你知道你所说的某些事情不知不觉冒犯了你正在与之对话的人,那么你就能够迅速纠正别人的误解。如果一个人正面对着你,或在电话中对你做出实时回应,你就更容易做到这一点。没有这样的反馈,你就等于钻进了一个自己挖的洞,忘记了你正在造成的影响。单向传播的另一个风险是,许多人越来越爱责骂别人。如果他们宣泄的对象正在看着他们或在电话线的另一端接听电话,他们也许不会如此怒气冲天,充满敌意。

电子沟通的独特风险也是其功能上的一个最大优点,即传送讯息、拷贝讯息和转发讯息的速度与简易程度。速度可以是美妙的,也可能是危险的。一旦你按下"发送"键,你就无法再改变主意,这就像你决定不寄出一封信一样。速度意味着,当你的时间不充裕时,你就有可能用一封电子邮件过于含糊地表达自己,并迅速将它发送出去。

拷贝和转发讯息的简易度甚至带有更大风险。转发讯息就是转化讯息。每个语音不仅从人们所言说的词语中获得意义,而且从上下文中获得意义。因此,如果上下文的环境被改变,意义也就随之改变。阅读一则写给别人的讯息可能像无意中听到一场不是说给你听的谈话一样。令人遗憾的是,电子邮件往往需要人追踪回应的历史。一个人发送一封邮件或者转发一则回复的时候,可能忘记了前几封邮件里说过什么,而对于第三方收件人,就是那些偶然"偷看"到之前的沟通内容的收件人来说,任何一点微不足道的信息量或者差异都可能造成伤害或者更严重的后果。

人们正以更加快捷的速度引进新型沟通技术。完全了解电子邮件、即时讯息和其他电子传播手段,如短信如何使母女关系转型还为时太早。我们深知,而且业已看见,它们拓展了面对面谈话的所有可能性:保持经常接触,交流日常生活中的细节,寻求和提供表达关爱的机会。但是,人们在把讯息转发或拷贝给第三者时,它们也有可能引起误解和伤害感情。电子邮件为人们提供了重新思考谈话、弄清引起麻烦的原因,并进行解释和道歉的丰富机会。有时,人们拿起电话解决问题或面对面讨论问题有可能更有效。了解每一种沟通技术的好处和风险,能使人更容易用好这些机会,尽可能减少每种媒体所承担的责任。

复习题

1. 电子沟通能够强化母女之间的相似性。请解释。
2. 即时讯息和电子邮件的两大特点是什么?

思考题

1. 母女之间可能会每日一次(或一日多次)用手机联系或用电子邮件联系,但母子之间或父子之间却很少这样。你能够解释导致这种差异的性别和沟通方面的原因吗?
2. 家庭沟通中"控制"因素的重要性取决于一个事实,那就是父母如何让所有子女都能平等地接触电子邮件、手机和即时讯息? 女儿教会母亲管理电子邮件和即时讯息的重要性有多大?
3. 以你自己的亲身经验举出用电子邮件和(或)即时讯息管理家庭冲突的例子。
4. 你如何对你的电子邮件被人误解的风险进行管理? 你如何对他人拷贝和转发你的电子邮件的风险进行管理?

第八章
与亲密伴侣的沟通

第一节 性别化谈话[①]

罗伯特·霍珀(Robert Hopper)

罗伯特·霍珀来自奥斯汀的德克萨斯大学(The University of Texas)。他是一位富有才干、受人爱戴的传播学教授。在与癌症勇敢抗争多年后,他于1998年去世。由于他在一所著名而多产的机构工作多年,同时还是一位富有成效的教师,他影响了许多不断研究如何发挥沟通的作用的人,特别是研究沟通在人的日常谈话中如何发挥作用的学生。这篇文章选自其著作的最初几页。这本书旨在揭示人们怎样在他们生活中的每一个转折关头"表演性别"(perform gender)。霍珀的著作的重点之一就是:他抵制那种强化文化刻板印象的简单化的流行观念;他的著作的另一个重点是,正如他的一位学生所言:他"为一个更加人性化的、公正的、已经性别化了的社会"而论证。

霍珀的标题已使他的观点非常鲜明。他的第一个观点就是:性别始终悄然地在人们的谈话中显露出来。他的目标之一就是,让我们增强对身在何处和如何发生的认识。这个标题也指向这样的事实:我们不仅对着装、室内装饰、职业、家务和性进行性别的划分,我们也始终对性别化谈话,即对充斥于我们生活中的口头言语和非口头言语交流进行划分。

例如,他问我们为什么要说"异性"(opposite sex)?这个词的来源是什么?更重要的是,这个词如何影响谈话?例如,人们针对一个刚出生的孩子提出的第一个问题是:"生了个啥?"意思是指:生的是个男孩,还是女孩?他认为,人们对性别差异的看法是一个必须被视为"重要的社会事实"的"神话"。

然而,霍珀在报告中写道:"作为一个社会科学家,我慢慢不太情愿地相信:男人和女人其实差不多;我们的体验是,男女差异是一种巧妙的文化建构,是耳朵要出的把

[①] "Gendering the Conversation" by Robert Hopper from *Gendering Talk*, pp. 1—7 and 9—10. Michigan State University Press, 2003.

戏,是我们都信以为真的东西,不论事实如何。"让人惊讶的是,这个论断与普通人的"火星对金星"和"报告式与亲善式谈话"的观点有所不同。这篇论文的一个主要观点是,鼓励你对霍珀的论点做出回应,用他的观点来验证你自己的体验。

霍珀的另一个主要观点是,尽管他认为男女谈话时有相似之处,但他也敏锐地看到,我们的谈话经常是有性别差异的。我们给实践命名,给亲密关系定性,特别是对两性亲密关系的理解,都是完全按照性别来区分的。他认为,甚至我们对沟通本身的理解也是按照性别区分的。独白和公开演讲被当成是男性沟通,而对话、团队建设和合作则被理解为女性沟通。霍珀认为,独白和对话这两个概念"必须反复互证。其中任何一个概念都不可能对人的话语做出解释"。

我在本章开头引用霍珀的话,目的是鼓励你既密切注意性别因素在人际沟通中的经常性和重要性,又不要拘泥于通俗报刊中对二者的简单区分。

《谈话》(*Conversation*)是亨利·马蒂斯(Henri Matisse)大约在1909年时(这位艺术家的艺术生涯的第40年)完成的一幅画作。马蒂斯写道,这幅作品虽说是对蓝色的研究,但也是对性别化谈话的研究。

画中的两个人物彼此相对:身穿睡衣的画家本人站立着;一个女人,可能是他的妻子,隔着窗户与他对坐。他们房间内的墙是纯一的深蓝色。这种色彩浓厚、丰富,与穿过窗户的亮色调形成对比,给人一种压抑感。马蒂斯经常在他的绘画中画上色彩绚丽的窗户。在这幅画作中,明亮的窗户把这一对面无表情的夫妇分割开来。

这是一幅表现富有的中年已婚者的画作。这对仍身穿睡衣、被那扇由丰富的色彩照射的窗户隔开的女子和男子表明,太阳正悬在天空,然而,他们并未凭窗远眺,而是两眼直视对方,分别站在窗户的两边。男子笔直地站着,身穿蓝白色条纹睡衣。女子坐着,像一道道黑色曲线。她的眼睛和前额上有黑色的污点。她的右手是可以看见的;他的右手则插在口袋中。

这两个人隔着明亮的窗子,就这样彼此看着。也许把丈夫和妻子疏远的身体连接起来的窗格图案拼出了法语"不"(*non*)这个词,但也可能是一种牵强的解释。这是一幅明确表现对立的画面,一种用指控来表现的意志抗争或一种不受欢迎的宣示。夫妻们在出现问题的此类时刻,寻找着理由,为他们僵硬而谨慎表达的不快做解释:"我们继续过下去吧。"

夫妻关系出现危机时,可通过性别做出恰当解释。我们如何和为何要把我们生活中的谈话性别化呢?这既是马蒂斯这幅画的主题,也是(本文)的主题。

90年前,马蒂斯把《谈话》卖给了一位俄罗斯的有钱人。当时,我父母还都是小孩;汽车和收音机是新鲜东西;电话和电灯属于第一代。现在,我们也许会把那段时间视为现代意识的摇篮。然而,这幅画是在两次世界大战、大屠杀、电视、滚石乐、婴儿潮、液晶显示器或硅片出现之前创作的。但是,从某种意义上说,这幅画在今天仍然继续反映着真正的现实。它显示了我们含蓄的性别化谈话。我们仍在进行着这种性别化谈话。

"性别化谈话"（gendering talk）这个短语有两层含义。一是指谈话中带有强烈的性别色彩，比如，我用"女人"这个词来描述马蒂斯画作中的一个人物。这让人感到某些谈话似乎比另一些谈话更具性别色彩。我在强调本文的题目，即性别化谈话时，已与你就这个观点进行了沟通。使用"女人"这个词已经把性别注入了人类谈话。此类性别化行动可能是隐含的，也可能是潜意识的。说"女人"这个词并不一定会让你想到性别。性别化谈话会引发社会问题，因为有许多方式可使性别进入谈话，而且我们经常利用这些方式进行表达。

"性别化谈话"这个术语的第二层意思，指的是正在进行中的、把社会经验的世界性别化的想当然之举。谈话不是我们性别化的唯一事物：我们也把服装、珠宝、室内装饰、职业、公共休息室、家务性别化，而且特别把性特征给性别化了。然而，性别化谈话把我们对性差异、性特征和刻板印象的许多全异性社会感觉结合起来。结果出现了这样一个世界：人们对男女之间的差异习以为常，对由两人组成的性伙伴关系习以为常，对不同性别之间的秘战习以为常，而这场秘战总是促使我们参与一些与异性进行的进退两难的谈话。

我们为什么要说"异性"呢？哦，这是因为有人认为，男人与女人是很不同的。这种差异导致男人和女人在沟通上也极不相同。由于他们说不同的语言，因此造成相互误解。男人和女人在世界上色彩缤纷的窗前麻木、冷漠地看着对方。"你就是不懂"，我们每个人都在指责对方。在这个原型案例（the prototype case）中，最不了解我们的人是处于中年时期的配偶。怎么会有这种情况呢？难道上帝发明的婚姻是把我介绍给一个与我完全不同的人吗？

我在与凯伊（Kay）结婚多年后撰写了《性别化谈话》（Gendering Talk）一书。在出现问题时，凯伊似乎表现出许多与我不同的方面。婚后夫妻之间的谈话催生了一种特型社会透镜，即制造了一面夸大性别差异观念的游乐园之镜。那些围绕男女差异撰写自学书的作家们着眼于中年夫妇谈话的事例。例如，约翰·格雷（John Gray）、德博拉·坦南等许多作者都写下了自己在中年时期的婚姻生活中所遭受的挫折。但丁在这个时期迷失于森林之中，马蒂斯在这个时期创作了《谈话》。中年时期的婚姻提供了一种男女采取不同行动的早期案例。甚至马蒂斯把画作命名为《谈话》也表明，这幅画呈现的主题比处于中年婚姻中的夫妻所进行的某次特别谈话更能说明问题。这幅画作的题名表示，婚姻经验可被视为沟通性问题——由性别差异所导致的性别麻烦——的指示器。

婚姻伴侣不仅相互影响，也影响他们的社会。父母大多用事例教育子女，内容是他们自己特别关注的性差异。在某种程度上说，这种社会关注在人的生命周期的每一个阶段都会出现。本周（1998年年初），凯伊和我热切地等候着超声波扫描图辨认出我们未出生的第一个孙辈成员的性别。我们问起任何一个刚刚出生的孩子时，总会说："生了个啥？"意思是指："生的是个男孩，还是女孩？"朋友和亲戚询问这件事情，是想知道自己该买什么颜色的礼物和怎样逗弄孩子。我会对一个男孩说:"嘿,强击手①。"我说话时会面无表情,嗓音很重,同时用手挠挠小男孩的肚皮。如果她是一个女孩,我就很可能会尖着嗓音说:"嘿,小甜心儿",同时用手指轻轻点一下她脸上的小酒窝。

男女之间的浪漫爱情神话解释和强化了人们对性别差异的看法。人们要想理解性别化谈话,就必须把这个神话当作一个重要的社会事实。在青年时代的恋爱过程中,我曾有过失败的谈话。这使我发现了谈话的重要性。这一发现直接(如果不是巧合的话)让我选择了我的终身职业:我在一所大学当了三十年的言语传播学教师。我在位于奥斯汀的德克萨斯大学给学生讲授了五十多个学期的讲演课和性别课。在这期间,我发起了十几次学术讨论,试图描述男女之间在沟通上的差异,可每一次尝试都以失败告终。

作为一个社会科学家,我慢慢不太情愿地相信:男人和女人都差不多;我们的体验是,男女差异是一种巧妙的文化建构,是耳朵要出的把戏,是我们都信以为真的东西,不论事实如何。作为我们文化的一员,我也相信性别差异。然而,我在比较研究中,却没有发现男人与女人在讲演中存在实质性差别。我断定,男人和女人在谈话中没有太大的区别。恰恰相反,男人和女人在倾听和讲话方面具有很多相似之处。我们听女人说话与听男人说话不一样。有时,我们对一个女人说话的方式与对一个男人说话的方式也不一样。我们谈论女人的方式与谈论男人的方式不一样。我们对一个性伙伴说的话与对其他人说的话不一样(不管我们的性偏好是什么)。我们通过性别化的谈话实践在社交界对性别进行划分。

许多作家认为,性别麻烦只是来自男女差异。约翰·格雷业已卖掉数百万本书,这些书宣称,男女差异极大,就像来自不同的星球。也有作家认为,宗法传统使男女产生差异,不同种族和社会阶层的成员存在差异也是源自同样的原因。然而,这样的概括不能给我们提供太多帮助,除非我们能详细描述,普通人在沟通中如何使性别在任何时候都显而易见。

男人和女人并非来自不同的星球;我们都是居住在同一星球上的性别表演伙伴。我们彼此仔细倾听,带着这种特殊关注,就有可能慷慨大方地引吭高歌。我们不要如此自信,以为自己知道问题所在。问题是由许多部分组成的,而且具有悠久的历史。

性别与我们如影随形,随时制造沟通中的障碍。我们则懒散地走向无法确定的男女政治平等,同时又担心男女之间的沟通带有偏见和可能遇到麻烦。我们努力进行沟通,与他人建立亲密关系。有时,我们相信问题来自和不同性别的他人进行沟通。我们担心就业方面的性别歧视,我们担心对非主流的性取向的歧视。我们担心性骚扰和

---

① 强击手(slugger)是棒球比赛中打出许多本垒打的击球手。——译注

性暴力。我们有时还会担心性别化的语言是否政治正确。

不管我们在性别问题上持有怎样的政治立场，无论我们是女性主义者、传统主义者，还是同性恋主义者，每个人都会在日常社会互动中碰到性别问题。命名这件事能够显示出性别在我们的谈话中无处不在。我们性别化各种职业，从牧师到总统。我们对大多数的人名(汤姆、萨莉)进行性别区分。我们还性别化我们对亲密关系的称谓(妈妈、儿子、女友)。

大多数人虽然相信男女之间存在极大差异，但是我们的性别理论却有一部分像互相矛盾的民间传说与无定论性研究(inconclusive research)的大杂烩。我们在结论中将遵循不同背景中不同的性政治标准。在公共事务领域，西方法律和习俗越来越要求我们对性和性别熟视无睹。然而，在社会性和亲密度方面，这些差异却非常活跃！我们之中的许多人试图在事业中贯彻平等原则，但我们在找舞伴、调情或开始组建家庭时，却放弃了性平等的思想。

我们可能会一时忘记性别，结果发现，性别还是会不期而至，就像邻里之间的掷骰子游戏一样，会影响到一项计划或改变一个社会背景。"我们曾经被性别化"，社会历史学家唐娜·哈拉维(Donna Haraway)写道。这句话表明，我们曾经遇到过的事情就是：到处都有性别问题。但是，谁是这种性别化的主角呢？被性别化的场景和动作总是发生在此时此地。然而，性别化谈话如此明显，如此顺当，以致我们甚至很少注意我们自己的行为。

甚至，我们对沟通本身的理解也是性别化的。我们对沟通如何运作有着两种理解：独白与对话。我们借助有关男性谈话和女性谈话的神秘性来讨论这些看法。

从独白的观点看，沟通就是信息从信源到接受者的旅程。独白的观点由写作研究发展而来，以指挥与控制、语法、电脑程序和科学报告的明确性为特点。有效的独白是准确(高保真度)的沟通，在这种沟通中，信源传达一种能让接收者尽可能准确理解的清晰含义。如果讯息流被扭曲或被停止，或者收发者之间的密码不同，沟通就会发生问题。

独白与想要得到正确答案、想要占据主导地位的男性有关。大多数受过教育的人认为沟通主要通过独白实现。按照这种观点来看，男性和女性不同的话语表达方式造成了麻烦。

在(独立的)写作中，很难阐明对人际沟通中的对话的理解。有效的对话是超越时间的。它需要两个以上参与者的互动，仔细倾听，保持对话，尽可能开放，让每个人都讲话，以形成事件的方向，还需要构建共同体。

想想某次电话交谈开始时的"喂""你好，帕特""你好"等。这些交谈虽然表达了谦逊的内容，却是由关系与文化的对话需求所填充的。电话的开场白为随后内容丰富的谈话制定了含蓄的基本规则。因此，电话中的开场白是人们相遇过程中的一个非常重要的步骤，尽管它的内容非常少。对话含有意识流；对话像文化和人际关系的不定型胶一样发挥作用。社会互动概念则作为关系网络中的对话与女性相关联。

　　对于谈话中出现的性别麻烦,独白观强调男女的差异,认为这一差异影响了清晰度。对话观强调男女同处一艘船,应该协力解决问题。独白观强调每一个讲话者在轮到自己讲话时,表达的意思要肯定而清晰。有效的对话要求每一个讲话者都仔细倾听,并对相关目标和结果做出恰当回应。

　　在持独白观者看来,男人和女人所用的不同语言模式制造了跨文化沟通中的难题。性别注定要把男女分开,除非我们成为敏感的翻译,除非男人和女人所用的语言能聚合在一起。在对话过程中,我们倾听时,也许既不能计算出男女语言差异之所在,也不知道这种差异的重要性。然而,我们却能乐观地参与沟通,相互了解,给予支持,建立亲密关系,从事政治活动。

　　独白和对话这两种思想必须反复彼此砥砺。任何一种思想都不能独立解释人的谈话。一位有效的沟通者必须既能用独白的,也能用对话的方式进行沟通。我倾向于采用对话观,部分原因是它能够平衡独白在思想史中的主导性。然而,我也怀疑已经被性别化的有关独白和对话的刻板印象,并且努力解决这种从过分简单化的分配到性别化分类的沟通样式的两难问题。

　　我们在谈话中用性别表现自己。我们在日常互动中,制造一些把我们的生活也性别化的差异。此外,男人和女人有可能采用不同的方式说话。虽然有关这个观点的论据仍是粗线条的,而且我不能坚决否定这种可能性,但是,即使这种观点成立,我们的任务还是要了解互动性的性别化谈话。这种谈话误导我们,使我们认为差异就是我们的唯一问题。如果我们理解了性别化谈话的范围和种类,我们就有可能发现,女人和男人住在同一个正在缓慢改善关系的星球上。

复习题

1. 这篇选文的题目的两层含义是什么?
2. 请解释,在霍珀的文章中,独白和对话是怎样被性别化的。

思考题

1. 霍珀在他列举的"嘿,强击手"和"嘿,小甜心儿"的例子中,针对文化与沟通提出了什么观点?
2. 霍珀写道:"男人和女人并非来自不同的星球;我们都是居住在同一星球上的性别表演伙伴。"请讨论这个观点。
3. 假设你经常与其他男人拥抱,有些看到过这一举动的学生断定你是同性恋者。请问,你的性别身份认同是如何被他人建构的?

第二节　关系发展中的性别与族群异同

马尔科姆·R. 帕克斯（Malcolm R. Parks）

这篇文章可能会在几个方面对你构成挑战。若果真如此，那么你肯定会在应对这些挑战中有所收获。马尔科姆·帕克斯是一位用社会科学方法研究个人网络，即家庭成员、朋友、同事和其他与我们一起生活者的个人网络的传播学教师和研究员。由于他是一位社会学家，所以他的写作比本书中的其他文章更为缜密。这是一个挑战。你可能会情不自禁地慢慢阅读这篇选文，还有可能阅读多遍。

第二大挑战来自他在报告中的发现和得出的结论。帕克斯及其同事的著作表明，从研究个人或夫妻到考察人际网络，在这个过程中，我们可以了解许多种个人关系。在本文中，作者借助网络研究的发现严肃质疑了人们普遍相信的两种看法：一是个人关系中的性别差异（"男人来自火星，女人来自金星"），另一个是民族与文化之间的关联性（"黑人倾向于……而拉丁人和亚洲人更……"）。帕克斯的研究足以证明，这两种看法都过于简单化，有失准确，且具破坏性。

本文的第一部分着眼于性别在个人关系发展中的作用。帕克斯指出，有一些研究忽视了个人网络的影响。首先，他列举了一些著作，它们针对性别差异得出了过于简单化的结论。随后，他又展示了一些研究，这些研究挑战了前述结论。

帕克斯在本文中引用了包括复杂网络测试的六项"核心研究"（core studies）。他据此探讨了几个简单化的结论。例如，他在研究报告中称，"与刻板印象相反，男人也像女人一样，会对个人关系给予承诺。在同性友谊和浪漫关系中都是如此"。此外，男性和女性感受到的来自自己的朋友、伴侣的朋友和家人的对关系的支持的程度并无差异。

帕克斯在本文中这样概括了性别差异："总之，在 21 个测试中，研究者们只在 6 个测试中发现了明显的性差异……在比较了男女关系的发展和社会网络参与后，可以进行简单概括：相同远远大于相异。"

作者接着批驳了关于族群影响个人关系的过分简单化的观点。为了了解帕克斯及其同事在其工作中所采用的方法的复杂性，请注意他所引用的族群研究不但测试了个人关系的深度或亲密程度，也测试了"承诺、各方所感知的同步互动（perceived interactive synchrony）、个性化沟通、预见性和理解度及与伴侣的沟通量"。此外，作者还在研究中测试了五个网络因素："与伴侣的个人网络的重叠程度；在伴侣的个人网络中遇到的人数；他或她与他们沟通的频度；两个网络的成员之间的交往量；测试对象的个人网络及其伴侣的个人网络支持度。"

帕克斯从他对有关族群和个人关系的研究进行的评估中得出的结论，与他有关性别和个人关系的结论非常相似——人类的相同性远远多于差异性。虽然人们在关系发展和人际行为的某些方面存在着某些差异,但是正如他指出的那样,"当证据清楚表明,性别和族群不能对个人关系中的行为做出解释时,非专业的观察者和专业研究者为什么还要坚持这样解释呢?"

答案就是,他认为,我们的思维过于表面化。性别和族群的简单差异清晰可见,我们需要加倍努力才能超越它们的局限性。"简而言之,我们看到的明显因素多于可能需要更多努力才能看到的更微妙的因素。"也有一些现成的有关性别和族群的刻板印象支持这种过分简单化的观点。"不幸的是,容易和简单并非总能孕育精确性。"

收录本文的那本书和本文援引的具体发现清楚表明,我们在试图了解人际关系时,需要考虑个人网络的因素。我希望你把在本文中学到的东西,运用于你对本书中其他材料的理解。

希望了解性别在个人关系中的作用者会立即碰到三个问题。首先,研究者们只是借助个人关系和随着时间而变化的个人网络中的几个特点,搜索了性或性别的差异。其次,研究者们只着眼于男女在选择诸如支持性等特征上的差异,而且对其重视程度远远超出他们对不同的特点是否与男女的差异发生关联这一问题。他们发现,女人最典型的行为是口头上的支持多于男人。这个发现表明,男女在进行口头支持方面存有差异。如果我们要弄清男女在关系发展过程中发挥相同作用的理论预测,那么我们就必须比较交际模式(patterns of association),而不是只比较平均差(average differences)。最后,性和性别这两个术语经常被混用。作者们一般习惯于用第一个术语,即性,来指称以生物为基础的特征;而第二个术语,即性别,则用来指认通过文化社会化而获得的特征和行为举止。我对男女对象进行具体、直接的比较时,使用了性这个术语,而用性别指认男女比较一般的异同性。然而,我们应当承认,几乎所有的划分都是武断的,而且有可能引起误导。随着我们更多地了解了生理学和社会经验的相互作用,我们就会越来越清楚:生物因素和社会因素再也不能在意义上被分割了。

亲密性和支持性一直是关于性的个人关系研究中占据主导地位的课题。这些课题得出的最普遍结论是,女人比男人更重视亲密感,更体贴,更愿意提供情感上的支持(例如,Bank and Hansford, 2000; Bascow and Rubenfed, 2003; Fehr, 2004; Wood, 2000)。人们也常常认为,男女用不同的方式来表达亲近感或体贴。例如,男人倾向于用施以恩惠、提供帮助、共同参加活动和提供其他形式的行为帮助或工具上的帮助来表示亲近感,而女人则更有可能借助其情感表达和自我坦露(Maltz and Borker, 1982; Wood and Inman, 1993)。

强调情感表达和自我坦露也出现在对女性友谊的研究中(Aries and Johnson, 1983; Walker, 1994)。古德曼和奥布赖恩安(Goodman and O'Brien, 2000)在描述她们的长久友谊时,谈到了这种亲密性:"我们是朋友;我们必须交谈。这是最重要也是最明显的联系。交谈是女性友谊的重要核心,是女性联系的核心。这是一种对友谊的绝对假设(pp. 34—35)。"

女性关系强调交谈中的亲近性,而男性关系强调"做事中的亲近性"(Swain,1989)。男人虽会对同性朋友表达爱意,但可能会用比较间接的方式(Floyd,1995)。有人认为,男性关系具有较低水平的亲近性和支持性,是在男性社会化过程中产生的结果,因而他们重视情感控制,避免可能被视为同性恋信号的行为举止(Bank and Hansford,2000)。

然而,男人比女人缺少亲近感或情感支持的看法受到了广泛批评。许多最极端的类似看法已在大众报刊上被披露出来(Goldsmith and Fulfs,1999)。一些受到广泛引用、说明性别差异的学术研究的结论也遭到了质疑(Kyratzis,2001;MacGeorge et al.,2002)。例如,与女人相比,男人给予的支持较少,他们很少表达对他人的关注等。这些观点尚未经过严肃认真的实证检验。另外,男人和女人似乎在何谓亲近这一问题上的想法一致,而且,他们用相同的方法对互动中的亲近性进行等级划分(Parks and Floyd,1996b;Reis,Senchak and Solomon,1985)。亲密、亲近、支持和许多其他个人关系方面的特点的差异缺乏稳定性;当这些特点真的出现时,还会给人以微不足道之感(Aries,1996;Canary et al.,1997;Goldsmith and Dun,1997;MacGeorge at al.,2004;P. H. Wright,1982)。

因此,对性别在社会情景模式中的作用,研究者们没有给我们留下一组清晰的假说。我们遇到的问题很多。现实是:几乎无人研究过与关系发展有关的社会网络中的性别差异问题。虽然我们深知我们需要考察性别的异同性,但我们不知道从何入手。

个人关系中的性别和性差异可能有两种普遍形式。其一是群体或方法之间的差异。例如,一般而言,女性可能或多或少像男性一样,会报告她们爱自己的伴侣或与个人网络成员一起互动的情况。性别差异也可能显示这些因素是如何发生关联的;也就是说,相比男人,女性对亲密的感受更强,与伴侣的个人网络成员的互动频率会更高。

关系因素和网络因素中的性差异

研究者们用11种不同的测试方法在核心研究中评估了亲近性——与伴侣的沟通量——和承诺水平。其中6个测试方法与亲近性有关。当然,研究者们只用两种测试方法观察过重要的性差异。女性报告说,她们比男人对互动的满意度更高。女性还报告说,她们的人际团结水平高于男性。由于没有显示互动的效果,所以这些差异同样适用于同性友谊、浪漫关系、少年和青年人。在考察亲近性时所剩下的其他指数中,研究者们并没有观察到其他重要差异。在对伴侣的热爱或喜欢程度、感觉自己与伴侣的相似程度和对关系的确定程度等方面,男女之间并无差异。这些指数与年龄和关系类型也无关。这就是说,在所有的群体中,男女存在相同性。

研究者们使用了两种测试方法来确定伴侣的互动量。一位研究者问回应者:在前两周之内,他们与伴侣沟通了多少天?而另一个研究者则询问回应者:在前两周,他们与伴侣一起度过的自由时间占多大比例?在头一个问题中,不存在性差异。然而,在第二个问题中,女性报告的时间比男性多11%(女性为48%,男性为37%)。

研究者们用最后一套关系指数分析了(伴侣)对关系的承诺,在三大指数中都没有发现明显差异。互动者的年龄或关系类型不导致差异。与刻板印象相反,男人也像女人一样,会对个人关系给予承诺。在同性友谊和浪漫关系中都是如此。

大多数研究者一直关注个人网络中的成员对个人提供的支持度。我们在此关注个人是否进行这样的感知:周边网络(surrounding network)中的朋友和家人是赞成还是反对这种关系。显然,个人无法确切知道网络成员的真实想法,他们也可能误判他人的赞成或者反对。然而,无论判断的基础是什么,我们研究中的男女的报告显示,他们从网络成员中获得的支持程度是非常相似的。男人和女人从朋友、伴侣的朋友或自己的家人处感知到的关系支持程度不存在差异。在另外的研究中也发现了类似情况,尽管参加该研究项目的男性在问卷报告中称,他们的家人比其他人更赞成他们与朋友建立恋爱关系(Sprecher and Felmlee, 2000)。有趣的是,在我们的研究中,女性在问卷报告中相信,她们的伴侣的家人提供的支持要更多一些。不过,这只是些微小差异。一般来说,男人和女人对朋友和家庭网络的支持程度的感知都是相似的。这在少年或青年人的关系、浪漫关系和同性友谊中都是如此。

下一组网络因子处理的是人们与伴侣的个人网络中的成员的接触程度。同样,结果并未显示出差异。男人和女人填写的问卷报告显示,在与伴侣的家庭成员会面的人数和次数方面,双方基本相同。尽管女性报告说,她们见到的伴侣的朋友更多一些(5:4.2),但在沟通频率方面未显示差异。这些发现与以前的调查结果相符,即男女同样可能与彼此的个人网络成员相遇相处,尽管女性比男性更有可能把自己与朋友约会的事情告诉给朋友或家人(Rose and Frieze, 1989, 1993)。全国性的测量数据表明,所有处于浪漫关系中的青少年中有70%到80%的人报告说,他们见过恋爱对象的父母。女性比男性更有可能愿意会见恋爱对象的父母,更有可能乐于告诉别人自己和朋友是一对情侣,并且在一个群体中,与对方作为一对情侣一起出去活动。

研究者们在最后一对测试中,评估了人们喜欢伴侣的个人网络成员的程度。男女喜欢伴侣的家庭成员的程度没有差异。不过,男女在喜欢伴侣的朋友方面存在微小差异。女性喜欢伴侣的朋友的程度略高一些。斯普雷彻和费尔姆利(Sprecher and Felmlee, 2000)尽管只把其研究限于情侣关系,但他们也发现,女性对男友的朋友表达的喜欢度要高于男性对女友的朋友表达的喜欢度。

总之,在21个测试中,研究者们只在6个测试中发现了明显的性差异。尽管女性在问卷报告中称她们更看重上述6个测试,但差异度仍相当微小。此外,研究者们在所有的这些分析中,都没有发现不同年龄段的人或关系类型在互动中存在重大的差异。因此,少男少女和年轻男女在同性友谊中的关系发展和网络参与程度相似。

对性的同异性研究的总结

我们可以对男女在关系发展和社会网络参与方面的异同进行简单总结:相同性远远多于差异性;男女的明显差异不到测试结果的三分之一;少数几个被观察到的差异虽然不属于一个模型,却分布在几个不同的因素中;女性与男性在互动满意度上的差异相当微小,常常只有2%到3%;男女似乎用同样的方式发展个人关系。对于男人和女人而言,亲近性、承诺和与伴侣的沟通量都与来自对方和个人网络成员的支持程度、互动程度存在正向关系;在判断亲近性和对关系的承诺程度时,女性似乎更看重与伴侣个人网络中的人相处及她们与伴侣的互动量。这些差异虽在同性友谊中最为明显,但仍很微小。男性也有同样看重的因素。

一、探索族际关系

日益增多的不同种族群体或民族群体之间的关系提供了检验社会情景的视角和进行概括的机会。1960 年至 2002 年间,美国跨种族通婚的人数增加了 1000%(Bureau of the Census,2002)。尽管跨种族通婚的绝对人数仍然显示较少,但有一半以上的美国成年人称,他们有一个家人或密友有与不同族群者的浪漫关系,或是与某个不同种族或民族者结合;三分之一或一半的人称,他们本人与其他族群者谈过恋爱(Kaiser Family Foundation,2001;Tucker and Mitchell-Kernan,1995)。虽然尚无可靠数据,但有过族际朋友关系或同事关系者的比例可能高于这个比例。

尽管有关个人关系的主流文献越来越多,但研究者们仍较少注意到多族群关系或更多从普通视角关注个人关系中的文化和族群问题(Berscheid,1999;Felmlee and Sprecher,2000;Gaines and Liu,2000)。他们在传统上着眼于研究普通人对族际关系的态度,而非族际关系本身(e. g.,Fang,Sidanius and Pratto,1998;Todd,Mckinney,Harris,Chadderton and Small,1992)。本文引用的文献是对不同族群或文化背景中的人发展关系的研究(e. g.,Gaines et al.,1999;Gurung and Duong,1999;Shibazaki and Brennan,1998),但数量较少。

为了克服这种局限性,我回到对恋爱关系的研究。与我们的其他研究相比,这个研究旨在处理更为详细的关系及网络指数。更重要的是,该研究是为获取更多青年答卷者样本。51.4%的答卷者不是欧裔美国人,而是其他族群者。其中,有来自 11 个不同民族群体或种族群体的答卷者。华人/华裔美国人、菲律宾人、鲜族/鲜族美国人、越南人/越裔美国人、非裔美国人和"其他人"最多,每个族群约占 5%左右。自称其伴侣具有不同族群背景的答卷者被划为拥有族际恋爱关系的人;族群特性符合伴侣的族群特性者被划为在同一族群中(族群内)具有恋爱关系的人。共有 82 对关系(38%)被列为族际关系,其余的 136 对关系(62%)被列为族群内部关系。然后,研究者对这些群体进行了比较,首先比较了关系发展和网络参与手段之间的差异,然后,比较了关系发展和网络因素之间的关联性。

族际与族内群体在关系和网络因素上的差异

在这些比较中,研究者使用的数据包含 26 种不同的测试。五大关系发展因素包括深度(亲密性)、承诺、各方所感知到的互动同步、个性化沟通、预见性和理解度、与伴侣的沟通量。五大网络因素包括与伴侣的个人网络的重叠程度、在伴侣的个人网络中遇到的人数、他或她与他们沟通的频度、两个网络的成员之间的交往量、测试对象的个人网络及其伴侣的个人网络的支持度。在下面的讨论中,作者没有涉及研究者尚未提供的变量差异。

关系发展测试中的异同性 隶属于不同文化群体的人对个人关系中的亲密度或互动程度抱有不同的期待(Argyle, Henderson, Bond, Izuka and Contarello, 1986; Gudykunst and Nishida, 1986; Ting-Toomey, 1991)。爱情可能是一种普世文化,但它在特定关系中的表达却因族群与文化差异而不同(S. Hendrick and C. Hendrick, 2000; Minatoya, 1988)。尽管这些看法表明,深度和亲密性在族际关系中较难获取,但我们在测试中并未发现差异。根据答卷者的报告,自我坦露、亲近和爱情的程度在两种关系中较相似。拥有族际关系和族群内关系者也显示了同样程度的承诺。拥有族际关系者在短期(3个月)内,保持关系的可能性比率(0—100%)略低于与同一族群的成员谈情说爱者(分别为79%和88%)。除此之外,这两个群体之间没有什么重大差异。族际恋爱者和族群内恋爱者对关系的重视度很相似。他们都愿努力保持恋爱关系,都想可能会在今后某个时期发展成婚姻关系。至少其他人的研究也未发现族际恋爱关系者和族群内恋爱关系者在承诺方面存在差异(Gurung and Duong, 1999)。

族群背景差异使关系伴侣更难理解和预测彼此的回应。这个观点在族际熟人关系和朋友关系研究中已获得支持(Gudykunst, 1986; Gudykunst, Sodetani and Sonoda, 1987)。族际沟通研究者也研究了互动结构、规则和环境方面的差异(Gumperz, 1982; Philips, 1983)。这些差异会使族际关系参与者更难协调其互动或使他们的互动同步化。然而,在检验这些观点时,结果是混合的。按照帕克斯和阿德尔曼(Parks and Adelman, 1983)提出的标准,族际恋爱者比族内恋爱者的关系更具不确定性。然而,根据古迪昆斯特和尼什达(Gudykunst and Nishida, 1986)提出的归因信用标准,这两个群体并无差异。同步互动性测试结果也是混合的。在四项用于分析这种相互依存度的项目中,研究者发现,其中两项存在重大差异。族际关系的特点是,族际关系伴侣比族内关系伴侣保持令人尴尬的沉默和不易与恋爱伴侣谈论感知的频度更高。另一方面,族际关系伴侣和族内关系伴侣在对平稳对话流的感知和沟通所需的努力程度的感知之间没有差异。

在涉及关系发展的其余测试指标中,也未发现重大差异。两类群体所花的自由时间几乎相同(分别为59%和61%)。族际关系伴侣和族内关系伴侣的个性化沟通程度也相同。这两个群体同样可能给词语赋予"特殊意义",使用特定的绰号或昵称,运用特别的目光或手势,不借助话语进行沟通。

网络参与测试中的异同性 此前关于族际关系伴侣的研究很少涉及伴侣的社会网络成员可能会做出的反应。人们通常认为,族际伴侣社会网络中的一些成员(即便不是大多数成员)将会对他们产生敌视性反应。确切点说,这取决于一个人在社会地位上被人感知成"高攀"还是"低就"。多族伴侣经常报告说,种族主义者对他们说三道四或表现出种族主义的行为(Rosenblatt, Karis and Powell, 1995)。大多数观察者认为,社会网络成员非常重视族际伴侣。有时,族际婚姻者的离婚率较高,部分原因是缺乏社会网络成员的支持(Gaines & Brennan, 2001)。即使当社会网络成员愿意提供支持时,地缘隔离状态和社会隔离状态也可能会使他们难以与他们的伴侣进行接触或提供支持(Abrahamson,1996;Tucker and Mitchell-Kernan,1995)。

尽管这些看法可能会使人们认为,在社会网络参与方面,族际伴侣与族内伴侣之间会出现极大差异,但我们发现的证据却鲜能证明,族际伴侣的社会网络结构显示出差异或社会网络提供的支持程度不同。用纯结构术语来说,网络重叠、跨网络交往或跨网络密度(cross-network density)在程度上的差异很小。在七个指标测试中,研究者只在其中一个测试中发现了重大差异。在伴侣经常接触的12个网络中,族际关系伴侣平均只比族内关系伴侣少接触一个成员。有趣的是,在伴侣的社会网络中遇到的人数并无差异。一般而言,族际伴侣提到的人数与普通人在伴侣的社会网络中遇到的人数相类似。这些相互联系与族际关系中相应的相互联系存在较大差异,而在族际关系中,伴侣之间的沟通量与网络重叠或在伴侣的社会网络中遇到的人数都无明显相关性。

二、性别与族群视角

性别和族群相同度似乎对个人关系的发展、对伴侣与彼此的社会网络的关系无甚影响,对社会网络与恋爱和友谊的联系也无甚影响。我们研究过的年轻男女的答卷显示,他们与社会网络成员的亲密度、承诺度、沟通和交往情况大致相似,在其个人关系中,从社会网络成员处获取的支持也大致相等。同样,受样本的局限,不同族群之间的关系与相同族群之间的关系大多相似。在关系发展、伴侣的社会网络结构,或他们从网络成员中获得的支持等方面存在着少量差异。

这并非是说,在关系发展或人际行为的其他方面,可能不存在重要的性别差异。虽然我们不是要通过深究较小的差异来强化差异观,但是质疑有关性别和族群的假说为什么会在关注个人关系的通俗文章和学术文献中发挥如此强大的作用,可能更有用处。也就是说,在研究结果表明男女在关系生活中实际上并无太大差别时,我们为什么还如此热衷于提出他们在关系生活中的经历极为不同的观点呢?如果不同族群者之间的关系发展和经历与相同族群者相同,那么我们为什么还要如此重视个人关系中的族群问题呢?当证据清楚表明,性别和族群不能对个人关系中的行为做出解释时,非专业的观察者和专业研究者为什么还要坚持这样解释呢?

人们喜欢用性别和族群来解释人际行为的部分原因,是因为它们的可见性与简洁性。除了少见的情形外,生物学上的性(biological sex)是可见的,而且几乎可以立即产生基于性别的阐释性框架。种族和民族差异也许没有如此明显,但比社会经济背景、个性和沟通风格等其他差异更容易被发现。由于无须多少努力,便可识别这些差异,所以我们可能对此带有偏见,喜欢以它们为基础,来解释关系中的行为举止。简而言之,我们重视显而易见的因素,而不太强调可能需要花更多努力才能识别的比较微妙的因素(Zipf,1949)。由于大多数人能够识别似乎可以被确认为刻板印象的例子,所以这种偏见便得到了强化。例如,如果一个人正在寻找男人对个人关系的承诺少于女人这方面的论据,此人通常很容易在自己的熟人圈子里想起一个对个人关系的承诺少于女人的男人来。一般而言,男女在承诺水平上非常相似。这一事实并未阻止人们选择男人的承诺少于女人的事例。拥有一个似乎能够肯定其初始的刻板印象的例子后,大多数人便不会从自己的记忆中搜寻反面例子或进行更高级、复杂的认知评估了。

由于性别和族群存在简洁性,所以,人们乐于根据性别和族群进行解释。他们采取直截了当的两分法(女对男;相同对差异),使我们对人的本质和人群进行简单化的归纳。他们在解释他人的行为时,借助现成的偏见,关注那些稳定的特点和气质,而不关注那些短暂的,但通常更相关、更具互动性也更符合情境的因素(e.g., Ross and Nisbett, 1991)。一旦行为举止被归因于行为者的性别或族群,便无须考虑比较复杂的环境因素或关系因素了。于是,人们经常依赖性别和族群来解释行为举止,因为这样做很容易。

不幸的是,容易和简单并非总能孕育精确性。环境特点和互动结构本身的展开经常能给人提供更多的信息。此外,甚至当性别或族群真的能导致差异时,也有可能会引发误导。例如,被假定是源自性之结果的差异,常常被证明为强调权力差异的结果(e.g., Molm, 1985; Scudder and Andrews, 1995)。

在世界上的许多地方,性别仍然是个人关系经验和组织的重要特点。然而,在诸如美国这样的当代工业化民主国家中,人们应该越来越忽视性的差异。具有讽刺意味的是,可能正是部分源自这一原因,我们才对性的差异如此敏感。随着大型差异的消失,微小差异在感知上变得越来越重要。用这样的方式思考,有关性或性别是否是最恰当的术语的学术辩论,事实上正是性差异弱化的证据。倘若生物学上的性差异可以被预见,那么在个人关系上我们非常需要性别这个概念就值得怀疑了。当人们使用性别来进行解释时,是因为生物学上的性不足以进行解释。

这并不是说,性差异在个人关系中不再存在或无关紧要。在尚未考察到的领域里,也许,存在着重要的性差异。例如,某些研究表明,年轻女子比男子更有可能试图改变她们的父母对其恋爱伴侣或关系的看法(Leslie, Huston and Johnson, 1986)。这个发现需要进行更多研究。女性也更有可能试图改变其朋友的看法吗?一般而言,她们在影响网络成员方面更成功吗?女人和男人一样,可以不顾及网络成员的看法吗?

尽管族群仍然重要,而且常常导致世界上许多地方发生流血事件,但族群差异却在许多地区日益减少。例如,在文化上呈现多样性的音乐形式业已融入被越来越多的全球听众共同欣赏的通俗音乐文化。

大多数参与我们的有关族群差异的研究的研究者(占75%)出生在美国,这个事实强化了共享文化的思想。也许有人认为,某些被共享的"美国文化"掩盖了族群背景方面的差异。对这一假说进行更为详细完整的考察及对特定民族群体和族群进行更为详细的比较,都已超出了(我们)当前工作的范畴。然而,我们对在美国出生与不在美国出生的研究对象进行了比较,并没有发现一致的差异模式。

相同族群和不同族群的关系的相同性,也对传统的族群观和文化观提出了挑战。传统文化观把文化视为一种更高层次的社会类型,这种文化概括并控制着一个多少被界定了的人群的所有方面。这种文化观是一套共享的信仰、价值和行为方式。在这一视角下,任何行为举止都可借助通用语料库的一个组成部分来加以解释。这仍是理解包括族群和性别文化在内的所有文化的一种普通方法。遗憾的是,本文的结果显示,这个方法在解释文化组内的差异或跨文化组的相同性时,都不是非常有效的。它也不是分析文化的唯一方法。20世纪70年代时,这一传统文化观开始让路了。首先,文化观是一种被历史地加以转换的符号系统,人通过这个系统发展和表达社会生活的意义(e.g., Geertz, 1973)。其次,文化观又是一套保留节目(repertoires)、工具或人们用来创造意义和解决日常生活问题的资源(Philipsen, 1992; Swidler, 2001)。在后一种视角中,文化不是一个人使用的某种东西。它描述了互动中的个人选择,而不是群体差异的一致性模式。总之,无论一个人更为关注文化之间越来越多的相互影响,还是追随学术思想上的最新趋势,族群差异和性别差异显然都在减弱。

尽管如此,基于文化刻板印象的解释仍然存在。人们之所以如此,并非因为这样做容易、简单,而是由于人们对族群和性别差异的臆想,常常能为某个范围较宽泛的社会议程提供服务。例如,希望为少数民族争取利益者,常以用"不同声音"说话的群体成员自居(Gilligan, 1982)。差异之说为普通群体身份提供了一个基础,强化了地位和得到更公正待遇的要求。在其他案例中,这个议程不像商业议程那般政治化。例如,出版商和广播商发现了一个现成的赢利市场,市场中的材料展现了族群差异和个人关系中的性别差异。这些书籍和电影虽然好像可以提供某种远见,但往往都是简单地回收并强化了现存的刻板印象。它们之所以能成功,并不是因为它们挑战了我们现存的观念,而恰恰是因为它们让我们心情舒畅,使我们感到我们的理解非常正确。

这些差异论的终极结果就是,鼓励我们将小的差异放大,忽视跨群体个人关系中重要的相同性。我们在本文中探讨了年龄、关系类型、性别和族群构成在个人关系中的差异。尽管要检验这个理论的通用性仍须做大量工作,但社会环境方法(social contextual approach)似乎能够帮助我们了解个人关系的几个不同类型。尽管结果表明,社会网络因素和关系因素在个人关系的诸多方面都以相同的方式相互关联,但它们业已显示网络因素和关系因素互动的更为具体的过程。因此,对网络因素和关系因素之间的广泛联系进行的考察,无疑会呈现出更特别的方式,人们通过这些方式管理日常表达中的信息和关系……

复习题

1. 有人在研究中发现,在亲近性、支持性和表达性方面存在性别差异。帕克斯虽然认可这些研究,但也引用了"反驳"这些研究的发现。这些研究是如何被驳倒的?

2. 男人和女人都会对关系做出承诺。这个领域的研究结果是什么？

3. 帕克斯探讨的族际关系包括"高攀"和"低就"等。请解释这些术语的含义。

4. 我们从帕克斯有关族际关系的探讨中得出的一个结论是：族群不等于文化。请解释这个观点。

思考题

1. 帕克斯在评论有关族际关系的研究时提出了什么实用的建议？这个研究暗示，处于这些关系中的人应当做什么或不应做什么？

2. 帕克斯认为，人们可能着眼于性别差异和族群差异而非性别相同和族群相同的原因之一就是，性别和族群的标志非常清楚和简单。请解释他的意思。

参考文献

Abrahamson, M. (1996). *Urban enclaves: Identity and place in America*. New York: St. Martin's Press.

Argyle, M., Henderson, M., Bond, M., Izuka, Y., & Contarello, A. (1986). Cross cultural variations in relationship rules. *International Journal of Psychology*, 21, 287—315.

Aries, E. J. (1996). *Men and women in interaction. Reconsidering the differences*. New York: Oxford University Press.

Aries, E. J., & Johnson, F. L. (1983). Close friendship in adulthood: Conversational content between same-sex friends. *Sex Roles*, 9, 1183—1196.

Bank, B. J., & Hansford, S. L. (2000). Gender and friendship: Why are men's best same-sex friendships less intimate and supportive? *Personal Relationships*, 7, 63—78.

Bascow, S. A., & Rubenfeld, K. (2003). "Troubles talk": Effects of gender and gender-typing. *Sex Roles*, 48, 183—187.

Berscheid, E. (1999). The greening of relationship science. *American Psychologist*, 54, 260—266.

Bureau of the Census. (2002). *Interracial married couples*. Retrieved January 25, 2003, from http://landview.census.gov/population/socdemo/ms-la/tabms-3.txt and http://landview.census.gov/population/socdemo/hhfam/tabMS-3.txt

Canary, D. J., Emmers-Sommer, T. M., & Faulkner, S. (199). *Sex and gender differences in personal relationships*. New York: Guilford Press.

Carver, K., Joyner, K., & Udry, J. R. (2003). National estimates of adolescent romantic relationships. In P. Florsheim (Ed.), *Adolescent romantic relations and sexual behavior: Theory, research, and practical implications* (pp. 23—56). Mahwah, NJ: Lawrence Erlbaum Associates.

Fang, C. Y., Sidanius, J., & Pratto, F. (1998). Romance across the social status continuum: Interracial marriage and the ideological asymmetry effect. *Journal of Cross-Cultural Psychology*, 29, 290—305.

Fehr, B. A. (2004). A prototype model of intimacy interactions in same-sex friendships. In D. J. Mashek & A. Aron (Eds.), *Handbook of closeness and intimacy* (pp. 9—26). Mahwah, NJ: Lawrence Erlbaum Associates.

Floyd, K. (1995). Gender and closeness among friends and siblings. *Journal of Psychology: Interdisciplinary and Applied, 129*, 193—202.

Fraga, M. F., Ballestar, E., Paz, M. F., Ropero, S., Setien, F., Ballestar, M. L., et al. (2005). Epigenetic differences arise during the lifetime of monozygotic twins. *Proceedings of the National Academy of Sciences, 102*, 10604—10609.

Gaines, S. O., Jr., Granrose, C. S., Rios, D. I., Garcia, B. F., Youn, M. S. P., Farris, K. R., et al. (1999). Patterns of attachment and responses to accommodative dilemmas among interethnic/interracial couples. *Journal of Social and Personal Relationships, 16* (2), 275—285.

Gaines, S. O., Jr., & Liu, J. H. (2000). Multicultural/multiracial relationships. In C. Hendrick & S. Hendrick (Eds.), *Close relationships: A sourcebook* (pp. 97—108). Thousand Oaks, CA: Sage.

Goldsmith, D. J., & Dun, S. A. (1997). Sex differences and similarities in the communication of social support. *Journal of Social and Personal Relationships, 14*, 317—337.

Goldsmith, D. J., & Fulfs, P. A. (1999). "You just don't have the evidence": An Analysis of claims and evidence in Deborah Tannen's *You Just Don't Understand*. In M. E. Roloff (Ed.), *Communication yearbook 22* (pp. 1—49). Thousand Oaks, CA: Sage.

Goodman, E., & O'Brien, P. (2000). *I know just what you mean: The power of friendship in women's lives*. New York: Simon & Schuster.

Gudykunst, W. B., & Nishida, T. (1986). The influence of cultural variability on perceptions of communication behavior associated with relationship terms. *Human Communication Research, 13*, 147—166.

Gumperz, J. J. (1982). *Discourse strategies*. Cambridge, England: Cambridge University Press.

Gurung, R. A. R., & Duong, T. (1999). Mixing and matching: Assessing the concomitants of mixed-ethnic relationships. *Journal of Social and Personal Relationships, 16*, 639—657.

Hendrick, S., & Hendrick, C. (2000). Romantic love. In C. Hendrick & S. Hendrick (Eds.), *Close relationships: A sourcebook* (pp. 203—215). Thousand Oaks, CA: Sage.

Kaiser Family Foundation. (2001). *Race and ethnicity in 2001: Attitudes, perceptions and experiences*. Retrieved January 25, 2003, from http://www.kff.org/content/2001/3143/

Kyratzis, A. (2001). Children's gender indexing in language: From the separate worlds hypothesis to considerations of culture, context, and power. *Research on Language and Social Interactions, 34*, 1—13.

MacGeorge, E. L., Graves, A. R., Feng, B., Gillihan, S. J., & Burleson, B. R. (2004). The myth of gender cultures: Similarities outweigh differences in men's and women's provision of and responses to supportive communication. *Sex Roles, 50*, 143—175.

Maltz, D. N., & Borker, R. A. (1982). A cultural approach to male-female miscommunication. In J. J. Gumperz (Ed.), *Language and social identity* (pp. 196—216). Cambridge, England: Cambridge University Press.

Minatoya, L. Y. (1988). Women's attitudes and behaviors in American, Japanese, and cross-national marriages. *Journal of Multicultural Counseling and Development, 16*, 45—62.

Parks, M. R., & Adelman, M. B. (1983). Communication networks and the development of romantic relationships: An expansion of uncertainty reduction theory. *Human Communication Research*, *10*, 55—79.

Parks, M. R., & Floyd, K. (1996b). Meanings for closeness and intimacy in friendship. *Journal of Social and Personal Relationships*, *13*, 85—107.

Philips, S. U. (1983). *The invisible culture: Communication in classroom and community on the Warm Springs Indian Reservation*. New York: Longman.

Reis, H. T., Senchak, M., & Solomon, B. (1985). Sex differences in the intimacy of social interaction: Further examination of the potential explanations. *Journal of Personality and Social Psychology*, *48*, 1204—1217.

Rosenblatt, P. C., Karis, T. A., & Powell, R. D. (1995). *Multiracial couples: Black and White voices*. Thousand Oaks, CA: Sage.

Shibazaki, K., & Brennan, K. A. (1998). When birds of different feathers flock together: A preliminary comparison of intra-ethnic and inter-ethnic dating relationships. *Journal of Social and Personal Relationships*, *15*, 248—256.

Sprecher, S., & Felmlee, D. (2000). Romantic partners' perceptions of social network attributes with the passage of time and relationship transitions. *Personal Relationships*, *7*, 325—340.

Swain, S. (1989). Covert intimacy: Closeness in men's friendships. In B. J. Risman & P. Schwartz (Eds.), *Gender in intimate relationships* (pp. 71—86). Belmont, CA: Wadsworth.

Ting-Toomey, S. (1991). Intimacy expressions in three cultures: France, Japan, and the United States. *International Journal of Intercultural Relations*, *15*, 29—46.

Todd, J., Mckinney, J. L., Harris, R., Chadderton, R, & Small, L. (1992). Attitudes toward interracial dating: Effects of age, sex, and race. *Journal of Multicultural Counseling and Development*, *20*, 202—208.

Tucker, M. B., & Mitchell-Kernan, C. (1995). Social structural and psychological correlates of interethnic dating. *Journal of Social and Personal Relationships*, *12*, 341—361.

Walker, K. (1994). Men, women, and friendship: What they say, what they do. *Gender and Society*, *8*, 246—265.

Wood, J. T. (2000). Gender and personal relationships. In C. Hendrick & S. Hendrick (Eds.), *Close relationships: A sourcebook* (pp. 301—313). Thousand Oaks, CA: Sage.

Wood, J. T., & Inman, C. (1993). In a different mode: Recognizing male modes of closeness. *Journal of Applied Communication Research*, *21*, 279—295.

Wright, P. H. (1982). Men's friendships, women's friendships and the alleged inferiority of the latter. *Sex Roles*, *8*, 1—20.

第三节　个人关系中的性别观[①]

朱莉娅·T. 伍德

传播学教师和学者朱莉娅·伍德没有重复"火星与金星"这类畅销书中极端化的概括,而是评论了一些男女对个人关系的基本观点。伍德认为,"并非所有女人都用女性观点来看待个人关系,也并非所有男人都用男性观点看待个人关系"。但她认为,这种模式和倾向是存在的,对之进行认识和了解也是有益的。

这些模式之所以兴起,主要是因为女孩和男孩被社会化的方式不同。我们成长过程中的话语环境是性别化的。伍德认为,我们从那里学会了如何表现男性化或女性化。

女孩和女人所持的两大原则是:亲密是一种持续不断的过程;人际沟通是建立关系的主要方式。因此,即使承诺是安全可靠的,女人也"喜欢把伴侣和关系视为持续不断的变化",也就是说,她们不断着眼于这些关系并与这些关系一起发生变化。这个研究表明,女人的沟通一般比男人的沟通更具情感表达性。

男孩和男人所持的两大原则是:亲密性"是在某个点获得解决的事件";关系多是通过行动而非交谈建立起来的。结果,许多男人认为,在承担义务之后,就不用再对关系有所作为了。他们倾向于一起做事并建立关系,而不是仅仅谈论关系。

这些观点的差异揭示了男女之间经常出现误解的原因。伍德简单地勾画了出现这种情况的过程。她在此处虽然没有提供救治所有性别差异的灵丹妙药,却提供了认识我们共同感受的跨性别谈话伙伴的某些方法。你可利用这些理解,并结合帕克斯的论文,解决你所有的困难。

萨伦·布雷姆(Sharon Brehm)在1992年写道:"也许影响我们体验爱情的最强烈的个人差异就是性别。男人与女人用极为不同的方式建构他们的爱情现实"(p.110)。相关研究的题目从情感表达(Christensen and Heavey, 1990)、爱情方式(Hendrick & Hendrick, 1988)到冲突方式(Gottman, 1994a; Jones and Gallois, 1989)。这些研究报告了男女之间的一般差异。不同性别对亲密方式的看法差异如此之大,以至于1993年的一份通俗杂志(*Utne*, January)上出现了这样的封面标题:"男人和女人:我们能相处吗?我们还应当试一试吗?"尽管我们大多数人认为,这是值得我们努力去做的,但有时这样做会使我们感到很难受和困惑。妨碍男女沟通的误解大多源自这样的事实:他们通常在分离的(discrete)话语共同体中被社会化了。根据立场理论

[①] From *Relational Communication*, *Continuity and Change in Personal Relationships*, 2nd edition by Julia T. Wood. Copyright ⓒ 2000. Reprinted with permission of Wadsworth, a division of Thomson Learning: www.thomsonright.com Fax 800 730—2215.

(standpoint theory),西方社会的结构和发展过程培育了看待关系的性别视角,以及关系中独特的沟通和感知方式。

性别化的话语共同体教育大多数男女要用社会关于阳刚阴柔的观念来理解、阐释和进行沟通。大多数男孩和女孩通过被性别差异化的环境、活动和指令,把自己的关系观念内在化,并根据他们各自的性别进行互动。从实用角度看,这就意味着,女人和男人一般会对什么是亲密、如何创造亲密、如何表达亲密及如何持续保持亲密持不同观点(Inman,1996;Wood and Inman,1993)。许多研究和对研究的评论显示,不同的性别文化确实存在,它们在一些重要方面还有着不同的体系(Aries,1987;Beck,1988;Coates and Cameron,1989;Gottman and Carrère,1994;Johnson,1989;Kramarae,1981;Maltz and Borker,1982;Wood,1993,1994a,b,c,1995,1996,1999)。尽管并非所有女人都用女性观点来看待个人关系,也并非所有男人都用男性观点看待个人关系,但研究显示,许多男女的确在采用他们各自的话语共同体的观点。

一、女性对人际关系的看法

也许,女性对关系的观念有两个基本原则:亲密被理解为一个连续不断的进程;人际沟通被视为与他人保持联系的主要动力(Riessman,1990;Wood,1986,1993,1996,1999)。因为女性一般被教导要建立和培育关系,所以她们的特点就是把亲密联系理解成一直向前流动的进程。因此,即使女性业已获得承诺,也倾向于把伴侣和关系看成以各种方式不断演变的过程(Gilligan,1982;Schaef,1981;Wood,1986,1993)。从这个观点出发,亲密是不能用一种最后的形式结束和加以解决的事情。因为总是存在要互相了解的东西,关系始终需要增加新的理解和体验。由于女性比男性在社会化过程中更重视关系,所以亲密是她们的观念、利益和投资的中心与连续不断的焦点(Acitelli,1988,1993;Gilligan,1982;Wood,1986,1993b,1999)。类似婚姻之类的正式承诺虽然不能解决亲密问题,却是正在进行的过程中的一个时刻。

也许,由于女性的社会化强调建构和获得与他人的联系,所以女性一般把沟通视为与他人共同创造、表达、增强和赞美亲密性的主要方式。凯瑟琳·里斯曼(Catherine Riessman,1990)在问题婚姻研究中发现,女性把推心置腹的交谈视为"关系的中心"(p.24)。一般来说,女性比男性更富于情感表达性(Christensen and Heavey,1990;Roberts and Krokoff,1990);女性也比男性对其他人使用的言语回应得更多一些(Beck,1988;Burleson,1982;Miller,Berg and Archer,1983)。

在一些女同性恋关系中,表达性沟通(expressive communication)特别重要。与双性恋者或男同性恋者相比,女同性恋伴侣更多地依赖沟通来提供情感支持和做出回应(Eldridge and Gilbert,1990;Kurdek and Schmitt,1986;Wood,1944b)。女人也比男人更愿意讨论关系回报的问题,即使当时不存在什么大的问题或其他问题(Acitelli,1988;Wood,1998b)。因此,花一个晚上讨论关系比两人一起做事更有可能丰富一个女性对一位伴侣的亲密感。

但是，什么是沟通呢？大量研究表明，女性喜欢把日常谈话和与他人接触的过程置于重要地位，不管讨论的话题是否重要（Reissman，1990；Wood，1993，1998b，1999）。大多数女性从和伴侣谈论一些微不足道的日常小事中寻找乐趣和沟通的重要意义，而且她们把这样做视为不断丰富个人关系并保持关系互动的重要手段（Aries，1987；Tannen，1990）。为了解女性如何创造特别的亲密性，女性友谊被描述成"一场展开的谈话"（Becker，1987）。从女性对关系的视角看，谈话不只是用来解决问题或协调行为等的手段，还是一个主要目标。交流的过程正是沟通存在的理由。

二、男性对人际关系的看法

男性对亲密关系的定位有两个关键因素：亲密性"是在某个点获得解决的事件"；关系多是通过行动而非交谈建立起来的。与一般女性不同，许多男性倾向于把亲密视为在某个时刻建立起来的，而后基本保持不变的事情（Rubin，1985；Schaef，1981）。因此，许多男性做出承诺之后，便把承诺当作一种无须进行评价或给予关注的特定物（given）。这与女性的关系观念不同，女性把承诺视为一种正在进行的过程，需要通过连续不断的关注和谈话加以丰富。

由于男性的社会化强调个人成就，所以大多数男性都认为沟通是一种工具（Block，1973；Brehm，1992）。因此，男性比女性更愿意把沟通作为取得特定目标，即解决一个问题、表达一种思想、安排一个计划等的途径。换句话说，沟通应当为某种目的服务，应当做些事情（Maltz and Borker，1982；Reissman，1990；Wood，1993c）。按照这种观点，闲聊就显得毫无用处；关于关系的交谈也显得毫无必要，除非存在着必须给予关注的某些具体的事情（Acitelli，1988；Wood，1993，1998b）。不论是言语沟通还是非言语沟通，男性都倾向于不使用表情，因为它的着眼点不是情感，而是交谈的内容。与女性相比，男性在社会化过程中被要求更多地控制情感（Christensen and Heavey，1990；Fletcher and Fitness，1990；Roberts and Krokoff，1990）。同性恋者通常是在男性话语共同体中被社会化的，也是所有类型的"夫妇"中最不注重情感和表达的人（Blumstein and Schwartz，1983；Eldridge and Gilbert，1990；Kurdek and Schmit，1986；Wood，1994d）。

在男人如何在沟通中创造和表达情感方面，活动占据了重要的中心位置。斯科特·斯温（Scott Swain，1989）将其称为"做事中的亲密感"，他发现，男性友谊通常产生于共同进行的活动。斯温不把做事阐释成亲密的替代物，而是认为做事是通向亲密的变通途径和变通形式。其他学者（Paul and White，1990；Sherrod，1989；Tavris，1992；Wood and Inman，1993；Wright，1988）的研究支持斯温的发现和阐释，即活动是获得亲密感的手段，这种手段虽不同于交谈，却通过交谈使亲密变得合理。与伴侣一起做事或为伴侣做事似乎是许多男人所认为的异性浪漫关系的特点（Cancian，1987，1989；Inman，1996；Reissman，1990；Wood，1993，1998b）。因此，一个男人可能会通过给他的伴侣洗车,以表达爱慕之情,也可能认为出去观看一场球赛是庆祝周年纪念日不错的方式。

三、性别化的关系观之间的张力

男性与女性观念的差异表明,误解肯定会发生,而且会常常发生。例如,一位女士可能把一位男士缺乏谈论关系的兴趣当作他不在乎他俩的关系的证据。然而,在男人看来,只要关系稳定,便没有关注的必要了。同样,男人有时觉得女人爱谈论一些鸡毛蒜皮的小事;他们认为女人热衷于讨论一种处于良好状态中的关系显得很没意思。然而,这种阐释只是基于意义的内容层面,而忽视了彼此联系的论点所在的那层关系。

另一个经常让人感到挫折的问题是语言学家德博拉·坦南(1990)所说的"麻烦交谈"(troubles talk)。例如,一位女士可能把她与同事之间的麻烦告诉给她的伴侣,希望他能同情她并给她一些情感支持。相反,他可能仅给她提供了如何解决这个问题的建议。但在她看来,伴侣这样做就显得很冷淡,因为建议并不代表认可她的情感。尽管他的意图是要通过解决问题来支持她,可他是在意义的内容层面上进行沟通的,而她却是在关系层面进行沟通的,因此相互之间产生了误解。同样,男性希望做事,而非谈话,女性有时觉得男性正在拒绝亲密感。反之,男性一般通过活动来体验亲密,所以他们不在交谈中体验亲密感(Reissman,1990;Wood and Inman,1993)。关系中出现问题不是因为建立关系的方式不好,而是因为伴侣们并不了解彼此表达亲密和创造亲密感的方式。

伦尼

每当我与姑娘们建立关系,好像就会碰到问题。我真搞不懂她们为什么在一切都还好好的时候还起劲儿地谈论关系,我也搞不懂为什么我一提议去看看比赛或去看看电影,她们就会生气。现在,我明白了什么事儿对姑娘们更为重要了。现在,我也能够对我的女友解释我的意思了。上一次,我建议我们出去看一场比赛。我对她这样说,我们一起参加活动时,我就感到她很亲近。她想了一会儿,同意去看比赛了。我们对关系中所遇到的事情进行了讨论,用不同的方式进行了很有趣的交谈。

总的来看,性别化的观点影响到伴侣们如何看待关系以及如何阐释对方的行动。正如我们已看到的那样,社会化一般会在很大程度上被性所隔离,所以,许多女人和男人学会了不同的沟通方式,对亲密关系如何起作用也有了不同的理解。差异本身并不一定会造成问题,可如果我们不能相互理解,那么,误解就会造成伤害。也许,最正确的行动路线就是避免用我们自己的视角去阐释他人,而是应当努力用他们自己的视角去理解他们。要学习这样做,就要求伴侣们围绕体验亲密感和表达亲密感的方式进行公开的交流。

复习题

1. 伍德说,女人和男人"通常在分离的话语共同体中被社会化了"。请解释她的含义。"社会化"是什么意思?什么是"话语共同体"?
2. 请解释女性和男性针对关系分别所持有的两项基本原则。
3. 有时,一位女士会因为一位男士不愿保持关系或对保持关系缺乏兴趣,特别是他不想谈论这个关系感到很失落。从男性的观点看,为什么这种不愿或缺乏兴趣很好理解?从女性的观点看,女士为什么会感到失落?
4. 在男人看来,闲聊毫无意义;而在女人看来,闲聊却很重要。请解释原因。
5. 女人把某个问题告诉一个男人时,男人常常试图去处理这个问题或解决这个问题。但是在许多情况下,女人并不希望男人这样做。为什么?出了什么问题?

思考题

1. 由于女人和男人被社会化的方式不同,他们会用不同的方式对沟通进行界定吗?
2. 伍德对帕克斯在前一篇文章中提出的论点做出了回应,你赞同伍德的观点吗?
3. 反思你自己的沟通与性别化的经历。你更赞成伍德的观点,还是更赞成帕克斯的观点?在你最不赞成的文章中,你发现了什么最有远见卓识或最有用的东西?

参考文献

Acitelli, L. (1988). When spouses talk to each other about their relationship. *Journal of Social and Personal Relationships*, 5, 185—199.

Acitelli, L. (1993). You, me, and us: Perspectives on relationship awareness. In S. W. Duck (Ed.), *Understanding relationship processes*, 1: *Individuals in relationships* (pp. 144—174). Newbury Park, CA: Sage.

Aries, E. (1987). Gender and communication. In P. Shaver (Ed.), *Sex and gender* (pp. 149—176). Newbury Park, CA: Sage.

Beck, A. (1988). *Love is never enough*. New York: Harper & Row.

Becker, C. S. (1987). Friendship between women: A phenomenological study of best friends. *Journal of Phenomenological Psychology*, 18, 59—72.

Block, J. H. (1973). Conceptions of sex role: Some cross-cultural and longitudinal perspectives. *American Psychologist*, 28, 512—526.

Blumenstein, P., & Schwartz, P. (1983). *American couples: Money, work, and sex*. New York: Morrow.

Brehm, S. (1992). *Intimate relationships*. New York: McGraw-Hill.

Burleson, B. R. (1982). The development of comforting communication skills in childhood and adolescence. *Child Development*, 53, 1578—1588.

Christensen, A., & Heavey, C. (1990). Gender and social structure in the demand/withdraw pattern in marital conflict. *Journal of Personality and Social Psychology, 59*, 73—81.

Coates, J., & Cameron, D. (Eds.). (1989). *Women and their speech communities.* New York: Longman.

Eldridge, N. S., & Gilbert, L. A. (1990). Correlates of relationship satisfaction in lesbian couples. *Psychology of Women Quarterly, 14*, 43—62.

Fletcher, G. J., & Fitness, J. (1990). Occurrent social cognition in close relationship interaction: The role of proximal and distal variables. *Journal of Personality and Social Psychology, 59*, 464—474.

Gilligan, C. (1982). *In a different voice: Psychological theory and women's development.* Cambridge, MA: Harvard University Press.

Gottman, J. (1994). *What predicts divorce? The relationship between marital processes and marital outcomes.* Hillsdale, NJ: Erlbaum.

Gottman, J., & Carrère, S. (1994). Why can't men and women get along? Developmental roots and marital inequities. In D. Canary & L. Stafford (Eds.), *Communication and relational maintenance* (pp. 203—229). New York: Academic Press.

Hendrick, C., & Hendrick, S. S. (1988). Lovers wear rose-colored glasses. *Journal of Social and Personal Relationships, 5*, 161—184.

Inman, C. C. (1996). Friendships among men: Closeness in the doing. In J. T. Wood (Ed.), *Gendered relationships* (pp. 95—110). Mountain View, CA: Mayfield.

Johnson, F. (1989). Women's culture and communication: An analytic perspective. In C. M. Lont & S. A. Friedley (Eds.), *Beyond boundaries: Sex and gender diversity in communication.* Fairfax, VA: George Mason University Press.

Jones, E., & Gallois, C. (1989). Spouses' impressions of rules for communication in public and private marital conflicts. *Journal of Marriage and the Family, 51*, 957—967.

Kramarae, C. (1981). *Women and men speaking: Frameworks for analysis.* Rowley, MA: Newbury House.

Kurdek, L. A., & Schmitt, J. P. (1986). Relationship quality of partners in heterosexual married, heterosexual cohabiting, and gay and lesbian relationships. *Journal of Personality and Social Psychology, 51*, 711—720.

Maltz, D. N., & Borker, R. (1982). A cultural approach to male-female miscommunication. In J. J. Gumpertz (Ed.), *Language and social identity* (pp. 196—216). Cambridge, England: Cambridge University Press.

Miller, L., Berg, J., & Archer, R. (1983). Openers: Individuals who elicit intimate self-disclosure. *Journal of Personality and Social Psychology, 44*, 1234—1244.

Paul, E., & White, K. (1990). The development of intimate relationships in late adolescence. *Adolescence, 25*, 375—400.

Riessman, C. (1990). *Divorce talk: Women and men make sense of personal relationships.* New Brunswick, NJ: Rutgers University Press.

Roberts, L. J., & Krokoff, L. L. (1990). A time-series analysis of withdrawal, hostility, and displeasure in satisfied and dissatisfied marriages. *Journal of Marriage and the Family*, *52*, 95—105.

Rubin, L. (1985). *Just friends: The role of friendship in our lives*. New York: Harper & Row.

Schaef, A. W. (1981). *Women's reality*. St. Paul, MN: West.

Sherrod, D. (1989). The influence of gender on same-sex friendships. In C. Hendrick (Ed.), *Close relationships* (pp. 164—186). Newbury Park, CA: Sage.

Swain, S. (1989). Covert intimacy: Closeness in men's friendships. In B. J. Risman & P. Schwartz (Eds.), *Gender in intimate relationships* (pp. 71—86). Belmont, CA: Wadsworth.

Tannen, D. (1990). *You just don't understand: Women and men in conversation*. New York: Simon & Schuster.

Tavris, C. (1992). *The mismeasure of woman*. New York: Simon & Schuster.

Wood, J. T. (1986). Different voices in relationship crises: An extension of Gilligan's theory. *American Behavioral Scientist*, *29*, 273—301.

Wood, J. T. (1993). Engendered relations: Interaction, caring, power, and responsibility in intimacy. In S. W. Duck (Ed.), *Understanding relationship processes 1: Individuals in relationships*. Newbury Park, CA: Sage.

Wood, J. T. (1994a). Engendered identities: Shaping voice and mind through gender. In D. Vocate (Ed.), *Interpersonal communication: Different voices, different minds* (pp. 145—167). Hillsdale, NJ: Erlbaum.

Wood, J. T. (1994b). Gender and relationship crises: Contrasting reasons, responses, and relational orientations. In J. Ringer (Ed.), *Queer words, queer images: The construction of homosexuality* (pp. 238—264). New York: New York University Press.

Wood, J. T. (1994c). Gender, communication, and culture. In L. Samovar & R. Porter (Eds.), *Intercultural communication: A reader* (7th ed.) (pp. 155—164). Belmont, CA: Wadsworth.

Wood, J. T. (1994d). *Who cares? Women, care and culture*. Carbondale: Southern Illinois University Press.

Wood, J. T. (1995). Feminist scholarship and research on personal relationships. *Journal of Social and Personal Relationships*, *12*, 103—120.

Wood, J. T. (Ed.). (1996). *Gendered relationships*. Mountain View, CA: Mayfield.

Wood, J. T. (1999). *Gendered lives: Communication, gender, and culture* (3rd ed.). Belmont, CA: Wadsworth.

Wood, J. T., & Inman, C. C. (1993). In a different mode: Masculine styles of communicating closeness. *Journal of Applied Communication Research*, *21*, 279—295.

Wright, P. H. (1988). Interpreting research on gender differences in friendship: A case for moderation and a plea for caution. *Journal of Social and Personal Relationships*, *5*, 367—373.

第四节　网络空间的浪漫：了解在线魅力[①]

埃尔文·库伯和勒达·斯博托拉利(Alvin Cooper and Leda Sportolari)

当互联网首次为人们创造了在网络空间相遇和交谈的可能性时，人们普遍认为，所有在线关系(online relationship)肯定都是浅薄的。现在，我们拥有了使用聊天室、远程教育和电子邮件的足够经验。这使我们懂得，在线环境为人们提供了进行长期被视为无法进行的人际沟通的机会。参与在线项目小组的学生们建立了强有力的工作关系；家庭成员和恋爱者能保持密切接触；陌生人甚至通过"易趣网站"(eBay)建立了需要高度信任、具有较大风险性的商业关系。这篇阅读材料解释了一些赛伯空间中的浪漫故事。

文章的第一句话宣称，浪漫关系的健康发展有可能进入真实生活。作者援引的研究证实了这一观点：电脑媒介关系可以变成面对面的个人关系。一些电脑用户甚至认为电子邮件和电脑会议的内容像面对面谈话或电话交谈一样丰富，甚至更丰富。

许多人会说，电脑媒介关系的一个重要的特点就是，身体的魅力不会像面对面关系环境中的个人关系一样，对展开个人关系产生影响。众所周知，人们面对面相遇时，会对对方的身体和长相进行过度概括(overgeneralize)，如果在线者真的见了面，就会发现他们在线上遇到的许多人并不漂亮或帅气。一位研究者总结说：在面对面的情景中，我们遇到某个人，随后逐渐认识他或她；而在线上，这个过程正好相反。首先，我们认识某个人，但不一定见到他或她。如果两个人在线上联系之后再相见，那么他们也许已经建立了某种亲密关系，无论他们对对方的外表有怎样的印象，都会被置于已有的框架内。

一个伙伴被认为既有身体魅力又有相似态度时，是最有吸引力的。那些在面对面的互动中与他人难以建立关系的人，在线上和与自己态度相似者相遇的机会却很多。在电脑媒介关系中自我坦露比面对面坦露的风险要小。每一个伙伴都可以对坦露什么和怎样坦露进行更多的控制，由此而增加的信任还可对对方产生吸引力。很多在线书写的讯息的口语感更强，可以保持现场感，即使每个伙伴都有时间细想和组织造句，至少可在不同的时间这样做。

关于性爱联系(erotic connections)，我们在前文说过，关系的基础是情感融入，而不是性的吸引。一位学者说："心理上的亲密感是我们进行性表达的无形、微妙而强有力的驱动力。"体现电脑媒介关系特点的人际空间也能减少刻板老套的性别角色观念对发展亲密关系的影响。例如，女士不必非得在上线时说"不"。男人和女人都能用在面对面环境下不可能使用的方式进行在线沟通。

[①] "Romance in Cyberspace" by Alvin Cooper and Leda Sportolari. Reprinted by permission of the author, Leda Sportolari. Leda Sportolari, LCSW, maintains a private psychotherapy practice in Bala Cynwyd, PA.

这篇文章虽未向你讲授如何在线上发展恋爱关系或其他类型的关系,却为你提供了能够指导你亲身体验网络空间的人际沟通的丰富见识。

本文讲述并讨论在线关系的结构和进程,为积极、温暖的人际关系,包括有可能发展成"真实生活"的健康的浪漫关系提供了各种方法。当我们认识到,网络中存在性强迫或性反常的方式时,我们同时也在思考性强度在这些关系中可能会得到怎样积极的发展。通过运用心理学的关系理论和描述在线创造的人际空间的质量,我们认为丰富、深刻的关系可能会在这种非人际媒介(impersonal medium)中呈现。

人们以前曾作此种假定:由于缺乏面部和身体言语的暗示,缺乏他人"能感觉到的存在",缺乏沟通者之间的"共享社会环境",外加"狭窄的"媒介带宽(比如,只有文字内容,没有声像和味觉及其他可能的非言语表达)(Walther,1994)的限制,人们通过互联网建立的关系比面对面的关系涉及的活动要少一些,内容不如后者丰富,也缺少人的特性。

某些实验研究似乎验证了这个观点:电脑媒介上的沟通与面对面沟通相比,个人接触较少,但有针对性的任务却更多了。然而,实地研究结果正好相反。研究者发现,由于交流的速度缓慢和带宽有限(用电脑媒介进行沟通者需要较长时间才能形成对他人的印象),与面对面关系相比,人们需要很长时间才能发展电脑媒介沟通关系。不过,经过一段时间后,电脑媒介沟通关系的确能变成像面对面关系一样的人际关系,而且产生感情、亲近性、接纳性、信任和深度等诸如此类的行为取向(Walther and Burgoon,1992)。研究者甚至发现,由于讯息发送者不必担心自己拒绝发表个人评论或提出个人问题会减慢整个小组的沟通速度,讯息接收者可在自己的闲暇时间里阅读针对整个小组的评论(Walther and Burgoon, 1992),因此由受访者组成的小组参与完成任务时,通过非同时性的电脑媒介建立的人际沟通要多于面对面的沟通。其实,某些经验丰富的电脑用户认为,电子邮件和电脑会议的内容像面对面沟通和电话谈话一样"丰富"或者更丰富(Jaffe, Lee, Huang, and Oshagan,1995)。

一、在线关系的发展

为了更好地理解这些研究发现和许多大众媒体对在线爱情故事的报道(二者都指向个人参与,甚至个人魅力和电子关系的本质),我们需要转到人际魅力理论和早期关系形成的理论上来。人们用头脑中的面对面关系使这些理论概念化,并把这些理论运用到新型的高技术论坛中。许多"现实世界"中的关系始于外在因素,比如由外表所形成的魅力。如果关系继续得以发展,这种魅力便会基于价值观和信仰的相似程度而成为关系的附属物。和谐关系的发展、相互间的自我坦露和对他人的移情式理解(Brehm, 1992, p.156),都涉及关系的深化,而这种深化把双方的关系推进到一个更为亲密的阶段。这种关系在任何时候都可能成为性关系,要么源自身体吸引所爆出的最初火花,要么源自后来因情感联系而产生的亲密感。当然,线上和线下的任何关系都是独特的,而且这种进化的关系对简单的关系类型划分提出了挑战。

二、身体魅力

显然,随着当今网络技术的发展,电脑媒介关系并不是由建立在身体特性基础上的魅力而开始发展的。在强调外表的文化中,互联网提供了发展初始魅力的不同办法。如果把摄像机当作标准设备,那么这一点就有可能变化。对许多人来说,影像中的样子是一种失去自由的体验,因为他们在沟通时顾不上观看。然而,即使在录制的形象中,身体互动也不会像面对面互动中那样显著。身体互动被视为总体在线表现的一个方面,而不是占据主导位置的一个方面。

人们从线上获得的初步印象主要来自某人如何描述和表达他或她自己。在线上,除了电子邮件使用者把名字传给对方之外,一个人的身体呈现(physical presence),如魅力、年龄、种族、民族、性别和行为举止,都不是证据,除非电子邮件使用者选择描述自己的这些方面。人可以呈现自己,可以不受某些一开始就影响面对面关系的有意或无意的刻板观念的局限而被"看见"。这些刻板观念影响着人们建构面对面的关系。人们更容易在线上对自我表现进行控制;人们可以决定何时和怎样坦露关于自己的负面信息。有时,尽早自我坦露此类信息反而更好(从推进关系的角度看);在其他情况下,也许还是等待恰当时机为好(Hendrick and Hendrick,1983)。

在面对面互动中,人们根据身体特征迅速做出判断;外表好看的人占有明显的社会优势。对长相作过度概括的人认为,那些外表好看的人,其内心也一定很美好,个人前程也会很好。有人把这种众所周知的刻板印象称为"美的就是好的"(Brehm,1992,p.65)。在面对面的交往中极度关注自己或他人的外表而不想建立亲密关系的人,有可能在网上无拘无束地发展与他人的关系。建构电子关系给人们提供了不同于单身男女在"肉市"(meat market)中互动的基础:"在网上外表漂亮的观念并不适用。我们都是在屏幕上跳动的比特和字节"(Deuel,1996,p.143)。

在网上,许多人的外表对我们可能毫无吸引力,但如果有机会,我们就有可能与他们建立很好的联系。正如一位在线参与者所言:"你在大街上不是遇到每一个人时都会说话。你学会用不同的眼光看人"(Turkle,1995,p.224)。这使得引人注目但常常带有风险的"化学反应"或"一见钟情"减少了。人们首次见面就挥手说再见,这常常是因为外貌欠佳和心理反射。对许多人来说,这种体验大多是一面红旗①,不是要马上建立联系(Hendrix,1988)。

莱因戈尔德(Rheingold)说:

> 你在网络空间与人相遇的方式使你对建立联系有不同的解释:在传统类型的社区里,我们习惯于先与人见面,然后再逐渐去了解他们;在虚拟社区里,我们先

---

① 此处指像交通指挥员一样,手持一面小红旗,让车辆停止前行。——译注

认识某些人,然后再选择是否与他们见面(Rheingold,1993,pp.26—27)。

人们彼此接触时,一种亲密关系业已形成。此时,人们因任何不吸引人的身体特点所产生的强烈感觉和意义都有可能被现存的总体魅力所削弱。当然,一个人了解某个人和喜欢某个人的那种主观体验,能够深刻影响这个人对她或他的魅力的感知。感知的美比客观的美更能使人对约会产生强烈的兴趣(Brehm,1992)。

人们也知道,接近和熟悉也能创造魅力。某些证据表明,坦露也能催生人与人之间的魅力感(Hendrick and Hendrick,1983)。电子沟通催生了与他人更强的接近感(指空间距离),不论他们的实际地理距离有多远。正像实际接近性一样,这种"电子接近性"(electronic propinquity)可望培育友情(Walther,1992)。

亲善关系能在网上轻易并随意得到发展。在自己家中或工作场所这些安全而舒适的地方都有可能与他人经常进行接触,不会有太大的不便或花费。一个人可以在任何时候与不同人群同步进行直接互动,可以在任何时候发送电子邮件,用不着考虑打扰了别人,因为别人可以在方便的时候收取电子讯息。

三、相似性

研究表明,当我们认为一个伙伴不仅身体有魅力而且其态度也与自己相似时,则这个伙伴最有魅力(Brehm,1992)。由于电脑能够同时迅速地检索许多层面,因此网络能够增加一个人与思想类同者建立联系的机会。

在面对面的互动中与他人交往困难的人可能更有机会在网上和与自己趣味相投者会面。例如,一位在面对面互动中感到认识新人没有安全感的胖女人,可以在网上与许多和她趣味相同的人进行互动。于是:

> 她在网上把自己的体重告诉了40个不同的可能发展关系的伙伴。后来,其中一个人说:"我并不在意你的体重。"从情感上说,对40个人当面说自己的体重会感觉很困难。但在网上,这样做会使人的痛苦感小很多(Williams,1996,p.11)。

四、自我坦露

相互进行自我坦露是发展两人亲密关系的关键因素。研究报告表明,彼此进行自我坦露越多的伴侣,在恋爱关系中涉及的情感也就越多,在婚姻中的满意程度就越高(Brehm,1992)。一个坦露自己隐私信息的人一般来说比只在表面上让人了解的人更容易得到别人的喜爱。新结识的人自我坦露的程度是对等的。如果一个人自我坦露多,另一个人也会多坦露自己;如果一个人少坦露自己,另一个人也不会多坦露自己(Hendrick and Hendrick,1983)。

电子媒介关系为在面对面相遇中会拘谨的人提供了足够的安全距离,使他们比平常坦露的信息更多。一位先在网上与某位男士相遇,后来又与他结婚的女士说:

如果我们见面,我想我们会说话,但我认为我俩不会给对方相互了解的机会。当你看不到那个人,而且你认为你绝不会遇到他时,你就很容易谈论你的感受(Puzzanhera,1996,p.1A)。

害羞者有机会在网上建立关系,学习社交技巧,增强自信心。一个腼腆的所谓电脑"虫"(nerd)在网上可能比常人更容易建立良好的关系,因为他更有信心:"打字更快,写得好,相当于在真实世界中有一双美腿或一个结实的臀部"(Branwyn,1993,p.784)。他有可能把在网上获得的信心和社交技巧带入面对面的交往中;由于他在网上能轻松地与人交流,他也有可能遇到一个与他趣味相投的人。

许多人在同时进行的话语互动中虽然表现不佳,却能在有时间思考的谈话中表现尚佳。这些人可能占人口的相当比例——他们发现书面沟通比面对面沟通更为真实(Rheingold,1993,p.23)。

有些人在现实生活中极力避免亲密关系,因为他们担心会落入感情陷阱、背负情感负担,或者在某些方面迷失了自我。但是,网络上的联系让他们觉得一切尽在掌握之中,因此乐于参与。生活中的长谈往往会让人备感压力,因此会极力避免或推迟。与之相比,网上的交谈往往是随意的、频繁的简短对话。人们可以自由地决定何时谈话,何时退出,并随时调整互动的频度。

电脑是人在现实生活中与他人建立更密切的关系的实践。如果某件事情让你心烦,你可以不必让那个人知道,也可以让那个人知道(Turkle,1995,p.203)。

你也可以下线。

由于在线沟通存在非正式性,所以在线书写内容与口头沟通的关系,比其他大多数写作形式更为紧密。同时,某些文字的特点和口头交流不具备的特点还能增强人们对亲密关系的理解:写作给人们提供了反思和修改的时间。这样,人们能完整并有意图地进行沟通,作者既不会忘记说要点,也不会说得太多。由于人际压力的减少和电脑媒介关系构建过程中收发者之间的联系被弱化了,因此接收者能够集中注意力,同时在内心中保持自我。当他或她有时间并且愿意全力关注某条讯息时,就能够收取该讯息。由于词语能够被存储,因此接收者可以反复阅读这些词语,词语的重要性就不会像在快速的口语短语中一样被丢失,它们的意义也不至于被那些处于某种焦虑中的人所拒绝。

五、性爱联系

所有心理上的亲昵行为都可能挑动交往者的性爱感,即一种用身体表达亲密联系的欲望(Levine,1992)。与此种特性相关的在线联系,可能会以积极方式提升这种联系。网络通过减少身体的最初魅力,促进亲密、不拘谨的分享行为,能让人们从感情而非色欲的角度去发展性爱情趣。"心理上的亲密性……是我们的性表达的无形、微妙、有力的激发器"(Levine, cited in Lobitz and Lobitz, 1996, p. 71)。当伴侣双方都把性爱作为表达亲密关系的重要手段时,这种欲望最强烈,持续的时间也最长。

沟通是保持充满活力的性爱联系的关键。不能进行亲密沟通会危害并影响性关系(Chesney, Blackeney, Cole and Chen, 1981)。伴侣们在网上不得不进行言语沟通;他们不能依赖未加说明的浪漫剧本和非言语暗示:"这不像你们可以一起去看电影,但不说一句话"(Anning, 1996, p. 1A)。在轮流发言中,两个人都需要把自己向前推进,不能相互打断,也不能同时讲话。

心理上的亲密性和性爱行为常常彼此分离,而非相互融合,因为性别强烈地影响着人们如何把持这两种关系的取向。网络提供的空间能减少面对面恋爱中情感和身体的压力,可能会让男人和女人获得自由,摆脱在面对面交往中常常起作用的与性爱相关的性别角色的限制。

通过互联网建构关系,是有利于我们文化中的许多女士的体验性爱的方式。她们把性欲与关系环境(relationship context)和感情亲密度联系起来。构建在线关系也使女士得以摆脱这样的担心:她们或她们的伴侣是否坦露得太多太快,关系是否过于亲密,性生活是不是太多。女士大可不必担心在网上说"不"。在匿名而安全的网络空间里,女士可以自由地对性采取更直接、更公开的态度,可以主导自己的性欲,不必担心现实生活中可能有的潜在后果(如怀孕、被迫进行性交或得性病),也无须应对男人更强有力的身体展现。

一位羞于表达性爱而又希望自己对男人有性吸引力的女士,可能会用更具挑逗性的方式进行实验。她可能会寻找一种方式在网上把自己描述得漂亮迷人,具有性爱魅力,并把这种行为融入其离线和在线的自我形象。身体魅力不仅仅是一个天赋问题;一个人是否受欢迎与其能否展现自己的信心、是否知道如何增强自己的实力和尽力减少失误、是否能欣赏并呈现自己独特的美——即便自己的长相与社会上的迷人的形象标准有所不同——具有很大关系。

反之,那些想通过恰当的进取性和"取得进展"来推进关系发展而常常深感压力的男人,可能会通过设计关系的速度,包括推动性爱的发展,来减少其责任感;男人可以放松,让关系以一种更有机的方式去发展,让性爱从一种情感联系而非相反的事物中跃然而出。

六、总结

许多人认为,建立电子媒介关系虽会增强情感失联的性爱交往(emotionally-disconnected erotic contacts)或浅薄的性爱交往,但在线关系的结构和过程,却能促进积极的人际联系,其中包括浪漫关系的健康发展。电脑媒介关系的构建会减少外表在发展魅力中的作用,会强化亲近、亲善、相似和互相自我坦露之类的因素,从而促进来自情感的亲密而非来自色欲的性爱联系。网络是一个建立亲密而又分离的关系的模型。它可使成年(或十几岁的青少年)男女拥有更大的自由去摆脱在面对面的互动中受到约束,但常常能被自动激活的性别角色。

复习题

1. 对一些人来说,什么东西使得在线关系的内涵像面对面关系的内涵一样丰富或更为丰富?

2. 请解释这些作者所说的"美的就是好的"这一刻板印象?

3. 在面对面时,你是先与某人相会,接着,才逐渐了解他或她。在网上,你首先了解某个人,然后,才与他或她相会。请描述每一种方式的好处。

4. 电子媒介关系构建的相对距离怎样才能使自我坦露变得更容易些?这种动力是不是有问题?

5. 当个人在网上建构关系时,增强个人控制能力有什么好处?

6. 解释男人和女人在构建电子媒介关系的经历中,摆脱关于性别的刻板印象的两种方法。

思考题

1. 思考一下你的长相如何影响了你的面对面关系的发展?在线关系让其他人无法对你的长相发表评论,这样发展关系有什么好处?

2. 在网上进行沟通时,你看不到直接的、实时的、微妙的面部表情和神态变化,无法了解谈话伙伴对你的话做出了何种回应。这难道不是至关重要的信息吗?如果失去了所有这些"在场性",电子媒介关系还怎能让人感到满意并加以信任呢?

3. 这篇文章中有关性爱联系的讨论是不是有点牵强附会?你能想象,或者亲身经历过电子媒介关系导致人与人之间产生性爱联系的例子吗?

参考文献

Anning, V. (1996). Doctors analyze effect of Internet on relationships. *Stanford Daily*, October 15.

Branwyn, G. (1993). Compu-sex: Erotica for cybernauts. *South Atlantic Quarterly*, 92 (4), 779—791.

Brehm, S. (1992). *Intimate relationships*. New York: McGraw-Hill.

Chesney, A. P., Blackeney, P. E., Cole, C. M., and Chen, F. (1981). A comparison of couples who have sought sex therapy with couples who have not. *Journal of Sex and Marital Therapy*, 7, 131—140.

Deuel, N. (1996). Our passionate response to virtual reality. In S. Herring (Ed.), *Computer-mediated communication: Linguistic, social and cross-cultural perspectives*. Philadelphia: John Benjamin.

Hendrick, C., and Hendrick, S. (1983). *Liking, loving and relating*. Monterey: Brooks/Cole.

Hendrix, H. (1988). *Getting the love you want: A guide for couples*. New York: Henry Holt.

Jaffe, J. M., Lee, Y., Huang, L., and Oshagan, H. (1995). *Gender, pseudonyms and CMC: Masking identities and baring souls*. [Online]. Available: < http://www.iworld.net/~yesunny/genderreps.html >

Levine, S. B. (1992). *Sexual life: A clinician's guide*. New York: Plenum Press.

Lobitz, W. C., and Lobitz, G. K. (1996). Resolving the sexual intimacy paradoxes: A developmental model for the treatment of sexual desire disorder. *Journal of Sex and Marital Therapy*, 22 (2), 71—84.

Puzzanghera, J. (1996). Double click on love. *San Jose Mercury News*, April 27, 1A.

Rheingold, H. (1993). *The virtual community: Homesteading on the electronic frontier*. Reading: Addison-Wesley.

Turkle, S. (1995). *Life on the screen*. New York: Simon and Schuster.

Walther, J. B. (1992). Interpersonal effects in computer-mediated interaction: A relational perspective. *Human Communication Research*, 20 (4), 473—501.

——(1994). Anticipated ongoing interaction versus channel effects on relational communication in computer mediated interaction. *Human Communication Research*, 20 (4), 473—501.

Walther, J. B., and Burgoon, J. K. (1992). Relational communication in computer mediated interaction. *Human Communication Research*, 19, 50—88.

Williams, M. (1996). Intimacy and the Internet. *Contemporary Sexuality*, 30 (9), 1—11.

第四部分

沟通之桥

本书的前三个部分旨在帮助你了解人际传播的基础(第一部分),人们共建意义的方式(第二部分),人们赖以生存的关系(第三部分)。第四部分着眼于人们遇到的人际问题以及沟通如何能帮助人们处理这些问题。

第四部分把本书前三个部分的实用理论和原则转换成了行动策略,以帮助你应对大多数人每天碰到的许多沟通难题。

第九章
应对沟通之墙

第一节　欺骗、背叛与攻击[①]

约翰·斯图尔特、卡伦·E. 泽迪克尔和萨斯基娅·威特博恩

　　这篇阅读材料探讨了使人际沟通变得更为困难的三大因素:欺骗、背叛与攻击。这篇材料将把对这些现象的研究与如何应对上述问题的实际建议结合起来。

　　卡伦、萨斯基娅和我在文章开头,评论了有关欺骗或说谎的某些研究和建议。我们的观点是:与所有沟通形式一样,说谎是一种共同行动(joint action)。有些人纵容他人对他们说谎,而有些人则使说谎成为一种需要。这不是"责备说谎的受害者",而是提醒沟通者,说谎需要有两个以上的人。人们认识到这一点非常重要:说谎既可以是有意的,也可以是无意的。特别是当人们注意到社会期待和规则时,总是如此,人们几乎不可能"讲出全部真相或抛开全部只讲真相"。

　　接着,我们探讨了人们说谎的六大动机。这些动机源自某些最新的研究。其中有三大动机被研究者称为"积极动机",另外三大动机被称为"消极动机"。这些动机都有可能对讯息接收者产生影响。我们也描述了欺骗引发的某些常见后果。我们指出,当受骗者决定揭露他或她的关系伙伴的谎言、不予理会或压下来时,欺骗的协作性就变得再清楚不过了。

　　随后,我们概括了另一位研究者的观点。这位研究者认为,关于说谎并不存在"积极"动机。我们想让你来思考,你认为哪种观点正确。欺骗是不可避免的,有时说谎也是一件好事,但说谎总是把接受者客观化和非人性化。任何时候都应尽可能避免说谎。

　　阅读材料的第二部分着眼于背叛,这是违反关系信任和期待的一种交往行为。我们注意到,在关系伙伴和恋人中,有极高比例的人报告说,他们遇到过背叛。背叛比你

[①] "Deception, Betrayal, and Aggression" from *Together: Communicating Interpersonally: A Social Construction Approach*, 6th Edition by John Stewart et al. Copyright © 2005. Reprinted by permission of Oxford University Press.

想象的还要普遍。我们探讨了背叛的五大特点,这可能使你在下次遇到背叛时能够更有效地理解它。同时,本文也告诉你,应当如何减少你背叛他人的次数。

本篇阅读材料的最后一部分探讨伤害性讯息(hurtful messages)、攻击和暴力。

有关言语攻击(verbal aggression)的阅读材料详尽地描述了这种现象,也描述了言语攻击的多种形式。我们也提出了一些建议,供你在遇到言语攻击时加以应对。

本篇阅读材料的最后几段简要探讨了心理虐待(psychological abuse)和心理暴力。当然,这些简短的段落不足以处理这些重要题目,但我们希望,我们在这里所说的一切,能够足以让心理虐待的受害者或暴力的受害者开始了解并应对心理虐待或心理暴力。我也希望那些造成心理虐待或心理暴力者能够从中看出:这些行为比它们看起来要更为常见;有人能够理解并帮助他们。

一、欺骗

> 我几个月来一直与我现在的男友约会。我们大部分时间都待在一起。我周末回家看奶奶。我回来后,我们的一位朋友告诉我,我回家的时候,乔希与他原来的女朋友出去跳过舞。乔希曾经告诉过我,他不想与她再有任何来往了,所以我显然受到了伤害,而且很苦恼。今天早上见到我的男友时,我问他怎么过的周末,他没有说起他出去的事儿。我不知道我该不该问他,他有没有与她出去过,可我真不想听到他说他与她出去过。但我又不敢肯定我在知道真相之前还能不能相信他;如果是我不愿听的真相,那么我不知道在这种关系中我怎能再信任他。

也许你已听过这样的故事。也许你也讲过这样的故事,或者别人说过你也有这样的故事。欺骗的现实甚至对欺骗的感知本身都能深刻影响人际关系。在下面的内容中,我们将探讨人际沟通中欺骗的动机或原因,找出欺骗对关系造成的一些潜在影响。

1. 欺骗的动机

欺骗的种类很多,从公然说谎到夸大其词和虚假的推断之类的行动,都可谓欺骗(Hopper and Bell, 1984)。大多数人认为,欺骗是有意的。然而,欺骗也可以是无意的,例如,某人记错了信息、忘记了信息或疏忽了信息。像所有其他沟通现象一样,欺骗是一种关系行为,是在沟通者之间进行合作的结果。一些人在要么被人欺骗、要么提出过高要求之间做出选择时,比较容易上当受骗。例如,一个对自己听到的一切都信以为真的人比较容易上当受骗。独裁的人善于制造谎言较易发生的沟通情境。如果你的父母总是要知道你正在做的所有事情,那么你就很有可能说谎,以便减轻在依赖与独立之间的紧张感。一些人根据谎言会被戳穿的程度决定是否要欺骗他人。如果被戳穿的危险程度较高,并看到了谎言的恶果,那么一个人就有可能选择不说谎。

此外,你有时知道,或者至少怀疑,别人没有对你说真话,但你决定不去当面对质或揭露他。我们中间有一个人的朋友是个惯性说谎者(compulsive liar)。大多数了解她的人都知道,这是她与别人相处的一种方式。我们也许比她本人更清楚她在欺骗时所使用的言语和非言语符号。我们选择不去戳破她的每一个谎言。有时,我们做出"让她说谎"的选择,不过是为了节省时间,因为说谎问题并非谈话的中心,或者干脆是因为我们并不想为戳穿她的谎言而投入太多情感吧。甚至夫妇两人偶尔也会携手说谎,这种情况被称为"勾结"(collusion)(Andersen,1998)。例如,一个伴侣可能经常对另一个伴侣在忠诚问题上进行欺骗,尽管另一个伴侣也表示过怀疑,但他或她却出于某些原因,同意用其他方式来看待这个问题。简而言之,像所有其他沟通形式一样,欺骗受到其内容的强烈影响。

传播学研究者丹·奥哈尔和迈克尔·科迪(Dan O'Hair and Michael Cody,1994)列出了人们对他们的关系伙伴说谎的六大动机或理由。其中的三大动机是利己(egoism)、善意(benevolence)和功利性(utility)。由于它们至少对一个伙伴具有积极结果,因此这些被列为积极的动机;奥哈尔和科迪还认为,这些动机不会伤害关系。其他三大动机——利用(exploitation)、恶意(malevolence)和倒退(regress)被列为消极动机,因为它们的后果包括至少对关系中的一个伙伴造成伤害。利己和利用是自我相关性动机(self-related motives)的积极形式和消极形式,善意和恶意则与其他因素有关,而功利性和倒退则与关系有关。

欺骗的自我相关性动机强调,一个人能够通过欺骗获取或得到某种东西。利己有助于保护或强化欺骗者的自我观。想想你为了得到别人的积极评论,为了避免难堪而在申请工作时夸大真相,向别人说些不完全符合你本人实际的话。利用是一种纯粹出于利己动机的说谎。当你为了得到信息或达到其他个人目的而假装对某人感兴趣时,你已经利用了受骗者。你可能认为,你决定利用他人与你美化个人简历并无不同。但从理论上讲,二者对关系和对他人潜在的伤害程度还是有差别的。

善意和恶意是针对他人的欺骗性行为。人们说出带有善意性质的谎言的动机是为了保护他人的自尊、安全或获得一般的好处。第二次世界大战期间,人们面对纳粹掩藏犹太人时说的谎,美国内战时期的地下铁路成员给逃跑的奴隶提供旅行方便时说的谎,为帮助身心受虐待的妻子或丈夫而设计的为他们提供保护的网络,都是出于善意动机的欺骗。父母为了保护孩子的美德或好的作为,对孩子说些歪曲真相的话,或公然说谎是另外一种善意性欺骗。另一方面,人们还会因恶意动机想伤害别人,包括为毁掉他人或实行报复而进行的欺骗。尽管出于善意的欺骗可能并不会产生积极意义,但仍会被人视为一种纯洁。恶意的核心则是消极的,而且对相关人员和关系而言,恶意相向的欺骗结果几乎总是负面的。

欺骗的最后两个动机着眼于关系本身的结果。当某人把功利性作为欺骗的动机时,其目标是改善、加强、提升或修复关系。在本文开始的例子中,如果乔希不把自己在女友外出时遇到前女友的事情告诉给女友,那么他就是在努力保护他们的关系。因为乔希的女友已经在担心她奶奶的身体健康,他可能认为,偶尔接触一下原来的女友也不会有什么问题,尤其是他们在同一时间,在同一个俱乐部,这对他来说并不算什么事儿。功利性也可能是无视朋友习惯性说谎的一种动机。无视另一个人的欺骗是保持关系平和的一种办法,即使对这种关系的稳定性已经缺乏信任感。另一方面,倒退则意味着用一种谎言去损坏或终止一种关系。例如,贾马尔可能对处于稳定关系中的恋人安娜说,他们应当重新回到"只做朋友"的关系中去,此时的真相是,贾马尔想和安娜终止恋爱关系。在这种情况下,贾马尔正在操纵安娜而非在为他自己的行为进行解释(O'Hair and Cody,1994,196)。

2. 欺骗的后果

大多数欺骗行为都会产生非故意性后果(unintended consequences)。其实,如果人们认真考虑欺骗的潜在危险,他们就会发现,从长期来看,讲出真相引起的麻烦会更小。一个非故意性后果就是,欺骗未被别人发现时,欺骗者就已经背负了一种负担。在有些情况下,骗人者虽有自主感、秘密感或控制感,但这些感觉常常会被对他人说谎所产生的耻辱感或犯罪感中和掉,甚至还会对自己的说谎对象产生愤怒或蔑视的感觉。为了维持谎言的存在,有人还必须常常向其他人撒其他谎。为了让欺骗保持长久不被发现,欺骗者还必须记住谎言的一些细节,以便对后来的持续性谎言进行调整,还要高度注意言语和非言语性暗示。这种对自己的沟通越来越多的关注通常会引发心理紧张。这是颇具讽刺意味的事情,因为欺骗的最初目的可能是避免心理紧张。

某个欺骗一旦被关系伙伴发现或暴露给关系伙伴,欺骗的后果就会扩大,而且几乎都是消极的后果。人们在发现某人对他们说谎之前,通常会在"真相偏见"(truth bias)下行事。这就是说,他们的基本想法是,另外的沟通者正在讲真话。欺骗一旦暴露,这种状况旋即就会变成"谎言偏见"(lie bias)(O'Hair and Cody,1994,197)。此时,受骗者可能会认为,这个沟通者总是在说谎。关系中出现这种变化,往往是许多人发现信任是多么珍贵的东西的一种方式,这种珍贵的东西一旦失去,就难以复得。

当受骗者决定揭露他或她的关系伙伴的谎言、不予理会或压下来时,欺骗的合作性就变得再清楚不过了。压制谎言可能需要你做出非凡的努力,包括自我欺骗——不承认别人对你撒过谎,指责别人对你说谎——不告诉你伙伴的不当行为,甚至针对你的关系伙伴的行为向别人说谎。然而,揭露谎言意味着你向欺骗者和其他人确证你受到了伤害,丧失了尊严,你为此而生气,越来越不敢确定你们的关系的未来。被揭穿并批判的说谎者也常常会遭受如此痛苦的煎熬,他们有犯罪感,会失去好的信誉。因此欺骗常常会加剧关系的紧张,引发冲突甚至是攻击。

出于这些理由和其他理由,传播学研究者和教师比尔·威尔莫特(Bill Wilmot)认为,欺骗总会伤害他人和关系。威尔莫特称,从本质上讲,欺骗是一种以自我为中心的行为。威尔莫特与奥哈尔和科迪不同,他认为欺骗的任何动机都没有积极意义,即使你坚信你的欺骗有利于他人或关系。威尔莫特称:

> 受骗者无法确定欺骗对关系是"好"还是"坏"。他或她不在这个圈子内。欺骗即使以善意的形式出现,也是人控制信息的一种形式;你想成为关系进程的决

策者,因此你就把持信息,不让你的伙伴知道(Wilmot,1995,107—108)。

实际上,如果关系中是两个地位都很低的普通决策者,那么一个伙伴选择欺骗就会把另一个伙伴排挤出去,从而使关系发生"短路"的情况。

不论你把欺骗看成出于利己动机还是其他动机,欺骗模式都是通过关系者的合作得以形成的,而且你能在保持欺骗或改变欺骗之间做出选择。你不可能对你们的关系螺旋升降的方向进行最终的控制,因为关系至少总是涉及两个人。但是,你的选择会帮助你决定如何处理你的关系:保持、暴露还是阻止。如果你意识到了亲密关系中的这种欺骗模式,那么我们认为,最有用的办法是你要考虑欺骗的动机及欺骗可能会给你自己、你的伙伴和你们的关系带来的后果。进行欺骗可能总是满足保护隐私、进行控制或获得归属感等需要的一种方式,但是你把欺骗作为达到平衡的方式时也同样会带来后果。不论你在关系中的欺骗行为是否更多,也不论你曾经是或者现在还是一个受骗者,你都可以随时通过增加更多的诚实来改善你已建立起来的沟通模式。有时,揭穿一个谎言和在揭穿谎言之后所做的工作能够促进关系的发展。

我们并非建议你在任何时候都对你的所有关系毫无保留地以诚相待。比如,你对你的上司说,你认为她的鼻子太大,这就与工作毫无关系,而且你这样讲,还可能让她认为你怀有恶意。如果你必须进行评论,你一声不吭可能会让你显得愚蠢透顶。但是,如果你与最亲近者之间存在一种欺骗关系,那么此时最重要的事情就是弄清正在发生什么事情,并尽可能多地恢复关系中的真相。我们也希望你至少要仔细思考这一观点:欺骗是人们合伙制造的一种现象。欺骗模式的发展与保持,需要两个人才能实施。如果你想改变欺骗模式,你就需要做出选择,改变你在保持这些欺骗模式中的角色。如果你决定不改变这些欺骗模式,那么你至少要承认你在欺骗行为中负有责任。

二、背叛

欺骗与背叛密切相关;事实上,一些研究者把它们视为同义词。它们之间的区别就是,背叛违反了被背叛者的个人期待,甚至在背叛者说出真相之后也是如此。研究者沃尔特·琼斯(Walter Jones)和玛莎·帕森斯·伯德特(Marsha Parsons Burdette)把背叛定义为"违背关系中的信任或期待"(Jones and Burdette,1994,244)。他们的研究揭示了背叛的五大特征。

背叛似乎在人际关系中普遍存在。在一项研究中,90%以上的参与者轻易地提供了他们背叛或被他人背叛的故事。人们从沟通这个连续体的非人际交往一端转向人际交往一端;他们倾向于发展信任感和由于不断接触、围绕相互期待而产生的承诺,即使其中的某些期待仍未被挑明。因此,任何违背期待的行为至少被其中一位伙伴视为背叛,也就不足为奇了。

一些参与研究者报告过许多不同类型的背叛,其中包括婚外情、多角恋、说谎、泄密、酗酒、吸毒、对伙伴缺乏支持、忽视朋友或伙伴、批评和制造流言蜚语。在业已被报告的最极端的,或者说最严重的背叛样式中,包括被父母所虐待或遗弃。不幸的是,最令人痛苦的背叛发生在最重要的关系中。这可能是因为人们对沟通的期待程度在最重要的关系中是最高的。在相应的非人际关系中,人的期待大多由社会形成,因此社会期待未得到满足时,其结果也不会那么严重。

背叛的第二个特征是背叛事件造成的后果有很大差异,这取决于一个人是背叛者,还是被背叛者。毫无疑问,被背叛者认为,发生背叛事件之后,关系就开始恶化了。但有趣的是,背叛者一般报告说,他们虽然有过背叛,但在此之后,关系并未发生什么改变,甚至还有所改善。

尽管有这种潜在的乐观看法,但背叛的第三个特征仍然是:背叛发生后,关系就会终止。这种情况显然发生在所谓选择性的恋爱关系或朋友关系之中。然而,即使家庭成员关系、同事关系之类的非自愿性关系,也会在背叛出现之后,发生严重的倒退。一个主要原因就是,背叛是对期待和互动规范的否定。最重要的是,背叛否定了他人在关系中的重要性。琼斯和伯德特(1994)解释说:"背叛不仅对他人造成实际伤害,事实上也是威胁到一个人的身份认同感和存在感的主要根源"(245)。这个根源不是关系本身。背叛造成的影响可持续相当长的时间,减少这些影响通常需要求助于咨询师、牧师、布道者或令人信赖的朋友。

背叛研究的第四个发现是,背叛存在明显的性别差异。女人更容易背叛或被其他女人所背叛。一个女人通常更有可能透露内部事件或泄密。一些研究报告说,男人在所有的关系中,对恋爱对象的背叛多于对其他关系伙伴的背叛;从性质上说,他们的性背叛最为常见。然而,研究报告还发现,男人最容易被他们的竞争同事所背叛。男人和女人也用极为不同的方式把背叛分成不同的类别。男人更可能把一次公然的行动或事件列为背叛,而女人则更喜欢把一般性的缺乏情感支持形容为背叛。

最后,琼斯和伯德特断定,某些性格特点也可能与背叛行为有关。通常,可能背叛他人者似乎也更爱嫉妒、猜疑、羡慕或憎恨别人。此外,他们可能有更多的个人问题,包括酗酒或其他怪癖、精神消沉和自称没有能力保持亲密关系。在更有可能背叛他人者之间,这些特点的差异还可用来识别那些最有可能成为被背叛者的人。

像欺骗一样,当一个人为了达到自己的目的,试图控制关系的命运而背叛时,就会至少让一个人离开决策圈。背叛也像欺骗一样,会削弱关系伙伴之间的信任感,损害关系本身。

当你注意到关系中的背叛模式时,反思一下你对他人或关系的期待可能会有帮助。如果你能和你的关系伙伴谈谈,明确说出你的一些期望,他或她可能会更容易满足你的期待。你们也可以讨论各自有什么最重要的期待,由于人们相互间的期待可以共享,因此每个人对任何期待的看法都可能极为不同。当你遇到背叛事件时,你可能会发现这样做很有用处:你从第三者那里得到他们对你的沟通伙伴的看法,然后表达对你已做的选择和别人所做的选择的感受。

三、伤害性讯息、攻击和暴力

攻击和暴力是受到权力动力学（power dynamics）影响的另外两个关系问题。当一方对另一方施加控制和影响时，伤害性讯息、攻击和暴力模式就有可能出现。这些模式干脆是由表达怒气或痛苦者制造的。像所有关系模式一样，这些模式也是共同构建的。我们绝对不会原谅那些责骂和利用他人的朋友、家庭成员和恋爱对象的行为。同时，我们也不会鼓励朋友、家庭成员和恋爱者去接受滥用情感。我们承认，有时，权力较小的人，如儿童、老年人和处在不熟悉的文化中的人可能不能进行多种选择。但是我们鼓励被虐待者不要相信，他们的唯一选择就是接受这种模式或强化这种模式。

1. 伤害性讯息

伤害性讯息是人们试图施加权力影响的一种方式。传播学教师和研究者安尼塔·范格利斯蒂（Anita Vangelisti,1994）提出了人们在伙伴关系、朋友关系和家庭成员关系中所体验到的十类伤害性讯息。安尼塔所问到的人都说自己经历过下述伤害性讯息：指责他人的消极行为（"你是个骗子"）；评估他人作为人的价值（"你可真是这个世界上最没用的人"）；下达指示或命令（"别让我见到你"）；建议（"你真该把外表收拾一下"）；表达愿望（"我可不想与你共事"）；泄露信息（"我再也不在乎你了"）；质问（"你又与那个混子出去啦？"）；威胁（"你离开我试试看"）；开贬低他人的玩笑（"你那么做，你就以为你变成金发女郎啦！"）；说谎（"不，上周我没有和她一起骗你"）。显然，存在着许多伤害另一个人的方式。每类伤害性讯息的伤害程度取决于关系所处的环境和关系的性质。

事实上，人们对伤害的体验也是一种关系现象。人们认为，一个朋友说些伤害性话语可能无关紧要，但这个讯息由一个家庭成员或恋爱对象说出来时，就有可能让人深感痛苦。范格利斯蒂（1994）列举出可能影响人们阐释伤害性讯息的三个因素：（1）一个人围绕伤害性讯息进行沟通的意图；（2）相关各方是否有家庭关系；（3）亲密程度。一个人对关系的总体满意度也会影响关系伙伴对伤害性讯息的重视程度。如果一种关系不是特别令人满意，人们就会做好面对伤害性讯息的准备，同时对伤害性讯息也就不会太在意。当然，随着伤害性讯息的增加，对关系的总体满意度就会随之下降，贬低模式就有可能出现并处于退化性螺旋中。

当你对某人生气或对你周围的环境感到难受时，你就应考虑一下你的伤害性讯息可能造成的影响。许多伤害性讯息是难以修复的。尽管范格利斯蒂指出，具有亲密关系者或家庭关系者更有可能会原谅那些发出伤害性讯息的人，但她的参与研究者们却报告说，他们很难忘掉这些伤害性讯息。甚至在某条伤害性讯息被说出多年之后，他们仍能记住这条伤害性讯息的具体词语。伤害性讯息很难带来关系的积极变化，反而常常会引起关系的终止。

2. 言语攻击

两位最早研究言语攻击的传播学者指出,某些人进行言语攻击时,常攻击别人的自我观(Infante and Wigley,1986)。攻击别人的性格,讽刺、嘲笑和亵渎别人,这些都是言语攻击的形式。言语攻击性讯息着眼于被攻击者的身份认同,而不着眼于攻击性讯息的内容或话题。卡伦回忆起了一条言语攻击性讯息,当时该讯息对她的职业传播学者的身份提出了质疑。卡伦的一位家族成员觉得卡伦的父亲来访时,让她感到没人把她放在眼里。她没有敲打那些与她一起生活的家人,而是选择用这样的发问来攻击卡伦:"难道你就不用用你在课堂上教的那些传播学的玩意儿吗?那些玩意儿对家庭沟通有什么用?你们家好像在这方面做得并不怎么样!"

正如威尔莫特和霍克(Wilmot and Hocker,2001)所言,言语攻击的形式可能因关系和文化的不同而不同。他们指出,在看重个人主义的文化中,言语攻击性的话语通常是针对个人的(Carey and Mongeau,1996)。例子可能包括"你真蠢""你不漂亮""我真希望你还没出生"和"你太懒了"。相比之下,在集体主义文化中,言语攻击通常攻击的是群体、村庄、部落和其身份遭到攻击者的家庭(Vissing and Baily,1996)。言语攻击性话语针对群体的例子可能包括"你们爱尔兰人就是一帮醉醺醺的傻瓜"或"所有希腊人都是些杂耍小丑"。

萨布林(Sabourin,1995)针对大学年龄段夫妇中存在的言语攻击展开的一项研究发现,攻击性伴侣会在吵架的升级过程中相互攻击,以便获得对关系的控制权。双方会使用压制性谈话模式,不断进行指责和确认,并表明自己难以接受对方的控制欲望。萨布林指出,夫妇俩常常发现自己好像已经身陷失控的上升的螺旋之中。她写道:

> 个人与移情(empathy)的潜力之间的边界消失了。一个伙伴再也体验不到被尊重这种独特的个人感觉,而是觉得自己只是一个(攻击性个人的)延伸。荒谬的是,在攻击不断升级的过程中,两个关系伙伴的权力会消失在他们之间的模式中(Sabourin,1995,281)。

如果你发现你正处于似乎要失控的言语攻击大战中,那么你下一步会做出什么样的选择呢?远离言语攻击的一个有效办法就是,注重冲突的内容而非他人的性格。请记住,言语攻击的部分定义是,它攻击他人的性格和自我观。选择注意眼前的问题而非他人的身份认同,这是打断由言语攻击引发的退化性螺旋的一个有效办法。如果你和你的伙伴不控制你们的言语攻击模式,那么你就应当认识到,这种持续性的言语攻击模式常常会导致心理虐待事件,甚至引发暴力模式。所以,这肯定是应该干预的。

3. 心理虐待

心理虐待像言语攻击一样,可以有许多表现形态。在一种关系中的虐待在另一种关系中却可以不被理解为虐待。一位研究者指出,心理虐待的例子包括"制造恐惧、孤立、经济虐待、垄断、贬低、严厉的性角色期待、退缩和勉强示爱"。这些例子在所有亲密或密切的关系中,都以某种形式广泛存在着(Marshall,1994,294)。

在许多案例中,心理虐待像其他形式的攻击和暴力一样,是关系伙伴确认主导权和控制权的一种方式。选择这种言语攻击形式的人积极参与建构他人处于从属地位和无权势地位的身份认同。无论出于什么原因,当关系伙伴接受了这种身份认同建构时,虐待模式就有可能持续存在下去。学生们在报告中称,他们回顾以心理虐待为特征的关系时,常常想知道为什么他们的伙伴把他们界定为依赖者,而在大多数其他语境和关系中,他们却是独立的人。对心理虐待和其他形式的言语攻击做出回应的方法之一,就是感知确证(perception checking)。你可能会发现,你求助一位挚友、家人、宗教领袖或咨询师,用他们的感知来确证你对自己的感知,这对你感受虐待性关系伙伴强加给你的那些身份认同颇有帮助。

4. 身体暴力

你也许会问,为什么任何人都能在暴力关系中待得住呢?部分原因可能是,如同关系中的其他暴力形态一样,身体暴力是长期发展的某种模式的一个组成部分。有时,参与者完全没有意识到自己正在共同建构这种模式。然而,关系暴力事件常常可用言语攻击和心理虐待发生的程度来加以预测。身体虐待事件很少孤立存在。有关亲密关系中的身体暴力事件的大多数研究报告表明,女性受害者多于男性受害者,但是男人和女人都把身体暴力作为一种战术来使用。成年人更有可能对儿童使用身体暴力,其目的是让儿童听话,这也是成年人施加影响和控制的一种方式。

不幸的是,把身体暴力作为在某种关系中获得权力的战术,这种情况比你们想象的更为常见。一份研究报告表明,在恋爱者中遇到过暴力事件者占30%—40%,这些暴力事件包括"推、搡、打耳光、踢、咬、拳击、用东西击打或试图用东西击打、痛打、威胁使用武器或使用武器"(Cate and Lloyd,1992,1997)。大多数人都从全国新闻中听过这样的报道:由于父母不断施加虐待,孩子们决心拯救自己和他们的兄弟姐妹,他们觉得唯一的选择就是杀死自己的母亲或父亲。试图谋杀虐待自己的配偶的女人业已成功地使用自卫诉求法,来避免自己因为通过终止其虐待性伴侣的生命而终止虐待性关系所导致的终身监禁。

大多数人虽然在他们的关系中不会遇到极端形式的身体虐待,但是,如果你或你认识的某个人正处于虐待性关系或暴力性关系中,不管是谁在实施虐待或暴力,我们都希望我们在这儿描述的信息能帮助你更好地了解正在发生的一切,并给你提供一些关于下一步该如何应对的选择。当然,虐待不会因为你或其他人了解以下事实就自动消失,比如,身体暴力与言语攻击有关,或身体虐待事件发生之前,通常会有不断增强的、周期性存在的关系紧张,或一些引发事件的导火索,以及在身体暴力事件发生之后,通常会有懊悔或者补偿行为。同时,你或者你想向其提建议的人可以选择如何在你们的关系中协调权力分配,以避免暴力的出现。你可能需要改变保持关系的语境,例如,让你和你的关系伙伴保持一定的身体距离。你也许还需要寻求外部咨询,得到第三方的支持,学习新的沟通模式,运用更多建设性的策略去获得关系中的权力等。我们的观点是:一个人可以做出选择,改变他或她在有问题的关系中的行为;可以探索用恰当的方法去使用他或她在那些关系中所拥有的"权力货币"(power currencies)。

复习题

1. 解释欺骗的积极动机与消极动机之间的差异。
2. 给真相偏见和谎言偏见下个定义。
3. 描述某些研究者概括的经常背叛者的性格特点。
4. 请解释影响人们理解伤害性讯息的三大因素。

思考题

1. 奥哈尔和科迪可能会认为,有人为了保护正在躲藏的犹太人而对纳粹士兵说谎是出于"善意",因此是积极的。但是,威尔莫特并不认为有完全积极的欺骗动机。他对此进行了简要的解释。你认同哪种观点?请解释。
2. 你认为欺骗的最消极动机是什么?
3. 你如何看待"欺骗是共同制造的"这一观点?
4. 作者们说,他们并不建议你在所有关系中都坚持"毫无保留地以诚相待"。那么,他们的建议是什么?
5. 什么使背叛如此有害于人际关系?
6. 在你的社区中,在某段亲密关系中经历过身体暴力的人能得到指导吗?

参考文献

Andersen, P. (1998). *Nonverbal Communication: Forms and Functions*. New York: McGraw-Hill.

Carey, C., and Mongeau, P. (1996). "Communication and Violence in Courtship Relationships." In D. Cahn and S. Lloyd (eds.), *Family Violence from a Communication Perspective*. Hillsdale, NJ: Lawrence Erlbaum. Pages 127—150.

Cate, R. M., and Lloyd, S. A. (1992). *Courtship*. Thousand Oaks, CA: Sage.

Deutsch, M. (1973). "Conflicts: Productive and Destructive." In F. Jandt (ed.), *Conflict Resolution through Communication*. New York: Harper and Row.

Emerson, R. (1962). "Power-Dependence Relations." *American Sociological Review*, 27: 31—41.

Hopper, R., and Bell, R. A. (1984). "Broadening the Deception Construct." *Quarterly Journal of Speech*, 70: 288—300.

Infante, D., and Wigley, C. (1986). "Verbal Aggressiveness: An Interpersonal Model and Measure." *Communication Monographs*, 53: 61—69.

Jones, W. H., and Burdette, M. P. (1994). "Betrayal in Relationships." In A. L. Weber and J. H. Harvey (eds.), *Perspectives on Close Relationships*. Boston: Allyn and Bacon. Pages 245—262.

Marshall, L. L. (1994). "Physical and Psychological Abuse." In W. Cupach and B. Spitzberg (eds.), *The Darkside of Interpersonal Communication*. Hillsdale, NJ: Lawrence Erlbaum. Pages 292—297.

McGraw, P. (2003). *Relationship Rescue: A Seven-Step Strategy for Reconnecting with Your Partner*. New York: Hyperion.

O'Hair, H. D., and Cody, M. J. (1994). "Deception." In W. Cupach and B. Spitzberg (eds.), *The Dark Side of Interpersonal Communication*. Hillsdale, NJ: Lawrence Erlbaum.

Sabourin, T. C. (1995). "The Role of Negative Reciprocity in Spouse Abuse: A Relational Control Analysis." *Journal of Applied Communication Research*, 23: 271—283.

Vangelisti, A. (1994). "Messages That Hurt." In W. Cupach and B. Spitzberg (eds.), *The Dark Side of Interpersonal Communication*. Hillsdale, NJ: Lawrence Erlbaum. Pages 61—79.

Vissing, Y., and Baily, W. (1996). "Parent-to-Child Verbal Aggression." In D. Cahn and S. Lloyd (eds.), *Family Violence from a Communication Perspective*. Hillsdale, NJ: Lawrence Erlbaum. Pages 85—107.

Wilmot, W. W. (1995). *Relational Communication*. New York: McGraw-Hill.

Wilmot, W., and Hocker, J. (2001). *Interpersonal Conflict*. Boston: McGraw-Hill.

第二节 伤害性讯息[①]

安尼塔·L. 范格利斯蒂

我一直记得安尼塔·范格利斯蒂在我的人际传播课上当本科生时的情景。现在，她是德克萨斯大学(University of Texas)受人尊敬的研究者和教授。这是我从她的一篇较长的文章中节选出来的阅读材料，它总结了安尼塔有关伤害性讯息的一些研究成果。它是我们在本书中探讨伤害性讯息的基础。

安尼塔指出，她早期的做法是让数百名大学生回忆某些人说出伤害他们的感情的话那些情景。根据这些数据，她可以归纳出伤害性讯息的类型。这些类型包括指责、评估、威胁和说谎。她还梳理了涉及伤害性讯息的九个话题，其中包括情侣关系、性行为、外表和性格特点。这个早期研究反映了安尼塔对伤害性讯息现象的总体看法。

她接下来探讨为什么某些讯息比其他讯息更能伤人。她发现，信息性讯息对人的伤害最大，主要是因为这种讯息看起来让被伤害者没有机会来为自己辩护或弥补，比如这类讯息"你不是我生活的重心""我决定我们只能做朋友""朱丽叶真的迷住了我"。正如你可能预想的那样，以情侣关系为中心的讯息也被视为极端伤人的讯息。最大的伤害性讯息是我们无法做出回应的讯息。这正是至少在一个研究案例中被伤害者针对最具伤害性的讯息做出要么退缩，要么哭泣，要么口头上表示默许等回应的主要原因之一。

[①] "Messages That Hurt", by Anita L. Vangelisti from *The Dark Side of Interpersonal Communication* edited by W. R. Cupach and B. H. Spitzberg, pp. 53—82. Copyright ⓒ 1994. Reprinted by permission of Lawrence Erlbaum Associations, Inc. via Copyright Clearance Center and Anita L. Vangelisti.

安尼塔通过评论人们应对伤害时的一些归因行为,来扩展她对这些最具伤害性的讯息的研究。有时,人们通过内容进行一般性归因来回应伤害性讯息。"她毕竟不是想有意伤害我的感情。"在其他情况下,意图比较明显时,接收伤害性讯息者就会问:"怎么会有人故意那么说呢?"

正如你会想到的那样,人们不惜挖空心思,让伤害性讯息产生意义,其原因是他们想让关系终结。很少有人对百货商店的职员发出的伤害性讯息特别在意,但配偶说的一句话很可能会引发相当大的反应。然而,在这个规则之中也有例外,其中包括一个儿子会用"我猜那就是父亲该做的事吧"这样的想法来原谅父亲对他的奚落,一位受到虐待的妻子尽量弱化她从丈夫那里接收到的负面讯息。

本文最后的内容着眼于研究伤害性讯息如何影响关系。当伤害性讯息被理解为无意之举时,该讯息对关系的影响可以忽略不计,但当伤害性讯息被理解为有意为之时,它对关系就会产生较大影响,然而,这种倾向也可以被原谅关系亲密者的倾向所平衡。在家庭关系和恋爱关系中,伤害性讯息常常会得到原谅。

安尼塔的研究清楚地表明,古老的格言"棍子和石头可打断我的骨头,但辱骂绝不会伤害到我"并不准确。伤害是一种关系现象,它不仅仅取决于别人说了什么,而且取决于何时说的、谁说的、对谁说的和说的程度有多严重。然而,破坏性话语的潜能显然很大。"辱骂"和其他伤害性讯息会给人留下烙印。

> 我父母离婚后,我父亲坐下来与我长谈了一次。他告诉我,母亲伤害过他,并试图解释他自己做过的事情。我虽然已经知道他说的大多数事情,但有一件事情却真的让我震惊。他说:"你母亲从来不像爱你的哥哥或妹妹那样爱你。从一开始就很明显。你长得像我,而她掩饰不了她的感情。"也许,他的意思不像我理解的那样,但从此以后,这件事情就一直让我难过。现在,我真希望他没有对我说过这件事情。我不知道他为什么这样做。我想他只是想表达他的愤怒而已。

尽管我们大多数人使用过"棍子和石头可打断我的骨头"这句古老的格言,[1] 但在学过传播学的人当中,没有几个人会认为话语对人和关系的影响比东西对人和关系的影响要小,不论这些东西是棍子、石头、棒子还是拳头。人们说话时,话语不仅是在"做"事情(Austin,1975),而且有能力像物件一样,真的会对关系造成伤害或损害。一些恶语相向的话("你一钱不值""你永远成不了气候""我不再爱你了")能够强烈影响到个人、互动和关系。

从本质上说,产生伤害是一种社会现象。除了在比较罕见的情况下,人们感知的是另外一个人所说或所做的事情,否则,人们的伤害感主要是由一些人际事件造成的。伤害性话语有可能是(某人)无意说出来的,也可能完全出于攻击的目的。它可作为一次性事件出现,也可作为言语虐待的长久历史而让人铭记在心。它可能出于一个完全陌生者之口,也可能由一位交往很久的朋友说出来。不管伤害性讯息出于有意还是无意,不管它在什么情况下出现,也不管它来自哪里,它都是在沟通过程中产生和被表达的。尽管情感理论家和传播学者已经承认,在社会互动和诸如伤害之类的情绪诱发之间存在着潜在联系,但理论工作者最近才开始解释连接沟通与情绪的过程(Averill,1980;Bowers, Metts and Duncanson, 1985;de Rivera and Grinkis,1986;Shimanoff,1985,1987;Weiner,1986)。

沃纳(Weiner,1986)指出,情绪是由归因决定的。例如,他和他的同事发现,人们对人际事件所做的归因是个人对是否感到愤怒、感到有罪,或给予怜悯进行的区分(Weiner, Graham and Chandler,1982)。在此情况下,当人们感觉受伤害时,就会对最初引发其感情的讯息进行归因,对那些(伤害性)情绪和其他类似的"负面"情绪进行区分。尽管研究者已经开始研究归因与情绪之间的联系,但他们大多还是忽视了沟通与归因之间的关系。由于归因在部分程度上是个人对人际事件的观察,因此人们相信伤害性讯息将成为了解如何引发伤害的焦点问题。

这篇阅读材料的目的,就是描述被人们界定为具有伤害性的社会互动……

一、考察伤害性讯息

我们开始描述伤害性讯息时,考察了从两组本科生中收集到的数据。第一组数据采自学习传播学导论课的学生(共179人)。第二组数据是约在一年以后收集的,这些数据来自参加了一门传播学导论课程的个人所做的答卷。

研究者要求答卷者回忆某一个人对他们说过的伤害他们感情的话,并描述其情景。然后,让他们根据记忆,写一个互动的"脚本"。他们被告知,应在"脚本"中写进那个人在说伤害性话语之前说过别的什么话、那个人说了什么样的伤害性话语,以及他们是怎样对伤害性话语做出回应的。[2]答卷者在完成脚本之后,还要回顾一下他们所描述的谈话,并对伤害程度进行评分定级(高分表明该讯息"极具伤害性",低分则表明该讯息"不具有任何伤害性")。[3]

研究者使用归纳分析法(inductive analysis)(Bulmer, 1979)来进行分类设计,描述代表伤害性讯息的特点的言行。[4]除了5个答卷者(他们不记得有任何特别的伤害性讯息)提供的数据外,其他被划归为伤害性讯息的数据所占比例超过96%。表9.1提供了各种类型的定义和例子。人们感受到的最为普遍的伤害性讯息是指责、评估和信息性讯息,而最不常见的是说谎和威胁。

表9.1 传递伤害性讯息的言行的类型

定义	例子
指责:对过错或冒犯的批评。	"你是个骗子。" "你真是个伪君子。"
评估:对价值或品质的描述。	"哦,假如我见过他,喜欢他,我肯定会记得他的。" "跟你出门是我此生最大的错儿。"

（续表）

定义	例子
指示：一道指令、一套指导或一个命令。	"从我背上下来。" "让我单独待一会儿，不行吗？"
建议：针对行动提供的主意。	"与她脱离关系，你好得到快乐。" "我想我们该分手了。"
表达愿望：对喜好的一种陈述。	"我不想让他像你一样。" "我绝不想与你共事。"
提供信息：对信息的泄露。	"你不是我生活的重点。" "噢，朱丽叶真的迷住了我。"
提问：质询或审问。	"你为什么还放不下这个（家人之死）呢？"
威胁：表达在特定条件下进行惩罚的意向。	"如果我发现你与那个人在一起，你就再也别回家。"
开玩笑：说俏皮话或搞恶作剧。	"那句话真的是针对我的种族开的种族玩笑。"
谎言：不真实、欺骗性的表述或问题。	"最糟糕的是他说谎的时候。"

我们细读这些数据后会发现，讯息对答卷者的伤害程度因人而异。互动的情况也不一样。一位教练对一位答卷者说："哎哟，你好像长了好几磅。"一位体育老师大声说："你是我这一生中见过的最差的运动员！"在一个案例中，一位同学问因父亲去世而伤心的一位答卷者："你什么时候才能放下这件事呢？"在另一个案例中，一位答卷者的继母对她说："你奶奶的死是你造成的，因为你没有向她表明你多么爱她，所以她伤心而死。"尽管所有这些例子都在造成伤害方面被定级为中等之上，但其中的一些例子比其他例子的伤害程度要更高一些。

研究者对伤害性讯息所涉及的话题进行了编码，所使用的方式就是对伤害性讯息的类型进行编码。表9.2提供了话题类型清单和每一个话题的例子。在答卷者报告的讯息中，93%以上的讯息被编入话题类型。

表9.2 伤害性话题的例子

话题	例子
情侣关系	"他从来就没有爱过你。他只是在利用你报复我。"
非情侣关系	"你太想让大家喜欢你了，可你忽略了你真正的朋友。"
性行为	"干吗？你还想到处乱睡吗？"
外表	"老天爷，你胖了！"
能力/智力	"我想对你这个少年文盲而言，写那种东西太难了。"
性格特点	"哦，我认为你自私、被宠坏了。"
自我价值	"我再也不需要你了。"
时间	"我们不再像过去那样一起做事了。"
族群/宗教	"你这个愚蠢的犹太人！"

二、为什么一些讯息比其他讯息更伤人

在描述了伤害性讯息之后,信息性陈述(informative statements)被定级为最具伤害性的言语行为。简而言之,信息性陈述被人视为典型的高度伤害性讯息。虽然人们对这一发现的解释不同,但伤害性讯息的接收者确实具有一种"修复"能力,他们能针对这些信息提供多种解释。尽管如此,听者比言者率先进行修复的可能性要小(Schegloff, Jefferson and Sacks, 1977)。伤害性讯息的接收者受到指责或负面评论时,为防止受到伤害,会进行控制,或是公开防卫,或是暗中防卫。即使言者不率先采取修复行为,接收者也有可能这样做,方式是针对指责提供一些说法(比如进行解释、寻找借口、论证相关行为的合法性),甚至用他或她自己的经验来证明这些说法。[5]另一方面,讯息接收者在接收了信息之后,很少会去争辩什么。讯息接收者修复自己的面子的机会是极为有限的。例如,如果一个人被指责为自私和不考虑他人,那么被指责者就可以指出一些与指责不相符的事例。然而,如果是同一个人,他的恋人告诉他,自己"也在约会另一个人",那么此人就不太可能对这个说法进行反击。

像信息性讯息一样,以情侣关系为中心的伤害性讯息(在第二组数据中)时常被人感知为极端伤害性讯息(尽管这种差异只在第二组数据中才存在,而第一组数据中的讯息分布彼此类似)。由于有关情侣关系的信息性讯息超过54.5%(例如,"我不再爱你了""我一直与别人睡觉""我觉得我们只能做朋友"),这一发现也就不足为奇了。然而,有趣的是,参与者们往往把这些关系性的伤害列为较大的伤害,而把对人际或个人的伤害(如有关个人价值的说法)列为较小的伤害。对这种差异进行解释涉及有关情侣关系的讯息的潜在近因(potential recency)。因为这个研究的标本取自大学学生,以情侣关系为中心的事件可能都是近期发生的,所以这些事件在答卷者的脑子中比较突出。但事实并非如此。另外,参与者对伤害性的评级肯定与伤害性事件发生的时间有关。

第二个解释是以关系问题为焦点的伤害性讯息,像那些信息性陈述一样,可能比强调非关系问题的讯息更难让接收者去修复。这个解释得到了第一组数据的支持,即涉及非情侣关系的伤害性讯息常常被人视为最具伤害性的讯息(在第二组数据中,这种差别虽然不太大,但这组数据是以相同的模式分布的)。由于关系涉及两个人,所以他们是同时可控或不可控的。虽然每个人都有影响力,但都没有完全的控制权。相比之下,许多非关系问题,比如对时间的管理,还是比较可控的。讯息接收者可以为自己的行为或做出的选择寻找借口,证明其正确性或进行道歉,以对关系加以修复(McLaughlin, 1984)。此外,由于讯息接收者可以接触到大量有关自己行为的信息(比如他们面临的情景因素),他们可以通过调整自己评论行为的标准来为自己的控制进行解释。外表和智力之类的其他非关系性问题则是不可控的。因此,讯息接收者不需要对他人的相关评论或问题负责。

与非关系问题相比,关系问题会让讯息接收者和言者看到一种独特的情景。二者

皆不能完全对关系结果进行控制或承担责任。因此,当一个伙伴对关系进行负面评论("你不是一个好丈夫")或指责("你根本不在乎我们的友谊")时,另一个人就面临着两难困境。他或她必须寻找一种既不对两人的面子形成威胁,又能应对(关系)问题的修复策略。在许多时候,这两个目标是对立的、不相容的。处理此类不相容的目标的困难性反映在一项初期研究中。这个研究表明:讯息接收者倾向于采用退缩的办法,要么在谈话伙伴面前哭泣,要么口头表示默许,以此作为对极端伤害性讯息的反应(Vangelisti,1989)。

除了关系参与者在进行行为选择时会面对潜在的困难之外,伤害性讯息也可能制造某些困难的认知问题。一位被爱慕者说出某种伤害性话语时,对方可能会至少做出两种归因。第一,他们可能会推断,那个人不是在有意伤害他们的感情。如果做出这样的选择,那么该讯息虽然会让人感觉受到了伤害,但对关系可能没有太重大的影响("她毕竟不是想有意伤害我的感情")。第二,对方可能会认为,该讯息属于有意伤害。如果是这样,他们有可能很难削弱该讯息对关系的影响("怎么会有人故意那么说呢?")。在某些事例中,人们会根据可能获得的数据,判断某条讯息是否属于有意伤害的讯息。在另一些事例中,由于关系者有保持密切关系的需要或愿望,这有可能促使他们尽量减少他们附加给伤害性讯息的故意性归因。

个人为了弄清伤害性讯息,而去"努力"认知的意愿,部分取决于此人与发出该讯息者的关系。例如,如果一位百货商场的职员伤害了一个人的情感,被伤害者可能不会花很多时间去猜度该职员的动机,而一个人要是受到朋友、父母或配偶的错待,情况就不一样了。为什么?部分原因是,人们期待亲密关系中的人能用较积极的方式对待自己。

显而易见,这个规律之中也有例外。例如,一位答卷者解释自己的父亲为什么说过某些伤害他的话时,这样说:"我不知道他为什么总是贬低我。我猜那就是父亲该做的事吧。"显然,这位答卷者并不指望他能从父亲那儿得到积极反馈。答卷者对父亲的行为举止的令人困惑的解释表明,他们所描述的伤害性讯息可能是许多此类讯息之一。伤害性讯息已融入正在流动的言语虐待之河和(或)故意性言语攻击的背景(Leffler,1988;Vissing,Straus,Gelles and Harrop,1991;Yelsma,1992)。另一个例子是,一位受到身体虐待的妻子尽量弱化她从丈夫那里接收到的负面讯息。然而,在这些极端案例中,研究者已经发现,虐待者和受虐者都使用认知策略,尽量减少与虐待行为有关的控制和故意性(Andrews,1992;Herbert,Silver and Ellard,1991;Holtzworth-Munroe,1992)。在亲密关系的背景中,暴力行动常常被阐释为"爱",而非诸如愤怒或恼怒等更为明显的情感(Cate,Henton,Koval,Christopher and Lloyd,1982;Henton,Cate,Koval,Lloyd,and Christopher,1983;Roscoe and Kelsey,1986)。简而言之,人们与发出伤害性讯息者的关系类型、关系的亲密性和隶属于该讯息的故意性,都会影响到伤害性讯息对关系的影响。

三、探讨伤害性讯息对关系的影响

尽管绝大多数(占64.8%)伤害性讯息被人感知为非故意性讯息,但是,那些人们眼中的故意伤害性讯息还是会使关系变得更为疏远。接收伤害性讯息者对有关故意性问题的看法反映出,他们愿意为发送伤害性讯息者所面临的多种困难进行开脱。伤害性讯息的接收者在回答言者是否存心伤害他们的问题时,常常会说这样的话:"她是在和别人生气""他只是不知道怎么吵架""喝酒是他的个人习惯"或者"他那样说,是因为他爱我"。如果说过伤害性的话的人为自己说过的话而后悔(Knapp et al., 1986),或者说出伤害性讯息是为了接收者好(Webber and Vangelisti, 1991),那么伤害性讯息对关系就没有强烈影响。相比之下,那些认为伤害性讯息是出于恶意的接收者,常常会看到言者的不易变化的性格特点:"她就是那种人""他很残酷无情,得理不饶人""他谁也不顾,只顾自己"。

伤害性讯息对关系亲密度的影响也受到该讯息被说出时关系亲密等级的影响。关系的亲密性与伤害性信息的离间效果负相关。由于关系密切度与讯息伤害度之间并不存在相似的负相关关系,因此,在更多亲密关系的报告中,没有距离感并非由于讯息的伤害较少。相反,亲密关系中的人可能更愿意解说对关系伤害不大的伤害性讯息。此外,还存在这样一种可能:亲密程度已发展了应对伤害性事件的特殊模式(Montgomery, 1988);或者,亲密程度得到充分发展,足以使(关系者)相互采取积极的关照,致使单独一个伤害性讯息并不能影响关系的亲密度(Knapp, 1984)。

人们对家庭关系的研究也能提供类似的解释。尽管家庭关系与非家庭关系之间的亲密度并没有重大差别,但研究结果表明,家庭关系中出现的伤害性讯息对关系的影响小于非家庭关系。与亲密的非家庭关系相比,家庭沟通可能会鼓励人们处理伤害性讯息。提出这一假设的根据是:由于关系具有非自愿性质,因此实际上关系是不可被解散的。一位答卷者在其问卷纸的空白处写道:"如果你的家里出了什么事情,(你)好像有很多理由不去计较。"家庭成员是不可替代的,因此,伤害性讯息的接收者可能会觉得自己更有责任去吸收或消化某一伤害性讯息的打击,从而不让它影响到家庭关系。此外,家庭成员共同经历过的各种环境也可能会催生某种"免疫性",使之不受伤害性讯息的影响。有过负面人际事件经历的家庭成员,可能对受到其他家庭成员的情感伤害有更好的准备。

总之,这个研究发现表明,有关"棍子与石头"的那句古老格言,至少要求人们慢慢地加以完善。伤害是一种由社交诱发出的情感(de Rivera, 1977)。由于他人的人际行为,人们才会感觉到伤害,伤害感是通过社会互动诱发出来的,所以话语既能"伤害"人,也能"伤害"关系。

复习题

1. 信息性伤害讯息的主要特征是什么？
2. 安尼塔为什么认为信息性伤害讯息会让人感觉很痛苦？
3. 接收者倾向于用退缩的办法对极端伤害性讯息做出反应。安尼塔对这一发现的理解和解释是什么？
4. 人们保持密切关系的愿望有时会如何影响到对一个伤害性讯息的归因？
5. 人们认为几乎65%的伤害性讯息不是出于故意的。你认为这种观点的根据是什么？

思考题

1. 如果你是安尼塔第一研究小组的参与者，你会首先回忆起来的两条伤害性讯息是什么？
2. 从话题类型上看，在你的生活中出现伤害性讯息的频率是什么？在表9.2列出的话题中，你听到的最具伤害性的讯息属于哪一话题？伤害性位居第二和第三的是什么话题？
3. 常言道："时间可以治愈创伤。"而安尼塔却发现，"参与者对伤害性讯息的级别评定与伤害事件发生后的时间长度成正比关系"。请对这一发现进行评论。
4. 请解释为什么在亲密关系的背景下，"暴力行为常常被阐释为爱的表现"。
5. 安尼塔在她的研究中发现，伤害性讯息在亲密关系中的离间作用没有她料想的大。她是如何对这一发现进行解释的？

注释

1. 斯蒂夫·达克告诉过我一条更能精确表明词语与感情伤害之间的关系的德国谚语："Böse Disteln stechen sehr, böse Zungen stechen mehr。"德国同事朱尔根·斯特雷克（Jurgen Streeck）肯定了该谚语的译文："讨厌的蓟草很扎人/刺人，但是讨厌的话更扎人/刺人。"
2. 问卷调查者要求参加第二个数据采集活动的答卷人在问卷上写出伤害性讯息是多久前发出的。
3. 为减少需求特征，参与答卷者也被告知：一些人可能没有经历过问卷里所列出的谈话类型；该研究项目的部分目的，是估算进行过此类谈话和未进行过此类谈话者的数量比例。问卷调查者还提醒答卷人，他们会获得额外的酬劳，不管他们完成答卷与否（see Planalp & Honeycutt, 1985）。
4. 由于数据是在相隔大约一年的时间内收集的，所以该分析也是分开进行的（相隔大约也有一年）。因此，初始的分类方案主要是基于第一数据集而制订的。收集第二数据集的部分目的，是显示分类方案的可用性和复制在第一数据集中所发现的频繁性。
5. 有关对特定事件所做的解释、责怪、借口和归因等方面的成果（例如，Cody & McLaughlin, 1988; Fincham, Beach, & Nelson, 1987; Fincham & Jaspers, 1980; Harvey, Weber, & Orbuch, 1990; Hilton, 1990; McLaughlin, Cody, & French, 1990; Weber & Vangelisti, 1991; Weiner, Amirkhan, Folkes, & Verette, 1987）当然支持这种观点，即人们制造此类选项来解释不期而遇的社会环境，解释潜在的负面行为举止，或解释被毁掉的社会契约。

参考文献

Andrews, B. (1992). Attribution processes in victims of marital violence: Who do women blame and why? In J. H. Harvey, T. L. Orbuch, & A. L. Weber (Eds.), *Attributions, accounts, and close relationships* (pp. 176—193). New York: Springer-Verlag.

Austin, J. L. (1975). *How to do things with words* (2nd ed., J. O. Urmson & M. Sbisa, Eds.). Cambridge, MA: Harvard University Press.

Averill, J. R. (1980). A constructivist view of emotion. In R. Plutchik & K. Kellerman (Eds.), *Theories of emotion* (Vol. 1, pp. 305—339). New York: Academic Press.

Bowers, J. W., Metts, S. M., & Duncanson, W. T. (1985). Emotion and interpersonal communication. In M. L. Knapp & G. R. Miller (Eds.), *Handbook of interpersonal communication* (pp. 500—550). Beverly Hills, CA: Sage.

Bulmer, M. (1979). Concepts in the analysis of qualitative data. *Sociological Review*, 27, 651—677.

Cate, R. M., Henton, J. M., Koval, J., Christopher, F. S., & Lloyd, S. (1982). Premarital abuse: A social psychological perspective. *Journal of Family Issues*, 3, 79—90.

Cody, M. J., & McLaughlin, M. L. (1988). Accounts on trial: Oral arguments in traffic court. In C. Antake (Ed.), *Analyzing everyday explanation: A casebook of methods* (pp. 113—126). London: Sage.

de Rivera, J. (1977). *A structural theory of the emotions*. New York: International Universities Press.

de Rivera, J., & Grinkis, C. (1986). Emotions in social relationships. *Motivation and Emotion*, 10, 351—369.

Fincham, F. D., Beach, S., & Nelson, G. (1987). Attribution processes in distressed and nondistressed couples: III. Casual and responsibility attributions for spouse behavior. *Cognitive Therapy and Research*, 11, 77—86.

Fincham, F. D., & Jaspers, J. M. (1980). Attribution of responsibility: From man the scientist to man as lawyer. In L. Berkowitz (Ed.), *Advances in experimental social psychology* (Vol. 13, pp. 82—139). New York: Academic Press.

Harvery, J. H., Weber, A. L., & Orbuch, T. L. (1990). *Interpersonal accounts*. Oxford: Blackwell.

Henton, J. M., Cate, R. M., Koval, J., Lloyd, S., & Christopher, F. S. (1983). Romance and violence in dating relationships. *Journal of Family Issues*, 4, 467—482.

Herbert, T. B., Silver, R. C., & Ellard, J. H. (1991). Coping with an abusive relationship: I. How and why do women stay? *Journal of Marriage and the Family*, 53, 311—325.

Hilton, D. J. (1990). Conversational processes and causal explanation. *Psychological Bulletin*, 107, 65—81.

Holtzworth-Munroe, A. (1992). Attributions and maritally violent men: The role of cognitions in marital violence. In J. H. Harvery, T. L. Orbuch, & A. L. Weber (Eds.), *Attributions, accounts, and close relationships* (pp. 165—175). New York: Springer-Verlag.

Infante, D. A., Riddle, B. L., Horvath, C. L., & Tumlin, S. A. (1992). Verbal aggressiveness: Messages and reasons. *Communication Quarterly*, 40, 116—126.

Knapp, M. L. (1984). *Interpersonal communication and human relationships*. Boston: Allyn & Bacon.

Knapp, M. L., Stafford, L., & Daly, J. A. (1986). Regrettable messages: Things people wish they hadn't said. *Journal of Communication*, *36*, 40—58.

Leffler, A. (1988). *Verbal abuse and psychological unavailability scales and relationship to self-esteem*. Paper presented at the annual meeting of the American Psychological Association, Atlanta, GA.

Martin, M. M., & Horvath, C. L. (1992, November). *Messages that hurt: What people think and feel about verbally aggressive messages*. Paper presented at the annual meeting of the Speech Communication Association, Chicago, IL.

McLaughlin, M. L. (1984). *Conversation: How talk is organized*. Beverly Hills, CA: Sage.

McLaughlin, M. L., Cody, M. J., & French, K. (1990). Account-giving and the attribution of responsibility: Impressions of traffic offenders. In M. J. Cody & M. L. McLaughlin (Eds.), *The psychology of tactical communication* (pp. 244—267). Clevedon, England: Multilingual Matters.

Montgomery, B. M. (1988). Quality communication in personal relationships. In S. W. Duck (Ed.), *Handbook of personal relationships* (pp. 343—359). New York: Wiley.

Planalp, S., & Honeycutt, J. M. (1985). Events that increase uncertainty in personal relationships. *Human Communication Research*, *11*, 593—604.

Schegloff, E. A., Jefferson, G., & Sacks, H. (1977). The preference for self-correction in the organization of repair in conversation. *Language*, *53*, 361—382.

Shimanoff, S. B. (1985). Rules governing the verbal expression of emotion between married couples. *Western Journal of Speech Communication*, *49*, 147—165.

Shimanoff, S. B. (1987). Types of emotional disclosures and request compliance between spouses. *Communication Monographs*, *54*, 85—100.

Vangelisti, A. L. (1989, November). *Messages that hurt: Perceptions of and reactions to hurtful messages in relationships*. Paper presented at the meeting of the Speech Communication Association, San Francisco, CA.

Vissing, Y. M., Straus, M. A., Gelles, R. J., & Harrop, J. W. (1991). Verbal aggression by parents and psychosocial problems of children. *Child Abuse and Neglect*, *15*, 223—238.

Weber, D. J., & Vangelisti, A. L. (1991). "Because I love you": The use of tactical attributions in conversation. *Human Communication Research*, *17*, 606—624.

Weiner, B. (1986). *An attributional theory of motivation and emotion*. New York: Springer-Verlag.

Weiner, B., Amirkhan, J., Folkes, V. S., & Verette, J. A. (1987). An attributional analysis of excuse giving: Studies of a naive theory of emotion. *Journal of Personality and Social Psychology*, *52*, 316—324.

Weiner, B., Graham, S., & Chandler, C. C. (1982). Pity, anger, and guilt: An attributional analysis. *Personality and Social Psychology Bulletin*, *8*, 225—232.

Yelsma, P. (1992, July). *Affective orientations associated with couples' verbal abusiveness*. Paper presented at the bi-annual meeting of the International Society for the Study of Personal Relationships, Orono, ME.

第三节 防卫性沟通[①]

杰克·R. 吉布（Jack R. Gibb）

下面是传播学顾问杰克·吉布的一篇经典文章，它描述了防卫性是怎样出现的，以及你需要做什么才能建构支持性沟通（supportive communication），而非防卫性沟通（defensive communication）的氛围。尽管这是一篇旧论文，但它对非常重要而又普遍存在的沟通"围墙"做了精彩描述。

吉布指出，当你预感或明白你正受到一个人或一种情景的威胁，你通常会产生防卫性反应，而且其他当事人也会如此。当六大"防卫—制造"元素（"defensiveness-producing"elements）的任何组合一经出现，通常一个螺旋就开始产生。这个螺旋始于人的一点点不痛快，而且常常升级为全面冲突。

但是，吉布说，你也可能会从另一个方向开始一个螺旋。你的支持性沟通行为越多，他人读取自己因防卫而产生的扭曲反应的可能性就越小。所以，当你能使用六大支持性态度和技巧的任何组合时，就能减少防卫性。你用不着放弃或妥协。你只要不再不遗余力地去贬低、控制别人，停止对他人炫耀不可改变的优越感就可以了。

我的大多数同事认为这篇文章非常有用。他们发现，他们可用吉布的防卫性沟通氛围和支持性沟通氛围的六大特点去分析他们自己的经历。他们也发现，吉布说的话一点不错：大多数人感到自己正在被操纵的程度要远远大于操纵者或欺骗者所认知的程度；这种意识就会让人产生防卫感。他们通常能相当精确地感知到他人的沟通策略或巧妙手法。当他们得知，正是他们自己有时明显的操纵行为才使他人产生了防卫感，他们便在人际关系沟通领域前进了一步。

这篇论文写于作者们懂得把人统称为"他"或"她"并不合适这件事之前。我希望你在阅读吉布的充满美妙思想的语言时，也能有所超越。防卫是一堵常见的沟通之"墙"；你可采取一些有用的行动来搭建连接墙壁的一座桥梁。

了解沟通的一个方法，就是把沟通看成一个关于人的过程而非一个关于语言的过程。如果一个人想根本改善沟通状况，他就必须改变人际关系。一个可选的举动就是减轻对他人的防卫程度。这是本文关注的一种沟通类型。

一、定义与意义

防卫性行为的定义是：一个个体在群体里感知有威胁或预料有威胁时所表现出的行为举止。采取防卫性行为的人即使能关注共同承担的工作，也会花费很大精力去防

[①] "Defensive Communications" by Jack Gibb from *Journal of Communication*, September 1961, Vol. 11, No. 13, pp. 141—148. Reprinted by permission of Blackwell Publishing Ltd.

卫,以便保护自己。除了谈论话题之外,他还会琢磨别人怎么看他,别人如何才能对他更有好感,他如何做才有可能取胜,占据主导地位,给人留下印象,或者怎样做才能逃脱惩罚,才有可能避免或减少感知到的攻击或预想的攻击。

此类内部情感和外在行动可能会在他人身上产生类似的防卫性姿态;如果得不到遏止,这种随之而起的连锁反应就会变得越来越具有破坏性。简而言之,防卫性行为损害防卫性倾听(defensive listening),而防卫性倾听转而又会制造出提高原沟通者的防卫水平的姿态暗示、表情暗示和言语暗示。

防卫觉醒(defense arousal)会阻碍倾听者集中精力倾听讯息。不仅防卫性沟通者发送多重价值、动机并影响暗示,防卫性接收者还会歪曲自己所接收到的讯息。随着一个人的防卫性越来越强,他就越来越无法准确感知讯息发送者的动机、价值和情感。作者对录音讨论进行的分析表明,防卫性行为的增加与沟通效率的降低成正比。[1]具体来说,群体中存在着防卫状态时,歪曲程度就会变得较高。

表9.3 小组中支持性氛围和防卫性氛围中的行为特点

防卫性氛围	支持性氛围
1. 评估	1. 描述
2. 控制	2. 问题定位
3. 策略	3. 自发性
4. 中立性	4. 移情
5. 优越感	5. 平等
6. 确定性	6. 可商讨性

相反的情况也存在。支持性氛围越浓或者防卫性氛围越淡,信息接收者就越不可能把自己的焦虑、动机和关切加以扭曲,并把这些被扭曲的情感带入沟通过程。

随着防卫心理的减少,接收者能够更好地着眼于讯息的结构、内容和认知意义。

二、防卫性沟通和支持性沟通的类型

作者研究多种背景下的讨论录音长达八年之久,提出了表9.3所列出的六对防卫性行为类型和支持性行为类型。这些反应发生的程度取决于个人的防卫水平和当时该小组所处的总体氛围。[2]

1. 评估与描述

演讲或其他带有评估意味的行为会增强人的防卫性。如果讯息发送者的表达、讲话方式、声调或讲话内容让人觉得是在评论或评价听者,那么,讯息接收者就会警觉起来。当然,其他因素也有可能引发这种反应。如果听者认为,言者与他能平等相待,比如表现出开放性和显得自然,则讯息中的评论就会被中和,甚至听者还有可能感知不到。这条原则也同样适用于其他五种潜在的可能催生防卫性氛围的类型。这六种类型是彼此互动的。

我们在和他人沟通的过程中，不可避免地会做出评价，因此防卫性的人会把哪些话视为评判性的话语，很难界定。甚至，最简单的问题也能传递出讯息发送者希望得到的回答或暗示与其价值系统相适合的回应。例如，一位母亲在地震发生后，会立即寻找她的小儿子。她这样问道："鲍比，你在哪儿？"那边怯生生地说，"妈咪，这不是我干的"。这意味着，鲍比身上长期的、温和的防卫倾向导致他的第一反应是认错。他的经验告诉他，妈妈的问题里总是带着责怪。

试图训练专业人员使用带有中立效果的语言以寻求信息的人会看到：教会一个人说"谁做的？"这句最简单的话，而不被别人视为带有责怪的意味有多么困难。由于人们经常进行评论，因此就存在着一种人们常常进行防卫性理解的现实基础。

当小组成员产生不安全感时，尤其可能责怪他人，将他人分为好人坏人，对同事做道德评判，质疑他们所听到的讲话的价值和动机。由于价值负载中暗示着判断，所以，"言者的标准不同于自己的标准"这种想法便导致听者开始防卫。

与评估性言语相比，描述性言语引发的不安程度是最低的。被听者感知为真正在寻求信息或中立性的言语就是描述性言语。具体地说，对感情、事件和感知的展现，或不要求、不暗示讯息接收者改变行为或态度的过程很少让人产生防卫感。避免暗示的难处在新闻记者撰写有关工会、共产主义者、黑人和宗教活动的消息而不泄露报纸的"政党路线"时得以体现。人们经常能够从一条消息的导语中看出该消息与该报编辑政策的一致程度。

2. 控制与问题定位

用来控制听者的言语会引发抵制。在我们的大多数社会交往中，有人试图对他人做点事情，改变他人的态度，影响他人的行为，限制他人的活动范围。由于对隐形动机的怀疑会增加人的抵制，因此那些试图控制防卫的产生的努力能否成功取决于试图控制者的公开化程度。对于那些非指导性的理疗者和进步的教育学家来说，如果他们不想强加给他人一套价值观、一种观点或者一个解决方案就会遇到很多障碍。由于人们习惯于控制，所以非控制者必须让他人知道，他们的努力中没有任何隐藏的动机。政治、教育、广告、宗教、医药、企业关系和指南中的劝服性"讯息"的轰炸，已经在听者身上产生了讽刺性和妄想狂式的回应。

试图改变他人的人有这样一种假设——有待改变的人态度不当。言者背地里把听者看成愚昧无知者、没有能力做出决策者、消息闭塞者、不成熟者、愚笨者、态度错误者或态度不当者。这是一种下意识的感知，给后者提供了做出防卫性回应的正当基础。

控制的方式有许多种，其中包括针对细节提出法律主张、制定限制性规定和政策、要求符合规范，等等。手势、面部表情、其他形式的非言语沟通，甚至包括用某种特定方式让门开着之类的简单动作，都是把一个人的意志强加给他人的方式，因此都会成为潜在的抵制之源。

另外，问题定位是劝服的对立面。当讯息发送者传递出一种愿望——合作定义一个共同关心的问题并寻求解决方案时，他在听者那里便创建了同样的问题定位。更为重要的是，他表示，他没有非要对听者施加影响的预定性解决方案、态度或办法。此类行为举止是可取的，因为它让讯息接收者设定自己的目标，做出自己的决定，评论自己的进展，或者在这样做的过程中与讯息发送者分享。他们虽然并不知道应该做到什么程度，但这一过程必须涉及一系列暗示；他们当然要超越纯粹的言语担保：沟通者没有对别人施加隐形控制的欲望。

3. 策略与自发性

当人们认为一个讯息发送者老谋深算、动机不纯时，讯息接收者就会进行防卫。没人希望自己成为一只小白鼠、一个演员或某种隐形动机的牺牲品。被隐藏的信息可能比它真实的样子更明显，听者的防卫程度取决于人们所感知的、被压制的因素的（suppressed elements）大小。读者对《隐形说服者》（*Hidden Persuaders*）中的材料产生强烈的回应就表明，人们对隐藏在策略后面的多重动机会普遍做出防卫性回应。人们认为那些想"扮演角色"、虚情假意、玩弄同事、把持信息，或拥有特殊数据资源的小组成员尤其可恶。一个答卷者曾抱怨另一个人对他"使用了听的伎俩"！

在所谓的人际关系训练中，有很大一部分负面反应是这些原因导致的——感到某人在用诡计或者花招愚弄或糊弄我，让我以为我是在独立做决定，或者让我以为他对我这个人感兴趣。当人们感觉到某人正在玩弄貌似真实的计谋时，就会做出强烈反应。一个人讲过一个可恶的老板的故事：这位老板习惯性地用"貌似真实"这样的计谋来看表并说："糟了，时间快到了，我得去开会了。"人们相信，如果这位老板诚实地请大家原谅，他所引发的怨恨就会少一些。

同样，有意声称自己真诚和朴实就会特别惹人讨厌。对反馈录音带和训练小组的评论的监测表明，小组成员对同事所用策略的感知程度令人吃惊。这种感知的清楚透明可能会让实施策略者都大为震惊，因为这个人会觉得，他已巧妙地在"计谋"周围掩藏了动机的光环。

人们不喜欢欺骗，也许这可以用人们的抵制来解释：抵制那些被怀疑在幕后谋划以获取选票的政客；抵制倾听的动机不纯的心理学家；抵制深有城府、处事圆滑或聪明机灵的人。在训练小组中，角色灵活多变的人往往遭人白眼，因为其行为举止的改变被人理解成策略性运作。

相比之下，显得自然而然和不带有欺骗感的行为举止能减少他人的防卫举措。如果沟通者的身份清晰可见，动机单纯，直率坦诚，对情景能进行自然而然的回应，那么，他引发的防卫就可能最少。

4. 中立性与移情

当听者觉得话语里的中立性表明缺少对他的利益的关心时，他就会产生防卫之心。小组成员通常愿意让人把自己感知为有价值的人，有特殊价值的个体，受人关心和爱戴的对象。许多心理训练师态度冷漠,仅仅把他人视为临床研究对象,因此被小组成员厌恶。不带情感的谈话无法传递热情和关爱——和热情洋溢的谈话形成了鲜明的对比,因此在社交场合常常传递出的是拒绝的信息。

然而,如果沟通能够传递出对听者的同情或者对听者所体现的价值的尊重,就能够增强支持性,减少防卫性。当一个讯息暗示,言者与听者面对着同样的问题、有着同样的感觉并接受听者的面部反应时,听者就会产生确信之感。(言者)试图通过让听者相信(尽管其本意常常是对听者给予支持)——他不必感觉不好,不应产生被拒感,不必过分焦虑——来否定听者表达情绪的合理性。这种努力必将失败,它可能会使听者产生言者不接受自己的印象。对他人表示理解、对他人的情绪进行移情而又不试图改变他人,显然是高水平的支持。

我们应提及移情沟通中姿势的重要性。沟通中言者面部和身体上明显表露出的自发的关心迹象,常常被听者理解为深层接受的特别确凿的证据。

5. 优越感与平等

当一个人向另一个人发送这样的讯息——自己在职位、权力、财富、知识、生理特点或其他方面具有优越性时,就会引发另一个人的防卫意识。在这里,就像其他干扰源一样,不管是什么东西让听者觉得不充分,听者都会关注言者话语中的情感负荷,而非关注话语中的认知元素。随后,听者就会对此做出这样的回应:不听言者发出的讯息、忘记这个讯息、与讯息发送者进行竞争,或者开始猜疑讯息发送者。

让人感觉有优越感的人,会向别人传送这样的讯息:他不愿建立一种共同解决问题的关系;他可能也不指望获得什么反馈;他不要求别人提供帮助;他也可能会弱化讯息接收者的权力、地位或者价值。

讯息发送者让自己与听者处于平等地位的方法有不少。当一个人感知到讯息发送者愿意进行互信互敬的沟通时,此人的防卫意识就会有所减弱。虽然人与人之间常常在才能、价值、外表、地位和权力上存在差异,但低防卫性沟通者并不太看重这些差异。

6. 确定性与可商讨性

教条主义对防卫心理的产生影响很大。那些似乎知道答案者、不需要其他数据的人,把自己视为教师而非同事者,都有可能引发他人的防卫意识。此外,在作者的实验中,听者常常把公开表达确定性理解为有内在的自卑感。他们把教条主义者看成是需要坚持认为自己一贯正确的人,是一个要赢得一场争论而非解决问题的人,也是一个认为捍卫自己的思想就是捍卫真理的人。人们常常把这种行为和欲施加控制的行为联系起来。做事正确者似乎对"做错事"者——不同意讯息发送者的观点的人,不太宽容。

当一个人与别人沟通时称,他愿意用他自己的行为、态度和思想去体验,此人就会减弱听者的防卫性。如果一个人表现出正处于了解的过程中,正在进行调查而不是偏袒一方，想要解决问题而不是引起辩论，并且愿意去实验和探索，那么他就是在传递这样的信息：听者对于话题拥有控制权。如果一个人真的在寻找信息或者数据，他就不会反感帮助和陪伴。

三、结论

上述材料对父母、老师、经理、行政管理人员或理疗师具有相当明显的意义。引起防卫意识将会干扰沟通，因而难以使每个人都能清楚地表达思想，有效地解决治疗问题、教育问题或行政管理问题。

复习题

1. 吉布是怎样对防卫性进行界定的？
2. 防卫性防卫的是什么？支持性支持的又是什么？
3. 描述如何能像评估一样达到同样的目的？

思考题

1. 吉布把防卫性视为一种关系，即人与人之间创造的某种事情，还是把防卫性看成一个人或一个群体创造的并且强加给另一个人或另一个群体的事情？
2. 吉布提醒我们要注意评估的消极影响。但是，在实际生活中，我们有可能不评估吗？吉布想让我们做什么？
3. 尽管吉布的大多数例子都使用了言语暗示，但每一个防卫类型和支持类型也属于非言语沟通。请谈谈你如何用非言语沟通的方式去评估、进行控制、实施战略、保持优越感、进行移情和实现平等。
4. 在你与恋人或配偶的关系中，哪类防卫性行为出现得最多？在你与雇主和父母的关系中，哪类支持性行为最为典型？

注释

1. J. R. Gibb, "Defense Level and Influence Potential in Small Groups," *Leadership and Interpersonal Behavior*, ed. L. Petrullo and B. M. Bass (New York: Holt, Rinehart and Winston, 1961), pp. 66—81.
2. J. R. Gibb, "Sociopsychological Processes of Group Instruction," *The Dynamics of Instructional Groups*, ed. N. B. Henry (Fifty-ninth Yearbook of the National Society of the Study of Education, Part 11, 1960), pp. 115—135.

第四节　权力:冲突的结构①

威廉·W.威尔莫特和乔伊斯·L.霍克
(William W. Wilmot and Joyce L. Hocker)

这篇文章选自《人际冲突》(*Interpersonal Conflict*)一书,它解释了权力如何在冲突的形势中发挥作用,讲述了你该怎样进行权力管理。作者多年来帮助个人和群体处理冲突,拥有实际经验;长期以来,《人际冲突》一直是最让人信赖的该领域的教科书之一。

威尔莫特和霍克对权力(power)进行界定后,解释了权力具有两种不同的取向:一种是增加困难的权力,另一种是能够帮助排解冲突的权力。第一种是"或者……/或者"(either/or)取向的权力。这种权力在新闻报道中比较普遍,易为普通人所理解。根据这一定位,权力是一种推动人违背自己的意愿而行动的力量。几乎没有一个人认为他或她拥有足够的权力;我们都认为他人比我们拥有更多的权力。在作者所谓的"压力系统"(distressed system)中,人们对权力的关切超过了对权利与利益的关切。相比之下,在一个高效的系统中,利益是首要的,权利是重要的,权力则发挥较小的作用。

我们可在第二种名为"不仅……而且"(both/and)的取向中,发现行使权力的有效的、符合道德的系统。这意味着各方都懂得:每一个参与者都拥有某种权力;如果着眼于和谐与合作,权力关系就能发挥作用。这种"不仅……而且"的取向常见于日本文化和爪哇文化之中,也是生活在西方文化中的妇女的首选。描述这种取向的另一个术语是"关系的"(relational)。在接下来的部分,威尔莫特和霍克尔提出了权力关系理论(relational theory of power)。

这个理论的出发点是:权力发生在人与人之间。一个人"没有"他或她自己的权力;他或她只有在与他人、某一话题、特定时代、某种情景等发生了关系时才拥有权力。正如一位作者所言:"权力总是人际的";权力的动力是流动的、变化的,而且依赖特定的形势。

从这一关系视角出发,个人拥有多种不同的权力货币(power currencies)。威尔莫特和霍克探讨了由 RICE 四个字母代表的四种权力货币。R 代表资源控制(resource control),是控制奖惩的权力。I 代表人际联系(interpersonal linkage),是把人联系起来实现目标的权力。C 是沟通技巧(communication skills),即劝服能力、倾听技巧、领导技巧以及传递关爱与友善的能力。所有这些技巧都在不同的情景中生产出权力。第四种权力货币是专门技术(expertise),即特殊知识、技巧及对完成某些任务有效用的

---

① "Power: The Structure of Conflict" by William Wilmot and Joyce Hocker from *Interpersonal Conflict*, 6th Edition, pp. 95—127. Copyright ⓒ 2000. Reprinted by permission of The McGraw-Hill Companies.

才能。当你认识到专门技术只有与某人某事发生关联才拥有力量时,你就能更好地理解"RICE"要素的相关性。如果某个项目或问题涉及体育运动,那么即使一位太空科学家的专业知识也毫无用处。然而,如果某个项目或问题与物理学或太空旅行发生关联,那么这位科学家就会拥有大量权力。正如威尔莫特和霍克总结的那样,权力关系理论有助于你和其他人在冲突中了解权力货币的作用,因为所有人都可能从相信自己别无选择、只能用别人给定的方式做出反应而转向懂得每一个人都拥有某种权力。

接着,威尔莫特和霍克探讨了保持沉着镇静如何能帮助低权者(low-power people)与强力机构或当局打交道。他们提出了低权者应对冲突形势的四个具体方法。

这篇阅读材料的最后一节讲述的是元沟通,其基本含义是有关沟通的沟通。通过明确谈及关系的重要性或关系的价值,或通过事先确定冲突各方将如何处置冲突,人们可以避免权力困难。元沟通着眼于冲突各方沟通的过程,可使他们联手改善沟通的环境。

在结论部分,威尔莫特和霍克对他们所谓的"权力悖论"(paradox of power)进行了解释。为了有效地使用权力,人们需要利用机遇和使用资源。然而,在现存的关系中,尽力扩张个人权力将会使每个当事者都达不到预期目标。因此,这个悖论就在于:我们每个人都需要拥有某种权力,但是,如果我们拥有的权力太多,沟通就会出现困难。每一个人的目标都应当是平衡冲突方之间的权力,这样,权力才能有助于促进人际沟通而非阻止人际沟通。

一、什么是权力?

在人际冲突和所有其他冲突中,权力观念都是分析的中心。我们可把数百个对权力的定义划归三大阵营。权力被视为:(1)分配型(或者……或者);(2)融合型(不仅……而且);(3)指定型(把权力指定给某个特定关系)。分配型权力观强调,"一个人使用强力、控制、压力或攻击,能够战胜他人的抵制,实现他或她的目标,从而获取权力"(Dahl,1957,3)。分配型权力观着眼于让自己的权力超过另一方或用权力反对另一方。

融合型权力观注重与他人共同拥有权力。融合型权力观强调"与某人合力实现彼此可接受的目标"(Lilly,1989,281)。融合型权力观着眼于"不仅……而且"。双方必须在关系中有所收获。

指定型权力把权力"给予"一种特定的关系,而非让权力被个人或小组把持。在指定型权力中,人们把权力授予一个婚姻、一个工作小组、一个家庭或一群与某个人有关系的朋友。

二、权力的取向

当两人之间出现分歧时,他们常常会谈到权力。他们关于权力如何运作的观点会决定他们更容易参与哪种类型的沟通。人们对权力都十分敏感:谁有权力;谁应拥有更多权力,谁应拥有较少的权力;人们会如何滥用权力;人们为自己攫取多少权力才算正当、合理。出于多种原因,认为人们渴望权力似乎总是正确的。

我们每个人都需要有足够的权力来过我们想要的生活。我们要影响关乎我们的利益的事件,要让别人听到我们的声音而且与众不同,要保护我们自己,以免受到可感知的伤害。我们要守住我们自己和我们所关爱者的至高尊严。我们不希望成为受害者,不希望受到虐待或被人看不起。没人能逃避对权力效应的感觉——不论我们拥有的权力太多,还是太少,或者其他人拥有的权力太多,还是太少。

人们彼此争斗时,几乎在如何使用权力上从未达成过一致意见。例如,如果你在房地产公司做实习生,你会觉得房地产中间商拥有全部的权力,即使你不赞成他,你也可能保持沉默,或者你不赞成他的意见时,也会让他觉得你同意他的意见。另一方面,如果你觉得你和那位中间商都有权力,那么你将更有可能参与讨论,通过做事来解决问题。作为实习生,你可能拥有某些权力的来源,比如:拥有(与中间商)不同的熟人;中间商也想在周末与家人在一起,却不得不工作时,你却有过周末的时间;你有新鲜的观点和学习的欲望。然而,如果你认为自己"只是一个地位低下的实习生",那么你就有可能失去作为一个团队成员的许多机会,因为你已错误地评价了你的权力。

1. "或者……或者"型权力

当你查看报纸上有关权力的典型报道时,读到的是"或者……或者"型(分配型)权力观。事实上,你甚至难以在通俗报刊上找到其他权力取向的例子。许多人认为,权力只是一种"强力",它推动他人采取违背自己意愿的行动。你考查某些国家使用武力对付他国时,看到的是"或者……或者"型权力的运行。

一旦关系开始恶化,人们就会增加对权力的关切,而且这一变化在他们的言谈话语中会体现出来(Beck,1988)。事实上,破坏性权力的一个特点就是,关系各方开始考虑和谈及权力。至少在关系各方情绪激昂时,几乎没人会承认自己比别人拥有更多权力。我们在认为他人拥有更多权力之后,就会想去证明别人在耍见不得人的花招,也会证明我们努力获取更多权力的合理性。我们经常把自己看作是别人滥用权力的受害者,不应受到任何指责。关系伙伴若陷入这种破坏型的"或者……或者"的循环,他们的沟通互动就会呈现出许多"巧占上风"型的回应,或者一方竭力表明比另一方在对话中拥有更大的权力(Sabourin and Stamp,1995)。关系伙伴可能会说:"她就想控制我。"或者说:"我今后再也不能让他把我指使得团团转了。"不论是夫妻还是同事,都想努力"得分"——盯住自己与他人的"比分"情况(Ross and Holmberg,1992)。关系伙伴发展到公开关心权力时,他们的争权行为就会直接针对自己的关系满意度(Kurdek,1994)。

图9.1 人们在压力系统中对权力的强调情况

Source: From William Ury, Jeanne M. Brett, and Stephen B. Goldberg, *Getting Disputes Resolved: Designing Systems to Cut the Costs of Conflict*. Copyright © 1988 Jossey-Bass Inc., Publishers, San Francisco, California. Reprinted by permission.

恰如尤里、布雷特和戈德堡(Ury,Brett and Goldberg,1988)尖锐地指出的那样,关系伙伴争论的焦点会演变成权力,即谁有权搬动他人。青少年可能会说:"你不能像头儿一样支使我!"配偶会大声嚷:"你以为你是谁啊?"同事可能会说:"那好,谁是这儿的头儿,我们等着瞧!"所有这些人都在强调权力,都把权力放在争斗的中心舞台上。这些争斗常常升级。心怀不满的夫妇比心满意足的夫妇在争吵升级和关注权力方面的可能性高出三倍(Alberts and Driscoll,1992)。我们并不是说,权力不应该成为问题。相反,我们认为,当权力本身成为人们思考和讨论的焦点时,关系各方就有可能参与正在升级的权力斗争,而且有可能暂时忘记利益和问题的解决。

请注意图9.1,争吵中也会包含"权利"和"利益"。权利类似于我们最关切的思想,它包括不受歧视、不受身体伤害和我们作为公民所拥有的宪法和法律给予的保障。有时,人们觉得用权利比用权力或利益解决争议更为恰当。例如,如果用权力手段来处理1954年著名的关于公立学校中存在非法种族歧视行为的"布朗诉教育董事会"(*Brown v. Board of Education*)案件,那么就会导致走向街头的斗争。另一方面,如果从利益角度出发来处理此案,布朗可能会在谈判后入校学习,但国家的社会政策就不会得到改变。我们通过利益手段解决争议时,冲突各方的目标与意愿是关键因素。例如,如果你不想让你的未成年儿子用车,你可以让他知道:(1)只要你还是一家之主(权力),他就不能开车;(2)你是车主,拥有使用该车的所有权(权利);(3)你对他的开车方式不满意,除非你认为他能安全开车,否则你不会让他开车(利益)。因此,争议可能在任何一个层面出现。当权力成为人的唯一目标时,争议就会较难解决。

图9.2呈现出一种效力较强的系统,在这个系统中,人们强调利益,权力和权利相对来说作用较小,却依然不可忽视。当你比较图9.2与图9.1时,你就会发现,压力系统的典型症状就是过度强调权力。

```
    权力
    权利
    利益
```

图 9.2　人们在高效的系统中弱化对权力的强调

Source: From William Ury, Jeanne M. Brett, and Stephen B. Goldberg, *Getting Disputes Resolved: Designing Systems to Cut the Costs of Conflict*. Copyright © 1988 Jossey-Bass Inc., Publishers, San Francisco, California. Reprinted by permission.

2."不仅……而且"型权力

有两种视角把争议视为权力之争,这能够帮助我们跳出分配型权力的困境。博尔丁(Boulding,1989)说,"最大的谬误"是——特别是(人们)有关权力的政治思考——把威胁的权力提升到了控制的地步。人际关系领域也呈现出相同的谬误。许多人只能把权力观念视为"或者……或者"型或"赢/输"型。然而,人们对成功的争议的活力和现行关系中的动力的一项研究显示,相比于"或者……或者"型思维,"不仅……而且"型权力发挥作用的基础更为牢固。如果相关各方把争议定义为权力之争,那么它就真的会变为权力之争。如果我们只从威胁的视角去考虑权力,那么我们就会一筹莫展。从概念上讲,把争议放在权力之争的框架内就等于把权力放在了一个从属于权利和需要的位置上。

为帮助我们理解以上这些假设的文化基础,奥格斯伯格(Augsburger,1992)详细研究了有些文化中口水战较少的情况。在这些文化中,权力被视为"或者……或者"型权力或指定的权力而发挥作用。我们将在下一节探讨这个问题。例如,我们可以列举日本文化和爪哇文化中的两个明显的例子。在这两种文化中,和谐与合作是基本的价值观,恶言相向不是冲突中的首选。人们较多采取的办法是证明彼此的实力,站起来而不进行攻击,然后再寻求其他选择。双方都会寻求最好的选择。

在我们的文化中,妇女常常首先选择"不仅……而且"型权力。威尔斯利的斯通中心(The Stone Center at Wellesley)的研究员们已经花了二十年时间探讨"关系理论",试图平衡那种美国文化中的传统男性取向。在他们看来,关系理论是一个描述成长和效力如何发生的信仰系统(Fletcher,1999)。近二十年来,人们一直认为,男性理论(masculine theories)是唯一正确的心理学理论。这个理论常常假定,是否成熟与是否具有竞争力取决于能否实现自治或不受约束,不被他人左右和摆脱群体特性。例如,男孩比女孩更多地通过比赛和竞争来学会掌握相关权力。男孩要学会与团体成员、头儿、教练和老板等轻松相处。女孩则不太关注等级。许多女子比赛的性质就属于合作性的。她们首先一起讨论,然后按角色参加比赛。正如海姆(Heim,1993)所言:"玩偶娃娃没有头儿"(There's no boss in dolls.)。对男孩来说,冲突意味着竞争,而竞争常常能促进关系。对于女孩而言,竞争常常令人痛苦而且影响关系。女孩经常喜欢寻求双赢(Heim,1993,27)。

关系理论与实践提供的思想是:是否成熟与具有竞争力取决于能否加强联系和相互交往。发展关系的能力取决于相互移情、相互授权的能力,取决于本人与他人的责任心,取决于体验和表达情感的能力,取决于体验受害和从受害中吸取教训的能力,决于参与他人的发展和加强共同努力的能力(Fletcher,1999;Jordan et all. 1991)。我们无须把这种方式严格地看成女性的方式。冲突的排解形式是否有效取决于关系的发展方向。在权力严重失衡的情况下,也需要人们进行一定程度的竞争或自作主张,而这些并非一定源自女性。然而,如果竞争仍然带有支配性,那么建设性的冲突排解方式就不会出现,除了临时情况以外。

三、权力关系理论

人们达成了一种共识,即权力是一个人的特征(attribute)。假设你说了这样一句话,"林恩是一个有权力的人"。如果她是你的朋友,你可能指的是她会说话、聪明、富有激情、热情和善解人意。你也可能指的是一位有权势的政客,暗示她有能力做交易,招人喜欢,能记住人名和面孔,搞得懂复杂的经济问题。然而,在人际关系中,人们会排斥不平等的身体权力,反对使用暴力;权力是社会关系的属性,而非个人的品质。比如,林恩对她的朋友拥有权力,因为她拥有被朋友所看重的品质。当她建议做某件事情时,比如参加年度女子背包旅行,她们就会将此活动列入个人活动日程,因为她们喜欢她,与她在一起很快乐,觉得她了解她们。林恩拥有一种使群体团结和放松的能力。但是,如果林恩的一位好友讨厌背包旅行,不喜欢与其中的某些人一起出游,那么此人就会恼怒林恩出了这个主意。由于误解不能消除,因此林恩对那位恼怒她的朋友所形成的权力就会相对减少。

同样,如果一位政客对一个人权小组摆在州立法机构办公桌上的提案不感兴趣,而且该政客是另一个州的国会女议员,那么这位议员对人权小组就行使不了多少权力。此时,她仍是一个"拥有权力的人"吗?她对她的选区有权,但对上面提到的利益集团则无权。

个人不拥有权力,权力是社会关系的产物。在这种社会关系中,某些品质对他人变得重要而有价值(King,1987;Rogers,1974;Harsanyi,1962;Deutsch,1958;Dahl,1957;Soloman,1960)。多伊奇(Deutsch,1973)解释得好:"权力是一个关系概念。它不存在于个体身上,而是存在于个人与周围环境的关系之中。因此,情境的特点决定了某个特定情境中某个代理人的权力。"权力不存在于个人身上,"权力总是人际的"(May,1972,23)。从最严格的意义上讲,除了使用暴力和身体威胁之外,在冲突中一方会向另一方施加权力。形势发生变化时,权力可能会丧失。权力的动力是流动、变化的,而且依赖特定的形势。处于冲突中的每一个人都拥有某种程度的权力,尽管一方可能比另一方拥有更多的权力;在冲突中,权力还会发生转移。

四、个人的权力货币

你可能拥有在国外旅行的经历,还可能试图习惯使用不同的货币。在希腊要使用希腊货币"德拉克马"(Drachmas),而在用卢比购物的印度,这种货币一钱不值。在你把卢比兑换成当地货币之前,即使你有满口袋的卢比,在法国也一无所用。正如对金钱的使用取决于环境(国家)一样,你的权力货币是否有用也取决于关系中的他人如何评价你特有的资源(Rodman, 1967, 1972)。你可能拥有丰富的关于篮球规则的专门知识,但是,如果你的兄弟会(fraternity)需要一个内部足球教练,那么他们对你的关注就不会像需要一位篮球教练时那么大。权力的大小取决于你是否拥有他人所需要的货币。同理,如果他人拥有你所看重的货币,诸如能编辑一份学期论文或拥有一辆轿车,他们就有可能对你形成某种程度的权力关系。冲突常常使人困惑,因为人们试图花掉在某种特定关系中没有价值的货币。

R

资源控制。这常常与一个人在一个组织或群体中的正式地位相关。一个典型的例子就是对奖赏的操控,如对工资、工作时间或聘用拥有控制权。父母拥有对青少年的钱、自由、汽车和隐私等资源的控制。

I

人际联系。这是指你在较大的系统中的位置,比如你处于沟通过程的中间位置。如果你是两个派别之间的联络人,担任两个彼此信息不通的群体的沟通桥梁,或者,如果你拥有互相喜欢的朋友网络,你就拥有联系货币。

C

沟通技巧。这是指谈话技巧、劝服能力、倾听技巧、群体领导技巧、传送关爱与友善的能力、与其他人形成密切关系的能力。这些都属于人际权力。

E

专门知识。这是指对完成手头任务有用的特别知识、技巧和才能。在预算分析等内容领域、决策方法等程序领域或解读非言语暗示等关系领域,你可能是一个专家。别人需要你的专门知识时,你就拥有权力。

资源控制通常来自人们取得的正式职位,而这一职位能给人们带来资源。不管个人品质如何,美国总统总会拥有一些与其职位相称的资源。一个人被放在其他人所依赖的位置上,是为了发挥领导力,并填充这个职位。与此同时,他也拥有了现成的权力。不管你处于什么位置,秘书、老板、主席、教员、经理或志愿者,你都会拥有他人渴望得到的资源控制权。从性质上看,许多资源都属于经济资源,诸如金钱、礼品和物资(Warner, Lee and Lee, 1986)。许多人通过购买礼物试图与周围有资源的人建立密切关系。他们用经济货币进行交易,以便从他人身上获得亲密货币(intimacy currencies)。然而,他们的礼物并非总是贵重到足以给他们带来他们想要的东西。毫不奇怪,相互送礼者常常想使所花钱数能够让彼此的依赖(权力)对等,这也许是种暗中协议。如果一个人花的钱太多,那么,另一个人就会有极强的负债感。正如布劳(Blau,1964)所写的:"一个把贵重礼物送给他人者或给他人提供过重要服务者,就会通过让他人感到有义务为他负责而宣称自己拥有了优势地位。"金钱不多者通常难以拥有其他形式的权力。由于找不到工作的大学毕业生必须在经济上依赖父母,因此双方的自主性就会受到限制。由于通货膨胀,老年人的储蓄会缩水,他们就会丧失权力;带着孩子而又没有谋生手段的母亲会丧失对独立自主的选择权。经济货币虽然不是唯一重要的权力货币类型,但它们在小型的个人冲突和大型的社会冲突中会发挥作用。

另一类权力货币来自一个人的人际联系,你是否拥有这套货币取决于你和你的朋友、支持者的网络的接触情况。人们常常从自己熟悉的人和与自己有联系的人那里获得权力。举例来说,你有一个好朋友,这个朋友拥有一座林间小屋(你可以邀请其他人去住),这时你就拥有了某种权力(如果你的家人或者其他朋友想去那里住),因为你能从他人那里获得某种东西。小孩子有时会说:"我的叔叔本是个公园管理员,他能带我们去参观公园。"这时候,他们就是在交换人际联系货币。

人际联系帮助人通过形成联盟而获得权力。你可以通过与另一个人(一个好友)结盟而获得某种权力感,这种联盟可以成为一种权力形式(Van de Vliert,1981)。"你最好别打我,如果你打我,我大姐就会打死你",那个这样说的小孩就很懂得联盟的潜在价值。当人们检索自己的人际网络,以了解该上什么课、在哪儿可以找到工作、在哪儿能租到房子和其他种类的信息时,人际联系就是一种权力的来源。"你认识谁"常常是一种权力资源。

一个人的沟通技巧也是潜在的权力货币。也许你能在决策过程中领导一个小组,说话具有劝服效果,能为你的机构撰写一份新闻稿,能成为两个争吵者的非正式调解人,或者能够有技巧地求得你想要的东西。那么,由于你拥有沟通技巧,你将获得权力。许多时候,已掌握沟通技能的学生一毕业就能找到工作,因为他们拥有技能。雇佣者会愿意慢慢教给他们专业性技能。在谈话中,如果你拥有技巧,也会取得相当不同的效果。正如米勒和罗杰斯(Millar and Rogers,1988)揭示的那样,当他人让我们主导谈话时,我们就已经获得了权力。与此相似,如果你能推动一个群体的社会进程、在家中爱逗乐子,或者在工作单位能让大家开口讲话,其他人就会看重你。从本质上说,能够带来权力的不仅仅是品质,还有被其他人所看重的这些货币。

沟通技巧也包括通过爱、性、关怀、抚育、理解、移情性倾听、热情、重视等而与他人结盟。如果一位父亲能给予在学校遇到困难的十多岁的女儿真正的温暖和理解,那么对他来说,他的支持在他们的父女关系中就是一种货币。

一个人拥有其他人看重的某些特殊技能或知识时,他就拥有了专业知识货币。一家大型木材厂中唯一会操作锅炉的工人拥有权力,因为那里急需这种专业技能。在一个特定地区能够行医的医生拥有专门的知识权力,因为他人需要他/她的信息和技能。几乎所有专业人员都掌握着别人可能看重的专门知识,这些知识是专业人员的权力基础。一些家庭成员在某些领域掌握了其他家庭成员所看重的专门知识,诸如烹饪、修车或看护小孩。

我们以牺牲他人为代价,发展某些货币,会使我们自己的权力受到限制。例如,女人在传统上最爱利用权力与他人结盟(Miller,1991)。她们提供的温情和爱多于男人(Johnson,1976)。如果要获得这种特殊的沟通技能,只需要牺牲某种其他的能力,比如调解讨论中的纷争的能力,那么一个女人就无须限制自己的潜在权力。那些通过控制金钱或性等资源而获得权力者,可能会忽视沟通技巧,他们是基于威胁而非共享的权力来建立关系的。只会开发计算机程序和进行系统分析的操作者,可能会忽视通过人际联系来发展权力,从而加深了他在机构中不合群的倾向。最有效的冲突参与者开发出几种权力货币形式,并且知道何时启用哪种形式。货币的全部功能是对权力分而治之,而非仅依靠一种权力形式。就此而言,这样更好。因为仅依靠一种权力形式也常常会引发权力滥用。

能清醒地认识到你和其他冲突者手中的货币,有助于进行冲突分析。有的人取得了胜利,却还不知道这是在不同程度上依赖他人的结果。他们常常意识不到自己的生产性权力之源在哪里。绝望和低权策略(low-power tactics)常常源自这样的感觉:人别无选择;无法获得权力。当你意识到你在说"我别无选择"时,就需要分析你的权力货币。你通常正在忽视潜在的权力之源。

1. 平静地坚持的权力

冲突中的低权者常常能通过不断要求而获得更多的平等权力。当权力不平等时,人们很少能通过愤怒的对抗来实质性地改变这一状态。相反,权力的改变源自人们仔细的思考以及设计出简单的、易于操作的解决方案,当然前提是对问题有一个清楚的了解(Lerner,1989,15)。冲突的强度增加时,人们只是做出反应,而非进行观察和思考。由于我们过于关注其他方面,因而忽略了对问题的分析;而且,我们的思考走向了两极分化。虽然低权者经不起冲突的爆发,但他们拥有一个权力之源,这就是对问题进行仔细而冷静的分析。如果低权者富有耐心,并能持之以恒,那么,他们就能针对权力的不平等制造"破坏值"(nuisance value),而且,高权者(higher-power people)或强势群体常常会为了摆脱低权者而采取倾听和合作的态度。于是,劝服性技巧变得至关重要。低权者必须认真分析修辞环境,充分考虑什么方法恰当、有效、可靠和实用。

鉴于你要与庞大的非个性化机构打交道,我们提出如下建议:

- 弄清打电话者的名字,询问他们何时让你给他们回话。
- 保持快乐与平和。讲清你的要求、请求别人帮助解决问题。
- 即使你认为规则荒谬可笑,你也应遵守规则。如果他们需要五份按某种方式打印并且叠好的表格,你就把表格提供给他们。然后,指出你已按规定做好并希望看到结果。

- 撰写简明备忘录,总结你需要什么,已经做了什么,希望何时得到回应。
- 告诉他们为得到回应你试图采取的所有措施。
- 避免向机构中的低权者表现你的挫折感。他们为了避免承担个人责任,可能会做出这样的反应:"我只是按规矩办事。"你能责怪他们吗?相反,你还要显得彬彬有礼。如果幽默不损害某人的利益,那么说些幽默的话,因为幽默总会有帮助。

为了避免出现适得其反的螺旋(self-defeating spirals),勒纳(Lerner,1989,35)建议处于低权地位的人采取以下举措:

- 说出你想说的话,提供一幅实力和弱点相平衡的画面。一个人可能会说:"不错,即使你们同意我向上司要求涨工资,我还是会感到有点心虚。不过,我的薪水很稳定,我家的收支情况也不错。我是想得到大家对我所做的贡献的认可。"
- 讲清你的信仰、价值观和优先顺序,然后,做到言行一致。一位大公司的审计员让一位新加入公司的会计做一套假账,以便把给雇员的某些好处掩藏起来。这位刚走出校门、在单亲家庭长大的会计可以说:"你雇用我时,我说过,我一定要做好工作,做一个诚实的会计。现在你要我做的事情违反道德规范,这可能导致我失掉会计执照。我冒不起这个风险。我相信你能理解我的处境。"
- 甚至当气氛变得紧张时,也应与其他重要人物保持情感联系。一个低权者需要有勇气让另一个人爱他/她。一个少年听说父亲决定再婚时,极为生气,他感到自己受到了伤害,因为这个儿子讨厌父亲的这位准妻子,而且感到父亲背叛了他的母亲。经过一番艰难思考后,他没有采取其他方式,比如生气地离开父亲的家,与母亲到另一个州居住,而是决定如实向父亲说出自己的真实感受,讲清他不喜欢什么,以及他为父亲的新婚而担心。这场谈话用一种全新的方式平衡了父子之间的权力。
- 说出不同意见,也让他人获得这样的机会。低权者管理冲突的方式往往是避免接触。这种方式虽然简单,却常常不是最佳方式。同样,当一个地方出现权力不平等时,人们把不同意见说出来也需要勇气。大学新生布拉德上学时曾在一家快餐店打工。他感到不舒服。那儿的经理不断雇用一些不称职者(雇用前不核查他们的相关资料),然后又让布拉德训练他们,对他们进行监督,尽管布拉德拿的是最少的薪水。最后,布拉德对该经理说:"对你雇用的人,我有不同的看法。我在努力为你做好工作。但我还得努力与另外一些人一起工作,他们没有经验,并且完全没有团队精神,不愿意努力工作。你考虑一下,让我去参加面试,考察一下申请者行吗?"经理对布拉德的建议感到很高兴,说:"可以。"

2. 高权者给低权者授权

显而易见,有时高权群体或个人会有目的地增加低权群体或个人的权力,这实质上是对己有利。不调整权力分配,工作关系或亲密关系就有可能完结或僵化,让人陷入痛苦、沉默、被动的侵犯和令人不满的纠结。低权者如果能够获得更多的训练,获得更多决策权或更多自由,就有可能开发出为高权者所看重的权力货币。例如,沙伦在一家社会服务机构工作,负责为无家可归者寻找住房基金的项目。她做得不太顺利。

该机构的主任认为,沙伦是个很不错的基金筹措者,但不是一个很好的项目主任。于是,该机构调整了沙伦的工作,使她成了一位不错的雇员,而不是继续针对她的工作给予一系列必将导致她被解雇的负面评价。

3. 元沟通

平衡权力的另一种方法就是通过联手行动,让处在冲突中的关系超越输/赢结构。可在冲突发生之前或冲突发生的过程中进行元沟通(谈谈关系或讨论各方将如何处理他们之间的冲突),各方可针对在冲突中不许出现的行为举止(比如临阵脱逃)达成协议。

元沟通着眼于各方彼此沟通的过程。他们谈论他们的沟通。如果沟通失败了,他们会同意聘请外来调停者或顾问。他们会同意,如果出现一系列失衡,高权方将积极地与低权方一起用有意义的方式改变这种失衡。在通常情况下,如果恋爱者、朋友、家庭成员和同事一致认为,个人权力的最大化会导致权力不受制约,并将会毁掉关系,那么,他们就能合作采取措施。他们认为:个人权力是以关系为基础的;相互依赖会催生权力;成功的关系需要各种依赖的平衡,因而也需要权力的平衡。缺少平衡性是对关系进行重新投资的一个信号,而非表明关系走向瓦解。在关系中暂居弱势地位者能够提取关系货币,仿佛关系就是一家银行,货币就是存款。低权一方可以宣称自己拥有别人所没有的额外时间、空间、金钱、训练、情感或其他特殊考虑,直到权力重新接近平衡。

我们大多数人都身陷权力悖论。要想成为一个富有成效的人,我们就需要把我们的能力最大化,充分利用机遇,用好有利资源,这样,我们才能过上我们希望过的生活。然而,囿于现存关系,对高权方和低权方来说,个人权力的最大化都会发挥负面作用。缺少制约的个人权力最大化还会导致被损害的关系、破坏性的举动、更多带有破坏性的对抗行动,最终导致关系的终结。如果找不到其他手段,权力就会产生破坏作用。既然人们准备采取措施来平衡权力,我们就要用建设性的和创造性的方式来平衡权力,实现更好的冲突管理。权力的平等可以减少暴力,使所有参与者继续为全体成员的利益而工作,即使在冲突中也是如此。

复习题

1. 区分分配型权力、融合型权力和指定型权力。针对每一种权力举出一个例子。
2. 如果人们谈到他们在冲突中拥有太少的权力,这可能就是他们处于威尔莫特和霍克所称的"压力系统"中的一个信号。请对此进行解释。
3. "不仅……而且"型权力常常是生活在西方文化中的女人的首选。这句话是什么意思?
4. "个人不拥有权力,权力是社会关系的产物。在这种社会关系中,某些品质对他人变得重要而有价值。"请对这句话加以解释。

5. 请把资源控制、人际联系、沟通技巧和专门知识作为人的权力的组成部分加以界定。

6. 阐释威尔莫特和霍克为处于冲突中的低权者提出的建议。

7. 对"元沟通"的概念进行界定。

8. 请解释"权力悖论"。

思考题

1. 威尔莫特和霍克有关"不仅……而且"型权力的思想听起来不错,但这种思想可能也很天真。如果你与某人发生冲突,此人认为权力只能是"或者……或者"型,你该如何改变他或她对权力的定位呢?

2. 回忆一下你在过去几周内遇到的某一场冲突。运用R-I-C-E术语,分析你在这场冲突中的权力。你实施了什么样的资源控制?什么样的人际联系是重要的?在这种形势下,什么样的沟通技巧给了你权力?你有什么专门知识?那个事件的结果是怎样与你拥有的权力发生关系的?

3. 举出一个元沟通在人际冲突中帮助平衡权力的例子。

参考文献

Alberts, J., and G. Driscoll. (1992). Containment versus escalation: The trajectory of couples' conversational complaints. *Western Journal of Communication* 56: 394—412.

Augsburger, D. W. (1992). *Conflict mediation across cultures: Pathways and patterns.* Louisville, Ky.: Westminster/John Knox Press.

Beck, A. T. (1988). *Love is never enough.* New York: Harper & Row.

Blau, P. M. (1964). *Exchange and power in social life.* New York: John Wiley & Sons.

Boulding, K. (1989). *Three faces of power.* Newbury Park, Calif.: Sage Publications.

Dahl, R. A. (1957). The concept of power. *Behavioral Science* 2: 201—215.

Deutsch, M. (1949). A theory of competition and cooperation. *Human Relations* 2: 129—151.

——. (1958). Trust and suspicion. *Journal of Conflict Resolution* 2: 265—279.

——. (1973). Conflicts: Productive and destructive. In *Conflict resolution through communication*, edited by F. E. Jandt. New York: Harper & Row.

Fletcher, J. (1999). *Disappearing acts: Gender, power, and relational practice at work.* Cambridge, Mass.: MIT Press.

Heim, P., and S. K. Galant. (1993). *Smashing the glass ceiling: Tactics for women who want to win in business.* New York: Simon & Schuster.

Johnson, P. (1976). Women and power: Toward a theory of effectiveness. *Journal of Social Issues* 32: 99—110.

Jordan, J., S. Kaplan, J. Miller, I. Stiver, and J. Surrey. (1991). *Women's growth in connection.* New York: Guilford Press.

King, A. (1987). *Power and communication*. Prospect Heights, Ill.: Waveland Press.

Kurdek, L. A. (1994). Areas of conflict for gay, lesbian, and heterosexual couples: What couples argue about influences relationship satisfaction. *Journal of Marriage and the Family* 56: 923—935.

Lerner, H. G. (1989). *The dance of intimacy*. New York: Harper & Row.

Lilly, E. R. (1989). The determinants of organizational power styles. *Educational Review* 41: 281—293.

May, R. (1972). *Power and innocence: A search for the sources of violence*. New York: Dell Publishing.

Millar, F. E., and L. E. Rogers. (1987). Relational dimensions of interpersonal dynamics. In *Interpersonal processes: New directions in communication research*, edited by M. E. Roloff and G. R. Miller, 117—139. Vol. 14 of *Sage Annual Reviews of Communication Research*. Newbury Park, Calif.: Sage Publications.

——. (1988). Power dynamics in marital relationships. In *Perspectives on marital interaction*, edited by O. Noller and M. A. Fitzpatrick, 78—97. Clevedon, UK: Multilingual Matters.

Miller, J. B. (1986). What do we mean by relationships? In *Work in progress*. Stone Center Working Paper Series, no. 22. Wellesley, Mass.: Stone Center, Wellesley College.

——. (1991). Women's and men's scripts for interpersonal conflict. *Psychology of Women Quarterly* 15: 15—29.

Rodman, H. (1967). Marital power in France, Greece, Yugoslavia, and the United States: A cross-national discussion. *Journal of Marriage and the Family* 29: 320—325.

——. (1972). Marital power and the theory of resources in cultural context. *Journal of Comparative Family Studies* 3: 50—69.

Rogers, M. F. (1974). Instrumental and infra-resources: The bases of power. *American Journal of Sociology* 79: 1418—1433.

Ross, M., and D. Holmberg. (1992). Are wives' memories for events in relationships more vivid than their husbands' memories? *Journal of Social and Personal Relationships* 9: 585—604.

Sabourin, T. C., and G. H. Stamp. (1995). Communication and the experience of dialectical tensions in family life: An examination of abusive and nonabusive families. *Communication Monographs* 62: 213—242.

Soloman, L. (1960). The influence of some types of power relationships and game strategies upon the development of interpersonal trust. *Journal of Abnormal and Social Psychology* 61: 223—230.

Ury, W., J. Brett, and S. Goldberg. (1988). *Getting disputes resolved*. San Francisco, Calif.: Jossey-Bass.

Van de Vliert, E. (1981). Siding and other reactions to a conflict. *Journal of Conflict Resolution* 25, no. 3: 495—520.

Warner, R. L., G. R. Lee, and J. Lee. (1986). Social organization, spousal resources, and marital power: A cross-cultural study. *Journal of Marriage and the Family* 48: 121—128.

第五节 欺凌:青少年言语攻击性沟通的关联性[①]

查尔斯·K.阿特金、桑迪·W.史密斯、安东尼·J.罗伯托、
托马斯·菲迪乌克和托马斯·瓦格纳(Charles K. Atkin, Sandi W. Smith,
Anthony J. Roberto, Thomas Fediuk, and Thomas Wagner)

此文发表在2002年的《应用传播学研究》(The Journal of Applied Communication Research)上。这份刊物发表一些具有应用传播特点的研究文章。文章的五位作者把其他人和他们自己对2300名从13岁到15岁的少年男女的研究放在一起,以了解欺凌或言语攻击的程度、欺凌或言语攻击与人身攻击的关系、欺凌或言语攻击在人口统计学上的关联性、欺凌与对音乐及音乐电视的偏爱之间的关系。

欺凌性沟通(bullying communication)的重要特点是,一个人"攻击某个人的自我观(self-concept),对那个人造成心理伤害"。在过去,欺凌只是被视为人在成长过程中的一段令人不愉快的经历但属于正常的事情。然而,现在欺凌却被视为一种潜在的危险。据估计,在美国的小学和初中生中,受过欺凌的学生达到30%以上;另一项研究发现,在该项研究进行的头一个月内,至少有过一次欺凌行为的城市中学生占81%。作者们提出的研究问题是,要着重了解这些事件的普遍程度。

作者们也想检验这样一个假说:欺凌者和被欺凌者之间存在着正相关关系。此外,他们还检验了言语攻击和人身攻击之间的关系,询问了男生实施的欺凌行为是否多于女生,检验了八年级学生的欺凌行为是否多于七年级学生以及欺凌与年级平均分数之间的关系。这个研究最让人感兴趣的部分是,作者们检验了学生们收看或收听暴力电视节目、言语攻击性的脱口秀节目、言语攻击性的音乐和带有欺凌性内容的音乐电视节目所产生的影响。他们最后的问题是询问同龄人的言语攻击行为、违规行为和药物滥用可能导致的影响。

正如你将会读到的那样,他们发现:欺凌行为是普遍存在的;言语攻击常常升级成人身攻击。欺凌者可能在校表现不好,有可能滥用药物。除了带有暴力取向的音乐以外,媒介对言语攻击行为只产生微弱的影响。

作者们从这个研究中得出了这样几个结论。首先,由于欺凌行为普遍存在,"预防言语攻击的沟通行为在资源配置中就具有更重大的意义"。某些证据表明,零容忍政策对此有所帮助。本文也针对如何教育学生减少欺凌行为提出了一些具体建议。重要的是,要使教育适合于特定的男女生受众,弄清有益的争论与欺凌之间的差异。作者们也提醒父母们尽可能采取一些措施。

[①] "Bullying: Correlates of Verbally Aggressive Communication in Adolescents" by Charles K. Atkin, Sandi W. Thomas, Anthony J. Roberto, Thomas Fediuk, and Thomas Wagner from *The Journal of Applied Communication Research*, Volume 30, pp. 251—268. Copyright © 2002. Blackwell Publishing Ltd.

为增强你对欺凌行为的普遍存在及其潜在危害性的认识,我把这篇文章收进本书。我们每个人都从我们的沟通实践中学到,"棍子和石头可打断我的骨头,但辱骂决不会伤害我"这句话从来没有正确过,尤其是在今天。在公园、娱乐中心、游泳池和其他青少年聚集场所工作的人,需要注意言语攻击问题。老师们需要维持教室和娱乐场所的安全。你做父母时,甚至需要承担更大的责任。欺凌是一种能引发伤害的沟通;你可以在这个问题上做点事情。

> 欺凌者强行进入美国学校(Peterson,1999a)。
> 欺凌者和被欺凌者发展成终生的角色(Peterson,1999b)。

国内的报刊上经常出现类似的标题,这表明,言语攻击和人身攻击是存在于美国许多学校的一种活生生的事实。反吸毒教育父母资源研究所(Parents' Resource Institute for Drug Education)在一项大型调查中(Gleaton,2001)对美国28个州的11.4万名学生进行了询问和了解。调查者发现,在接受调查的学生中,在六年级到十二年级期间,威胁要对其他学生使用身体暴力的约占40%。约有四分之一的学生称,他们害怕其他同学打他们;几乎有同样多的学生说,他们实际上是身体暴力的受害者,因为他们挨过打,被打过耳光,或挨过脚踢。另外的研究还显示,如果把言语攻击(比如辱骂、说脏话和诅咒等)包括在内,欺凌行为和受害者的比例会急剧上升。许多严重而负面的结果与欺凌者或者被欺凌者联系在一起,这涉及许多领域,包括学习、社交和情感问题等。(Nansel, Overpeck, Pilla and Ruan, 2001;Spivak and Prothrow-Spivak, 2001)。例如,奥尔维乌斯(Olweus,1992)在报告中说,在中学时代欺凌过他人的人,在二十几岁时发生犯罪行为的比例可能比普通人要高出4倍;中学时代的受欺凌者比普通人更有可能精神压抑,而且到了二十几岁时,他们的自信心会比较差。

显而易见,言语攻击和人身攻击是社会中许多青少年普遍面临的问题。斯皮瓦克和普罗思罗-斯蒂思(Spivak and Prothrow-Stith,2001)称,"暴力预防,其中包括把欺凌作为预防的组成部分,必须成为所有关心儿童和青少年健康者的重点选项"(p.2131)。这个调查寻求弄清包括人身攻击在内的言语攻击性沟通的关联性,显示了对这一呼吁的关切。另外,由于有关欺凌行为的研究是在欧洲和澳大利亚进行的(Nansel et al. 2001),因此,考察一个美国样本,以便看看在这以前发现的问题是否对概括美国文化具有重要意义,十分重要。

一、研究

1. 言语攻击

言语攻击(verbal aggression)被定义为"两个人之间的讯息交换。在这个交换过程中,其中至少有一人是为了给另一人造成心理伤害而攻击其自我观"(Infante and Wigley,1986,67)。常见的言语攻击性讯息包括对一个人的性格特点、能力、身份背景和外貌进行攻击以及取笑、讽刺、威胁、亵渎和其他非言语的象征行为(Infante,1987)。

过去,言语攻击曾被视为人在儿童和青少年时代的一种正常现象,但现在,长期的取笑或奚落被看成一种具有潜在危险的社会行为。希尔和萨蒙(Shear and Salmon,1999, May 2)在其最新研究报告中评估,30%的美国儿童,或者说约500万的美国小学生和初中生,在学校中遇到过言语骚扰。8%的城市初中和高中学生报告说,因为担心受到言语和人身攻击,他们每个人至少要旷课一天(Shear and Salmon,1999)。另一项研究发现,81%的城市中学生在该研究进行的前一个月至少有过一次欺凌行为(Bosworth, Espelage and Simon,1999)。第一个研究问题涉及在这个样本中发生不同类型的欺凌的相关频率:

研究问题1:了解在13岁至15岁的青少年中,作为不同类型的言语攻击的目击者、受害者和制造者,他们接触此类言语攻击的现象有多普遍?

2. 言语攻击的交互性

最新研究表明,言语攻击的受害者本人常常可能也参与言语攻击(Haynie, Nansel, Eitel and Crump, 2001)。辛格、米勒、郭、弗兰纳里、弗赖尔森和斯洛瓦克(Singer, Miller, Guo, Flannery, Frierson, and Slovack 1999)发现,成为人身攻击行为的目击者或人身攻击的对象,与儿童对他人采取暴力行为之间有着极为密切的关系。因方特、萨布林、拉德和香农(Infante,Sabourin,Rudd, and Shannon,1990)以及萨布林、因方特和拉德(1990;Sabourin et al., 1993)在研究报告中称,夫妻之间的言语攻击行为是交互性的。因方特等(1990)认为,"言语攻击的行为体现出交互性规则的特点"(例如,言语攻击招致同样的言语攻击)(p. 364)。一个人发动攻击会鼓动另一个人做出回应,久而久之,便形成了一种(言语攻击中)互动者分享攻击者和受害者角色的模式。这些研究证据表明,在成年人中,言语攻击的经历者和制造者之间有着交互性关系。因此,言语攻击的青少年受害者有可能自己也参与了言语攻击,尽管这种联系尚未得到检验。所以,第一个假设就是:

假设之一:经历言语攻击和参与言语攻击之间呈现正相关关系。

3. 言语攻击和人身攻击之间的关系

因方特和他的同事们(Infante and Wigley,1986;Infante, Chandler and Rudd, 1989; Infante et al. ,1990;Sabourin et al. ,1993)认为,当人们还没有学会使用某种技巧,例如通过辩论去解决一些普通的挫折和纠纷的时候,言语攻击能够导致人身攻击。"说理技巧不足模式"(Argumentative Skill Deficiency Model, ASDM)假定,遭受挫折者和不太会论辩说理者的唯一选择,首先是进行言语攻击,然后是实施身体暴力。说得更具体些,这个模式表明,说理能力差、言语攻击性强的人比其他个体更有可能诉诸人身攻击。

与"说理技巧不足模式"相同的是,罗伯托(Roberto,1999)预测,说理能力差而言语攻击性强的青少年比其他青少年更有可能因为打架而休学(这是对学校的休学记录进行分析后得出的结论)。罗伯托和威尔逊(Roberto and Wilson,1996)预测,说理能力差、言语攻击性强的青少年比其他青少年更有可能展示"暴力倾向"(通过青少年在自我报告中对三种假定情景做出的反应进行检验)。研究者从两个案例中发现,具有强言语攻击性却不去说理者具有人身攻击的倾向。因此,这个研究找到了支持如下这个预测的证据:青少年中的人身攻击虽说是强言语攻击性的结果,却不是低说理能力和强言语攻击之间的互动所致。由此,出现了下面这个假定:

假设之二:进行言语攻击的频率和参与人身攻击的频率存在正相关关系。

4. 人口统计学的关联性

性别。罗伯托和菲纽肯(Roberto and Finucane,1997)发现,七年级和八年级的男生比女生的说理性强很多,而且更具有言语攻击性。这些发现符合其他从事成年人攻击性问题研究者得出的结论(Infante,1985;Infante et al.,1984,1990)。南塞尔(Nansel et al.,2001)报告说,男生经常自称,他们既是欺凌者也是被欺凌者。因此,为了肯定这个样本中的这些模式,研究者们提出了第三个假设:

假设之三:研究报告表明,男生远比女生更具言语攻击性。

年龄。罗伯托和菲纽肯(1997)发现,八年级学生远比七年级学生更爱辩论说理,也远比七年级学生更具有言语攻击性。兰斯尔等人(Rancer et al.,1997,2000)的研究为这些发现提供了进一步的支持。他们的研究表明,可以教授青少年掌握更高水平的辩论说理技巧;学生对这些技巧的掌握至少可持续一年。但是,七年级和八年级学生的言语攻击行为仍会极大增加。据此得出了下面的假设:

假设之四:言语攻击和青少年的年龄之间存在着正相关关系。

在校表现。学生所在的年级既是一个预测指示器,也是言语攻击的发生地之一。低年级学生可能具有更多的言语攻击性行为。由于他们智力水平相对较低,化解冲突的技巧较少,在校经验也较少,因此产生的挫折感也就较强。布朗斯顿(Bronston,1999)在研究报告中称,被取笑者和被欺凌者的在校成绩一般都比较差。她在研究报告中说,由于受到同学虐待,22%的四到八年级学生在学习方面存在困难。然而,南塞尔等人(2001)发现,欺凌者的学习成绩比较差。这些发现导致人们提出下列研究问题:

研究问题2:言语攻击的受害者比其他学生的在校年级要低吗?

研究问题3:低年级学生比高年级学生的言语攻击行为更多吗?

5. 媒介的关联性

观看电视。电视让人们得以学习大量能够观察到的经验。人们能够观察到各种各样的人对各种不同情景做出的反应(Heusmann,1982)。电视对言语攻击的描绘常常多于对人身攻击的描绘,因为言语攻击被看作是社会中一种更正常的反应(Worting and Greenberg,1973)。某些类型的电视频道主要播放言语攻击性节目,特别是一些对抗性的日间谈话节目和由"黑帮说唱者"(gangsta rap)与重金属表演者表演的音乐电视节目。尽管因方特等(1984)宣称,社会学习可能是言语攻击的重要来源,但惠利(Whaley,1982)却未能发现,收看电视中的言语攻击类节目能导致言语攻击的发生。然而,马丁、安德森和科斯(Martin, Anderson, and Cos,1993)还是发现,那些没有报告说自己受到了言语侵犯的伤害或者那些收看过言语侵犯性电视节目的高言语侵犯性观众更有可能喜爱此类节目和其中的主要人物。在研究中报告自己受过言语攻击的伤害者一般不太喜欢该类节目。因此,言语攻击性强的人可能会相信,言语攻击在社会中并无不妥或有利于实现其目标。

与对言语攻击的描写相对照,有证据表明,电视节目中的人身攻击将对观众的言语攻击产生影响(Sebastian, Parke, Berkowitz and West, 1978)。许多研究业已表明,收看暴力节目会导致人身攻击(Paik and Comstock,1994)。替代性学习、解除抑制、唤起和教唆等对言语侵犯也会产生相似的影响。人们在现实生活中对攻击的容忍可能源自人们收看了攻击性电视节目后,对暴力的看法和态度发生了变化。电视剧中的暴力节目可能会使观众觉得,攻击性行为既是稀松平常的普遍现象,也是化解冲突的一种合适办法。收看电视暴力节目导致观众越来越接受这样的看法:攻击既是正常的,也是在冲突情境中符合道德原则的;观看这类节目有可能减少目击者对他人的攻击进行干预的可能性(Thomas and Drabman,1978)。

有关奖惩的描写可能是观众阐释电视节目的意义时最重要的情景因素。孔克尔、威尔逊、林茨、波特、唐纳斯坦、史密斯、布卢门撒尔和格雷(Kunzel, Wilson, Linz, Potter, Donnerstein, Smith, Blumenthal, and Gray, 1995)称,"如果用奖惩模式来反复描写暴力行为,那么,过了一段时间之后,那些认为暴力行为很坏的观众就会改变态度,认为这种行为还不错(例如,这是些有用的、成功的或理想的行为举止)"。他们称,电视暴力节目显示:73%的施暴者没有受到什么惩罚;51%的暴力行为在现实生活中是可以被接受的或可能发生的。对言语攻击的描写有可能是更容易让人接受的和更为现实的。基于对媒介和言语攻击的上述讨论,研究者们提出了下列假设和研究问题:

假设之五:收看暴力电视节目和言语攻击之间存在着正相关关系。

研究问题4:收看言语攻击类谈话节目与言语攻击之间存在关联吗?

对音乐与音乐电视的偏爱。音乐是青少年文化的重要组成部分。人们可以在电台中、电视里、大街上、商场内、影剧院里听到音乐,现在也可在互联网上欣赏音乐。随着音乐、电视和其他大众媒介在青少年生活中的流行,音乐和音乐电视在青少年的成长过程中可能对言语攻击和人身攻击产生影响就不会令人感到奇怪了。当人们把众多焦点放在电视及其对青少年的影响上时,开始出现了有关音乐和音乐电视对青少年的影响的相关研究。下面列举的是对此类研究问题的回应,这些研究将提供关于在暴力音乐和言语攻击之间是否存在联系的证据。

有人宣称,青少年对音乐和音乐电视的消费对他们的生活具有实质性影响。也有人对这一立场提出过反证。克里斯滕森和德贝内迪蒂斯(Christensen and DeBenedittis,1986)认为,研究者需要更多关注青少年对广播节目的消费问题。他们指出,自己房间内拥有收音机的青少年高达52%;69%的青少年称自己有一个最喜欢的广播电台。他们更有可能独自收听广播,因为父母不太可能像与孩子一起看电视那样与他们一起收听广播;父母也不像关心电视对孩子的影响那样关心通俗音乐的影响。

艾布尔曼和阿特金（Abelman and Atkin,1999）在评论该研究文献时得出这样的结论：接触暴力说唱视频越多的观众,越有可能表示愿意接受诉诸暴力。他们也在报告中称,这些观众本人参与暴力行动的可能性也较大。观看攻击性音乐节目的观众,更有可能敌视妇女,也更有可能原谅自己采取的暴力行为（Roberts,1997）。基于人们以前对音乐和音乐电视影响攻击性行为的研究中相互冲突的观点以及他们在研究中的发现,我们提出了下一个研究问题：

研究问题5：人们对言语攻击性音乐和音乐电视的偏爱与言语攻击性行为之间存在何种关系？

6. 社会关联性

同龄人的经历和言语攻击。一些近期研究（Huesmann and Guerra,1997；Henry, Guerra, Huesmann, Tolan, VanAcker and Eron,2000）表明,人们认为攻击属于正常行为的看法与攻击性行为之间存在着高度关联性。朋友之间的行为举止可能具有直接或者间接的攻击性含义。有些同龄人,他们的行为方式是不健康的,或者是偏离了正常轨道的。他们可能会扮演负面的角色,或者成为发起攻击者。同时,他们的行为又成为某种规范,会影响言语攻击行为,并使更多的人成为受害者。观看言语攻击可能导致观看者更经常地采取言语攻击行为。其他两种具有潜在影响的同龄人行为模式是药物滥用（如饮酒、吸烟和吸毒）和违法行为（如被警察找上门）。由此,我们提出了下面的假设和研究问题：

假设之六：在观察同龄人的言语攻击行为和实际参与言语攻击之间存在着正相关关系。

研究问题6：言语攻击和朋友的药物滥用之间存在着关联吗？

研究问题7：言语攻击和朋友的违法行为之间存在着关联吗？

二、方法

研究人员在这个研究中用邮件调查的方法搜集信息,参加抽样的共有2300名13岁至15岁的少男（$n = 1100$）少女（$n = 1190$）（$M = 14.03, SD = .85$）……

三、讨论

这些描述性的发现清楚地显示,言语攻击在青少年中普遍存在,需要制订化解冲突的改进计划。进行言语攻击和遭受言语攻击似乎是相互依存的；随着时间的推移,争吵和言语攻击就会升级,并使言语攻击者本人也遭受攻击。由于言语攻击与人身攻击这种后果更严重的行为密切相关,因此,预防言语攻击行为可能有助于减少其他暴力事件的有害性后果。

1. 言语攻击的频率

考虑到性别、年龄、家庭收入、种族、学校规模等因素,言语攻击的差异小得让人惊讶；在言语攻击行为中,没有一个因素的作用超过了百分之一。所有文化中的青少年人口统计学要素中都包含着言语攻击行为。与言语攻击最有实质关系的因素是学生的在校表现。这也与青少年的一系列有问题的行为举止有关。

来自同龄人的社会影响似乎在言语攻击方面发挥着主要作用。特别是同龄人对药物的滥用,是回归分析中最强烈的单一关联(single correlate)。与行为异常的朋友互动的人,倾向于显露较强的攻击性,并且比他人更有可能成为言语攻击的受害者。这就更需要人们制订计划,针对校内外学生的日常的非正式人际网络进行干预,要以与使用毒品和从事违法活动的朋友有联系的青少年为主要对象。

最后,媒介对言语攻击的影响似乎相对较小。言语攻击与人们观看电视、观看暴力节目和谈话节目之间的关联性相当弱。尽管电视节目中含有相当数量的言语攻击,但人们的学习程度也明显地有限;因此,减少接触暴力电视节目的数量或限制暴力电视节目的内容不会让电视观众的言语攻击行为发生重要改变。人们发现的主要例外是音乐节目、收音机和光盘中播放的带有暴力导向的音乐。这一指数与言语攻击有着适度的关联性;当其他变量受到控制时,这种关系仍然存在。尽管人们以前的研究结论和目前的发现之间存在冲突,但我们仍会在这里看到,人们对暴力音乐的偏爱和言语攻击之间存在着正相关关系。表演者比较激烈的攻击性言语和敌视性表现,可能会给青少年造成很大影响。人们为尽量减少接触这种娱乐形式需要付出的代价会大于人们为控制电视节目的内容所做出的努力。

2. 实用性启示

第一,言语攻击与人身攻击之间存在密切关系的研究证据表明,这种反社会行为应当得到学校校长和教师、青年项目指导者、父母、政府官员和媒介负责人的更多关注。对具有言语攻击性的传播行为进行预防,有利于我们针对青少年中比较突出的问题,进行更多的资源投入。

学校系统似乎是预防活动最有希望发挥作用的地方。就像许多学校对人身攻击所采取的办法一样,学校应该考虑对言语攻击采取"零容忍"政策。可以把减少言语攻击的目标融入正在实施的暴力预防与干预计划中。迈耶、罗伯托、博斯特和斯托里(Meyer, Roberto, Boster and Story, 2001)高度重视在学校中进行有关言语攻击的研究,他们评价了为七年级学生开设的12课时的暴力预防课程。拥有言语攻击干预经历的学生报告自己的言语攻击行为很少,对言语攻击更多持消极态度,而且更相信言语攻击会给自己带来麻烦。

人们当前的研究成果为学校的干预行动所需要的内容提供了借鉴。例如,传统的以男性为主要受众的预防课程的内容应当进行调整,以使该课程也能针对那些对其他女性发起言语攻击的女性。该课程应当包括重视暴力音乐类型和电视谈话节目的媒介素养模块。

其他课程内容应当突出根据因方特(1995)的大学言语攻击课程改编的、以青少年为受众的材料。这些材料着眼于增加学生对言语攻击的了解,帮助学生开发并制定控制言语攻击的内在化战略。重要方法包括:区分建设性说理和破坏性言语攻击的差异,明辨性格攻击、能力攻击之类的不同类型的言语攻击性讯息,探讨言语攻击的有害影响。这些方法似乎特别适合儿童和青少年(Rancer et al., 1997, 2000; Roberto, 1999; Roberto and Wilson, 1996)。

对父母们也有几点启示。父母们应当进一步认识到应对言语攻击问题的必要性。由于与言语攻击有关的两个最重要的因素是同龄人的药物滥用和暴力音乐欣赏,所以父母们就有理由让自己的孩子在年轻时不接触"错误人群",不接触辱骂性音乐节目和重金属音乐节目。其实,父母努力推动孩子的学习和改善孩子的在校表现,有可能在减少言语攻击方面获得意外收获。父母们也可尝试直接教育自己的孩子避免对同学进行言语攻击以及使这种言语攻击升级。

人们似乎认为,电视和广播节目会在青少年中引发言语攻击问题,所以这些(广播电视)机构有责任花些公共服务时间来传播预防性讯息。某些公益广告可以父母为对象,建议他们如何努力预防言语攻击。其他广播电视节目应当针对青少年,补充以学校为基础的训练。在开展暴力预防运动之后,人们可把这些讯息加以模型化,用简单的讯息建议青少年打破攻击和反攻击的互存性螺旋。

应当指出,曾受到广泛指责、被认为导致了青少年的其他问题的电视暴力,似乎并不会引发言语攻击。因此,规定电视节目的内容、控制观众对电视暴力人物和相关节目的接触并不是在这种情况下的工作重心。同样,减少青少年观看电视的时间这一传统战略,也不太可能减少言语攻击问题。

最后,研究者们根据这一研究发现,为相关人士从人口统计学角度强调预防言语攻击提供了几条建议。由于年龄、性别、种族、家庭收入、学校的规模与言语攻击并不具有很强的关联性,因此,人们需要接触青少年人口的所有特点,而非只是针对他们通常是麻烦制造者这个特点。关于攻击少女和青年女性这个重点问题,预防项目应主要关注女性对女性的情境和应对男性攻击者的问题。

复习题

1. 针对下列每一种欺凌行为举出一个简单的例子。这些欺凌类型是:性格攻击、能力攻击、背景攻击、外貌攻击、取笑、讽刺、威胁、亵渎和其他非言语行为。
2. 解释强说理性沟通与言语攻击性沟通之间的差异。
3. 你为何认为欺凌行为与在校表现存在着关联?为什么欺凌者的分数一般低于平均水平?
4. 你在初中和高中期间在反击欺凌行为方面做过些什么?
5. 作者们为父母们提出了哪些有助于减少欺凌现象的建议?

思考题

1. 这些作者显然相信,言语攻击是危险的。但是,你同意他们的观点吗?有人说:年轻人需要磨炼,以便为进入"现实世界"做好准备;欺凌很少严重害人。你对持这种观点的人会有什么样的回应？

2. 这些作者没有发现欺凌与暴力电视节目或言语攻击性谈话节目之间的强烈关联。你怎样解释这种发现？

3. 这些作者发现，言语攻击与性别、年龄、家庭收入、种族或学校规模之间的关系很小。在欺凌行为方面，男孩与女孩一样多，低收入家庭学生与高收入家庭学生一样多，黑人、白人与褐色人种一样多，等等。你认为为什么会出现这种情况？

参考文献

Abelman, R., & Atkin, D. (1999). *Contemporary music and violence: A literature review and critique*. Report for the Recording Industry Association of America.

Ballard, M. E., & Coates, S. (1995). The immediate effects of homicidal, suicidal, and nonviolent heavy metal and rap songs on the moods of college students. *Youth and Society*, 27, 148—168.

Bosworth, K., Espelage, D. L., & Simon, T. R. (1999). Factors associated with bullying behavior in middle school students. *The Journal of Early Adolescence*, 19, 341—362.

Bronston, B. (1999, August 23). Bully proofing: Teach a child what to do about peer abuse. *The Times Picayune*, p. C1.

Christensen, P. G., & DeBenedittis, P. (1986). "Eavesdropping" on the FM band: Children's use of radio. *Journal of Communication*, 36, 27—38.

Gleaton, T. J. (2001). Safe and drug free schools. (On-Line), Available at www.pridesurveys.com.

Greeson, L. E., & Williams, R. A. (1986). Social implications of music videos for youth: An analysis of the content and effects of MTV. *Youth and Society*, 18, 177—189.

Hansen, C. H., & Hansen, R. D. (1990). The influence of sex and violence on the appeal of rock music videos. *Communication Research*, 17, 212—234.

Haynie, D. L., Nansel, T., Eitel, P., & Crump, A. D. (2001). Bullies, victims, and bully/victims: Distinct groups of at-risk youth. *The Journal of Early Adolescence*, 21, 29—49.

Henry, D., Guerra, N., Huesmann, L. R., Tolan, P., VanAcker, R., & Eron, L. (2000). Normative influences on aggression in urban elementary school classrooms. *American Journal of Community Psychology*, 28, 59—81.

Heusmann, L. R. (1982). Television violence and aggressive behavior. In D. Pearl, L. Bouthilet, & J. Lazar (Eds.), *Television and behavior* (pp. 126—137). Rockville, MD: National Institute of Mental Health.

Heusmann, L. R., & Guerra, N. G. (1997). Children's normative beliefs about aggression and aggressive behavior. *Journal of Personality and Social Psychology*, 72, 408—419.

Infante, D. A. (1985). Inducing women to be more argumentative: Source credibility effects. *Journal of Applied Communication Research*, 13, 33—44.

Infante, D. A. (1987). Aggressiveness. In J. C. McCroskey & J. A. Daly, (Eds.). *Personality and interpersonal communication* (pp. 157—192). Newbury Park, CA: Sage.

Infante, D. A. (1995). Teaching students to understand and control verbal aggression. *Communication Education*, *44*, 51—63.

Infante, D. A., Chandler, T. A., & Rudd, J. E. (1989). Test of an argumentative skill deficiency model of interspousal violence. *Communication Monographs*, *56*, 163—177.

Infante, D. A., & Rancer, A. S. (1982). A conceptualization and measure of argumentativeness. *Journal of Personality Assessment*, *46*, 72—80.

Infante, D. A., Sabourin, T. C., Rudd, J. E., & Shannon, E. A. (1990). Verbal aggression in violent and nonviolent marital disputes. *Communication Quarterly*, *38*, 361—371.

Infante, D. A., Trebing, J. D., Shepherd, P. E., & Seeds, D. E. (1984). The relationship of argumentativeness to verbal aggression. *Southern Speech Communication Journal*, *50*, 67—77.

Infante, D. A., & Wigley, C. J. (1986). Verbal aggressiveness: An interpersonal model and measure. *Communication Monographs*, *53*, 61—69.

Johnson, J. D., Jackson, L. A., & Gatto, L. (1995). Violent attitudes and deferred academic aspirations: Deleterious effects of exposure to rap music. *Basic and Applied Social Psychology*, *16*, 27—41.

Kunkel, D., Wilson, B. J., Linz, D., Potter, J., Donnerstein, E., Smith, S., Blumenthal, E., & Gray, T. (1995). Violence in television programming overall: University of California, Santa Barbara Study. *National Television Violence Study*, *1994—1995*. Studio City, CA: Mediascope, Inc.

Martin, M. M., Anderson, C. M., & Cos, G. C. (1993). Verbal Aggression: A study of the relationship between communication traits and feelings about a verbally aggressive television show. *Communication Research Reports*, *14*, 195—202.

Martin, G., Clarke, M., & Pearce, C. (1993). Adolescent suicide: Music preferences as an indicator of vulnerability. *Journal of the Academy of Child and Adolescent Psychiatry*, *32*, 530—535.

Meyer, G., Roberto, A. J., Boster, F. J., & Story, H. L. (2001, November). *Get real about violence®: An outcome evaluation of a youth violence prevention curriculum*. Manuscript presented to the Applied Communication Division of the National Communication Association, Atlanta, GA.

Nansel, T. R., Overpeck, M., Pilla, R. S., & Ruan, W. J. (2001). Bullying behaviors among US youth: Prevalence and association with psychosocial adjustment. *Journal of the American Medical Asscia-tion*, *16*, 2094—2010.

Olweus, D. (1992). Bullying among schoolchildren: Intervention and prevention. In R. D. Peters, F. J. McMahon, & V. L. Quinsey (Eds.), *Aggression and violence throughout the lifespan* (pp. 100—125). London: Sage.

Paik, H., & Comstock, G. (1994). The effects of television violence on antisocial behavior: A meta-analysis. *Communication Research*, *21*, 516—546.

Peterson, K. S. (1999a, September 7). Bullies shove their way into the nation's schools. *USA Today*, p. 1D.

Peterson, K. S. (1999b, September 8). Bullies, victims grow into roles that can last a lifetime. *USA Today*, p. 7D.

Prinsky, L. E., & Rosenbaum, J. L. (1987). Leer-ics or lyrics: Teenage impressions of rock 'n' roll. *Youth and Society*, *18*, 384—397.

Rancer, A. S., Avtgis, T. A., Kosberg, R. L., & Whitecap, V. G. (2000). A longitudinal assessment of trait argumentativeness and verbal aggressiveness between seventh and eighth grades. *Communication Education*, *49*, 114—119.

Rancer, A. S., Whitecap, V. G., Kosberg, R. L., & Avtgis, T. A. (1997). Testing the efficacy of a communication training program to increase argumentativeness and argumentative behavior in adolescents. *Communication Education*, *46*, 273—286.

Roberto, A. J. (1999). Applying the argumentative skills deficiency model of interpersonal violence to adolescent boys. *Communication Research Reports*, *16*, 325—332.

Roberto, A. J., & Finucane, M. E. (1997). The assessment of argumentativeness and verbal aggressiveness in adolescent populations. *Communication Quarterly*, *45*, 21—36.

Roberto, A. J., & Wilson, S. R. (1996). *The effects of argumentativeness, verbal aggressiveness, and situation on perception of intent and propensity towards violence in adolescent boys*. Paper presented to the Interpersonal Communication Division of the International Communication Association. Chicago, IL.

Roberts, D. F. (1997). *Research on adolescent uses and of responses to heavy metal and rap music*. Testimony prepared for Senate Hearings on "The Social Impact of Music Violence," Washington DC, November 6, 1997.

Sabourin, T. C., Infante, D. A., & Rudd, J. E. (1993). Verbal aggression in marriages: A comparison of violent, distressed but nonviolent, and nondistressed couples. *Human Communication Research*, *20*, 245—267.

Sebastian, R. J., Parke, R. D., Berkowitz, L., & West, S. G. (1978). Film violence and verbal aggression: A naturalistic study. *Journal of Communication*, *28*, 164—171.

Shear, M. D., & Salmon, J. L. (1999, May 2). An education in taunting: Schools learning dangers of letting bullies go unchecked. *The Washington Post*, p. C1.

Singer, M. I., Miller, D. B., Guo, S., Flannery, D. J., Frierson, T., & Slovack, K. (1999). Contributors to violent behavior among elementary and middle school children. *Pediatrics*, *104*, 878—884.

Smith, B. S. (1995). The effects of exposure to violent lyric music and consumption of alcohol on aggressiveness. *Dissertation Abstracts International: Section B: The Sciences and Engineering*, *56*, 3487.

Spivak, H., & Prothrow-Stith, D. (2001). The need to address bullying—an important component of violence prevention. *Journal of the American Medical Association*, *16*, 2131—2132.

Thomas, M. H., & Drabman, R. S. (1978). Effects of television violence on expectations of other's aggression. *Personality and Social Psychology Bulletin*, *4*, 73—76.

Walker, J. R, (1987). How viewing of MTV relates to exposure to other media violence. *Journalism Quarterly*, *64*, 756—762.

Wanamaker, C. E., & Reznikoff, M. (1989). Effects of aggressive and nonaggressive rock songs on projective and structured tests. *Journal of Psychology*, *123*, 561—570.

Whaley, A. B. (1982). Televised violence and related variables as predictors of self reported verbal aggression. *Central States Speech Journal*, *33*, 490—497.

Worting, C. E., & Greenberg, B. S. (1973). Experiments in televised violence and verbal aggression: Two exploratory studies. *Journal of Communication*, *23*, 446—460.

第十章

冲突:化墙为桥

第一节 冲突与互动[①]

约瑟夫·P.福尔杰、马歇尔·斯科特·普尔和兰德尔·K.斯塔特曼
(Joseph P. Folger, Marshall Scott Poole, and Randall K. Stutman)

在人际交往中,要把沟通之墙化为沟通之桥,最具挑战性和难以应对的问题就是冲突。尽管冲突始终蕴含在人们的工作、家庭、室友以及恋人关系中,而且其存在是极其自然和正常的,却几乎没人愿意接受它,甚至很少有人相信自己能够管理好冲突。本章收集到一些能够改善和化解冲突的良好建议。这些建议可以帮助我们每一个人把冲突"处理"得更好。

第一篇阅读材料选自一本由三位传播学教师撰写的关于冲突管理的教科书。该书阐述了一些基本思想。我认为这些基本思想对了解你是否准备用建设性的和有效的方式来处理冲突至关重要。

作者在开篇使用了一个能展示冲突的消极面和潜在积极面的"教案"。尽管他们没有强调这一点,但这个教案表明,你如何看待冲突,会极大地影响你处理冲突的方式。例如,许多人认为,冲突总是令人烦恼不堪。除非你乐意遭受指责,乐意被人羞辱,乐意让人冲你吼叫,否则,你就难以积极应对冲突。如果你把冲突看成一团糟,你就会采取相应的行动,还可能产生自我应验式的预言(self-fulfilling prophecy)——你越是把冲突视为痛苦,你所感受到的痛苦就会越发严重。然而,该案例研究显示,冲突也会让人受益。通过释放情感,人们常常会发现解决难题的创造性方案。因此,有效处理冲突的第一步,就是对冲突的正面价值持开放态度。这样,你就能够像作者们建议的那样,分析出"冲突双方的具体行为举止和互动模式,以及影响这些模式的因素"。

[①] "Conflict and Interaction" from *Working through Conflict: Strategies for Relationships, Groups and Organizations*, 2nd Edition by Joseph P. Folger, Marshall Scott Poole and Randall K. Stuman. Published by Allyn and Bacon, Boston, MA. Copyright ⓒ 2005 by Peterson Education. Reprinted by permission of the publisher.

福尔杰、普尔和斯塔特曼把冲突定义为"感知到目标互不相容,在实现这些目标时又相互干扰、彼此依存者之间的互动"。这表明,一个人头脑中的思想斗争与这里界定的"冲突"并不相干。冲突涉及的是关系双方的沟通与交流。这个定义还强调,除非参与者之间相互依存,否则冲突就不会产生。只有当一个人的信念或行动对他人的信念或行动产生某种影响时,冲突才会发生。否则,有关各方都会忽略冲突的存在。

在这篇阅读材料的中心部分,作者对建设性冲突互动(productive conflict interaction)与破坏性冲突互动(destructive conflict interaction)做了区分。一个区别就是,建设性冲突是现实性的(realistic),意即这些冲突着眼于有关各方今后能够解决的实质性问题,而非现实性的冲突(nonrealistic conflict)主要是指攻击性表达(expressions of aggression),其目的是击败或伤害他人。人们对建设性冲突的态度和行为是灵活变化的,对破坏性冲突则采取非灵活性的处理方式。此外,建设性冲突管理依据的是人们的这一信念:所有冲突方都能至少实现自己的一些目标,而破坏性冲突则完全是输/赢(win/lose)结局。最后,当冲突各方承诺解决分歧,而非回避分歧,或者干脆赞成一个立场而否定其他立场时,建设性冲突便得以产生。

在本文的最后部分,作者提出的思想是:人们在冲突中的每个举动,都会影响到其他冲突方;正因为如此,冲突才会经常恶化,形成破坏性循环或破坏性模式。这些循环只能被理解为统一的整体,而且它们常常会自我强化。这意味着,如果你想有效管理冲突,你就必须:(1) 寻找这些循环;(2) 愿意并且能够采取单边行动打断破坏性模式。

一、冲突互动的潜能

常有人说,冲突能使人受益。培训者、顾问、咨询师和研究冲突的教科书的作者们指出了冲突具有潜在的积极作用。他们认为:冲突会让重要问题得以公开;冲突能使人产生创新性思想;冲突能释放业已积聚的紧张感;冲突能巩固关系;冲突能使群体和组织重新评估和明确其目标与使命;冲突还能刺激社会变革,消除不平等和不公正的现象。有人用这些优点和其他特点来证明冲突是一种正常、健康的现象,强调理解冲突和妥善处理冲突的重要性。

但是,人们为什么要提出这种观点呢?每个人都生活在冲突之中,而且几乎每个人都至少承认冲突具有某些好处。那么,社会科学家、受人欢迎的作家和咨询师为什么还执意劝说我们了解业已知道的某些事情呢?也许,我们可以通过研究一个实际的冲突事例来找到答案。一个迂回曲折的具体案例,常常能揭示人们对冲突有消极看法的原因。下面,让我们好好思考一下某个工作小组在案例1-1中对冲突所做的一个典型研究。

案例 1-1　妇女热线案例

设想你自己是这个机构中的一名工作人员：

爆发这场冲突后，你会做出怎样的反应？

你如何看待这个似乎难以面对——更不用说难以化解的——具体冲突？

妇女热线（Women's Hotline）是一个中等城市中处理强奸和家庭危机事件的中心。该中心雇用了七名全职员工和兼职员工。这些员工都是妇女，她们形成了一个颇有凝聚力的集体，以集体的形式做出所有重要决策；她们没有正式主管领导。起初，这个热线中心只是一个志愿机构，后来，它在地方政府和联邦政府的资助下发展起来。这个集体仍自豪地保持着民主、女性传统的特色。

热线中心是一个非正式机构。员工们虽然彼此友善，但她们绝对明白，每个人都不得干扰他人的案子。因为热线中心的工作很繁杂，所以，介入别人的案子会给自己增加很大压力，这种氛围催生了员工们独立工作、自己解决问题的模式。

只有七个月咨询经历的新咨询师黛安（Diane）在参与处理一个非常棘手的事件时，与该中心其他员工发生了冲突。起因是她的一名受庇护者被以前强奸过她的男子谋杀了。黛安在处理这个事件时遇到的麻烦让她产生了负罪感，开始怀疑自己没有应对这种悲剧的能力。黛安陷入窘境，无法自拔，开始觉得她的同事们没有给她提供她所需要的帮助和支持。黛安没有主管领导可找，尽管热线中心之外的朋友都在帮她，但她认为，他们不像她的同事们那样了解她面临的压力。

自从谋杀事件发生以来，黛安一直无法全身心工作。她开始注意到来自其他咨询师的怨言。黛安觉得她们并不关心她能否从这个令人震惊的事件中缓过神来，而更在意自己的工作量会不会增加。其实，在黛安的受庇护者被谋杀之前，许多同事就已经感到黛安的工作效率在下降，认为她想要得到的帮助比其他同事的多，而且她提出的要求也增加了同事们的工作负担。该事件发生后，同事们并不想把这些感觉告诉黛安，因为她的内心已经很纠结了。六个月后，黛安感到了来自该中心员工们的压力，同时，她的内心仍然被这个悲剧折磨着。因此，她认为自己已无法再继续工作下去了。她要求带薪休假两周，离开那个工作环境一段时间，以减轻压力，等精力恢复之后再回中心工作。然而，中心的员工们认为黛安是在偷懒，因此拒绝了她的要求，并做了书面答复，概述了作为全职员工应当负有的责任。黛安得知自己的要求遭到拒绝时，十分生气，决定向该中心的职工委员会提交一份正式的申诉书。

黛安内心很矛盾，她本不想在其他员工面前表现得如此锋芒毕露，毕竟还没有哪一位员工提交过这样的申诉书，但她觉得同事们实在不该用这种过激的方式对待她。这些感觉加剧了黛安和其他员工之间的紧张关系。

讨论题

- 你能预见这场冲突会带来的任何好处吗？

- 你有可能预见这场冲突会朝建设性方向或破坏性方向发展吗？
- 什么线索会使你相信这场冲突将向建设性方向发展？

妇女热线中心所发生的冲突具有与破坏性冲突相同的几个特点，且容易转化为破坏性冲突。第一，那里的情况有些紧张且具有威胁性。谋杀事件发生后的几周是该中心员工们度过的最为困难的时期。这种冲突，即使对于沟通谈判的"老手"来说，也会感到棘手。第二，冲突中隐藏着大量的不确定性。冲突双方无法预知冲突的走向，也不知道彼此的行为会将冲突引向何方。因为冲突的发展态势比人们想象的更为复杂，所以，人们采取行动的结果往往与初衷大相径庭。黛安并不知道同事们在该悲剧发生之前就认为她在偷懒了，因此，她在休假要求遭到拒绝时，感到很惊讶。由于气愤，她险些发起一场大战。第三，当时的情况极为敏感、棘手。在该冲突中，哪怕仅仅是某一人的态度，也有可能改变冲突的方向。例如，如果其他员工选择解雇黛安，这场冲突就有可能得以消除，也有可能影响和破坏其他成员之间的关系。另一方面，如果有一些人同情黛安，其他员工就可能因此产生分裂，最终解散这个热线中心。随着这个事件的持续发展，让我们观察一下员工们的行为举止和她们应对这个紧张且不熟悉的局面所采取的办法。

案例 1-2　妇女热线案例（续）

> 假如你身处这场冲突之中，你会向这个群体提出怎样的建议，来促使这场冲突出现建设性的结果？

职工委员会在收到黛安的申诉书后提出了以下建议：如果黛安和该中心的其他员工同意接受一位中立的第三方调解者的调解，她们便可自行采取非正规的方式去解决这个问题。该中心的每一个人都认为这个建议是可行的，于是，职工委员会邀请第三方调解人与所有员工见面，讨论这个问题。

在这个见面会上，员工们面临着一次艰难的考验。每一位成员都做出了她们以前不愿做出的反应。她们对黛安的总体表现提出了尖锐批评。黛安也提出了自己的疑虑，认为其他员工在新同事要求提供帮助时，不愿给予帮助和支持。尽管这种讨论往往会造成紧张的气氛，但讨论的方向却被把握得很好。会面一开始，黛安就收回了自己的正式申诉。此举把直接的工作申诉变为新员工在遇到困难和感情受伤的状态下，为了更好地工作而寻求帮助的一种行为。员工们也都开始反思自己作为咨询师的能力，一致认为中心的工作的确存在不尽如人意的地方。员工们承认，该中心已产生了集体惰性，她们常常回避为黛安提供处理强奸案时所需要的支持。她们开始认识到，在过去的一年半时间里，员工们相互间的支持率很低；尽管每个人的工作都很忙、压力大、时间紧，但是互相提供相应的支持和帮助还是非常必要的。一位成员建议，每一位员工都应当在自己觉得需要帮助或支持时，得到一份"听取汇报协议"（debriefing contract），邀请别人花 10 分钟时间来听听让自己感到非常棘手的那些案例。员工们采纳了这个建议,因为她们认为,该建议既能让寻求帮助的员工得到必要的支持,又不会让倾听者承受过重的心理负担。最终,黛安继续留在该中心工作。她还发现,该群体提供了她所需要的支持后,她提高了能力,也增强了信心。

讨论题

- 在这场冲突中,各方使用什么方式表现出"良好的信任"?
- 参与到"良好的信任"中是建设性地化解冲突的前提吗?

这是冲突管理教学中一个有效或可行的"案例",因为它包含各方都能接受的解决方案。这个群体的成员虽然在整个冲突过程中一直在走钢丝,但她们试图避免从钢丝上掉下去。由于紧张、令人不悦、不确定和脆弱的冲突形势不易面对,因此人们往往难以用建设性方式去解决问题,而会通过武力来压制问题,或用让人精疲力竭的长期斗争来终止冲突,而所有这些处理方式都会导致出现至少使一方不满意的结果。参与一场冲突常常像投下赌注一样:如果机遇好,你就能大赢一把。但许多事情会出差错,因此能够抓住机遇者寥寥无几。许多作者认为,有必要提醒人们:应打消对冲突的结果的疑虑,因为冲突的结果不仅具有破坏性,往往也具有积极意义。

在冲突过程中做好工作的关键,不是尽力减少冲突中的劣势,也非强调冲突的积极作用,而是既要接受冲突的劣势和积极作用,又要努力掌控冲突向破坏性方向或建设性方向发展的态势。要想做到这一点,就需要拥有以下能力:既要仔细分析冲突中的具体行为和互动模式,又要悉心透视影响这些模式的各种力量因素。此外,如果我们能在冲突的具体层面上开展工作,即努力了解冲突双方在互动中的弱点、紧张及误解产生的根源,我们就能掌控冲突的发展进程。

二、冲突的定义

冲突是感知到目标互不相容,在实现这些目标时又相互干扰、彼此依存者之间的互动(Hocker and Wilmot,1985)。与把冲突简单地看成分歧、竞争或互不相容的利益(incompatible interests)相比,这个定义的长处是为我们提供了甚为清晰的着眼点(Fink,1968)。冲突最重要的特点就是以互动为基础。冲突是基于冲突各方的行为举止及相互反应而形成和持续存在的。冲突互动有许多形式,每种形式都呈现出特殊问题并要求人们进行特殊处理。我们最熟悉的标志性冲突类型,就是一方试图击败另一方所进行的"争吵比赛"或"公开赛"。然而,冲突也可以变得更加微妙。人们对冲突的反应通常是压制。他们用一种可以避免对抗的方式进行互动,并不是因为他们害怕冲突可能会发生变化,而是因为该问题"不值得争斗"。这种反应也是冲突过程的一部分,其数量与公开斗争形式的冲突一样多。本书探讨的是人们对冲突做出的全方位回应以及这些回应会如何影响冲突的发展。人们可以通过集中研究具体行为模式和形成这些模式的因素,来更好地理解冲突和管理冲突。

身处冲突中的各方都会感知到,他们拥有互不相容的目标或利益;他人是实现这些目标的干扰之源。这里的关键词是"感知"。不论目标是真的互不相容,还是冲突各方相信它们互不相容,冲突发生的条件都已成熟;不论员工甲是否真的妨碍到了员工乙,也不论员工乙是否把员工甲的行为理解为干扰,员工乙都会反对员工甲或者感到自己被迫回避某些问题。所以,有关各方对冲突的理解和做法在冲突中都发挥着关键作用。人们有时候会在不清楚自己的目标和利益的前提下盲目行事(Coser,1961),他们只发现自己身陷困境,却不知怎么走到了这个地步。事后,他们才认识到什么是自己的固有目标(implicit goals),他们的目标与他人的目标是怎样的互不相容(Hawes and Smith,1973)。由于沟通在冲突形成的过程中,以及在指导冲突行为方面具有重要意义,因此,沟通的作用便凸显出来了。

实际上,沟通中有时出现的问题是冲突之源。人们用极为不同的沟通风格进行互动时,由此产生的误解足以导致紧张或愤怒(Tannen 1986,Grimshaw,1990)。一个人的好奇及爱打听别人事情的处事风格有可能被另一个人感知为侵犯隐私和行为粗鲁。一个人试图避免卷入他人的事务,有可能被某些人视为冷淡。沟通风格的差异所造成的难题往往来源于文化背景的差别(Kochman 1981,Dubinskas,1992)。然而,古老的格言"大多数冲突实际上都是沟通问题"这句话并非总是真理。如果没有真正的利益差别,大多数冲突就不会存在。这种差别有可能难以发现,或者可能在经过一段时间后才能被重新界定,或者偶尔是微不足道的小事,但它毕竟存在着。沟通过程有可能引发冲突。沟通还可能加剧冲突,但沟通并不是造成困难的唯一根源。

冲突各方的相互依存度体现在冲突互动中。要想引发一场冲突,冲突一方的行为举止或冲突双方的行为举止必须对他人产生后果。因此,从定义上说,卷入冲突的各方都是相互依存的。如果黛安的行为举止没有激怒其他员工,如果她们的反应没有威胁到黛安的工作岗位,那么,热线中心就不会发生冲突。此外,对冲突采取任何反应性行动都会对冲突双方产生影响。做出签订"听取汇报协议"的决定,就要求每个人在一定程度上改变自己的行为举止。如果黛安被解雇,其他员工也会受到影响,她们就会不得不"隐瞒"黛安的案例,并会逐渐在内心感到自己作为同事对黛安不负责任或麻木不仁,应当受到谴责。

然而,相互依存的含义还有很多:冲突各方相互依存时,可能相互帮助,也可能相互干扰。正因为如此,冲突总是呈现出合作动机与竞争动机相混合的特征。冲突互动期间的任何话语,要么可以被视为言者在谋求自己的利益,要么可以被看成言者在努力促使冲突各方取得良好结果。一方可能认为,自己的观点被接受比提出一个有利于双方的建议更重要,至少暂时是如此。黛安提出休假两周的要求时,可能并未考虑到群体的最佳利益,而只是想到她自己的需要。在其他案例中,一位参与者可能提出一个有利于各方的建议,比如热线中心的员工当时建议签订的"听取汇报协议书"。在另外的案例中,一位参与者可能主动说了一句带有合作意向的话,但其他人却有可能把这句话理解为此人要谋求其个人利益。不管该竞争性动机是言者的真实意图,还是其他成员的想法,人们都会假定从此时此刻起,言者有可能只看重他或她本人的利益。而接下来所进行的互动,有可能进一步影响到各方合作的动机,也可能会削弱成员之间相互依存的关系。因此,在决定冲突互动向哪个方向发展的问题上,平衡竞争与合作二者间的关系显得尤为重要。

三、冲突互动的竞技场

冲突几乎在所有社会环境下都会发生,比如,在家庭、游乐场所、教室、小社团活动场所、芭蕾舞中心,甚至在童子军和啦啦队中都可能产生冲突,这是许多人在年轻时就有过的体验。当关系变得更复杂,人们在更多样化和开放的环境中接触时所发生的冲突,仍与他们在儿童时代所经历的冲突极其相似。实际上,一些人认为,早期经历形成了我们一生中参与冲突的方式。成年人在临时性的工作关系、情侣关系、挚友关系或政治关系中,都会遇到冲突。决策小组、小型企业、大型公司、教会组织和医生办公室里也会有冲突。鉴于冲突具有多样性特点,人们最关心的常常是在冲突中所遇到的危险有多大。冲突时而被评估成微不足道的小事,时而被当成意义深远的大事,要么是鸡毛蒜皮的琐事,要么是举足轻重的大事,或者大灾大难,或者小来小去。人们对任何冲突的意义所做的评估,都会影响到人们对冲突采取的应对策略。人们会根据冲突的重要程度,来制定防卫或退却等对策,并决定应为此付出多少相应的时间和努力。

互动形式是有关各方在冲突期间采取的行动模式、反应模式、步骤模式或对抗模式。以暴制暴是在人际冲突、团体内冲突,或群际冲突中发生的互动形式。同样,协商谈判是这些冲突参与者之间的一种互动形式。协商谈判有时指讨价还价,当有关各方同意采取清楚明白的规则或隐晦含糊的规则交换意见或妥协退让,以达成共识时,便出现了协商谈判(Pruitt,1981,Putnam and Poole,1987)。人们常常以为协商谈判属于另一个领域,因为大多数人认为,劳资谈判是最著名的例子。然而,协商谈判在任何领域都会发生。丈夫和妻子可以就他们的离婚协议进行协商谈判;教授和学生可以就分数进行协商谈判;环境小组可以就土地使用政策进行协商谈判;邻居小组可以就历史文物保护标准进行协商谈判。

人们除了探讨那些专注于互动形式的问题之外,还提出了其他适合本书所有冲突领域的见解。例如,大多数冲突都关系到权力,因为权力是人与人之间所有的相互依存形式不可分割的一部分。我们也将探讨冲突如何影响关系、相互依存的气氛对冲突展开的方式如何至关重要等问题。

四、建设性冲突互动与破坏性冲突互动

如前所述,人们常常把冲突与消极结果联系在一起。有时不论冲突会不会给人带来困扰,人们都要尽量避免冲突的发生。当出现差异、问题变得重要时,对冲突进行压

制常常比正视冲突更加危险。心理学家欧文·贾尼斯(Irving Janis)提到了几场著名的政治灾难,如猪湾入侵和(美国)未能预测到日本偷袭珍珠港。在这些灾难中,糟糕的决策可以追溯到关键决策集团对冲突的压制上(Janis 1972)。关键的问题是:何种冲突互动形式能够给各方带来显而易见的好处,并且不会使一种关系、一个群体或一个组织走向分崩离析。

多年前,社会学家刘易斯·科泽(Lewis Coser,1956)对现实冲突和非现实冲突进行了区分。现实冲突是基于针对手段(means)与目的(ends)的分歧或基于针对目的本身的分歧而形成的冲突。在现实冲突中,冲突者利用互动来解决实质性问题,以调解它们的根本不相容性。在非现实冲突中,参与者通过削弱他方的利益来获取自己的利益。科泽认为,因为非现实冲突旨在表现攻击,因此,胁迫和施压是调解这些分歧的手段。而化解现实冲突则有很多技巧,如胁迫、协商、劝说甚至投票,因为它旨在解决某些实质性问题。尽管科泽的分析略显简单化,却具有远见卓识。他还建议人们关注建设性冲突互动与破坏性冲突互动之间的重要区别(Deutsch,1973)。采用什么标准来判断冲突是否呈现建设性呢?在很大程度上,建设性的冲突互动依赖灵活性。在建设性冲突中,冲突成员表现出胁迫、威胁、谈判、开玩笑和放松等行为举止,以求达成一个各方都可以接受的解决方案。相比之下,介入破坏性冲突的有关各方就有可能不那么灵活了,因为他们的目标比较小,只是试图击败对方。破坏性冲突互动可能会延伸至不可控的破坏性循环之中,或使冲突方一再试图回避问题。在建设性冲突中,群体中的互动经常改变方向。当冲突参与者试图管理冲突时,冲突很可能会在短时间内交替出现升级、降低、回避等循环现象,他们也有可能为解决该冲突问题而开展建设性工作。

让我们看看热线中心的案例。该中心的群体展示了一系列的互动样式,从申诉书引发的威胁,到提出互相满意的解决方案,冲突各方都做出了努力。黛安和其他成员之间即便出现了对立或威胁性互动,却没有坚持这种模式,当冲突有可能升级时,她们请来了第三者。这个冲突展示了建设性互动的所有标志性特点。如果她们采用破坏性冲突的方式去处理问题,热线中心的其他成员就有可能用暂停黛安工作的办法,对她的申诉做出回应,而黛安则有可能用起诉或竭力在当地报纸上使中心丢脸的方式,进行报复性回应。她的报复行动有可能促使她们下决心将她解雇,这将引起黛安的进一步报复。如果她们选择息事宁人的方法来解决冲突,那么,热线中心的冲突也许会中止,但黛安也许会因此对自己的问题避而不谈,其他成员则会有意无意地用转变话题、避免提及谋杀事件等方式去帮她。那样,黛安的问题可能会更糟,也许她必须辞职。该中心可能会重新回到所谓"正常"的状态,直到再发生同样的问题。在这个案例中,避免破坏性造成的危害虽然可能会比破坏性升级造成的危害轻得多,但它仍会产生一定的危害:热线中心会损失一名优秀员工,而且会播下未来损失更多优秀员工的种子。在这两种情况下,造成破坏的并非行为本身——回避问题或对抗性辩论本身都不是危害——而是冲突各方呆板、僵硬的理念和行为,这使他们陷入冲突升级或回避冲突的怪圈。

在建设性冲突中,互动的指导思想就是:所有冲突方都能获得重要目标(Deutsch,1973)。这种互动反映了人们的一种持续努力,目的是为显而易见的不相容立场搭建桥梁。这种努力与破坏性冲突形成鲜明对照。在破坏性冲突中,互动的前提是,互动参与者会认为:一方必得,另一方必失。建设性冲突互动可形成一种各方都满意的解决方案,并且使大家都感到,各方均有所得(例如,获得了一个新思想、更加清楚他方的立场,或者强化了团结意识)。在某些情况下,破坏性冲突的输/赢定位源自人们对所失的恐惧。人们试图拒绝接受变通性建议,因为他们认为,如果他们的观点不被别人接受,他们就会失去支持者、自尊或他人对他们的尊重。在其他情况下,赢/输式互动并不是由竞争性动机引起的,而是源于冲突方害怕遇到难以化解的冲突。当讨论变得热烈,讨论者感到无法用任何直接方式摆脱敌对状态和威胁性冲突时,依赖投票形成决策的群体常常会用投票的方式去化解冲突。他们认为,试图进一步讨论变通方案,或者探索人们所持立场背后的深层原因,都有可能招致风险。一次投票固然能够迅速结束威胁性互动,但也可能导致冲突向计较输赢的破坏性方向转化。其建议遭拒的一方,应该像他方那样去认同已选方案,而不是在今后试图修正这个方案。建设性冲突互动有时会呈现出竞争性,冲突双方都会坚持自己的立场。如果要获得某种代表性结果,冲突双方就必须努力达成共识(Cahn,1990)。人们在冲突中争斗时,有可能产生大量的紧张和敌意。尽管介入建设性冲突的各方强烈坚守自己的立场,但当他们相信改变立场将导致最佳决策时,他们也会对改变立场持一种开放态度。人们想要维护权力、保住自尊,或让对手难堪的做法,都不会妨碍他们改变立场。在破坏性冲突中,冲突各方常常走向极端——捍卫不可谈判的立场,变得比找出一种可行的解决方案更为重要。这种对建设性冲突互动和破坏性冲突互动的描述显然是一种假设。冲突展现出上述所有建设性品质或破坏性品质的情况是非常少见的,实际上,许多冲突都呈现出既有建设性互动又有破坏性互动的特点。然而,如果冲突各方能够秉持建设性冲突互动模式,就会进行更好的冲突管理。

五、作为互动行为的冲突

从本质上说,冲突是互动性的。冲突永远不会完全受控于一个人(Kriesberg,1973)。他人的反应,以及一个人对他人的回应做出的判断极其重要。冲突参与者在冲突期间做出的任何评论,都是对冲突可能引起的回应进行的某种认知或预测。这种对互动中的任何行为举止的预测,都可对冲突互动变成循环式互动或者重复性互动产生强烈影响。假设罗伯特批评他手下的雇员苏珊,指责她的工作效率不断下降。苏珊有可能会接受批评,解释自己的工作效率为何下降,从而减少冲突并使冲突得以化解。苏珊也有可能大声顶撞上司,怒气冲冲,这种互动行为可能使冲突升级。她还有可能选择一言不发和避免冲突,这会使得冲突形势不发生任何改观。罗伯特一旦对苏珊提出批评,苏珊也做出了回应,那么形势就不再完全由罗伯特控制了:他的下一步行动将是对苏珊的反应做出回应。罗伯特的行为举止及其随后对苏珊产生的影响,取决于他们之间的回应互换。初始回应(initiation-response)—逆回应(counterresponse)的行为循环来自冲突互换(conflict interchange)。我们不能通过把这个循环分解为几个部分来理解它,也不能把这个循环分解为罗伯特和苏珊的行为。这种回应循环远比个人行为复杂得多,而且就现实意义而言,它拥有自己的"生命"。例如,假设在罗伯特和苏珊的冲突中出现升级螺旋——苏珊的回应是大叫大嚷,罗伯特试图对她执行纪律约定,于是苏珊的反抗越来越多,等等,那么,这种循环就可以得到自我强化。如果罗伯特对苏珊的大叫大嚷做出让她心平气和、听她解释的回应,那么,这个回应循环会得到自我抑制。冲突互动循环拥有自己的动力。它们一般都有明确的方向,那就是:使冲突升级、回避冲突或压制冲突,或促进冲突的形成。如果罗伯特根据以前的经验来批评苏珊,冲突的形势就会变得更加复杂。这就是说,罗伯特的举动源自对苏珊可能做出的回应的预判。同样,苏珊的回应不仅源自罗伯特对她的批评,还源自她对罗伯特对她的回应可能做出的回应的评估。虽然诸如此类的评估通常出于"直觉"——这些评估不是有意进行的——但是冲突各方有时也在预谋之后才做出评估("如果我对罗伯特大声嚷嚷,他就会退缩,我就可能不用处理这件事了")。这些评估总是基于冲突各方对彼此的感知,基于每一个人对他人的回应所持有的想法。在某种程度上说,这些评估有可能不正确,因为它们只是直觉性预测。随着冲突的展开,冲突方将修正自己的评估,而且这种修正将在很大程度上决定冲突的发展方向。在这一预测过程中,最重要的是冲突方试图了解他人的想法时面临许多特殊困难。当苏珊对罗伯特的回答进行了预测,并做出了回应时,我们从局外人的角度看,苏珊正在根据罗伯特对她的回应做出自己的判断。如果罗伯特在回答问题前对苏珊的意图进行思考,我们就会看到,他是在评估苏珊对他的评估(苏珊到底是什么意思)的评估。如果一个人紧盯着起点不放,冲突各方的评估就会无限量地增加。之后,冲突的前景就会像摆满镜子的大厅一样,让人眼花缭乱,头晕目眩。

有关军备竞赛(Richardson 1960,North,Brody and Holst,1963)、军事关系(Walzlawick,Beavin,and Jackson,1967;Rubin,1983;Scarf,1987)和雇员—主管互动(Brown,1983)的几项研究显示了这种预测螺旋会如何导致严重的冲突问题。如果冲突各方不考虑螺旋的问题,他们就会冒误算(miscalculation)的风险。当然,人们也不太可能对所有可能性进行算计。人们一般不了解自己的行动会给别人造成的影响,因此其管理冲突的能力会严重不足。不仅冲突各方的行为举止相互交织,其思维和心理期待也在彼此互动。关键问题……就是:冲突互动会以何种方式催生破坏性模式——冲突急剧升级、长期回避冲突问题或不能恰当回避冲突问题、立场僵硬——而非创造冲突管理的建设性模式?

复习题

1. 本文作者说,有关黛安及其同事的案例研究表明,冲突形势严峻,具有威胁性、不确定性和脆弱性。请描述这些作者的意思。

2. 解释作者们给冲突下定义时每一个术语的意义:互动、彼此依存、目标互不相容、干扰。

3. 作者们为什么不赞同古老的格言"大多数冲突实际上都是沟通问题"?

4. 阐述现实冲突和非现实冲突的差别。

思考题

1. 你在阅读黛安及其同事的案例研究报告时,认为哪件事情最有助于建设性地化解冲突?

2. 根据你自己的经验,举出一个区分现实冲突与非现实冲突的例子。

3. 作者们曾提出用投票方式化解冲突是否明智的问题。请回答:(1)他们不鼓励投票的理由是什么?(2)你对此做出什么样的回应?也就是说,你赞成投票还是反对投票?为什么?

参考文献

Brown, L. D. (1983). *Managing conflict at organizational interfaces.* Reading, MA: Addison-Wesley.

Cahn, D. 1990. *Intimates in conflict: A communication perspective.* Hillsdale, NJ: Lawrence Erlbaum.

Coser, L. (1956). *The functions of social conflict.* New York: Free Press.

Coser, L. (1961). The termination of conflict. *Journal of Conflict Resolution*, 5: 347—353.

Deutsch, M. (1973). *The resolution of conflict.* New Haven, CT: Yale University Press.

Dubinskas, F. (1992). Culture and conflict: The cultural roots of discord. In D. M. Kolb and J. M. Bartunek, Eds., *Hidden conflict in organizations*: 187—208. Newbury Park, CA: Sage.

Fink, C. F. (1968). Some conceptual difficulties in the theory of social conflict. *Journal of Conflict Resolution*, 12: 412—460.

Grimshaw, A. D., Ed. (1990). *Conflict talk: Sociolinguistic investigations of arguments in conversations.* Cambridge: Cambridge University Press.

Hawes, L., and Smith, D. H. (1973). A critique of assumptions underlying the study of communication in conflict. *Quarterly Journal of Speech*, 59: 423—435.

Hocker, J. L., and Wilmot, W. W. (1985). *Interpersonal conflict.* Dubuque, IA: Wm. C. Brown.

Janis, I. (1972). *Victims of groupthink.* Boston: Houghton Mifflin.

Kochman, T. (1981). *Black and white styles in conflict.* Chicago: The University of Chicago Press.

Kriesberg, L. (1973). *The sociology of social conflicts.* Englewood Cliffs, NJ: Prentice-Hall.

North, R. C., Brody, R. A., and Holsti, O. (1963). Some empirical data on the conflict spiral. *Peace Research Society: Papers I.* Chicago Conference: 1—14.

Pruitt, D. G. (1981). *Negotiating behavior.* New York: Academic Press.

Putnam, L., and Poole, M. S. (1987). Conflict and negotiation. In F. Jablin, L. Putnam, K. Roberts, and L. Porter, Eds., *Handbook of organizational communication*: 549—599. Beverly Hills, CA: Sage.

Richardson, L. F. (1960). *Arms and insecurity.* Pittsburgh: The Boxwood Press.

Roloff, M. E. (1987). Communication and conflict. In C. Berger and S. H. Chaffee, Eds., *Handbook of communication science*: 484—534. Beverly Hills, CA: Sage.

Rubin, L. (1983). *Intimate strangers.* New York: Harper and Row.

Scarf, M. (1987). *Intimate partners: Patterns in love and marriage.* New York: Ballantine.

Tannen, D. (1986). *That's not what I meant.* New York: William Morrow.

Watzlawick, P., Beavin, J. H., and Jackson, D. D. (1967). *Pragmatics of human communication.* New York: Norton.

第二节 沟通螺旋、悖论与复杂的难题[①]

威廉·W.威尔莫特

比尔·威尔莫特是一位从事人际沟通和冲突管理研究的教师,也是一位帮助美国人处理冲突问题的调解人。正如这些选自其《关系沟通》(*Relational Communication*)一书中的阅读材料所示,他对人际关系的复杂性具有异乎寻常的敏锐感。这篇文章结合了比尔对沟通螺旋的探讨和他有关悖论与复杂的难题(令人困惑的关系)的思想。他在本文中提出了一些有益的建议,告诉人们如何把这些特殊的沟通壁垒化为桥梁。

作者在文章的第一部分解释说,当"关系中的一个人用行动夸大他人的行动"时,便会产生一个"沟通螺旋"(communication spiral)。威尔莫特列举了在家庭、工作和恋爱关系中的积极螺旋与消极螺旋的例子。他强调,这个螺旋势头强劲。由于它选择以自我反馈为动力,这意味着,亲密与和谐能创造更多的亲密与和谐,痛苦和敌意能以同样的方式运行。他首先列举了沟通螺旋的七个特征,然后详细探讨了进步性螺旋和退步性螺旋(generative and degenerative spirals)等问题。

进步性螺旋的事例包括:一位教师在一个学生身上寻找积极关系并给予适当回报。威尔莫特总结说:"教师对学生越真诚,学生的表现就越好;学生表现得越好,教师对学生的态度就越积极。"

退步性螺旋是进步性螺旋的镜像(mirror images)。噪音导致噪音,螺旋越来越多。所以,举例来说,如果一个人对与他人建立关系犹豫不决,那么,他或她就会避免接触,如此一来,此人就更难克服他的犹豫不决。威尔莫特引用的某些研究表明,婚姻中最普遍的退步性螺旋之一就是:当丈夫的感情出现萎缩时,妻子就会对丈夫表示不

[①] "Communication Spirals, Paradoxes and Conundrums" by William Wilmot from *Relational Communication*, 4th Edition. Reprinted by permission of William Wilmot.

满,随后,丈夫的感情萎缩就会越来越严重。

威尔莫特在分析了该螺旋之后,提出了改变这些退步性螺旋的几条建议。第一条是略带欺骗性的简单回应:"做点不一样的事情。"螺旋是关系现象。这就是说,它们是由关系双方或各方造就的。只要事情一如既往,改变就不会发生。因此,至少有一方要"做点不一样的事情"。

第二条建议是求助于第三方,如朋友、顾问、亲戚、牧师或你信任的其他人。作者提出了一条具体建议,即找一个既知根知底,又不密切介入冲突的局外人,这样做往往容易打破这个有害模式。第三条建议是,重申你的关系目标。该建议往往能够帮助身处螺旋中的人提醒自己或相互提醒各自对关系的承诺。第四条建议是"元沟通"。这就是说,你要针对你的沟通进行沟通。你要谈论关系和所有已经导致一系列退步行动的事情。

最后两条建议是,你应尽量减少与意见不同者相处的时间,并且考虑改变外部局面。有时,一些举动会打破令人陷入麻烦的模式。

作者在这篇文章的"悖论与复杂的难题"部分里,简要讨论了许多人在关系中有过的 12 种双向拉力(two-directional pulls)体验。这种讨论能使人在阅读本文时想到,他人也像你一样具有某种紧张感。威尔莫特还提出了一些破解这些关系难题的建议。

第一,人们能看到关系中相互矛盾的东西,比如自由与亲密、稳定与活跃。认识到这一点颇有裨益:这是正常情况,没必要当作问题。

第二,第三方对关系的"客观"观察和对局内人的"主观"看法都可能会出错。重要的是应听取双方的意见,而不要相信任何一方对关系的看法就是"真理"。

第三,如果你把关系完全放在一边,这些关系就会解体。如果你试图强迫关系的发生,你也可能毁掉它们。关系保持张力时最能发挥作用。

第四,人们期待关系能催生幸福感。但是,这种关系可能更多地呈现为一种整体感,这种整体感来自两个人之间不稳定的、不可避免的辩证相遇。于是,一种张力便形成了。

第五,我们从亲密关系中既能获得最大的快乐,也会经受极度的痛苦。

威尔莫特还探讨了"自我"与"关系"的两难联系:关系可以成为帮助你发展的一块跳板,或者把你举得更高,或者将你摔得更狠。第九个悖论提醒我们,一种关系的任何组成部分或任何阶段都有可能针对其他部分或其他阶段产生回响(reverberate)。第十个悖论勾勒了关系标签中固有的权力及关系标签所引起的问题。最后两个悖论强调了关系具有永远变化、生生不息的特性。

读完这篇文章时,你应当已领会到你是关系的一部分,并感受到这些关系的异常复杂性。

一个人在关系中的行动放大了他人的行动时,就会出现一个沟通螺旋。沟通螺旋几乎无处不在,发生在人与人之间,发生在我们与其他物种之间,也发生在其他物种中间。人与动物的例子可以说明螺旋的基本性质。我三岁的儿子贾森(Jason)看见了一只皮毛光滑、圆润的猫。在他这个年龄,根本不计后果。于是,他冲向那猫,想抚摸它。那只聪明的小猫觉得自己有可能被人弄死,于是跑到了他够不着的地方。贾森并不放弃,越发想逮住那只猫。可那只猫跑得更远了。贾森就开始追赶。猫为了逃命,也开始跑起来。不到10秒钟的时间内,贾森便和猫全速奔跑起来。同样,这种螺旋在许多语境下都会出现:

- 一个孩子不听父母的话,父母对孩子的惩罚就会更多,要求就更严格,可是那孩子却变得越来越不守规矩了。
- 一位父亲和他22岁的儿子在国外旅行(只有他俩)了两个月。旅行即将结束时,他俩在回家的飞机上发现,彼此感觉十分亲密,他们的沟通也变得顺畅起来。
- 一位雇员可能不常说话,不愿接近主管领导。主管领导强迫他讲话,他反而变得更不爱讲话了。
- 两个人正在酒吧里坐着;其中一人不经意间碰到了另外一个人。被碰者就推了碰人者一把,还侮辱了他。过了一会儿,人们就看见他俩在街上动手打起架来。
- 一位主管领导对一位雇员的工作表现不满意,但没有对雇员明说。那名雇员在其他人面前抱怨主管领导。雇员和主管领导都做了同样的事情——不与对方讲话,而去与别人讲话。于是,主管领导对雇员就更加不满,仍不理睬雇员。六个月以后,主管领导在评估员工表现时对那个雇员说:"我们要对办公室进行重组,这里不需要你了。"
- 两个密友在他们居住的两个镇之间买了一栋小木屋。每去一次小木屋,两人的关系就得到一次强化。他们的滑雪水平不仅提高了,而且更喜欢彼此陪伴。
- 两位恋人都感到对方不想继续交往了。于是,他们的共同语言就少了,开始积怨,相处的时间也更少了,直到最后吵了一架,结束了两人的恋爱关系。
- 两位异性朋友相处很久了。两人的关系越来越亲密。他们相处的时间越长,排他性就越强,就越不想与他人建立友谊,因为他们的友谊已让他们心满意足。

所有螺旋——不管朝积极方向去建构,还是朝消极方向去建构,都倾向于选择那些能够进行自我反馈的动力,如亲密与和谐能创造更多的亲密与和谐,误解与不满能引发更多的误解与不满。这种回应制造了关系中的连锁效应(lock-step effect)(Leary,1955;Kurdek,1991)。高质量的关系,比如亲密的友谊,会呈现最终的目的——高质量。同时,这种关系是自我支持的。

沟通螺旋不管朝积极方向发展,还是朝消极方向发展,都有如下这些特点:

1. 沟通者的意义相互交融,每个人的行为举止都会加速关系的变化。合作的关系以不断加速的方式进行自我建构。

2. 每个人的行动都会影响(关系的)总体动态。不管你是参与谈话、从关系中抽身、融入关系、对关系重新投资,还是缩减关系投资,你的沟通(或沟通缺失)都会直接影响到他人。反之亦然。每一个人都对他人做出回应(Kurdek,1991)。

3. 贝特森(Bateson,1972,1979)很久以前就指出,螺旋要么显示对称性沟通行为(*symmetrical* communication moves),要么显示补充性沟通行为(*complementary* communication moves)。在对称性螺旋中,第一个人"对同样的事情做得越多",第二个人"对同样的事情也做得越多",比如两个人吵架。在补充性螺旋中,第一个人"对同样的事情做得越多",第二个人"对同样的事情就做得越少",如第一个人大叫大嚷,第二个人则悄然离开(Wilden,1980)。

4. 在任何特定时间里,一种螺旋要么以进步性方式对关系产生影响,要么以退步性方式对关系产生影响。进步性螺旋增强人们对关系的积极感受,加深亲密度;退步性螺旋则使人对关系产生消极感受,导致人与人的关系越来越疏远。

5. 进步性螺旋和退步性螺旋都倾向于不断加速,直到参与者的运动因受到某种行动的制约而被打断。

6. 螺旋也可以被改变,速度可快可慢,其方向可被参与者的行动所改变。

7. 随着沟通螺旋的展开,关系可以扩展、弱化,也可以重复"密切—疏远"模式。

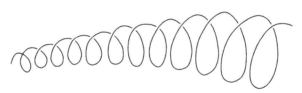

图 10.1　沟通螺旋

图 10.1 显示,随着时间的推移,两个人都倾向于增加沟通动力。请注意,随着时间的推移,圆圈越来越大——这些都是所有沟通螺旋的特性。

进步性螺旋

沟通行为的连锁(interlock)使沟通者对关系产生更积极的感觉,此时,沟通参与者就处于进步性螺旋之中。例如,能够对学生持开放态度和接受学生意见的教师通常拥有此类螺旋。在一个学生身上寻求积极意见并给他或她适当的奖赏,能够让学生乐于接受教师的影响。教师对学生越真诚,学生的表现就越好;学生表现得越好,教师对学生的态度就越积极。

进步性螺旋显然不只限于师生关系。在一个积极性高的工人身上,同样会呈现出这种螺旋。随着工作条件的改善,工人的工作积极性就会增强;积极性增强就会催生周期循环,并且创造更好的气氛。

在进步性螺旋中,关系伙伴的感知变得更有建设意义,他们还会继续进行相互调整。在恋人中,"爱情催生更多的爱情,发展催生更多的发展,知识催生更多的知识"(O'Neill and O'Neill,1972)。信任和理解的循环催生更多的信任和理解。关系恰似这样一个螺旋——永远在扩展之中。

我们都有过进步性螺旋的体验。开始学习时,素质高的学生能得高分,能进行自我激励,并进入进步性螺旋。每项工作都会带来进一步鼓励他或她的更优异的表现的奖赏(得高分或受表扬)。如果条件有利,该螺旋还将继续发展下去。接受过重新培训、知识更为丰富的教师们,可以给学生提供更多的东西。受到教师激励的学生,转而又会强化教师想努力工作的意愿,使教师能够产生更强的职业感。在进步性螺旋中,每一个人的行动都会产生强化性影响。你做得越好,你就觉得自己越有价值;你越是觉得自己有价值,你就做得越好。一个简单的行动所产生的影响会在整个系统中发挥作用。例如,你所爱的人流露出的额外温存不会就此打住。它将循环出现,而你也可能增加给他的回馈。你与上司的良好关系促使你更想取悦上司;而你的上司见你参与更多,就会对你更加赏识。

退步性螺旋

退步性螺旋为进步性螺旋的镜像,其进程可以识别,但其结果却无从知晓。在退步性螺旋中,误解与不和谐对关系的损害越来越多。像进步性螺旋一样,退步性螺旋会有许多不同形式。

无力走出去和不去发展富有意义的关系,常常会使关系变得复杂。减少对他人的兴趣和不能建立有效关系的人,获得的自尊也更少(因为自尊来自社交)。这种情况转而导致负面循环,会使人对他人的兴趣更少。"这是一个循环式、具有退步性质的过程"(Ziller,1973)。如果一个人不敢爱他人,他或她就会回避他人,从而更难对他人施爱。此类螺旋也常出现在只专注于工作价值的人身上。没有取得职业成就但多年从事本职业者,可能会身陷某种螺旋。他们可能会花时间尽量显得忙碌不堪,议论别人,或用各种技巧来建立某种价值感。他们最不可能通过努力工作或接受再培训来改变螺旋。这是一个自我应验式的预言——情况变得越来越糟糕。

孤独者的表现就是退步性螺旋的一个范例。孤独者在互动时,一般参与少,表达少,积极性也弱。结果,他们的谈话伙伴就认为孤独者不愿参与,缺乏能力,不太有可能发起谈话和保持谈话。结果,孤独者在需要打破这个循环的社交网络中变得更加孤独(Spitzberg and Canary,1985)。

一种关系开始解体时,退步性循环便明显可见。人们彼此怀疑时,防卫性就会增强,关系就会变糟,而且此类"失控的关系"对所有相关者都有破坏性。例如,在"可怕的人"(gruesome twosome)这一游戏中,两个参与者保持一种亲密的消极关系。每一个人从关系中获得的回报虽然甚少,但他们却通过相互利用来保持关联(Scheflen,1960)。当关系阻止一方或双方获取正常需要时,双方尽管还保持着关系,但关系却陷入一种退步性螺旋。最新婚姻研究表明,随着爱情的衰减,消极性冲突就会增加——这是一种明显的退步性螺旋(Lloyd and Cate,1985)。

退步性螺旋与进步性螺旋相像,呈现的形式多种多样。重要关系破裂的典型案例是婚姻破裂。一天晚上，夫妻俩吵架时，丈夫对妻子说："如果你不到外面找男人，我们的婚姻就不会有问题。你并没有把心思放在我们的婚姻上。"妻子回应道："是啊，要是你给了我想得到的爱，我就不会到外面找人了。"两人的关系在不断倒退，每一个人都在找对方的错儿，认为是对方引起了婚姻的破裂。螺旋的性质明显可见——妻子越是撤退到婚外关系中去，在婚姻中拥有满足自己需要的机会也就越少；丈夫越是不给妻子她想在关系中得到的东西，妻子要到外面寻求关系的可能性就越大。夫妻之间最常见的一种消极性螺旋是：(1) 丈夫出现情感萎缩；(2) 妻子对丈夫表达不满 (Segrin and Fitzpatrick, 1992)。

退步性螺旋并不仅仅局限于恋爱关系，在所有关系中都会发生。父母和子女常常陷入发生系统性功能失调的螺旋。子女越是依赖父母，父母的负担就越重。父母对子女承担的责任越多，就越促使子女依赖父母。其运行形式类似这样："一个人对另一个人的行动，通常会引起镜像复制效应，或导致另一个人采取反制措施。这样做又会强化一个人的最初行动"(Leary, 1955)。

改变退步性螺旋

显而易见，在关系发展过程中，人们会在进步性螺旋和退步性螺旋之间活动，螺旋也会出现变化。但是，你作为关系中的一员，可以影响螺旋的性质，甚至在退步性螺旋出现后能改变这种螺旋。你可以做出能够改变关系发展方向的具体选择。

第一，改变你通常使用的回应方式，即做出与平时不同的回应。例如，如果你身处一种你和他人使冲突升级或相互谩骂的关系中，你可以通过不让自己使用消极语言的方式来阻止这种螺旋出现。或者，你也可以这样说："这会导致一场吵架比赛。我去散会儿步，回来后再与你谈。"于是，你就从这种通常敌对的状态中脱身了。再举一例。你有一位不太爱讲话的室友。近两个月内，你试图拉他出去玩。你发现，你说得越多，他就会越往后撤，于是你讲得也就越来越少。既然你的"多此一举"不管用，那你就"少管闲事"。他在沉默时，你不要勉强他说话。允许他少讲话，反而可能使他早讲话。如果你经常在一个由四人组成的朋友群中保持沉默，那么，人们就会在做出决策时，把你撂在一边而适应你的沉默。于是，你开口告诉他们你愿意做什么。你一旦改变了模式，就改变了螺旋。

威尔莫特和史蒂文斯(Wilmot and Stevens, 1994)访谈了一百多位"经历过关系衰退期"，随后又改善了情侣关系、朋友关系或家庭关系的人，这些人基本上走出了退步性螺旋。当被问到他们做了什么才"扭转了关系"时，研究者们发现，改变模式的有效方式就是改变行为举止。当然，在特定的关系螺旋中，行为举止的改变会有许多种不同形式。一些人会变得越来越独立，一些人则给别人更多的"空间"，也有一些人会搬到别的地方去，还有一些人愿意继续对自己的伴侣做出牺牲或一起度过更多时光。无论形式有多少，基本原则仍是一样。当你身处退步性沟通模式或冲突升级的沟通模式时，就要改变这种模式！

关于改变模式,还有最后一则趣闻。我认识一位母亲,她 11 岁的女儿在校成绩越来越差。母亲上学时一直是个高才生。过去,女儿的学习成绩一直不错。但是,从这个学年的中期开始,女儿的成绩每况愈下。随着女儿的成绩下降,母亲的批评也越来越多。不久,女儿的成绩和母女的关系都降到了冰点!在一位局外人的帮助下,母亲发誓,不管发生什么事情,她都不再与女儿谈成绩的问题。这非常困难,有一天晚上,母女俩又为成绩问题吵起来;成绩成了全部关系的焦点。然而,只过了两周时间,女儿的成绩急剧上升。这位发现"放手不管"非常困难的母亲,在这个沟通体系中采取了消极态度,结果,女儿的成绩出现了改观。

你在改变行为举止时,还需要注意最后一点。接受威尔莫特和史蒂文斯(1994)访谈的人称,"持之以恒"是引发关系改变的关键要素。如果前面讲到的那位母亲只能保证在一个晚上不批评女儿,那么,她一旦恢复对女儿的批评,退步性螺旋就会卷土重来。其他人也会怀疑你的做法,可能质疑你的动机并对你的行为进行消极的解释。但是,如果你坚持不懈地改变沟通模式,你就会对他人产生影响,因为他或她的沟通模式与你的沟通模式相互连锁。

第二,你可以利用第三方进行建设性沟通。有时,朋友、咨询人员、亲戚、牧师和其他人可以为你提供不同的视角,让你开始建立一个改变退步性螺旋的系统。第三者经常能够提出具体建议,去打破连锁模式和使退步性关系火上浇油的相互破坏性行为。一位丈夫和一位妻子之所以寻求婚姻咨询师的帮助,是因为他们的关系越来越冷淡。丈夫讨厌妻子总是要求他陪她说话并关注她。妻子则反感丈夫越来越多的性事要求。结果,他们陷入了一种退步性螺旋,丈夫的话越来越少,妻子则避免与丈夫进行身体接触。两人与婚姻咨询师见面之后,都认为这种情况不可能很快得到改观,因为他俩都希望对方先改变自己。在那位咨询师的帮助下,他们重新协商了他们的关系,每一个人都开始让一点步。几天之后,他们发现自己开始走出退步性模式。

第三,你可以重申你的关系目标。人们在互动中陷入退步性模式时,一方常常认为另一方想"弃船潜逃"。如果你处在一个下行的螺旋之中,不管这个螺旋是否涉及你与你的父母、上司、恋人、孩子或朋友,都要重申每个人会从关系中获取的东西,这能够促使每个人努力恢复关系。见过咨询师的那对夫妻发现,他们双方都把一起相处当作重要的目标,如果一方在吵架中"获胜"并失去关系,那么双方都不可能得到他们想得到的东西。关系的再确定(relational reaffirmation)可以帮助你把关系拉回到更加积极的阶段。良好的关系需要花精力去维持;同样,对关系做出他人可感知的承诺,将有助于你走出削弱关系的消极模式。

第四,你可通过元沟通改变螺旋。威尔莫特和史蒂文斯(1994)的受访者们报告说,他们进行过一次"关于重要关系的谈话"(Big Relationship Talk),以讨论关系,并且分析人们采取一系列退步性行动的原因。你在评价你看到的事情时,就开启了一个可供探讨的螺旋。一个人可以说:"我们的关系好像在变糟——我发现自己在批评你,你好像在回避我。我们如何改变这种状况呢?"这样的元沟通,不管它针对的是对话的插曲还是总体关系模式,都可以为建设性冲突管理搭设舞台,都能给沟通者一种对关系动力的控制感。元沟通,特别是你同时在重申你的关系目标时("我不想让我俩都不高兴。我想让我俩都觉得好像在一起,不过我好像感到……"),会有助于改变关系中的破坏性力量。当然,你可以在任何类型的关系中运用元沟通。比如,在工作关系中,J. P. 说:"萨利,我觉得我们的工作热情好像在下降。我们怎么做才能找回六个月前那种快乐的感觉呢?"

第五,努力与那个人多待或少待一段时间。如果你与你的同事一起"外出",你可以与他们多待一些时间,一起午餐,一起喝咖啡,一起散步。如果能用少量时间买来大的变化,必定令人高兴。相反,人们待在一起的时间过长,就会增加他们在建设性层面上管理关系的难度,关系常常会受损害。所以,汤姆总是在夏季约我花三天时间去钓鱼,以便与妻子保持一段距离,使他们在婚姻中得到独立感(而且,我们也彼此重申我们的关系)。适当保持距离和独立能使你重新获得新鲜感和准备重建关系。令人感兴趣的是,威尔莫特和史蒂文斯(1994)发现,"独立感"是改变退步性螺旋的重要途径。

最后,我们都认识到外部情境能改变退步性关系。有一位母亲,她的一个儿子正在与初中校长吵架。这种冲突已持续了数月。这位校长折磨她的儿子(根据这位母亲的说法),那位男生则用恶作剧进行报复。直到这位男生转学后,他俩的破坏性行动才算结束。校长没有受到以前的连锁模式的影响,他获得了重新开始的机会。

改变外部情境的另一种方式是保持与他人的接触,而不是转移到一个新的环境。许多已婚夫妻延长休假,为的是有时间找到解决现存关系问题的办法。如果这种关系对你很重要,而且你也想保持这种关系,那么,你就应当好好花些时间,推动这种关系进入建设期。对商业伙伴、恋人和朋友而言,撤退就意味着把鲜活的精力注入正在变糟的关系。关系一旦进入退步阶段,每一个人的行为举止都会相互强化和产生破坏性。每一个人都会指责他人,声称他或她自己是无辜的,但这样做并不会改变退步的关系。通常,人们需要花很长时间进行艰苦的工作才能改变一个向消极方向发展的螺旋;如果双方都做出努力,就有可能成功地改变这个螺旋。正如每一位咨询师的经验所示,一个人通常无法独自改变关系。如果一个人有所改变,另一个人也会做出相应改变。这样,双方才能拥有改变螺旋的机会。

伍迪·艾伦(Woody Allen)说:"关系就像一条鲨鱼,它们要么前进,要么死掉。"他的这句话抓住了关系变化的精髓。我们的关系正是动态性的,处于不断运动和变化之中,不是获得改善,就是趋于恶化。关系参与者的行为举止是互相连锁的,因此,一个人的行为举止会影响另一个人;相互联动的行为强化了他人的反应。

人们用不同的时间框架来看待关系。一些人倾向于只用宏观视角考察关系,如以年为单位来衡量关系的变化:"我感到我今天的工作像一年前一样好。"今天的关系虽然看起来与昨天的关系几无差别,但经过一年的时间,你会看出关系总体改善或瓦解的情况。把现存关系状态与很久以前的关系状态进行比较,可以让人识别长期螺旋的存在。

有时,人们以小时为单位来检视某种关系,对关系进行分门别类。例如,当扬的恋人宣布想"结束关系"时,扬花了两周时间思考他们的关系,与对方谈话,对她的所有变化进行"处理"。关系的迅速变化,特别是突如其来的变化,能够加快人们对关系的处理,有时会达到超载程度。那些被突然解雇、突然失恋或失去家庭遗产的人,会用他们过去认为不可能达到的深度来处理关系。

重要的是,你应对所有关系中的盛衰消长保持最初的敏感,以便能够根据可靠信息做出选择。适应沟通螺旋的本质,能加强你对这些过程的了解。

网络中的陷阱:悖论与复杂的难题

在生活当中,不管你是 18 岁还是 80 岁,你的经历和你对关系的理解都是非线性的、逐步有序发生的过程。如同关系本身一样,你对关系的理解是不完美的;你很容易高估你所知道的一切。其实,关系是难以捉摸的。

世界上存在着一些关系的悖论(既真实又彼此矛盾的说法)(Wilmot,1987)和复杂的难题,即固有的、难以解决的疑难问题和要素。这里便是一些悖论和复杂的难题。

第一,我们希望关系中存在的事物相互矛盾:自由与约束;对谈话持开放态度但又要保护自己;稳定与活跃。这些辩证性的张力似乎存在于所有关系之中。

在许多浪漫关系中,我们既需要自由,也需要关联,既需要激动,也需要沉稳。在家庭环境中,我们经常希望他人接受"我们是谁",然而,我们却花费太多时间用于改变他们。我们公开谈论"沟通"在关系中的重要性,但这似乎只停留在文化信仰阶段,而没有变成事实(Wilmot and Stevens,1994;Parks,1982)。也许,令我们感到庆幸的是,所有关系中都存在张力,但我们不应试图去满足相互矛盾的需求,而要顺应不断变化的需求。

第二,局内人和局外人对关系的看法都会出错。

关系的局外人虽然能够更准确地观察到我们实际的沟通行为,但在确定这种特定关系内的行为的意义时,却不如我们的判断准确。当你作为一个局外人看待某人的关系时,你的判断可以构成一个投射测试,它可以测试出你认为什么是成功的"关键因素"。设想有一段你很了解并且认为其质量很高的婚姻。你认为是什么造就了这段婚姻呢?

- 工作努力
- 门当户对
- 在正常的家庭里长大
- 运气
- 彼此有良好的沟通

- 性格特点相同
- 宗教信仰相同
- 获得家庭和朋友圈的支持
- 两人在某个国家的同一个地方一起长大
- 两人相处的时间长度
- 具有成功抚养孩子的能力
- 互敬互爱
- 聪明睿智
- 热情和善于表达
- 拥有相同的奋斗经历
- 相互担当
- 清楚自己的角色
- 视对方高于一切
- 得到朋友的支持
- 爱好相同
- 魅力相当

局外人观察他人的婚姻时,倾向于依赖外在因素或情景因素进行猜测(Burgoon and Newton,1991)。我们评估他人时,比他人更仓促、草率,因为我们只看到一方或双方的局限性:"我真不相信她会嫁给他。他在社交场合是那么乏味。"局外人在观察他人的沟通行为时,比局内人更不容易对谈话给出积极评价(Street, Mulac and Wiemann,1988)。局外人一般会对沟通者的意图做出错误假设——"她那样做,是因为她想控制他"(Stafford, Waldron and Infield,1989)。我们观察他人的沟通时,会利用我们自己的个人理论,如我们的"内隐性格理论",以弥补信息的不足(Stafford, Waldron and Infield, 1989)。作为局外人,我们的观察充满了差错和过度阐释(overinterpretations),这有点像"所得即所见"(what we get is what we see),判断多是源自我们自己。

作为局内人,我们的看法也不乏偏见;只不过我们关注的是其他不同的方面(Dillard, 1987;Sillars and Scott,1983)。例如,婚姻关系的局内人倾向于过高评估他们的相似性和行动,因为他们相信对方的看法。然而,他们的这种感知在客观上并不准确。因此,所有对关系的看法都是天生被扭曲的——局内人和局外人的看法都是如此。研究者和写书人(包括本文作者)本人都受到他们自己的需要和自己的观点的影响,常常是在一定的混乱中寻找某种秩序。

第三,关系是存在问题的。如果我们不针对关系的自然动力做点事情,它们就有可能萎缩。如果我们试图强迫它们,"使它们得以发生",我们就有可能毁掉关系的实质。

随着时间的流逝,推动关系——如不得不养家糊口和养育孩子的婚姻伴侣,彼此逐渐疏远的朋友——发展的自然力量大多朝质量递减的方向发展。从某种意义上说,关系中似乎存在某种能量,如果你不继续进行能量投资,那么,关系就会逐渐萎缩。然而,从另一方面来说,我们也无须试图"强迫"关系发展。在(美国)文化中,能够命令他或她本人"爱"他人的情况实属罕见。我们大家都面临着如何强化长期关系——家庭关系、恋爱关系或朋友关系的问题。到此为止,显而易见,关系中并不存在什么保证或许诺的问题。

第四,承诺性关系,例如婚姻关系,可能给我们带来许多不快,因为我们一直认为这些关系只能创造幸福。也许关系的目的是整体性,其基础就是伙伴之间的辩证相遇(Guggenbuhl-Craig,1977)。

在北美和大多数西方文化中,人们选择配偶和朋友是为了让对方为自己做事——使我感到幸福、使我得到性快感、为我提供一种快乐的感觉和有所寄托的感觉。然而,也许正是这个理念才导致我们对关系的失望和关系的失败。从精神角度看,当一个人说,我们的关系开始进入"让我们快乐"的层面时,关系就达到了一个极高尚的境界——但它同时也使我们面临考验、继续成长并有所改变。例如,我们在公共场合违规时,我们的终生好友可能会帮助我们改正错误。我们的情侣会为我们创造条件,处理我们尚未解决的生活问题,使我们的个性得到发挥,并让我们看到各自的弱点。家庭成员将检验我们的承诺、韧性和爱情;如果我们通过了检验,我们就能建立更高水平的关系。

第五,我们想得到的亲密性越多,我们在关系中面临的风险也就越大。最大的快乐和痛苦来自最亲近的人。关系既带来欢乐,也带来痛苦。

人们花掉许多时间处理关系,如浪漫关系、家庭关系和朋友关系,这些关系既能带来高度快乐也能带来极度痛苦。不太密切的关系虽能给我们的生活带来稳定和意义,却不太可能满足我们某些最深层次的需求。风险和回报似乎是同一枚硬币的正反两面。

第六,我们经常把"自我"视为具体和可发现的事物。然而,关系比个人的自我更"真实"。

在我们的文化中,正如有人多次说过的那样,我们把"自我"视为个人的、不联系的、孤立的和可发现的事物。我们把自我置入许多事物的核心,探讨"自尊"和"性格",好像它们就是真实的事情而非抽象的观念。关系完全像我们的自我一样,成为我们的观念的臆造物。注意这一点很重要:我们的自我确实拥有一个世俗谛①(conventional reality)——有一个人站在那儿。然而,经过密切考察之后,人们却发现不了那个"自我"。你的脑子在创造你的自我吗?你的身躯在创造你的自我吗?你的双腿在创造你的自我吗?你的情感在创造你的自我吗?我们把"自我"观强加在身体和情

---

① 世俗谛是佛教用语。根据世俗谛,凡是世人的眼耳鼻舌身意所能感觉到的,都是存在的。然而,这形形色色的一切,只不过是如幻如梦的虚幻世界,是世人的眼耳鼻舌身意所创造出来的世界。世俗谛涉及因果、轮回、造业、行善、学佛、成就、堕落,还有物质、精神、时空、运动及哲学、艺术等学科。——译注

感方面,并停止分析。关系不在身体上体现时,没有什么比我们的自我更真实。我们谈论关系及关系的"现实"。经过考察之后,关系的"现实"就像自我一样,也是可以被发现的(而且与关系完全一样)。

第七,自我是在与他人的关系中产生的;关系是从两个自我中产生的。

一直有人认为,我们源自关系,在关系中生活;我们在彼此的关联中共同创造着我们的自我。关系在两个拥有沟通关系的人当中产生。正是自我和其他事物,还有被创造的事物,创造了关系。自我被人正确地视为"生态系统",而非一个人的世界中心(Broome,1991,p. 375)。

第八,一个人的最大发展及发展中最严重的脱轨,源自失败的关系所造成的伤害和对这种关系的失望。关系是发展的跳板,可以把你弹得更高,也可以让你落地时摔得更狠。

我们在生活中遇到自然伤害时,我们的回应决定着结果。伤害也可以得到转变或是脱轨。例如,一个关系结束时或一个重要人物逝世时,有的人就垮掉了。另外一些人则在经历痛苦之后,慢慢地使自己转型,重启关系和展开生活,重新建立联系,在未来建构更好的关系。

第九,我们可以通过以下方式解决关系中的问题:(1)改变内部关系和个人关系;(2)改变外部关系,加强两个人之间的沟通和联系。对我们和他人而言,关系在任何阶段的变化都会引起其他阶段的变化。

你和关系就像鸡和蛋一样,谁先谁后?你在先还是关系在先?如果你遇到困难,你是"收拾你的东西",进入别的关系,还是开始建立其他关系,变得更加强大?这两种方法都被人使用过,它们都能发挥作用。如果你渴望变化,这种变化就会在你的所有关系中引发震动,其力量会渗透到关系的边界中去。如果你的关系发生变化,这种变化也会使你变化;影响总是双向流动的。

第十,没有观念,我们就不能完全了解我们的关系。诚然,我们一旦使用了某种抽象观念,该观念的局限性往往会被强加给我们所见的事物。标签是关键,但有局限性,因为我们不可能抓住时刻变化着的现实。正如威尔登(Wilden)所说:"所有关系理论都需要一种特定的人为了结"(Wilden,1980,p. 114)。

没有概念标签,你就不能真正了解关系;你把你的"男友"介绍给你的家人时,你就给他们提供了一个有关你俩的关系的线索。但你使用标签时,它就限制了你和他人对这种关系的看法。每一种关系都含有许多复杂而相互矛盾的元素,它们不能准确地用"男友"这个词来界定。此外,"标签滞后"(label lag)总是存在着,关系变化了,标签犹在。一对结婚半年的夫妻与一对结婚6年或60年的夫妻截然不同,但他们都被人称为已婚夫妻。所有观念和标签都是有局限性和受到制约的,但它们又至关重要。

第十一,有关性别、文化和关系的普遍结论有可能根本不适用于你们的特定关系。

我们谈起"性别"或"文化"的影响时遇到的问题之一,就是我们总是谈到有助于我们在抽象层面上进行"理解"的群体。但是,那些通用行为规范(general norms)却无法反映在你们的特定关系中。正如一种地心引力理论不能告诉你一个特定的苹果何时会从树上落地一样,研究关系的动力也不会告诉你关系中将发生什么事情。例如,我们的性别研究显示,女性比男性更善于表达。但是,如果在一对情侣中,恰恰女方是不爱表达的一方,你该怎么办?此时,你最好专注于重要问题——表达性、双方是否般配,而不是非要让通用规范彰显效力。同样,我们发现,与女同性恋者或异性恋者相比,男同性恋者的伴侣更多。但是,这并不意味着男同性恋者不可能过一种彼此遵守承诺的生活。

第十二,在关系发生时、发生前、发生过程中和发生之后了解关系,有助于发现新的东西。

我们对关系的看法不会结束,只能改变。你只需回想一下你如何阐释童年时发生的事情就会明白这一点。随着年龄的增长,你会对这些事件重新进行多次阐释,着眼于不同的方面,用不同的方法看待它们。同理,你过去视之为自身晴雨表的友谊,可能在以后的生活阶段被你认为毫无用处。你可能会认为一段糟糕的恋爱关系的结束"是我生活中发生的最大好事"。人们虽然都不想遇到困难,但是,我们大多数人还是会说,还是会回想起来,正是这些困难为我们下一阶段的生活创造了至关重要的财富。有一次,我在从芬兰赫尔辛基飞往波士顿的航班上与一位乘客聊天。这位乘客与一个芬兰女人拥有一种远隔万里的关系。他住在波士顿。这是他说的话:"我是父亲,结了婚,所以我想我现在这样做是一种权宜之计。"他在对他的关系进行回忆,正是这种回忆让他凑足了可观的飞行里程!

复习题

1. 对沟通螺旋进行界定。
2. 根据这篇阅读材料,为了停止一种螺旋,人们需要做些什么?
3. 进步性螺旋与退步性螺旋的区别是什么?
4. 威尔莫特和史蒂文斯的研究显示,持之以恒在改变退步性螺旋的过程中有什么作用?
5. 什么是元沟通?
6. 关系中的辩证张力是指什么?
7. 威尔莫特认为,关系的局内人与局外人对关系的看法存在什么具体的问题?

思考题

1. 威尔莫特说,在一种螺旋中,"每个人的行为举止都会强化关系的动力"。请解释他的意思。举一个既包含积极动力也包含消极动力的例子。
2. 一个螺旋能不能对关系的某些(个)成员来说是进步性的而对关系的另一些(个)成员来说是退步性的?请解释。

3. 在你的沟通经历中,什么是你可能强化的某种进步性螺旋?在你的沟通经历中,什么是你可能打断的某种退步性螺旋?

4. 威尔莫特建议,为了改变一种退步性螺旋,你可以改变某种外部情境。这可能包括改变地点,比如你的住所、工作单位或学校。但是也有人强调,"你不管走到哪里,你还是你"。这就是说,你需要改变你的态度或方法,而不是地点。你认为怎么做才最有效?

5. 威尔莫特在悖论6和悖论7中讨论的自我与斯图尔特、泽迪克尔和威特伯恩在第三章中讨论的自我的关系是什么?

参考文献

Bateson, G. (1972). *Steps to an Ecology of Mind*. New York: Ballantine Books.

Bateson, G. (1979). *Mind and Nature: A Necessary Unity*. New York: Bantam Books.

Broome, B. J. (1991). Building shared meaning: Implications of a relational approach to empathy for teaching intercultural communication. *Communication Education*, 40, 235—249.

Burgoon, J. K., and Newton, D. A. (1991). Applying a social meaning model to relational message interpretations of conversational involvement: Comparing observer and participant perspectives. *The Southern Communication Journal*, 56, 96—113.

Dillard, J. P. (1987). Close relationships at work: Perceptions of the motives and performance of relational participants. *Journal of Social and Personal Relationships*, 4, 179—193.

Guggenbuhl-Craig, A. (1977). *Marriage Dead or Alive*. Murray Stein (trans.). Dallas, TX: Spring Publications.

Kurdek, L. A. (1991). Marital stability and changes in marital quality in newlywed couples: A test of the contextual model. *Journal of Social and Personal Relationships*, 5, 201—221.

Leary, T. (1955). The theory and measurement methodology of interpersonal communication. *Psychiatry*, 18, 147—161.

Lloyd, S. A., and Cate, R. M. (1985). The developmental course of conflict in dissolution of premarital relationships. *Journal of Social and Personal Relationships*, 2, 179—194.

O'Neill, N., and O'Neill, G. (1972). *Open Marriage*. New York: M. Evans.

Parks, M. R. (1982). Ideology in interpersonal communication: Off the couch and into the world. In Burgoon, M. (Ed.), *Communication Yearbook 5*. New Brunswick, NJ: International Communication Association/Transaction Books, pp. 79—107.

Rose, S., and Serafica, F. C. (1986). Keeping and ending casual, close and best friendships. *Journal of Social and Personal Relationships*, 3, 275—288.

Scheflen, A. (1960). Communication and regulation in psychotherapy. *Psychiatry*, 26, 126—136.

Segrin, C., and Fitzpatrick, M. A. (1992). Depression and verbal aggressiveness in different marital types. *Communication Studies*, 43, 79—91.

Sillars, A. L., and Scott, M. D. (1983). Interpersonal perception between intimates: An integrative review. *Human Communication Research*, 10, 153—176.

Spitzberg, B. H., and Canary, D. J. (1985). Loneliness and relationally competent communication. *Journal of Social and Personal Relationships*, 2, 387—402.

Stafford, L., Waldron, V. R., and Infield, L. L. (1989). Actor-observer differences in conversational memory. *Human Communication Research*, 15, 590—611.

Street, R. L., Jr., Mulac, A., and Wiemann, J. M. (1988). Speech evaluation differences as a function of perspective (participant versus observer) and presentational medium. *Human Communication Research*, 14, 333—363.

Wilden, A. (1980). *System and Structure: Essays on Communication and Exchange*, 2nd ed. London: Tavistock Publications.

Wilmot, W. W. (1987). *Dyadic Communication.* New York: Random House.

Wilmot, W. W., and Stevens, D. C. (1994). Relationship rejuvenation: Arresting decline in personal relationships. In Conville, R. (Ed.), *Communication and Structure.* Philadelphia, PA: Ablex, pp. 103—124.

Ziller, R. C. (1973). *The Social Self.* New York: Pergamon Press.

第三节　处理破裂的关系[①]

斯蒂夫·达克

　　像威尔莫特撰写的前一篇阅读材料一样,作者在这篇文章中分析了关系如何陷入麻烦和挽救关系的可能性问题。斯蒂夫是个英国人。多年来,他一直是艾奥瓦大学(University of Iowa)知名的人际传播教师和研究者。这篇选自其著作《人类关系》(*Human Relationships*)的文章,提供了一种理解人际关系如何破裂和有时又能重归于好的方法。

　　达克阐述了人在关系破裂的过程中所经历的四个典型阶段。第一个阶段是"内省"(intrasychic)阶段或"内在"(internal)阶段。在这个阶段,至少关系中的一个成员会针对其关系伙伴沉思默想。第二个阶段被称为"二人互动"阶段,因为此时,两个关系伙伴(二个互动者)都谈起分手的问题。通常,这个阶段迅速带出第三个阶段,即"社交"阶段。此时,他们把自己的事情告诉别人,寻求别人的支持。最后一个阶段被称为"善后"(grave-dressing)阶段,因为在这个阶段人们试图"妥善安葬关系"。在这个阶段,人们开始解释关系的历史和关系的终止情况。这种解释给关系伙伴和他人提供了一种了解事情真相的方法。

　　这个模式有一个好处:如果关系伙伴想"理顺关系"或重建关系,该模式可以给他们提供一些建议。显而易见,你不能颠倒关系破裂的程序,因为你对旧关系的记忆及关系的终止必定会涉及新发展的关系。但是,这个模式不能确定人们在关系解体的不

[①] "Handling the Break-Up of Relationships" by Steve Duck from Human Relationships. Copyright © 1998. Reprinted by permission of Sage Publications.

同阶段或不同时期所做的事情。所以,达克举例说,如果关系正处在解体的内省时期,那么,"关系的修复应该专注于重建对关系伙伴的喜爱之情,而非改正我们自身的错误或改变我们的非言语行为"。其他策略也适合处理关系破裂的其他阶段中出现的问题。正如达克的结论所言:"在关系破裂的不同阶段,需要采取不同的处理方式。"

在各种类型的日常关系中,最常见的负面体验就是鸡毛蒜皮式的小打小闹(Duck and Wood,1995)。关系进程中的玫瑰美景(rosy picture)只是关系的真相的一部分[库帕希和斯皮茨伯格(Cupach and Spitzberg)在1994年写了一本书来讨论关系的黑暗面]。例如,研究者们为何只着眼于爱,而忽视生气、冒犯、乏味、埋怨、骚扰和敌意(Duck,1994b)?我们为什么比较了解浪漫关系而不太了解麻烦关系呢?(Levitt et at. ,1996)关系中的一些事情常常以各种方式出现差错,而且使人感受到许多痛苦,其中有些痛苦是故意伤害性的(Vangelisti,1994)。有时,痛苦是大事,而且导致关系破裂,但在多数时间里,痛苦只是区区小事,除了伤害感情和导致冲突外,不会引发任何其他事情。这又是怎么回事呢?

一、当事情出错时

相识(acquaintance)是由几个部分组成的。因此,在关系解体的过程中,我们就希望看到相识的部分是怎样被损害的。其部分原因是,关系的存在需要时间,分道扬镳通常也需要时间。所以,在不同的时段里,不同的过程在关系解体的过程中都会发挥作用。原因在于,像机动车一样,一种关系可以因许多原因发生事故,不论这是司机的过错、机械故障还是受到其他公路使用者的影响。因此,在某种关系中,关系的一方或双方都可能对关系感觉无望;关系的结构和机制也可能出了错,就算双方在别的方面都有社会竞争力;关系也可能受到了外在影响。有人对所有这些可能性都进行过探讨(Baxter, 1984;Duck, 1982a;Orbuch, 1992)。然而,我将着眼于我自己应对这些问题的方法,而且把其他著作的细节作为参考。

在我对关系解体的认识中,其精髓观点就是,关系解体存在几个阶段,每个阶段都有一种典型风格和令人关切的东西(Duck, 1982a)。所以,正如图10.2所示,第一个阶段是破裂阶段。在这个阶段,关系的双方(或只有一方)对关系运行的方式感到烦恼。这种烦恼催生了内省阶段,其特点是针对关系和对方沉思默想。此时此刻,没有人对关系伙伴说话,当事人只能独自体验这种痛苦,或者把这些痛苦写在日记本上,或者与其他相对意义上的匿名者(酒吧的侍者、理发师、公交车上的乘客)分享,因为他们不会散布这些信息。在这个阶段结束之前,人们迈入信任阶段,开始在他们的密友面前抱怨,但不会向关系伙伴完全坦露自己的烦恼,也不会表示自己对未来的关系有所怀疑。

破裂：关系的解体
↓
起点：我再也受不了啦
↓

内省阶段
着眼于关系伙伴的行为举止
评估关系伙伴的角色表现是否得体
描述并评价关系中的消极方面
琢磨退出关系花费的成本
评估改变关系的积极方面
面对"表达性困境/压抑性困境"
↓
起点：为退出关系找到合适的理由
↓

二人互动阶段
面对"冲突困境/回避困境"
与关系伙伴发生冲突
就"我们的关系"进行协商
试图修复关系并和好吗？
评估退出关系或减少亲密性的成本
↓
起点：我是认真的
↓

社交阶段
与关系伙伴协商关系解体后的状态
在社交网络中率先开始与别人聊起关系/讨论关系
提供可用于公开协商的故事或者叙述，以挽回面子或者归咎
思考并面对隐含的社交网络影响（如果存在的话）
请干预小组出面吗？
↓
起点：现在不可避免了
↓

善后阶段
"恢复性"活动
回顾；重新进行事后归因
提供关于关系结束的内情的己方版本

图10.2 个人关系解体的主要阶段略图

Source：Reprinted from Duck（1982a；16）"A topography of relationship disengagement of dissolution", in S. W. Duck（ed）, *Personal Relationships 4：Dissolving Personal Relationships*. London：Academic Press. Reproduced by permission.

我们一旦决定要对关系采取某种行动，就不得不面对，而这往往十分困难。在我1982年提出的模式中，曾有过一个断言（也许这是错误的断言），即关系伙伴会把自己的感情告知对方，而且会努力证明。李（Lee,1984）和巴克斯特（Baxter,1984）都指出，人们通常在打算放弃关系时不会告诉自己的关系伙伴，或者编造自己放弃关系的理由。例如，他们可能会说："我会给你打电话。"随后，他们一个电话也没有。他们也可能会说："我们保持联系。"接着，他们不再与关系伙伴联系。他们可能还会说："我们不做恋人，但可以继续做朋友。"以后，他们几乎就失踪了（Metts et al., 1989）。即使我的假设部分有误，我们也仍然可以假定，在婚姻等正式关系中，人们必须面对自己的关系伙伴，而身处其他关系中的关系伙伴可能这样做，也可能不这样做。在二人互动阶段，关系伙伴试图形成相互对抗，谈论他们对关系的感觉，决定如何处理关系的未来。如果他们决定终止关系（我在1982年提出的模式中已明确指出，他们也可能决定不终止关系），他们很快就会进入社交阶段，把自己的决定告诉给他人，努力争取他人的支持。对关系不辞而别不太好，所以我们希望别人赞同我们的决定或者支持我们所做的一切。其他人可以同情我们或用大体上理解我们的方式来支持我们。重要的是，他们可以支持我们对事情的看法，支持我们对关系伙伴的错误和关系的错误的看法（"我认为他不怎么样""我真不理解你俩怎么会走到一起，你们根本就不般配"）。这就是善后阶段：一旦关系走向消亡，我们就得把它"妥善掩埋"起来，立块墓碑，碑上刻着关系如何产生、如何发展，又为何死亡。我们需要对关系史进行解释，通常会把这种历史放在别人能看见的地方，希望别人能接受这种解释。在这个阶段，人们可能会从战略角度重新阐释他们对关系伙伴的理解，比如从认为那个人"令人兴奋"变成说那个人"不可理喻"，或者从说那个人"可靠极了"变成"乏味透顶"。虽然那个人的特点看上去没有什么变化，但是，有人会给它们贴上不同的标签，让这些标签更适合此刻自己对那个人的感觉（Felmlee, 1995）。

与生活中其他方面的关系的破裂相同，闲言碎语在亲密关系中发挥着关键作用。在关系进入社交阶段和善后阶段时，我们积极寻求社交圈内成员的支持，并且聊起我们的关系伙伴（La Gaipa,1982）。在有些情况下，我们还寻找能帮助我们与关系伙伴重归于好的"仲裁者"。在另外一些时候，我们只是想让某个人支持我们，让他们听听我们对关系破裂及其原因的说法。拉·盖帕（La Gaipa,1982）提出的一个重要观点是，每一个脱离某种关系的人，都必须带走未来可用的"社会信誉"（social credit）。这就是说，我们虽然不能摆脱某种关系，但我们在脱离关系时，不能有失体面，也不能排除今后发展关系的可能。我们必须在脱离关系时保持这样的名声：我们对关系感到失望，或者说运气不好，或者遇到了不可理喻的关系伙伴。社会可以接受这种说法："我脱离关系，是因为我一直努力让关系正常发展，但无济于事。"然而，社会却不接受这样的说法——我快乐地脱离了关系，却郁闷地承认："哦，我是一个用情不专的人。我在感情绳索上与我的情侣晃来晃去，觉得很烦人，所以，也许一切都还过得去，但我还是决定结束这个关系。"这种话可能在今后会毁掉一个人的信誉，使他难以建立新的关系。

解释的目的，是为了开启"恢复性"活动，这对于完成关系的解体至关重要（Weber，1983）。解释的很大一部分内容涉及如何选择对关系解体进行解说，它针对的是关系伙伴在关系解体以前就已存在或一直存在的毛病（Weber，1983）。这是我们大家都偶尔要说的故事："我虽然感觉这个人不怎么可靠，但还是和他/她走到了一起，我真是瞎了眼。"

然而，解释还有另外的目的：创造一个大家都能接受的故事。它对讲清失去某个关系至关重要（McCall，1982）。拥有一个只有我们自己能接受的故事是不够的：他人也必须认可这个故事。正如麦考尔（McCall，1982）所言，优秀的咨询师成功的部分原因，就在于其能够为失去关系的烦恼者们编造此类故事。

二、理顺关系

如果两人都想理顺关系，那么他们就会决定尝试一下，并且"重新发展"这种关系；也就是说，他们可能认为，修复一种关系就像人们开始相识一样，需要经过相同的程序，以便重获原来的亲密感。这意味着，我们必须假定，关系的破裂是相识的反面；要想修复关系，我们要做的一切，就是把它进行"回放"。这意味着：发展关系会产生亲密感，相反，关系破裂则使亲密感减少。

然而，这种想法在其他方面却不见成效。例如，我们在熟悉关系的过程中会逐渐了解一个人，但在关系破裂的过程中，我们的了解可能越来越少，我们肯定只是重新阐释我们业已知道的一切，把它放入另一个不同的框架、模式，或者进行新的阐释（"是，他一直待人不错，但接下来总是要找点事儿"）。

我认为，我们要想修复关系，不应基于我们的相识模式，而是要立足于较普遍的关系破裂模式，考虑到能统领一般关系的形成的原则。由于关系研究业已开始帮助我们了解事情出错时的原委，那么，现在我们在强调关系的破裂和相识的过程时，也就有机会看到关系的修复过程。然而，这些过程应对的是麻烦的关系的不同方面。我相信，这也给我们提供了理顺关系的更多机会。如果你把刚刚说过的模式牢记在心并且审视图10.3，你就会发现，该图是根据我们早先提出的看法形成的。关系的修复存在着不同的阶段，这些修复样式有时有用，有时则无用（Duck，1984a）。

例如，如果关系处在解体过程中的内省阶段，那么，修复关系就应当着眼于重建关系伙伴的相互喜爱，而非纠正我们自身在行为举止方面的错误或改变我们的非言语行为。如果关系伙伴正处在关系破裂阶段，那么，着眼于后者可能更恰当一些。如果我们能记住关系伙伴在心理和生理方面的积极行为或令人快乐的行为举止，而不是私下

解体状态和障碍	个人的关切	修复关系的焦点
1. 破裂：对关系不满	关系进程：关系中的情感满意和（或）身体方面的满意	对作为一个关系伙伴的价值的关切；关系的发展进程
	起点：我再也受不了啦 ↓	
2. 内省阶段：不满关系伙伴	关系伙伴的"过错和不足"；关系的替代形式；拥有替代性伙伴的关系	个人对伙伴的看法
	起点：为退出关系找到合适的理由 ↓	
3. 二人互动阶段：与关系伙伴的冲突	关系的重新形成：冲突的表达；消除误会	对未来的关系抱乐观态度
	起点：我是认真的 ↓	
4. 社交阶段：公开关系面临的压力	从他人处获得支持和帮助；证明本人对问题的看法的合理性；得到他人的干预，以纠正问题或结束关系	要么：让关系伙伴待在一起（阶段1）；要么：挽救面子
	障碍：现在不可避免了 ↓	
5. 善后阶段：把一切都恢复原样并尽量体面	自我证明：宣布自己对关系破裂及其原因的看法	

图 10.3 人在关系解体的不同阶段的主要关切略图

Source: Reprinted from Duck (1984; 169) "A perspective on the repair of relationships: repair of what when?" in S. W. Duck (ed), *Personal Relationships 5: Repairing Personal Relationships*. London: Academic Press. Reproduced by permission.

里去数落他们的不是，我们就有可能重建对关系伙伴的喜爱或有助于这种重建的发生（Bandura, 1977）。其他方法则涉及对归因进行重新定位，也就是说，我们应尝试对关系伙伴的行为进行更加多样化，也许是更加正面、积极的解释。简而言之，我们应当做出更多努力，以了解我们的关系伙伴可能对关系中发生的事情所做的解释。

根据这一模式，在关系解体阶段采用不同的修复策略比较恰当。例如，在社交阶段，关系的局外人必须决定，是努力弥补一切更好，还是促成关系伙伴脱离关系更符合他们个人的最佳利益。因此，图 10.3 显示，局外人要选择强迫关系伙伴待在一起，或者支持他们对关系破裂的各自说法，以保全面子。另外的一种可能性是，创造一个关系双方都可接受的说辞，比如"这是一个无法挽救的关系，哪个人都没有错"。

实质上，这个模式只呈现了三件事：关系是由许多部分和程序组成的，其中有些组成部分和程序在关系生命的某些节点是有"打卡记录"的，还有一些组成部分和程序则发生在关系生命的其他节点上；关系出错的方式多种多样；当我们应对我们在关系解体阶段最重要的关切时,修复受到干扰的关系最为有效。

我们改变关系"故事"的方法,给我们提供了重要的心理数据,它们显示了局外人对麻烦的关系给予帮助的动态性。在关系破裂的不同阶段,需要采取不同的处理方式。在某种关系衰落的所有阶段,一种干预方式或同种类型的干预方式都会管用吗?恐怕不行。随着关系动力的展开,从不同的干预技巧中寻找比较合适的技巧可能会更有意义。处理破裂关系的"脚本"并不多;许多令人感兴趣的研究问题,围绕着人们从关系中自我解脱(或别人帮助他们进行自我解脱)的实际过程而展开。例如,米勒和帕克斯(Miller and Parks,1982)把关系解体视为一个影响的过程,并且认为,采用改变态度的不同战略能够在关系解体的过程中给人提供帮助。现在,人际关系研究领域的一个主要目标,就是对关系的解体进行解释和对关系加以修复。

复习题

1. 界定内省阶段、二人互动阶段、社交阶段和善后阶段。
2. 按照达克的说法,闲言碎语在关系的破裂过程中有什么作用?
3. 为什么重建过程并不就是破裂过程的简单反转?

思考题

1. 有时,浪漫情侣——特别是那些已婚者——试图解决他们遇到的严峻问题。但是,由于这些问题常常让人感到痛苦,他们便从自我默想直接转向与朋友进行讨论。你认为达克说的"二人互动阶段"实际上有多普遍、多重要?

2. 有时,关系发生破裂是由于沟通不良。你认为某个关系会因为沟通良好而结束吗?请解释。

参考文献

Bandura, A. (1977). *Social Learning Theory*. Englewood Cliffs, NJ: Prentice-Hall.

Baxter, L. A. (1984). Trajectories of relationship disengagement, *Journal of Social and Personal Relationships*, 1: 29—48.

Cupach, W. R., and Spitzberg, B. Y. (1994). *The Darkside of Interpersonal Communication*. Hillsdale, NJ: Erlbaum.

Duck, S. (1982). A topography of relationship disengagement and dissolution, in S. W. Duck (Ed.), *Personal Relationships 4: Dissolving Personal Relationships*. London: Academic Press.

Duck, S. W. (1984). A perspective on the repair of personal relationships: Repair of what, when? In S. W. Duck (Ed.), *Personal Relationships 5: Repairing Personal Relationships*. London: Academic Press.

Duck, S. W. (1994). Stratagems, spoils, and a serpent's tooth: On the delights and dilemmas of personal relationships. In W. Cupach and B. H. Spitzberg (Eds.), *The Darkside of Interpersonal Relationships*. Hillsdale, NJ: Erlbaum.

Duck, S. W., and Wood, J. T. (Eds.) (1995). *Confronting Relationship Challenges*, Vol. 5. *Understanding Relationship Processes*. Thousand Oaks, CA: Sage.

Felmlee, D. H. (1995). Fatal attractions: Affection and disaffection in intimate relationships, *Journal of Social and Personal Relationships*, 12, 295—311.

La Gaipa, J. J. (1982). Rituals of disengagement. In S. W. Duck (Ed.), *Personal Relationships 4: Dissolving Personal Relationships*. London: Academic Press.

Lee, L. (1984). Sequences in separation: A framework for investigating the endings of personal (romantic) relationships, *Journal of Social and Personal Relationships*, 1: 49—74.

McCall, G. J. (1982). Becoming unrelated: The management of bond dissolution, in S. W. Duck (Ed.), *Personal Relationships 4: Dissolving Personal Relationships*. London: Academic Press.

Metts, S., Cupach, W., and Bejlovec, R. A. (1989). "I love you too much to ever start liking you": Redefining romantic relationships, *Journal of Social and Personal Relationships*, 6: 259—274.

Miller, G. R., and Parks, M. R., (1982). Communication in dissolving relationships. In S. W. Duck (Ed.), *Personal Relationships 4: Dissolving Personal Relationships*. London: Academic Press.

Orbuch, T. L. (Ed.) (1992). *Relationship Loss*. New York: Springer-Verlag.

Vangelisti, A. (1994). Messages that hurt. In W. R. Cupach and B. H. Spitzberg (Eds.), *The Darkside of Interpersonal Communication*. New York: Guilford, pp. 53—82.

Weber, A. (1983). The breakdown of relationships. Paper presented to Conference on Social Interaction and Relationships, Nags Head, North Carolina, May.

第四节 我听你说,可我有不同看法[①]

苏珊·M.坎贝尔

此篇阅读材料提供了一条简洁但有力的建议,用来帮助人们把一堵沟通之墙转化为一座沟通之桥。对某些读者而言,这条建议可以这样概括:"我听你说,可我有不同看法",而且这条建议是否有效取决于你的运用。正如坎贝尔所揭示的那样,我想你会找到感觉,明白它为什么会有用,又能怎样发挥作用。

像许多自学材料一样,此文中的实例来自作者与学生和客户的亲身经验。我希望这些经验能让你获得为什么这句话能帮助你排解冲突的具体感觉。

一个解释就是,这个说法不把任何冲突方视为"错误方"。它体现出的事实是:两个人有不同看法,但不找出谁对谁错,也不责怪任何一方。它只是把想法和结论放在桌面上,让冲突的双方都能做出应有的回应,以建立起信任感。此外,这样做还可增强你的自信,因为你跳出了那种"如果你亮明了自己的观点,就会失去自我"的思维假定。正如坎贝尔强调的那样:"如果你不能真诚到说出这些话来,那你就永远成不了

[①] "I Hear You, and I Have a Different Perspective" by Susan M. Campbell from *Saying What's Real*, pp.91—101. Copyright © 2005 Susan M. Campbell. Reprinted with permission of H J Kramer/New World Library, Novato, CA. www.newworldlibrary.com

一个优秀的谈判者。"坚持差异是一种高级沟通技巧,也是一种重要的技巧。

这种说法显示的另外一个沟通技巧,就是坎贝尔所谓"拥有更宽广的胸怀的能力"。尤其是出现分歧时,双方常常根据自己的喜好、期待、臆想说出自己的看法。这样做无可非议。但是,正如我们曾经暗示的那样,如果冲突能得到妥善管理,那么,这种看法就需要扩展,把他人的看法也包含进来。正如坎贝尔所言:"'我听你说……'表达的是肯定现实和双方看法的合理性。同时,这也给关系伙伴提供了空间结构,让他们能压制因分歧而造成的痛苦。"这是一个重要观点。这个观点提供的宽广视角能让人承认分歧和痛苦,也可使关系双方用某种方式继续进行谈话。

这个观点也非万灵药;它虽然不会消除或管理你生活中的所有冲突,但它能帮助你改善应对冲突的沟通。

我听你说,你要与父母一起过周末。我更愿意我俩单独过一个浪漫的周末。

我听你说,你要弄一辆新卡车。我担心我们付不起这笔账。

我听你说,你要对其他恋人搞性开放,我倒想坚持一夫一妻制。

我听你说,你认为我们应当禁止苏泽耶在16岁前与男孩子一起出去。我担心她会背着我们这样做。

当你在乎的人与你产生分歧时,你可能会感到恐慌。我们大多数人都喜欢和谐,不愿意看见发生冲突。然而,如果你用情感处理关系,你可能会认识到,没有冲突的人生是一场白日梦。两个人在任何时候都不会想要一件完全相同的东西。

令人高兴的是,你们可以采用既不威胁你们的关系,实际上又可深化关系的办法来接纳你们之间的差异。使用这个关键短语"我听你说,可我有不同看法"将帮助你学会同时尊重两个人的价值观、需要或立场。

每当罗恩的妻子罗斯与罗恩意见相左时,他就感到惶惶然。作为一个非常成功的中等公司的老总,他对听到不同意见已习以为常,心中无悖,但他对罗斯的感觉就不同。他在工作中,习惯于告诉别人他想要什么,并让他们照此办理。他注意到自己在家中和在工作场所对差异的感觉截然不同。在此之后,他不禁自问:"我一直害怕冲突吗?这是我能爬到公司顶层的原因吗?"他带着这个问题,向一个真正的辅导者求助,希望能学到更多有关实践"保有差异"的真正技巧。

罗恩在跟随辅导者学习期间发现,他原来总是在一种思维假定中行事:你遇到冲突时,基本上只有两种选择:要么你让别人同意你的观点,要么你同意别人的观点。他从未想过自己能坚持两种截然相反的观点,这就是说,他可以公开倾听与他意见不同者的讲话,同时自己的观点又不受威胁。为了帮助他体验这种新观点,我让他邀请罗斯与我们一起来上课。

他和罗斯在上课的过程中,对如何处理25岁的儿子彼得的事出现分歧。彼得现在还住在家里,没有找到工作,似乎也不想独立,没有独立生活的动机。罗斯认为他们应当告诉彼得,他不能再和父母住在一起了;他们可以让他再住一个月,然后他就应当搬出去。罗恩担心彼得会在大街上贩毒。我作为他们的辅导者,目的不是要解决彼得的问题,而是要给他们提供排解这一冲突及未来冲突的工具。

我让罗斯说说自己的立场,然后又让罗恩用"我听你说,可我有不同看法"这句话来做出回应。下面是他们的对话:

> 罗斯:我不愿意再让彼得在我身边转悠了。我准备告诉他,他得离开我们家了。
>
> 罗恩:我听你说,你准备让彼得离开,可我对这件事情的感觉不一样。

罗恩这么说显得有点造作,缺少说服力,但这是一个良好的开端。我让罗斯说说其他的想法,这样,罗恩就有可能多练习一下如何"保有差异":

> 罗斯:我认为如果他要生存,他会找一份工作。我想他不会靠推着购物车活着。
>
> 罗恩:我听你说,如果他必须找工作的话,他会给自己找到一份工作,但我对此有不同的意见。

经过这样的几轮练习后,我让罗恩详细解释了他与罗斯的分歧。除了使用"我听你说,可我有不同看法"这句话外,我还鼓励他扩展他最初的看法,让他说:"我担心他会去贩毒,那比推着商场的购物车活着更糟糕。"

现在,他发现这样做时压力小多了。他觉得别人有不同的观点真的是理所当然。他告诉我们,使用这个关键短语后,因与罗斯有分歧而产生的威胁感减少了。这让他感到,他们虽然有分歧,但并非要说明谁对谁错。最大的成果是他发现,随着他对冲突的恐惧感的减少,他应对罗斯的不同意见的能力得到了增强。他不再防备她了。罗斯感到了这种变化。罗斯对他说,这让她更信任他了:"现在,我不那么担心你为了避免与彼得冲突而采取的那种立场了。在学习这种沟通技巧之前,如果你说的事情与我有分歧,我就对你毫无信任。现在,我相信你会把你的真实感觉告诉我。"

一、保有差异,可给相互信任提供保障

能够同时面对你自己和他人,有助于你建立起对他人的信任;它还可使你建立起自信,因为你不再认为:如果你对他人的观点持开放态度,你就会丧失自我;它可使他人信任你,因为他们可以感到,你在真正表现你的自我时,也关心他人的观点。

如果你无法真诚地说出"我听你说,但我……"这句话,你就永远不会成为一个非常优秀的谈判者。所有关系都需要经常性的协商。人们对事情的看法不同,要求得到的东西不同。这是一种生活事实。如果你希望你的关系能正常运转,你就要使别人感到,你不只是关注自己,也关心他人的需要和观点。当然,如果你担心失去自我,你就不会对他人的观点持开放态度。正因如此,这个关键短语才如此重要。保有差异是一种相当高级的沟通技巧。随着世界变得多样化、互动化和复杂化,保有差异也变得越

来越重要了。

二、她想现在说,他想以后说

这里是许多夫妻经历过的困境:你们中的一个人想谈谈刚刚发生的争吵并认为这样你们就可以解决它。另一个人认为还需要时间,应该先冷静下来或整理一下思路。如果你是那个想现在就说的人,你可能有一种急迫感。你能设想一下这样的情景吗:你把你的要求放在一边,听另一个人说"不是现在",并且做出这样的回应:"我听你说,你现在不想谈这件事儿,但我现在就想谈这件事儿。"你能想象出,这样做可能会使你的意识从因遭受挫折而产生的痛苦转向更宽广的视角——因感受到你们之间存在差异而产生的痛苦吗?

拥有更宽广的胸怀是一种颇为高级的关系技能。你并没有以任何方式放弃你自己的需要。你正在做的事情,就是丰富你的观点。你的观点越丰富,越能更深切地感受到与他人的关联。这也是从更高层面支持你创造性地解决问题的一种办法。这样做是促进合作,而非形成竞争。处理两人的问题,最好、最能持续、最可行的办法就是走出对立,使用这句话:"我听你说,可是……"这样既能肯定两人观点的现实性与合理性,又能给关系伙伴提供一种遏止差异引发的痛苦所需要的结构。当你使用这样一句表述时,你就在向你的关系伙伴表明,你此刻正为他的要求和你的需要之间出现差异而感到痛苦,这样就可以把他的痛苦与你的痛苦联系起来。实际上,这是营造一种共同的痛苦体验。如果能对一件重要的事情共享痛苦感,那么关系就会变得更加紧密,即使他们对存在差异这样的事实感到不开心。

这句话也让关系伙伴感到自己被听到、被看到。当关系伙伴感到自己被他人看见了、听到了,并被他人感动时,他们那种曾在冲突中被束缚的新的创造力就会得以释放。使用这个关键短语可以让人确定,在这种关系的空间中,共存着你们两人的观点,而非一个人的观点。共存使人感到关系的空间扩大了。

三、这个表述如何培育表现

任何时候,你想自行其是,都可能会心存恐惧。当你一想到未来某种令人害怕的结果时,你就不会有所表现了。这个关键短语,有助于你通过接受你和关系伙伴都拥有不同的感知和需求这一现实来进行表现。在你目前的处境中,这有助于你思考和关注更完整的现实。拥有更强大的看到和感知的能力,而非拒绝你不希望看到或感知的事情,你就会进行更多的表现。这就好像在承认:你有能力拥有一种包容两个关系伙伴的需求的差异观。

复习题

1. 坎贝尔说,这个短语能"包容你们的差异",而非"威胁你们的关系"。请解释她的意思。

2. 解释这个关键短语怎样能够把一场谈话从"或者……或者"型转为"不仅……而且"型。

3. 描述这个短语如何能帮助冲突中的关系伙伴建立自信和对彼此的信任。

4. 坎贝尔写到,这个短语能"培育表现"。请解释她的意思。

思考题

坎贝尔在这篇文章的结尾处讨论的"表现"为什么重要?

第五节 如何巧妙地处理问题①

休·普拉瑟、盖尔·普拉瑟(Hugh and Gayle Prather)

下面这篇阅读材料完整地概括了人们与爱人如何思考和准备应对建设性冲突而非破坏性冲突的问题。长期以来,两位作者与本书的缘分不断。1973年,我在撰写本书第一版时,曾致信休·普拉瑟,请他允许我重印他的《自我注释》(Notes to Myself)一书中的选文。他的简洁、日志式的注解抓住了我想在本书中阐述的几个观点,这使我相当感动。他慷慨大度地同意让我使用他的一些材料;自此之后,他的选文就以突出的位置在本书中出现。现在,休和他的妻子盖尔撰写了《夫妻之书》(A Book for Couples);他们有关冲突问题的探讨是我读过的上乘之作。

他们从一个典型的日常冲突开始。这个例子表明,朋友或至亲者之间的争吵掩盖着许多问题。争吵始于猫窗(cat window)问题,虽然争吵只持续了几分钟,但普拉瑟夫妇却找出了17个问题。难怪说这样的争吵引发的问题比它们解决的问题还要多!

本文提出的下一个重要观点类似于争论猫窗"创造关系地带"的问题。换言之,这些争论方式界定了夫妻关系的品质。这就是说,过程至关重要。争吵如何发生比争吵的结果更为重要。确切地说,过程比结果更为重要。

普拉瑟夫妇还以开玩笑的口吻,提出了能够毁掉一切争论的七条"神奇法则"。你可能会在这个清单中辨认出你最喜欢的某些"干仗"举措——我知道我能辨认出来。开列这个清单的目的,就是比较建设性冲突和破坏性冲突的主要特点。

随后,两位作者明确指出了他们先前阐述过的有关过程的观点。他们敦促你认识到,当你与你的亲人发生冲突时,"赞同并不是目的"。相反,进行这种讨论的"唯一可行的目的"是"使你和你的关系伴侣变得更加亲密"。在我看来,这是一个相当简单而又重要的观点。它挑战了我们大多数人在与我们所在意的人发生冲突时心里的想法——我的主要目的就是找到"我的出路",让他人明白我的感觉,或者让他人感到难受。在实际生活中,如果一对夫妇自己内化了另一种想法,即我们争吵的真实目的是

---

① "How to Resolve Issues Unmemorably" by Hugh and Gayle Prather from *A Book for Couples*. Copyright © 2001. Reprinted by permission.

让我们更加亲近,那又会出现什么情况呢?

本文的其他部分以此为基础。普拉瑟夫妇提出了准备应对争吵的五个步骤,所有这些指南都很有意义。正如我先前指出的那样,如果把这些组合起来,就会提供一个相当全面的概括,让人们做好"化解"冲突的准备。我在此虽不想重复他们说过的话,却要强调他们的一些观点。

步骤二就是"努力放下"你正在思考的问题。尽管我认为压抑你的真实情感并非好事,但我认为,夫妻可以从经常应用这个建议中得到好处。我发现这个建议经常能够让人放松,感觉自由,赋予人消除恼怒的力量。

它揭示出这样一个问题:遇到冲突时,"沟通才是你的目的",而非取胜或发泄。它也让我试图说明:"问题在于关系,而非你的伴侣。"

我在阅读他们的部分论文时,感到有点困惑。我觉得他们的观点好像过于简单化和幼稚了。真正尖锐的争吵比这两位作者认识的更加激烈,更加困难重重。但是,当我再次阅读他们的建议时才认识到,他们非常了解与所爱的人争吵有多么令人痛苦。正如许多上了年纪的人一样,他们坚信,以怒还怒,于事无补。从根本上说,在这个案例中,并不经常对关系做出浪漫承诺的爱情,其强烈程度甚于防卫和痛苦。

一、没有尽头的争吵累积

这不是因为问题没得到解决。不错,问题倒是解决了,但这种解决就像调味用的番茄酱渗进了地毯。五年之内,一块未清洗的地毯的重量可以增加三倍;大多数关系都充满了没有化解的争吵,以至于争吵陷入一种索然无味、令人生气的停顿状态,从而不再朝它们原来的目标运行了。

"艾伯特,你得安一个猫窗了。我凌晨三点又被整醒了,拉尼米德就站在我的胸上看着我。我根本没睡好。"

"对不起,葆拉。我周末就办这件事儿。"

"艾伯特,你这么说都有一个月啦。"

"噢,你知道,亲爱的,我们可以像其他人一样,晚上把猫关在外面。"

"啊,当然可以。可它想进来时怎么办?如果有东西追它怎么办?"

"安个猫窗就不同了吗?如果它想在外面过夜,它还是会待在外面。"

"没错,艾伯特。但它也可以在需要的时候进屋来。你知道,如果你不是一个负责任的宠物主人,你就不配饲养宠物。"

"现在我有一个想法。"

"我明白。你根本不在乎是否伤了吉吉的心。"

"对了,说到这件事,葆拉,她名叫弗吉尼娅,不叫吉吉。我们干吗非要把一只猫叫拉尼米德,把女儿取名吉吉?等我把那只猫送到'动物之家'后,我会给她买个毛绒玩具加菲猫。"

"你知道,艾伯特,这次谈话让我开了窍,我看到了我一直感觉有问题的事情。"

"怎么了,葆拉?"

"你只关心混合足球队。你自从参加了那个名字愚蠢的球队后,就没有与吉吉好好玩过,也没有给拉尼米德挠过它爪子够不着的下巴上的痒。我们在一起时,你却假装很喜欢拉尼米德。"

"你是唯一坚持让我参加这个球队的人。是你说的,到室外运动一下对我有好处。我喜欢那只猫。我爱我的女儿。但我不想用周末时间去破坏一个风景极好的窗户。"

"我看你也真的不在乎我了,艾伯特。你站在那儿剥巧克力吃,跟个没事人一样,心里巴不得拉尼米德去死。你对混合足球爱得发疯。要不是这样,我肯定觉得你已经麻木不仁了,没准儿该去看医生了。"

为了证明自己并没有麻木不仁,艾伯特把手里的巧克力扔到了窗外,抓起球具,冲了出去。在下午的比赛中,他是守门员。但在比赛中,他右手的三根手指骨折。于是,关于安窗户的事情到此为止。

二、每个新问题都勾起老问题

我们希望这样说:上面记录下来的这段谈话是个脚本,但它是一个合成品。如果我们把咨询期间听到的一些典型争吵逐字逐句地写出来,它们就会被视为过于做作的虚构故事而无人问津。我们在此看到的大量闲事,实际上很普通,具有我们在大多数长期关系中看到的未解决的问题的典型痕迹。这种闲事与普通分歧之间的差别就是,这些话中的某些话虽经过思考,却未能说出来。然而,争吵结束后,人们的疏离感大致相同。

这个周六早上,葆拉心情不好,因为她的睡眠不断被那只猫所打断。这就是问题的关键。如果这对夫妇一起坐下,而不是小题大做,他们就有可能早已用100种彼此能接受的方式轻易解决这个难题了。可是,过去不和的累积正潜入他们的意识,因此,和平解决一个问题就比人们想象的要困难得多。

人们强烈而执着地希望了断未解决的问题。任何一对夫妻都会在争吵时产生失败感。他们渴望在过去的沟壑间架设沟通之桥,非常担心今后会分道扬镳,而且担心的程度要大于找到解决办法的渴望的程度。人们争吵时提起以前的分歧,这没有什么错,因为争吵实际上是一种求助,只是不合时宜罢了。

艾伯特和葆拉没有认识到这一点。大多数争吵是在人们没有真正意识到的情况下进行的。他们的争吵中隐藏着其他17个问题,其中任何一个问题都无法解决当下这个难题。按照出现的顺序排列,这里是他们过去未能回答的问题。如果你能想到他们在未来的争吵中将提到的所有其他问题,那么这些问题在全部遗留问题中只占一小部分:(1)艾伯特为什么长达一个月都没兑现自己的承诺?(2)应当把那只猫留在外面过夜吗?(3)艾伯特不负责任吗?(4)这个家庭应当继续养宠物吗?(5)艾伯特不关心他的女儿吗?(6)葆拉应当继续叫弗吉尼娅为"吉吉"吗?(7)应当给那只猫重新取名吗?(8)一个毛绒玩具能代替真的猫吗?(9)混合足球队会影响艾伯特对女儿和宠物的态度吗?(10)混合足球队有一个蠢名吗?(11)艾伯特非常关心葆拉还是他对她的态度已发生了根本变化?(12)葆拉希望艾伯特围着家事打转吗?(13)窗景对艾伯特的幸福感有多么重要?(14)艾伯特仍然爱着葆拉吗?(15)艾伯特应当吃巧克力吗?(16)按照葆拉的观点,艾伯特周六与其他女人接触是他不履行自己对家庭的承诺的根源吗?(17)艾伯特存在严重的心理问题吗?

由此可以看出,大多数夫妇并不能轻易地把争吵集中在一个问题上。然而,有些夫妇能做到。从问题本身来说,人们这样做会为自己提供一种新证据:在这种关系之内,仍然存在着重归于好和幸福的基础。如果一方偏离了方向,另一方不应制造另一个类似的问题或提出一个不相干的问题,而应看到为闲事争吵背后的那些真实愿望,并心平气和地对待它,以爱作答。

三、争论创造关系地带

用通常的方式解决问题,就像完全没有解决问题一样,还会损害关系,因为争论双方之间的鸿沟并没有被填补,而且那些不成功的尝试只能加重夫妻之间的相互猜疑。在有关猫窗的争吵中,葆拉开始关注其婚姻的健康问题。这个问题的重要性远远胜过她多睡点觉的重要性。但是,她在不知不觉之中,却夸大了这个问题,并且违背了自己的初衷。这对夫妻争吵的方式和大多数人一样,只能在他们之间制造新的麻烦。艾伯特可能并不想采取强硬态度把那只猫弄走,也许他实际上是想留住它。葆拉实际上也不真的怀疑艾伯特有心理问题。

日积月累的区区小事会把许多关系弄得不可收拾,其特点是以小对小,以自私自利作答。但是,这个过程大多是在不知不觉间发生的。然而,每一对夫妻都会迅速采取令人痛苦的方式开始争吵,但他们很少仔细想过自己使用的手段,也很少仔细想过争吵的结果。一个人唠唠叨叨,另一个人温和谦让;一个人据理力争,另一个人沉默不语;一个人突然发怒,另一个人平心静气;一个人哄骗引诱,另一个人屈服让步。然而,情感中的快乐和高贵在哪里?本该长青的情意在哪里?风雨同舟后形成的牢不可破的关系纽带在哪里?弥留之际的慰藉和祈祷在哪里?在两人之间滋生的痛苦和正在加深的隔阂,甚至在最短的争论里,也都会带上往昔许多次黑暗的回声。

不管我们解决问题的模式多么难以改变,一旦我们看到,它们不能给我们的关系带来益处,我们都可轻易地把它们抛在一边。在大多数争论中,唯一的利益之争就是谁正确。但是,怎么才算是真正的正确?我们真的想让我们的伴侣犯错吗?我们真的想打败一位朋友,慢慢地毁掉一段情谊吗?当然有人会有这种感受。我们一旦再次陷入分歧的对立情绪,就会固执地采用结束每一场争吵的常用手段:一味地沉默不语;讲话逻辑混乱;追求实用效果;痛哭嚎叫;压抑怒气;忍辱负重;毫无爱意的幽默;愠怒撤退。

人们所做的这一切都是想证明自己正确,而不是为了证明爱。所有努力的当事人都在向伴侣表明:情意本身就是受害者,因为情意只被当成一种工具,一种让其他人内疚、难受的工具。现在,我们的伴侣给我们的爱被视为一个杠杆,我们用沉默或吵闹的方式来框定它,最终使关系变得一团糟,却没有认识到我们自己也是受害者。

四、毁掉任何争论的神奇法则

我们在谈论本文开始时的那段对话时,讲到了一些能导致灾难性沟通的法则,但它们还不是这类法则的全部。然而,只需使用其中的一两条,就足以毁掉人们的最大善意。看看下面这些指南,你只要稍不当心,就一定过不上安生日子:

1. 你们当中至少一人生气时就挑起事端

变体:挑起事端时,什么也做不了(深更半夜时;客人即将到来时;你们两人中有一人正在洗澡时)。事端发生时,根本无法集中精力去处理(驾车去国税局开会时;正在观看你俩都想看的电视节目时;你的配偶正在算计开销时)。

2. 抛出问题时可能带有攻击性

变体:你在提问前就已知道答案。你在讲述问题时,带有责怪的口气。通常用责怪的口气开始讲话。

3. 专注于你想得到的东西

变体:在你的伴侣准备防卫之前,先压倒你的伴侣(非常情绪化;诉说过去你给伴侣的一些好处;表明自己完全占理儿)。让伴侣知道:你需要什么;他或她必须要满足你的需要。如果你开始失势了,你就运用计谋来获取位置。

4. 不倾听别人的话,只想着你下面要说的话

变体:你的伴侣讲话时,你做其他事情。忘了伴侣说过的话。换句话说,听你的伴侣讲话时,你所有的兴趣就像卫生间的换气扇一样,把对方的话当成耳旁风。

5. 纠正你的伴侣说的关于你的一切话

变体:每次你的伴侣举一个关于你的例子,你就举一个关于他或她的更糟糕的例子。经常重复"我没那样说过"。拒绝接受你的伴侣说的一切(指出例外情况;指出事实不准确或语法不准确)。

6. 提起一些可能引发伴侣的防范之心的往事

变体:影射伴侣的性表现。对你的丈夫提起他母亲的过错。把你的妻子与其他女人进行比较。你妻子抱怨后,你还说:"我不是那个意思。"

7. 结束关系时,说了让人无法释怀的事情

变体:做一些证明你是疯子的事情。你要向外界证明:没有任何人对你的伴侣的揭露会如此彻底;没有任何人对你的伴侣的人格羞辱会如此下作;没有任何关系的结束会这么伤人。总之,你让外人觉得:你已经疯狂了。

五、赞同不是目的

所有夫妇都相信他们知道自己如何进行争论。然而,毫不夸张地说,在大多数长期关系中,完全成功的争论实属凤毛麟角。显而易见,他们在最后的赞同中仍有分歧。你考察这些歧见时就会看到,为了达成一致意见,至少有少部分保留意见被忽略了。

我们相信,这只是一个如何解决分歧的问题。所以,即使我们感到我们的伴侣还处于冲突状态,我们仍会带着我们刚刚赢得的让步继续挤兑,认为糟糕的时刻即将过去。随后,清楚可见的结果却令人痛苦不堪:糟糕的时刻并没有过去,而且我们判断我们的伴侣仍在犹豫不决。或者,如果我们认为自己是遵守规则的人,我们还会认为我们做出的那点牺牲相当伟大,然后就等着获得补偿,结果这种补偿永远也不会到来,而且我们也不理解我们的伴侣为何如此薄情寡义。

大多数争论的目的是达成表面一致的意见。在取得一致意见的想法被对情意的渴望取代之前,唯一的结果将是不同程度的疏离感和陌生感。夫妻们在争论中一旦陷入这种模式,就会顿生无助感。他们相信他们正在努力摆脱这种感觉,但结果事与愿违。他们尝试不同的回应,从大声喊叫到沉默不语,从喋喋不休到走出房间,从考虑双方提出的每个问题到仔细琢磨某个问题,但他们所做的一切似乎都改变不了通常要出现的让人不快的结局。

世界上不存在能扭转惯性争论方向的行为公式。这种扭转要求人们改变态度,而非行动,尽管行动将在态度改变的过程中被修正。最重要的是,伴侣要绝对弄清争论的目的。做到这点虽然不易,但也没那么难。因此,让我们再看看争论的目的应该是什么……

夫妻进行争论的正确目的,是使两人的关系变得更加密切。为了应对压力,夫妻俩必须一起用心做出决策,而非离心离德。假如你和你的伴侣都是极端自私的人,会有这种可能吗?所幸,自私这部分心理是被单独区隔的,你的其他心理状况不会受到影响。你们无须消灭自私,规避自私即可,因为你们认识到这种心理不会带来任何益处。自我(ego)这个观念是不健康的,因为它认为爱情没有价值。但是,由于你们本身就是爱,或者说至少爱是你们自身的一个组成部分,因此爱会符合你们的利益。所以,你们的每一次争论都是进入你们的真正自我的一种方式。

显而易见,我们需要花点时间看看人的真正利益是什么。如果你匆忙进行争论,你就会缺乏敏感,只按习惯行事,目标是获取一件你本不在意的东西。请别拿自己开玩笑。你需要知道这个争论的结果能不能让你俩感到关系更加密切。你脑中的自私部分会告诉你,现在,你可能觉得有点难过或有疏离感了,这是你为赢得的让步或你提出的观点而付出的微小代价。或者,你也可以这样认为,这些都是不可避免的事情。在改变你参与争论的普遍方式之前,这种情况可能会出现好多次。这种过渡是关系发展的一个重要阶段,而且需要你更加仔细地审视自私的冲动及其后果。你的感觉真的就那么有价值吗?你们争论的方式真的不可避免吗?

因此,你将逐渐看到你希望看到的结果。这种更深刻的认识将在争论过程中开始削弱你的褊狭。你很快就会看出错误所在,而且最终将学会从一开始就避免这种错误。你真的需要时间来做出决定,使你的心变得温暖,脚步变得轻快。只要你坚守我们给你的指南,这些影响关系的小小失败就会慢慢被情意取而代之。

我们习惯于把争论看作分道扬镳的象征。但是,改变一下争论的方式通常会有帮助,因为这样一来新的状况就会出现,我们陈旧的思维定式就会被清除。为了达到这一目的,人们往往采用一定的程序,把程序分成若干步骤,并按部就班地加以实施。

可以说,解决一个问题需要经过五个步骤。第一,它必须被至少一方视为问题。第二,选择提出这个问题的时机。第三,决定采取何种方式提出这个问题。第四,双方交换想法和感受。第五,结束针对不同意见的讨论。

大多数夫妻很少考虑到前三个步骤。他们常常发现自己陷入了所谓的自发性争论,谁都不知道为什么就开始了争论。显而易见,你必须越来越清楚地认识到你们无意间提及的那个问题。如果你对该说什么感到有点担心,那么这就是一个非常有用的提示器。如果你觉得你想说出一个问题,那你就让它成为一个线索,把这些最初的选择分解成你有意采取的步骤。别舍不得花费时间;相反,你要记住,你非常强烈地希望开始建立一种真正的关系。

六、准备进行争论的五个步骤

首先,你可以扪心自问,你正在思考的问题真的是一个当下的问题,还是纯属一个别人让你想的问题?换言之,你要弄清这是一个当下存在的问题,还是关系中有待日后解决的问题。许多夫妻总认为自己的婚姻不美满,而且他们自然会发现许多人的婚姻也不美满。但是,如果你对情感不断加以质疑和比较,而不是等一等并观察问题是否在以特别糟糕的方式持续发展,那么这种做法就会更加损害情感。同时,你应享受你俩之间业已存在的关系,而不要告诉你自己这是什么关系……

如果这个问题的确是一个当下的问题,那么,你可以试用第二个步骤:让它过去。这虽说不是一个"更好"的选择,却是始终被当今的价值观忽视的选项。然而,这个问题必须被彻底而坦诚地加以解决,否则,它就会像霉菌一样,在无法看见的暗处滋生。如果这个问题得到了解决,那么,人们不考虑它并不等于否定它。从本质上看,让它过去包含了你对所厌恶的人与事的详细考察;然后,你会发现另一个自己——这个你从不与任何事情为敌,心平气和,行事淡定。

如果一对夫妻赞成节约能源或者经济状况不是很好,而其中一人又总是忘记关掉水龙头、电灯或者忘记关上冰箱门,另一方就会觉得很不舒服或者很气恼。我们对一件事的解释方式——不是这件事本身,能够决定我们的感受。两岁的乔丹,就"极其不负责任"。他在昨天连续五次放水冲马桶,然后,他跑去告诉他的大哥哥自己的"成就"。"约翰,我冲水了,我冲水了!""太棒了",约翰说,他觉得这不是什么大事。乔丹没有告诉他的父亲这件事,因为就是他父亲教他怎么冲水的,而且教了很多次。为此,乔丹大概浪费了15加仑的水(为了估算1加仑究竟有多少,他父亲也浪费了6加仑的水)。

所以,这儿有由四种解释所引发的四种反应:来自父亲的骄傲;来自七岁儿童的支持;来自两岁儿童的兴奋;莫名其妙的好奇心。显而易见,任何一种外因和不可企及的原因都是不能产生统一效果的。那么,如果你又看到了伴侣的浪费行为,你怎么能做到不去表态,而是视而不见?当然,你不能违心地对自己说:其实也浪费不了多少能源或者银子。或者其实你并不在意这件事。你也不可能给这些行为添加一些你自己都不相信的动机,比如一直想努力改掉这个毛病,但是就是做不到。这种不诚实并不能终结你的一系列不愉快的想法。这就是为什么重新解释往往不能奏效。

如果你在思考的瞬间能把这些事实看得足够清楚,你就有可能睁开眼睛,看到伴侣的无辜,不再迫使自己去弄清他或她为什么做这些事情。但是,如果你在努力放松心情之后,仍发现并没有解决这个问题,那么最好还是选择把这个问题提出来,因为毫无疑问,这样做总比积累怒气或恐惧要好一些……

第三个步骤是考虑时机是否合适。如果你觉得有必要迅速提出问题,应极力小心,避免生气。你的心是愿意等待的,可你的自我却不愿意等待,特别是你感到有机会来进行一次反击的时候。这个自我不过是我们苦恼的爱、退缩的爱、孤独的爱;尽管它只存在于大脑的最表层,却能让我们感到这是来自我们内心深处的冲动。

现在,我们的关系已被我们自己的认知缺失影响了许久。你该考虑的不仅仅是自私的问题。你应冷静下来,心平气和。时机成熟吗?问题很简单。你无须对此冥思苦想。如果你的伴侣刚好做了什么事情,这就是问题。显然,如果这个问题经常被提到,他或她的戒心就可能会更大。如果你的伴侣心态不是特别好,总是充满敌意、担心、焦虑,那么,毫无疑问,一种更加可接受的状态将会到来,没有任何事情会因等待而遭受损失。然而,时机成熟吗?你只需观察就能知道答案。当你非常生气时,你就特别想攻击,但是,如果你花点时间反思一下自己的真实感受,你的痛苦就会得到较多的释放。

当然,第四个步骤就是把沟通作为你的目标。如果试图让别人去改变,那这并不是沟通,因为你已经断定需要改变什么了。因而,你搞得伴侣没有说话的余地,而且他或她肯定会感到你不愿考虑,不愿倾听,不愿欣赏。所以,你在说话前,应花点时间倾听你自己的心声。

你们两人并不是想要辩论一件事情。你的兴趣在于参与,而非占据主导地位。你们就像是商业经理,愿意联手应对某个困局。你并不在意谁提出了解决方案。你欢迎解决问题的答案。为达到这个目的,如果你的伴侣存有戒心,那么你愿意做些什么吗?你正在准备或者已经做好准备,通过你的关系之爱去做事了吗?

需要思考的最后一点是,你是否明白问题是由关系引起的,而非来自你的伴侣。在我们所举的问题事例中,问题不在于葆拉,因为她缺少睡眠也对艾伯特产生影响。一方的嫉妒、欲求、过度敏感、性冷淡、恐惧或者其他任何出了问题的情感都不能被视为仅仅是他或她一个人的责任。其实,双方都有责任,因为情感总是意味着风雨同舟。

你必须懂得,除非你做出了具体努力,看清了这个谬误,否则你就会陷入争论,认为你们其中的一个人应比另一个人受到更多的责怪,而且这将使你们难以彼此倾听和开诚布公。要学会把每个问题都看成非个人化的"敌人"和中立的"敌人",并且学会团结一致,共同应对这个"敌人"。例如,你可以把争论上瘾视为一场暴风雨——你们需要互助才能在暴风雨中生存下来。我们家那只名叫"阳光灿烂的南瓜普拉瑟"(Sunny Sunshine Pumpkin Prather)(这个名字是我们全家人相互妥协后的杰作)的爱犬,大概每个月会被一只臭鼬袭击一次,那种臭味让每个人都感到难以忍受。可责怪这条狗又有什么用处呢?然而,我们却看到其他家庭对自家的狗生气,抱怨它们"太愚蠢"了。

这些只需花点时间就能完成的预备性步骤,至少能提供机会,让人开始进行一场成功的争论。现在,你已经为一场真正的争论做好了准备。在这场争论中,你可以全神贯注,而非分心走神。

复习题

1. 普拉瑟夫妇在艾伯特和葆拉的争论中列出了17个问题。他俩提出的主要观点是什么?
2. 本文作者称争论可以"创造关系地带"。这种说法是什么意思?
3. "争论的唯一目的是让伴侣的关系更密切。"请改述这句话的意思。你是否同意这句话?请解释。

思考题

在准备争论的五个步骤中,你最少采取的步骤是哪些?这个事实告诉你,你"引发"冲突的方式是什么?

第十一章
弥合文化差异

第一节 与形形色色的他人建立关系[①]

戴维·W. 约翰逊(David W. Johnson)

从有记载的历史开始,文化差异就给人类带来各种问题。有时,我们人类从我们非人类的动物祖先那里继承的最大秉性,似乎就是对任何异己者都会心生恐惧和仇恨。因此,弥合文化差异无疑是一种挑战。

本章的几篇阅读材料从一般角度和具体方面探讨了这个问题。第一篇文章分析了一般文化差异,并告诉我们,当一些人完全"不像我们"时,我们该如何与他们接触、交往。后面几篇文章具体讨论了一些最难弥合的文化差异:种族差异、族群差异及与残疾人的差异。

教育心理学家戴维·约翰逊在超过25年的时间里,一直在帮助北美洲、中美洲、欧洲、非洲、亚洲、中东、太平洋盆地的那些从相互协作和合作学习中受益的教师和学校。他的成果之一是他的著作《伸出双手:人际影响和自我实现》(*Reaching Out: Interpersonal Effectiveness and Self-Actualization*)。下面这篇阅读材料是我从该书中节选的,主要介绍了与不同的人进行交往的态度和技巧。

约翰逊首先提出这一观点:尽管全球化在熟人、同学、同事和邻居之间创造的多样性势必日益增多,但在许多方面,人类与形形色色的他人相处时,仍会感觉到不"自在"。他指出,在20万年的时光里,人类在狩猎群居的集体里生活,不经常与他人打交道。但是今天,我们却常常与文化生客待在一起。在传统上从事单性工作(single-sex job)(如消防队员、护士、邮递员、停车场管理员)的男女,如今正在与异性同事一起工作。年长的工人和青年工人被迫合作;黑人、拉美人、亚洲人、白人、阿拉伯人、太平洋岛国人和其他族群的成员,与一些身份属性不同、有时彼此竞争的人待在一起。

[①] "Building Relationships with Diverse Others" from *Reaching Out: Interpersonal Effectiveness and Self-Actualization*, 6th Edition by David W. Johnson. Copyright © 1997 by Pearson Education. Reprinted by permission of the publisher.

这篇阅读材料解释了与不同的人建立关系的六个步骤,但只讨论了其中的四个步骤:认可自我;减少障碍;认识到多样性的价值;努力澄清误解。约翰逊鼓励你反思自己的身份认同,它可以被细分成你的自我模式、性别身份认同和族群身份认同,以此作为你与不同的人交往的第一步。

接着,他提出了针对减少三种障碍,即偏见、责怪受害者和文化冲突的建议。偏见主要表现在族群中心主义、刻板印象或歧视之中,这是一个主要障碍。约翰逊解释了克服这种障碍的四个具体办法。当人们"把歧视或灾祸归因于受害者的特性和行动"时,便会责怪受害者。在本节中,约翰逊指出小心谨慎地进行归因可以强化你的体验。文化冲突是约翰逊讲解的第三个障碍。

本文的下一节解释的是一些具体做法,在这些做法中,多样性得到了公开承认并被赋予真正的价值。约翰逊提出了在各种人中进行有益的合作的四个步骤。

这篇阅读材料的最后一节强调了澄清误解的重要性。约翰逊本该在这里说得更多,但这一节提醒我们,在形形色色的沟通者中间,对语言的敏感性和对风格差异的感知,能帮助人们和异己者有效相处。约翰逊在本文结尾处提出了七条具体建议,其中一条是"运用本书探讨过的所有沟通技巧"。尽管他指的是《伸出双手》一书,但你也可把它看作是《沟通之桥》的参考书。正如约翰逊所言,作者们在该书12章中提出的所有技巧,都可以作为改善不同的人际关系的一个方案。

你也许对约翰逊在此探讨的观点有过思考。但是,如果你尚未开始考虑(或者说,如果你业已思考过他的观点,而且欣赏他的某个提示),那么,这对你而言就是一篇精彩的导言,它可以为你提供你与"陌生者"进行沟通时所需要的思想框架和一些具体技巧。

一、导言

我们生活在同一个世界里。要解决每个人、每个社区、每个国家所面临的问题,离不开全球合作和联合行动。例如,在经济上,多国公司、合作生产协议和近海作业的发展体现着商业的全球化。随着全球化成为标准规范,越来越多的公司必须把它们的地方视角和国家视角转变成世界视角。一个其职员能够娴熟自如地与形形色色的人建立关系的公司,一定会在全球市场上占据优势。

不同文化、不同族群、不同阶层、不同历史背景的人不会自然形成有效互动。人类在长达二十多万年的时间里,一直在小型狩猎和聚居的群体中生活,只是偶尔与附近的其他群体发生互动。今天,我们需要与人进行有效的跨文化、跨代、跨族群、跨性别和跨微妙而又普遍存在的阶级障碍的沟通。难怪这会让我们感觉不舒服,毕竟前人没有要求我们这样做过!

在你的熟人、同学、同事、邻居和朋友中,多样性的存在越来越不可避免。在文化、族群、宗教、年龄、人的身体素质和性别方面,北美、欧洲和世界其他许多地方也越来越

多样化。你必须与性格完全不同、背景完全不同的人进行有效互动。为了与形形色色的人建立关系,你必须:

(1) 认可自我。
(2) 减少与各种人建立关系的障碍。
(3) 认识到多样性的存在和多样性是一种有价值的资源……
(4) 澄清误解。

二、认可自我

> 我不为我,谁为我? 可是,如果我只为我,那我又是什么?
> ——《塔木德》(The Talmud)

人的两大基本需要是:

第一,以合作的方式与他人一起努力获取重要事物。

第二,凭借自身的能力,做一个独特的、独立的、有价值的和受人尊敬的人。

为了满足第二大需求,你必须认可本真的自我,并且建构一种与他人的身份认同截然不同的、能够指认出你自己的独特形象。你的自我认可度越高,你的个人身份认同就越稳定、越完整。创造出一种能表征你是一个与独立、自主、独特的个体相一致的,稳定而又完整的身份认同,乃是与各种不同的人发展建设性关系的第一步。

1. 思我之所是

你是什么人? 你如何向生人介绍你自己? 你的介绍会前后不一、自相矛盾,还是会组织有序、统一连贯? 你的介绍会变幻莫测,还是一成不变? 你喜欢你自己,还是当你想起自己时,就会有一丝耻辱感和轻蔑感? 我们都需要拥有一种能成为生活之锚的强烈而完整的个人身份认同感。

早期的哲学家倡导我们"认识我自己";诗人告诉我们"真诚地看待自我"。我们采纳了他们的建议。众多书籍业已谈到如何逐渐了解你的自我;《牛津英语词典》(Oxford English Dictionary)列举了 100 多个词语集中解释自我,这些词语包括自卑(self-abasement)和自大(self-wisdom)。当你对你是谁形成一个概念时,作为一个人,你便有了身份认同。

你的身份认同是一套贯通一致的、用来界定你是谁的看法。这是一个主观的自我形象,也是一种可被称为自我模式的认知结构类型。自我模式是对自我的一种概括,它源自你过去的经验,把你从与其他人的互动中了解到的有关你自己的信息组织起来,并引导你加以理解。你拥有多种模式、多种身份认同和多种自我。它们包括你对你的身体特征(身高、体重、性别、头发和眼睛的颜色、长相)、你的社会角色(学生还是教师、孩子还是父母、雇员还是雇主)、你参加的活动(弹钢琴、跳舞、阅读)、你的能力(技巧、成就)、你的态度和兴趣(喜爱摇滚音乐、赞成女性的平等权利)以及你的总体个性特点(外向还是内向、冲动还是沉稳、敏感还是粗心)的看法。你的性别认同(gender identity)是你对你是男性或女性的基本感受。你的族群身份认同是你对隶属于某个特定族群的感受。你的身份认同不仅包含你当前拥有的各种不同的自我模式，也包含你喜欢的那个自我或你想象中可能拥有的那个自我。这些潜在的自我包括你愿意获得的想法和你觉得你应当达到的标准("应当的"自我)。它们可能源自你自己的观念，也可能源自他人的讯息。

你的每一个自我模式都可分为积极型或消极型。你一般会用一种评估方式看待自己，接受或拒绝你的行为举止和特点。你的自我模式是按等级排列的。等级越高、身份认同越强的自我模式，越有可能影响你的选择和行为举止。

为了应对压力，你需要有多个自我。身份认同的多样化和复杂性会减少你所受到的压力。自我复杂化(self-complexity)提供了一种能抗击压力性事件的缓冲。如果你只有一两个主要的自我模式，那么任何消极事件都会在许多方面影响你的身份认同。例如，一个主要把自己当作妻子的妇女，一听丈夫说他想马上离婚，可能就会觉得天塌了。相比之下，一个拥有复杂身份认同的人，更有可能不受主要冲击其一两个角色的负面事件的影响。那个不仅把自己看成妻子，也把自己视为母亲、律师、朋友和网球运动员的妇女，当离婚威胁她的配偶角色时，她的其他角色就会发挥作用。拥有复杂身份认同者较少患有精神抑郁症和其他疾病，他们也会在某些特定方面更容易表现得宠辱不惊。

2. 自我认可的若干好处

常听到这样一种说法："如果我自己得不了好，我也不会让别人得好！"

自我认可是对自己的一种高度尊重，或者说对自己缺少怀疑。自我认可是指认可你真正的自我。它有许多好处，因为关系就存在于自我认可、自我坦露和被他人认可之中。你越能自我认可，你就越愿意进行自我坦露；你的自我坦露越多，他人就越能认可你；他人越是认可你，你就越喜爱自己。另外，高度的自我认可是一种心理健康的表现。心理健康者认为别人喜欢自己，自己有能力，富有价值，能认可别人。所有这些感知都是以自我认可为基础的。较多的研究证据表明，自我认可和认可他人是彼此关联的。如果你认为自己好，你就会认为他人好，你也更乐于假定他人会喜欢你，这种期待常常会变为自我应验式的预言。

三、多样性面对的困难

你一旦认可你自己，你就在认可他人。然而，认可异己者会面临很多障碍。这些障碍包括偏见、责怪受害者和文化冲突。

1. 偏见

> 能自知是智者，善知邻居是神人。
>
> ——明纳·安特里姆(Minna Antrim)(作家)

与各种人建立关系并非易事。偏见是第一道障碍。偏见、刻板印象、歧视起源于人们喜欢将人划分为三六九等。为了认识他人和了解你自己，你必须对人进行分类。

所谓分类也是对事物和作为群体成员的人进行概念化的一个基本认知过程。我们以遗传特质(inherited traits)(文化、性别、族群、身体特征)或后天特质(acquired traits)(教育、职业、生活方式、习惯)为标准把人分成不同的类别。进行分门别类和抽象概括常常有助于检索信息和做出决策。但是,分类有时也会出现功能失调,造成刻板印象和偏见。

抱有偏见就是进行预判。偏见的定义是,仅仅因为一个人是某个特定群体的成员,就对此人持有不公正的消极态度。偏见就是运用优越/低劣的观念系统对他人做出判断。如果一个人只是因为他人是某个族群、性别或宗教群体的一员而不喜欢此人,那就是偏见。

一种偏见的常见形式是族群中心主义(ethnocentrism)。族群中心主义者倾向于认为自己的族群、文化或国家好于其他族群、文化或国家,或比其他族群、文化或国家更正确。这个词源自族群(ethnic,意指由拥有相同的习惯、特点、种族或其他共同因素的人组成的群体)和中心。族群中心主义者把自己的文化和价值观作为衡量其他族群的价值观的标准。受文化条件(cultural conditioning)的影响,族群中心主义常常会绵延不绝。我们在孩提时代便接受相应的教育,以便能适应某种特定文化。当其他人对我们的文化做出反应时,我们就会根据文化条件对种种情景做出反应。

偏见常常与刻板印象有关。刻板印象是指对某个群体的成员的特点的一套看法。持此看法者认为,该群体的所有人都拥有这些特点。典型的刻板印象是一个群体的成员普遍持有的看法,这些看法聚焦于其他文化群体或族群,或者社会经济阶层"究竟是什么样子"。在持刻板印象者看来:女人比男人更善于煽情;男人比女人更乐于竞争;高个男人、皮肤黝黑的男人和英俊的男人更有魅力。刻板印象的歪曲和夸张,强化了人们对其他群体的成员的偏见或主要成见。由于人们认为肯定来自刻板印象的信息比改变来自刻板印象的信息更容易,因此,持刻板印象者会抵制变革。刻板印象几乎总是对目标人物产生有害的影响,干扰受害者建立关系和享受高质量的生活的能力。

刻板印象反映出由两个非关联因素——如贫穷和懒惰——构成的幻觉相关性(illusionary correlation)。人容易形成具有消极特性的刻板印象,却难以抛弃这种印象。当你碰到一个又穷又懒的人时,你可能就会认为所有穷人都是懒汉。从你遇到这个人的那一刻起,你就会把任何不努力工作的穷人都当作懒汉。偏见使我们更容易关注某人的消极方面。我们还乐于形成一种虚假一致的偏见(false consensus bias),相信其他大多数人也会赞同我们的刻板印象(如把所有穷人都看成懒汉)。我们喜欢这样想:我们自己的行为举止和判断都是具有普遍性和相当妥当的,而其他反应都是特别少见且欠妥当的。最后,我们常常通过推理和解释,来证明我们的刻板印象和偏见的合理性。

偏见被付诸行动时,便产生了歧视。歧视是一种用来损害一个群体或该群体的成员的行为。它是一种消极的攻击性行为。歧视旨在拒绝目标群体享有与居于主导地位的群体同等的待遇和机会。基于族群或性别的歧视被称为种族歧视或性别歧视。

人的多样性可以成为一种能生成能量、活力和创造性的有价值的资源,也可以是催生偏见、刻板印象和歧视的根源。这些步骤也许有助于你减少偏见和刻板印象:

(1) 承认你有偏见(每个人都有偏见,你也不例外)并且承诺要减少偏见。

(2) 找出反映你的偏见的刻板印象并改正之。

(3) 找出反映你的偏见的行动并改正之。

(4) 从不同的朋友和同事那里寻求反馈信息,了解你在尊重多样性和重视多样性的价值方面的沟通效果。

2. 责怪受害者

人们普遍认为,这个世界是一个人们该得到他们之所得的地方。如果我们中了彩票,那一定是因为我们是应当获得这种幸运的好人。如果我们遭到抢劫,那一定是因为我们粗心大意或由于过去的错误行为而受到了惩罚。任何一个带着大笔现金走在黑胡同里的被打劫者,都会被人认为是在招惹劫匪。大多数人都愿意相信,他们遇到的一切事情都是应得的。大多数人也认为,其他人也会得到他们在世应得到的东西。由于人们太容易忘事,因此,无辜的受害者不会从后见之明中受益来指导自己的行动。

当某个人成为偏见、刻板印象和歧视的无辜受害者时,人们常常认为这是因为此人做错了什么事情。当我们把歧视或不幸归咎于受害者的个性和行动时,我们就会指责他们。用潜在原因来分析情况,将使我们在一个公正的世界里保持我们的观点。如果我们能够责怪受害者,说正是他们的行为导致了歧视,那么,我们就可以这样认为,未来是可以预见和可控的,因为我们将得到我们应得到的东西。

当我们试图为某件事情找寻原因时,就会出现指责受害者的情况。我们不断地对我们的行为举止和发生在我们生活中的事件的意义进行解释。我们无数次想弄清为何我们会那样做事,为何又会出现那样的结局。如果别人暗地指责我们愚昧,我们就会生气,但当别人明里说我们笨拙时,我们却不那么当回事。我们就想知道,为什么我们会对自己的智力情况如此敏感呢?我们在暴雨后的街角站着,一辆汽车开了过来,溅了我们一身脏水。此时,我们就想知道,这是因为我们粗心大意,司机有意为之,还是仅仅因为我们运气不好?这种解释的过程或推论事件的原因的过程就是归因。所谓归因就是针对某种行为或某个事件进行的推论……

我们在试图理解某种行为举止或某一事件发生的原因时,一般会选择做这样的归因:

(1) 内部因素和个人因素(比如努力程度和能力);

(2) 外部因素和情景因素(比如运气或其他人的行为举止或性格)。

例如,你的考试成绩不错,你可以把它归因于你的学习努力和聪明智慧(内部归因),也可以归因为这个考试太简单(外部归因)。如果一位朋友辍学了,你可以将此事归因为他缺少动力(内部归因)或缺钱(外部归因)。

人们常用归因法来论得失成败。自我归因(self-serving attribution)让我们把功劳揽到自己身上,而把失败归罪于他人。我们总是喜欢这样:声称成功源自我们的能力和努力,失败则是由于我们碰到厄运、遇到恶人或不够努力。我们总是要在集体成就中为自己分得一杯羹("这首先是我的主意;我做了大部分工作"),而避免为集体的失败承担责任("如果其他人再努力一点,就不会有这种结果")……

把别人的失败和不幸归咎于他们的行动而非偏见和歧视,是成为与各种人建立积极联系的障碍。好人也会遇到坏事。种族歧视确实还存在。无辜的过路者有可能会遭到枪击。当你与各种人互动时,不去指责无辜受害者通常是一个不错的想法。

3. 文化冲突

文化冲突(culture clash)是与各种各样的人建立关系的另一个常见障碍。文化冲突是在来自不同文化的个体之中出现的基本价值观的对立。最常见的包括少数群体成员质疑多数群体成员的价值观。多数群体的价值观受到质疑时,其成员经常感受到:

威胁感:他们的反应包括回避、排斥和辩护。

困惑感:他们的反应包括寻求更多的信息,以便重新界定该问题。

提升感:他们的反应包括强化自己的预测和意识,采取能使该问题获得解决的积极行动。

许多文化冲突从威胁和困惑发展到提升。文化冲突一旦得以提升,就不再是障碍了。

随着偏见、刻板印象和歧视的减少,人们会在一定程度上克服指责受害者的倾向,而文化冲突一旦得到提升,就搭建了能够认识并重视多样性的舞台。

四、认识和赋予多样性以价值

为了充分挖掘多样性的积极潜力,你必须承认多样性的存在,学会赋予多样性以价值并尊重人群中存在的基本差异。对拥有广泛多样性的国家而言,更是如此。例如,美国是一个拥有多元文化、族群、语言和宗教的国家。仅在过去的 8 年时间里,就有来自 150 个国家、说着几十种不同语言的 780 多万人将美国作为他们的新家。美国的多元化和多样性具有许多积极价值,比如它们是增强美国社会的活力、创造性和能量的源泉。人们发现,合作者具有多样性有助于获得成功和提高生产率,创造性地解决问题,增强人的认知能力和道德理性,强化鉴别不同观点的能力以及与来自不同文化及族群背景的人互动和工作时所具备的综合能力(Johnson and Johnson, 1989)。

在一种关系、一个社区、一个组织、一个社会或一个世界里,目标不是要消化吸收(assimilate)所有群体,使每一个人都相似,而是要为实现共同目标而携手工作,同时承认文化的多样性,学会重视并尊重基本差异。从多元到一元要完成四个基本步骤。

第一,欣赏你自己的宗教、族群或文化背景。你必须承认你的文化特性和你的祖国并看重它们的价值。这就是说,尊重你的文化传统将使你获得自尊。

第二，欣赏他人的宗教、族群或文化背景。建立族群和文化认同的一个关键，就是判断族群中心主义是否内在于你的自我定义。建立内群体身份认同（in-group identity）并不会排斥外群体身份认同。世界上有许多要成为一个群体的成员就必须拒绝、排斥其他群体的事例，但世界上也有许多要成为一个群体的成员就必须看重和尊重其他群体的事例。外群体成员需要被人视为合作者和资源，而非竞争者和威胁者。因此，你需要表达对多样化背景的尊重，把它们视为一种资源并看重其价值，这样才能提高你的生活品质，增加你所在的社会的活力。你的内群体身份认同是否会导致对外群体的尊重或重视取决于你是否拥有一种包括你自己和所有其他人在内的超常身份认同。

第三，建立一种超越你自己和所有其他人群的差异的超常身份认同。比如，作为一个美国人，你尊奉信条，而不相信种族主义或者固守僵化的东西。美国是一个把多种文化、种族、宗教和族群的后裔当作一个人团结起来、带有美国特性和民主特性的国家。美国在社会和文化构成上已日益多样化。每个文化群体都是整个美国的组成部分和新移民群体的成员。他们在改善和增加我们的国家特性时了解到，最重要的问题是，他们都是美国人。美国是很少见的一个成功发展的多元社会，在这个多元社会里，不同的群体之间虽有冲突，但最终还是学会了通过获得共同的国家感而生活在一起。在我们的多样化观念中，总是存在着一种广泛的认知：我们属于同一个民族。无论我们从哪里来，我们都是美国人。

第四，接受一套多元的价值观。这些价值观关乎民主、自由、平等、公正、个人权利和公民责任。正是这些价值观组成了美国的信条。我们尊重基本人权；我们拥有多党政体、报业自由、言论自由和集会自由。这些价值观是由来自不同背景的数百万人共同塑造的。美国人是由共同的政治和道德价值观联结起来的一个拥有多元文化的群体。

来自不同文化、族群、社会阶层和语言背景的多样化个体主要从学校、职场和社区环境中走到了一起。有时，多样性的结果是积极的。个体开始相识，相互欣赏和看重多样性的活力，学习如何利用多样性创造性地解决问题，提高生产率，内化将他们聚拢起来的超常身份认同。如果多样性是创造性和精神力量的源泉，那么，个体就必须看重多样性的价值并找出多样性，而非害怕它、排斥它。尊重多样性最终会催生跨文化友情。

五、澄清沟通中的误解

设想你和几位朋友去听一场演讲。尽管演讲的内容非常好，且令人愉快，但你的两个朋友却起身离席而去，以示抗议。你问她们为何要走？她们说：尽管听众里有一半是女士，演讲者却不停地说"你们这些家伙"（you guys）。演讲者只列举体育和军事方面的例子，只引用男士说的话，并取笑老态龙钟者和上了年纪的人。因此你的朋友深感受到了侮辱。

沟通体现了管理各种人的关系的最复杂的一面。若想卓有成效地与有文化、族群、社会阶层或历史背景差异的人沟通，你必须：

1. 增强语言敏感度

了解与各种人交流时所用的词语或表达是否恰当。语言的运用会有强化刻板印象和影响沟通过程的重要作用。为避免这种情况，个人需要增强自己使用语言的悟性，避免使用忽略和贬低别人的术语和表达法。

2. 意识到沟通中的风格元素

要承认沟通风格中的关键元素以及各种不同的文化如何使用这些元素进行沟通。如果不能认知语言的细微差别和风格的不同，人们在与形形色色的人交流、互动时，就极有可能出现误解。

你在与人沟通时能否建立起可信度取决于你运用语言的方式。你必须能够预判听者将如何理解你的讯息。如果你不能认知你的讯息中所包含的细微差别和暗示，那么你就极有可能进行错误的沟通。你选用的词语常常会告诉他人你的价值观、态度和社会化过程，其中有些内容其实是你不想主动透露的。讯息接收者将对我们传送的讯息的细微之处做出反应并阐释词语后面的隐含性讯息。因此，与不同的人建立关系的第一步，就是要了解语言如何强化了你的刻板印象，并要视情况调整对语言的运用。

你永远也无法准确预测每个人将如何对你的言说做出反应。然而，你可以通过下面的基本指南，尽量减少错误的沟通出现的可能性：

（1）使用此书中讨论过的所有沟通技巧。

（2）当你发现正与你交谈的人错误地阐释了你的话时，你就应该与其就意义问题进行协商、交流。

（3）要使用更具包容性的词语，不要使用诸如女人、男人和参加者之类的排他性词语。

（4）避免使用突出某个具体群体和暗示某个个体是一个例外的形容词（如黑人医生、女驾驶员、老教师、盲人律师）。

（5）使用能反映多样性和源自多样性（如源自亚洲、非洲、欧洲和美洲）的引语、参考资料、比喻和类推。

（6）避免使用界定、贬低或轻视别人的价值的名词，如瘸子、女孩、男孩和煽动者。

（7）对别人认为不合适的词族保持敏感。信息接收者体会到的含义比你的本意重要得多。词语的含义会随着时间的推移不断变化，因此需要持续不断地给予澄清。有些词语具有复杂的内涵。你也许认为它们是中性的，但是来自不同文化背景的人会认为它们具有高度的评判性。例如，早在几年前，"女士"（lady）这个词还是一个尊称，但现在这个词却不再表示女士在社会中的独立性和平等地位，因此，该词对许多女性来说成了一个冒犯性的词。类似女孩或少女（gals）之类的词也是冒犯性的。

六、小结

在地球村里,高度不同的个体每天都在互动,一起学习,一起工作,在同一个社区里生活。在你的熟人、同学、同事、邻居和朋友中出现多样性是不可避免的。人们期待你与性格极为不同、有背景差异的人进行有效互动。为了获得进行这种互动所需要的智慧和技巧,你必须认可你自己,减少与不同的人建立关系的障碍,承认多样性的存在,认识到多样性是一种有价值的资源……澄清误解。

所有的人都要相信,他们凭借自身的能力,就有可能成为独特的、独立的、有价值的和受人尊敬的人。为了实现这一目标,你必须接受本然的自我,建立一个连贯一致、稳定不变、浑然一体的身份认同。你的身份认同会帮助你应对压力,为你的生活提供稳定性和连续性,把信息引导到正确的方向,让信息得到组织,让信息被人牢记。你的身份认同是通过你当前与现实的、历史的和虚构的人发生关系和获得识别才得以建立的。事实上,你拥有许多相互关联的身份认同。你拥有家庭身份认同、性别身份认同和国家身份认同。身份认同的一个重要方面,就是你对你的文化、族群、历史和宗教背景的社会认同。

你对自己认可得越多,就越能认可他人。然而,与不同的他人建立积极关系还是会遇到一些障碍。最醒目的障碍是偏见、指责受害者和文化冲突。最大限度地减少这些障碍就会使你更容易看到多样性的存在;存在于人们中间的基本差异既应当受到尊重又有其存在的价值。为此,你必须尊重你自己的传统,尊重他人的传统,建构一种超越差异的超常身份认同,还要接受一套多元的价值观。

事实上,认可自我、减少障碍、尊重多样性与重视多元的价值观为实现跨文化融合搭建了舞台。要想与来自不同文化的人有效建立关系,就要寻求机会实现跨文化互动和建立信任感;只有足够真诚,你才能知道什么是失敬和损害他人的利益,什么是对他们的尊重和保护。唯有通过与形形色色的人建立友谊,你才能了解与来自不同背景的人进行恰当互动所需要的远见卓识。建立这种友谊有两大要求:强调合作性努力,以实现双方的目标;澄清在一起工作时出现的沟通误解。

复习题

1. 约翰逊说:全球化使多样性越来越不可避免。尽可能具体地解释他的意思。
2. 解释约翰逊有关偏见与歧视的关联性的观点。
3. 解释指责受害者如何会造成刻板印象。
4. "超越你本人和所有其他群体的差异的超常身份认同"是什么意思?
5. 什么是多元的价值观?

思考题

1. 自卫队、光头党（skinhead）或三K党等组织的成员经常强调族群纯洁性和排他性。"男性群体"（men-only group）和"女性群体"（women-only group）的成员提出了类似的观点，主张性别的排他性。约翰逊在本文中的基本假定是：这些排他性观点是天真的，因为多样性是当今世界的事实。你能用一个具体的例子来支持约翰逊的假定吗？你在哪里可找到具体的证据？

2. 约翰逊为什么说与不同的他人成功互动的首要一步就是学会认可自我？

3. 认知科学家相当赞成这种观点：进行分类是人类的基本思维。我们的大脑自然而经常地对我们所感知的一切事物进行分门别类。那么，一个人怎么才有可能避免偏见呢？

4. 约翰逊对文化冲突的界定是，文化冲突是不可避免的。不同的文化会自然地在基本价值观方面形成冲突。请阐述他为我们应对这种不可避免的问题提出了什么建议。

参考文献

Johnson, D. W. and Johnson, R. (1989), *Cooperation and Competition: Theory and Research*. Edina, MN: Interaction Book Company.

第二节 黑人妇女与白人妇女交谈时，为何对话如此困难[①]

玛莎·休斯顿（Marsha Houston）

玛莎·休斯顿在本文开头阐述了族群性如何超越性别的问题。尽管女人之间的沟通通常比男人之间的沟通更为平等，彼此更加支持，但是，正如休斯顿所言，当一个白人妇女与一个非裔美国妇女沟通时，沟通常常"让人紧张、缺少感觉，甚至在某些情况下会表现出种族主义倾向"。她在本文中破解了这些难题，指出了黑人妇女与白人妇女在交谈中的不同特点，针对白人妇女在沟通时说什么、不说什么提出了具体建议。

休斯顿的结论源自她对135名非裔美国妇女和100名白人妇女（她们都是专业人士、大学生和研究生）的调查问卷的研究。她所说的"黑人妇女的交谈"和"白人妇女的交谈"虽然不一定适合每一位黑人妇女和白人妇女，但至少很好地代表了许多女性的体验。

[①] "When Black Women Talk with White Women" by Marsha Houston from *Our Voices: Essays in Culture, Ethnicity, and Communication*, ed. by Gonzales, Houston and Chen. Copyright © 2004. Reprinted by permission of Oxford University Press.

黑人妇女认为她们自己的话语有力、果断,并且反映了黑人在白人社会中的体验;她们认为白人妇女说话傲慢、没有气势和唯唯诺诺。白人妇女则认为自己的话语体现了多样性、得体、无口音,黑人妇女则使用黑人方言,说些粗话。这意味着白人妇女认为自己说的是通用美语(General American Speech),而黑人妇女说的则是黑人方言。她们常常认为既说黑人方言又说通用美语的黑人妇女说的只是黑人英语。黑人和白人说话时也会注意到彼此用语的不同特点。

"然而",休斯顿笔锋一转,"也有例外。"她的调查所描绘出的晦暗画面,忽略了黑人妇女和白人妇女也能够且经常进行成功而令人满意的谈话。因此,休斯顿在本文的最后部分,着眼于探讨能弥合这种特殊文化差异的沟通行为。她解释了一些特别有益的沟通举措,并把这些举措表述为建议,提供给那些尊重黑人妇女并想与其建立友谊的白人妇女参考。她说:"绝不要说这种话:(1)'我压根儿就没注意到你是个黑人';(2)'你与大多数黑人不一样';(3)'我理解你作为一个黑人妇女的经历,因为……'"

如果你是女性并且还是黑人,那么你可用这份材料帮助你的同学,描述你在多大程度上认同玛莎·休斯顿的观点。你有印证其理论的经验吗?如果你不是女性和黑人,那么你也有可能增强弥合这些文化差异的能力,其方式是不仅靠倾听你同学的建议,也靠把你的文化体验带入本文。我认为,最值得关注的事就是要完全理解三大冒犯性话语。无论你是否完全赞同休斯顿的观点,你都应努力了解什么样的话语有可能冒犯他人。你应努力增加你对一般文化差异的认识,增强你对不同于你的特定人群的敏感性。

> 我在与地位相同的白人妇女交谈时,总是能够体会到竞争和攻击,我们彼此间缺少信任、亲密感和平等的感觉。然而,也有一些例外。
> ——一位黑人女研究生

性别研究者和传播学研究者们指出,妇女之间的谈话与她们同男人之间的谈话不同。例如,她们的谈话更平等而且能得到彼此的支持。的确,非裔美国人[1]与白人妇女之间的许多谈话都属于这种类型。然而,我和我认识的几乎每一个非裔美国妇女都能想起许多次与白人妇女既不平等,也得不到相互支持的谈话,还有许多我们形容为让人感到紧张、缺乏感觉,甚至在某些情况下会出现种族主义倾向的谈话。正像上面援引的那位研究生一样,许多非裔美国妇女可能认为与白人妇女的此类"困难的对话"[2]已成固定的常态,而开放、令人满意的谈话则是稀少的例外。

黑人妇女与白人妇女在跨种族谈话中面对困难,这个问题是本文研究的焦点。我虽然无意对女性的跨种族谈话做界定分析或详尽解释,但我还是探讨了黑人妇女发现与白人妇女谈话时感觉不快的两点原因,并提出避免进行跨种族谈话的三点建议。虽说我是从一位非裔美国妇女的视角、站在我的族群文化群体的内部立场来撰写此文的,但我还是希望本文能激发思想的火花,促使黑人妇女和白人妇女进行既体现差异又体现共同性的对话。

一、双方共有的负面刻板印象

现代传播理论的一个基本观念就是,听者不只是对一则信息的表面内容做出反应,也对自身对言者的意图或意思的理解做出反应。换言之,我对我认为你所说的意思(what I think you meant)做出回应。背景与场合、语言的多样化或方言、言者与听者之间的个人关系等因素,都会影响人们对讯息的理解和回应。

此外,人们对谈话意义的某种解释也会受到言者的性别与族群的影响。例如,研究者们发现,一位妇女或一位男子用同样的方式传递同样的讯息时,听者对讯息的理解具有极大的差异,部分原因是人们期待女人和男人采用不同的谈话方式,对不同的话题拥有不同的认识。[3]托马斯·科克曼(Thomas Kochman)已经指出了工人阶级的非裔美国人和中产阶级的白人在表达同样的情感(例如,真诚与愤怒)时不同的非言语声音线索如何导致听者对言者的意图进行了完全相反的归因。[4]每一个族群都希望用某种方式表达情感和态度。因此,当一个人用高调的、充满激情的、工人阶级的黑人风格表达真诚时,一个中产阶级的白人听起来就像此人正在生气一样。当一个人用低调的、缺乏激情的、中产阶级的白人风格表达真诚时,一个工人阶级的黑人则会觉得言者对自己缺乏兴趣或在玩弄诡计。人们对谈话的期待是从文化中逐渐习得的,而且同一个文化群体内的言者很少打破这些期待,因此在同一个群体的成员看来,这些谈话都是非常自然或相当正常的。当人们对表达具体态度和情感的文化期待受到干扰时,误解和冲突就会产生。

我通过让非裔美国妇女("黑人妇女的谈话"或"像一个黑人妇女那样说话")和白人妇女("白人妇女的谈话"或"像一个白人妇女那样说话")描述自己的沟通风格,发现了她们对谈话的某些期待。[5]下面是这些非裔美国妇女最经常的回应:

1. 她们认为黑人妇女的谈话:
- 直言不讳,不怕说出自己的想法。
- 带着强烈的自尊感。
- 心直口快,坦诚地说出自己的想法。
- 单刀直入。
- 富有权威性、睿智性和常识性。
- 非常自信。
- 高贵且有教养。
- 反映了白人主导的社会中一个黑人妇女眼中的黑人的体验。
2. 她们认为白人妇女的谈话:
- 友好(有点虚伪)。
- 傲慢。

- 无所不知。
- 用自己好像比其他普通人更优越的方式说话。
- 满嘴琐碎小事。
- 凡事都想说得周到、得体。
- 缺乏意味，内容不着边际。
- 愚蠢但有教养。
- 外表脆弱；显得缺乏独立性和有无助感。
- 消极被动，唯唯诺诺，难以琢磨。

我询问了一些白人妇女，让她们描述一下她们与黑人妇女谈话的情况。这里是她们最经常的回应：

3. 她们认为黑人妇女的谈话：
- 使用黑人方言。
- 净说粗话。
- 废话较多。

4. 她们认为白人妇女的谈话：
- 谈话方式多种多样。
- 发音清晰。
- 用词恰到好处。
- 用典型的英—美语言说话，没有口音，谈话内容限于"能被接受的"中产阶级妇女的话题。

上述例子表明，从非裔美国妇女和白人妇女处听到的事情极为不同。每一个群体都积极描述本群体成员的谈话，并对其他群体成员的谈话进行负面的描述，而且每一个群体都聚焦在不同的特点上。非裔美国妇女着眼于自己和白人妇女的个人谈话技能、策略和归因。她们认为自己是开放的、坦诚的、聪明的言者，而白人妇女则是口是心非、傲慢自大、轻佻琐碎的人。白人妇女则描述自己着眼于语言风格，如词汇、语法和发音等，认为自己的讲话是标准的或准确的，而非裔美国妇女的讲话则是不标准、不准确或不讲究的。

由于白人妇女注重语言风格，所以她们形容那些使用非洲黑人英语的非裔美国妇女的讲话"像黑人妇女的讲话"。她们的描述表明，用在美国有声誉的语言"通用美语"讲话的黑人妇女是在模仿白人讲话（或在"正常"讲话）。[6]相比之下，非裔美国妇女使用特殊的人际策略（例如，"直言不讳""单刀直入"），即独立于语言多样性的沟通时，都把自己的讲话形容为"黑人妇女的讲话"。

非裔美国妇女把"黑人妇女的讲话"感知为一种独立的语言类型的原因可能是我们大多数黑人妇女都说两种语言，而大多数白人妇女则说单一语言。那些在以非裔美国人为主的社区里长大并且学会说话、受过大学教育的中产阶级妇女，通常同时掌握黑人英语和通用美语。我们之中能说双语的人，可以根据情况和谈话伙伴来变换语言[7],但我们用通用美语讲话时,就不会感觉到我们的族群文化属性。巴巴拉·史密斯(Barbara Smith)这样形容黑人妇女对使用两种语言风格说话的看法:

> 现在,我认为这与在白人环境下用白人的方式说话无关。它与一件事有关,那就是缺少激发。你和黑人打交道的时候会使用一种方式,因为他们激发你使用那种方式。对,我说的就是激发。当你处在白人的环境中,你会想:"何必自找麻烦?""何必浪费时间?"如果你想让对方明白你的意思,如果你想顺利地沟通,你会使用你的第二语言。[8]

非裔美国妇女在形容自己的谈话风格时,不仅能看到语言选择深处的东西,还强调人际技巧和策略。白人妇女不熟悉语言和人际互动在黑人社区运作的情况,所以她们只能依据词汇、发音和语法,把大多数与她们自己的谈话不同的黑人妇女的谈话界定为"黑人的谈话"。

非裔美国妇女比白人妇女更能意识到语言和风格的差异,这也许可以解释上面列举的最终差异。白人妇女喜欢把她们自己的讲话说成是正常的讲话或常见的讲话("各种语言模式"),把非裔美国妇女的讲话说成是不守规矩或被有限使用的讲话。但是,非裔美国妇女则把自己的讲话和白人妇女的讲话都形容为特殊的讲话。

两个群体关注谈话的不同方面,也许正因为如此,她们之间的谈话往往很难令人满意。例如,研究者们发现,非裔美国妇女认为高值谈话(high value talk)是直率、真诚和真实的谈话。我接触的填写问卷者也持有这种看法(例如,"坦诚说出你的想法")。[9]这一点可能与白人妇女在受教育的过程中学到的"高值谈话"有冲突,这些高值包括讲话要有礼貌、得体。几位填写问卷者也持相同的看法(例如,"要根据情况使用得体的词儿")。[10]这使得白人妇女可能在黑人妇女眼中显得"装模作样",因为白人妇女知道讲话时应更多关注是否得体和礼貌,而非"单刀直入"。

二、然而,也有例外

也许这里描绘的黑人妇女与白人妇女的谈话图景还是特别模糊。不平等的权力关系界定了黑人和白人在美国社会中的位置,而这种关系仍在不断地侵蚀我们的日常生活。作为沟通者,我们对彼此的感知中也充满了刻板印象和错误的归因。然而,非裔美国妇女和白人妇女之间也有开放的、令人满意的谈话;许多黑人妇女和白人妇女是关系亲密的同事和好友。[11]我是一位非裔美国妇女,在白人占据主导地位的大学里学习和当教授长达30年。我有许多白人女同事,我非常喜欢我与她们的谈话;我也有一些朋友,我与她们的谈话也很不错。甚至我在本文开头援引的那位尖锐批评过与白人妇女的谈话的研究生也承认"存在着例外"。

那么,什么是这些例外的本质呢?什么样的沟通行为能够使非裔美国妇女认为白人妇女的谈话是发自内心的,而非"装模作样"的呢?这是一个复杂的问题,因为不同的黑人妇女谈话者(或者说许多黑人妇女谈话伙伴和白人妇女谈话伙伴)会给出不同的答案。我愿意基于我本人的跨种族关系和我庞大的非裔美国女友、亲戚、学生和熟人网络,简要地给出回答。[12] 我已选择了答案——一位尊敬黑人妇女并想与其建立友谊的白人妇女永远不要说三句话:(1)"我压根儿就没注意到你是个黑人";(2)"你与大多数黑人不一样";(3)"我理解你作为一个黑人妇女的经历,因为……"

1."我压根儿就没注意到……"

第一种表述有时是这样的:"我们都一样,真的——都是人。"这种表述基于一种不正确的假定:文化差异、性别差异和代际差异不会导致不同的社会经验和对共享经验的不同阐释。

尽管没有种族主义倾向,但表述 1 实际上否定了黑人妇女的历史和现代经验的独特性。它表明说话者把黑色视为某种负面的东西。这是一个谁也"没有办法"解决的问题,因此白人朋友就应当对它视而不见。这种表述还否定了这种可能:黑色是有价值的,甚至表示高贵、显赫。许多黑人妇女认为我们的黑肤色是值得自豪的,这不仅因为许多卓有成就的非裔美国男女克服了种族主义的偏见而做出了重要贡献,还因为我们知道,我们的个人历史深受我们的肤色的影响。

此外,正如一位白人女学者指出的那样,当一个白人妇女说:"我们都很像……"时,她的意思通常是指"我能看出来你(一个黑人妇女)多么像我(一个白人妇女)",而不是说"我能看出我多么像你"。[13] 换言之,"都是人"表示"都是白人",就是在文化和行为举止方面和我相同的那些人,就是那些与我拥有同样的价值观与信仰的人,就是那些并不要求我知道他们具有不同的文化与历史,也不要求并且也不强调我必须尊重他们成为人的方式的人。这就是一种族群中心主义的说法。

尽管说过"我压根儿就没注意到……"的那位白人妇女没有种族主义的倾向,但我还是会把她的这种说法理解为彻头彻尾的种族主义。因为,它抹掉了我的种族文化体验(我是其中的一分子),并且用白人妇女的专用术语对它进行了重新界定。

2."你不一样……"

这个表述与表述 1 密切相关;我认为它是言者在努力抹掉黑人妇女身上的黑色。有时,在这种表述出现之前就已有了对黑人的其他负面表述或刻板印象("那个与我一起在南佐治亚州上高中的黑人女孩……""那些拿社会福利的黑女人……")。这暗示着,言者认为那儿有"可以认可"或"不可认可"的黑人妇女,或讨厌她们一下也可以的某些黑人妇女群体。

尽管我热切希望白人妇女看到非裔美国妇女中存在的多样性——尽管一些非裔美国妇女渴望摆脱我们社区中被她们(和白人妇女)视为不完美的人——但我认为,我们之中很少有人能看到潜伏在这个"分化并征服"(divide and conquer)的说法背后的种族主义。我与那个靠社会福利为生的可怜黑人妇女不同;我与她的个人历史不同,受的教育更多,有能力为我儿子提供更好的生活方式和机会。但我也有与她相同的东西;我们有相同的种族文化历史(在非洲和美国),我们一生都在与种族歧视和性别歧视做斗争。当我听到"你不一样……"时,我总是在想,"如果我能尊敬和认可与我不同的白人妇女,她们为什么不能尊敬和认可与她们不同的我呢?"

3."我理解你作为一个黑人妇女的经历,因为……"

我多次听过这个用许多方式有时甚至是奇怪的方式完成的句子,比如,"因为性别歧视和种族歧视一样糟糕","因为我看《考斯比秀》(The Cosby Show)","因为我也是少数族群群体的一员","因为我是犹太人……意大利人……我身体超重……"。

在这儿,言者可能想暗示她在努力了解我的文化群体或分享她本人遭受偏见的经历。我永远也不会弱化她的努力或去贬低她的此类经历。但类似的经历不应与相同的经历混为一谈;当你把偏见表述成"像你一样"时,我对偏见的体验就被抹杀掉了。此外,建立族群之间的关系没有捷径可言,也没有学习如何与来自另一种文化的人相处的替代性方法(例如,通过阅读或收看电视节目)。只有与人接触一段时间,才能开始建立族群之间的理解。

我认为"我理解你作为一个黑人妇女的经历,因为……"这句话代表的是白人妇女与非裔美国妇女要团结一心的愿望,也许,其动机来自这样的假定:在我们开始建立友谊之前,我们期待她们用她们理解其生活经历的方式理解我们的生活经历。但我没有对我的白人女友做出这种假定,我认为她们也没有对我做过这样的假定。我虽然可能知道许多白人妇女的生活经历和视角,但我永远也不能完全理解。不论我的朋友是黑人还是白人,我都不会假定我完全了解他们,我只是尊重所有的人。

我从未在我认可的白人女友口中听过上面提到的三种表述。她们不会把我们的文化差异视为真正友谊的障碍,而是把它们作为丰富和激活我们的关系的特征。

复习题

1."平等"是什么意思?平等交流的主要特点是什么?
2. 什么是"通用美语"?
3. 休斯顿说,许多非裔美国妇女能说两种语言。她是什么意思?

思考题

1. 在休斯顿的调查中,黑人妇女在描述沟通差异时着眼于人际技巧和策略,而白人妇女则关注词汇、语法和发音。你如何解释这种差异?这种差异有可能强化什么样的文化障碍?
2. 如果"通用美语"成为许多非裔美国妇女的"第二语言",那么,这有可能影响她们的沟通吗?
3. 你认为得体的沟通与用虚假方式进行沟通的区别是什么?如何才有可能弥合黑人和白人之间的这种文化差异?
4. 请解释"我们都一样,真的——都是人"这个说法如何会被阐释为缺乏敏感性,甚至代表着种族主义?
5."你与大多数黑人不同"这种表述如何否定了非裔美国人的多样性?

注释

1. Gwendolyn Etter-Lewis. (1991). Standing up and speaking out: African American women's narrative legacy, *Discourse and Society*, *II*, pp. 426—27.
2. Essed, p. 144.
3. Barrie Thorne, Cheris Kramerae, and Nancy Henley. (1983). Language, gender, and society: Opening a second decade of research, in their *Language, Gender, and Society*, pp. 7—24. Rowley, Mass.
4. Thomas Kochman. (1981). Classroom modalities, in *Black and White: Styles in Conflict*. Urbana: University of Illinois Press.
5. 135 名非裔美国妇女(职业人士、大学生、研究生)对开放式问卷进行书面回应时,自由地描述了包括她们自己在内的几个社会群体的谈话情况。由 100 名白人妇女组成的一个比较群体也回答了该问卷。Marsha Huston(Stanback) and Carol Roach, "Sisters under the Skin: Southern Black and White Women's Communication," 和 Marsha Huston, "Listening to Ourselves: Afrincan-American Women's Perspectives on Their Communication Style"报告了该问卷的初始发现。上述两份报告于 1987 年和 1992 年分别提交给了南方州传播学会(Southern States Communication Association)。
6. 对我所谓"美国标准普通话"的说话风格,其他人有时称之为"标准英语"。我喜欢前一种说法,因为它暗示说话(而不是写)的方式体现了品位和声望。因此,"美国标准普通话"比"标准英语"更具沟通性和文化的准确性。
7. 一些黑人妇女"转换"到更具黑人风格的说话方式时,改变的只是语调,而不是语法或词汇。discussions of the "levels" of Black English speech in Mary R. Hoover. (1978). Community attitudes toward black English. *Language in Society*, 7, pp. 65—87.
8. Barbara Smith and Beverly Smith. (1983). Across the kitchen table: A sister to sister conversation, in *This Bridge Called My Back: Writings by Radical Women of Color*, p. 119. (eds.) Cherrie Moraga and Gloria Anzaldua. New York: Kitchen Table/Women of Color Press.
9. Anita K. Foeman and Gary Pressley. (1989). Ethnic culture and corporate culture: Using black styles in organizations, *Communication Quarterly*, 33, pp. 293—307; and Michael Hecht, Sidney Ribeau, and J. K. Alberts. (1989). An Afro-American perspective on interethnic communication, *Communication Monographs*, 56, pp. 385—410.
10. Robin Lakoff. (1975). Why women are ladies, in *Language and Woman's Place*. New York: Harper and Row.
11. Mary McCullough, Women's friendships across Cultures: An ethnographic study (unpublished manuscript, Temple University, 1989).
12. 我承认,我选择这三种说法没有讲究"科学性",主要依据是她们的高经验有效性而非任何数据抽样。这些说法是在由我的黑人女友、黑人亲戚、黑人学生和黑人熟人组成的庞大网络中的妇女与白人妇女谈话时最经常讨论的问题;我与一群我不认识的黑人妇女分享我对这些观点的分析时,她们也暗示,她们经常听到这些说法,而且认为对此并不敏感。
13. Elizabeth Spelman. (1988). *Inessential Woman: Problems of Exclusion in Feminist Thought*. Boston: Beacon Press.

第三节 "哪条腿是我的好腿?":与残疾人的文化沟通①

道恩·O.布雷思韦特、查尔斯·A.布雷思韦特
(Dawn O. Braithwaite and Charles A. Braithwaite)

本文提醒我们,我们在和与我们的族群、性别或者年龄不同的人沟通时,是在进行跨文化沟通,但是情况并不仅限于此。这位资深作者是最著名的残疾人沟通权威。她和丈夫运用具体事例和重要理念,清楚地阐述了这种跨文化沟通形成的挑战,并提出了非常重要的"禁忌""处方"。

文章一开始呈现了几位与残疾人打过交道的人的报告。他们在报告中强调了他们遇到的沟通障碍。1990年,随着《美国残疾人法》(Americans with Disabilities Act, ADA)的通过,这个群体引起了全美的高度关注。尽管五分之一的美国人有某种类型的残疾,但多年来该群体几乎无人知晓。布雷思韦特夫妇指出:"过去,大多数残疾人被庇护起来并被制度化了,但在今天,他们是美国主流的一个组成部分。"这正是了解与残疾人沟通为何重要的另一个原因。

布雷思韦特夫妇解释了"残疾人独特的口头言语沟通和非口头言语沟通能产生构成独特社会现实的文化身份感"的原因。他们也说明了这种文化观念如何有助于弄清残疾人沟通者面临的挑战。他们面临的最大挑战是关系,包括健全人感受到的不确定性、不自在和窘迫感。

布雷思韦特夫妇解释说,许多残疾人自认为他们是少数群体或某种共文化(co-culture)②的一部分。为应对他们所面临的压力,他们像其他少数群体一样,不得不采取各种"平衡行动"。但是在这个共文化群体中,也存在着重要区别。所有残疾人都不"相同",犹如所有亚洲人或所有女人都不一样。

一个人将自己界定为残疾文化的一分子,这个过程是分步骤或分阶段进行的。一个人成为残疾人时,就会面临"特征隔离"(stigma isolation)。这一步聚焦于复原和面对所有随之而来的生理变化和挑战。第二步是"特征认知"(stigma recognition)。此时,残疾人意识到他或她的生活与关系都发生了巨变。许多残疾人拒绝承认这个阶段,试图尽量减少残疾所造成的影响。"特征编入"(stigma incorporation)是残疾人开始把她或他归入残疾人群体这一阶段的标志。在这一阶段,他或她开始承认残疾的正反方面,并研究应对策略。正如扮演超人的演员克里斯托弗·里夫(Christopher Reeve)在因事故致残后所言:"你要从一直追问'为什么是我?'和'这不公平'转变为

---

① "Which Is My Good Leg" by Dawn O. Braithwaite and Charles A. Braithwaite from *Intercultural Communication: A Reader*, 10th Edition. Edited by Larry A. Samovar and Richard E. Porter. Copyright © 2003, Thomson Learning, Belmont, CA.

② 主要指具有独特的感知力、价值观、信仰、行为及交际方式的,能区别于其他群体、团体和主流文化的一种群体文化。——译注

说'好吧,我还有什么潜能?'"

作者在文章结尾处列举了指导你与残疾人沟通的"禁忌"和"处方"。我希望你能从本文中认识到,你也能与这些人建立起人际关系,正如他们与其他人都能建立关系一样。

35岁的乔纳森(Jonathan)是一位思路清晰、聪明睿智的职业男士。他20岁时截了肢,从此坐上了轮椅。他回忆说,有一次他带一位健全的女士到一家不错的饭店用晚餐。女侍者过来请他俩点菜时,用一种谦卑、温和的声调问那位女士:"他想吃点什么呢?"晚餐结束后,侍者把写有乔纳森名字的支票递给了那位女士,并感谢她的陪伴、照顾。

金姆(Kim)讲述了她最近在机场的经历。"许多人不停地过来问能不能帮我推轮椅。我自己是完全可以推的。他们占了我的地方,还一直盯着我,要做我想做的事,做我乐意做的事;我愿意自己做事……所以我每一次都说:不用,我自己能做! 人们瞧着我,好像我是个怪人。你知道吗,他们可能是觉得我疯了或是不正常了。有个人开始推我的轮椅。我说(用生气的声调):别碰我的轮椅。这时,她看着我,好像我打了她耳光一样。"

杰夫(Jeff)是一个身体健全的学生,他和全班同学,包括坐轮椅的海伦(Helen),正在做一个小组项目。他提到了一件令他很难堪的事:"当时我想也没想,就对组里的人说,我们跑到学生会那儿去弄点儿咖啡来吧。我顿了一下,朝海伦看了一眼,突然想起她是不能走路的。我觉得自己像个傻瓜。"后来,海伦描述了杰夫做的那件事情。她回忆说:

> 在昨天聚会时,杰夫说:"我们跑到学生会那儿去……"随后,他就看了我一眼。我心想,他一边待着去吧。可事实上,我一点儿也不在乎。我自己也说过这样的话。看见杰夫很尴尬,我的心情也不好,可我不知道该说什么。后来,在小组聚会时,我故意对大家说:"我现在得溜了。"我希望杰夫注意到我并不在意他说的话。

最近攀登过珠穆朗玛峰的盲人登山运动员埃里克·韦享迈耶(Erik Weihenmayer)表明了残疾人经常用健全人的语言说话的另一事例。他在接受全国广播公司《今日秀》(Today Show,2001年6月12日)栏目主持人马特·劳尔(Matt Lauer)的采访时称,他乐意回家,这样,他就"能看到家人"。

我们可能很难相信这些情景是身有残疾者的常见经历,也很难相信这是残疾人与健全人沟通时经常碰到的事情。

《美国残疾人法》(残疾人的"权益法案")的通过,强调了这样一个事实:现在,残疾人是美国国内一个能够发声的庞大动力集团(Braithwaite and Labrecque, 1994; Braithwaite and Thompson, 2000)。日益增多的残疾人是美国文化中的一个重要群体。

在美国,每五个人之中,便有一个人有某种类型的残疾。这意味着残疾人是美国人口的一个组成部分(Cunningham and Coombs,1997;Pardeck,1998)。

残疾人数量增长的原因主要有两个。第一,随着美国人口老龄化和寿命延长,越来越多的人活得更长,因此出现了一些与年龄有关的残疾。第二,当今先进的医疗技术使残疾人能够战胜威胁生命的疾病和伤害,得以存活,而这种事情在过去是不可想象的。例如,1995年5月,演员克里斯托弗·里夫在骑马时发生意外,随后截了肢,身体严重残疾,但新型的医疗技术使他活了下来。

过去,大多数残疾人待在家里,还有许多人待在残疾人机构里,但是今天,他们是美国主流人群的重要组成部分。我们中间的每个人都与我们家里、朋友中或工作单位里的残疾人接触过。我们中间的一些人也有可能成为残疾人。比如,在游泳池跳水后成了瘫痪者的大学生玛利亚(Marie)说:

> 我知道我身边有残疾人,但我绝没想到我也会成为残疾人。我在这种事发生之前甚至不认识一个残疾人。那时,如果我看见一个坐轮椅的人,我肯定会觉得不舒服,而且不知道说什么好。

玛利亚的话道出了这样一个事实:许多健全人与残疾人互动时会觉得很难受。在美国文化中,残疾人在不断地生活、工作和学习,所以健全人和残疾人都需要知道如何沟通。

一、残疾与文化沟通

本文的目标在于把健全人与残疾人之间的沟通视为一种跨文化沟通(Carbaugh,1990)。我们这样说,是因为以后大家会看到,残疾人使用的是一种隐含着关于人、社会和重要行动的特定模式的独特话语密码……这些模式在质量上不同于健全人使用的模式。由于残疾人在美国社会里受到不同的待遇,所以,一些具有独特意义、规则和习惯的行为,便成了人们感知残疾人和健全人的文化差异的重要来源。残疾人使用的独特的言语沟通和非言语沟通,创造了那种构成独特社会现实的文化身份认同感……

二、残疾人沟通者面临的挑战

当我们秉持某种文化观去试图了解残疾人面临的挑战时,区分"残疾"(disability)和"残障"(handicap)的差别就显得非常有用。尽管人们在日常交谈中经常互用这两个术语,但它们有着相当不同的含义。这两个术语暗示着残疾人与大型社会之间的不同关系。"残疾"这个术语描述的是一个人借助某些手段能够克服或弥补的某些身体限制。克鲁和奥尔瑟尔斯坦(Crewe and Athelstan,1985)界定了可能影响残疾人的五大"关键生活功能":(1)运动;(2)就业;(3)自理;(4)社交关系;(5)沟通。一些残疾人常常可以借助辅助装置(如轮椅或手杖)、训练(如进行身体理疗方面的训练)、求助(如雇人当帮手)或通过接受专业治疗而寻求就业,以应对前面提到的三大关键生活功能对身体的挑战。

当身体条件与社会环境的互动妨碍了一个人的某些活动时,残疾便变成了残障(Crewe and Athelstan,1985)。一个截肢的残疾人可以利用轮椅、路面斜坡,或坡道,但当建筑物或公共交通工具不允许残疾人使用轮椅时,他或她就成了残障者。当一个社会愿意并且能够有所调整,残疾人就能获得力量,生活越来越独立。这些对他们的自尊和健康至关重要(Braithwaite and Harter,2000;Cogswell,1977;DeLoach and Greer,1981)。对于残疾人来说,自我控制和独立性极为重要。但这并不是说残疾人总是否认自己的身体条件,而是意味着他们愿意寻求应对疾病和好好生活的能力。

很重要的一点是:根据人体状况而设计的生活设施不仅对残疾人是有用的,对健全人也一样有用。我们大多数人不会想到:如果没有这样的设施,就会出现大面积的残障。比如,我们的办公室在办公大楼的顶层。我们知道,一幢大楼里楼梯会占去很大的空间。楼梯所用的空间至少在每层楼占了一个办公室。因此,人爬上二楼最节省空间的办法就是使用一条绳子,这样只需在每层楼留一个小小的空间就行;然而,我们之中,只有少数几个人能够借助绳索爬上二楼,一旦没有楼梯或电梯,我们就会成为残障者。一个学生抱着一大摞从图书馆借来的书前行时,自动门、斜坡、电梯和大门厅都成为能够使用和观赏的重要环境设施。当外在环境不能被调整,以弥补我们的身体缺陷时,我们所有人的身体局限都会成为残障。

1. 与残疾人建立关系时面临的挑战

尽管我们有可能看到并要应对与运动、自理和就业有关的身体挑战,但要应对社交关系和沟通这两大生活功能带来的挑战却常常更加困难。残疾人化解社交障碍,比认识并改善身体障碍要困难得多。科尔曼和德保罗(Coleman and DePaulo,1991)把这些社交障碍称为"心理残疾"。当人们非常看重"身体和身体魅力"时,"心理残疾"甚至是更加常见的现象(p.64)。

当残疾人与健全人开始建立关系时,更大的挑战是难以形成新的关系。对健全人而言,这与缺乏与残疾人互动的经验有关,在如何与残疾人交谈方面也存在着高度不确定性。健全人不知说什么好或不知如何采取行动,因为他或她担心说了错话,做了错事,或伤害了残疾人的感情。这与本文开篇列举的例子,即杰夫对其小组成员海伦所做的事情特别相似。结果,人们可能会高度敏感,行动上拘谨、自控和僵硬,因为他们感到不舒服和不确定(Belgrave and Mills,1981;Braithwaite 1990;Dahnke,1983;Higgins,1992)。然而,健全人可能会尝试进行得体的沟通。"他们希望自己的行为能让残疾人接受,但可能无意中施与了残疾人不想要的同情,或不知不觉就采取了冒犯的行为来照顾残疾人"(Higgins,1992. p.105)。

有趣的是,研究者业已发现,一个人的残疾类型不会影响健全人对他们做出反应的方式(Fichten et al.,1991)。因此,高度不确定性会对人际互动和关系发展产生负面影响。避免与人接触比不知如何做或如何说要来得容易些。尽管减少不确定性理论(Uncertainty Reduction Theory)可以被过分地简化(特别是当它被用于正在进行的关系中时），但是，当我们与一位陌生人或已相识的残疾人互动时，它倒能帮助我们理解残疾人最初可能感受的某些不适。

即便一位健全人试图"说得体的话"，希望用残疾人能接受的方式进行沟通，他或她的非言语行为还是会导致别人拒绝沟通和避免沟通（Thompson，1982）。例如，残疾人发现，许多健全人可能会与之保持较大的身体距离，避免目光接触，避免谈及残疾，或打断谈话（Braithwaite，1990，1996）。在此情况下，一个人的残疾成了社会环境中的一种残障，因为这可以阻断与健全人的关系的发展，因为健全人会发现这种互动让他感到极不舒服。总而言之，健全人对残疾人的文化持有许多刻板印象。科尔曼和德保罗（1991）讨论了一些有关残疾人的刻板印象：

> 例如，他们（健全人）常常把他们（残疾人）看作依赖他人的人，自我封闭，情绪波动，闷闷不乐，高度敏感，极易被冒犯，特别是在他们的残疾问题上。此外，残疾人还经常被视为在道德特征、社会技能和政治取向方面与健全人不同的人（p.69）。

我们与健全人讨论有关与残疾人互动的话题的长期经验显示，许多健全人发现想想这些互动的前景就令人不快。他们说，他们担心说错话，做错事，担心使残疾人难堪或伤害残疾人。此外，健全人常常发现他们自己就陷于一种别人期望他们如何，或他们自己觉得应该如何行动的矛盾的观点中。一方面，人们教导他们"要帮助残疾人"；另一方面，又让他们平等对待所有人。美国人通常会把别人概念化为"拥有权利"和"能自我选择"的"个人"（Carbaugh，1988）。然而，当一个健全人与一个残疾人相遇时，这种个人模式便陷入了行动上的困境。例如，一个健全人应当帮一位残疾人开门吗？或者，当一个残疾人摔倒时，一个健全人应当把他扶起来吗？健全人非常害怕说错话，比如对一位盲人说"等会见！"或对一位坐轮椅者说"你怎么不在回家的路上逛逛商店呢？"结果，人们干脆觉得，回避与残疾人互动的环境，可能比承受面对他们时的不舒服或不确定性要容易得多。

多数残疾人能意识到许多健全人的这些感觉和担忧，这个事实并不让人惊讶。事实上，在访谈中，残疾人称他们"能洞察"身边的人谁感觉不舒服或谁感觉舒服。他们能够细致地描述健全人在努力避免和残疾人接触的窘态中使用的语言和非语言信号（我们在前文描述过）（Braithwaite，1990，1996）。残疾人称，他们遇到健全人时，希望摆脱那种不愉快感，希望健全人能把他们当作"任何其他人"对待，而不只是看到他们的残疾（Braithwaite，1991，1996）。在大多数情况下，他们常常会创造沟通的方式，满足自己的需要，而且在可能的情况下，他们会帮助健全人减少不确定性和不快感（Braithwaite and Eckstein，2000）。例如，两名坐轮椅的残疾人描述了他们需要在停车场请陌生人帮助他们下车时的情景：

> 哦，我有手机，我给商店打电话，告诉商店经理或其他什么人："喂，我们在一辆白色中巴里，如果你从窗户往外看，就能看见我们！我们俩都坐轮椅，你能出来帮我们下车吗？"

这两个人描述了他们如何避免让健全的陌生人陷入可能不愉快的沟通情景。

2. 回归残疾文化

大多数残疾人都把自己看作一个少数群体或共文化的组成部分。在某些受访者看来,这种界定已超越了残疾人的界线。另一些受访者则认为这个界定还不够宽泛;当他们想起残疾人时,想到的还只是与他们同类型的残疾人。例如,有些有运动障碍的残疾人谈到残疾人时,还会讲到盲人或聋哑人,而其他人则只谈及其他轮椅使用者。然而,不论他们的界定是狭窄还是宽泛,许多人都会把自己视为少数文化的一个组成部分。例如,一位受访者称,残疾人"就像《西区故事》(*West Side Story*)一样,就像托尼(Tony)和玛丽亚(Maria)一样,就像白人和波多黎各人一样。他们都怕对方;对对方的文化一无所知。人就是人"。

残疾文化中的成员与美国其他文化群体中的成员的经验具有某些相似之处。许多受访者认为,自己的经验与其他文化群体的成员的经验相似,特别是与美国有色人种的经验相似。受访者还称,成为残疾人时,他们就丧失了身份认同和权力;他们认为,许多人与他们在一起感到不舒服,仅仅因为他们与健全人不同。

谈及文化观念时,重要的是要认识到,并非所有人都会采取同样的方式来对待文化。一些人生来就是残疾人,一些人则是后来才成为残疾人。对后天残疾者而言,残疾文化的成员资格是经过一段时间后才获得的。对于一些人来说,这种认识是一个渐进过程,就像一个得过多种硬化症之类的退化性疾病的患者一样,他是历经多年才患上此病的。对某些突然致残者而言,比如在事故中颈部受伤,"一觉醒来四肢瘫痪",从大多数(一个"正常"人)变成少数(残疾人)可能只需要几秒钟。这种突然进入残疾文化的过程,给一个人重新界定生活的所有方面和调整带来许多重大挑战(Braithwaite,1990,1996;Goffman,1963)。

如果残疾是一种文化,那么一个人何时会成为该文化的一分子呢?尽管一个人身体致残,但他或她如何重新界定自己——从"健全人"到非残疾人再到残疾人,是一个漫长的发展过程。重要的是我们应当了解,身体残疾并不意味着一个人马上就能意识到自己是残疾文化的组成部分了(Braithwaite,1990,1996)。事实上,对大多数人来说,从健全人调整到残疾人需经历一系列阶段(Braithwaite,1990;Deloach and Greer,1981;Padden and Humphries,1988)。德洛克和格里尔(DeLoach and Greer,1981)描述了一个人从健全人到残疾人的调适要经历的三个阶段:特征隔离、特征认知和特征编入。他们所建立的模型有助于我们理解人们在向残疾文化调整的过程中所发生的一切。在这个过程中,残疾人从最初只关注自己的残疾发展到接受自己成为残疾文化的一员。

第一个阶段,即特征隔离,发生在(一个人)身体致残之时。此时,人们的注意力聚焦于身体复原和他们正在经历的身体变化和挑战。他们可能尚未注意到他们与其他非残疾人在社会关系和沟通方面所发生的变化。

第二个阶段,即特征认知,发生在人们致残后。他们认识到自己的生活和关系业已发生巨大变化,他们努力寻求减少其残疾造成的影响的办法。他们可能试图重返正常生活和原有关系。这可能是一个痛苦的过程,因为发生的事情常常超出残疾人最初的认识。特别是新近致残者试图重建旧有关系时,可能发现他们的老友已对自己感觉不舒服了,或者发现,他们不在一起活动,友情便会逐渐消失。此刻,残疾人开始意识到,他们现在已不像从前那样,可以在同一个文化群体中互动了。他们开始把新文化渗透到自己的身份认同和行为举止之中(Braithwaite, 1990, 1996)。

第三个阶段就此开始,这就是德洛克和格里尔(1981)所称的特征编入阶段。此刻,残疾人开始把残疾融入自己的身份认同和自我界定。他们既能看到残疾者的积极面,也能看到残疾者的消极面,并且开始探讨克服和应对残疾的消极面的办法(DeLoach and Greer, 1981)。在这个调整阶段,残疾人开始探讨行为举止和沟通之道,以便能够在非残疾文化中表现正常(Braithwaite, 1990, 1996)。这就是莫尔斯和约翰逊(Morse and Johnson, 1991)所谓的"恢复身心健康"。此时,新近致残者重新掌握自己的生活和关系,他们尽可能独立生活,适应在自己的生活中做事的新方式。此刻,他们开始找到与其他健全人进行沟通的方式,帮助他们进入残疾人文化,同时作为健全人文化的组成部分生活(Braithwaite, 1990, 1991, 1996; Braithwaite and Labrecque, 1994; Emry and Wiseman, 1987),或者像残疾人研究者苏珊·福克斯(Susan Fox)所说的那样进行互能沟通和互群沟通(interability and intergroup communication)(see Fox et al., 2000)。

在此阶段,残疾人把自己的残疾角色编入其身份认同和生活。有个人说:"你还是以前的你,只是你不能像从前一样做事。"另一个人这样说:"如果有人说我是截肢者,那比让我下地狱还让我抓狂!我承认我的腿截过肢,但我就是我。我是一个完整的人,一个人。"在这个阶段,一个人的生活既可能发生积极变化,也可能出现消极变化。一位女士说:

> 我对别人说,这是我遇到的最糟糕的事情,也是一件最好的事情。它迫使我思考我对自己的感觉。我的信心在我身上,而非在别人那儿。作为一个女人,我不依靠衣服和身材,而是依靠我的内秀。

在发生致命事故后四个月,克里斯托弗·里夫在接受巴巴拉·沃尔特斯(Barbara Walters)的访谈时提出了特征编入的概念:

> 你也会像我一样慢慢发现,你的身体不是你的全部。思想和精神必须高于这一切。这就是当你从不停地发问"为什么会是我"和"这不公平"过渡到"好吧,我还有什么潜能"时面临的挑战。现在,四个月过去了,我看到我不能再拥有6月份在弗吉尼亚时拥有的机遇和潜能。我真正快乐地生活比什么都重要。每一刻都比过去更值得珍惜。

我们从这个例子中可以看到,特征编入变成残疾文化的组成部分是一个需要时间的发展过程。

三、重新定义健全人文化中的残疾观

最后,残疾人重新定义自己的文化成员的身份认同时,正如他们重新界定一种残障时一样,也关注在范围更广泛的文化中改变人们的残疾观念(Braithwaite,1990,1996)。大多数残疾人认为自己就是残疾问题的公共教育家。他们花费时间讲述那些教育儿童和成年人认识残疾人的意义的故事。他们积极主动地工作,改变人们对他们的看法,不让人把他们看成是无助者、无辜受害者或病人,争取让社会正确地对待他们。一位坐轮椅的残疾人说:

> 人们不看你,他们首先看到的是轮椅。有一次我在商店里购物,我把我买的东西和钱放在腿上。店员瞧了瞧我的护理者,没有看我就说:"付现金还是刷卡?"

在各种形式的访谈中,每个人都与这名店员所做的事情大致相同。在本文开始,乔纳森在约会中碰到的情形也是如此。一名患过多种硬化症的女士坐着轮椅,讲述了她与丈夫在商店买内衣的事。他们来到内衣柜台前,店员只是不断地问她丈夫:"她要什么号码的内衣?"这位女士把号码告诉了店员,店员又看着她的丈夫说:"她要什么颜色?"

残疾人认识到,大多数健全人通常首先把他们看成残疾人,然后才把他们看成是人。在所有访谈中,残疾人表达的最常见主题就是,他们希望人们首先把他们当人对待。一位男士说,他认为让人们记住这一点很重要:"许多人以为残疾人低人一等。我发现这完全不对。健全人应重新给残疾人权力,让他们有权力。"受访者拒绝那些不把他们当人看的事情。一位患肌肉营养失调症的男士谈到一部流行的关于劳动节的电视连续剧时说:

> 我不相信那些电视连续剧……它们实在难看,绝对难看。他们自怨自艾。残疾人不需要那个。他们先打击人们的态度,接着又想方设法去安抚他们的感情。但这部电视剧却让人难以忘记。

一位男士建议采取他认为较有用的办法:

> 我关心的是任何能够消除"我们"和"他们"之间的区别的事情。不错,从解剖学上讲,我们有所不同,但我们是两个活人!而且,当我们能够一起坐下来面对面地沟通时,越早沟通,就越好!

从个人和集体角度看,残疾人都会在身份认同上把自己视为某种文化的一分子。他们参与重新界定自己、重新界定残疾人的过程。他们渴望帮助健全人内化这种认识,把残疾文化中的人重新界定为"首先是人"。

四、结论

我们业已讨论过的研究,突出了从文化视角看待残疾问题的有用性。残疾人的确承认自己是某种文化的组成部分。从这个角度进行沟通和建立关系,为人们应对现存的沟通挑战提供了新的思路。不久前,埃姆利和怀斯曼(Emry and Wiseman,1987)首先提出了对残疾问题进行跨文化训练的有用性。他们呼吁人们改变对残疾人的态度。显而易见,这些访谈表明,残疾人似乎都赞成他们的观点。

我们希望你能了解并运用跨文化沟通的理念和技巧,能够运用这些知识去与生活在残疾文化中的人进行沟通。最后,我们相信,如果残疾人自己学习跨文化沟通,逐渐了解残疾文化的方方面面,也能更好地理解自己的经验。

我们建议与残疾人进行沟通的健全人运用跨文化视角,并注意下述禁忌和提供的处方:

禁忌:
- 因为你感觉不舒服或没把握就干脆回避与残疾人沟通。
- 假定残疾人不能自己说话或不能自己做事。
- 强行帮助残疾人。
- 除非应残疾人要求,否则你不能使用"残障""身体面临挑战""跛子""受害者"等词语。
- 以为用某种残疾就能界定一个人。

处方:
- 要记住,残疾人明白他人与之接触时会感到不舒服,他们可能懂得你的感受。
- 要假定残疾人能够自己做些事情,除非他们要求获得帮助。
- 让残疾人告诉你他们需要什么东西,何时需要。如果一位残疾人拒绝你的帮助,你就别再坚持提供帮助。
- 要用"残疾人",不要用"残障人"之类的词语。目的是先强调人,而非先强调残疾。
- 遇到残疾人时要首先把他当作人对待。这意味着你应主动积极地寻找与你说话者的人性,着眼于个人特点而非身体外貌。你与一个人沟通时,应在不弱化此人有身体残疾的同时,努力看到此人的许多其他方面。

复习题

1. 描述布雷斯韦特夫妇提出的残疾人数量日益增加的两大原因。
2. 请解释人们决定把残疾人作为一个文化群体对待的合法性。
3. 请解释"残疾"与"残障"的差别。
4. 残疾人在关系方面面临的主要挑战是什么?
5. 请解释许多残疾人需要保持的"平衡行为"。

6. 描述特征隔离、特征认知和特征编入。

思考题

1. 当你与一个显然有残疾的人沟通时,你的舒服程度如何?如果你觉得相当舒服,你如何帮助他人拥有这种舒服感?如果你觉得不舒服,你怎样减少不舒服感?

2. 如果你是一个健全人,你可能想"说得体的话",但你与残疾人沟通时,可能会出现尴尬的局面。你如何解决这个问题?

3. 残疾人强烈渴望别人首先把他当人对待,而不是首先把他当成残疾人。你与残疾人沟通时,如何满足这种渴望?

备注

本章的引语和故事源自作者与身体明显有残疾者的深度访谈。为了保护他们的隐私,受访者的姓名已更改。

参考文献

Belgrave, F. Z., and Mills, J. (1981). Effect upon desire for social interaction with a physically disabled person of mentioning the disability in different contexts. *Journal of Applied Social Psychology*, 11, 44—57.

Braithwaite, D. O. (1990). From majority to minority: An analysis of cultural change from nondisabled to disabled. *International Journal of Intercultural Relations*, 14, 465—483.

Braithwaite, D. O. (1991). "Just how much did that wheelchair cost?": Management of privacy boundaries by persons with disabilities. *Western Journal of Speech Communication*, 55, 254—274.

Braithwaite, D. O. (1996). "Persons first": Expanding communicative choices by persons with disabilities. In E. B. Ray (Ed.), *Communication and disenfranchisement: Social health issues and implications* (pp. 449—464). Mahwah, NJ: Lawrence Erlbaum.

Braithwaite, D. O., and Eckstein, N. (2000, November). Reconceptualizing supportive interactions: How persons with disabilities communicatively manage assistance. Presented to the National Communication Association, Seattle, WA.

Braithwaite, D. O., and Labrecque, D. (1994). Responding to the Americans with Disabilities Act: Contributions of interpersonal communication research and training. *Journal of Applied Communication*, 22, 287—294.

Braithwaite, D. O., and Harter, L. (2000). Communication and the management of dialectical tensions in the personal relationships of people with disabilities. In D. O. Braithwaite and T. L. Thompson (Eds.), *Handbook of communication and people with disabilities: Research and application* (pp. 17—36). Mahwah, NJ: Lawrence Erlbaum.

Braithwaite, D. O., and Thompson, T. L. (Eds). (2000). *Handbook of communication and people with disabilities: Research and application.* Mahwah, NJ: Lawrence Erlbaum.

Carbaugh, D. (1988). *Talking American.* Norwood, NJ: Ablex.

Carbaugh, D. (Ed.). (1990). *Cultural communication and intercultural contact*. Hillsdale, NJ: Lawrence Erlbaum.

Cogswell, Betty E. (1977). Self-socialization: Readjustments of paraplegics in the community. In R. P. Marinelli and A. E. Dell Orto (Eds.), *The psychological impact of physical disability* (pp. 151—159). New York: Springer.

Coleman, L. M., and DePaulo, B. M. (1991). Uncovering the human spirit: Moving beyond disability and "missed" communications. In N. Coupland, H. Giles, and J. M. Wiemann, (Eds.), *Miscommunication and problematic* talk (pp. 61—84). Newbury Park, CA: Sage.

Covert, A. L., and Smith, J. W. (2000). What is reasonable: workplace communication and people who are disabled. In D. O. Braithwaite and T. L. Thompson (Eds.), *Handbook of communication and people with disabilities: Research and application* (pp. 141—158). Mahwah, NJ: Lawrence Erlbaum.

Crewe, N., and Athelstan, G. (1985). *Social and psychological aspects of physical disability*. Minneapolis: University of Minnesota, Department of Independent Study and University Resources.

Cunningham, C., and Coombs, N. (1997). *Information access and adaptive technology*. Phoenix: Oryx Press.

Dahnke, G. L. (1983). Communication and handicapped and nonhandicapped persons: Toward a deductive theory. In M. Burgoon (Ed.), *Communication Yearbook 6* (pp. 92—135). Beverly Hills, CA: Sage.

DeLoach, C., and Greer, B. G. (1981). *Adjustment to severe physical disability. A metamorphosis*. New York: McGraw-Hill.

Emry, R., and Wiseman, R. L. (1987). An intercultural understanding of nondisabled and disabled persons' communication. *International Journal of Intercultural Relations*, 11, 7—27.

Fichten, C. S., Robillard, K., Tagalakis, V., and Amsel, R. (1991). Casual interaction between college students with various disabilities and their nondisabled peers: The internal dialogue. *Rehabilitation Psychology*, 36, 3—20.

Fox, S. A., Giles, H., Orbe, M., and Bourhis, R. (2000). Interability communication: Theoretical perspectives. In Braithwaite, D. O., and Thompson, T. L. (Eds). *Handbook of communication and people with disabilities: Research and application*, (pp. 193—222). Mahwah, NJ: Lawrence Erlbaum.

Goffman, E. (1963). *Stigma: Notes on the management of spoiled identity*. New York: Simon and Schuster.

Herold, K. P. (2000). Communication strategies in employment interviews for applicants with disabilities. In Braithwaite, D. O., and Thompson, T. L. (Eds). *Handbook of communication and people with disabilities: Research and application* (pp. 159—175). Mahwah, NJ: Lawrence Erlbaum.

Higgins, P. C. (1992). *Making disability: Exploring the social transformation of human variation*. Springfield, IL: Charles C Thomas.

Lyons, R. F., Sullivan, M. J. L., Ritvo, P. G, and Coyne, J. C. (1995). *Relationshipsin in chronic illness and disability*, Thousand Oaks, CA: Sage.

Morse, J. M., and Johnson, J. L. (1991). *The illness experience: Dimensions of suffering*. Newbury Park, CA: Sage.

Padden, C., and Humphries, T. (1988). *Deaf in America: Voices from a culture.* Cambridge, MA: Harvard University Press.

Pardeck, J. T. (1998). *Social work after the Americans with Disabilities Act: New challenges and opportunities for social service professionals.* Westport, CT: Auburn House.

Thompson, T. L. (1982). Disclosure as a disability-management strategy: A review and conclusions. *Communication Quarterly, 30*, 196—202.

Worley, D. W. (2000). Communication and students with disabilities on college campuses. In Braithwaite, D. O., and Thompson, T. L. (Eds). *Handbook of communication and people with disabilities: Research and application* (pp. 125—139). Mahwah, NJ: Lawrence Erlbaum.

第十二章
促进对话

第一节 什么使对话别具一格?[①]

丹尼尔·扬克洛维奇(Daniel Yankelovich)

特别是在过去的几十年里,许多当选官员、教师、培训者、经理和社区活动人士,一直在呼吁进行更多的"对话"。显然,这个术语对不同的人有不同的含义。国家与地方当选官员希望与选民进行双向沟通。全国各个校园的教师希望在课堂上减少授课时间,增加积极参与和开放性的沟通。福特公司、波音公司、英特尔公司和数百个小型公司的经理们,希望用团队合作、权力分享和"漫游与交谈式管理"(management by wandering around and talking)取代指挥—控制式的等级制管理。波士顿、法戈、阿尔伯克基、库佩蒂诺、伦敦、耶路撒冷、奥尔堡、堪培拉、南非开普敦和其他十几个城市的社区活动家,鼓励拥有多元背景和宗教信仰完全不同的人彼此尊重,坦诚相待,而非相互拆台,搞倒对方。他们也力求敦促政敌们通过促进积极的、和解的谈话取代扭曲的媒介运动、极端性的夸大其词和暴力行为。

扬克洛维奇的文章清楚地阐述了对话的定义和重要性,并把对话与辩论和讨论进行了对比,描述了对话式沟通的三大特点。扬克洛维奇在20世纪70年代创办了纽约时报/扬克洛维奇舆论调查公司,自此成为美国公共生活领域深具影响力的观察家。他也是哥伦比亚广播公司、奎维斯特公司(Qwest)和布朗大学(Brown University)的董事会主席。他还创立了其他几个机构,包括观点学习公司(Viewpoint Learning),该公司在美国和加拿大以对话为基础,提出了学习和领导的理念。

扬克洛维奇称,他是在以社会科学家的身份研究舆论时,才逐渐信服对话的重要性。历经30余年的研究之后,他和同事们发现,人们彻底认识到民主之说的虚假不实。托马斯·杰弗逊(Thomas Jefferson)等人开创了这样一种认识传统:信息灵通的公

[①] "What Makes Dialogue Unique?" by Daniel Yankelovich reprinted with the permission of Simon & Schuster Adult Publishing Group, from *Magic of Dialogue* by Daniel Yankelovich. Copyright ⓒ 1999 by Daniel Yankelovich. All rights reserved.

众与民主的成功运作密不可分。持这种观点者认为,生活在一个民主社会里,人民一定是从新闻报道和其他专家的意见中获取信息。但是民调显示,即使在美国这样一个有充分民主传统的国家里,公众对许多基本事实仍然无知无觉。例如,许多人不知道最高法院院长的名字,也不知道他们自己选区的参议员的名字。扬克洛维奇写道,然而,"在关乎民主的未来的至关重要的问题上,公众的评价经常是正确无误、深思熟虑,有时甚至是很深刻的"。那么,怎样才能让公众获取信息呢?

"我经过多年研究方知,公众主要是通过与他人的互动、对话和意见讨论来形成自己的观点。"正因如此,扬克洛维奇认为对话至关重要。当用来教育公众的非正式沟通事件(informal communication events)多属于独白(monologic)——布伯所谓的我—它关系(I-It relationship)时,人们很少对此表示满意,而且更容易做出糟糕、错误的决定。"在遇到麻烦时,在问题真正显露出重要性时,当机制在未来遇到风险时,人们需要的正是积极参与对话而非热衷于分析事实。"

扬克洛维奇解释说,对话的第一要义是"平等而不施加胁迫性影响"。在对话之外,由于社会地位、受教育程度或经验类型上的差异,人与人之间往往存在着很大不同。"但在对话属性的内部,平等必须占据主导的地位。"

对话的要义之二是"移情式倾听"。扬克洛维奇在其他文章中指出,有一种能发动对话,或把一场辩论或讨论转变成对话的方法,这就是主动显示移情的姿态,真诚而详细地阐释他人的观点。

对话的第三个要义是"把假定公开化"。假定是在"表达意见"之后出现的想法或观点。它们显然因人而异;通向对话的关键一步,就是让各方分辨和指出这些多层叠加式的假定(layered assumptions),将思考中的假定转变为公开讨论的话题。虽然,这样做有可能不会使各方意见归于一致,但是,对话的要点并不是使意见相同,而是要促进人们的交流,体现为相互尊重和文明礼貌式的沟通。

从某种意义上说,这篇文章和本部分的其他文章总结了几种情景下全书所描述的沟通类型。对话虽然不是排解世界上所有麻烦的万能良策,但是,正如扬克洛维奇和其他许多人揭示的那样,这种沟通的确拥有转变许多有害的人类互动的力量。

在美国公共电视台《吉姆·莱勒的新闻时间》(NewsHour with Jim Lehrer)栏目中,最后几分钟常常用来播放"与戴维·格根的对话"("A Dialogue with David Gergen")。在这个部分,格根采访时事新闻中的某个人物。这个对话栏目与其他电视访谈栏目的不同之处在于,格根的提问表明,实际上,他业已阅读了被采访者撰写的著作或文章,因而他能给出准确、智慧的评论。虽然这已是普通电视栏目的一种全新变革,但还不是我与其他实践者所使用的"对话"这个术语的含义。

我在写下这些话时,我面前的书桌上放着题为"对话"的书籍和文章。读者很难在大多数书籍和文章中区分所谓对话与其他形式的谈话的差异。似乎没有什么能把它们区分开来。有些作者虽然交流了富有见地的观点,但对话仍然还是作为一个普通术语,用来形容两个人之间的交谈。

如果你随意询问几人何为对话,你就会听到几种不同的回答。即使最近,甚至专家们也无法区分对话与普通谈话、意见讨论、辩论或其他形式的谈话之间的差别。虽然马丁·布伯和汉娜·阿伦特(Hannah Arendt)等分散在各地的实践者已看到对话的特质,但直到20世纪80年代,各个不同领域的思想家才发现了对话的独特长处。当时,美国主流思想界对这个概念仍显陌生。

自此,对话这一主题获得了惊人的发展势头。近年来,200多个不同的社区发起倡议,让平常老死不相往来的群体彼此通过对话加强合作,以应对社区共同关心的问题。健康保障论坛(Healthcare Forum)认为对话技能对成为卓有成效的社区领袖至关重要。威廉·艾萨克斯(William N. Isaacs)在麻省理工学院(MIT)创立了商界的"对话项目研究"(Dialogue Project)。美国还有十几个类似的研究项目和中心。现在,对话在领导、管理、哲学、心理学、科学和宗教等不同领域,如雨后春笋般地发展成了一个重要课题。

一、整合 4D

当专家们打算以精准的方式来使用"对话"一词时,大多数人并不想费劲地把对话与普通谈话加以区别,结果导致对话一词的使用语义含糊。人们永远也弄不清如何使用对话这个词语,也不知道何为对话。

我想语义含糊的问题不会持久。随着对话的理念日益深入人心(现在便是如此),澄清对话含义的需求将会明显增加,对话的独特性也会逐渐得到广泛认可。其他特定形式的对话也面临过类似情况。反思一下陪审团的商议、外交谈判、精神疗法、冲突排解小组、技术小组、质量集团、组织团队、董事会会议、培训讲习班和会议等情况。起初,所有这些谈话形式都只是源于为某种特定目的服务的模糊想法。现在,人们把所有谈话形式都进行了不同程度的编码和格式化,以便充分利用它们的独特能力。

然而,人们在对话时并未出现这种情况。大多数人仍然继续交叉使用4D,即对话(Dialogue)、辩论(Debate)、讨论(Discussion)和商议(Deliberation)。这种讲话习惯无须使对话技巧复杂化,对话所需技巧也并不神秘、深奥。事实上,许多对话技巧是显而易见的,比如逐步学会倾听。在说出和掌握对话技巧之前,必须消除在使用的混淆中存在的复杂性。这就好比在长有灌木、深根和树桩的森林里架设帐篷一样。架设帐篷可能要比清理出一片空间更为省事。

二、交汇领域

幸运的是,对话实践者在如何区分对话与其他谈话形式的问题上看法大都一致。最明显的地方是把对话和辩论、讨论进行对比(商议,即第四个D,是任何讲话形式中都有的思维方式和反思)。

1. 辩论

所有对话实践者都强调，辩论是对话的对立面。辩论的目的是要赢得一个论点，击败对手。对话的目的则截然不同。如果说某人"赢"了一场对话或"输"了一场对话，这不可能是对话。在对话中，所有参与者要么一起获胜，要么同时认输。我们应当摒弃对话必分胜负的想法。对话者认识到，破坏相互了解的最糟糕方式，就是为了自己赢得辩论而牺牲他人的利益。

可以设想有这样一小群邻居。他们中的部分人在政治上持有自由的观点，而另一些人则站在保守的立场上。他们正在谈论如何改善学校的环境。刚开始，谈话进行得彬彬有礼。他们都有孩子在这里上学，知道教育对他们孩子的未来有多么重要。作为邻居，他们关心许多社区问题，其中最重要的关注点是教育。他们在寻找那些能破解难题和麻烦问题的答案。

就在他们全都开始认识到学校面临的障碍时，小组中的一位自由派人士开始攻击保守派支持学校的一项选择。他的理由是这一选择损害了美国的公共教育。接着，小组中的一位保守派成员又做出回应，攻击学校一系列的自由改革。她说，这种改革在追求一种不切实际的平等思想时，牺牲了教育的质量。

现在，一种对立的气氛已渗透到了谈话之中。被攻击一方变得越来越防范，于是再次抛出试图击败对手的论点；他们不再为理解而倾听；他们现在的听是为了找到他人立场中的软肋，以便能驳倒对方。这一切都发生得如此迅速和自然，以至于没人注意到谈话已变成了辩论。有一件事情可以肯定：这种情况下不可能发生对话。

表 12.1 是根据我们当中最有才华的对话实践者马克·格尔松（Mark Gerzon）的著作改编的。这份表格对辩论和对话进行了对比，显示出实践者如何区分这两种谈话形式。

表 12.1 辩论与对话

辩论	对话
1. 假定有一个正确答案且你有这个答案	1. 假定许多人有答案且他们会一起找到一个解决方案
2. 挑战性：参与者试图证明他人错了	2. 合作性：参与者联手寻求共识
3. 谋求获胜	3. 寻求探索共同立场
4. 倾听，以发现他人的错误并进行反驳	4. 倾听，寻求理解，获得意义，达成共识
5. 进行辩护，以证明假定就是真理	5. 揭示假定，以便进行重新评估
6. 批评他人的立场	6. 重新考察各方的立场
7. 为自己的观点进行辩护，反驳他人的立场	7. 承认他人的思想能够改进自己的思想
8. 寻找别人在其他立场上的错误和弱点	8. 寻找他人立场中的长处和价值
9. 谋求能证明你的立场的结论或获取赞成你的立场的票数	9. 发现新的选项，而不是希望尽早收场

2. 讨论

辩论是对话的对立面，这个观点非常清楚。虽然讨论用于什么目的并不清楚，然而由于辩论介于讨论和对话之间，因此讨论比辩论更为重要，而这种差异最能揭示对话的独特品质。

用不争议（nondifference）的方式开始讲话很有用：两人之间的严肃谈话才是一种对话，有更多人参与的谈话是讨论。其实，这些都是一种错误的假定。这种人为的区分反映出人们根本没有弄清"对话"这个词语的字面含义。

我最近读到一本题为《卡尔·罗杰斯：论对话》（*Carl Rogers: Dialogues*）的书。此书收录了知名心理学家与马丁·布伯等著名学者进行的一系列谈话。由于该书的题目是"对话"，涉及世界上最有名的一些对话实践者，人们肯定指望从中找到真正的对话。显而易见，这也是编辑在选择该书的题目时所传递出的讯息。

我发现罗杰斯博士和其他人的谈话都很风趣，又很有煽动性，但我起初并未搞清他们为什么会进行这种被称为对话的谈话。这些谈话多是罗杰斯对观众的访谈，他不时插入自己的评语（类似戴维·格根在《新闻时间》里对其嘉宾的访谈）。在该书的结尾处，罗杰斯博士对马丁·布伯的访谈，终于让我们看到这些谈话之所以被称为对话的一些线索。访谈的评论者、哲学教授莫里斯·弗里德曼（Maurice Friedman）在结尾时对听众说："我们深深感谢罗杰斯博士和布伯博士的独特对话。在我的体验中，这种谈话是独特的，因为你们（观众）参与了一种三方对话（triologue），如果加上我，就是一种四方对话。"

弗里德曼教授做出了一个常见然而错误的假定，即对话的直接含义是"双边的"（two-sided）。然而，对话与数字"二"毫不相干。"对话"这个词源自两个希腊词：dia，有"通过"的含义（就像"diaphanous"一词，意即"通过"）；logos，含义为"词语"（word）或"意义"（meaning）。最著名的早期对话实践者之一戴维·伯姆（David Bohm）考证了对话的词根，他将其解读为：词语和意义从一个参与者流向另一个参与者。从移情的角度看，对话并不局限于两人之间的谈话。事实上，一些研究这个主题的作者相信，十几人和二十几人之间的对话是最佳对话。具有讽刺意味的是，在描述两位著名对话理论家罗杰斯和布伯的讲话时，人们错误地使用了"对话"一词。

那么，对话和讨论的差异是什么呢？其差异有三大显著特点。如果具备全部三点，讲话就变成了对话。当其中一点或两点缺失时，就是讨论或其他谈话形式，但不是对话。

（1）平等而不施加胁迫性影响

对话实践者认为，在对话中，所有实践者都必须平等相待。在对话之外，可能存在身份认同的差异，但在对话发生时，平等必须占据主导地位。在真正的对话中，对话者不应感受到压力，不应论资排辈，不应暗示因政治态度错误而可能受到制裁，也不应施加公开或间接的胁迫性影响。

在讨论中，经常存在一些微妙的胁迫性影响。一旦发生，它们不仅会影响平等，也会影响对话。罗杰斯—布伯访谈就显示出非平等的细微差异如何渗入到讲话的过程中。卡尔·罗杰斯称，他能与病人进行真正的我—你对话（I-Thou dialogue），完全是因为他可以移情于病人的思想和感情。可是令人惊讶的是，布伯否定了罗杰斯的推论。他指出，罗杰斯与病人的关系是不平等的关系，因为病人找罗杰斯是为了向他寻求帮助，相比之下，这些人却无法为罗杰斯提供帮助。布伯称，在这种不平等条件下，如果认为能够发生真正的对话，那只是一种误导。布伯所说的我与你之间的对话，不可能发生在不平等的医患关系中。理疗是可能存在的，但对话与理疗之间毫无关联。

地位和权力不平等的混合人群里虽然可以有对话，但对话难以成功进行。只有当信任业已建立，职位较高者消除其权力的象征，并以真正平等的身份参与时，对话才得以进行。身份不平等的参与者必须在建立相互信任之后，才能彼此以诚相待。布伯并未否认罗杰斯可能碰巧与他治疗关系之外（例如，在关乎社区的某个问题上进行对话）的患者进行了对话；他只是说，当人们受到正式的医患关系的约束时，不可能进行对话。

权势者容易陷入自欺欺人的想法，当自己盛气凌人时，却以为自己是在平等待人。在影片《第一骑士》（First Knight）中，亚瑟王（king Arthur）被塑造成一位高尚的圣人。他自豪地使用他的圆桌，以表明他本人在桌前没有任何特殊位置，他不过是骑士之中的一位而已。然而，事实上，每次圆桌会议做出决策时，都是亚瑟王在拍板或对决策施加影响。那么在判断谁是圆桌会议的老板时，一切都是显而易见的。圆桌虽然可以象征地位的平等，但现实是另外一回事。

虽然一张圆桌是对话的恰当象征，但是它意味着，除非参与者能平等相待，否则即使坐成圆桌的形式也是无法进行对话的。然而，正如该影片（无意中）清楚表明的那样，能让对话得以发生的那种平等，远远胜于一件圆桌式的家具所能带来的平等。

（2）移情式倾听

对话实践者还一致认为，对话参与者拥有对他人的观点进行彻底移情的能力是对话的第二个基本特点。在上述邻居们讨论学校标准的事例中，如果该小组中的自由派和保守派都不急于证明自己的观点正确，而是立足于把握他人的观点，那么，他们就有机会了解邻居们来自何处，他们为何会有那种感觉。

移情的能力是指按照他人的思想脉络进行思考、感知他人的能力，这是进行对话的必要条件。参与者彼此若不发生移情，讨论也会照常进行，但那只是讨论而已，不是对话。正因如此，讨论才比对话更为常见：人们发现，虽然在讨论中很容易表达自己的意见，可以与别人来回交换看法，但在大多数场合下，他们既无此动机也没耐心对他们可能不赞成或发现不能志趣相投的意见做出移情式的回应。

（3）把假定公开化

对话理论家宣称，对话与讨论的不同之处，是对话者必须关注那些人们最根深蒂固的假定。在对话中，参与者应当省察自己的假定和其他参与者的假定。这些假定一旦被公开化，就不能被随手丢弃，而是要尊重这些假定并加以考虑，即使参与者持有不同意见也必须如此。

例如,在非裔美国人和白人讨论福利等问题时,有些非裔美国人会认为某些白人是种族主义者。在大多数时间里,非裔美国人参与者会保持沉默,不做出回应,他们认为回应毫无用处。然而,有时也会有某个人这样说:"好像是一个种族主义者在评论我。"那位做出评论的白人要么沉默不语,心存愤懑,要么极力否认自己有任何种族主义的意图。无论呈现为何种方式,一种无法结束的紧张感都已进入了讨论。

在同一问题上,人们完全可以展开一种不同的真实对话。比如某人可以问问那些非裔美国人参与者:他们认为白人的说法中有没有暗含种族主义的意思?他们为何有这种想法?这时,参与者们就会毫无防范地琢磨如何回应这个问题。或者,一旦有人指责某人在搞种族主义,那么该小组成员就会暂停判断,集中精力考虑人们把什么样的假定带到了对话之中、如何判断什么是种族主义的说法。一旦挑明了此类假定,虽然(参与者的)分歧可能还会持续存在,但紧张程度将会被降低,而且彼此将会更好地相互了解。

戴维·伯姆强调,我们最根深蒂固的思维模式是在默认层面(tacit level)上产生影响的,这种思维模式制造了许多使我们彼此孤立的障碍。伯姆还强调人的假定与他们的自我意识之间的关联。实际上,他是这样说的:"当有关你是谁和你是什么等一些在生活中最重要、最根深蒂固的假定受到攻击时,你就会做出表明你个人正在受到攻击的回应。"

从论证角度讲,对话与讨论之间最突出的差别,就是把假定公开化并暂停判断的过程。在讨论中,参与者通常无视人们最内在的那种假定,因为触动它们违反了不成文的文明规则。如果有人提及它们,那么这些假定就会引起麻烦,或者诱使其他参与者要么表现出挑战性的行为,要么中止讨论并抽身离开。

在普通讨论中,当敏感的假定变成公开的假定时,气氛有可能变得日趋尖锐而令人不安。讨论有可能中断也有可能继续。之后,这种讨论可能被称为良好的讨论,也可能被称为糟糕的讨论。但是,这都不是对话。这个问题是一个关节点。对话的独特性要求参与者必须毫无约束地公开挑明自己的假定和其他参与者的假定,以使其他参与者在对话的安全范围内做出回应,但又不构成对他们的挑战或对他们做出评价式回应。

当敏感的假定被公开,人们如何能做到既不会急于去捍卫自己的观点,也不必忍气吞声或者公开表达愤怒和焦虑,就需要进行实践和训练。

思考一下"多重叠加"的假定(也就是说,假定后面的假定可能还存在着假定)。假定被分享得越广泛,它就越不需要自我审查,对它进行挑剔的人也越少。如果假定不经过查看,就会引发误解和误判。对话是极为稀少的沟通方法之一,它能让人用有效的方式公开自己并使自己能面对他人。

复习题

1. 解释辩论与对话的区别。对话与讨论有何不同？
2. 什么是"移情"？
3. 假设你正在与某人谈论某人的堕胎问题。请写出一个能够支持你的观点的假定。在这个话题上，你在与可能有分歧的人交谈时，如何口头表达这个假定？

思考题

1. 请再翻阅第二章中马丁·布伯的文章。布伯在哪里谈到了扬克洛维奇提出的具体建议？例如，你能看出布伯的"本相与表相"和扬克洛维奇有关"把假定公开化"之间的关联性吗？你能看出其他关联性吗？
2. （总统）候选人的辩论是美国政治竞选的一个重要组成部分。扬克洛维奇说这些辩论非常重要，甚至极具智慧。你对此有何看法？
3. 描述一下对话与信任的关联性。例如，对话如何取决于信任？对话怎样建立信任？信任又怎样促成对话？

第二节　对话的基本张力①

卡伦·泽迪克尔和约翰·斯图尔特

我的同事和朋友卡伦·泽迪克尔和我一起专门为本书撰写了以下这篇选文。该文的主要思想源自我们发表在期刊上的一篇题为《充满张力的道德实践对话》（"Dialogue as Tensional, Ethical Practice"）的文章。我们在此谈论的是我们所确信的对话的主要特点或特色，即当你在谈话中坚持自己的立场时，同时允许另一个人"向你敞开（其立场）"之间的一种张力。

我们的首要观点是，"对话"这个术语是指一种特殊类型的沟通或沟通质量。对话发生在独一无二的、具有反思性的、有选择的、富有价值的、带有思想和感情的人之间。

接着，我们在该文中还解释了何为"张力"。我们在此提出的主要观点是，就对话沟通的体验而言，世界上有一种"双方/共同性"。当你感觉到张力时，你马上就有被拉向两边的感觉，每种拉力都受到另外一种拉力的影响。我们认为，对话就是这样一种具有张力的事件。

随后，我们给出了对话的基本张力；我们描述了这种张力的每一"时刻"（moment）、每一"极"（pole）或每一"端"（end）。"让他人向你敞开其立场"的含义是，对

---

① "Dialogue's Basic Tension" excerpted from "Dialogue as Tensional, Ethical Practice" by Karen E. Zediker and John Stewart.

与你不同的那个人的行为保持开放的立场并愿意受其影响。你不需要是专家,也能明白这一点。但是,在西方世界,奇怪的是,人们总是对张力的另一极感兴趣。如果你让自己成为受他人影响的对象,那么可能就需要有些勇气和耐心。

"坚持你自己的立场"是另外一极,它的意思非常清楚。你强调你的立场或表达你的思想时就会这样做。在勾画出这两极之后,我们最重要的观点是,人们在有张力的生活中彼此改造着对方。你并非只想让他人对你敞开其立场,你也要为坚持你自己的立场而敞开;你并非只强调你自己的立场,更要作为一个能让他人对你敞开其立场的人来做事。在本文的最后部分,为清楚阐明这里存在的风险,我们列举了一些对话张力发挥作用的具体实例。一个例子是马丁·布伯讲的故事。他是一位研究对话的重要作家。其他例子则来自卡伦的课堂。

我们希望这篇短文能帮助你了解当对话发生时你需要做些什么。现在,无疑你已经明白,世间不存在一套关于对话的处方。但是,如果你能借助张力进行对话,如果你的伙伴也能这样做,那么,机会就会存在,具有这种质量的沟通就会在你我之间出现。

一、导言

今天正在写作对话这一主题的是完全不同的人,他们试图促进对话并使之发生在组织、社区和家庭中。每当想到这一点,我们都会感觉兴奋和宽慰。我们主张的对话方法与某些人相同,也与某些人不同。在历史上,我们受马丁·布伯的思想影响最大,所以我们用"对话"这个术语来指称独一无二的、具有反思性的、有选择的、富有价值的、带有思想和感情的人彼此相对时,所出现的某种沟通类型或沟通质量。所以,当我们中的某个人作为一个人,能理解并倾听你,同时又把你看作一个个体,并且当你也如此行事时,你们之间的沟通就可被称为"对谈"(dialogic)或"对话"。如果出现相反的情况——我一味地表达我的思想,你不是在倾听而是在不断地"再加载"(reloading),只是要针对我的思想做出反应,那么我们之间的沟通就是一种"独言"或"独白"。

正如我们所理解的那样,对话的第一要义是具有张力。这就意味着,对话并非处于一种稳定的状态,它不是一件稳定且可预见的事情。人们对话时,体验的是一种动态的、推拉性的、双方参与的沟通质量。对话具有更多超出这种张力的质量,但我们相信,当我们说对话是一种张力、解释和显示对话的最基本张力时,我们在下面要阐明的含义是至关重要的。

字典或辞典为张力提供了两种不同的形象,即焦虑(anxiety)(与紧张和烦心有关)和紧绷(tautness)(与力量和坚韧度有关)。我们大多数人都有过这两种感觉。有人说张力的特点就是挣扎,同时从许多方向受到牵扯拉拽。如果一个人觉得拉力过多,另一个人就会感到力量缺失。也有人把这种张力与人的头痛相提并论。当你头痛时,你的脖颈根部和眼眶顶部就会同时感到紧张。"张力"这个词也使其他人想到悬挂浴帘的杆子。人们沐浴时,就会拉动浴帘,让它们紧贴墙的两端。我们说对话是一种张力时,我们的脑海中虽然没有与这两种事物完全相同的形象,但它们有一些共同特点。当某种事情处于紧张状态时,至少有两个触点,并且存在着固有矛盾或一套推拉的力量。

传播学教师巴巴拉·蒙哥马利和莱斯利·巴克斯特(Barbara Montgomery and Leslie Baxter, 1998)在谈到沟通者管理隐私的"双方/共同性"(both/andness)与出现在整个时段的某种关系问题时,强调了张力的一个重要特点。蒙哥马利和巴克斯特解释说,在某种时候,隐私并非人们最看重的事情,而在另一些时候,暴露隐私却是最为敏感的。但是,在关系建立的几乎每个时刻,关系参与者都会经历隐私保护和隐私暴露的某种紧张感。蒙哥马利和巴克斯特说,对话的主要特点暗示着"瞬间互动的多声性(in-the-moment interactive multivocality)的一种类型,在这个类型中,多种观点彼此作用时又保持了其完整性"。这就像让你感觉脑袋和前额同时疼痛的紧张性头痛一样,或者像把浴帘拉向墙两端时形成的张力、浴帘借助门的结构或窗框被拉到就位处一样,对话的张力特点就是双方/共同性。

二、基本张力

我们自己的沟通经验告诉我们,对话最经常发生在当人保持一种基本张力,即让他人对你敞开其立场和我要坚持我的立场的时候。我们也注意到了其他张力,其中就包括独言独语(univocality)和多言多声(multivocality)之间的张力,理论与实践之间的张力。不过,我们认为,其他对话张力都基于这一基本张力。

如果你将这种张力做个图解,它可能会是这个样子:

让他人向我敞开其立场 ←——————→ 坚持我自己的立场

我们将概括人们对这种图示产生误解的要点。但是,还是让我们先来看看它的两端,以弄清这种张力之所在。

1. 允许他人向你敞开其立场

这个图示中的某一时刻——让他人向你敞开其立场——包括布伯和其他作家(例如,Levinas, 1996)所谓的体验他者的他性(the otherness of the Other)。这意味着你让他人向你敞开其立场时,允许他们保持自我,特别是显露他们与你的不同之处,让他们触摸你,接触你,影响你。布伯(1973)[1]在他的《自传片断》(*Autobiographical Fragments*)中称,他想到了他11岁时照顾一匹"灰地棕色斑纹马"时那种初期的沟通质量。在年过80岁时,他写道:

> 如果让我现在来解释,从我留存至今的鲜活记忆开始,那么我必须说,我当时触摸那只动物时的体验就是他者(the Other)身上的巨大相异性。虽然这种体验使我对诸如牛、羊一类的他者仍然感到陌生,但这种接触让我很想靠近它,触摸它。我在抚摸这些有时鬃毛整齐,有时又杂乱无章的多毛的东西时,感觉到了我手下的生命,好像一种活力元素本身已触及了我的皮肤。此物非我,当然也非与

我相同;它是可以触摸的他者,但不是简单的另一个,而是真正的他者本身。它让我接近,向我吐露秘密,与我形成一种"你与你"的关系(p.27)。

布伯在这个生活片段中,提供了一个"让他人向你敞开其立场"的生动例证。他在人生的一个重要阶段认识到,那匹马不是他自己的延伸,完全是另外的其他生物。重要的是,布伯想让我们了解人类。当我们乐于体验那个带有不同意见、信仰和价值但又非我们自己的简单延伸的独特个体时,我们便拥有了进行真正的对话的机会。

另一位名为汉斯-乔治·伽达默尔(Hans-Georg Gadamer,1989)的德国作家区分了德语表示"体验"的两个词语,即"*Erlebnis*"和"*Erfahrung*",他阐明了这种张力出现的第一时刻的一个重要方面。他解释说,第一个词语是指一个人对某件事或某个人"拥有的"体验。一个人通过生活中的所见、所闻、所触、所感,通过把握它们的意义来把握生活。所以,在这种"*Erlebnis*"的感觉中,你可能会有偶然遇到一个无家可归者的体验。在这种体验中,你可能会说你在哪里看见了她,你在路过时对她说了些什么,你闻到了什么味道。而 *Erfahrung* 却是和布伯所说的"体验他者的他性"一致的一种体验。伽达默尔认为"*Erfahrung* 是一种无人能控制的事件,甚至某种类型的观察所施加的力量也不能控制,但是最终,一切事物都以一种无法让人理解的方式被调整"(p.352)。如果你以第二种方式遇见一位无家可归者,你就会把她作为一个人来体验,而不是通过一套刻板印象或者期待来体验。你也许会回忆起你们目光相遇时,作为人的那种接触与交流,尽管你俩的安全感和社区感都非常不同。在第二种感觉中的"体验"者都是那些能意识到自己的生活经历的人,即他们所经历过的事情。伽达默尔称,*Erfahrung* 的这种体验形式就是对他者的体验,即"你"(1989,p.358)。

2. 坚持我自己的立场

给对话带来基本张力的另一时刻是坚持我自己的立场。这对生长在西方传统中的大多数人来说容易理解,因为这样会被看作是"有教养的人"。人们把"坚持我自己的立场"作为连续统一体的终端来理解。坚持我自己的立场是由个体对象或意图行动者来完成的。你肯定你自己的观点或说着你脑子里想说的话时,你就是在坚持你自己的立场。有关这个时刻的极端说法是传播学教师巴巴拉·奥基夫(Barbara O'Keefe,1997)提出来的,她描述了由她及同事研究过的尚未成熟的沟通者所用的沟通风格。这些人都是用奥基夫所谓的"表达性"方式进行沟通的。虽然婴儿几乎毫无例外地会使用这种方式进行沟通,但成年人往往也是如此。这种沟通方式包括:

> 只简单地考虑与自我有关的情况;评价思想时,不考虑它们会不会存有分歧、是不是受到了压抑或者错误地代表了有分歧的思想,也不管说出这些想法会不会造成负面后果,而是信口开河(p.104)。

例如,婴儿如果感觉不好,就会哭闹,如果感觉不错,就会咯咯大笑或者微笑。眼见为实。

坚持我自己的立场虽然比奥基夫的表达性设计逻辑(expressive design logic)更具

反思性、更灵活并且更有变革的意愿,但它本身却极像20世纪70年代和80年代有关文献中所谓的"果断自信"(assertiveness)。果断自信就是"促进人际关系中的平等,能使我们为自己的最佳利益而采取行动,保护自己而不过分焦虑,轻松自由地表达我们最诚实的感觉,在不拒绝他人权利的同时行使自己的权利"(Alberti and Emmons,1990,p.7)。这个定义表明,虽然这份文献鼓励过于自信者尊重"他人的权利",但它也强调了心理准备的两步过程以及发展行为技巧的结果——一个人能清楚表明自己的意见并支持自己渴望和信仰的东西。

坚持我自己的立场本身可被视为果断自信或我在进行表达;让他人向我敞开其立场可以被理解为一种我接受或成为其中一部分的体验。这种描述张力的两极对立的方式虽然有用,但也可能给人这样一种印象:连续统一体的两端都与我有关:我身上会发生什么事情和我让什么事情发生。但重要的是,就对话的基本张力而言,其意义要大于你向我敞开立场或我向你敞开立场中的"或者/或者"模式。

所以,我们在此强调我们提供的图示有可能会导致的误解:张力在简单的两极之间没有联系时,看起来却像是存在联系。关于对话中的"极",最重要的是它们处于张力之中;这表明,连续统一体的两极都会被它们的相互关联所转化。所以,当他人向我敞开其立场时,我也坚持我自己的立场,结果,她向我敞开其立场就与我自己的立场发生关联。此外,她在向我敞开其立场时,我可以与她面对面,并坚持我自己的立场。结果,我对我的立场的自我理解基本上被我对他人的体验所转化。反之亦然;他人对我与她相关的体验也有可能转变她对自己的身份认同和立场的感知。虽然语言的局限性迫使我们一次只能谈及这种张力的一个端点,但是我们的体验是,二者是一起存在或同时存在的。

由于这是一个要点,所以我们用另一种说法表达。当我在这种张力中生活时,我对他人"向我敞开其立场"的体验受到我正在清楚表达的(我正在坚持的)立场的强烈影响;结果,我正在表达的立场受到"他人向我敞开其立场"的强烈影响。在现实生活的沟通中,这两个看起来相互对立的举动(让他人向我敞开其立场和坚持我自己的立场)紧密相关。当人们在生活中彼此发生直接关联时,两人都在相互转化对方的立场和他们对自己和他人的理解。

3. 对张力的阐释

这里有两个描述张力如何运作的例子。一个例子源自马丁·布伯的生活,另一个例子来自我们的生活。布伯的自传片段被称为《撒母耳和亚甲》("Samuel and Agag")。这是他与一位善于观察的犹太人的一次漫长谈话。这个犹太人"在自己的所有生活细节中都遵循着宗教传统"(1973,p.52)。他俩讨论了《圣经》中有关撒母耳的一节,在该节中,撒母耳向以色列王索尔(King Saul)传递了这样的讯息:由于索尔王宽恕了被征服的亚玛力(Amalekites)王亚甲的性命,上帝剥夺了他的王权。撒母耳给索尔的讯息就是,服从上帝比仁慈、怜悯更重要。布伯对他的谈话伙伴说,他在孩提时代读到异教的亚玛力王亚甲对撒母耳说以下的话时,感到非常害怕——"当然,死亡的苦痛已经过去。"亚甲被撒母耳杀害了,"被剁成了碎片"。布伯写道:"我的心迫使我再读(这段文字),至少会想起写在《圣经》里的这段话。"最后,他对他的谈话伙伴说:"我绝不相信这是上帝的旨意。我不信。"对每一个爱思考问题的犹太人来说,断言自己不相信《圣经》中所写的事情是要冒极大风险的。布伯描述了他随后见到的情景:

> 坐在我对面的那个男子前额紧皱,双眉紧锁,盯着我的眼睛。他沉默片刻,开始说话,随后又沉默下来。"所以",他终于打破了沉默,"你不信它?""不,"我答,"我不信。""为什么? 为什么?"他重复着,几乎带有威胁的口吻。"你不信?"我再次回答:"我不信。""什么……什么……"他一字一顿地说着,"那你信什么?"我不假思索地答道:"我相信撒母耳误解了上帝。"他慢慢地说话,语气比先前更柔和:"哦? 你信那个?"我答道:"是的。"
>
> 接着,我俩都沉默不语。但是,此时发生了我漫长人生中前所未见、自此未再见到的稀罕事。我对面那张愤怒的脸开始变化了,仿佛一只手伸过去抚摸了它。现在,这副面容变得轻松、清晰,在我面前明亮、舒展起来,"噢",那男子用积极、温和而又明确的语气说:"我也这么想。"随即,我们又沉默了一会儿(pp.52—53)。

布伯和那个男子都是信徒。布伯向那个男子敞开其立场,在那个男子说"我也这么想"时体现得最为明显;然而,那个男子向布伯敞开其立场这一事实却体现在两件事情上。其一是,布伯在他的自传中收录了他87年的人生经历中最重要的20件事,而这一片段也被收入其中。其二是他在谈话中,首次检验了他从未言说的决定,也就是他所说的,对选择《圣经》还是选择上帝做出回应(p.53)。他们俩都有自己的立场。布伯是怀疑,那个男子是挑战。此外,谈话转化了每个个人的瞬间。布伯对那个男子的体验(那个男子对布伯的体验)被转换了,他们从谈话伙伴变成了共谋者。布伯对他个人立场的体验(那个男子对个人立场的体验)从一种孤独的固执己见转化成共同的认可。

我们的课堂上也存在着这种基本张力。我们在教室里尽可能促进对话的发生,鼓励学生们让他人向自己敞开其立场,同时坚持自己的立场。我们在处理与他们的关系时也这样做。几年前,这种张力中的第一时刻成了最重要的挑战。学生们经常发现自己难以倾听他人的不同意见(让他人敞开自己的立场)。今天,固执己见的那一端似乎面临更多的挑战。虽然大多数来上课的学生都认为,要想政治正确,他们必须对所有观点持开放态度,但当他人表达不同的立场时,在缺乏伦理认同感时,他们就不参与讨论,只是微笑和点头,提供的反馈也主要集中在口头发言上。当他们被问到辩论中的精彩之处或被要求阐述实质性的观点差异时,他们常常无言以对。表面的赞同常常替代了参与性的对话。

结果,我们有好几次在开始讲授沟通课时,都试图用两种方式促进潜在的对话。尽管我们在头一天就提供了教学大纲,但我们几乎花了一整天的时间来探讨,而非做课程描述。不过,教室里的人开始与我们对话了。卡伦以学生们对以下问题的答复开始对话:"你们希望从这门课中学到什么?"或者"在这门课中,你们最希望我们做什么,最不希望我们做什么。"随后,她让两个或者三个学生组成一个小组,提出他们最希望得到回答的问题。她经常会花整节课的时间回答以下问题:她的学术背景、讲这门课的经验、业余生活、教学方法、考试设计、家族历史、人生目标以及她对当下的学生的看法。在学期结束的时候,学生们报告说,他们用于探索班级成员的时间创建和形塑了一种具有对话质量的接触,因为卡伦和她的学生都做到了既相互敞开立场,又坚守自己的立场。

我们采取的第二个举动,就是帮助全班同学确认他们希望在本学期集中讨论的几个话题。这些话题成为公共讲演、讨论或小组决策课的主题,成为传播伦理课研究的项目,成为个案研究的课题或冲突管理课程的作业。这一举动可使大家持续参与对实质性问题的讨论,放缓课程中某些步骤的节奏,帮助学生们创建自省空间,让大家在上课期间能坚定信念,特别是辨识出其研究和阐释的价值。这个教学举动还帮助学生们超越了改述他人的研究问题的阶段,给了学生对于自己倡导的立场要承担起个人责任的体验。换言之,我们要求学生们做作业时,给学生们提供机会,让他们在针对有关课题进行道德定位时,能坚持自己的立场。

这是一个不时发生的事例。在卡伦最近的教学课堂上,一个名叫吉姆的学生发起了一场挑战,他积极倡导婚前禁欲观。他知道,他的立场与他的家庭价值观有关;他也知道,班上的大部分同学和他持有相反的观点。班上的其他同学反对天真的名为"说不"的性教育项目,主张服用紧急避孕药和卖淫合法化。吉姆深知自己做出了一个重要的选择,这对别人来说也是一个需要思考的重要选择,但是,他不知道该如何清楚地表达自己的立场,以形成对话。他知道他不想让同学们把自己看成一个牧师。他深知援引《圣经》并不是与听众进行交流或劝服他们思考其立场的有效方法。与同学们进行讨论是作业的组成部分。在这些讨论中和在与卡伦的电子邮件往来中,吉姆提出了自己的关切:他的立场是否会被解读为对听众的个人攻击或者谴责。他在一封电邮中写道:

> 我实在不想让听众产生这样的误解:好像我在向他们传教,告诉他们说他们做错了——如果他们在婚前发生性关系,就会承担由此带来的严重的后果。我努力做的一切就是要让他们提出问题,进行内省,看看我说的这些话有没有道理。

吉姆在探讨如何坚持他的立场时认识到,他不想放弃自己的信仰,也不想放弃既能提出难题又不伤害任何人的机会。在第一次作业发言中,他将自己的建议做了这样的归纳:"避免对你的立场进行过多道歉。你不想削弱自己的立场,就不要因怕得罪别人而放弃倡导节欲。我觉得你这样做,得到的尊重会大于损害。"

他获得了尊重。他的听众听到了他——吉姆——而不仅仅是他的立场。他们理解他,尊重他,这种尊重和理解帮助他实现了沟通的目标:让他们提问并内省。吉姆的道德伦理表现产生了理想的结果;个体间的联系比任何争论或劝服性的诉求都重要。

重要的是,吉姆还受到了沟通事件的影响(转化只是一个有点强硬的词汇)。当他在同班同学和卡伦面前坦露自己的观点时,他能够理解并用他以前无法使用的方式,清楚地表达他的立场。他没有复制父母和他所在教区的领导者的立场,而是选择并解释了自己的立场。由于吉姆与他人沟通并进行实际接触,他开始反思自己的立场并且坚定不移地守护它。

他的准备、陈述和针对听众回应的讨论等事件,也转化了沟通课程的其他方面。吉姆发表演讲之后,同学中关于性的社会观点更为深刻,远远超出了肤浅和自私的层面。吉姆成了在坚持自己的立场的同时也让"他人向你敞开其立场"的角色模范。好几个学生与卡伦谈到,他们也可以像吉姆那样,用直接、坦诚、对话的方式倡导他们热衷的个人立场。他们特别有兴趣挑起不仅涉及争论,也触及争论者本人——作为选择者和道德陈述者——的价值体系的讨论。

三、结论

根据我们的经验,对话涉及一系列带有张力的协商谈判,其中最基本的协商谈判就是坚持我的立场,同时让他人敞开其立场。"对话就是张力"之说提醒我们:(1) 它是一种动态的、自发的过程,而不处于任何平稳状态;(2) 它可以被理解为在可识别的瞬间或两极之间发生,二者相互转化。我们知道,并非所有沟通都是对话。事实上,许多沟通都是一系列独白。在这些独白中,我们确认的连续统一体的一端比另一端更受重视。沟通者们要么只坚持自己的立场——果断自信或表达其心里的想法,几乎无视他人的存在,要么只顾自言自语,不管他人是否真的能听得进去。然而,当所有参与者都能让他人敞开其立场,同时坚持自己的立场,并让其间的基本张力发挥作用时,对话就会得以进行。这种张力在我们体验过的任何语境下,如亲密接触、学生咨询、心理治疗、教师辅导、小组决策、公共商议、医患接触、冲突管理、调解和上下级关系协商中,都会体现出对话的特点。

复习题

1. 我们如何界定对话?
2. 请解释"让他人向我敞开其立场"的含义并举出一个例子。
3. 请解释"坚持我自己的立场"的含义并举出一个例子。

思考题

1. 在学习我们前面讨论过的张力之前,想想你在恋爱期间与恋爱对象协商"隐私"和"坦露"的情景,注意你当时是如何同时关注这两种张力的。注意你的隐私行动如何受到你的自我坦露的影响,反之亦然。所有这些都是对话的基本张力。

2. 找出并简要讨论你有过的两种体验:德国学者所谓的 *Erlebnis* 和 *Erfahrung*。

3. 在未来48小时内,做一次真正的努力,与你的沟通对象协商这种张力。之后,立即写下你的体验。把你的反思带到班上,与尝试过相同事情的一两名同班同学讨论这些事情。看看你们能发现什么?

注释

1. 我们发现,布伯1973年以书名《相遇》(*Meetings*)出版的"自传絮语"("Autobiographical Fragments"),对于阐明其重要见解和理念的经验基础,是一个特别丰富的资料来源。布伯为了回应《在世哲学家图书馆》(*Library of Living Philosophers*)的编辑们为布伯卷撰写一篇学术传记的要求,在辞世前不久搜集整理出这些絮语。正如布伯的编辑和译者莫里斯·弗里德曼所言:"这些'事件和相遇'具有最完整意义上的'教诲'感,而且,也许是马丁·布伯最终留给我们的最真实的教诲……一个人不仅能发现哪些故事适合'叙说他的状况',而且会发现布伯在有节制地重述这些'传奇轶事'和给它们排序时所隐含的教诲"(1973,pp.4—5)。

参考文献

Alberti, R. E., & Emmons, M. L. (1990). *Your perfect right: A guide to assertive living*. San Luis Obispo, CA: Impact.

Baxter, L. A., & Montgomery, B. W. (1996). *Relating: Dialogue and dialectics*. Mahwah, NJ: Lawrence Erlbaum.

Buber, M. (1970). *I and thou* (W. Kaufmann, Trans.). New York: Scribners.

Buber, M. (1973). *Meetings* (M. Friedman, Ed.). LaSalle, IL. Open Court Press.

Cissna, K. N., & Anderson, R. (1998). Theorizing about dialogic moments: The Buber-Rogers position and postmodern themes. *Communication Theory*, 9, 63—104.

Gadamer, H-G. (1989). *Truth and method* (2nd rev. ed.) (J. Weinsheimer & D. G. Marshall, Trans.) New York: Crossroads.

Levinas, E. (1996). *Emmanuel Levinas: Basic writings* (R. Bernasconi, S. Critchley, & A. Peperzak, Eds.). Bloomington: Indiana University Press.

Montgomery, B. W., & Baxter, L. A. (Eds.). (1998). *Dialectical approaches to studying personal relationships*. Mahwah, NJ: Lawrence Erlbaum.

O'Keefe, B. (1997). Variation, adaptation, and functional explanation in the study of message design. In G. Philipsen & T. L. Albrecht (Eds.), *Developing communication theories* (pp. 85—118). Albany: State University of New York Press.